命式の求め方から
運命の占い方まで

決定版
基礎からわかる

四柱推命学の完全独習

三木照山

日本文芸社

◆はじめに

四柱推命学研究の「五行版」として、この度、本書を発刊することとなりました。前書は、初版が昭和56年に発刊されて以来、版を重ね、全国から色々なご質問やら、もっと深い本をとのご依頼やらがございました。皆様の向学心にお答えすべく筆をとり、さらなる上を目指すお方様のために私のここ40数年の研究の成果をお示しすべく出版の運びとなりました。

推命学での利点を生かし、この世の中を気持ちよく過せるように与えられた生命に感謝しつつ終りたく思います。私の座右の銘として「積善、余徳、陰徳」と「心に富を」という言葉をお伝えしたく思います。

三木照山

決定版 四柱推命学の完全独習……目次

第二章　命式の求め方とその解釈の仕方……43

応用編……205

基礎編

序章　四柱推命学とはどんな学問か

……四柱推命学はどのように発展してきたか

古代中国の、殷《いん》王朝（紀元前１４００〜１３００年）の中頃に都があった、河南省安《あん》陽《よう》付近の殷墟から、亀の甲羅《こうら》や獣骨の破片が数多く発見されました。これらにはたくさんの文字が刻まれており、甲骨文《こうこつぶん》と呼ばれています。

これは、殷の皇帝が占い師に命じて占わせたその結果を、亀の甲羅や獣骨に刻み込ませたものです。この甲骨文によりますと、殷代に、「五行説《ごぎょうせつ》」と関係の深い十進法の周期をあらわす「十干」と、十二進法の周期をあらわす「十二支」とを組み合わせて作った「六十干支」を使って、「日」や「月」をあらわしていることがわかりました。

この「十干」の原理となっている十進法は、太古の人がものを数えるのに、まず左右両手の五本ずつの指を使ったことが起こりです。

また、甲骨文、つまり古代中国の文字から五行説の源ができあがっていたようです。五行説というのは、古代中国の哲理で、万物は、「木《もく》」「火《か》」「土《ど》」「金《ごん》」「水《すい》」の５つの元素から成り立っているという考え方です。これが発展して、人間生活に必要なもの、また、宇宙、人生のすべてを説明する原理とされるようになってきました。

この、木・火・土・金・水の五行が、はじめてあらわれたのが『尚書《しょうしょ》』の「洪範《こうはん》」の中であったため、とくに「洪範五行」と呼ばれています。

その後、約千年を経た中国は戦国時代となり、秦《しん》の始皇帝が中国を統一するまでの二世紀の間、韓《かん》・魏《ぎ》・趙《ちょう》などの七国が互いに死闘を繰り返していたころ、鄒衍《すうえん》という人が「相《そう》剋五行《こくごぎょう》」という説を考えました。

相剋五行については、あとで詳しく説明しますが、木は土に、土は水に、水は火に、火は金に、金は木に、それぞれ剋《か》つ（やっつける）という考え方です。

鄒衍が、相剋五行説を唱えてから約二百年の時が流れた前漢の末期、儒学者であり、科学者としても有名だった劉向《りゅうこう》と劉歆《りゅうきん》父子は、「相生五行《そうせいごぎょう》」による王朝交替の説を考えました。この相生五行は、先の相剋五行とは反対に、木は燃えて火を生じ、火が燃えきると固まって土を生じ、土は金を生じ、金は溶《と》けて水（液体）となり、水は木を育てる、というように、五行のうちの2つが助け合う、という考え方です。詳しくは後述します。

このころ、天体の観測法も進歩し、星の運行や天球を一周するそれらの周期もかなり正確に研究され、暦法が整ってくると、五行の考え方が暦にも採用されました。つまり、木を春に、火を夏に、土を土用に、金を秋に、水を冬に配したのです。このように、季節が五行で示されるようになり、この季節が毎年循環を繰り返すところから、この循環の考え方が「易占《えきせん》」の原理となりました。

「四柱推命術」は陰陽《おんよう》五行説が成立した漢《かん》の時代から数世紀を経た隋《ずい》・唐《とう》の時代、つまり6世紀から7世紀にかけて、そのオリジナルが作られたといわれてします。

その後、宋《そう》の時代（西暦960〜1279年）に、徐子平《じょしへい》という占術師が『淵海子平《えんかいしへい》』という四柱推命術の本を著しました。明の時代（西暦1368〜1644年）になると、劉《りゅう》伯温《はくうん》という人が『滴天髄《てきてんずい》』という四柱推命術の本を書きました。彼は、明王朝の宰相《さいしょう》にもなったことのある政治家であり、有名な占術師でもありました。

さらに、明の時代には、多くの有名大臣がおり、『欄紅網《らんこうもう》』のちに余春台《よしゅんだい》が改編した『窮通宝鑑《きゅうつうほうがん》』などもあり、一年十二ヵ月の日々の生まれに対しその理《ことわり》を窮《きわ》めています。

わが国には、江戸時代の中期に、推命学『淵海子平』が中国から渡ってきました。その後、文政年間に長崎の医師・桜田《さくらだ》虎門《こもん》によって『推命書』という書物が著されましたが、これがわが国における四柱推命のはじまりといえましょう。

四柱推命学の発達の歴史が示しているように、四柱推命は東西の占星術の粋《すい》を集めて作られたものですから、その的中率は他の占いの追従を許さない、ひじょうに高いものなのです。生まれた年・月・日・時の四要素を4つの柱とし、五行を陰陽に分けて十干とし、これに十二支の「干支《えと》」を配して、一定の法則、つまり、運命方程式—相生《そうせい》・相剋《そうこく》・太《たい》過《か》・不及《ふきゅう》・旺衰《おうすい》などを考えて、その人の運命を占います。

これが「四柱推命」というものです。

……四柱推命の原理

四柱推命も占星術《アストロロジー》も、季節の変化が占いの原理の一つとなります。

地球は、約23度27分傾いて、回転しながら太陽のまわりを公転しています。夏至《げし》には、北半球では昼のほうが長く、太陽は北緯23・5の上にきます。反対に、冬至《とうじ》には夜のほうが長く、太陽は南緯23・5度の上にあります。冬至から夏至までは、昼の長さが徐々に長くなっていき、夏至から冬至までは、昼の長さが徐々に短くなっていきます。また、春分や秋分の日には、昼夜の時間が同じとなり、太陽は赤道の上にきます。このように、太陽が天空上を通るにつれて、高度も昼夜の長さも変わるため、地球上に季節の変化が起こるのです。

古代中国人はこの点に注目し、春分の位置から黄道（天球上の太陽の通り道）を、角度によって二十四等分し、その等分点に太陽がきたときを二十四節気といって、現在用いている暦の上の季節となります。

四柱推命では、これを用いて人の運命を占うわけです。二十四節気で運命を占う理由は、現在用いている太陽暦は、一年間の太陽の運行を正確には示しますが、一ヵ月の長さとか四季の移り変わりという点には重点がおかれていないので、太陽暦の月日には暦法上の意味がなく、季節を示していないからです。

古代中国人の世界観は、インドやギリシャの思想ともよく似ており、陰陽五行説の起源は太古の中国です。占星術でも、黄道十二宮星座を、男性星座と女性星座に分けているように、すべてのものを男と女、海と山、磁石のN極とS極というように陰と陽に分け、それぞれ逆の性格をもっている、という前提に立ち、その成り立ちや変化するようすを考えるのが陰陽説です。

また、五行説とは、この世のすべてのものは「木」「火」「土」「金」「水」の5つの要素によって支配されており、この五要素の盛衰、消長によってこの世のすべてのものが循環して進展する、という考え方です。ですから、もし、その一つが盛んになれば、この世のすべてのものはいうにおよばず、人間の一生もその支配を受けて栄え、もし衰えれば、その支配を受けて衰える、という考え方が基となっています。

この陰陽五行説が、四柱推命やその他の占い、天文、暦などにおける思想の原理とされています。

四柱推命では、人の生まれた日の干《かん》（日干）とともに、生まれた月の支《し》（月支）をもっとも重要視していますが、干とは樹の〝幹《かん》〟で天干といい、支とは樹の〝枝《し》〟で地支といい、あわせて「干支《かんし》」といいます。

五行説と関係の深い十進法の周期をあらわす「十干」と、十二進法の周期をあらわす「十二支」とを組み合わせて作った「六十干支」を使って、相互の運命を占います。

四柱推命は、最高によくあたる占いである、と評価されています。では、どんな運命学かといいますと、その人の生年月日時を、年柱・月柱・日柱・時柱の4つの柱にし、その人の運命をあらわした式――命式を割り出し、生まれつき定まった運命、つまり、宿命をあらわす先天運と、その後の努力や修養によって変わる後天運を推理する方法である、といえましょう。

まず、その人の生年月日時を、萬年暦、六十甲子表、時刻表を基に干支に直し、干と支をさらに木、火、土、金、水の５つのグループに配合し、五行の相生《そうせい》、相剋《そうこく》、比和《ひわ》などの原理を用いて、未来の予測や人の性格、職業、病気などを推理するものです。本書の「応用編」では、特に五行の意味を、その五行の強さ弱さに力を入れました。

詳しくは、逐次、説明していくことにします。

第一章　四柱推命の基礎知識

一　［十干と十二支］

推命術は、陰陽《おんよう》五行《ごぎょう》の木《もく》、火《か》、土《ど》、金《ごん》、水《すい》の5つのグループを、十干《じっかん》と十二支《じゅうにし》にあてはめ、さらにいろいろの星を付け加えて、総合的に判断するための資料とするものです。

十干

甲《きのえ》《こう》	乙《きのと》《おつ》	丙《ひのえ》《へい》	丁《ひのと》《てい》	戊《つちのえ》《ぼ》
己《つちのと》《き》	庚《かのえ》《こう》	辛《かのと》《しん》	壬《みずのえ》《じん》	癸《みずのと》《き》

五行

木《もく》	火《か》	土《ど》	金《ごん》	水《すい》

干は宇宙電磁力のサインで、十二支は体内電磁力のサインです。干支は自然現象のあらわれで宇宙にある天体、物体のすべてに影響があるものです。つまり占星術では誕生時の天体の配置により、推命術では母胎を出るとき宇宙電磁力（干）と体内電磁力（十二支）とが触れたときに人の運命が決まるといわれます。

十干

十干とは、甲《こう》、乙《おつ》、丙《へい》、丁《てい》、戊《ぼ》、己《き》、庚《こう》、辛《しん》、壬《じん》、癸《き》の十種をいい、五行を兄《え》（陽干）と弟《と》（陰干）に分けたものにあてはめたものです。昔から四季や方位をあらわすのに使われてきました。十干の中で、甲《きぬえ》と乙《きのと》だけが「生き物」です。

①甲《きのえ》　陽《よう》の木で、大木、幹のある木にたとえられ、万物が種の甲《こう》を破って上へ伸びようとする気概をもつ性質があります。

②乙《きのと》　陰《いん》の木で、草花、枝葉にたとえられ、優しく、ひ弱そうにみえますが、とつとつとして真っ直に伸びないで、辛抱強く目的に向かって進む性質があります。

③丙《ひのえ》　陽の火で天に一つの太陽にたとえられ、一方的に万物に影響を与えるので、人の中心的存在になることも多いです。

④丁《ひのと》　陰の火で、灯火・人工の火にたとえられ、夕方からわれわれ人間には一層必要なものになるのです。

⑤戊《つちのえ》　陽の土で、山岳の土・堤防の土にもたとえられます。固く強い乾いた土ですから、適当な湿り気をもっていれば、万物を繁茂させる源となります。

⑥己《つちのと》　陰の土で、田園の土にたとえられ、万物の育成する役目をもつので優しさがあります。

⑦庚《かのえ》　陽の金で、鉱石・鉱脈などにたとえられ、潤土から生じれば良質の金となり、火で精錬されるのをよしとします。

⑧辛《かのと》　陰の金で、砂金・珠玉にたとえられ、水で洗われ磨かれます。

⑨壬《みずのえ》　陽の水で、河水・湖沼にたとえられ、流れてとどまらない強さをもち、丙の太陽の輝きをいっそう美しくします。

⑩癸《みずのと》　陰の水で、雨水・雨露・霧にたとえられます。万物を育てる根源となり、優しく人に奉仕します。

五行	陽	陰
木	甲《きのえ》木	乙《きのと》㊍
火	丙《ひのえ》火	丁《ひのと》㊋
土	戊《つちのえ》土	己《つちのと》㊏
金	庚《かのえ》金	辛《かのと》㊎
水	壬《みずのえ》水	癸《みずのと》㊌

○は陰の五行

	方角	季節
甲乙	東	春
丙丁	南	夏
戊己	中央	土用
庚辛	西	秋
壬癸	北	冬

十二支

暦法で、子《し》（ね＝鼠）・丑《ちゅう》（うし＝牛）・寅《いん》（とら＝虎）・卯《ぼう》（う＝兎）・辰《しん》（たつ＝竜）・巳《し》（み＝蛇）・午《ご》（うま＝馬）・未《び》（ひつじ＝羊）・申《しん》（さる＝猿）・酉《ゆう》（とり＝鶏）・戌《じゅつ》（いぬ＝犬）・亥《がい》（い＝猪）のことをいい、時刻や月、季節、方角を示すのに用いられます。

十干は十進法、十二支は十二進法で、一年が十二ヵ月、一日が2時間ごとで十二支、つまり24時間となります。春（寅・卯・辰）夏（巳・午・未）秋（申・酉・戌）冬（亥・子・丑）の季節にもあてはめられています。そして、それぞれの象形文字から変化してきて、現在の十二支の文字となったのです。一年の農耕の姿（種蒔きから取り入れ）をあらわしています。

十二支

子《ね》《し》	丑《うし》《ちゅう》	寅《とら》《いん》	卯《う》《ぼう》	辰《たつ》《しん》	巳《み》《し》
午《うま》《ご》	未《ひつじ》《び》	申《さる》《しん》	酉《とり》《ゆう》	戌《いぬ》《じゅつ》	亥《い》《がい》

①子《ね》　子は滋《し》で、種を水に浸すことで柔らかくなり、万物が育ちはじめる意があり、陽支の水となります。

②丑《うし》　丑《ちゅう》は紐《ちゅう》で、むすぶの意があり、湿土を種にかけて冬を越し、春を待つ姿です。

③寅《とら》　陽支の木であり、寅《いん》は演《えん》で、春になって始めて、地上に新芽を出す様をあらわしています。

④卯《う》　陰支の木で、卯《ぼう》は茂《ぼう》（茆《ぼう》）で、春たけなわとなり万物が茂《しげ》ることをあらわします。

⑤辰《たつ》　陽支の土で湿土をあらわしますが、辰《しん》は震《しん》で、大地をゆさぶるほど根を張ることを示します。

⑥巳《み》　陰支の火で、巳《し》は已《い》で、已《すで》に万物が盛りを極めて、これから実を結ぶ時期に移ることの意があります。

⑦午《うま》　陽支の火で、午《ご》は忤《ご》（さからう）で、陰気が下から上がり、陽気と相逆らい交わることをいいます。

⑧未《ひつじ》　陰支の土で、未《み》は味《み》で、万物ができあがっておいしく味わう意です。

⑨申《さる》　陽支の金で、申《しん》は身《しん》で、万物の身体ができる、伸《しん》の字をあてはめています。

⑩**酉**《とり》　陰支の金で、酉《ゆう》は醸《じょう》(かもす)で、酒器、すなわち秋の収穫した作物を加工して蓄える意があります。

⑪**戌**《いぬ》　陽支の土で、戌《じゅつ》はもたっとした乾土《かんど》で、蓄える作物を土中に埋めて、それを戍《まも》る役目をします。

⑫**亥**《い》　陰支の水で、亥《がい》は核《かく》で、万物が次代の種になることを示しています。

左の表は十二支を、月・時刻・方位・季節にあてはめてあります。つまり、子は月では12月であり、時間は23時～1時の間をさし、方位は北で季節は冬です。丑は1月で時間は1時～3時、方位は中央、つまり北々東であり、季節は冬ですが、冬と春との境い目に位置し、土用月といいます。

以下、寅月からも同じ見方ですが、土用の月は、おのおの四季の間に土性の月が入ります。昔から土用のときは、土を掘り返す、つまり工事、畳替え、屋根の葺替《ふきか》えなどをするとよくないといわれています。

陽	陰
子《ね》 水	丑《うし》 ㊏
寅《とら》 木	卯《う》 ㊍
辰《たつ》 土	巳《み》 ㊋
午《うま》 火	未《ひつじ》 ㊏
申《さる》 金	酉《とり》 ㊎
戌《いぬ》 土	亥《い》 ㊌

○は陰の五行

	月	時		
子《ね》	12	23～1	北	冬
丑《うし》	1	1～3	中央	土用
寅《とら》	2	3～5	東	春
卯《う》	3	5～7	東	春
辰《たつ》	4	7～9	中央	土用
巳《み》	5	9～11	南	夏
午《うま》	6	11～13	南	夏
未《ひつじ》	7	13～15	中央	土用
申《さる》	8	15～17	西	秋
酉《とり》	9	17～19	西	秋
戌《いぬ》	10	19～21	中央	土用
亥《い》	11	21～23	北	冬

二 「通変星」

通変星《つうへんせい》は、人の性格、能力、適性、運命などを判断するうえで、四柱推命の根幹をなす重要な星で、あとで述べる陰陽五行説の相生《そうせい》・相剋《そうこく》・比和《ひわ》の関係から作られています。

通変星には、「比肩《ひけん》」「劫財《ごうざい》」「食神《しょくじん》」「傷官《しょうかん》」「偏《へん》財《ざい》」「正財《せいざい》」「偏官《へんかん》」「正官《せいかん》」「偏印《へんいん》」「印綬《いんじゅ》」の十種類があり、干と干の関係を示します。

通変星の出し方は、日干を基にして、これと天干、または地支と照らし合わすことによって出します。推命の基本となる星ですからしっかり覚えてください。

■通変星■

比肩《ひけん》	劫財《ごうざい》	食神《しょくじん》	傷官《しょうかん》	偏財《へんざい》
正財《せいざい》	偏官《へんかん》	正官《せいかん》	偏印《へんいん》	印綬《いんじゅ》

1 通変星の種類とその性格

通変星は、十干に意味をもたせて、ものにあてはめる十干の代名詞です。推命をするときは、十干の良否を判断したうえで、通変星の良し悪しを決めます。それには、相生《そうせい》（↓生）は次の通変星を強める、相剋《そうこく》（⇩剋）は剋《こく》すことで自分のエネルギーも失う、比和《ひわ》は同じ五行で、同性または異性の関係が作用します。

比肩

自分自身と兄弟姉妹、友人、同僚、独立、活動、競争、分店、生一本

●日干と同性で、同じ五行

日干を木とすると、陽の木：陽の木／陰の木：陰の木｝比和の関係

劫財

義理の兄弟姉妹、友人、同僚、失財、自己本位、妻との不和

●日干と異性で、同じ五行

陽の木：陰の木／陰の木：陽の木｝比和の関係

食神

食禄、相続、財産、発想、アイデア、女性の命式では子供の星、健康、寿命

●日干と同性で、日干から生じるもの

陽の木 →生 陽の火
陰の木 →生 陰の火
｝相生の関係

傷官

子供の星（女性）、祖父母、非相続、失権、衝突、技術、学芸、失職、離別

●日干と異性で、日干から生じるもの

陽の木 →生 陰の火
陰の木 →生 陽の火
｝相剋の関係

偏財

流通する金銭、養子、父、男件からは妻・妾の星、商業、仲介、派手、活動

●日干と同性で、日干から剋《こく》されるもの

陽の木 ⇒剋 陽の土
陰の木 ⇒剋 陰の土
｝相剋の関係

正財

金銭、財産、父、男性からは妻の星、商工業、慎重、規律的

●日干と異性で、日干から剋されるもの

陽の木 ⇒剋 陰の土
陰の木 ⇒剋 陽の土
｝相剋の関係

偏官

男性からは子供の星、女性からは夫・情夫、職業、権利、勤人、苦労、煩悶

●日干と同性で、日干を剋すもの

陽の木 ⇐剋 陽の金
陰の木 ⇐剋 陰の金
｝相剋の関係

正官

目上、権利、職業、相続、男命は子供の星、女命は夫の星、誠実、温和

●日干と異性で、日干を剋すもの

陽の木 ⇐剋 陰の金
陰の木 ⇐剋 陽の金
｝相剋の関係

偏印

義母、姑、不測の災厄、孤独、芸術、副業、自由業、転職、損失、病気、機敏、ムラ気

●日干と同性で、日干を生じるもの

陽の木 ←生 陽の水
陰の木 ←生 陰の水
｝相生の関係

印綬

実母、宗教、名声、寿命、学芸技術、信用、援助、製造業、理知的、自己中心性、愛情

●日干と異性で、日干を生じるもの

陽の木←《生》陰の水
陰の木←《生》陽の水
} 相生の関係

2 通変星の相生と相剋

①相生の関係

通変星と十干＝五行の組み合わせにより、陽と陽、陰と陰の相生を不配偶といい、陰と陽の相生を配偶といいます。前者を偏グループ、後者を正グループに分け、日干と通変星の相生関係を示します。

たとえば、正グループでは、日干が丙ですと丙《比肩》→己《傷官》（火《＋》土《－》）のように日干と＋《プラス》・－《マイナス》の関係です。偏グループでは、日干が丁ですと己《食神》は火《－》→土《－》の関係となります。

日干
- **正グループ**　傷官→正財→正官→印綬
- **偏グループ**　食神→偏財→偏官→偏印

■**相生の関係**

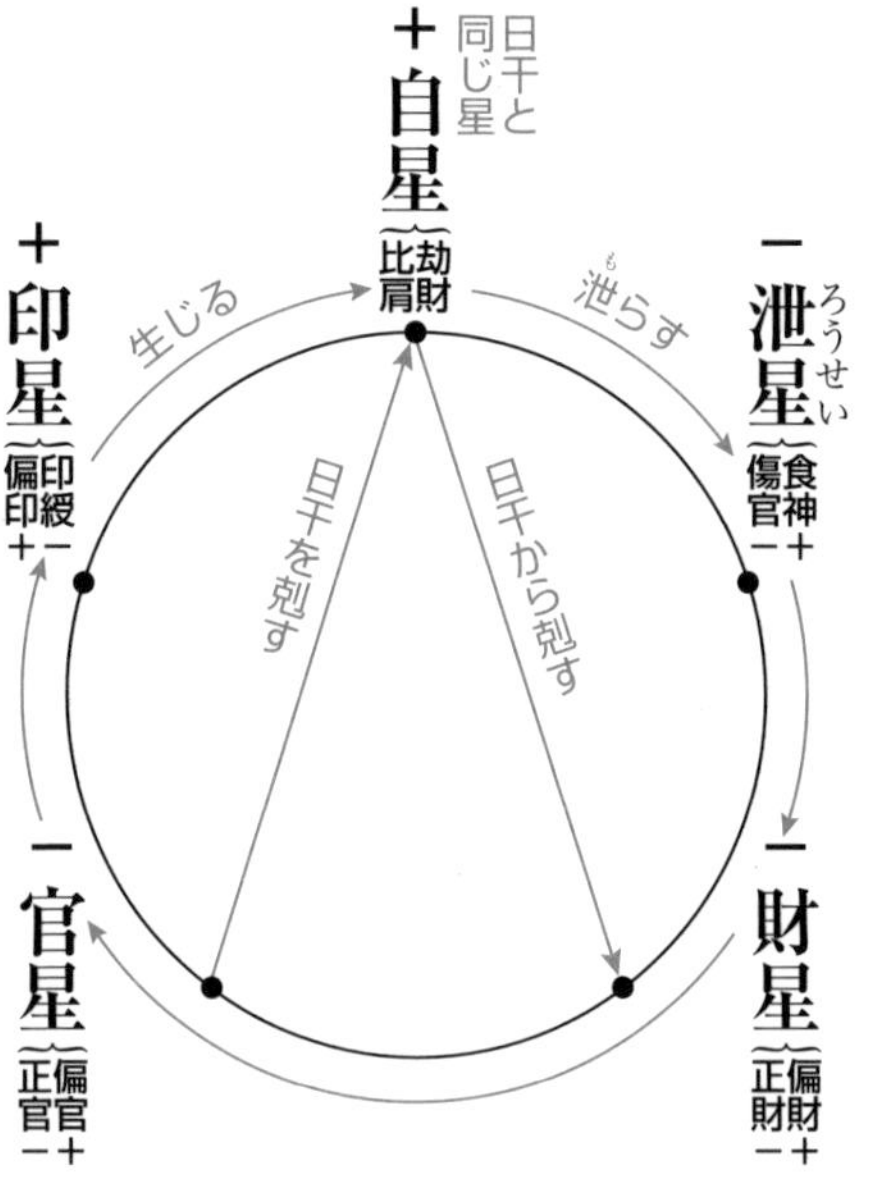

②相剋の関係

通変星の相剋は干と干の相剋でもあります。たとえば甲《比肩》⇒戊《偏財》を剋しますが、甲は戊にとって疎土する役目をもちますので、相剋といっても剋されてうれしいこともあります。表のように一つとびに剋す形が相剋関係となり。、干の関係とともによく理解しましょう。

日干と同じ星―自星

比肩、却財＝日干の力になるので、日干にとって
プラスの星。

日干から力を泄《も》らす星↓泄星

食神、傷官＝日干の力を泄らすので、日干にとってマイナスの星。

日干から剋される星⇩財星

偏財、正財＝日干が剋しにいって、日干（自分）も弱るからマイナスの星。

日干を剋す星⇩官星

偏官、正官＝日干を剋して日干の力を弱めるので
マイナスの星

日干に力を与える星↑印星

印綬、偏印＝日干を生じて日干に力を与えるから
プラスの星。

この通変星の相生・相剋は、推命上たいへん重要なものです。充分理解し覚えてください。

相剋の関係

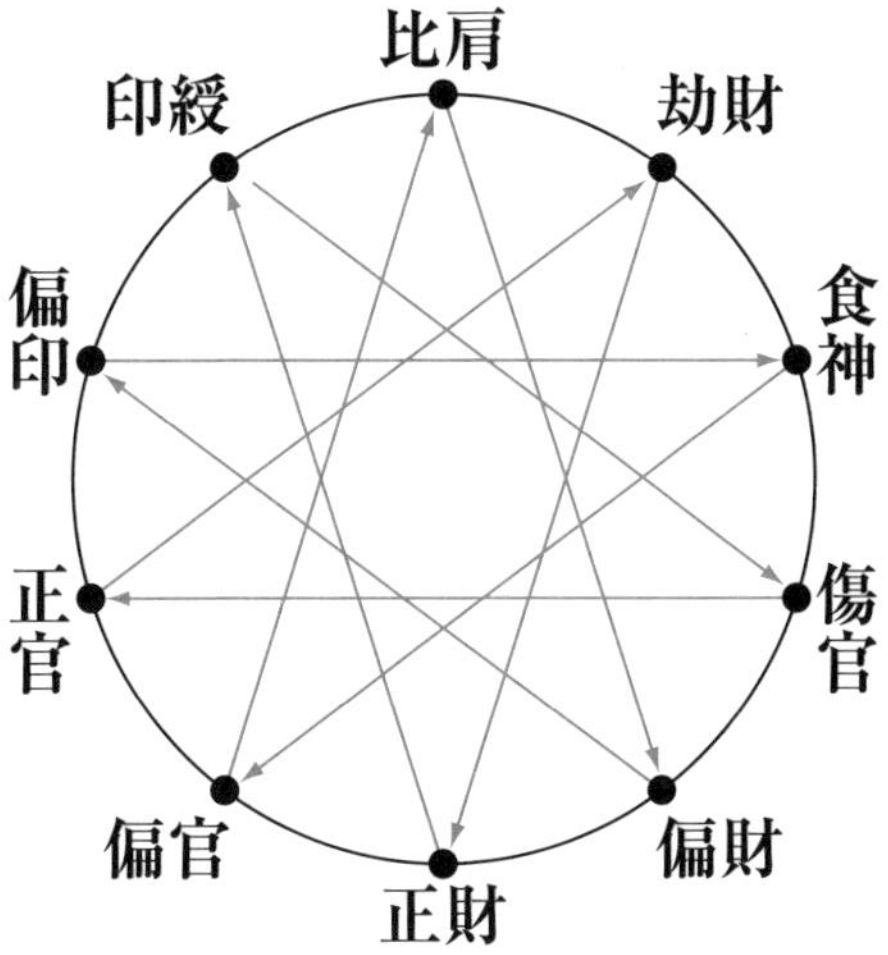

吉星は剋を嫌い
凶星は剋を喜ぶ

比肩
剋⇩ ×
偏財 吉星
⇩ ○
偏印 凶星
⇩ ×
食神 吉星
⇩ ○
偏官 凶星

劫財
剋⇩ ×
正財 吉星
⇩ ×
印綬 吉星
⇩ ○
傷官 凶星
⇩ ×
正官 吉星

三　「十二運星」

① 十二運星の種類

十二運星とは、「長生《ちょうせい》」「沐浴《もくよく》」「冠帯《かんたい》」「建禄《けんろく》」「帝旺《ていおう》」「衰《すい》」「病《びょう》」「死《し》」「墓《ぼ》」「絶《ぜつ》」「胎《たい》」「養《よう》」の十二をいいます。運勢の強弱、盛衰を人間の成長過程にたとえて名づけたもので、「病」だから病気するとか、「死」だから死ぬ、というのではありません。

干と支との関係の盛衰などを示す星です。通変星とともに、四柱推命学では、日干から導き出して（54ページ参照）、人の性格、才能、運勢などを占います。

十二運星

長生《ちょうせい》	沐浴《もくよく》	冠帯《かんたい》	建禄《けんろく》	帝旺《ていおう》	
衰《すい》	病《びょう》	死《し》	墓《ぼ》	絶《ぜつ》	胎《たい》	養《よう》

② 十二運星のもつ意味

十二運星による運勢の吉凶、本人の性格のあらましは次のとおりですが、たんに一つのみで断定してはいけません。命式全体を総合して判断してください。

長生　聡明、温和、明朗、継承、長寿、発展。

沐浴　率直、好色、低迷、不安定（住所、職業、人間関係等）、非継承、学芸、技術。

冠帯　我が強い、自己本位、人との衝突、上昇開運、中年以降の発展。

建禄　活発、進取的、温良、独立開運、継承、家庭運が吉、実行力。

帝旺　強気、横暴、頂上、独立独歩、地位、名誉、運勢の変転、衰退、金銭の浪費傾向、別離（女性）。

衰　慎重、保守的、退気、継承、猜疑心が強い、学者や僧侶向き。

病　神経質、潔癖、弱気、親との縁が薄い、疾病、多趣味、優柔不断。

死　せっかち、派手好き、衰退、学芸技術、社会的信用、代理、夫婦縁が薄い（男性）、他人だまされやすい。

墓　強欲、細心、蓄積、計画、孤独、宗教、継承、別離、夫婦縁が変わりやすい。

絶　小心、激情的、心身不安定、非持続性、変動、断絶、色情面凶象。

胎　ムード好き、不平屋、依存性、疾病（幼児）、気運の徴候、妊娠、平素は口数が少ないが、酒を飲むと饒舌《じょうぜつ》になる。

養　忍耐力、苦労性、養子、和合、実母との縁の強さ、実家と縁が薄い。

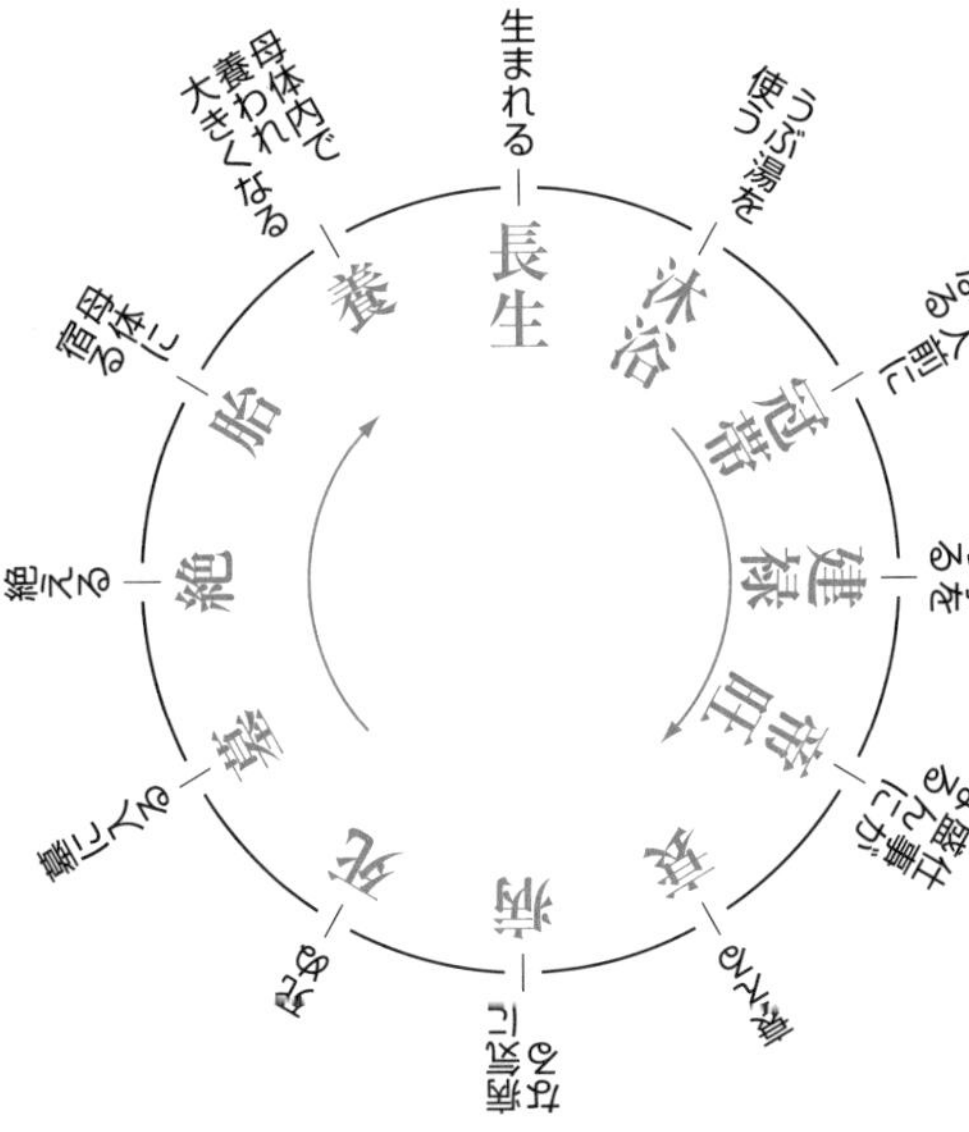

3　十二運星と運勢の強弱との関係

帝旺・建禄・長生・冠帯……強　勢
墓・胎・養・沐浴……………中　勢
衰・病・死・絶………………弱　勢

このように、人間の一生にたとえて、運勢の強弱の関係をあらわしているのは、仏教の輪廻《りんね》の思想によるものです。

四 ［相生と相剋］

相生《そうせい》とは、五行の2つ、たとえば、水と木のように、互いが助け合うこと（↓生）をいい、相剋《そうこく》とは、五行の2つ、たとえば、木は土に剋《か》つといったように、互いにやっつけ合うこと（⇓剋）といいます。

■相生の関係

木	火	土	金	水
↓生	↓生	↓生	↓生	↓生
火	土	金	水	木

■相剋の関係

木	土	水	火	金
⇓剋	⇓剋	⇓剋	⇓剋	⇓剋
土	水	火	金	木

1 五行の相生

木は燃えて火を生じ、火が燃えきると固まって土を生じ、土は金を生み、金は溶けて水（液体）となり、水は木を育てます。このように、五行の2つが互いに助け合うことを五行相生といいます。生じさせるほうは、その力を出すことによって力を弱め、反対に生じさせてもらうほうは力を得て強くなります。

木を例にとりますと、木は火にその力を与えて火を助け、木自身は力を失います。火は、木にエネルギーをもらって力が強くなります。

2 五行の相剋

木は土から養分をとって強くなりますが、土は養分を取られて弱り、土は水をせき止めて流れの強さを弱め、水は火を消し、火は金を溶かして液体とし、金は木を打ち倒します。このことを五行相剋といいます。

五行は、相剋により、互いにもっとも多くエネルギーを消耗します。剋されるほうは、剋すほうよりもいっそう力を失います。たとえば、木は土を剋してそのエネルギーを消耗しますが、金に剋されるほうがいっそう力を失って弱くなります。

この五行の相生相剋の原理は、あなたの運命の判断上きわめて大切です。

有情の剋・無情の剋　相剋する干支が陽と陽、陰と陰同士の剋を無情の剋といい、剋が強く、陽と陰の剋を有情《うじょう》の剋といい、前者の剋ほど強くないとみます。たとえば、癸㊌⇩《剋》丙火は陰と陽で有情の剋ですから弱い剋といえます。

五行の反剋　五行の相剋で1体1の場合、金⇩《剋》木⇩《剋》土…となりますが、金が1に対し木が3つあると、反対に金が木に反剋《はんこく》されるといいます。

■五行の相性

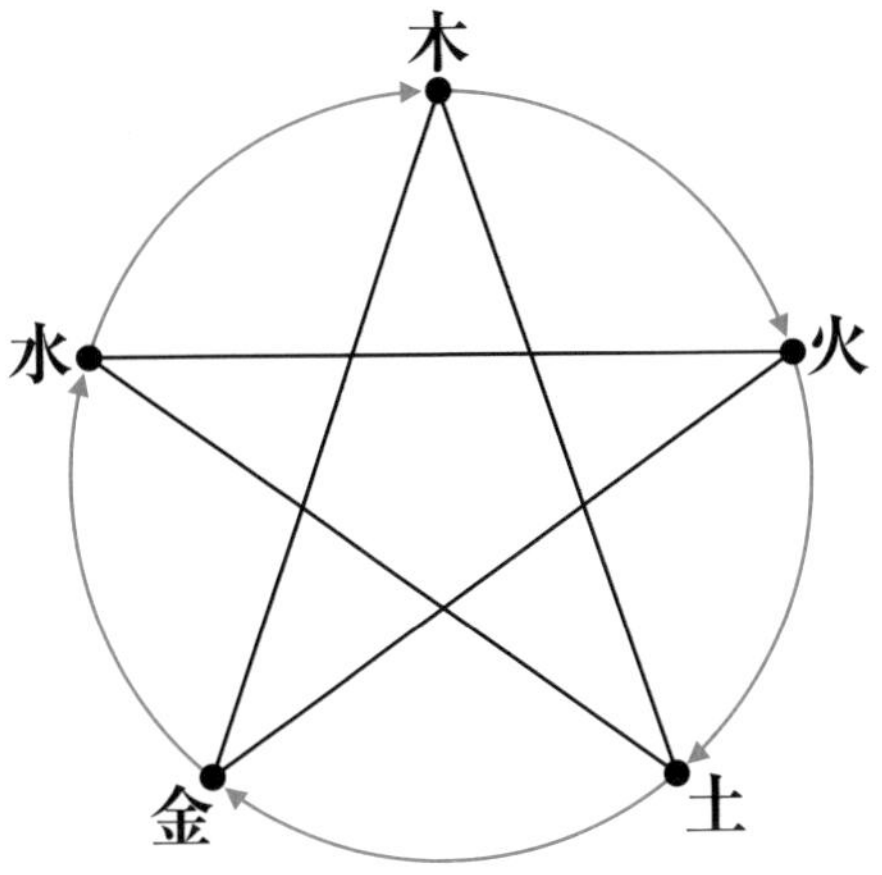

時計まわりに次の五行を生じます

■五行の相剋

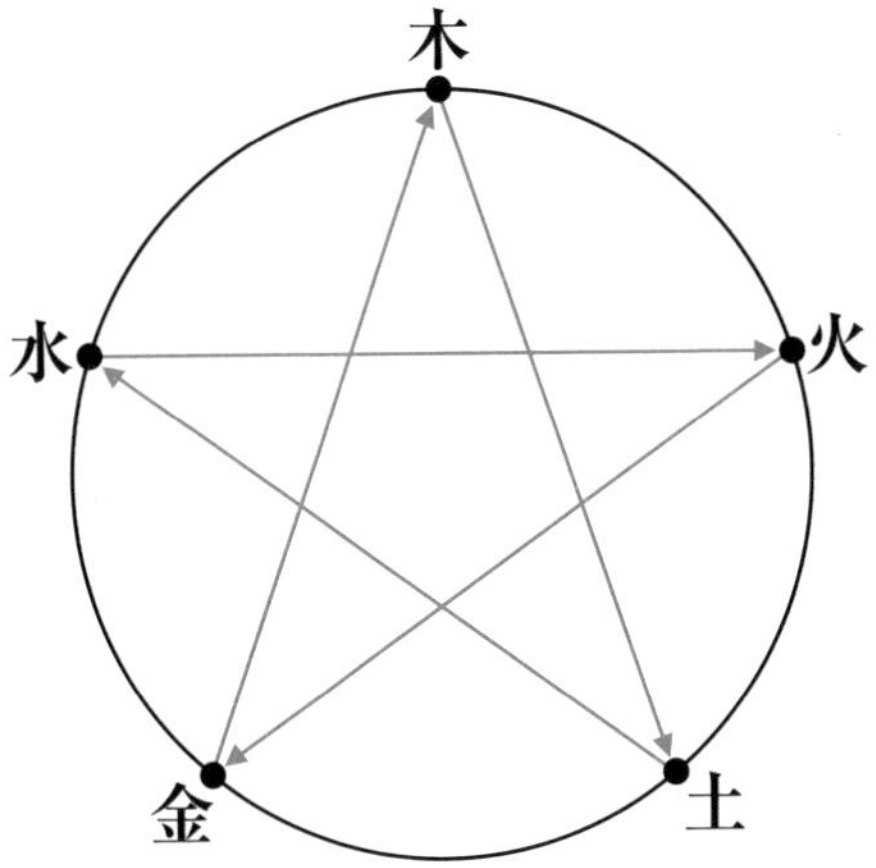

時計まわりに一つとんで剋します

3 相生する干支

相生を支配する干支には「干合《かんごう》」「三合《さんごう》」「支合《しごう》」「方合《ほうごう》」の4つがあり、原則として吉象です。結合、協力、継承、順調などの意味があります。

干《かん》合《ごう》

干合とは、十干のうちの陽干と陰干が手をつなぐことで、他の五行の1つになることもあります。

干合しますと、人との提携、合同、合併など手をつなぐサインとなります。命式中に干合がありますと男性は外交的で社交性に富む人となりますから、会社経営や世渡りの才能に恵まれる人です。女性は元来家事をきりまわしますが、命式に干合が多いと人づきあいはよいのですが、男性との性的な過ちを犯しやすくなります。いずれにしても、命式中に干合がありますと人あたりがよく柔らかい人とみます。これも通変星とのからみで意味が違ってきます。吉星は干合により吉作用が薄れ、凶星は干合により凶作用が薄れます。

五行	干合
土	← 甲《こう》—己《き》
金	← 乙《おつ》—庚《こう》
水	← 丙《へい》—辛《しん》
木	← 丁《てい》—壬《じん》
火	← 戊《ぼ》—癸《き》

■干合

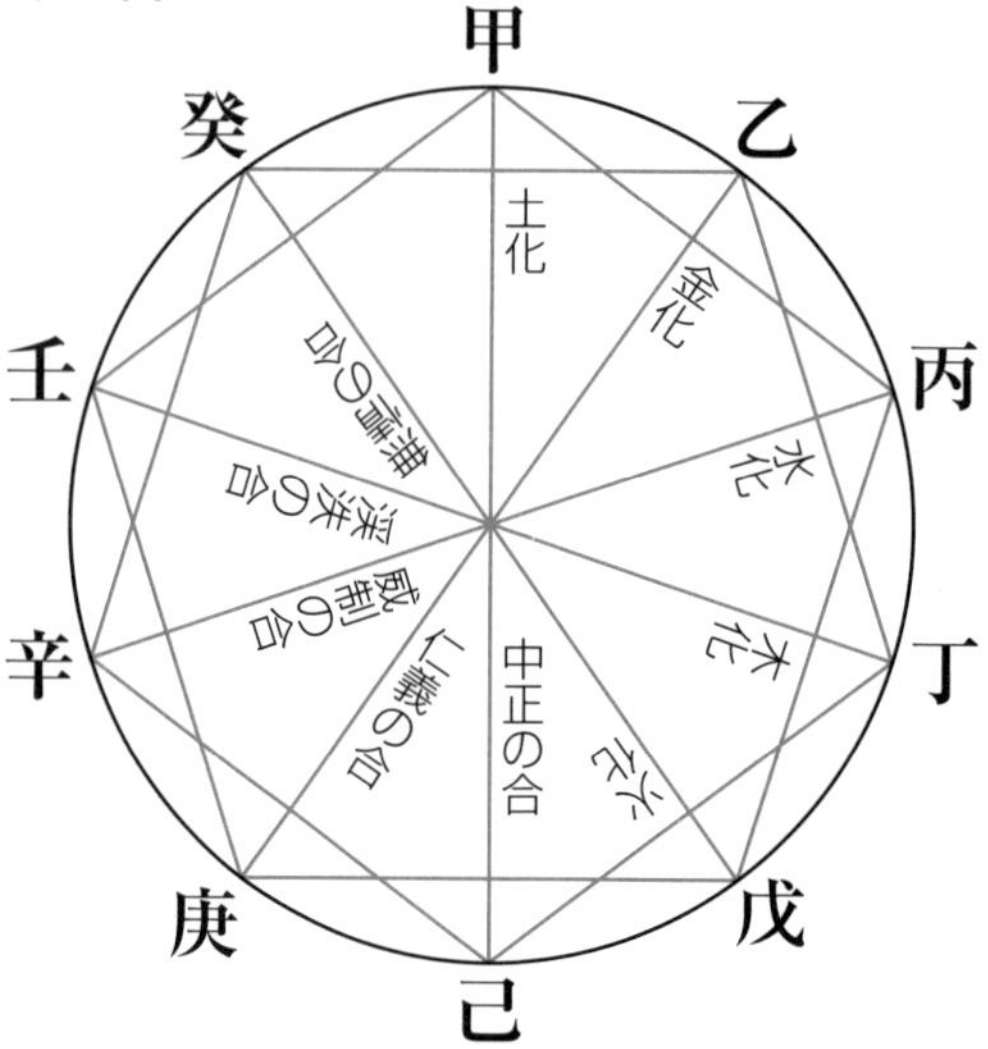

三《さん》合《ごう》

三合とは、十二支のうちの3つが手をつないで「局」となり、他の五行の1つになることをいいます。

推命術と占星術の占い方を較べると、たいへんよく似たところがあります。つまり西洋占星術《アストロロジー》では120度の角度で3つの惑星が手をつなぎますと、その人の運勢は輝かしいもので、生涯恵まれた運命となります。推命学でも下の表のように、命式の地支が三合しますと、たいへん大切な意味あいのあるサインとなります。応用編で詳しく学びますが、日干と三合の地支が同じ五行ですと、その人の運勢は、たいへん恵まれたものとなり、生涯栄達、発展するサインとなります。反面、身旺《みおう》の人は日干（あなた自身）がより強くなってバランスをくずしますので生涯あまり恵まれたものとなりません。三合で、結婚の時期、二人の相性《あいしょう》、親兄弟友人との和合をみます。命式、大運、年運の支が三合しますと、強くなった五行と通変星の意味により、起こる事柄が違ってくるのです。

■三　合

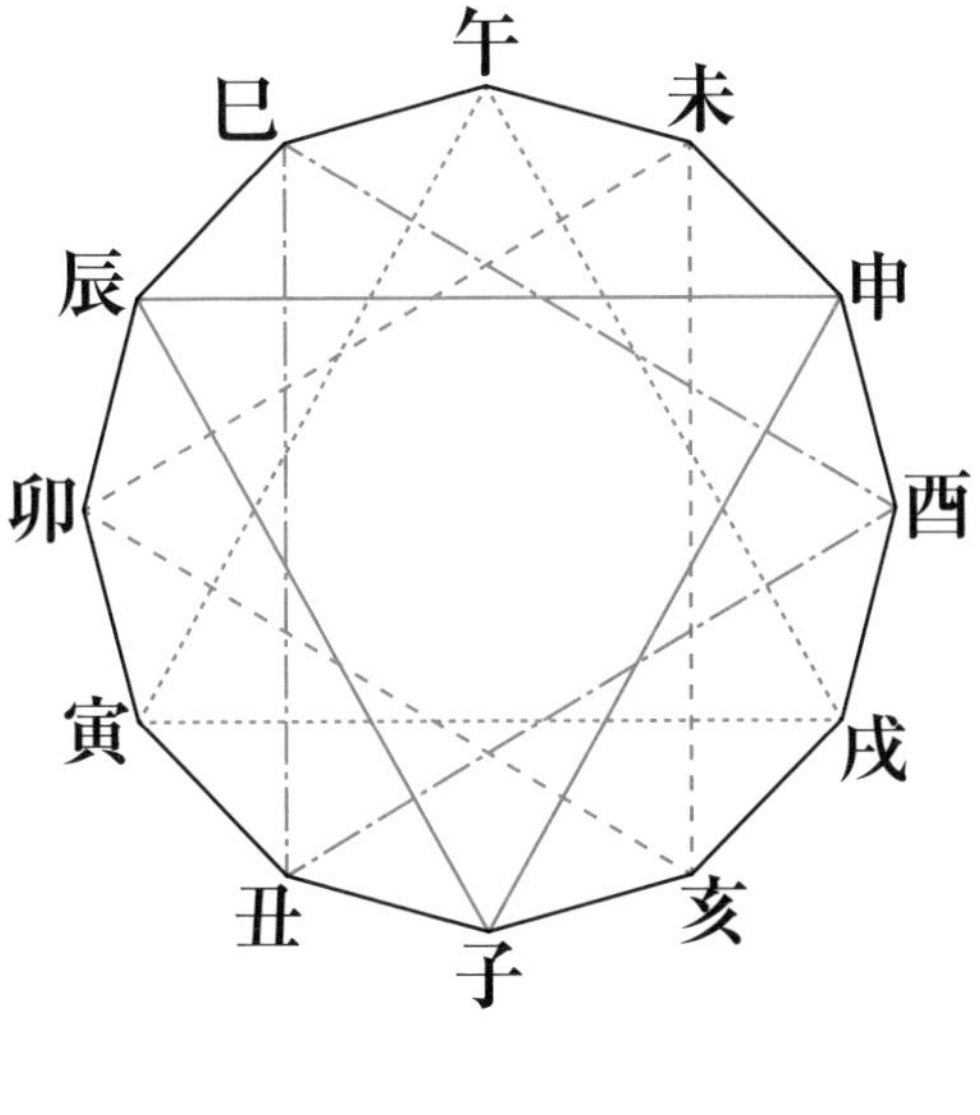

五行	三合局
木	亥《い》—卯《う》—未《ひつじ》
火	寅《とら》—午《うま》—戌《いぬ》
金	巳《み》—酉《とり》—丑《うし》
水	申《さる》—子《ね》—辰《たつ》
土	丑《うし》-辰《たつ》-未《ひつじ》-戌《いぬ》

丑辰未戌だけは例外で４つが合して四墓となる

方《ほう》合《ごう》

方合とは、十二支のうちの3つが手をつないで、強力な五行の1つになることをいいます。

左の表のように四季を五行にあてはめたもので、地支に方合があれば、その五行の強さを増し、三合と同じ意味あいとなります。強くなった五行＝通変星で、その人にとっての吉凶が異なります。

たとえば、日干が戊で地支・亥子丑と方合しますと、土⇒水で財星が強くなります。日干の土は山岳の土ですから山崩れを起こします。つまり財・女性・金銭を扱う経理、商業などに関心のある人です。

五行	方合局
水 北	← 亥《い》—子《ね》—丑《うし》（冬）
木 東	← 寅《とら》—卯《う》—辰《たつ》（春）
火 南	← 巳《み》—午《うま》—未《ひつじ》（夏）
金 西	← 申《さる》—酉《とり》—戌《いぬ》（秋）

支《し》合《ごう》

支合とは、十二支のうちの2つが、手をつなぎ合うことをいいます。

この支合は、地球が自転して黄道《おうどう》（天球上の太陽の通り道）上の太陽と一直線になったときを採ったのです。ですから命式中に支合がありますと一致団結して和合する力が増し、力のバランスが強くなります。

たとえば、命式中の日支と月支とがそれぞれ子―丑ですと、夫婦の結びつきが強くなり仲のよい夫婦だといえます。年支と月支とが支合しますと、親との縁がよく、家業を継ぐなどの意味となります。また、年柱と日柱が支合しますと、男性ならば、妻と姑が仲よく円満な家庭となる暗示です。時支と日支とが支合しま

時柱	日柱	月柱	年柱
丑	子	丑	子
支合	支合		支合
子供	配偶者	自分	親

すと、老後安泰で、子供との仲も円満です。

また命式と行運とが支合する場合、たとえば日支と年運の支とが支合した場合には、配偶者との結びつきが強くなると考えます。

図のように他の五行に変化することもあります。この並び方は地球を囲む惑星の並び方に似ています。相生する支合は、それぞれの地支が寅—亥《木↑㊌》ならば、亥の水の力を寅の木に与えて寅の木が成長することをあらわし、辰—酉《土↓㊎》は土から金を生むことを意味し、午—未《火↓㊏》は火は土に力を与えて未は余計焦げた土になると考えます。相剋する支合は、子—丑《水⇧㊏》ならば水気が多いと判断し、日干との関係で考えます。卯—戌《㊍⇩土》の支合は木が土を剋しますが、木は堅い土に反剋されそうになります。巳—申《㊋⇩金》は火が金を精錬し水を生じる形となります。

いずれも2つのものが手を結ぶことにより、逆に縛り合い、動きが鈍くなるようですから喜んでばかりはいられません。病気でしたら長びく暗示となります。日・月柱が支合すると冲《ちゅう》のとき結婚します。

■支合

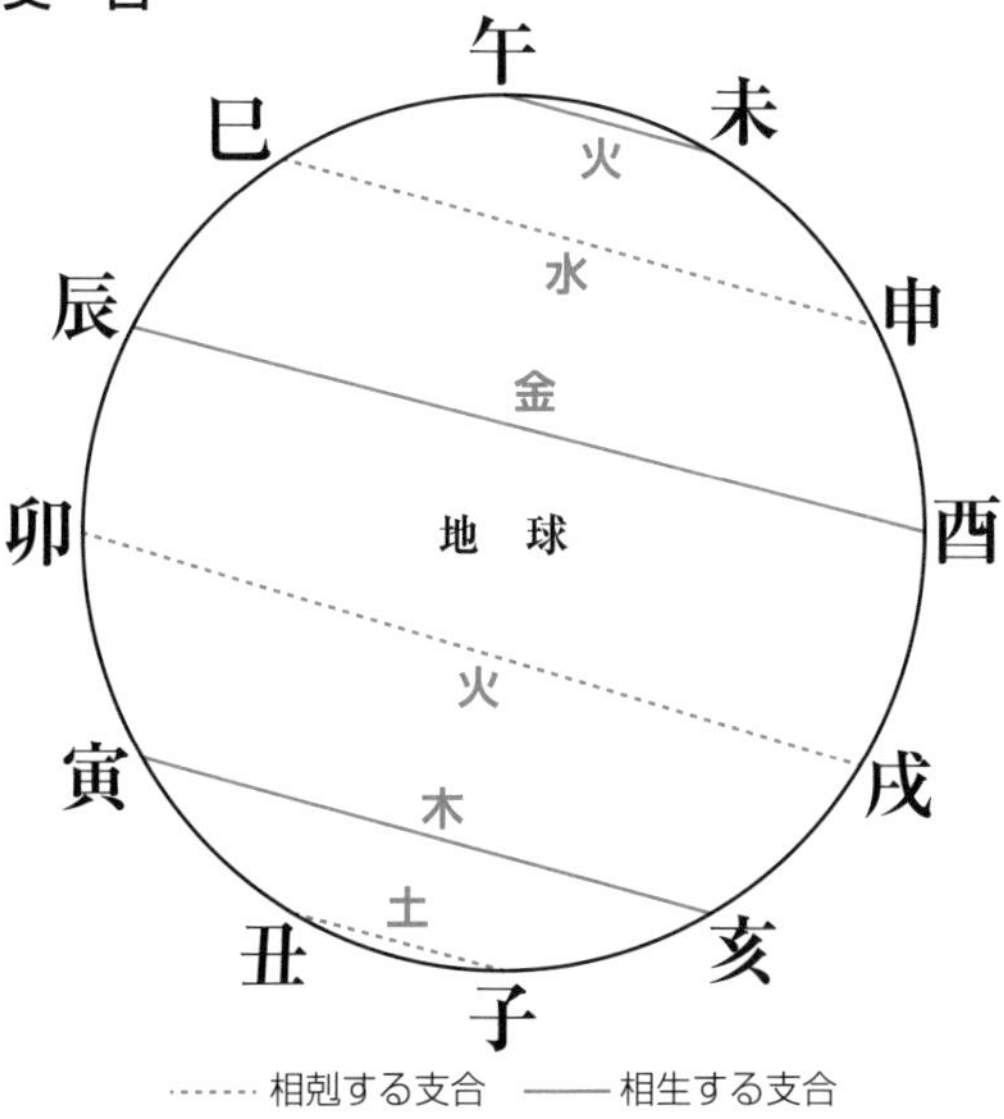

丑《うし》	子《ね》
亥《い》	寅《とら》
戌《いぬ》	卯《う》
酉《とり》	辰《たつ》
申《さる》	巳《み》
未《ひつじ》	午《うま》

4 相剋する支

相剋を支配する支には「七冲《しちちゅう》」「六害《ろくがい》」「三刑《さんけい》」「自《じ》刑《けい》」の4つがあり、命式中にこれらがあると、原則として凶象です。冲、刑、害の順に凶兆が少なくなります。

変化、動揺、破壊、人との不和、闘争、離反、衝突などの意味があります。

七《しち》冲《ちゅう》

七冲《しちちゅう》とは、十二支のうち、7つ目の陽支と陽支、または陰支と陰支同士が、互いに剋し合う形をいいます。

冲の中では月支にかかる冲が凶意が大きいです。つまり月支は自分の運命の60％を支配するからです。下図のように冲は、性質、作用がまったく逆の十二支が互いに争い力を弱め合うことをいいます。

凶作用の強い順に列記しますと、次ページの表のようになります。

①{申寅 巳亥}　②{子午 卯酉}　③{未丑 辰戌}　土同士の冲を朋冲といって凶意は弱い。

午《うま》	冲 ⟺	子《ね》
未《ひつじ》	⟺	丑《うし》
申《さる》	⟺	寅《とら》
酉《とり》	⟺	卯《う》
戌《いぬ》	⟺	辰《たつ》
亥《い》	⟺	巳《み》

■七　冲

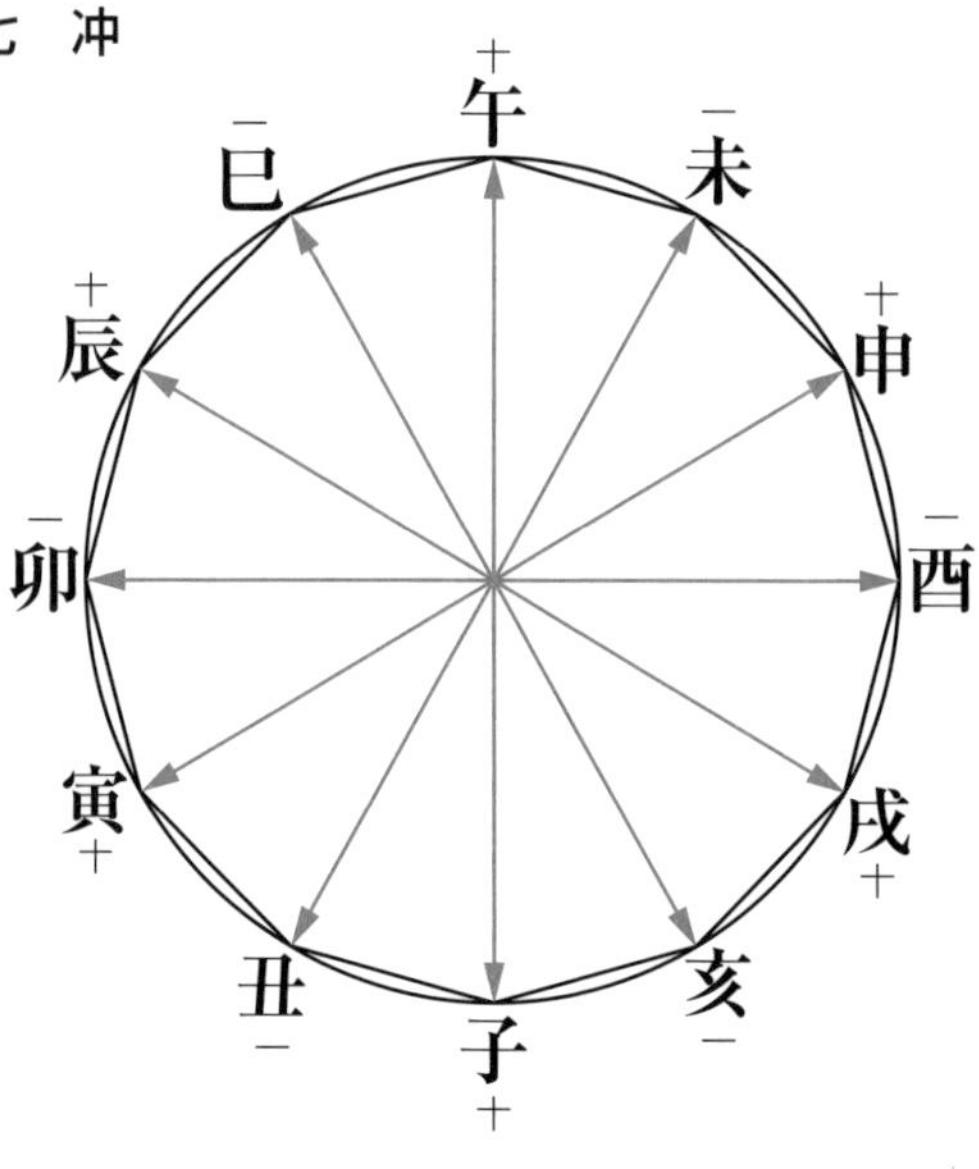

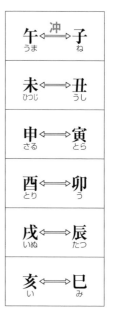

①	四長生の冲　最強					
	亥	⇒	巳	申	⇒	寅
蔵干	戊		戊	戊		戊
	甲	⇐	庚	壬	⇒	丙
	壬	⇒	丙	庚	⇒	甲
②	四旺の冲　中強					
	子	⇒	午	酉	⇒	卯
蔵干	壬	⇒	丙	庚	⇒	甲
			己	辛	⇒	乙
	癸	⇒	丁			
③	四墓の冲　弱					
	未	⇔	丑	辰	⇔	戌
蔵干	丁	⇐	癸	乙	⇐	辛
	乙	⇐	辛	癸	⇒	丁
	己		己	戊		戊

①を四長生の冲といって最強の冲です。地支の中のものが剋し合う形があり、蔵干《ぞうかん》同士が剋し合うので、地支の状態が不安定となり動揺が出てきます。②の四旺の冲も不安定な要素はありますが、①ほどでないのは中に土が入っていないからです。①は中の十が動くから強いといわれます。③の四墓の冲は、土同士の冲ですから比和の関係ですが、冲することで中のものが出てくる（発現する）のでよいされます。蔵干にその人にとってよいものがあれば、幸運に恵まれます。

六《ろく》害《がい》

六害《ろくがい》とは、十二支のうちの2つが互いに分離したり、剋し合う形をいいます。

酉《とり》 ⇔(害)⇔ 戌《いぬ》	
申《さる》 ⇔ 亥《い》	
未《ひつじ》 ⇔ 子《ね》	
午《うま》 ⇔ 丑《うし》	
巳《み》 ⇔ 寅《とら》	
辰《たつ》 ⇔ 卯《う》	

つまり、読んで字のごとく、肉親の不和、分離を示し、恩を仇《あだ》で返すなどの害があるのです。凶意としては、冲、刑、害の順でたいしたことはないのですが、支合した相手を冲《ちゅう》して剋すのです。つまり図に示したように、未と午は支合しますが、子が午を冲しますから、子と未は害となるのです。主として、日支を中心に、他柱との害をみます。

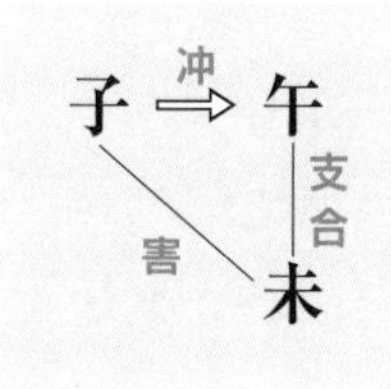

命式がよければ、その凶意はほとんどありません。

支《し》破《は》

支破《しは》とは、六害と同じく、冲刑ほどの凶意がなく、あまり重視しなくてもかまいません。世間で俗にいう、四惑十悪《しわくじゅうあく》のことで4つ、10違いの男女の相性が悪いといいます。十二支を順に数えて10番目の支を破《は》とします。

また、角度では90°の関係になり、六壬神易では用いるものの四柱推命学ではほとんど問題にしないのが現状ですので、筆者も日常の講義では採用しません。

三《さん》刑《けい》

三刑《さんけい》とは、十二支のうちの3つ、または2つが、互いに剋し合う形をいいます。矢印の方向に剋しますが、子と卯は互いに剋し合い、刑の中では、もっとも凶意が大きいのです。

命式中に三刑があると、対人関係に破綻《はたん》をきたしやすい人です。年支を中心にみますが、空亡、支合、三合すればその凶意は薄れます。

三刑には巳寅のように刑害と重複するもの、寅亥のように支合と破と重なるもの、巳申のように刑・支合

■六害と支破

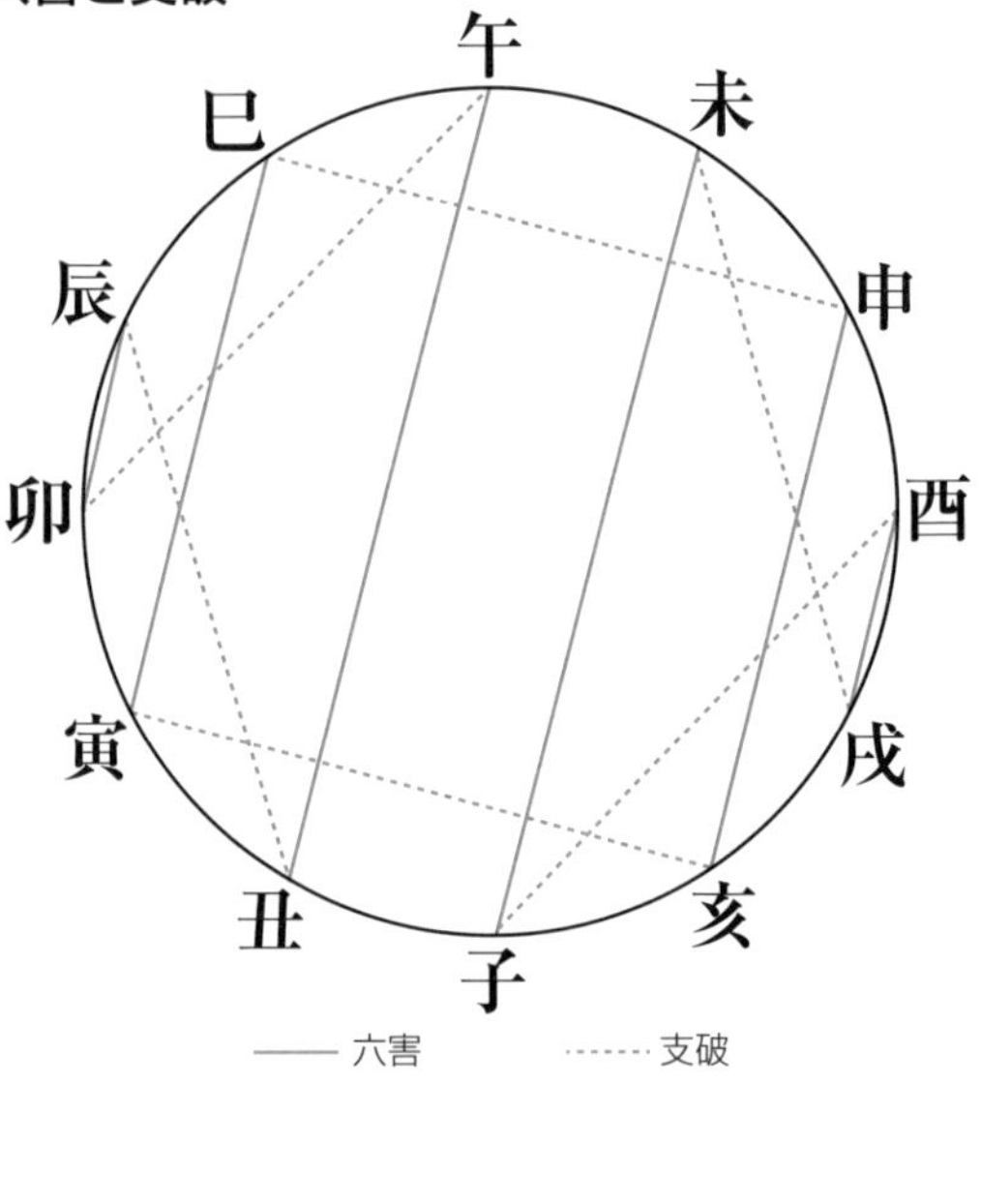

	破	
酉《とり》	⇔	子《ね》
辰《たつ》	⇔	丑《うし》
亥《い》	⇔	寅《とら》
午《うま》	⇔	卯《う》
申《さる》	⇔	巳《み》
未《ひつじ》	⇔	戌《いぬ》

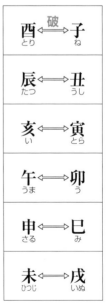

が重なるものがあります。

その解釈は、たとえば寅亥は、最初交わり後に破れが出るといった解釈がなされます。また、巳申では支合で結ばれたあとお互い面白くないことが発現し、互いに傷つけ合うようです。

寅《とら》	⇒	巳《み》	⇒	申《さる》
丑《うし》	⇒	戌《いぬ》	⇒	未《ひつじ》
子《ね》	⇔			卯《う》

自《じ》刑《けい》

自刑《じけい》とは、十二支のうちの1つが自分で自分を剋す形をいいます。

自刑が命式中にあると、闘争精神旺盛なため、自分の不注意から災いを招きやすい人です。

自刑には2つの同一地支が重なるので、その五行の意味を強め合うようです。たとえば、亥は㊌ですから、水気旺盛となり、動きが激しくなります。午は火の力が強力です。

■三刑と自刑

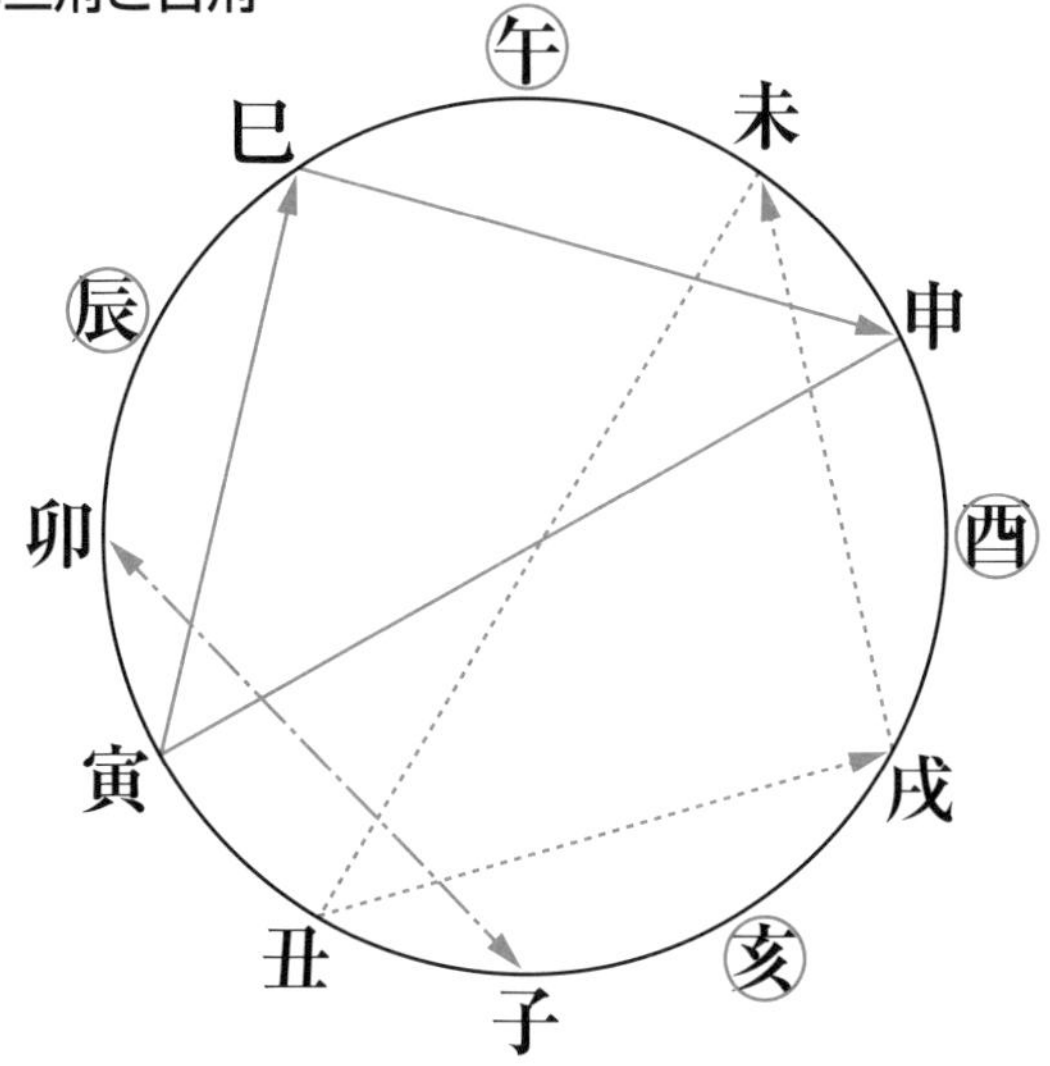

辰《たつ》	⇔	辰《たつ》
午《うま》	⇔	午《うま》
酉《とり》	⇔	酉《とり》
亥《い》	⇔	亥《い》

○印は自刑

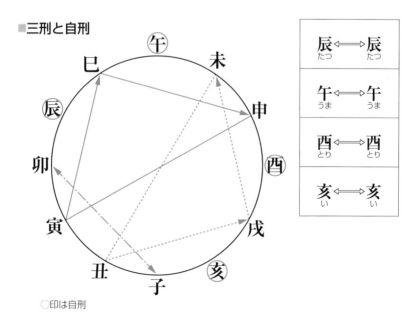

五 四柱推命に用いられる用語

1 命《めい》式《しき》

生まれた年・月・日・時刻を「干支」になおして、「年柱」「月柱」「日柱」「時柱」に組み立てたものを命式といいます。男性の命式を「男命」、女性の命式を「女命」といい、先天運を判断するのに用います。

2 用《よう》神《じん》・元《げん》命《めい》（格《かく》・タイプ）

用神とは、用《よう》（必要）のある神《じん》＝星と考え、命式の中で、自分自身を示す日干に対して、もっともよい働きをする五行または通変星です。用神を決めないと、運命を測定することができません。

元命とは、運命の元という意味で、月支の通変星をいいます。元命のことを格、またはタイプということもあります。あなたの運命の60％が、この日干と月支の通変星であらわされます。したがって、元命でその人のタイプを考えます。

元命が食神であれば食神タイプの人で、あっさりのんびりとした奉仕精神旺盛な人とみます。それが破剋されていたりすれば、食神のよさが出なくて傷官的な神経質なタイプと考えてよいでしょう。また、元命が比肩なら比肩タイプの人で、生一本な人と考えるのです。しかし、剋されていたり、弱ければ、生一本さはあまり出にくいと考えます。このように、あくまで元命はタイプと考えますから、元命の強さ弱さによって、その通変星の意味の強さ弱さを考えていきます。

■元命でタイプをあらわす

時柱	日柱	月柱	年柱
	日干		
		月支	
		元命タイプ	

用神は、その命式にとってのいちばん大切な五行、または通変星と考えますから、日干と月支との関係——つまりその人の日干が何で、どんな月のエネルギーを受けて生まれたか——によって、よい五行を見つけ出し、そのあと、命式全体から用神を見つけるのです。よい五行は「よい五行表（調候用神表）」（77ページ参照）を参考にします。

ただし、命式に偏《かたよ》りがある場合、つまり命式が強すぎたり、逆に弱すぎたりする場合は、一定の条件が整えば、特殊な格（タイプ）となることがあります。つまり、内格と外格とに分けて考えます。内格は元命＝タイプで、外格は前述の強すぎたり、弱すぎるタイプの場合をいいます（104ページ参照）。

3 大《だい》運《うん》——後天運をみる——

運勢は、大きくは30年目ごとに、小さくは10年目ごとに変わります。大運は後天運をみるのに使います。

命式にいちばんよい働きをする「用神」を助ける星がくる運を吉運、剋する星がくる運を凶運といいます。

また、命式中にいちばんよい五行がくると吉運、悪い五行がくると凶運となります。

30年目ごとに「接木運《せつぼくうん》」ができます。この接木運がめぐってくる前後の一、二年間は、仕事面、病気などに変化・変動が起こりやすいので注意しなければなりません。

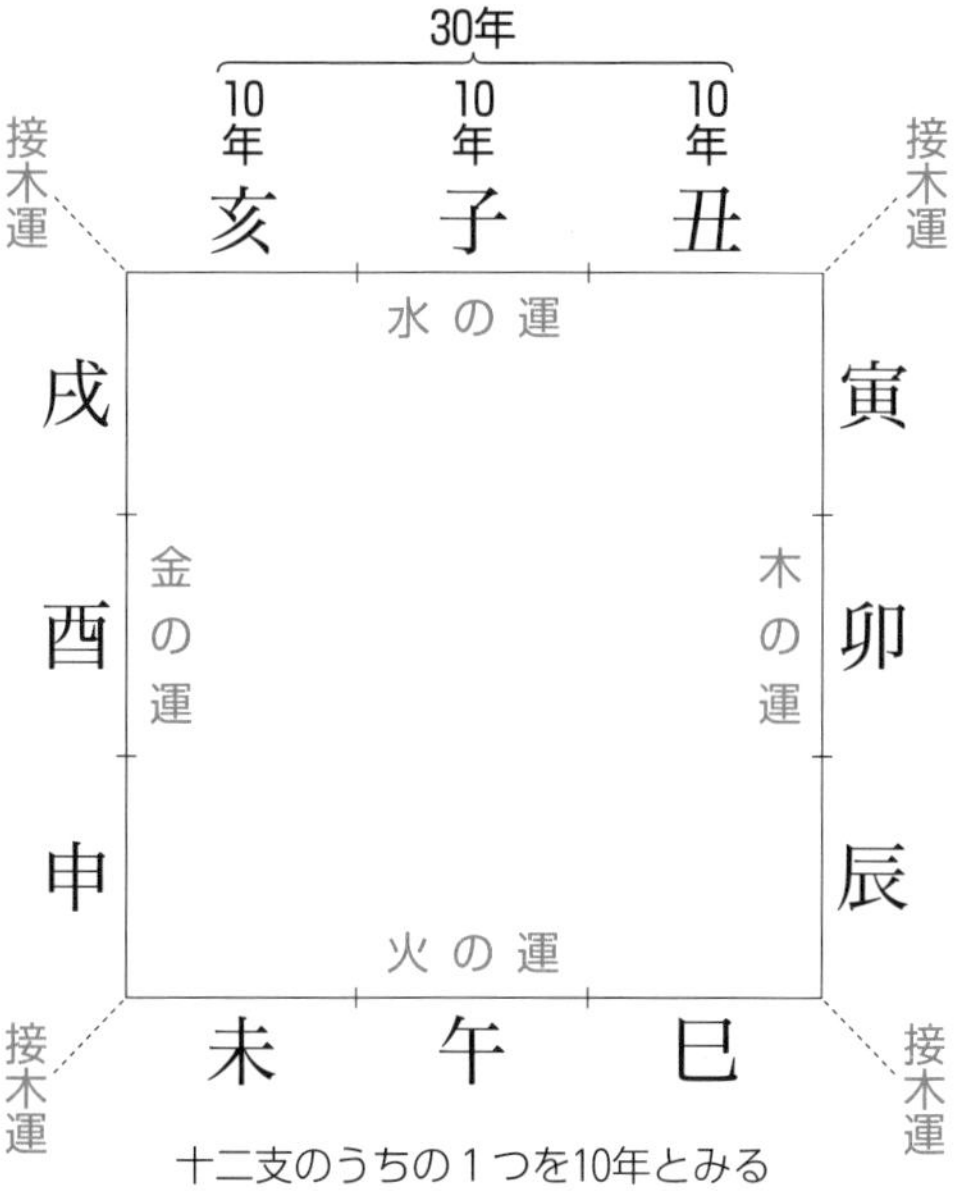

十二支のうちの１つを10年とみる

4 年《ねん》運《うん》——後天運をみる

毎年くる運勢を年運といいます。

「用神」に対して、年運に吉星がくると吉運、凶星がくると凶運となります。

大運と同じく後天運をみるために使います。

5 身旺《みおう》・身弱《みじゃく》

平均（中和ともいう）より強い運勢をもった命式を「身旺」、平均以下の運勢をもった命式を「身弱」といいます。

身旺の人は、社会で活躍する能力を備えていますが、身弱の人は、社会で活躍する気力に欠けます。

あまり身旺すぎるのも、性格が横暴であるため人に嫌われやすく、また配偶者を剋しますのでよくありません。

「強旺格」「従格」のような特殊な命式の場合はこのかぎりではありません。

6 吉《きち》星《せい》

命式中の用神に対して吉の働きをする通変星のことを吉星ともいいます。

○**食神**　食禄、財産、女命では子供の星。

○**偏財**　身につかず流通する資産の星、男命では女性の星。

○**正財**　身につく資産の星、男命では女性の星、父親の星。

○**正官**　職業の星。女命では男性の星。

○**印綬**　名声、芸術、実母の星。

以上の5つを吉星といいます。しかし、干合とか剋がある場合は、福が薄れます。また、たとえ吉星でも3つ以上あると凶星になります。

△ 比肩

兄弟姉妹、友人、養子、父親との不和、財星を剋す星。

比肩はあなた自身、つまり自分の星ですから吉星でも凶星でもありません。

劫財も自星ですが、日干と陰陽の違いがあります。日干によりその吉凶を異にしますが、正財を剋すので凶となります。

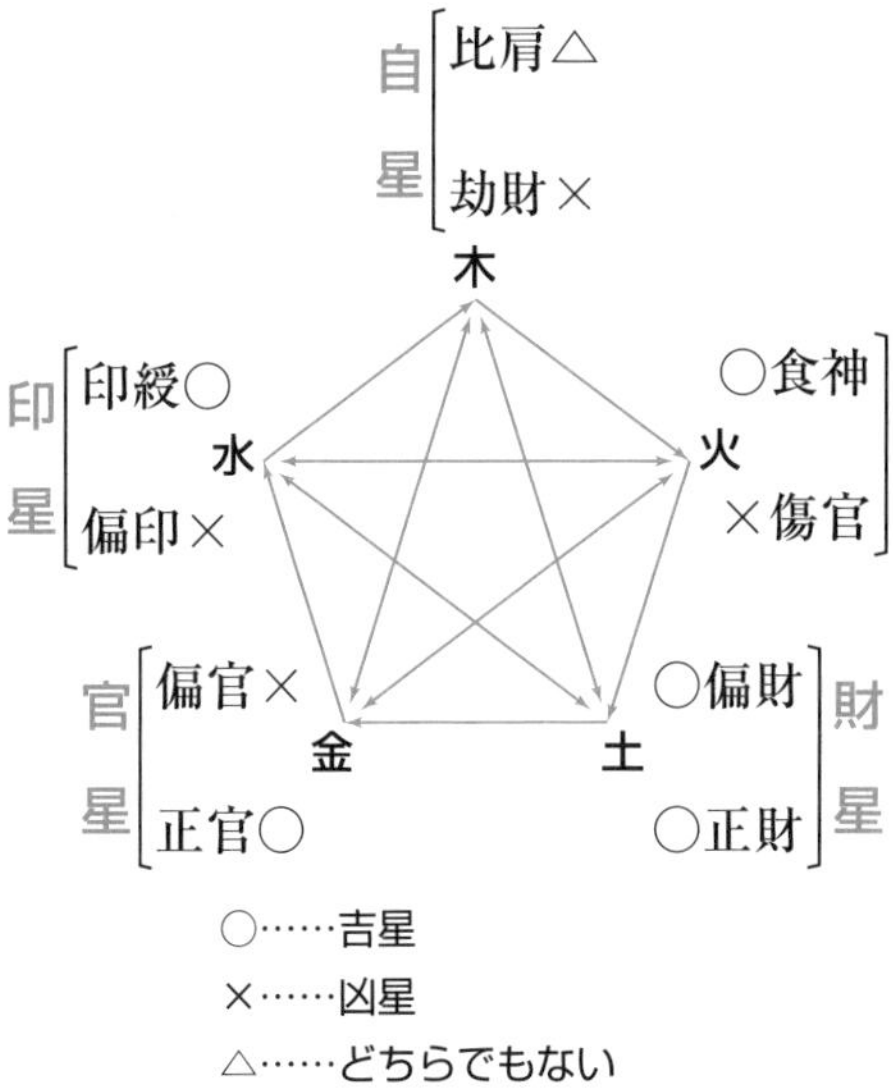

7 凶《きょう》星《せい》

命式中の用神に対して凶の働きをする通変星のことを凶星ともいいます。

× 劫財

義兄弟、商売がたきの星。

劫財の劫は〜をうばう、〜をおびやかす、〜を破る、の意味があり、正財、つまり財産を剋します。

× 傷官

職業、相続、子供を剋する星。女命では夫を剋す星。

× 偏官

自分をあらわす比肩をやっつける星。

× 偏印

衣食住や健康の星、食神をやっつける星。**倒食**ともいう。

以上の通変星を凶星といいます。

しかし、干合があると凶意が薄れます。また、他の星から剋されると凶意が去ります。

8 制《せい》化《か》

凶星の凶意をおさえて凶を減らすことです。吉星で凶星を剋して良化することを**制**といい、干合して他の五行に変えるか、他干の仲介で良化する方法を**化**といいます。

(1) 凶星を剋す

劫財、傷官、偏官、偏印を四凶星といいますが、他の通変星からの剋で凶星をおさえます。

凶星	剋	凶星を制する通変星
劫財	⇦	正官
傷官	⇦	印綬
偏官	⇦	食神
偏印	⇦	偏財

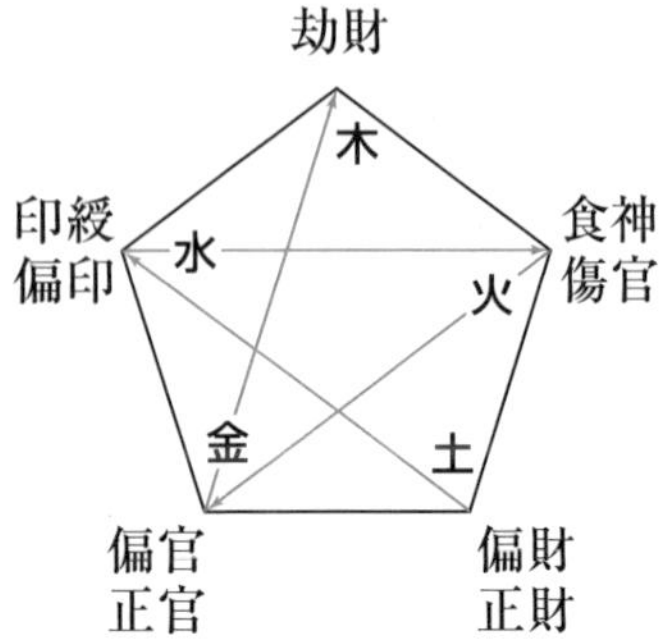

(2) 他の通変星と干合さす

傷官は凶星ですが、偏官か偏印があると、傷官と干合して他の五行になるから凶意が去ります。たとえば、日干が己ですと、庚《傷官》は乙《偏官》と干合しますし、日干が甲ですと、丁《傷官》は壬《偏印》と干合します。これを凶星の制化ができたといいます。

(3) 次の通変星、または次の五行へ泄《も》らす

偏官は凶星ですが、次にくる星が印星（印綬、偏印）であれば、凶意が次へ泄れて偏官の凶意が減ります。

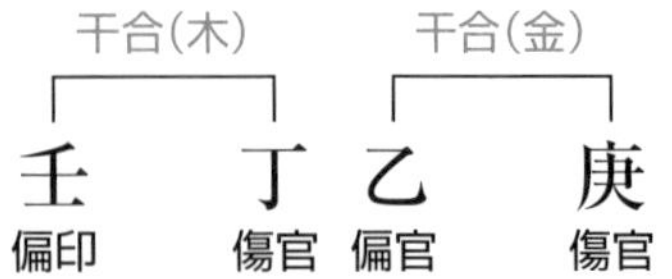

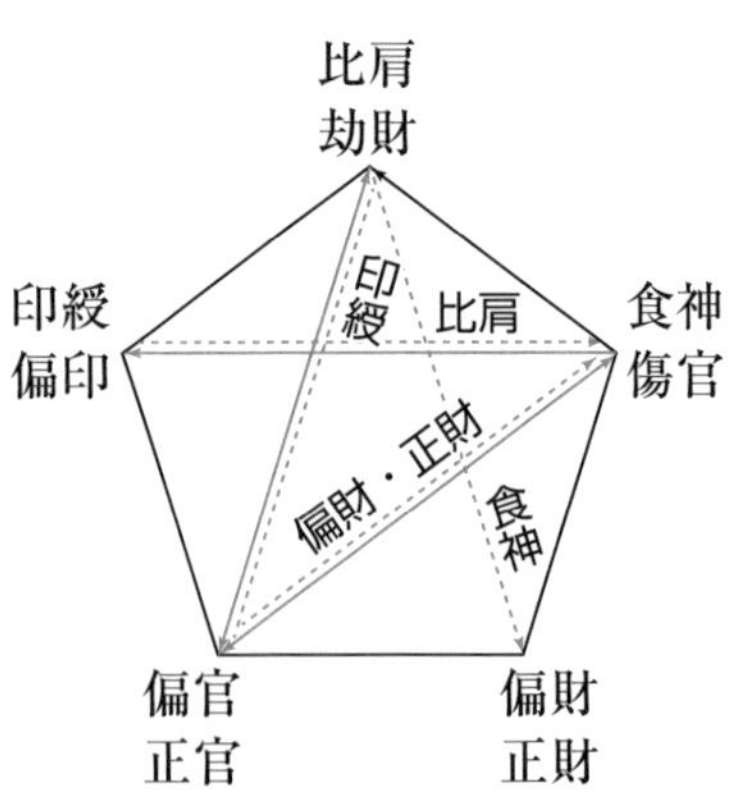

9 空《くう》亡《ぼう》（天中殺）

「十干」に「十二支」を組み合わせていくと、支の戌と亥がはみ出ます。この時期は、空《むな》しく亡《ほろ》びる暗示があり、不足の災いを招きやすく、すべてに悪作用をもたらす衰運のときとなります。

この時期は人によって異なりますが、戌亥、申酉、午未、辰巳、寅卯、子丑の12単位で循環します。12日目、12ヵ月目、12年目という単位でめぐってきます。

■六十甲子表と空亡表■

										空亡
甲子	乙丑	丙寅	丁卯	戊辰	己巳	庚午	辛未	壬申	癸酉	戌亥
甲戌	乙亥	丙子	丁丑	戊寅	己卯	庚辰	辛巳	壬午	癸未	申酉
甲申	乙酉	丙戌	丁亥	戊子	己丑	庚寅	辛卯	壬辰	癸巳	午未
甲午	乙未	丙申	丁酉	戊戌	己亥	庚子	辛丑	壬寅	癸卯	辰巳
甲辰	乙巳	丙午	丁未	戊申	己酉	庚戌	辛亥	壬子	癸丑	寅卯
甲寅	乙卯	丙辰	丁巳	戊午	己未	庚申	辛酉	壬戌	癸亥	子丑

10 生《せい》助《じょ》

通変星の力を助け、その通変星の力を強くする働きを**生助**といいます。

正官は吉星ですから、1つ手前の星・偏財、正財から生じられると、助があり、福分が増します。偏官は凶星ですから、その1つ手前の偏財、正財から生じられると、ますます力を得て凶意が強くなります。こういうときには表のように、生じる星・偏財・正財を剋す星・比肩、劫財があれば、生じる財星を剋してくれるので、凶星・偏官の凶意は弱まります。

■生　助

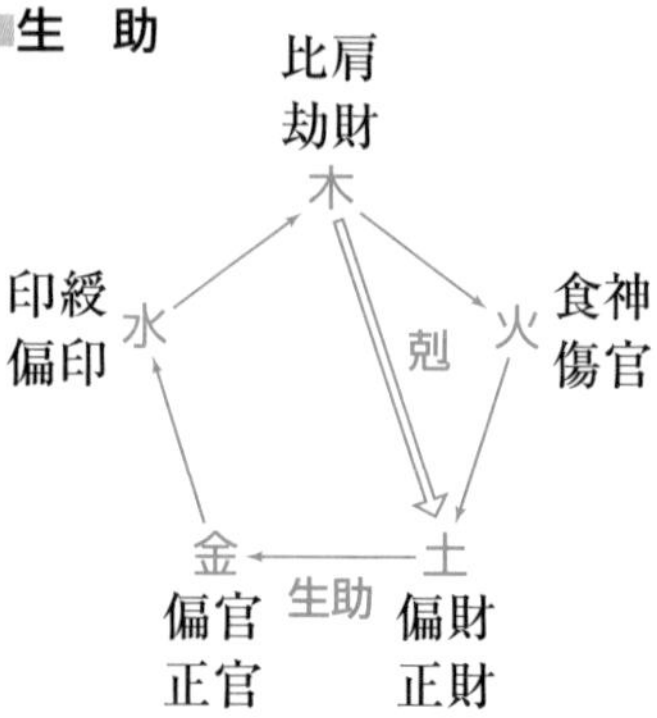

11 月令

日干が、生まれ月の指令（エネルギー）を受けて生じた命式を「月令を得る」といいます。たとえば、日干が「甲」で、春（寅・卯・辰）に生まれたとしますと、このときは「木」の勢いのもっとも強いときで、日干は月令を得て、ひじょうに力が強くなります。

これは身旺、身弱の測定にも用いられます。また、月令を得ている人の運勢は強いのです。

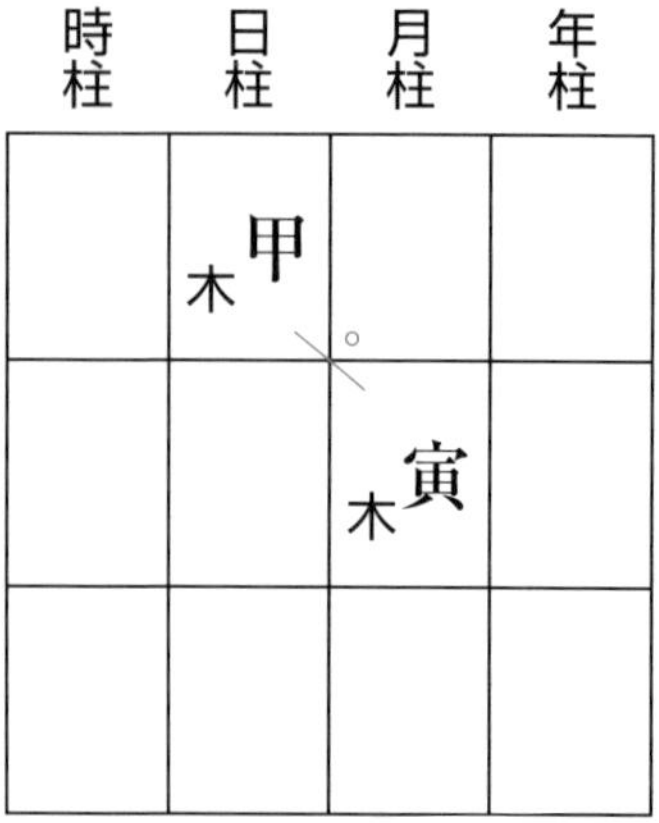

＝月令を得ている記号

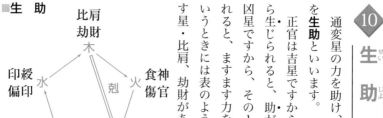

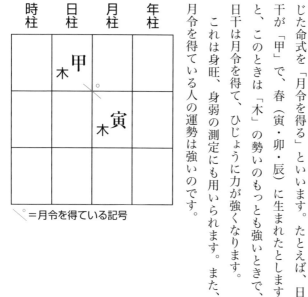

第二章　命式の求め方とその解釈の仕方

一　［命式の求め方］

1 生年干支の求め方

命式の求め方の詳細については、「4命式の求め方」の項（46ページから）で詳しく説明します。この節では、その求め方の概略と節入日《せついりび》について学びます。

巻末の萬年暦から求めます。

立春、2月の節入日（月の変わり目の日とその時刻）を境に、年の変わり目とします。

その年の1月1日から立春までに生まれた人は、前年の干支になおします。立春後に生まれた人は、その

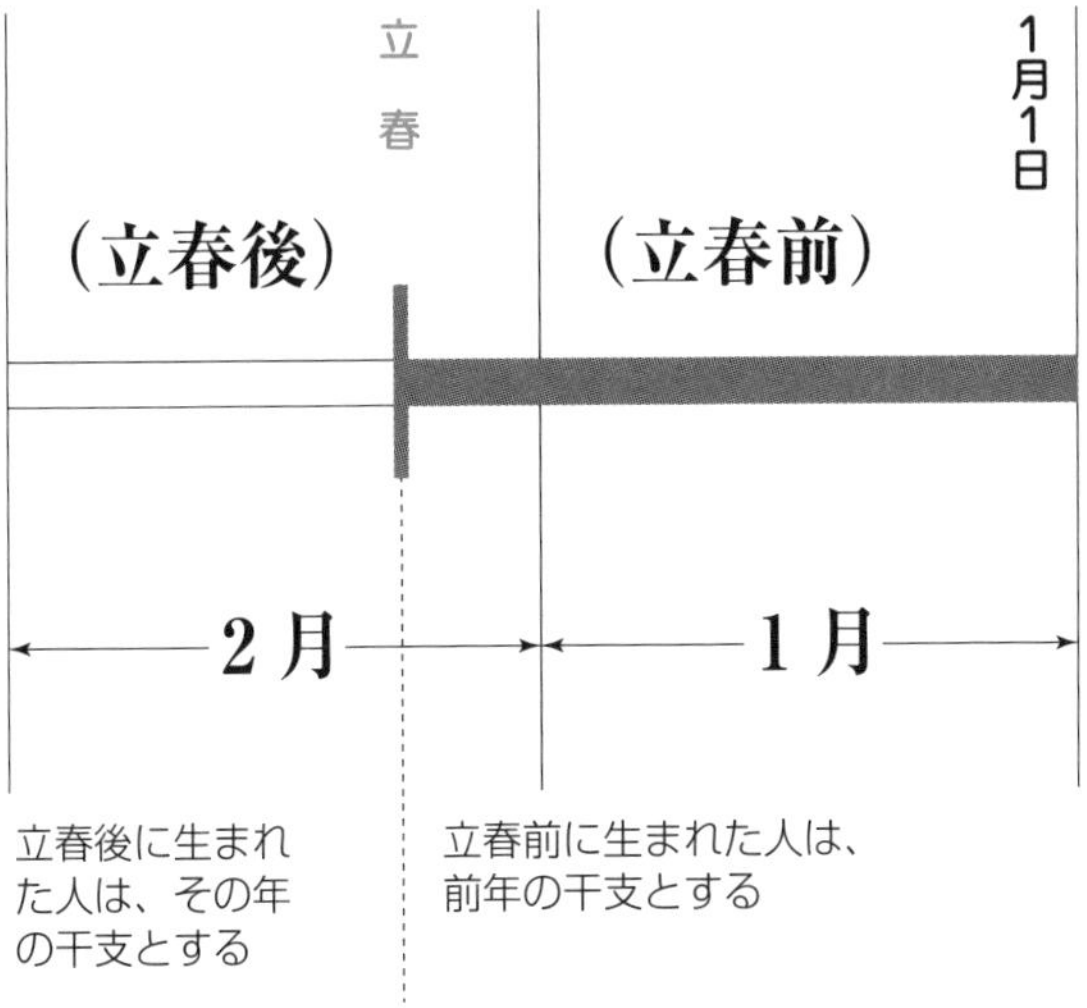

年の干支になおします。

　これは、昔の中国では、立春をもって正月とし、その年の変わり目としたからです。

　中国では年中の行事の一つとして5つの節句がありました。それは1月1日、3月3日、5月5日、7月7日、9月9日ですが、どれも月と日が奇数です。

　しかし、日本と異なり、中国では一種のよくない日で、厄払いをする日です。この日が事もなく過ごせるように、仕事を休み、神を祀《まつ》る日です。

〈例〉平成7年1月生まれ
　この人は立春前の生まれ日ですから、前年の平成6年の干支・甲戌《きのえいぬ》になおします。

〈例〉平成7年3月生まれ
　この人の場合は、立春後の生まれ日ですから、その年に入ります。平成7年の干支・乙亥《きのとい》になおします。

② 生月干支の求め方

巻末の萬年暦から求めます。

その月の節入日と時刻を月の変わり目とします。節

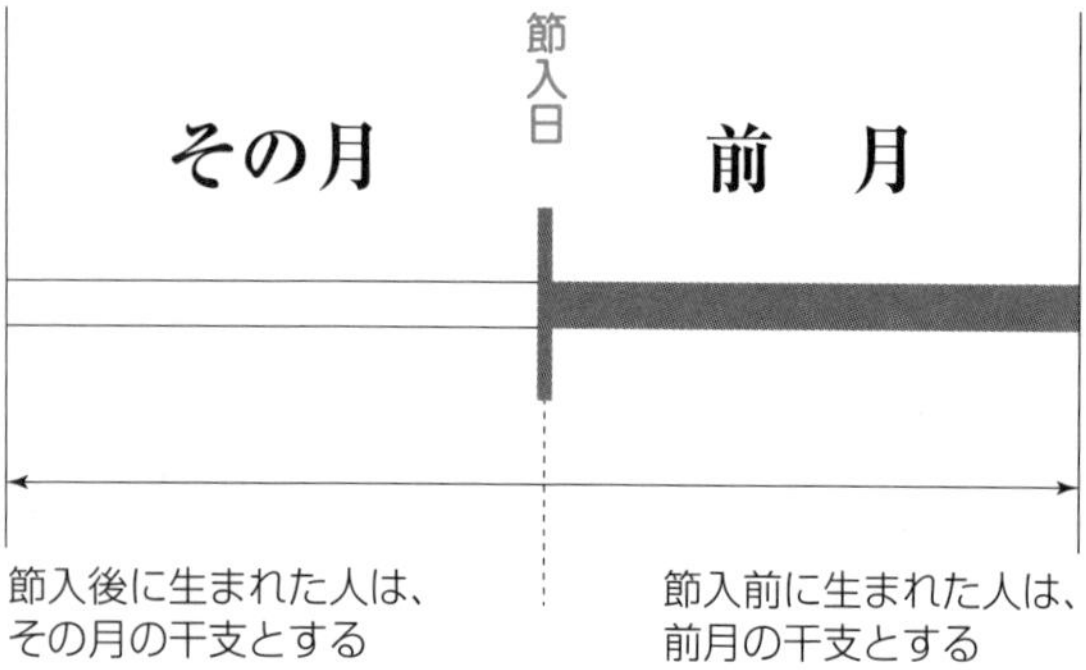
前　月
節入日
その月
節入前に生まれた人は、前月の干支とする
節入後に生まれた人は、その月の干支とする

入前に生まれた人は前月の干支に、節入後に生まれた人はその月の干支になおします。

〈例〉平成7年5月1日生まれ

この人の場合は、5月6日が節入日ですが、節入前の生まれ日（5月1日）ですから、前月の4月の干支・庚辰《かのえたつ》になおします。

〈例〉平成7年5月7日生まれ

この人の場合、5月7日は節入後の生まれ日ですから、その月（5月）の干支・辛巳《かのとみ》になおします。

3 生日干支の求め方

巻末の萬年暦と、六十甲子表《きのえねひょう》から求めます。

日の干支は、節入日の前後を問わず、生まれた月の1日からその日を萬年暦で求めます。

〈例〉平成7年5月3日生まれ

生日干支は、節入日の前後を問わず、生まれた月、つまり5月1日の干支・壬辰《みずのえたつ》から3日目の干支・甲午《きのえうま》を萬年暦から導き出します。六十甲子表（41・48ページ参照）の甲午のある行を下にたどると空亡の欄があり、辰巳《たつみ》となっています。これがこの人の空亡です。

また、この人の年干支は立春後の生まれ日ですから平成7年の干支・乙亥《きのとい》とし、月干支は、生まれた日が節入前ですから、前の月、つまり4月の干支・庚辰《かのえたつ》とします。

これを整理すると、表のようになります。

年柱	乙亥《きのとい》
月柱	庚辰《かのえたつ》
日柱	甲午《きのえうま》
空亡	辰巳《たつみ》

4 命式の求め方

(1)命式の成り立ち

干支《かんし》のうち、上のほうを天干《てんかん》、下のほうを地支《ちし》といいます。地支に含まれている下のほうを蔵干《ぞうかん》といいます。

たとえば、戊辰《つちのえたつ》の場合、戊《つちのえ》が天干で、辰《たつ》が地支となり、この辰をもとにして蔵干を求めます。

干支の構造

	天干	地支	
年柱	年干	年支	蔵干
月柱	月干	月支	蔵干
日柱	日干	日支	蔵干
時柱	時干	時支	蔵干
空亡	支	支	

(2)干支へのなおし方

生年→萬年暦を用います→天干、地支
生月→萬年暦を用います→天干、地支
生日→萬年暦を用います→天干、地支
生時→時刻表を用います→天干、地支
空亡→六十甲子《きのえね》表と空亡表をみます→支

(3)命式の求め方

〈例〉 橋本聖子さん　昭和39年10月5日午前10時生

左の表は、巻末の萬年暦から昭和39年の部分を抜粋したものです。

この表から生年・生月を干支になおします。昭和39年は甲辰《きのえたつ》の年ですから、

生年（39年）↓甲辰《きのえたつ》

10月の干支は甲戌《きのえいぬ》ですが、節入日が10月8日ですから前月の9月の干支をみます。

生月（9月）↓癸酉《みずのとり》

生日干支は万年暦から求めます。10月の欄をみて5

昭和39年〈1964年〉　甲　辰　（九紫火星）

三碧	四緑	五黄	六白	七赤	八白	九紫	一白	二黒	三碧	四緑	五黄	九星
翌1月	12月	11月	10月	9月	8月	7月	6月	5月	4月	3月	2月	月
丁丑	丙子	乙亥	甲戌	癸酉	壬申	辛未	庚午	己巳	戊辰	丁卯	丙寅	月の干支
5日後 10：02	7日前 10：53	7日後 6：15	8日後 3：22	7日後 11：59	7日後 9：16	7日前 11：32	6日前 1：12	5日後 8：51	5日前 3：18	5日後 10：16	5日前 4：05	節入
乙卯	甲申	甲寅	癸未	癸丑	壬午	辛亥	辛巳	庚戌	庚辰	己酉	庚辰	1日
丙辰	乙酉	乙卯	甲申	甲寅	癸未	壬子	壬午	辛亥	辛巳	庚戌	辛巳	2日
丁巳	丙戌	丙辰	乙酉	乙卯	甲申	癸丑	癸未	壬子	壬午	辛亥	壬午	3日
戊午	丁亥	丁巳	丙戌	丙辰	乙酉	甲寅	甲申	癸丑	癸未	壬子	癸未	4日
己未	戊子	戊午	丁亥	丁巳	丙戌	乙卯	乙酉	甲寅	甲申	癸丑	甲申	5日
庚申	己丑	己未	戊子	戊午	丁亥	丙辰	丙戌	乙卯	乙酉	甲寅	乙酉	6日
辛酉	庚寅	庚申	己丑	己未	戊子	丁巳	丁亥	丙辰	丙戌	乙卯	丙戌	7日
壬戌	辛卯	辛酉	庚寅	庚申	己丑	戊午	戊子	丁巳	丁亥	丙辰	丁亥	8日
癸亥	壬辰	壬戌	辛卯	辛酉	庚寅	己未	己丑	戊午	戊子	丁巳	戊子	9日
甲子	癸巳	癸亥	壬辰	壬戌	辛卯	庚申	庚寅	己未	己丑	戊午	己丑	10日
乙丑	申午	甲子	癸巳	癸亥	壬辰	辛酉	辛卯	庚申	庚寅	己未	庚寅	11日
丙寅	乙未	乙丑	申午	甲子	癸巳	壬戌	壬辰	辛酉	辛卯	庚申	辛卯	12日
丁卯	丙申	丙寅	乙未	乙丑	申午	癸亥	癸巳	壬戌	壬辰	辛酉	壬辰	13日
戊辰	丁酉	丁卯	丙申	丙寅	乙未	甲子	申午	癸亥	癸巳	壬戌	癸巳	14日
己巳	戊戌	戊辰	丁酉	丁卯	丙申	乙丑	乙未	甲子	申午	癸亥	申午	15日
庚午	己亥	己巳	戊戌	戊辰	丁酉	丙寅	丙申	乙丑	乙未	甲子	乙未	16日
辛未	庚子	庚午	己亥	己巳	戊戌	丁卯	丁酉	丙寅	丙申	乙丑	丙申	17日
壬申	辛丑	辛未	庚子	庚午	己亥	戊辰	戊戌	丁卯	丁酉	丙寅	丁酉	18日
癸酉	壬寅	壬申	辛丑	辛未	庚子	己巳	己亥	戊辰	戊戌	丁卯	戊戌	19日
甲戌	癸卯	癸酉	壬寅	壬申	辛丑	庚午	庚子	己巳	己亥	戊辰	己亥	20日
乙亥	甲辰	甲戌	癸卯	癸酉	壬寅	辛未	辛丑	庚午	庚子	己巳	庚子	21日
丙子	乙巳	乙亥	甲辰	甲戌	癸卯	壬申	壬寅	辛未	辛丑	庚午	辛丑	22日
丁丑	丙午	丙子	乙巳	乙亥	甲辰	癸酉	癸卯	壬申	壬寅	辛未	壬寅	23日
戊寅	丁未	丁丑	丙午	丙子	乙巳	甲戌	甲辰	癸酉	癸卯	壬申	癸卯	24日
己卯	戊申	戊寅	丁未	丁丑	丙午	乙亥	乙巳	甲戌	甲辰	癸酉	甲辰	25日
庚辰	己酉	己卯	戊申	戊寅	丁未	丙子	丙午	乙亥	乙巳	甲戌	乙巳	26日
辛巳	庚戌	庚辰	己酉	己卯	戊申	丁丑	丁未	丙子	丙午	乙亥	丙午	27日
壬午	辛亥	辛巳	庚戌	庚辰	己酉	戊寅	戊申	丁丑	丁未	丙子	丁未	28日
癸未	壬子	壬午	辛亥	辛巳	庚戌	己卯	己酉	戊寅	戊申	丁丑	戊申	29日
甲申	癸丑	癸未	壬子	壬午	辛亥	庚辰	庚戌	己卯	己酉	戊寅		30日
乙酉	甲寅		癸丑		壬子	辛巳		庚辰		己卯		31日

日をみると、

生日（5日）→丁亥《ひのとい》

となります。

六十甲子表で生日干支（丁亥）を探し、生日干支がある縦の例の下の空亡表から空亡は午未《うまひつじ》であることを知ります。

空亡→午未《うまひつじ》

生時の干支は、日干を基にして干支時刻表を用いて求めます。干支時刻表では生時午前10時は午前9時～午前11時の間ですから、日干の丁《ひのと》と交差するところの乙巳《きのとみ》をみつけます。

生時（午前10時）→乙巳《きのとみ》

■六十甲子表と空亡表■

甲子	甲戌	甲申	甲午	甲辰	甲寅
乙丑	乙亥	乙酉	乙未	乙巳	乙卯
丙寅	丙子	丙戌	丙申	丙午	丙辰
丁卯	丁丑	丁亥	丁酉	丁未	丁巳
戊辰	戊寅	戊子	戊戌	戊申	戊午
己巳	己卯	己丑	己亥	己酉	己未
庚午	庚辰	庚寅	庚子	庚戌	庚申
辛未	辛巳	辛卯	辛丑	辛亥	辛酉
壬申	壬午	壬辰	壬寅	壬子	壬戌
癸酉	癸未	癸巳	癸卯	癸丑	癸亥
空亡					
戌亥	申酉	午未	辰巳	寅卯	子丑

干支時刻表

癸・戊日	壬・丁日	辛・丙日	庚・乙日	己・甲日	生日／誕生時間
壬子	庚子	戊子	丙子	甲子	午前 0時～1時
癸丑	辛丑	己丑	丁丑	乙丑	午前 1時～3時
甲寅	壬寅	庚寅	戊寅	丙寅	午前 3時～5時
乙卯	癸卯	辛卯	己卯	丁卯	午前 5時～7時
丙辰	甲辰	壬辰	庚辰	戊辰	午前 7時～9時
丁巳	乙巳	癸巳	辛巳	己巳	午前 9時～11時
戊午	丙午	甲午	壬午	庚午	午前11時～午後1時
己未	丁未	乙未	癸未	辛未	午後 1時～3時
庚申	戊申	丙申	甲申	壬申	午後 3時～5時
辛酉	己酉	丁酉	乙酉	癸酉	午後 5時～7時
壬戌	庚戌	戊戌	丙戌	甲戌	午後 7時～9時
癸亥	辛亥	己亥	丁亥	乙亥	午後 9時～11時
甲子	壬子	庚子	戊子	丙子	午後 11時～0時

サマータイムの実施期間
（「暦の百科事典」より）

昭和23年5月2日(日)～9月11日(土)
昭和24年4月3日(日)～9月10日(土)
昭和25年5月7日(日)～9月9日(土)
昭和26年5月6日(日)～9月8日(土)

※サマータイム期間中は生時を1時間繰り下げて時柱干支を設定する。
※1時は0時～1時、3時は1時～3時のように前の誕生時間に入れる。

以上のようにして、昭和39年10月5日午前10時生まれを干支になおします。

(4) 蔵干の求め方

①月律分野《げつりつぶんや》蔵干表《ぞうかんひょう》（52ページ参照）と萬年暦を用いて求めます。

②蔵干はそれぞれの地支で求めます。

蔵干とは、その月の太陽のエネルギーを含む干のことで、四柱のそれぞれの柱の地支の中に含まれている干です。生まれた日が月の節入《せついり》（月の変わり目）から何日目にあたるか、日数の深さ浅さをみます。節入日

年柱	干支＝天干＋地支→蔵干
月柱	干支＝天干＋地支→蔵干
日柱	干支＝天干＋地支→蔵干
時柱	干支＝天干＋地支→蔵干

後の日数の多い人は、少ない人よりよい運勢をもっていることが多いようです。

前除の橋本聖子さんを例にしますと、萬年暦によると、10月は8日の午後3時22分に節入することがわかります。生まれた日は5日ですから、節入前であり、前月の9月の節入日からは（9月は7日節入）30－7

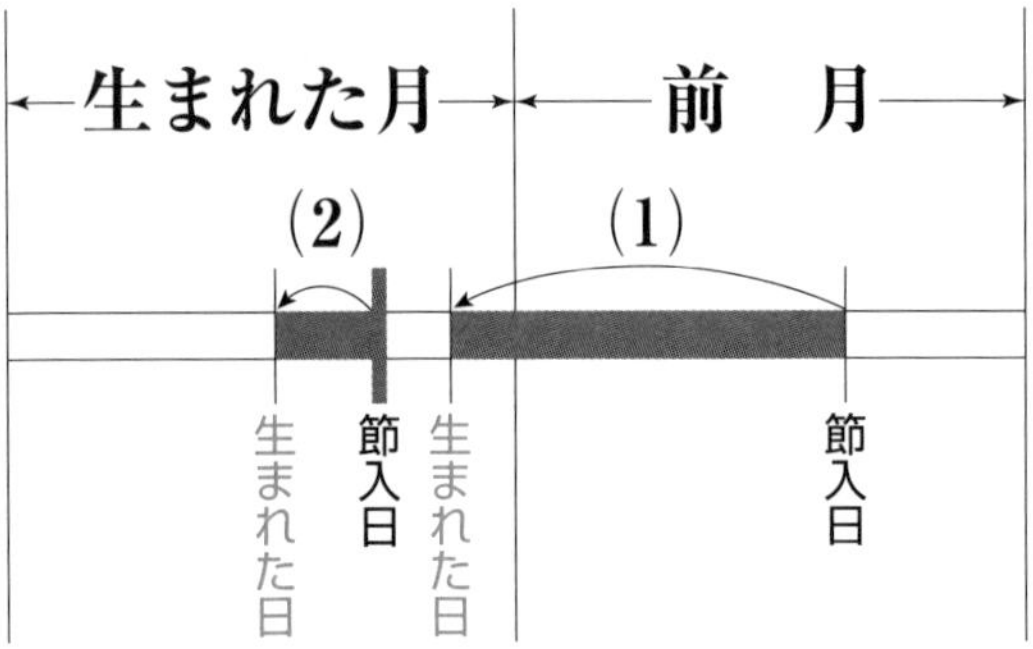

⑴その月の節入日の前に生まれた人は、前の月の節入日までの日数を数えます。
⑵その月の節入日後に生まれた人は、その月の節入日までの日数を数えます。

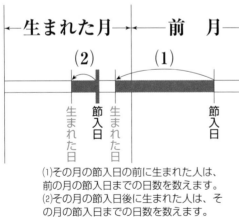

＋5＝28で、前月の節入日から28日目ということになります。つまり、その月の太陽のエネルギーが28日分含まれているわけです。

　生まれた日が節入後何日目にあたるかの日数が出たら、次のページの月率分野蔵干表を用いて、それぞれの地支で求めます。

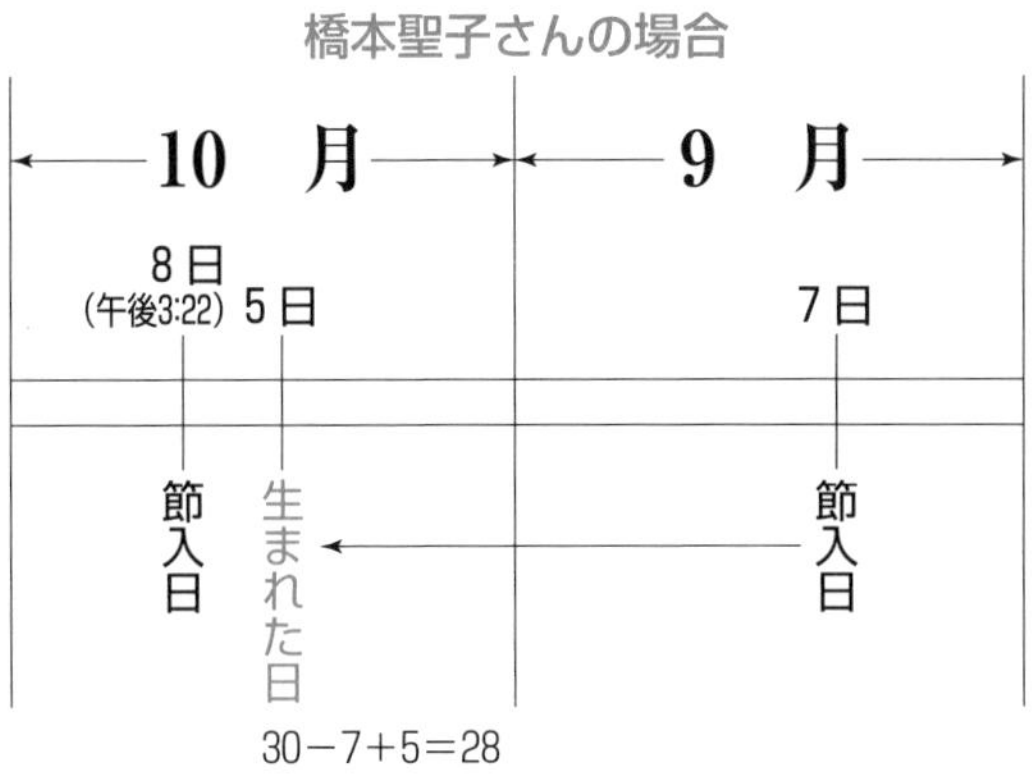

前述の橋本聖子さんの場合をみてみましょう。

まず生年（年柱）の蔵干は、節入後28日と生年の地支・辰《たつ》と交差する戊《つちのえ》をみつけます。つまり、生年の蔵干は戊《つちのえ》となります。

　他の柱の蔵干も同じ方法で求めますと、生月の地支・酉《とり》の蔵干は辛《かのと》、生日の地支・亥《い》の蔵干は壬《みずのえ》、生時の地支・巳《み》の蔵干は丙《ひのえ》となります。

	干支	蔵干
年柱	甲《きのえ》辰《たつ》	戊《つちのえ》
月柱	癸《みずのと》酉《とり》	辛《かのと》
日柱	丁《ひのと》亥《い》	壬《みずのえ》
時柱	乙《きのと》巳《み》	丙《ひのえ》
空亡	午《うま》未《ひつじ》	

月律《げつりつ》分野《ぶんや》蔵干《ぞうかん》表《ひょう》

亥	戌	酉	申	未	午	巳	辰	卯	寅	丑	子	生年月日 生日
戊	辛	庚	戊	丁	丙	戊	乙	甲	戊	癸	壬	節入後 7日迄
甲	辛	庚	壬	丁	丙	庚	乙	甲	丙	癸	壬	8日
甲	辛	庚	壬	丁	丙	庚	乙	甲	丙	癸	壬	9日
甲	丁	庚	壬	乙	丙	庚	癸	甲	丙	辛	壬	10日
甲	丁	辛	壬	乙	己	庚	癸	乙	丙	辛	癸	11日
甲	丁	辛	壬	乙	己	庚	癸	乙	丙	辛	癸	12日
甲	戊	辛	壬	己	己	庚	戊	乙	丙	己	癸	13日
甲	戊	辛	壬	己	己	庚	戊	乙	丙	己	癸	14日
壬	戊	辛	庚	己	己	丙	戊	乙	甲	己	癸	15日
壬	戊	辛	庚	己	己	丙	戊	乙	甲	己	癸	16日
壬	戊	辛	庚	己	己	丙	戊	乙	甲	己	癸	17日
壬	戊	辛	庚	己	己	丙	戊	乙	甲	己	癸	18日
壬	戊	辛	庚	己	己	丙	戊	乙	甲	己	癸	19日
壬	戊	辛	庚	己	己	丙	戊	乙	甲	己	癸	20日
壬	戊	辛	庚	己	丁	丙	戊	乙	甲	己	癸	21日 以後

（阿部泰山式）□は初期、□は中期、■は正期をあらわす。

(5) 通変星と十二運星の場所 ❖

通変星《つうへんせい》は、天干と蔵干のそれぞれの右肩に書きます。通変星は日干をもとにして求めますから、日干の通変星はありません。

十二運星は、日干をもとに年月日時の地支をみて、十二運星を導き、各柱の下に書き入れます。また、各通変星の強さを知るために、各干から地支をみて十二運を導きます。

通変星と十二運星の場所

年柱	通変星	天干	十二運星	地支	通変星	蔵干	十二運星
月柱	通変星	天干	十二運星	地支	通変星	蔵干	十二運星
日柱		天干（日干）		地支	通変星	蔵干	十二運星
時柱	通変星	天干	十二運星	地支	通変星	蔵干	十二運星
空亡		支		支			

(6)天干の通変星の求め方

①通変星早見表（55ページ参照）を用いて求めます。

②日干をもとにして、それぞれの天干をみて求めます。

橋本聖子さんの日干は丁《ひのと》ですから、通変星早見表で日干の丁《ひのと》の横をみていき、生年（年柱）の天干の甲《きのえ》をみつけます。そして、そこから上をみると、通変星は印綬《いんじゅ》になります。他の天干の通変星も同じようにしてみます。

生月（月柱）の天干は癸《みずのと》で偏官《へんかん》、生時（時柱）の天干は乙《きのと》で偏印《へんいん》です。

これを図式にあてはめますと左図のようになります。

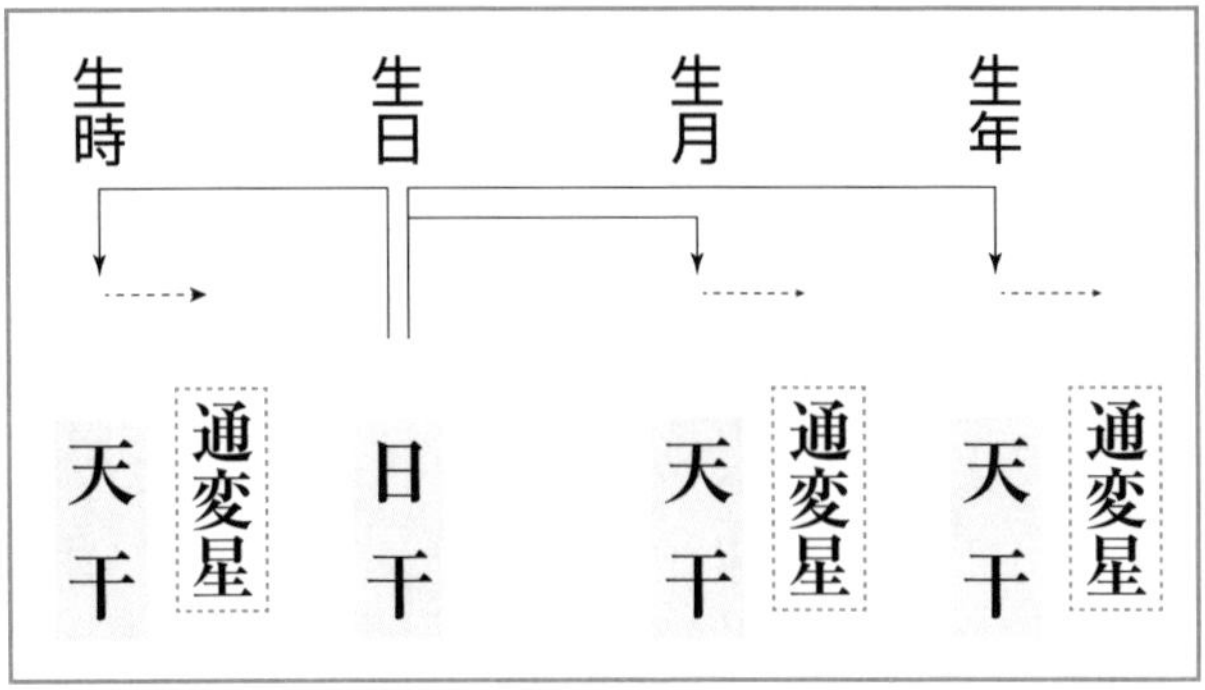

年柱	印綬	甲辰《きのえたつ》	戊《つちのえ》
月柱	偏官	癸酉《みずのととり》	辛《かのと》
日柱		丁亥《ひのとい》	壬《みずのえ》
時柱	偏印	乙巳《きのとみ》	丙《ひのえ》
空亡		午未《うまひつじ》	

通変星早見表

印綬	偏印	正官	偏官	正財	偏財	傷官	食神	劫財	比肩	通変星 / 生日天干
癸	壬	辛	庚	己	戊	丁	丙	乙	甲	甲
壬	癸	庚	辛	戊	己	丙	丁	甲	乙	乙
乙	甲	癸	壬	辛	庚	己	戊	丁	丙	丙
甲	乙	壬	癸	庚	辛	戊	己	丙	丁	丁
丁	丙	乙	甲	癸	壬	辛	庚	己	戊	戊
丙	丁	甲	乙	壬	癸	庚	辛	戊	己	己
己	戊	丁	丙	乙	甲	癸	壬	辛	庚	庚
戊	己	丙	丁	甲	乙	壬	癸	庚	辛	辛
辛	庚	己	戊	丁	丙	乙	甲	癸	壬	壬
庚	辛	戊	己	丙	丁	甲	乙	壬	癸	癸

⑺蔵干の通変星の求め方——✣

①通変星早見表（55ページ参照）を用いて求めます。
②日干をもとにして、それぞれの蔵干をみて求めます。

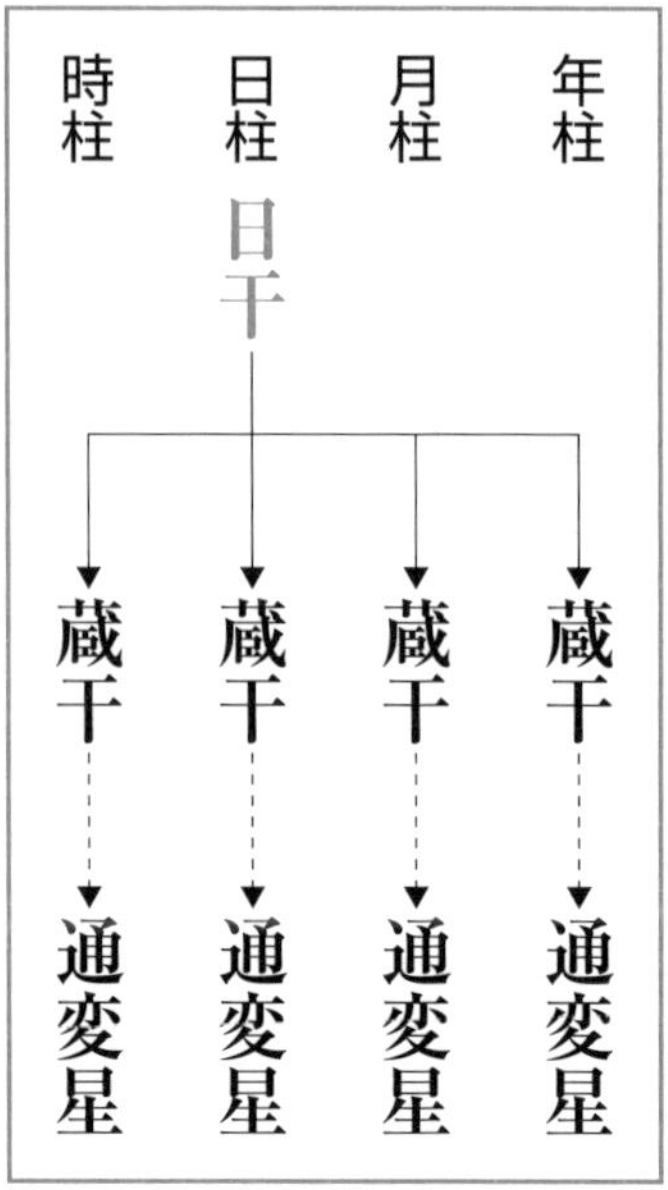

蔵干の通変星は、天干の通変星とまったく同じ方法で求めます。まず通変星早見表で日干の丁《ひのと》の横をみていき、年柱の蔵干の戊《つちのえ》をみつけ、そこから上をみると、通変星は傷官《しょうかん》です。同じようにして、月柱の蔵干は辛《かのと》で偏財《へんざい》、日柱の蔵干は壬《みずのえ》で正官《せいかん》、時柱の蔵干は丙《ひのえ》で却財となります。

図式にあてはめますと、下図のようになります。

年柱	印綬	甲辰《きのえたつ》	傷官	戊《つちのえ》
月柱	偏官	癸酉《みずのととり》	偏財	辛《かのと》
日柱		丁亥《ひのとい》	正官	壬《みずのえ》
時柱	偏印	乙巳《きのとみ》	劫財	丙《ひのえ》
空亡		午未《うまひつじ》		

たとえば、月支・元命が辛の偏財ですから偏財タイプの人です。偏財は華やかな星ですから、目立つことが好きな人、華やかなことを好む人だといえます。日支・蔵干は壬で正官ですからまじめな面があり、日支は配偶者も意味しますので、配偶者もまじめなタイプの人になります。時支・蔵干は丙の却財ですから常に自分より偉そうにする人を友人にするといえます。

(8)天干の十二運星の求め方

①十二運星早見表（59ページ参照）を用いて求めます。

②それぞれの天干から、それぞれの地支をみて求めます。

年柱	天干 →	地支 →	十二運星
月柱	天干 →	地支 →	十二運星
日柱	天干 →	地支 →	十二運星
時柱	天干 →	地支 →	十二運星

十二運星早見表で年柱の天干・甲《きのえ》の横をみていき、年柱の地支・辰《たつ》をみつけ、そこから上をみると、十二運星は衰《すい》となります。

同じようにして、月柱の天干・癸《みずのと》から地支・酉《とり》で病《びょう》、時柱の天干・乙《きのと》、地支・巳《み》で沐浴《もくよく》となります。

これを図式にあてはめると、下図のようになります。

天干の通変星と十二運星の組み合わせで、その通変星のもつ意味の強弱を知ります。

たとえば、時柱・偏印―沐浴ならば、時柱は友人・恋人・子供の宮位ですから、優しい友人・恋人・子供ですが、今一つ頼り切れない友人・子供と縁があります。また年干・印綬―衰は、本人にとり先祖または遠くのかかわりの人が何かと力になってくれます。

年柱	印綬	甲《きのえ》辰《たつ》	衰	傷官	戊《つちのえ》
月柱	偏官	癸《みずのと》酉《とり》	病	偏財	辛《かのと》
日柱		丁《ひのと》亥《い》		正官	壬《みずのえ》
時柱	偏印	乙《きのと》巳《み》	沐浴	劫財	丙《ひのえ》
空亡		午《うま》未《ひつじ》			

⑼蔵干の十二運星の求め方

①十二運星早見表（59ページ参照）を用いて求めます。
②日干をもとにして、それぞれの地支をみて求めます。

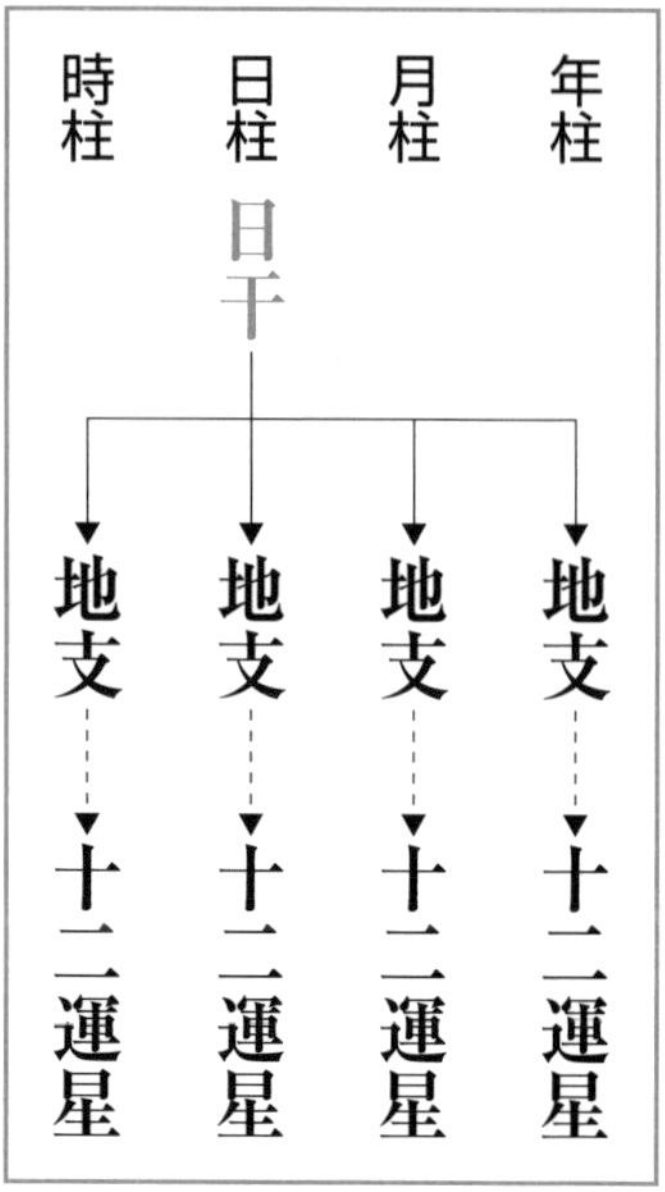

十二運星早見表で日干の丁《ひのと》をもとにして、横をみていき、年柱の地支・辰《たつ》をみつけます。そこから上をみると、蔵干の十二運星は衰《すい》となります。

同じようにして、月柱の地支・酉《とり》で長生《ちょうせい》、日柱の地支・亥《い》で胎《たい》、時柱の地支・巳《み》で帝旺《ていおう》となります。

これを示すと下の命式の完成図のようになります。

蔵干の下の十二運星は、主に性格をみるのに用います。

これで、一応命式が完成したわけです。命式では日干と月支元命を基本として、先天運をみるのです。

橋本聖子さんの命式の完成図

	年柱	月柱	日柱	時柱	空亡
通変運／十二運星 干支（天干 地支）	印綬 衰 甲辰《きのえたつ》	偏官 病 癸酉《みずのととり》	丁亥《ひのとい》	偏印 沐浴 乙巳《きのとみ》	午未《うまひつじ》
通変星 蔵干	傷官 戊《つちのえ》	偏財 辛《かのと》	正官 壬《みずのえ》	劫財 丙《ひのえ》	
十二運星	衰	長生	胎	帝旺	

十二運星早見表

養	胎	絶	墓	死	病	衰	帝旺	建禄	冠帯	沐浴	長生	十二運星／天干
戌	酉	申	未	午	巳	辰	卯	寅	丑	子	亥	甲
未	申	酉	戌	亥	子	丑	寅	卯	辰	巳	午	乙
丑	子	亥	戌	酉	申	未	午	巳	辰	卯	寅	丙
戌	亥	子	丑	寅	卯	辰	巳	午	未	申	酉	丁
丑	子	亥	戌	酉	申	未	午	巳	辰	卯	寅	戊
戌	亥	子	丑	寅	卯	辰	巳	午	未	申	酉	己
辰	卯	寅	丑	子	亥	戌	酉	申	未	午	巳	庚
丑	寅	卯	辰	巳	午	未	申	酉	戌	亥	子	辛
未	午	巳	辰	卯	寅	丑	子	亥	戌	酉	申	壬
辰	巳	午	未	申	酉	戌	亥	子	丑	寅	卯	癸

二［大運の求め方］

1 大運を求める予備知識

大運は後天運をみるのに用いるもので、生まれた日と月の節入日（変わり目）の間の日数によって求めます。

(1) 順行運と逆行運

順行運《じゅんこううん》

生まれた日から次の節入日までの日数によって求めます。

年柱	天干	地支	蔵干
月柱	天干	地支	蔵干
日柱	天干	地支	蔵干
時柱	天干	地支	蔵干

逆行運《ぎゃっこううん》

生まれた日から前の節入日までの日数によって求めます。

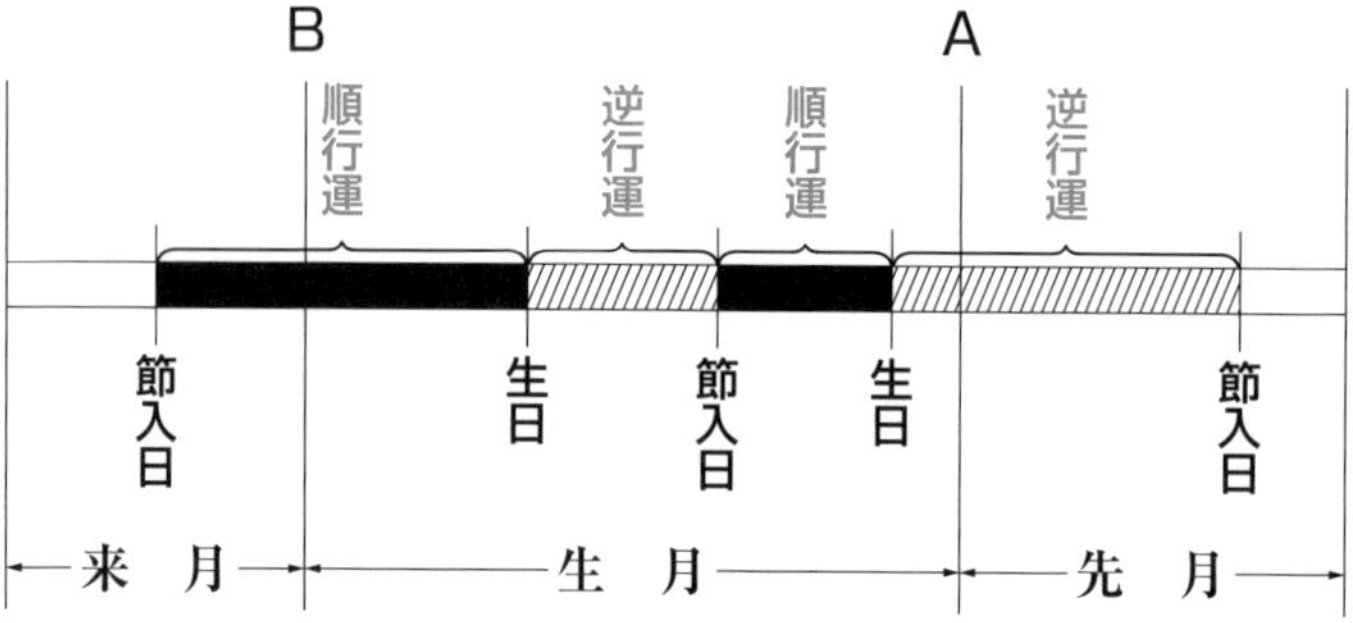

まず、生まれ月と生まれ日が上図、A－B間のどの位置にあるかを調べます。そして節入日の前か後ろかを考えます。節入日以後であれば、男女によって順行運か逆行運かを次ページの表で確かめます。

(2) 男女命式と順行運・逆行運

男性と女性、それぞれの年柱の干支の天干によって順行運か逆行運かを区別します。

①男命の場合は、陽干の年に生まれた人は順行運、陰干の年に生まれた人は逆行運とします。

②女命の場合は、陽干の年に生まれた人は逆行運、陰干の年に生まれた人は順行運とします。

年柱の陰陽／男女命	陽干の年 甲、丙、戊、庚、壬	陰干の年 乙、丁、己、辛、癸
男命	順行運	逆行運
女命	逆行運	順行運

(3) 立運

立《りつ》運《うん》

大運の計算のはじまるもととなる数です。この立運の年数は、親に育てられていた期間をいい、運命のうちに入らないとされています。

①順行運の人は、生まれた日から次の節入日までの日数を計算し、その日数を3で割り、その数で大運の立運《りつうん》とします。

②逆行運の人は、生まれた日から前の節入日までの日数をさかのぼって計算し、その日数を3で割り、その数で大運の立運とします。

③日数を3で割ったとき、余りが1につき4ヵ月とします。

生日から節入日までの日数

〈例1〉

■12÷3＝4

立運は4歳

〈例2〉

■7÷3＝2$\frac{1}{3}$歳または2歳余り$\frac{1}{3}$歳は　1歳の$\frac{1}{3}$

すなわち　1歳は12カ月で

12カ月×$\frac{1}{3}$＝4カ月

立運は2歳4カ月

〈例3〉

■2÷3＝$\frac{2}{3}$　1歳＝12カ月

12カ月×$\frac{2}{3}$＝8カ月

立運は8カ月

2 大運の求め方

(1) 立運の求め方

前述の橋本聖子さんの生年の天干は甲《きのえ》です。甲の陽干で、女命は逆行運となります。逆行運の人は、生日から逆に節入日までの日数を数えて3で割ります。

橋本さんの生月は10月5日ですから前月9月7日節入日までを逆に数えます。

9月は　30日－7日＝23日

10月の5日を＋《プラス》して　23日＋5日＝28日

28日÷3＝9余り1

余り1につき4ヶ月ですから、立運は9年4ヵ月となります。

表にあらわしますと左上のようになります。

	0歳
立運	9歳4カ月
	19歳4カ月
	29歳4カ月
	39歳4カ月
	49歳4カ月
	59歳4カ月

立運後は、すべて十年運となります。つまり、立運の年数に10年を加えたものが大運です。

(2) 大運干支の求め方

大運の干支は、月柱の干支によって定めます。

橋本聖子さんの命式の月柱の干支は癸酉《みずのととり》です。逆行運ですから天干・癸《みずのと》から逆に、

癸《みずのと》→壬《みずのえ》→辛《かのと》→庚《かのえ》→己《つちのと》→戊《つちのえ》→丁《ひのと》…

と取り、また地支・酉《とり》から逆に、

酉《とり》→申《さる》→未《ひつじ》→午《うま》→巳《み》→辰《たつ》→卯《う》…

と取ります（63ページ＝大運の十干の順序・大運の十二支の順序参照）。また、月柱の癸酉を六十甲子表でみつけ、年干で順行、逆行を知ります。この場合は逆行ですから、逆に繰っていってもよいのです。

　大運の干支は、命式中の月柱の干支の延長と考えるわけです。

　橋本さんの大運の干支は、左表のようになります。まず、0歳↓9歳4ヵ月までが立運で月柱干支・癸酉とします。次からは10年をプラスして19歳4ヵ月、29歳4ヵ月と計算し、干支も逆に繰り出します。

■大運の十二支の順序

■大運の十干の順序

0歳 月柱	← 9歳4カ月	← 19歳4カ月	← 29歳4カ月	← 39歳4カ月	← 49歳4カ月	← 59歳4カ月 ←
癸酉	壬申	辛未	庚午	己巳	戊辰	丁卯

(3) 大運の通変星と十二運星の求め方

　通変星は日干をもとにして、それぞれの天干をみて求めていきます。

　通変星早見表（64ページ参照）で日干・丁《ひのと》から横にみていき、癸《みずのと》の上をみて偏官《へんかん》、壬《みずのえ》の上をみて正官《せいかん》、辛《かのと》の上をみて偏財《へんざい》…というように求めます。

　十二運星はそれぞれの地支をみて求めていきます。十二運星早見表（65ページ参照）で日干の丁《ひのと》から横をみていき、酉《とり》の上をみて長生《ちょうせい》、申《さる》の上をみて沐浴《もくよく》、未《ひつじ》の上をみて冠帯《かんたい》……というように求めます。

　このように日干から地支をみて出てくる十二運星のことを「逢う十二運星」といいます。この十二運星の強弱で運勢が良い悪いということにはなりませんが、日干からみて強い運勢のときか弱い運勢のときかの目安はつきます。命式が身弱であっても大運に身旺運がめぐれば、それなりに自己発揮運となるわけで、命式が強くて、その上に身旺運がめぐれば、少々勇み足になりすぎに用心です。

橋本聖子さんの場合は、9歳↓19歳が壬申《正官》の沐浴運ですから、正官は勉強とスポーツの板ばさみで悩まれた時期でしょう。19歳↓29歳は辛未《偏財》の冠帯で身旺運に入り、大いに自己発揮運となるのです。冠帯は自力開運の意味があります。29歳↓39歳は建禄運となり、最大の自己発揮運で財運にも恵まれます。

通変星早見表

日干＼通変星	比肩	劫財	食神	傷官	偏財	正財	偏官	正官	偏印	印綬
甲	甲	乙	丙	丁	戊	己	庚	辛	壬	癸
乙	乙	甲	丁	丙	己	戊	辛	庚	癸	壬
丙	丙	丁	戊	己	庚	辛	壬	癸	甲	乙
丁	丁	丙	己	戊	辛	庚	癸	壬	乙	甲
戊	戊	己	庚	辛	壬	癸	甲	乙	丙	丁
己	己	戊	辛	庚	癸	壬	乙	甲	丁	丙
庚	庚	辛	壬	癸	甲	乙	丙	丁	戊	己
辛	辛	庚	癸	壬	乙	甲	丁	丙	己	戊
壬	壬	癸	甲	乙	丙	丁	戊	己	庚	辛
癸	癸	壬	乙	甲	丁	丙	己	戊	辛	庚

橋本聖子さんの大運完成図

大運	0歳 ←	9歳 ←	19歳 ←	29歳 ←	39歳 ←	49歳 ←	59歳 ←
逆行運9歳4カ月	偏官	正官	偏財	正財	食神	傷官	比肩
	癸酉	壬申	辛未	庚午	己巳	戊辰	丁卯
	長生	沐浴	冠帯	建禄	帝旺	衰	病

十二運星早見表

養	胎	絶	墓	死	病	衰	帝旺	建禄	冠帯	沐浴	長生	十二運星／天干
戌	酉	申	未	午	巳	辰	卯	寅	丑	子	亥	甲
未	申	酉	戌	亥	子	丑	寅	卯	辰	巳	午	乙
丑	子	亥	戌	酉	申	未	午	巳	辰	卯	寅	丙
戌	亥	子	丑	寅	卯	辰	巳	午	未	申	酉	丁
丑	子	亥	戌	酉	申	未	午	巳	辰	卯	寅	戊
戌	亥	子	丑	寅	卯	辰	巳	午	未	申	酉	己
辰	卯	寅	丑	子	亥	戌	酉	申	未	午	巳	庚
丑	寅	卯	辰	巳	午	未	申	酉	戌	亥	子	辛
未	午	巳	辰	卯	寅	丑	子	亥	戌	酉	申	壬
辰	巳	午	未	申	酉	戌	亥	子	丑	寅	卯	癸

3 年運の求め方

(1) 年運干支の求め方

年運の干支は、萬年暦で、占ってみたい年の干支を年運の干支とします。つまり、平成7年ならば乙亥《きのとい》となります。

橋本聖子さんの昭和45年（6歳）の年号を次ページの年齢・年運早見表でみると庚戌《かのえいぬ》で、昭和43年（4歳）戊申《つちのえさる》、昭和44年（5歳）己酉《つちのととり》、昭和46年（7歳）辛亥《かのとい》……となります。

何度も繰り返しますが、年運干支も立春を境目としますから注意してください。

(2) 年運の通変星と十二運星の求め方

これは、大運の通変星、十二運星の求め方と同じように、日干の丁《ひのと》から、それぞれの年運の干支をみていきます。

通変星早見表（64ページ参照）で日干の丁《ひのと》を横にみていき、甲《きのえ》の上をみて印綬《いんじゅ》、乙《きのと》は偏印《へんいん》、丙《ひのえ》は劫財《ごうざい》、丁《ひのと》は比肩《ひけん》、戊《つちのえ》は傷官《しょうかん》となります。

十二運星早見表で丁《ひのと》から戌《いぬ》をみて養《よう》、亥《い》をみて胎《たい》、子《ね》をみて絶《ぜつ》、丑《うし》をみて墓《ぼ》、寅《とら》をみて死《し》を求めます。

以上のようにして求めた年運は、左の図になります。

年運通変星では、その年にどんなことが発現するかをみて、日干の強さを「逢う十二運星」でみます。橋本さんは平成7年は乙亥《偏印》—胎で新しいことを計画する年でもあるのです。

橋本聖子さんの年運完成図

平成6年	30歳	印綬	甲戌	養
平成7年	31歳	偏印	乙亥	胎
平成8年	32歳	劫財	丙子	絶
平成9年	33歳	比肩	丁丑	墓
平成10年	34歳	傷官	戊寅	死

■年令・年運早見表■

20	13	6	29	22	15	8	平成 元	57	50	43	36	29	22	15	8	昭和 元
戊午	辛亥	甲辰	丁酉	庚寅	癸未	丙子	己巳	壬戌	乙卯	戊申	辛丑	甲午	丁亥	庚辰	癸酉	丙寅
21	14	7	30	23	16	9	2	58	51	44	37	30	23	16	9	2
己未	壬子	乙巳	戊戌	辛卯	甲申	丁丑	庚午	癸亥	丙辰	己酉	壬寅	乙未	戊子	辛巳	甲戌	丁卯
22	15	8	令和 1	24	17	10	3	59	52	45	38	31	24	17	10	3
庚申	癸丑	丙午	己亥	壬辰	乙酉	戊寅	辛未	甲子	丁巳	庚戌	癸卯	丙申	己丑	壬午	乙亥	戊辰
23	16	9	2	25	18	11	4	60	53	46	39	32	25	18	11	4
辛酉	甲寅	丁未	庚子	癸巳	丙戌	己卯	壬申	乙丑	戊午	辛亥	甲辰	丁酉	庚寅	癸未	丙子	己巳
24	17	10	3	26	19	12	5	61	54	47	40	33	26	19	12	5
壬戌	乙卯	戊申	辛丑	甲午	丁亥	庚辰	癸酉	丙寅	己未	壬子	乙巳	戊戌	辛卯	甲申	丁丑	庚午
25	18	11	4	27	20	13	6	62	55	48	41	34	27	20	13	6
癸亥	丙辰	己酉	壬寅	乙未	戊子	辛巳	甲戌	丁卯	庚申	癸丑	丙午	己亥	壬辰	乙酉	戊寅	辛未
26	19	12	5	28	21	14	7	63	56	49	42	35	28	21	14	7
甲子	丁巳	庚戌	癸卯	丙申	己丑	壬午	乙亥	戊辰	辛酉	甲寅	丁未	庚子	癸巳	丙戌	己卯	壬申

4 干支のもつ基本的特性

日干と生月の支から、その命式にとって、いちばんよい働きをする五行は何かを考えてみますが、そのまえに干と支のもつ基本的特性を知ることが推命するにあたって非常に大切です

16〜19ページでも説明しましたが、ここで十干と十二支のもつ基本的な特性をおさらいしておきます。

(1) 十干の特性

十干は天の五行であり、陰陽剛柔生死《いんようごうじゅうせいし》を分《わ》け、陽は剛となり陰は柔となります。生死とは親は子を産《う》み、その子が成長するときは親は老年となり生命が終わります。すべて天地自然の理です。これを人間にあてはめて推命に活用し合理的に判断をしたものです。

甲《きのえ》　樹木、幹のある木、丙癸己で育てる

十干の最初です。万物が初めて種の殻《から》を破って出る状態で、伸びることが本能です。人の上に立ちます。充分伸びれば適当に切って用材として社会に役立たせるのです。陽干は剋《こく》されることによりその特性をよく発揮するものです。十干のうち木だけが生き物です。

乙《きのと》　草花、枝葉、丙癸己で育てる

優しく注意深く枝葉を伸ばしていきます。根は深く、ひ弱に見られますが頑張り屋です。柔木だから金で切られるのを恐れます。雨水、太陽など季節と密接に係わります。水多きときは根腐れします。夏に生まれて、丙火が多いときは草花は枯れます。乙木は甲木の側にあって、その恩恵を蒙《こうむ》ることを喜びとします。命式中とくに日干の両サイドどちらか一方に甲木があれば、寄らば大樹の蔭と甘えられるのです。

丙《ひのえ》　太陽、壬があれば美しく輝きを増す

太陽は地上を照らし、万物を育成する火で、とくに春は植物を育て、秋には穀物などを乾燥するのにも役

立ち、冬は雪を溶かし万物に温《ぬく》もりをあたえます。庚《かのえ》は頑金ですがこれをよく鍛えます。辛金とは干合して弱く柔順となり慈愛深くなり、壬水が側にあればきらきらと照り輝きます。

十干のなかで最強のものとされ、他の干に対し一方的に作用します。天に太陽が1つしかないように、命式中に丙は1つあればよいとされます。

丁《ひのと》　人工の火、火山、灯火、甲木を燃料とする

灯火は夕暮れから必要なものです。秋生まれがよく、夜に生まれるのがよいのですが、いつか消える火ですから、その灯を消さないようにと神経質になりがちです。したがって、平常は炎の如くゆらりとしていますが、ちょっとしたことから烈火の如く怒る激《げき》しやすさがあります。側に甲木の燃料があり庚金で適当に切り、火を絶やすことのないようにするのがよいのです。

戊《つちのえ》　山岳の土、堤防、万物の根源

乾土であり土月（辰戌未丑）の生まれを喜びます。もし水が太過すると土砂崩れとなりますが、壬水をよく塞き止める役目をします。土は動かないものですから冲動を嫌います。冲《ちゅう》すれば根が動いて地震となります。春夏生まれは活動的であり、適宜な湿り気と温もりがあれば自然発福します。火が多過ぎてはよくありません。秋冬生まれで太陽の丙火があり、南方運にめぐれば発達します。

己《つちのと》　田園の土、湿土、癸丙甲の配合が大切

適当な湿り気により作物を育てるのでよく耕やす（冲）ことが必要です。春夏生まれは適宜な潤いがあればよく発達しますし、秋冬生まれは、太陽の丙火と甲木があれば発福します。もし秋冬に生まれて甲丙がなければ発展は望めませんが、行運が南方運にめぐれば発達します。四季それぞれ寒・暖・乾・湿の状態に注意することが必要です。夏生まれで丙火が強すぎると焦土となり、万物を育てられません。

庚《かのえ》　鉱石、鉱脈、丁火で精錬する

庚は陽金で湿土から生じるものがよく、乾土から生じるものには脆さがあります。ゆえに感性は強くなります。丁火で精錬されれば形が整い、鋭さを備えた刀剱（仮象）となります。もし水が多ければ、金は沈みと世の中に出られない状態となりますし、金水、寒冷といって肺など呼吸器系統の病気になったりしますし、金水、寒冷は土から生じるものですが、土が重なったりすると埋金になります。そのときは甲木が側にあり埋金を防ぐようにしなければなりません。

辛《かのと》　砂金・珠玉・貴金属であり、壬水で洗う

辛金は陰金であり砂金は川底から採取し壬水で洗って美しく磨かれ純金となります。柔金ですから内面的に粘り強さを持ちます。柔順で土で汚れることを嫌い輝きを求めます。したがって、壬水が側にあり金水清白となれば、学問技術で身を立てることができます。色白で美形ですが、側に土があれば色は白くありません。もし土性が太過すれば埋金となり、周囲に振り回されるか、わがままで主体性がない人となります。

壬《みずのえ》　大河、池沼、流れることが本能

壬《じん》水は陽水であり、河川の水で庚辛を水源とします。塞《せ》き止められることを嫌いますが、河川増水すれば、堤防の戊土で洪水を防ぎます。見かけは柔らかでも性質は剛直です。冬生まれは、まず水の流れは強いとみて戊土で塞き止め、丙火の暖が必要です。夏生まれは水は枯れてきますから、庚辛金の水源が側にあれば、周囲、目上の恩恵を受けて発福します。

癸《みずのと》　雨露、水脈、万物を滋生す。水源は金

癸水は十干の終わりでいちばん弱い干とされます。陰水ですから静かで柔弱そうにみえます。癸水は雨露でいつかは消える形のないものですから、常に自己の周囲に対して自己防衛本能が働いて鋭敏となりデリ

十干の意味すること(基本段階)

	仮象	特性	長所	短所
甲	大木 幹のある木	「生き物」であり、上に上にと力強く伸びていく。寒・暖・乾・湿と季節には密接に関係する。	真っ直ぐ 発展 独立独歩	原生林 お山の大将
乙	草花 枝葉	「生き物」であり、やさしく、ひ弱く見られるが、したたかな面もある。寒・暖・乾・湿と季節には密接に関係する。	柔軟さ 感情豊か 優しさ	百花繚乱 引っ込み思案
丙	太陽	十干のなかで最強、他の干へ一方的に作用し、他の干から影響をほとんど受けない。命式には、一つあれば充分。	穏やか 華美 単独トップ 自己顕示	激性・短気
丁	地上の火 人工の火	柔らかで明るく融和的である。旺衰・強弱にかかわらず本来の特性を維持する。	感性豊か 温順 頑張り屋 思考型	激烈 破壊
戊	山岳の土 堤防	固く思い乾土である。万物の根源としての役割をする。ある程度の湿り気をもつほうがよい。	保守的 剛気 口の硬さ	堅固 慢心
己	田園の土	湿土であり、万物の蓄蔵する作用がある。戊の弟のようなもの。	優しさ 熱心	粘着性 迷い
庚	綱金・鉱脈	剛強、火を得て鋭くなる。水を得て清く、潤土があれば生ずる。	剛直 鋭い	騙されやすい 危険 軽はずみ
辛	砂金・珠珠 貴金属	柔軟で温順、清く美しい。汚れることを嫌い、水で洗われることを喜ぶ。	親切さ 感受性 優しさ 思考力	頑固さ 自己本意
壬	大河・湖沼	見かけは柔らかでも、その力量は大きく、性質は剛である。周流して停滞しない。	豊かさ 楽観的 おうようさ	ゴリ押し 強引さ 洪水
癸	雨水・湿気	静かで、一見弱くみえる。湿り気を必要とする他の干に滋雨をもたらす。	奉仕精神 忍耐力	お節介 嵐

ケートさが出てきます。したがって自己を守るため人への奉仕を心がけていれば大いに発展もします。芸術性にも優れた人材となります。癸水も太過すれば嵐となり強さが出て、出しゃばり、お節介屋さんともなります。ただし、基本的には水源として、庚辛が側にあれば一応発福します。

(2) 十二支の特性

干は天干として表にあらわれていますが、地支は蔵干を有してはいますが、表にあらわれていないことも多くあります。したがって、干の性質が単純明快であるのに対して、地支の性質は複雑です。

推命学の原典の『滴天髄』では、

「陽支の性質は、動きその勢は強く、吉凶の発現が早く明瞭である。陰支の性質は、静かでかつ専一(一つのことのみ)であって、吉凶の発現は遅く、常に一年以上にわたり年を経て後まで顕われる」

とあり、地支には陽支・陰支があることを述べています。陽支は十二支1つおきに子・寅・辰・午・申・戌とし、陰支は丑・卯・巳・未・酉・亥としています。また、天干を陽、地支を陰として考え、天干は動き、地支は静ですが、行運などと支合、三合、方合、冲、刑などすることにより動意があり、それが吉凶にあらわれるのです。

天戦とは天干同士の相剋をいい、庚と甲、癸と丁、辛と乙、丙と壬のごとくです。地支相剋は巳亥・子午・卯酉・申寅の冲が強く、干支が庚申と甲寅は天戦地冲と称し、それぞれに根があるものが冲により根が枯れることです。したがって、地支の動静により運命の変化を知るのです。

子《ね》 水

壬・癸を蔵し、厳冬の水をあらわしますから、冷たく、氷水をイメージしてください。冷静かつ客観的に物事をみられます。智を司るゆえに、智恵を働かせ、細かいことに気がつき、金銭物質を蓄えます。水は流れて止まらずで、流通、奉仕関係の仕事にも向きます。じっとしていることを嫌い、変化を好みますので、生活環境にも変化を求めます。仕事、異性などにこれが出るとよくありません。また、水は色情にも通じますので、異性とのトラブルにも注意が必要です。

丑《うし》（土）

癸・辛・己を蔵し、厳冬の氷砂です。冬から春に向かう陰の湿土ですから、万物を育て守るという性《さが》から保守的な面が強く、信用を重んじ、正直で忍耐強く堅実に牛歩のごとく計画したことを実行に移して行こうとする気概があります。日干からみて蔵干の中に財星が入っていれば、財運にも恵まれます。

寅《とら》木

戊・丙・甲を蔵し、初春の若木をあらわします。物事に積極性があり、行動力も抜群で、自らの力で伸びていこうとします。人の上に立つ頭領運、独立運もあり、仁義に厚い人です。金銭、物質に対する執着心もないとはいえませんが、割合淡白ですから積極性が仇となり、人との和を欠き、トラブルに注意です。甲の年、月、日には注意です。

卯《う》（木）

甲・乙を蔵します。湿り気をもった草花です。仲春をあらわします。蔵干に甲も入っていますので、常に自分が頼りになる人を見つけて、充分計画し行動しますので、仁義に厚いのですが、自己主張が強いエゴイストとみられがちです。独立独歩で他から制圧を受けるのを嫌います。

辰《たつ》土

乙・癸・戊を蔵します。水庫と呼ばれ、申―子があれば三合水局をし、命式に辰が1つあればよいとされます。晩春の湿土ですが夏に向かうのでしっかり体力もある土です。信用を重んずる人です。策略によって財を得るので戌と冲して、日干からみて財星が入っていれば楽しみです。

巳《み》（火）

戊・庚・丙を蔵します。初夏の火です。火は礼を司り、命式中よく働けば礼儀を大切にしますが、陰火ですから、執念深いのが特徴です。遊び好きで、ともすると怠惰に流れることがあります。時に変わり身が早いのです。

午《うま》火　丙・己・丁を蔵します。陽極まり寅戌をみれば火局となり、活発に行動力を発揮します。直情径行型、開拓精神も旺盛ですが、持続性の面で難があります。

未《ひつじ》土　丁・乙・己を蔵します。夏の終わりの土性で火を含み乾土となります。卯亥をみれば木局となります。垣根を作って暑さから草花を守る意味があります。円満主義。

申《さる》金　戊・壬・庚を蔵します。初秋の金性で水性を含み、子―辰で三合水局となります。中に壬があり、外側が堅そうでも内面が柔らかで新しいものへの挑戦を試みようとします。

酉《とり》金　庚・辛を蔵し、仲秋の合金です。巳―丑で三合金局となり、改革の心あるも内面で煩悶が出てきますから、逆に保守的に身を守るのが賢明のようです。

戌《いぬ》土　辛・丁・戊を蔵し、晩秋の土で秋収穫したものを収蔵する火を含んだ火土ですから、焦土とみます。頑固、強情、執念深いのですが、意外と脆《もろ》い面もあります。蔵干中に財星が含まれていれば、辰で冲したとき、暗財を受けることがあります。

亥《い》水　戊・甲・壬を蔵します。初冬の水で表面は陰の水ですが中に壬水があります。猪突盲進で、考えないで進んで行こうとすると、思わぬ障害にぶつかり怪我をすることがあります。卯―未があれば三合木局し、巳に合えば冲となります。

以上、十干と十二支の特性の概略を述べました。これらが自然界と密接に関係した私たち人間の運、不運、どんな人との出会いがあり別れがあるかなどを、人事百般にわたり、つぶさに探究できる五行の不思議を研究してみましょう。

それぞれ命式の日干と月支の関連から命式の傾向をつかみ、格＝命式のタイプを決定し、それをもとにして、命式にとって必要なものは何かを考え「よい五行」を決めます。

十二支の意味すること(基本段階)

五行	地支	特性	長所	短所
冬の水	子《ね》 壬・癸	厳冬の水で冷静さがあり客観的に物事をみる知性が働く。	順応性 細心 冷静	あきっぽさ 迷い 色情
冬の㊏	丑《うし》 癸・辛・己	厳冬から春にかけての㊏で物を育てる優しさもあり表面陰でも内面陽気を含む。	保守的 信用・堅実 忍耐強い	停滞 無口 細心
春の木	寅《とら》 戊・丙・甲	初春の木。寒、暖、乾、湿と季節に密接に関係する伸直性あり。	積極性 仁義のあつい 決断力	強引さ 人との和
春の㊍	卯《う》 甲・乙	仲春の㊍。やさしく、ひ弱く見られるがしたたかな面もある。寒、暖、乾、湿と季節と密接に関係する。	柔軟さ 社交性 明朗・計画性	エゴイスト 放任
春の土	辰《たつ》 乙・癸・戊	晩春の土。水庫であり万物を育てる土ですから自らを律する気持の反動として闘争的、策謀的になる。	信用を重んずる 剛気 保守的	感情の起伏が大きい 波乱
夏の㊋	巳《み》 戊・庚・丙	初夏の㊋。表面陰で内面丙を含むので華やかさを求め思いきった行動をすることがある。	明るさ 探究心 自己顕示	執着心 嫉妬 刹那的
夏の火	午《うま》 丙・己・丁	盛夏の火。直情径行型。表面陽火で内面陰火あり、辰があれば穏やか。酉、子があれば波瀾が多い。	華美・明朗 直感力 冒険心	激性 短気・口舌 あきっぽさ
夏の㊏	未《ひつじ》 丁・乙・己	晩夏の㊏。木を守る垣を築く土壌。湿り気の癸があれば良好。癸は財となる故蓄財には関心がある。	理論家 円満主義 柔順性	心が狭い 迷い 取越苦労
秋の金	申《さる》 戊・壬・庚	初秋の金。鉱金で進取の気性に富む。中に壬を蔵し柔らかさもある。土が重なるのを嫌う。	進取的 機敏 安全性	利己的 軽はずみ 気難かしさ
秋の㊎	酉《とり》 庚・辛	仲秋の㊎。合金で梵鐘《ぼんしょう》に仮象され鐘をつく寅があれば良好とされますが丙丁の暖。壬で淘洗を喜ぶ。戊を忌む。	保守性 感受性 思考力	口舌・冷たさ トラブル 高慢
秋の土	戌《いぬ》 辛・丁・戊	晩秋の土。丁を含む乾土。秋の収穫した物の蓄蔵の意味がある。適度の湿り気があれば良好。辰があれば冲で財運が生ず。	剛毅 忍耐強い 義理人情を重んじる	怒気 頑固 慢心
冬の㊌	亥《い》 戊・甲・壬	初冬の㊌。表面陰水なれど、中に壬水を含むので、見かけ柔らかでも万事勇み足になりがち。寅辰あれば吉。	流通・卒直 直進性 行動力	強引さ ゴリ押し 独断

三　よい五行（調候用神）

1　よい五行とは

命式にとってのよい五行を調候用神《ちょうこうようじん》といいますが、本書では、これをよい五行ということにします。また、その命式にとって、よい五行の大運なり年運がまわってくるのを吉運、悪い五行の大運なり年運がまわってくるのを凶運と考えます。

五行というのは、基礎編で説明した木《もく》、火《か》、土《ど》、金《ごん》、水《すい》の五元素をいい、これらが、互いに相生《そうせい》、相剋《そうこく》するという原則をもとに、四柱推命では、日干と生月の支から、その命式にとって、いちばんよい働きをする五行は何かを考えます。その目安となるのが、よい五行表（調候用神表）です。

よい五行は、一般に、日干と月支でみます。日干は自分自身をあらわし、月支は、日干に60％のエネルギーを与えるとみます。

よい五行表をみると、日干が甲で、月支が寅のとき、その交差するところは丙癸です。五行でいえば、火と水で、これがよい五行となります。しかし水でも陽性と陰性がありますので、十干の項を参考にして、どちらがよい働きをする五行かを考えてください。

月令点はその月のエネルギー（気）をどれだけ受けているかを計るのを点数で表わしたものです。日干に対し同じ五行を＋3、同じ季節のものは＋2とし、日干を生じるものと泄らすものを＋1、その他を0《ゼロ》としています。月令点表を参考にしてください。

年干	月干	日干	時干
年支	月支	日支	時支

よい五行表(調候用神表)

日干 ＼ 特定用神 ＼ 月支		2月	3月	4月	5月	6月	7月	8月	9月	10月	11月	12月	1月
		寅	卯	辰	巳	午	未	申	酉	戌	亥	子	丑
甲	庚丁	丙癸	庚丁己	庚丁壬	癸庚丁	癸庚丁	癸庚丁	庚壬丁	庚丙丁	庚甲丁癸壬	庚丙戊丁	丁庚戊丙	丁庚丙
乙	丙癸	丙癸	丙癸	癸丙	癸辛	癸丙辛	癸丙辛	丙癸己	丙丁癸	丙癸辛	丙戊	丙	丙
丙	壬	壬	壬己辛庚	壬甲庚	壬庚癸	壬庚	壬庚	壬戊	壬癸	甲壬	甲壬戊	壬戊甲己	壬甲
丁	甲庚	甲庚	庚甲	甲庚	甲庚	壬庚癸	甲庚壬	甲庚丙戊	甲庚丙戊	甲庚	甲庚	甲庚	甲庚
戊	丙甲癸	丙甲癸	丙甲癸	甲丙癸	甲丙癸	壬丙甲	癸丙甲	丙甲癸	丙癸	甲癸丙	丙甲	丙甲	丙甲
己	丙癸	丙癸甲	甲癸丙	丙癸甲	癸丙	癸丙	癸丙	丙癸	丙癸	甲丙癸	丙甲戊	丙甲戊	丙甲戊
庚	丁	戊丙甲	丁甲	甲丁	壬丙戊丁	壬癸	丁甲	丁甲	丁甲丙	甲壬丁	丁丙甲	丁丙甲	丙丁甲
辛	壬	己壬庚	壬甲己	壬甲	壬癸甲	壬癸甲己	壬庚甲	壬甲	壬甲	壬甲	壬丙	丙壬甲戊	丙壬甲戊
壬		庚丙戊	戊辛庚	甲庚	壬庚癸辛	癸庚辛	辛甲癸	戊丁	甲庚	甲丙	戊丙庚	戊丙	丙丁甲
癸	庚辛	辛丙	庚辛	丙辛甲	辛壬庚	庚壬癸辛	庚壬癸辛	丁甲	辛丙	辛壬癸甲	庚丁戊辛	丙辛	丙丁

月令点表

日干 ＼ 季月 ＼ 節支	春		夏		秋		冬	
	寅　卯	辰	巳　午	未	申　酉	戌	亥　子	丑
木・甲乙	3	2	1	1	0	0	1	1
火・丙丁	1	1	3	2	0	1	0	0
土・戊己	0	2	3	2	0	2	0	2
金・庚辛	0	0	0	1	3	2	1	1
水・壬癸	1	1	0	0	1	1	3	2

□に入っている場合は「月令を得る」という

❷ よい五行のみつけ方

例として、橋本聖子さんの命式を挙げて、よい五行のみつけ方と考え方を示しておきましょう。

①命式の［　］の中の干支をそれぞれ五行になおし、それを右下に小さく記入します（干支の五行は16～19ページ参照）。

次に五行の数をかぞえ、下段の［　］のように、それぞれの数を記入します。

②橋本さんの場合は、日干が丁《ひのと》㊋で、全部の五行がそろっていて中和の命式です（身旺・身弱については94ページ参照）。

日干と月支の五行をみますと、丁㊋と酉《とり》㊎で、火↓剋金と相剋関係になっています。

丁㊋は陰干の火で、灯火に仮象された火ですから、夕方から必要な火です。

橋本聖子　昭和39年10月5日午前10時生

年柱	印綬 甲木 辰土	傷官 戊	衰	格	偏財格	木2
月柱	偏官 癸㊌ 酉㊎	偏財 辛	長生	日干の強弱	中和	㊋2
日柱	丁㊋ 亥㊌	正官 壬	胎	よい五行	甲・庚	土1
時柱	偏印 乙㊍ 巳㊋	劫財 丙	帝旺			金1
空亡	午未					水2

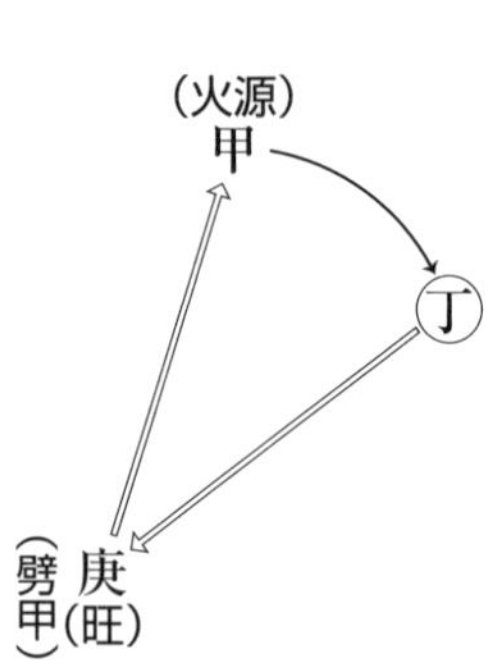

したがって、灯火を燃やす燃料としては薪が必要です。薪は甲木《きのえ》（樹木）を切ってその燃料にしますので、この丁㊋には必ず甲木と、甲木を切り材木とする斧など、つまり庚金《かのえ》があれば、燃料（エネルギー）を絶やさず燃えつづけることができるのです。

橋本さんの命式には、年干に甲木がありますから、たいへんよいのですが、日干から離れているのでちょっと残念です。

この甲木が勢いづくときがよいのです。

よい五行表でみると、日干・丁と月支・酉の交差したところは甲《きのえ》、庚《かのえ》、丙《ひのえ》、戊《つちのえ》となっています。とくに、甲、庚のバランスがとれていればとてもよいことになります。

③したがって、命式中だけでなく、行運に庚、甲の運がめぐれば吉運である、といえます。

このように、よい五行表を参考にしながらよい五行を定めればよいのです。

⑴よい五行の決め方

人の運命は、天地自然の形として、陰陽があり、春《しゅん》夏《か》秋《しゅう》冬《とう》の四季があり、万物の消長、木、火、土、金、水の五元素があります。

水《みず》は冬をあらわし、火《ひ》は夏をあらわします。寒い冬に生まれた人は、火の温かさを欲し、暑い夏に生まれた人は、涼しい水を欲しがります。これは自然の原理です。

命式の日干と月支は、その人の運命の60％をあらわしていますから、日干と月支の関係と、四柱の天干、地支の五行から、その人にとって、どの五行がよい役目をしているかを知らなければなりません。

よい五行とは、命式に足らない五行を補うことも大切ですし、多すぎる五行を剋《こく》す役目をする五行もよい五行となります。

日干が弱ければ、日干を強める五行がよい五行となり、日干が強すぎる場合は、日干を弱める働きをする五行がよい五行となるのです。

次に、命式におけるよい五行の決め方、考え方についての例を挙げておきます。

太枠の五行の数を数えて、どの五行が命式によい働きをするか、悪い働きをするかをみます。

	天干	地支
年柱		
月柱		
日柱		
時柱		

◎木
○火
△土
×金
×水

凡例
◎…大吉
○…吉
△…平
×…凶
°／…月令を得る

春の木

下の表は、日干が甲木《きのえ》、月支が寅木《とら》で2月です。季節は春ですが、寅木はまだ寒く、丙火《ひのえ》(太陽の火)が欲しい時期です。火がもっともよい働きをします。

土が3つあるのは太過（同じ五行が3つ以上あること）です。水は2つありますが、2月に水はあまり要りません。土は火のエネルギーを吸い取りますからよくない作用をします。水は両方から火を剋すからよくありません。火は1つありますが、やや力不足です。木は火にエネルギーを与えて（木↓火《生》）よい働きをします。この人は、火の運のめぐる夏の運がもっともよいのです。

よい五行表をみますと、やはり火がよい五行となっています。

この場合、年干と月干が干合して月支に寅卯があれば化木する形となり、木土相剋格的になります。

干合（丁・壬）

戊 土	甲 木	壬 水	丁 ㊋
辰 土	戊 土	寅 木	亥 ㊌

△木 2
◎火 1
×土 3
△金 0
△水 2

春の木

左の表は日干が甲木《きのえ》、月支が辰《たつ》土で4月です。木は葉が繁って勇壮となってきます。土の勢いもたいへん強くなりますから、土の力を吸収する金が命式にあればよいのです。

日干・甲木は月令を得て強すぎ、また、木が3つあるのは太過で、よくありません。木↓《生》火と木の多すぎるのを吸い取るので火はよいのです。土は金を生じるのでよい作用ですが、やや太過なので普通とみます。よい五行は金ですが、この命式には金がありません。金がなければ金を生ずる土でもよいのです。この人は申《さる》―酉《とり》―戌《いぬ》の金の運が吉運です。

これをよい五行表で確かめますと、日干・甲と月支・辰の交わったところは庚丁で金と火となり、同じ五行がよい五行となるのです。

金は吉運ですが、癸《みずのと》と子《ね》の水は木を潤して乾燥を防ぎます。月支の土、時上に貶星があって、時支の巳《み》は貶星の根となり、貶官運がめぐると発達します。

己 ㊏	甲 木	甲 木	壬 水
巳 ㊋	子 水	辰 土	寅 木

水	金	土	火	木
△	◎	△○	○	×
2	0	2	1	3

夏の木

左表は、日干が乙《きのと》㊍、月支が午《うま》火で6月です。季節は夏で、日干㊍の力を吸収する火がもっとも強いときですから、水が必要とな

丁 ㊋	乙 ㊍	壬 水	庚 ㊎
亥 ㊌	丑 ㊏	午 火	辰 ㊏

水	金	土	火	木
◎	○	○	△	○
2	1	2	2	1

ります。だが、夏には、涼しくするための水はたっぷりあり、よい働きをします。この命式は、火の力をおさえるバランスがとれています。よい五行は水です。よい五行表で乙と午の交差するところは癸で水となります。

このように、土↓金↓水↓木↓火↓土と、四柱に干支が循環し、五行が全部そろっているのを五行周流《ごぎょうしゅうりゅう》といって、健康で長生、先祖、父母、上役、先輩、同僚、兄弟たちから援助が得られる、よい命式といわれます。

秋の木

下の表は日干が乙《きのと》㊍、月支が申《さる》金で8月です。季節は秋で、日干㊍を剋する金の勢いが最強なので、日干に力を与える水があればよい命式となります。

日干の近くに庚《かのえ》金、申金、酉《とり》㊎と、強い金のグループがあり、しかも秋は金の力が最大の時期です。どのようにして金の力を弱めるかがポイントです。

火は金を剋しますが、金が圧倒的に強いので、逆に反剋されてしまいます。そこで金の力を弱める水がよい五行です。水（冬）の大運が吉運です。水を年運より剋しますと、死期となるか交通事故などの災厄に遭いやすいのです。

このように日干が弱くまわりから剋を受けると、その五行の病気になりやすいのです。つまり、乙㊍は病気では肝臓、頭、神経の意味があり、丁㊋は心臓、眼などの部位をあらわしますから、それらの病気に注意すると同時に、乙㊍を強めるための手立てを考える必要があります。たとえば、食べ物では乙＝野菜類をしっかりと食べることなどです。

丁㊋	乙㊍	庚金	癸㊌
亥㊌	酉㊎	申金	未㊏

○木1
○火1
×土1
×金3
◎水2

冬の木

左表は、日干が乙《きのと》㊍、月支が亥《い》㊌で、11月です。季節は冬で、日干㊍に力を与える水の力が、もっとも強いときです。水の強い力を弱めることがポイントになります。

亥《い》―子《ね》―丑《うし》は水の方合で、水の勢いがたいへん強くなっています。丙火《ひのえ》が欲しい命式です。

寒い冬を暖める丙火《ひのえ》があれば吉となります。また、強い水を泄《も》らして力を弱める木をよい五行と考えてもよいでしょう。この人は火の運のめぐる夏がよいのです。

丙 火	乙 ㊍	己 ㊏	辛 ㊎
子 水	丑 ㊏	亥 ㊌	卯 ㊍

水方合

○木2
◎火1
○土2
×金1
×水2（+1）

春の火

次表は、日干・丙火《ひのえ》、月支が卯《う》㊍で3月、春です。

日干・火に力を与える木のもっとも強い春に、強い力をもった㊍からエネルギーを得ている丙火も強くなっています。ですから、この強い火を剋する水があれば吉となります。

火は太過しており、しかも力が強いので、水が1つくらいではおさえきれません。土へ泄《も》らすと火の力を弱めますから、辰《たつ》もたいへんよい働きをします。この人には水が吉運となり、よい五行です。

壬 水	丙 火	丁 ㊋	己 ㊏
辰 土	午 火	卯 ㊍	巳 ㊋

×木1
×火4
○土2
○金0
◎水1

春の火

日干・丁㊋、月支が辰土で4月です。

春は暖かいので、火をあまり必要としません。しかし、命式中に土が太過しているので、その力を剋す木がもっともよい働きをします。金は2つあり、土の太過を泄《も》らすよい役目をしますが、すでに2つあるので、もうこれ以上必要ありません。本来は辛《かのと》より庚《かのえ》のほうがよいのです。

木が成長するためには水も必要ですが、これも命式中に2つありますので、これ以上はいりません。この命式には木がありませんが、木の運が吉運です。

辛㊎	壬水	丁㊋	辛㊎
未㊏	辰土	丑㊏	亥㊌

◎木0
△火1
×土3
○金2
△水2

夏の火

左表は、日干が丙《ひのえ》火、月支が午《うま》火の6月、夏です。

夏は火の勢いが最強のときですから、水が必要となります。その水を金が生じますから、金もよい五行です。

また、火の勢いを泄《も》らす土もよい働きをします。金と水の運が吉運です。

これを、よい五行表で確かめてみますと、日干・丙と月支・午の交差するところは壬・庚で水と金となっています。つまり、よい五行表と一致しているのです。

壬水	丙火	丙火	庚金
申金	午火	辰土	寅木

×木1
×火3
○土1
○金2
◎水1

秋の火

左表は、日干が丁《ひのと》㊋、月支が酉《とり》㊎で9月です。秋の火はすこし涼しくなり、8月ほど水を必要とはしません。日干の火が1つしかなく、弱いので、それを助ける木がよい五行です。

また、秋は金の力が強いうえに4つもあり、太過していますので、その金を剋す火もよい五行といえます。しかし、火が反剋されていて日干を助けるものは一つもないので、まわりに従う従財格的となります。逆に火に根（131ページ参照）が出たり、木の運がめぐると激しく変化が起こります。

戊土	辛㊎	丁㊋	辛㊎
戌土	酉㊎	酉㊎	亥㊌

◎木0
○火1
×土2
×金4
△水1

冬の火

左表は、日干が丙《ひのえ》火、月支が子《ね》水で、12月です。12月は水の勢いが強く、水が多いときは、土でその勢いをせき止めるのがよいのです。水の勢いを泄《も》らす木と、日干を強める火もよい五行となります。

この命式は、五行周流してバランスがとれているので、よい命式です。これをよい五行表でみますと水、土になっています。しかし、日干の丙《ひのえ》火に根がなく弱いので、日干を助ける五行がよい五行になり、必ずしもよい五行表と一致しませんから注意してください。

癸㊌	甲木	丙火	庚金
酉㊎	子水	辰土	寅木

○木2
○火1
△土1
△金2
△水2

春の土

日干が戊《つちのえ》土、月支が卯《う》㊍で、3月です。春の土はまだ寒いので火が欲しいときです。したがって火がよい五行になります。

水は太過している木の勢いを増し、よい五行の火を剋しますが、地支だけしかありません。地支・辰子は半会して水を強めますが、卯亥は半会して卯の木に吸い取られますから△とします。この地支は、寅の行運がめぐれば木と方合し、未がめぐれば三合木局し、申がめぐれば三合水局します。木は官星ですし、水は財星ですから、仕事、女性、金銭面で変化が多い人です。

甲 木	戊 土	己 ㊏	乙 ㊍
子 水	辰 土	卯 ㊍	亥 ㊌

×木3
◎火0
△土3
△金0
△水2

夏の土

日干が戊土、月支が午火で6月です。夏の土は、火の勢いがもっとも強いときで、しかも火と土が多く、月支の午《うま》は羊刃《ようじん》ですから、羊刃格となります（日干が陽干で、月支が羊刃の場合は、羊刃格という）。火土燥雑の命式です。

この命式には、もっとも欲しい金と水がありませんが、湿土の運が吉運です。木は2つあり、太過している火の勢いをますます強める働きをしますからよくありませんが、強すぎる日干を剋す働きをしているので△です。この場合甲《きのえ》木で剋すのがよいのです。

乙 ㊍	戊 土	丙 火	丁 ㊋
卯 ㊍	戌 土	午 火	丑 ㊏

△木2
×火3
×土3
○金0
○水0
湿土○

秋の土

秋の土ですが、8月はまだ暑く水が欲しいときです。太過している土を木で剋し、水で潤《うるお》す役目をします。よい五行は水と木です。

これをよい五行表でみますと日干・戊と月支・申の交差するところは丙甲癸で、火木㊌となっていますが、火は火↓土と太過している土をさらに強めるためよくありません。

日干・戊土で月干・甲は、自分が所属する場所また親の場所でもあります。甲がよい役目ですから、親は本人にとってよい親であり、会社などもよいとみます。

癸 ㊌	戊 土	甲 木	乙 ㊍
亥 ㊌	戌 土	申 金	丑 ㊏

○木2　△火0　×土3　△金1　○水2

冬の土

日干が己、月支が亥で11月です。冬の土は、火が欲しいときですから、火と火を生ずる木とがよい五行となります。

水は3つで太過しています。冬の水は勢いが強く、土はその勢いをせき止める役目をしてくれますので△です。火と木の運がよい運となります。

この人にとってのよい五行が時柱にあります。時柱は子供、友人、恋人、同僚をあらわしますから、同僚、子供がよい役目をして、助け支えてくれる人です。つまり後援者にも恵まれる人です。

丙 火	己 ㊏	癸 ㊌	癸 ㊌
寅 木	丑 ㊏	亥 ㊌	酉 ㊎

○木1　◎火1　△土2　×金1　×水3

春の金

日干が辛、月支が卯で3月です。春は木がいちばん強いのに、3つもあり、太過しているので、この命式にとって忌星です。強い木をどのようにして弱めるかがポイントです。

金には水が欲しいのですが、この命式には水がありません。水が喜星です。よい五行表でこれをみますと、日干の辛《かのと》と月支の卯《う》の交わったところが壬・甲で、水木となっています。しかし、この命式には、木が3つあり、太過していますから、これはよい五行とはなりません。日干が強くなるのがよいです。

乙㊍	辛㊎	丁㊋	己㊏
未㊏	丑㊏	卯㊍	卯㊍

△木3
△火1
×土3　湿土△
○金1
◎水0

夏の金

日干が庚、月支が巳で5月です。夏は暑いので、水が欲しいときです。金は根がないので弱いのですが、土生→金で、金を生じる土がよい作用をします。しかし、夏の土は乾ききっていて、埋金にしようとします。木は、火の力をさらに強めます。したがって、錬金しすぎを防ぐ湿土と水がよい五行です。

日柱の庚戌《かのえいぬ》は魁罡《かいごう》といって、吉凶の落差のはげしい人です。時支の卯《う》とは支合《しごう》するので、子供縁は親密であるといえます。

魁罡《かいごう》

己㊏→	庚金	乙㊍	壬水
卯㊍	戌土	巳㊋	午火

支合

△木2
×火2
○土2　湿土○
○金1
◎水1

秋の金

日干が辛、月支が申で8月です。秋の金は月令を得ており、金の力が強すぎます。しかもその金を助ける土も多すぎます。この命式にとって金と土は忌星となります。

太過している土を剋す木と、金の力を泄《も》らす水とがよい五行といえます。しかし、日支・卯㊍がよいはずですが、金土ともに強いので反剋されています。日支は配偶者でもありますから、配偶者は常に辛い思いをしなくてはいけないでしょう。水の運がめぐると卯㊍の通関となりますので少しましとなります。

己㊏	辛㊎	庚金	戊土
丑㊏	卯㊍	申金	辰土

○木1
△火0
×土4
×金3
◎水0

冬の金

日干・庚と月支・亥で11月です。冬の金は火が欲しいときです。火と火を助ける木とがよい五行です。冬の水は力が強いのですが、土がその水をおさえる作用をしています。

この命式には湿土が3つもあり、しかも冬ですから寒々としています。甲木がほしいのです。しかし、亥《い》が2つあるのは自刑《じけい》となり、積極性が失敗の原因となるので注意してください。命式全体がジクジクしています。時干の丁も、日干・庚にとってよいのですが力不足です。丁に根が出れば吉運となります。

丁㊋	庚金	己㊏	辛㊎
亥㊌	辰土	亥㊌	丑㊏

◎木0
◎火1
△土3
○金2
×水2

春の水

日干・癸と月支・寅で2月です。春といってもまだ寒く、火が欲しいときですから、火がよい五行といえます。また、春は木の勢いが強いのに、3つもあり太過していますから、木を剋する金もよい五行です。よい五行表と一致します。

太過していても、それを泄《も》らす火がありますし、ほしい五行が天干にあり、よい命式です。年月の干支が木火で、癸㊌の日干を弱めています。癸は常に形がなくなるものですから水源として金が必要です。時柱に金があり、この人を支えています。

甲 木	丙 火	癸 ㊌	庚 金
午 火	寅 木	卯 ㊍	申 金

×木3
○火2
△土0
○金2
○水1

夏の水

地支・三合《さんごう》火局で、そのうえ日支・壬と月支・午で6月の夏で、火の勢いが猛烈です。日干の壬《みずのえ》水が火を剋すのですが、火の勢いに反剋されてしまいます。いかに火の勢いを弱め、土の太過を泄《も》らすかが問題です。つまり、火を剋す水と、土（偏官《へんかん》）の凶意を泄らす金（印星《いんせい》）とがよい五行です。この命式にとって、金と水の運が吉運です。

年月干が土で地支三合火局はいかに堤防の土といえども、日干の壬水は枯れてしまいます。月干を会社とすると、大変プレッシャーのきつい会社です。

戊 土	戊 偏官 土	壬 水	庚 偏印 金
戌 土	午 火	寅 木	子 水

三合火局（戌・午・寅）

○木1
×火1 (+2)
×土3
◎金1
○水2

秋の水

左表は、日干が壬《みずのえ》水、月支が酉《とり》㊎で、9月です。秋の水は、金がよい五行ですが、土が多いので、金が埋まってしまいます。そこで、その土を剋す木もよい五行となります。

辛㊎	壬水	己㊏	丁㊋
丑㊏	戌土	酉㊎	卯㊍

○木1
△火1
×土3
○金2
△水1

秋の水

下の表は、日干が癸《みずのと》㊌、月支が申《さる》金ですが、まだ8月で暑いので、水が欲しい時期です。その水を金が生じますので、金はよい働きをします。ところが土が多いため、そのよい金は埋まってしまいます。土が多いときは、木が土を剋してよい作用をします。また、太過している水を吸い取るとともに、土をほぐす作用をもします。よい五行は木です。

　これをよい五行表でみますと日干・癸と月支・申の交差するところが丁甲で、㊋木となっています。しかし、火は太過している土を生じますから、あまりよくありません。

　このように、よい五行表と必ずしも一致するとは限りません。よい五行表はあくまでも参考程度と考えてください。

甲木	癸㊌	戊土	壬水
子水	丑㊏	申金	辰土

◎木1
△火0
×土3
○金1
△水3

冬の水

日干・壬と月支・亥で11月です。冬の水は、水の勢いが強いので、その勢いをせき止める土と、その土を生じる火がよい五行なのですが、この命式には土と水が太過していますからよい五行からはずします。木は、この命式に欲しい火を生じ、太過している水を吸い取る役目をしますからよい五行といえます。

辛 ㊎	己 (土)	壬 水	庚 金
丑 (土)	亥 (水)	寅 木	戊 土

◎木1
○火0
△土3
△金2
×水2

〔注〕よい五行表でみるのと実際とでは、命式の五行の太過、不及《ふきゅう》により、よい五行が違ってきます。実際に占うときは、よい五行表はあくまでも参考にとどめ、五行の相剋を優先し、用神に重きをおいてください。

(2) よい五行の求め方（事例）

よい五行を定めるには、天干4つ、地支4つの、計8つの干支の五行で定めます。蔵干は関係ありません。右から木、火、土、金、水と書き、それぞれの五行の数を記入します。

以下、それぞれの事例についてみてみましょう。

〈例1〉長嶋茂雄氏　昭和11年2月20日午前10時生

	年柱	月柱	日柱	時柱
天干	丙 火	庚 金	壬 水	乙 (木)
地支	子 水	寅 木	申 金	巳 (火)

五行数	木	火	土	金	水
	2	2	0	2	2

●日干・壬《みずのえ》で寅《とら》月生まれです。水ぬるむ春ですからその強さは弱いので、水を生じる金がよい五行です。ま

だ寒さは残っているので太陽の暖かさの丙火がよい五行となります。
　月干は所属する場所です。月干・庚は長嶋氏にとってのよい五行ですから目上からの援助が受けられます。

〈例2〉土井たか子さん　昭和3年11月30日午前4時生

	天干	地支
年柱	戊 土	辰 土
月柱	癸 ㊌	亥 ㊌
日柱	甲 木	戌 土
時柱	丁 火	卯 木

五行数	
木	2
火	1
土	3
金	0
水	2

●日干・甲《きのえ》で亥《い》月生まれです。初冬月はそれほど寒さは厳しくありませんが、やはり温《ぬく》もりがほしいのです。時柱に丁《ひのと》卯があり、日干の根ともなり暖かさもあり良好。これで庚《かのえ》があれば最良です。

〈例3〉小沢一郎氏　昭和17年5月24日午前4時生

	天干	地支
年柱	壬 水	午 火
月柱	乙 ㊍	巳 ㊋
日柱	丁 ㊋	丑 ㊏
時柱	壬 水	寅 木

五行数	
木	2
火	3
土	1 (湿土)
金	0
水	2

●日干・丁《ひのと》で巳《み》月生まれです。初夏で火が3つもあり強く、強引に物事を押し進める力があります。湿土へ泄《も》らすことも大切です。灯火は甲《きのえ》を燃料とし、庚《かのえ》で適当に斬《き》りくだく作用があり、甲《きのえ》・庚《かのえ》・己《つちのと》がよい五行となります。甲《きのえ》は印星で庚《かのえ》は財星です。名誉と財を上手にコントロールできればよいのですが。
　月干・乙㊍は草花で、この人を助けるには力不足ですが、月令を得て強いので、自らの裁量で事を押し進められます。時干との干合で部下との縁も親密です。

四 身旺《みおう》・身弱《みじゃく》

1 身旺・身弱

第一章でも簡単にふれましたが、自分自身を示す日干の強弱を身旺《みおう》、身弱《みじゃく》といい、体が強いとか弱いとかをいうのではありません。いいかえれば、命式のバランスが普通以上であれば身旺、普通を中和《ちゅうわ》、普通以下を身弱といいます。四柱推命で占うときは、必ず身旺か身弱かを判断します。

身旺、身弱は、先天運である命式の強い弱い、つまり、福分の厚いか薄いかをみて、これからの後天運を示す行運の吉凶を判断する基準となります。また、あとで述べる性格や結婚の相性、職業、健康を判断するポイントにもなるのです。

身旺の人は運が強く、つまり福分が厚く、運勢に発展性があり、活動力があります。しかし、運勢に波があり、やや不安定で、吉運のときはぐんとよく、一方、ガタッと運勢が落ち込む凶運に身舞われるなど、吉凶の落差がはげしいのです。

身弱の人は運が弱く、福分が薄い人です。物事をするのに引っ込み思案で、守勢的ですが、コツコツ仕事をして、継続性があります。仕事や事業運は、よくもなければ悪くもないといった安定性があり、吉運と凶運との落差が小さいといえましょう。

身旺の人は病気をしにくく、また、抵抗力もあります。身弱の人はよく病気をし、病気に対する抵抗力がない人が多いのです。

身旺の人は人の上に立ち、人を使う立場になり、身弱の人は、平社員とか用務員のような、人に使われる立場になる人が多いようです。職場で仕事のことで争った場合、身旺の人が厚かましく勝ち、身弱の人は押され気味になります。仮に、身弱の人が部・課長のポストについても、身旺の部下に押され気味になります。

ところが、あまりにも身旺すぎると、大胆で凶悪なことをし、悲劇に終わりますし、また、夫婦関係でも、女性が身旺で男性が身弱ですと、奥さんの尻に必ず敷かれるようになります。かといって、身旺すぎる夫や男性は、妻や女性をなぐったりもします。

女性で身旺の人は、夫に不満をもちやすく、これが離婚の原因になることさえあります。男性は適当に身旺で女性はやや身弱がよいといえます。

しかし、キャリア・ウーマンとして会社に長く勤める女性や、ナイトクラブのママなどの経営者といった、社会で男性と肩を並べて仕事をする女性は、身旺がよいということになります。

では、中和の人は？　との問いには、無難で、中庸ですと答えます。あとは先天命式のもつ四柱八字の並び方がよいか悪いかで、その人の運命も大きく違ったものになり、その上に後天運によいものがくるか、こないかでも大きく左右されるのです。したがって身旺、身弱は一つのことを判断するポイントになるのです。

2　身旺・身弱の計算法

命式で運勢をみるのには、身旺、身弱の計算をして判断しなくてはなりません。命式の計算には、次のことにポイントをおいて判断します。

(1) 判断の基準

①月令の有無（日干が月気の令を得ているかどうか）。

②日干を基準として、命式の五行の分布や配列と相互関係をみます。

③十二運星の強弱をみます。

以上3つのポイントから推しはかって数字で計算するということは、とても合理的です。

ここで注意することは、日干・壬癸で地支に丑辰があるとき、土⇩《剋》水ですが、丑辰は日干の根となる（丑辰には蔵干に癸が入る）のでその点を加味しながら計算をしていく必要があります。癸丑などは丑の中に癸があり強いのです。

(2) 項目別配点

月令点

下の表で、日干が甲木《きのえ》か乙《きのと》㊍で、月支が卯《う》である場合は、交差するところが3で、月令点は最強の3点となります。もし、申金か酉《とり》㊎の秋の生まれならば、木の甲乙《きのえきのと》から横へみていき、秋の申酉《さるとり》との交差するところの0点が月令点であり、日干がもっとも弱くなります。

●月令点の考え方

〈例1〉橋本聖子さん　昭和39年10月5日午前10時生

年柱	月柱	日柱	時柱
甲 木	癸 ㊌	丁 ㊋	乙 ㊍
辰 土	酉 ㊎	亥 ㊌	巳 ㊋
戊 土	辛 ㊎	壬 ㊌	丙 火

■月令点（　に入っている場合を「月令を得る」という）■

日干＼季節(月支)	春		夏		秋		冬	
	寅卯	辰	巳午	未	申酉	戌	亥子	丑
木(甲乙)	3	2	1	1	0	0	1	1
火(丙丁)	1	1	3	2	0	1	0	0
土(戊己)	0	2	3	2	0	2	0	2
金(庚辛)	0	0	0	1	3	2	1	1
水(壬癸)	1	1	0	0	1	1	3	2

橋本さんの日干は丁《ひのと》㊋ですから、表の日干・丁火から横へみていきます。月支・酉《とり》㊎と交差するところは0点ですから、橋本さんの月令点は0点ということになります。

〈例2〉**西川きよし氏**　**昭和21年7月2日午前0時30分生**

年柱	丙 火	戊 土	戊 土
月柱	甲 木	午 火	丁 ㊋
日柱	丁 ㊋	丑 ㊏	己 ㊏
時柱	庚 金	子 水	癸 ㊌

西川氏の日干は丁《ひのと》火ですから、表の日干・丁火から横へみていきます。月支の午《うま》火と交差するところが3点ですから、月令点は最強の3点となります。

五行点

〈例〉**日干が木の場合**

●木は日干と同じですから日干の力となり、日干にとって＋《プラス》となります。

●水は、水↓《生》木と日干を生じて、日干にエネルギーを与えますから、日干にとって＋《プラス》となります。

●火は、木↓《生》火と日干の木のエネルギーを吸い取りますから、日干にとって－《マイナス》となります。

●土は木⇓《剋》土と日干が剋しにいき、エネルギーを失いますから、日干にとって－《マイナス》となります。

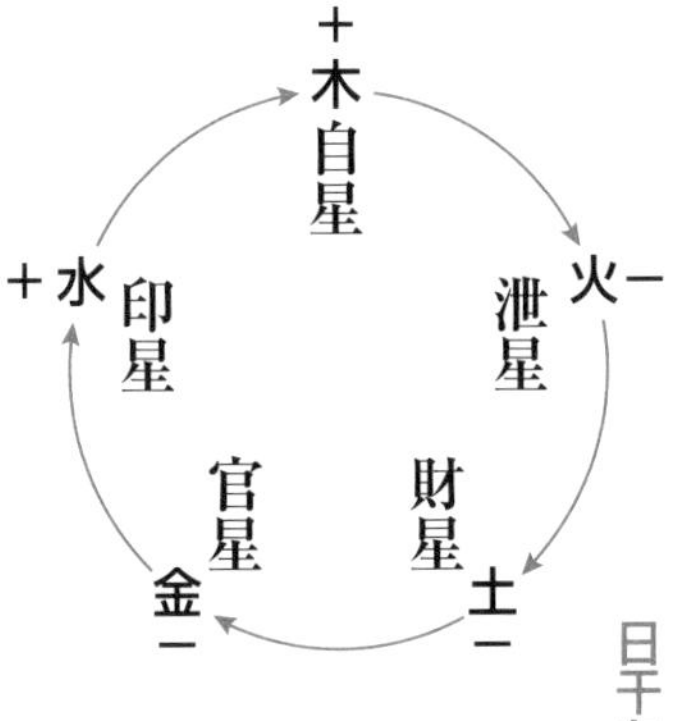

日干を木とした場合

自星……＋
印星……＋
泄星……－
財星……－
官星……－

●金は金⇓《剋》木と日干が剋されて、いっそうエネルギーを失いますから、日干にとって−《マイナス》となります。

それぞれの五行について+1とか−1など点数を与えます。1というのは、それぞれの干支の五行を1点とするからです。

〈例1〉**橋本聖子さん**　昭和39年10月5日午前10時生

●まず命式中の天干・地支、年・月・日・時柱の干支八文字の五行の数を左図のように記入します。

●火は、日干と同じ五行で、日干を助けますから＋《プラス》となります。

年柱	甲	木	辰	土
月柱	癸	㊌	酉	㊎
日柱	丁	㊋	亥	㊌
時柱	乙	㊍	巳	㊋

五行数		
＋	木	2
＋	火	2
−	土	1
−	金	1
−	水	2

●木は、木↓《生》火と、日干に力を与えますから日干にとって＋《プラス》となります。

●土は、日干の力を火↓《生》土と吸い取りますから−《マイナス》となります。

●金は、日干の火から剋して、エネルギーを失いますから−《マイナス》となります。

●水は、日干の火を、水⇓《剋》火を剋して−《マイナス》となります。

(火＋木)−(土＋金＋水)＝五行点

(2＋2)−(1＋1＋2)＝0

●五行点は右の計算で0となります。

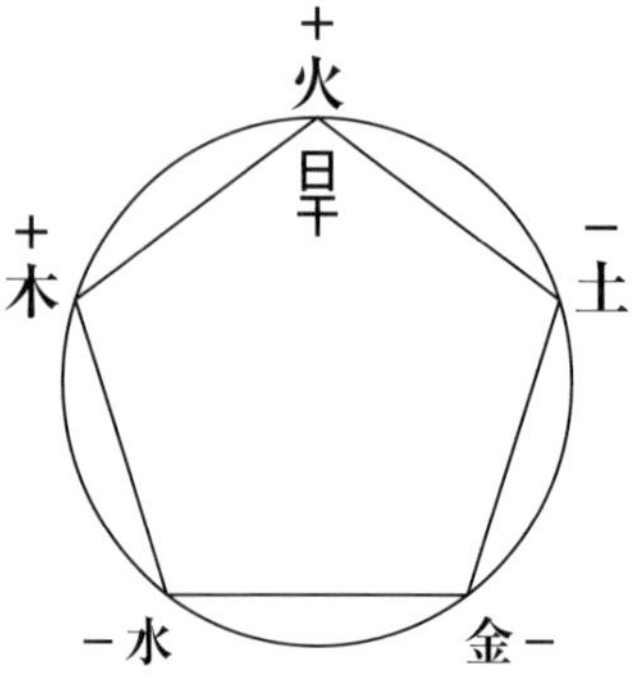

〈例2〉西川きよし氏　昭和21年7月2日午前0時30分生

●まず命式中の天干・地支、年・月・日・時柱の干支八文字の五行の数を左図のように記入します。

●火は、日干と同じ五行で日干を助けますから＋《プラス》となります。

●木は、木↓《生》火と、日干に力を与えますから日干にとっては＋《プラス》になります。

●土は、日干の力を火↓《生》土と吸い取りますから－《マイナス》となります。

●金は、日干の火から剋して、エネルギーを失いますから－《マイナス》となります。

年柱	月柱	日柱	時柱
丙 火	甲 木	丁 ㊋	庚 金
戊 土	午 火	午 ㊏	子 水

五行数					
	＋	＋	－	－	－
	木	火	土	金	水
	1	3	2	1	1

●水は、日干の火を水⇓《剋》火を剋して－《マイナス》となります。

(火＋木)－(土＋金＋水)＝五行点

(3＋1)－(2＋1＋1)＝0

●五行点は右の計算で0となります。

このとき注意しなければならないことは、日干を中心にしてみるということを忘れないでください。例題に日干が木または火と出ていたら、木または火は必ずプラスと思い込んでしまう人があります。日干が土なら日干・土を生じる火と土が＋《プラス》になり、あとの金水木は－《マイナス》となるのです。

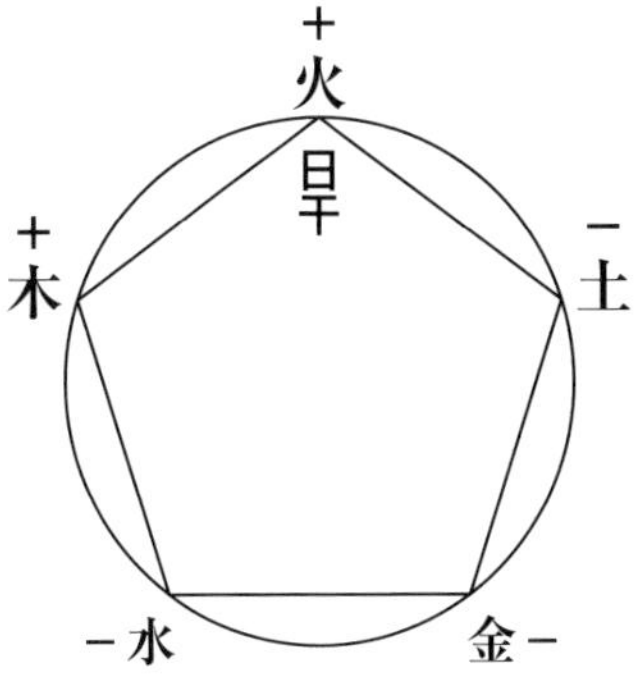

十二運星点

十二運星のそれぞれの点数は左のとおりです。

帝旺、建禄＝＋2点
長生、冠帯＝＋1点
沐浴、墓、胎、養＝0点
衰、死、病、絶　＝0点

十二運星の計算は、全部を合計せずに、最高の点数を1つだけとります。ただし、建禄《けんろく》、帝旺《ていおう》が2つ以上あるときは+3点とします。

〈例〉橋本聖子さんの命式に十二運星点をつけます。

甲木	辰土	戊土	衰	0
癸㊌	酉㊎	辛㊎	長生	+1
丁㊋	亥㊌	壬㊌	胎	0
乙㊍	巳㊋	丙火	帝旺	+2

月令点	0
五行点	0
十二運星点	＋2
	＋2

年柱は日干から遠いので、あまり影響がないとみて十二運星の計算にいれないのです。

橋本さんの場合は、
年柱十二運星＝衰は0
月柱十二運星＝長生は+1
日柱十二運星＝胎は0
時柱十二運星＝帝旺は+2

●十二運星点は最高のものだけを取りますので、帝旺の+2だけを採用した点とします。

〈例〉西川きよしさんの命式に十二運星点をつけます。

丙火	戊土	戊土	養	0
甲木	午火	丁㊋	建禄	+2
丁㊋	丑㊏	己㊏	墓	0
庚金	子水	癸㊌	絶	0

月令点	＋3
五行点	0
十二運星点	＋2
	＋5

(3) 身旺・身弱の判定法

月令点、五行点、十二運星点の3つから身旺身弱の総合点が計算できるわけです。これをもとに、それぞれの事相を判断していく材料とします

■判定法■

＋3以上	身旺
0〜＋2	中和
−1以下	身弱

0　＋3

身旺　中和　身弱

橋本聖子さんは、合計点が+2で中和の命式だとわかります。したがって、大運に身旺運がめぐれば、自己発揮運となって、相応な発達をみるのです。

西川さんは合計点が+5で身旺の命式であることがわかります。

西川さんが政治家・タレントとして活躍できるのも身旺だからこそでしょう。

3 空亡がある命式の計算法

〈例〉Aの命式

辛㊎	卯㊍	甲木	胎	0
乙㊍	未㊏	丁㊋	冠帯	＋1
庚金	辰土	乙㊍	養	0
甲木	~~申金~~	~~戊土~~	~~建禄~~	~~＋2~~
空亡	申酉			

申酉《さるとり》の二支が空亡ですから、時柱の支の申《さる》金が空亡で、蔵干の戊土《つちのえ》も十二運星の建禄《けんろく》も空亡になり、☒と消します。空亡は無気力さをあらわしますから、日干が庚金《かのえ》で、時支が申ですから、当然根があるはずです。しかし、この計算法では、空亡であれば力がない、つまり根なしと判断して計算に入れません。ただし月支は空亡とみません。

Aの命式では、時支・申が空亡して、解空［注］になっていませんので、金が3つあるところ、申が空亡ですから、1を引いて実際は2の力であるとみます。つまり五行点は、左図のとおり、+1です。

十二運星点は時柱空亡で強さがないとみますので、0点です。

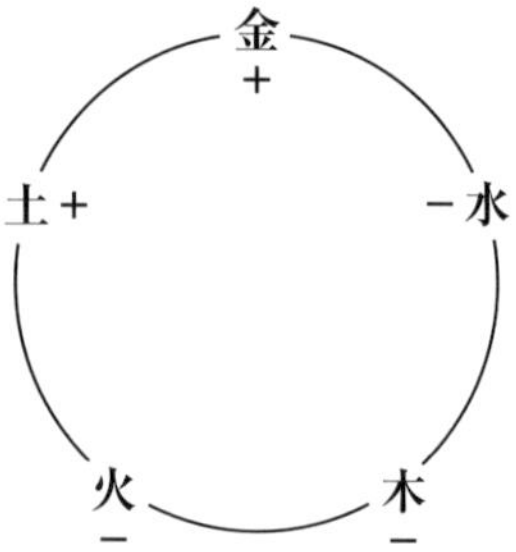

−木	−火	+土	+金	−水
3	0	2	3	0
			(−1)	

(+3−1+2)−(3)=+1

月　令　点=+1
五　行　点=+1
十二運星点=+1
　　　　　+3…**身旺**

《ポイント》

●月支は空亡でも計算上空亡として取り扱いません。

●年支と時支だけ空亡とします。

●空亡の支がある場合、支、蔵干、十二運星とともに存在しないと考えます。

●たとえば空亡でも支合、三合、方合、沖《ちゅう》があれば、空亡は解けますので空亡としません。

［注］占う際に命式、大運、年運に支合、三合、方合、冲があれば空亡としないことを覚えておいてください。すなわち、空亡（天中殺）の図の意味が冲、支合、三合により、緩和されるのです。これを解空《かいくう》といいます。

〈例〉**昭和6年1月6日午後3時30分生**

庚	戊	辛	丙
金	土	㊎	火
午	子（空亡）	酉	申
火	水	㊎	金
丁	癸	辛	庚
病	長生	建禄	帝旺
0	1	2	2

（午と子：冲）

空亡　子丑

−木	−火	+土	+金	−水
0	2	1	4	1

月　令　点=+1
五　行　点=+2
十二運星点=+3
　　　　　+6…**身旺**

月支・子は空亡ですが、計算上空亡として取り扱わず、そのまま計算します。

4 三合・方合のある身旺・身弱の計算法

三合・方合は、その三合または方合した五行が強まることですから、その場合は、三合・方合の五行に+1を加えます。また、月支に旺支（子・卯・午・酉）があって、旺支とともに三合・方合になる場合は+2をその五行に加えます。

下段の例1は地支・三合水局しています。月支・申は空亡ですが、月支は空亡とみませんし、三合して解空となっていますので、三合した水に+1を加えて五行点を計算します。五行点は−1となります。また、下段の地支に方合のある例2では、年支・丑が空亡になっていますが、未丑の冲があり、やはり解空となっています。地支・未巳午の火方合は、五行点の火に+1を加えますので計算例では+10の極旺となっています。

以上、身旺・身弱の計算法を示しましたが、この判定だけで運勢の良否を問わず、すべては日干と月支から、また命式全体からよい五行をみつけていくのです。

〈例1〉地支に三合のある場合

天干	五行	地支	五行	蔵干	十二運	点
甲	木	子	水	癸	死	0
壬	水	申	金	庚	建禄	+2
庚	金	辰	土	戊	養	0
辛	㊎	巳	㊋	丙	長生	+1

三合水局（子・申・辰）

空亡　申酉

木	火	土	金	水
−1	−1	+1	+3	−2 (+1)

月　令　点＝+3
五　行　点＝−1
十二運星点＝+2
＋4…身旺

月支空亡ですが、月支は空亡とみません。

〈例2〉地支に方合のある場合

天干	五行	地支	五行	蔵干	十二運	点
丁	㊋	丑	㊏	己	墓	0
丁	㊋	未	㊏	己	冠帯	+1
丁	㊋	巳	㊋	丙	帝旺	+2
丙	火	午	火	丁	建禄	+2

冲（丑・未）　火方合（巳・午）

空亡　子丑

木	火	土	金	水
+0	+6 (+1)	−2	−0	−0

月　令　点＝+2
五　行　点＝+5
十二運星点＝+3
＋10…極旺

空亡が年支・丑にありますが、冲で解空となります。

五　用神の定め方

1　格と用神

用神とは、その命式に用《よう》（必要）のある神《じん》（星）で、命式の中で自分自身を示す日干に対してもっともよい働きをする通変星、または五行です。とくに日干に60％の影響力がある月支の通変星を、運命の元の星として元命《げんめい》といいます。

一般には、月支の通変星（＝元命）でその人の格＝タイプを決めます。

格を定めるには、主に命式の他の通変星との相剋、相生、比和、あるいは根があるかないか、また干合しているか、支合、三合、冲、空亡などの関係から、よい命式、悪い命式を総合的に判断して定めます。

タイプ＝格になる通変星は強いほどよいとされています。

2　格＝タイプの定め方

運命を判断するには、あなた自身を示す日干と月支・蔵干の元命で、その人の格＝タイプとします。

たとえば、元命が比肩ならば、比肩タイプの人。劫財ならば、劫財タイプの人とみます。そして、その強さが強いか弱いかを判断し、強ければその性質が強く発揮されますし、弱ければその性質が萎縮して発現されます。

3　格の定め方の基準

●内格についての格の取り方の基本

①原則として元命の通変星で格＝タイプとします。

②地支が三合・方合する場合は、その三合・方合の気の四旺によって格を定めます。

③月支中の初気のみが天干に透っている場合はそれを格にとります。

④月支中の正気、中気、初気がすべて天干に透ってい

る場合は、生日によりいずれの気が該当するかを調べて格を定めます。

⑤月支中の気が二種天干に透っている場合は、いずれの気の作用が大きいかを調べて格を定めます。

以上は内格の場合です。他に外角といって一定の条件がそなわると特殊な格になります。内格は通変星でタイプを定め、その用神は日干と月支をもとに干の特性、位置関係、調候を考えてよい五行を選定します。

〈例〉**橋本聖子さん**　昭和39年10月5日午前10時生

年柱	月柱	日柱	時柱	空亡
印綬 甲木	偏官 癸㊌	丁㊋	偏印 乙㊍	午未
辰㊏	酉㊎	亥㊌	巳㊋	
傷官 戊	偏財 辛	正官 壬	劫財 丙	
衰	長生	胎	帝旺	
格	日干の強弱	よい五行		
偏財格	中和	甲・庚		
木2	火2	土1	金1	水2

橋本聖子さんの場合、月支の通変星、つまり元命が偏財ですが、天干に透出していません。しかし、他に透出しているものがないので元命通変星偏財で格＝タイプとします。この命式にとってのよい五行表をみると甲《きのえ》・庚《かのえ》・丙《ひのえ》・戊《つちのえ》とたくさんのっていますが、身旺でないので日干・丁《ひのと》を強め燃料を補給する甲《きのえ》が大切です。甲は年干にあり日干と離れているのが残念です。

●月支の通変星（元命）を格として定められないとき

〈例〉**男命**　昭和6年3月26日午前12時生

●正財格（用神：丁）

年柱	月柱	日柱	時柱
劫財C 辛㊎	劫財D 辛㊎	庚金	食神B 壬水
未㊏	卯㊍	辰土	午火
正印	正財	偏印	正官（根）
己㊏	乙㊍	戊土	A 己㊏
冠帯	胎	養	沐浴

元命の吉星・正財を格とするのが普通ですが、年上、月上の劫財C、Dから正財は剋されます（劫財⇓剋正財）。

劫《ごう》は～破るという意味があり、正財は財をあらわす吉星ですが、これを破る、すなわち剋《こく》すので、用神として不適格です。こういうのを破格といいます。

ただし、月支・卯は春であり、天干の辛は一番弱い時期ですからその力は弱いとみますので、破格の正財格＝タイプとしてみます。性格的には正財が剋されるので、余計に財星を大切にと思うあまり、表面は調子のよいことをいいながら内情は細かく、不平不満が多い性格が出るでしょう。

六　十干と通変星

1　十干の相互関係

十干の特性は前述しましたが、ここでは干と干との関係を勉強として、自分はどんな人たちと関わりをもつか考えましょう。日干を中心に月干と時干を考えます。

月干 日干 時干	所属する所、会社、親、目上 自分自身 友人、同僚、恋人、子供

甲―癸　甲は癸の滋雨によって大きく伸びるので、自分を育ててくれる会社、上司や親に恵まれ、特に夏生まれの人にはうれしい関係。冬生まれの人は大切にされすぎて、ひ弱になる。

甲―壬　甲は壬の河水により押し流されるので、ありがた迷惑。

甲―甲　同じ干が並ぶと、自分と同じことをする上司、仲間が時としてライバルとなる。

甲―乙　乙は甲を頼りにし、甲は乙を煩わしく思う。

甲―丙　夏生まれはしんどい目にあわされ、ストレスがたまるが、冬生まれならば、うれしい関係となる。

甲―丁　甲は丁から頼りにされ、甲は丁の燃料になる。

甲―戊　甲は戊をみると、どうしても疎土したくなるが、戊の乾き具合で疲れてしまう。

甲―己　お互いに必要とし、甲は己の湿土により育てられ、根を守る。
甲ー庚　季節により必要だが、甲の本能は伸びることで、金⇩木と斬られるので、いやな思いをする。
甲ー辛　特に直接的な関心はなく、自分の力にはなってくれない。夏生まれならば辛は水源として働く。
乙ー癸　夏生まれは自分を優しく導いてくれる会社、親の関係。冬生まれは乙を腐らせてしまう。
乙ー壬　夏生まれはよいが、冬生まれは押し流される。
乙ー甲　頼りになる人が側にいる。寄らば大樹。
乙ー乙　同等なる人、仲間。時としてライバル。
乙ー丙　夏生まれは疲れてしまう。冬生まれはうれしい間柄。
乙ー丁　夏生まれは迷惑をかけられ苦労する。冬生まれはよい。
乙ー戊　相手から頼りなく思われ、努力が報われない。
乙ー己　お互いによい関係。湿り具合が大切。
乙ー庚　何か気になる間柄。良くも悪くも関わりあいになる。
乙ー辛　乙は辛に剋され、いやな思いをする。
丙ー癸　癸の雨水で曇らされるので嫌う。
丙ー壬　夏生まれは絶対必要。よい人に恵まれる。冬生まれは力が弱くなるので、相手は喜ぶ。
丙ー甲　夏生まれは自我が強く、相手を困らせる。冬生まれは本人のために役立つ人。
丙ー乙　夏生まれは相手を疲れさせる。冬生まれは相手を喜ばせ、活力を与える。
丙ー丙　自分と同じ人が側にいる。ライバルとなる。夏生まれは不要だし、お互いに迷惑。
丙ー丁　夏生まれは他人からうっとうしく思われる。冬生まれは自分より劣った人。
丙ー戊　夏生まれは自分ががんばっても迷惑がられる。土は焦げて木は育たない。冬生まれは喜ばれる。
丙ー己　夏生まれは迷惑がられるが、冬生まれは活力源として喜ばれる。
丙ー庚　夏生まれは人をダメにする。庚はなまくらになる。冬生まれは活動力となり喜ばれる。

丙－辛　互いに求めあい、良くも悪くも関わりをもつ。
丁－癸　感性の違いでいやな思いをする人がまわりによってくる。
丁－壬　お互いに求めあい、関わりをもつ。
丁－甲　よい人に恵まれ幸せ。丁には燃料の甲が必要。
丁－乙　パワーのない人。線香花火のようで、自分がしっかりしなければならない。
丁－丙　自分が一生懸命がんばっても、相手にお株を奪われる。そのため性格に激しさ、悪さが出て、自分が認められないのでストレスがたまる。
丁－丁　よく似た人。時にライバルとなる。
丁－戊　夏生まれは相手に迷惑がられる。冬生まれはパワー不足で相手から頼りなく思われる。
丁－己　夏生まれは相手からうるさく思われる。冬生まれはパワーは弱く、喜ばれるが、自分はしんどい。
丁－庚　パワーを与え、相手から喜ばれる。夏生まれはでしゃばりすぎ。丁と庚はセットで必要。
丁－辛　お互いに理解できない。相手は疲れる。
戊－癸　お互いに求めあう。癸は戊は潤す。
戊－壬　自分がしっかりしないといけない。壬が強いと山崩れを起こす。
戊－甲　世話焼きの人が側にいてくれる。甲と戊はセットで必要。
戊－乙　頼りなく思う相手。相手は疲れる。
戊－丙　夏生まれは無理難題を押しつけられ、ストレスがたまるが、冬生まれは優しい人が側に集まる。
戊－丁　夏生まれは優しそうに見えても意地が悪い。冬生まれは頼りがいのある人が集まる。
戊－戊　ライバル同士。地支の強さをみること。
戊－己　相手に圧力をかけるのでうっとうしがられる。
戊－庚　人に迷惑をかける。努力が報われない。
戊－辛　よかれと思ってしたことが報われない。
己－癸　夏生まれは特にうれしい関係。冬生まれはいやな関係。
己－壬　互いに嫌な関係（己土濁壬）。特に冬生まれ。
己－甲　お互い求めあい、深い情愛ができる。

己―乙　相手から喜ばれる自分である。
己―丙　夏生まれはしんどい人が側にきて、ストレスがたまる。冬生まれは人に助けられる。
己―丁　夏生まれは干渉されすぎて疲れてしまう。冬生まれは力はないが、よい人たちが側に集まる
己―戊　相手から圧力がかかり、うっとうしい。特に夏生まれはダメ。冬生まれなら助けられることもある。
己―己　同じ考えをもつ人。
己―庚　奉仕精神旺盛で相手も喜ぶ（湿土生金）。
己―辛　何かと世話をしたくなる人が側に集まる。
庚―癸　相手に働きかけても、結果骨折り損（庚は錆びる）。
庚―壬　冬生まれならば、日の目をみない（沈金）。
庚―甲　自然体で向かっていくのが、相手に迷惑がられる。
庚―乙　お互いに求めあい、関わりをもつ。
庚―丙　上司から恩恵を受ける。
庚―丁　相手からよくしてもらえる。

庚―戊　相手から苦労させられる（庚は埋金）。
庚―己　相手から恩恵を受けられる。
庚―庚　同じ人生観をもつ人が側にくる。ライバルにもなる。
庚―辛　相手にたいして先輩面をする。
辛―癸　関われば重荷になるが、相手を喜ばせる。
辛―壬　うれしい関係。がんばればそれだけ自分が得する（辛は壬の淘洗を喜ぶ）。
辛―甲　働きかけても相手にされない。
辛―乙　相手をいじめ、傷つける。
辛―丙　良くも悪くも情愛をもつ。夏生まれは疲れる。
辛―丁　相手から迷惑を受け、悩まされる。
辛―戊　疲れる相手。
辛―己　助力が得られるが、甘えてしまうとよくない。
辛―庚　相手に先輩面されて、傷つく。
辛―辛　同等の人だが、競りあい、質が落ちる。
壬―癸　日干が強ければじゃまな人。冬生まれはダメ。
壬―壬　勢いづいて傍迷惑になることがある。

壬―甲　世話を焼きすぎて相手が迷惑する。
壬―乙　相手がいやがるほどの世話焼き。
壬―丙　冬生まれはよい人に恵まれる。
壬―丁　お互いに情を持ち合う。
壬―戊　自分にプレッシャーをかける人が側にくる。
壬―己　清らかであろうとしても濁らされる(己土濁壬)。
壬―庚　夏生まれは頼りになる人が側に集まる。
壬―辛　お互いによい関係が保てる（淘汰）。
癸―壬　身弱の場合は助けてもらえるが、身旺の場合は、えらそうにする上司、友人でうっとうしくなる。
癸―癸　同じような考えをもつ人々。時にライバルにもなる。夏生まれはお互いに助けあえる。
癸―甲　奉仕精神旺盛で、骨身惜しまず努力するから喜ばれる。冬生まれは逆に、お節介または過保護。
癸―乙　よく慈愛し喜ばれる。夏生まれは期待される。
癸―丙　冬生まれの場合は、本人にとってはうれしい関係だが、相手はメリットなしで迷惑を受ける。
癸―丁　まわりを脅かすのでいやがられる。
癸―戊　お互いに求めあい、良くも悪くも深い関わり。
癸―己　相手に恩恵を与え力となる。
癸―庚　身弱のときはまわりからの援助でうれしい。身旺のときは相手をだめにする（庚は錆つく）。
癸―辛　努力しても充分効果が上がらず、相手に満足してもらえない（辛の淘洗は望めない）。

2 通変星の相互関係

通変星は干の代名詞ですから、干支五行を優先にみてのち通変星をみます。

印綬は母、寿命、名誉を意味する吉星で、正財は財産、お金を意味する吉星ですが、この場合は忌星となります偏印は凶星ですが、財星があると、「印を捨てて財につく」といって、剋を喜び福力が増します。

まず、あなた自身である比肩と、他の通変星との組み合わせで吉の作用か凶の作用か考えます。たとえば、用神が正官とすると、傷官⇓正官は凶ですから、傷官がまわってくる年は凶の年となります。

また、大運が印綬で、年運が傷官の場合は、印綬⇓傷官は吉なので吉運となります。

ところで、その年の通変星の組み合わせにより、どういうことが起こるのでしょうか。たとえば、傷官は、職業である正官を傷つけるので、職業の異変とか、女性の場合は正官が夫をあらわすので、夫と死別するとかいうふうに、起こる事柄を判断します。これは、あとで、いろいろな事例をもとにして説明します。

人の運命を鑑定するときには、次のような順序でみていきます。

①命式の格＝タイプをみます。
②日干の強弱を計算で求めます。
③命式にとってのよい五行＝用神を定めます。
④よい五行を大切にするためには、どんな運がめぐればよいかをみます。
⑤命式中の先天素質について各柱からみていきます。

そして地支に冲・刑・三合・方合があるかどうかをチェックします。また、行運（大運・年運）から用神が剋されたり、干合されたりしないかをみます。

もし剋される運なら要注意運でしょう。

〈例1〉**橋本聖子さん　昭和39年10月5日午前10時生**

①元命は、辛《偏財》㊎です。辛《かのと》㊎はよい五行の甲《きのえ》木に対して金⇩《剋》木と剋しますが、この辛金は砂金ですから甲木を斬ることはできません。したがって、そのもどかしさから、スケート選手から競輪選手になろうなどと気の迷いが生じるのです。

②日干の強弱は、計算により求めます。+2点と中和の命式です。五行周流していますので、ギクシャクがあっても、なんとなく救いが得られます。

③よい五行は、日干・丁《ひのと》㊋に力を与える年干の甲木となります。そして、甲木を適当に斬りくだいて燃料とする斧《おの》の役目をする庚《かのえ》金がよい五行となるのです。甲木が日干から離れているのが欠点です。

④五行別に吉凶をみますと、甲《印綬》木は前述のごとく日干・丁㊋を生じるので◯、乙《偏印》木は草花で丁㊋の燃料には

力不足で△。丙《劫財》火は太陽に仮象され地上に温め照らす役目ですから、時として丁火は丙㊋に負けてしまうので△。丁㊋は同じく比肩ですから、自分、または友人、兄弟にあたるので、身旺ならばライバルにもなりますが、中和以下の命式なので逆に助けとなり○です。戊《傷官》土は、乾土なので火⬇《生》土と日干の力を減らしますのでエネルギー消耗となり△。己《食神》㊏も田園の土なので余計エネルギーを減らして×。庚《正財》金は鉱石なので、斧などに仮象され、甲《印綬》木を斬って燃料とするのに必要ですから○となります。次に辛《偏財》㊎は、砂金で庚金のような木を斬るのには役に立たないので△。壬水は、河水で、基本的に暑い生まれでないので必要ありませんが、日干と干合の情があり、また干合による木の情もあるので△。癸《偏官》㊌は、雨水で丁㊋の火を消すので × となります。

　橋本さんは、日干・丁火の隣にぴったり癸《偏官》㊌があり、常に仕事でプレッシャーをかけられていて、大変な思いをしなくてはいけないようです。

⑤橋本さんの持たれている先天的素質について、各柱からみてみます。

〈例 1〉の命式

年柱	月柱	日柱	時柱	空亡
甲 印綬 木	癸 偏官 ㊌	丁 ㊋	乙 偏印 ㊍	年未
辰 土	酉 ㊎	亥 ㊌	巳 ㊋	
戊 傷官 土	辛 偏財 ㊎	壬 正官 水	丙 劫財 火	
衰	長生	胎	帝旺	

格	日干の強弱	よい五行	喜星	忌星
偏財格	中和 +2	甲・庚		
木 2	火 2	土 1	金 1	水 2
甲○ 乙△	丙△ 丁○	戊△ 己×	庚○ 辛△	壬△ 癸×

年柱は甲辰《印綬》戊《傷官》で、甲木が、橋本さんの命式にとって大切な五行ということは、先に述べました。甲木《印綬》、すなわち両親が橋本さんの戊土《傷官》を木⇩《剋》土とほぐすことにより、傷官すなわち技術を磨く働きをすることになるのです（傷官は学芸技術の星）。

大運　逆行運　9歳4カ月運

年齢	天干	地支	十二運	運
0歳	× 癸 偏官	△ 酉	長生	金 秋の運 ○
9歳4カ月	△ 壬 正官	○ 申	沐浴	
19歳4カ月	△ 辛 偏財	△ 未	冠帯	火 夏の運 ○
29歳4カ月	○ 庚 正財	○ 午	健禄	
39歳4カ月	× 己 食神	○ 巳	帝旺	
49歳4カ月	△ 戊 傷官	△ 辰	衰	木 春の運 ○
59歳4カ月	○ 丁 比肩	○ 卯	病	

月柱は癸《偏官》酉辛《偏財》で、癸㊌は隣の甲木に滋養を与え、また戊土をも柔土にする役目をします。反面、日干・丁㊋（灯火）を消しますので、日干は本人ですから、常にプレッシャーを感じ努力努力の連続となるのです。それは、辛《偏財》㊎が金⬇《生》水と水を生じますので、橋本さんの頑張り屋さんにもうなずけます。

時柱は、乙《偏印》巳《劫財》丙で、乙《偏印》㊍は自由業、副業の星ともいわれ、木⬇《生》火と丙《劫財》を生じます。日干にたいしては力を与え、日干・丁㊋からも巳の根があることは、

年齢	天干	地支	出来事
4歳	△ 戊 傷官	○ 申	スケートを始める
16歳	○ 庚 正財	○ 申	選手権
20歳	○ 甲 印綬	× 子	全種目完全優勝
29歳	○× 癸 偏官	○ 酉	種目に迷いが出る
30歳	○ 甲 印綬	× 戌	オリンピック惜しくも転倒

時柱は晩年とも、友人子供をもあらわしますから、よい子供、友人にも恵まれる暗示があります。

このように、命式と大運をにらみあわせて吉凶の判断をするのです。左図のように、命式と大運との関係を第一とし、大運と年運との比較を従として、元命または用神と年運の比較を補助的にみるのです。

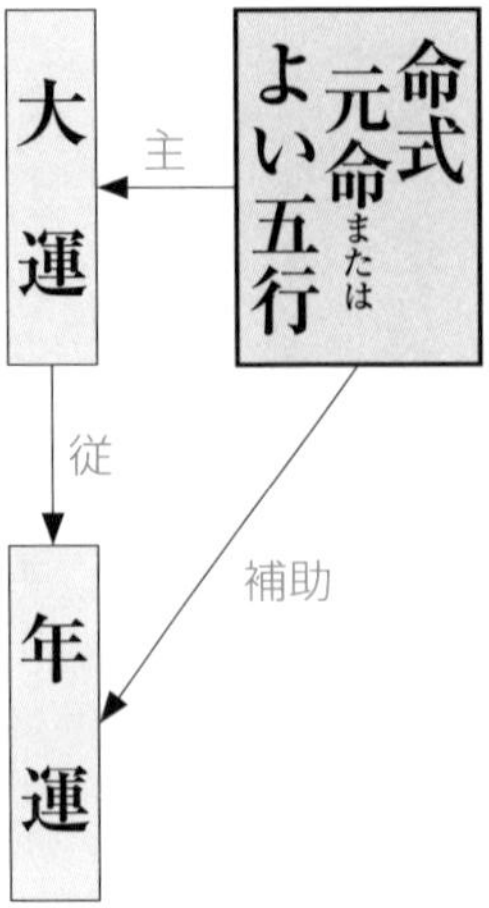

〈例2〉男命　昭和39年10月6日午前11時30分生

①日干・戊土の酉月生まれ、元命は、辛㊎《傷官》です。傷官タイプの人とみます。辛㊎は日干・戊土からエネルギーを泄《も》らすので、日干は当然弱くなりがちです。そのバランスをとるには、日干を強める丙火が必要となります。

②日干の強さは、計算によって求めます。+2の中和の命式です。一応五行がそろっていますので、なんとなく切り抜けていくことができる人です。

③よい五行は、日干・戊土に活力を与える丙火と潤いを与える癸㊌ですが、この命式では戊土が3つもありますので、それを剋す甲木がよい五行となります
丙火は午の中に、癸水は月干に、甲木は年干として命式中に全部もっていますが、本来、丙火が天干に透干し、癸㊌は地支中にあればもっと人生は素晴らしく充実したものになるでしょう。

④五行別に吉凶をみますと、甲木は土の疎土に役立ち○、乙㊍は疎土の役に立たず△、丙火は日干への活力源で◎、丁㊋は丙火より力が劣るので○、戊土は大過で×、己㊏もよい働きをする甲木を干合するので×、庚金、辛㊎は大過の土のエネルギーを泄《も》らすのでともに△、壬水は戊土を山崩れを起させるので×、癸水は戊土の潤いで○となります。

⑤先天素質を各柱からみてみます。年柱・甲《偏官》辰戊《比肩》で、甲木《偏官》はこの方にとってのよい五行の一つです。甲木は仕事の星ですから、月干・癸《正財》㊌から潤いを与えられ生き生きとしていますが、秋生まれですから力はそれほど強くありません。月柱は癸《正財》酉辛《傷官》です。月干・癸㊌は月支・酉から金⬇水と力を与えられ、また日支・子にも根があり相当強いのです。月干は、会社、父親の場所でもあり、しっかりした会社、父親と縁があり、日干と戊癸干合の情もあって切っても切れない仲でしょう。また女縁も強いとみます。日支との戊癸干合は年の離れた人との縁ありともみます。時柱はこの人にとって子供、友人の場所ですから、同じ五行・戊が並び、よく似た子供、またライバル

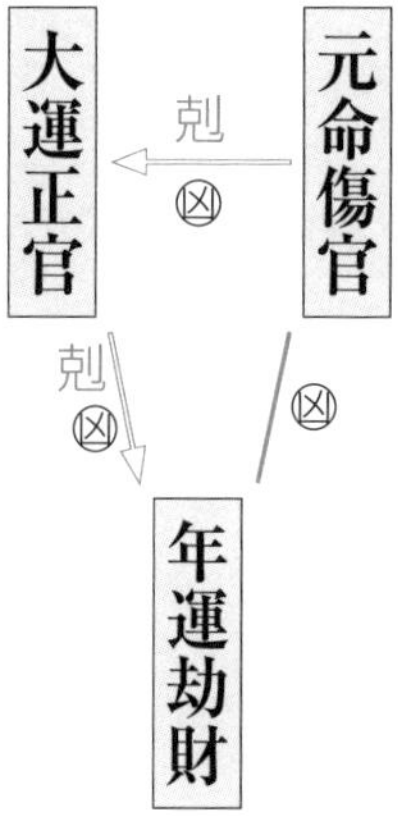

〈例 2〉の命式

	年柱	月柱	日柱	時柱	空亡
		干合 火不化（月干・日干）			
天干	甲（偏官） 木	癸（正財） ㊌	戊 土	戊（比肩） 土	午未
	支合（年支・月支）		冲（日支・時支）		
地支	辰 土	酉 ㊎	子 水	午（空亡） 火	
蔵干	戊（比肩） 土	辛（傷官） ㊎	癸（正財） ㊌	丁（印綬） ㊋	
	干合 火（年・日）				
	冠帯	死	胎	帝旺	

格	日干の強弱	よい五行	喜星	忌星
傷官格	中和 +2	丙、癸、甲	印綬・財星	正官

木	火	土	金	水
1	1	3	1	2

甲○	丙◎	戊×	庚△	壬×
乙△	丁○	己×	辛△	癸○

大運 順行運 8カ月
10歳8カ月—20歳8カ月
乙（正官）
亥
絶

年運
15歳
己（劫財）
未（空亡）
衰

ともみます。用神の午がありますので子午の冲でがたつきあってもよいとみます。

また、元命・辛《傷官》㊎から大運・乙《正官》を剋しますから、この大運で職業面で少々おもしろくないと判断します。年運・己《劫財》未でこれも己㊏は×の運ですが、まだ自分が正官元命で傷官より剋されるよりましといえるのです。

元命・辛《傷官》癸水の正財がありますので、金⬇水⬇木と凶意を泄らしますので大した害にはなりません。

〈例3〉**藤田小乙姫**　**昭和13年1月4日午後6時生**

①日干・丙火の冬月生まれ、元命は癸《正官》㊌です。正官タイプの人とみます。月支・子は水⇩火と日干を剋しますので当然日干は弱くなりがちです。そのバランスをとるには、日干を強める木が必要となります。
②日干の強さは、計算によって求めます。身弱-2の命式です。五行では木がありません。バランスをとるには木を大切にする人です。
③よい五行＝用神は、日干・丙火に力を与える甲木と、丙火を輝かせる壬水と、壬水《じんすい》が強いので押える戊土がよい五行＝用神となります。
④五行別の吉凶をみますと、甲木は日干に力を与えますから○、乙木は力が弱いので△、丙火は日干と同じですが巳午がくれば日干の根となり○、丁㊋は丙には劣りますので△、戊土は壬水の力を押え○、己土は役に立たず×、庚辛金は強い水を増すので△、壬水は丙火には○、癸㊌は丙火を曇らせ×です。
⑤先天的素質については118ページでより詳しく解釈します。藤田小乙姫さんの命式は、冬生まれの丙火で、丙は太陽に仮象された人ですから、みるからに艶《あで》やかさがあり、美人占い師でした。惜しくもハワイで殺害されたことは有名な話です。
藤田さんは11歳頃から霊感が湧いたのですが、大運にはよい五行の春、夏運がめぐり、後天運がよかったので、企業コンサルタントの地位を確保できたのでしょう。

しかし、51歳～61歳の晩年運に至り、人生を登りつめたところで、命式月支・子と大運の支・午が七冲し、羊刃の冲といった災厄につながる運がよくありません。

通常、特殊星については、あまり重視しませんが、同じものが重なったり、五行が大きく偏したりすると凶に出ます。

〈例〉藤田小乙姫さんの命式

	年柱	月柱	日柱	時柱	空亡
天干	丁 劫財 ㊋	壬 偏官 水	丙 火	丁 劫財 ㊋	辰巳
地支	丑 ㊏	子 水	申 金	酉 ㊎	
蔵干	己 傷官	癸 正官	庚 偏財	辛 正財	
	養	胎	病	死	

（年柱の丁と月柱の壬：干合）

格	日干の強弱	よい五行
正官格	身弱 −2	壬・甲・戊

木	火	土	金	水
0	3	1	2	2

大運　順行運　8カ月

期間	干	支	
10歳8カ月 — 20歳8カ月	甲 偏印	寅	長生
20歳8カ月 — 30歳8カ月	乙 印綬	卯	沐浴
50歳8カ月 — 60歳8カ月	戊 食神	午	帝旺

年運

年	干	支		
昭24年11歳	己 傷官	丑	養	大運と干合　霊感が湧く。
昭36年23歳	辛 正財	丑	養	日干と干合　結婚
昭39年26歳	甲 偏印	辰	冠帯	三合水局(甲が腐木)　離婚
平6年56歳	甲 偏印	戌	墓	金方合(甲が金方合で剋される)　ピストルで殺害される。

3 通変星の組み合わせで占う順序

①命式中の用神と、大運の通変星との組み合わせ
②大運の通変星と、年運の通変星との組み合わせ
③命式中の用神と、年運の通変星との組み合わせ

以上の三つを総合判断します。

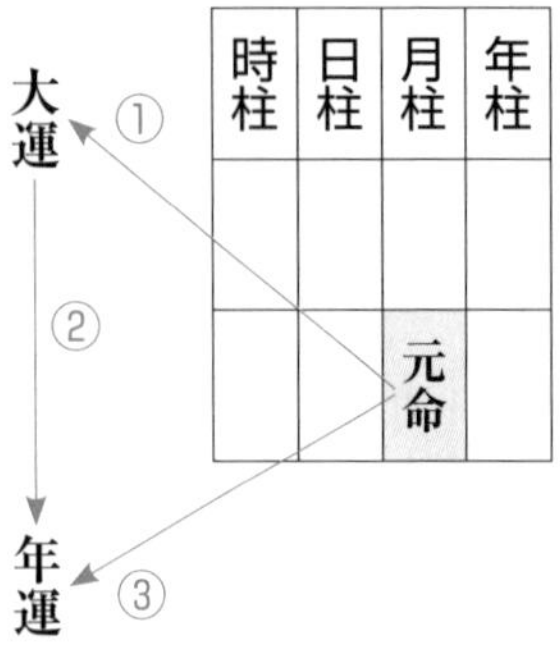

⑴命式と大運

命式中の用神と大運の通変星との組み合わせのほうを、大運と年運の通変星との組み合わせよりも重要視します。この場合、大運の支が命式にとってよい五行であれば吉運となります。

⑵大運と年運

命式中の用神と年運の通変星との組み合わせが悪くても、大運と年運の組み合わせがよければ、年運はまずまずと考えてください。

⑶月運と日運

月運や日運は、元命との組み合わせを重要視します。

さて〈例3〉の藤田小乙姫さんの命式を解釈します。

(イ)月支・元命は癸《正官》に根があり、月干・壬《偏官》に透干しています。月干・壬《偏官》は年干・丁《劫財》と干合しますが、根があるので正官格でよいでしょう。命式中、水が多いので、洋上の太陽の景観をあらわし、これを「輔映湖海」といい、太陽がキラキラ川面を照らす美しさを表現していますから、藤田さんの美しさの秘密は壬・丙の関係にあるのです。ただし冬生まれですから、もっと火の力、火を生じる木が欲しく、木・火運が吉運といえます。

(ロ)天干は丁壬干合し、日干以外は去るをあらわし、壬《偏官》

は仕事、男性をあらわしますから、仕事または、男性の変化をあらわします。また、年支と月支の支合は、家との結びつきが強いといった見方もできます。

(ハ)天干に丁㊋が2つあり、日干・丙火と異性ですから兄弟は男性であるといえますが、丁㊋は弱く、この人の力にはあまりなれません。また、弱いとはいえ火が3つあるのは、向こう気が強いし、虚勢を張って生きる人だとわかります。

(ニ)地支・金水で辰でめぐれば三合水局、亥がめぐれば水方合し、官星（仕事・男性）が強くなります。身旺運であれば、よい仕事、よい男性との出会いがありますが、身弱運ですと元来身旺でないので、仕事または男性のことで辛い思いをすることになります。また、戌・巳がめぐれば、三合金局・金方合し財星（金銭・健康）の事柄です。身旺運ならば金銭面で潤沢となり、身弱運ならば金銭のことで揉めごとが起こったり病気や事故にあったりして運勢の変転があり暗示があります。

(ホ)年柱・丁《劫財》丑己《傷官》は、命式に対して力にならないものばかりですからその意味が凶のほうに出やすく、傷官―劫財の意味が強く出ます。

注意することは、命式中の組み合わせをみる場合、年柱、月柱、時柱は蔵干から天干へとみます。

(ヘ)月柱・壬《偏官》子癸《正官》で、日干に対して壬はよい働きもしますが、身旺運の場合は吉に働くことは前述しました。官殺混雑で、正官―偏官の意味が強く出て、異性問題がうまくいかなかったこともうなずけます。

(ト)時柱・丁酉辛《劫財⇒正財》で、辛は日干・丙と干合しますが。この干合は、自分との干合ですから、正財のもつ金銭をつかむ象《かたち》となります。ともすると身旺でない場合は金銭に振りまわされます。丁《劫財》を友人、子供とすると、友人にお金を貸したのが返ってこなかったり、だまされたりします。

(チ)大運は、春・夏の運で、身旺運で吉運ですから、それなりに財も名声もあがったのです。しかし、先天運にいろいろなしがらみがあり、日干に根なしの人に根が出て強くなりました。平成6年にはそれに逆らう運（大運・戊午《食神》の羊刃と年運。甲戌《偏印》の金方合）で火（午）金（申《日支》・酉《時支》・戌《年運の支》）相剋で午火を反剋しました。金方合で、用神・甲《偏印》を金木相剋で剋したようです。甲木は体では頭を意味し、丙火は心臓ですから、頭、心臓への打撃だったのでしょう。

七 通関神《つうかんしん》

1 制化と通関神

凶星をおさえて凶意を減ずる方法を制化といいます。

それには他の星で凶星を剋して凶意を減ずる方法、他の干と干合して他の五行に変え、凶星を減ずる方法、他の通変星の仲立ちで凶意を減ずる方法とがあります。

もし命式中に凶星があれば、まず凶意を減ずる方法があるかないかをみるのがポイントとなります。

また、凶意を減ずるのに仲立ちとなる通変星のことを通関神《つうかんしん》といいます。たとえば、正官を傷官が剋しますと、職業上の変動、病気、女性は夫と離別するとか、夫の健康を害するなどの事柄が起こる年となります。

ところが、傷官と正官の間に偏財か正財があると、傷官の凶意を財星に泄《も》らしますから、傷官が正官を直接剋するよりはワンクッションおかれ、凶意はやわら

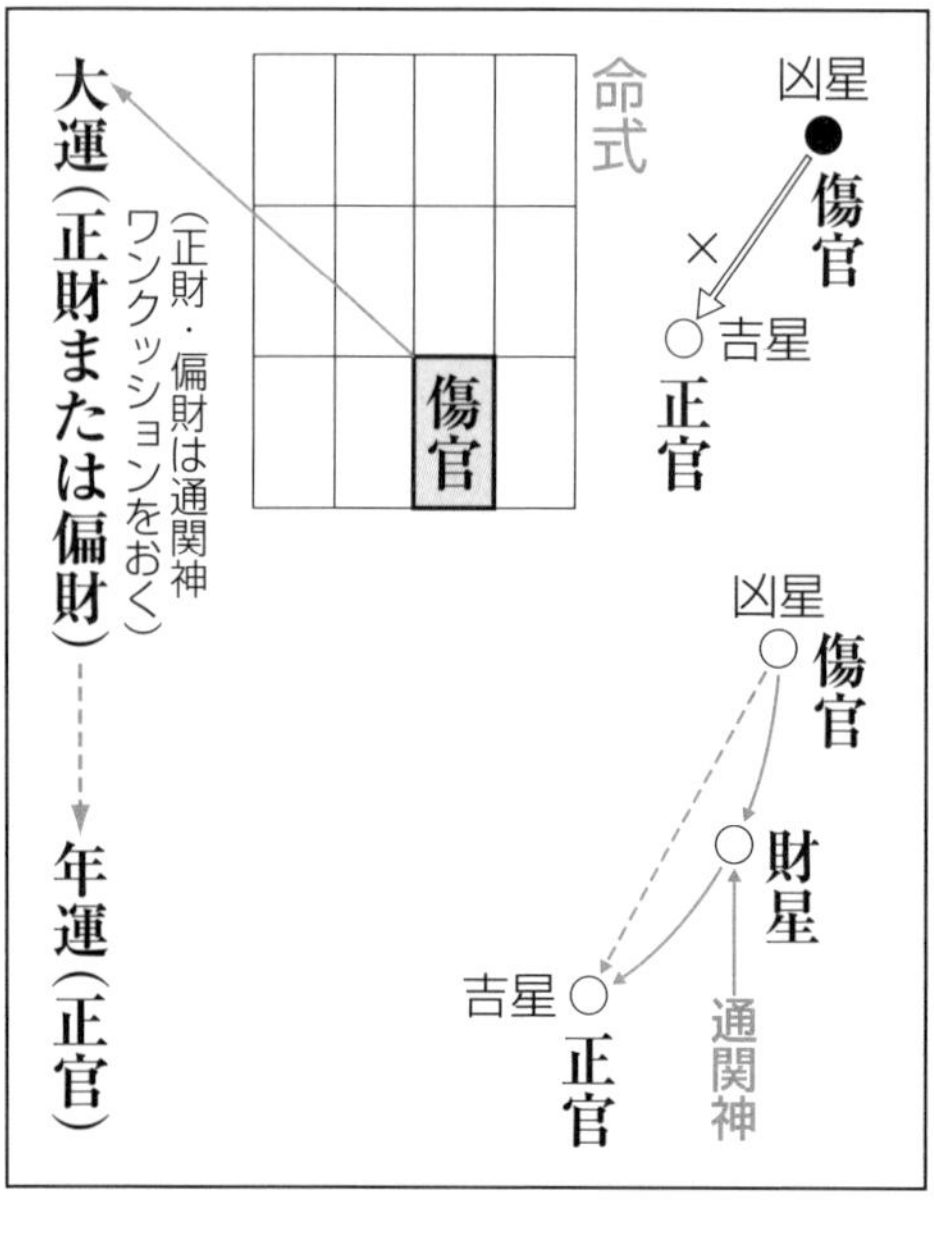

ぎます。

通関神は命式中にあるほうがよいのですが、なくても通関神が大運にまわると、年運の凶意は減じます。

2 通関神表

通関神を剋す星があると、クッションにはなりません。凶意の劫財が吉星の正財を剋すとき、その凶意を泄らす食神・傷官が通関します。そのとき、食神の側に偏印があると、偏印が先に食神を剋してしまいますのでよくありません。また、傷官が正官を剋すとき、その凶意をもらす財星が通関神となります。しかし、側に比肩・劫財があると財星を剋しますので通関の役目が劣ります。

凶星の偏官の場合も同様に日干を剋し身弱になりがちですから、日干を生じるとともに通関神ともなる印星がよいのです。偏印についても同じく食神を剋しますので通関神となる自星があればよく、官星があれば、通関の自星を剋すのでよくないのです。

■通関神表■

凶星	通関神	吉星	通関神を剋す星
劫財	○食神　△傷官	正財	偏印
傷官	○正財　△偏財	正官	比肩、劫財
偏官	○印綬　△偏印	比肩	正財
偏印	○比肩　△劫財	食神	官星

○……もっともよい　△……まあよい

八 特殊星の見方

特殊星のことを〝神殺《しんさつ》〟ともいいます。神とは吉の特殊星、殺とは凶の特殊星のことです。命式の各柱の下の年運の下に、特殊星表から求めて記入します。そして、特殊星は運命をみるときの参考とします。

	年柱	月柱	日柱	時柱
	干支	干支	干支	干支
	0歳 ←→ 20歳	20歳 ←→ 40歳	40歳 ←→ 60歳	60歳 ←→ 100歳
	特殊星	特殊星	特殊星	特殊星

大運	年運
干支	干支
	特殊星

命式中にある特殊星は、運命の全体に影響しますが、とくに年柱の特殊星は0～20歳の若い時代に、月柱、日柱の特殊星は20～60歳代の時代に、時柱の特殊星は60歳～晩年に影響力を及ぼします。

前述の藤田小乙姫さんには月柱に飛刃があり、日柱には亡神・暗禄、時柱には咸池・白虎が出ています。飛刃は、女性では流産などをあらわし、亡神は内部からの災い、白虎は怪我や手術をあらわします。

天乙貴人は災厄から加護、社会的成功を約束する最大の吉星ですが、この星に限らず、吉凶星の如何を問わず、日柱の下にあるのが最強で、その次は時柱にあるもので、続いて月柱、年柱の下の順になります。

ところで、吉星は、多いほどいいというものではありません。芸者、ホステス、その他の水商売の人で驚くほどたくさんある人をよくみかけますが、たくさんあるほど効力が薄くなるのだと思っていてください。

よい特殊星が1つ、日柱、または時柱に出るのがいちばんいいのです。（149ページ参照）

特殊星表(1)

特殊星／日干	天乙貴人	福星貴人	天官貴人	天厨貴人	文昌貴人	十干禄	金与禄	干食禄	暗禄	羊刃	飛刃	紅艶殺	流霞殺	桃花殺
甲	丑未	寅	未	巳	巳	寅	辰	丙	亥	卯	酉	午	酉	子、午、卯、酉（地支にこの四支がそろう）
乙	子申	丑	辰	午	午	卯	巳	丁	戌	辰	戌	申	戌	
丙	酉亥	寅	巳	巳	申	巳	未	戊	申	午	子	寅	未	
丁	酉亥	酉	酉	午	酉	午	申	己	未	未	丑	未	申	
戊	未丑	申	戌	申	申	巳	未	庚	申	午	子	辰	巳	
己	申子	未	卯	酉	酉	午	申	辛	未	未	丑	辰	午	
庚	未丑	午	亥	亥	亥	申	戌	壬	巳	酉	卯	戌	辰	
辛	午寅	巳	申	子	子	酉	亥	癸	辰	戌	辰	酉	卯	
壬	巳卯	辰	寅	寅	寅	亥	丑	甲	寅	子	午	子	亥	
癸	卯巳	丑	午	卯	卯	子	寅	乙	丑	丑	未	申	寅	

干に、たとえば、甲戌庚と並んでいればよいとされますが、干だけでなく地支との兼ね合いもありますので、重要視しません。

魁罡、日刃は重要と思いますが、要は、命式中の五行のバランスと干支の組み合わせのほうがより重要と考えますから、その他は参考にする程度にしてください。

特殊星表の見方は、

(1)表は、命式の日干から命式全体および大運、年運の干支をみて、各柱の下に記入します。

(2)表は、月支からみて1表と同じように各柱の下に書き入れます。

(3)表は、命式の年支と日支とから1表と同じ方法でみます。

(4)表は、日柱干支で該当する干支であれば記入します。

三貴人だけは年、月、日干をみます。

■特殊星表(2)■

月支＼特殊星	天徳貴人	月徳貴人	天徳合	月徳合	華蓋
寅	丁	丙	壬	辛	戌
卯	申	甲	巳	己	未
辰	壬	壬	丁	丁	辰
巳	辛	庚	丙	乙	丑
午	亥	丙	寅	辛	戌
未	甲	甲	己	己	未
申	癸	壬	戊	丁	辰
酉	寅	庚	亥	乙	丑
戌	丙	丙	辛	辛	戌
亥	乙	甲	庚	己	未
子	巳	壬	申	丁	辰
丑	庚	庚	乙	乙	丑

特殊星表(3)

病符	死符	弔客	黄旗	囚獄	寡宿	孤辰	隔角（年支より生日を）	血刃	白虎	亡神	劫殺	駅馬	咸池	特殊星／生年・生日地支
亥	巳	戌	辰	午	戌	寅	卯	戌	申	亥	巳	寅	酉	子
子	午	亥	丑	卯	戌	寅	卯	酉	酉	申	寅	亥	午	丑
丑	未	子	未	子	丑	巳	午	申	戌	巳	亥	申	卯	寅
寅	申	丑	戌	酉	丑	巳	午	未	亥	寅	申	巳	子	卯
卯	酉	寅	辰	午	丑	巳	午	午	子	亥	巳	寅	酉	辰
辰	戌	卯	丑	卯	辰	申	酉	巳	丑	申	寅	亥	午	巳
巳	亥	辰	未	子	辰	申	酉	辰	寅	巳	亥	申	卯	午
午	子	巳	戌	酉	辰	申	酉	卯	卯	寅	申	巳	子	未
未	丑	午	辰	午	未	亥	子	寅	辰	亥	巳	寅	酉	申
申	寅	未	丑	卯	未	亥	子	丑	巳	申	寅	亥	午	酉
酉	卯	申	未	子	未	亥	子	子	午	巳	亥	申	卯	戌
戌	辰	酉	戌	酉	戌	寅	卯	亥	未	寅	申	巳	子	亥

特殊星表(4)

特殊星	日柱
三貴人（年月日の干）	甲―戊―庚、乙―丙―丁、壬―癸―辛
魁罡	戊戌、庚戌、庚辰、壬辰
懸針殺	甲申、甲午、辛卯
日徳	甲寅、丙辰、戊辰、庚辰、壬戌
禄馬貴人	壬午、癸巳
日刃	丙午、戊午、壬子
陰差（女）	丙午、丁未、辛卯、辛酉、癸巳
陽差（男）	丙子、丁丑、戊寅、戊申、壬辰、壬戌、癸亥
妨害殺	壬子・壬午、戊子・戊午、辛酉・乙酉、己卯・己酉、乙卯・癸巳
淫欲殺	甲寅、乙卯、己未、丁巳、庚申、辛卯、戊戌、癸丑

九　命式の解釈の仕方

1　命式の解釈

前節で組み立てた例題をみながら、命式の解釈の仕方を考えてみましょう。

(1) 命式の各柱の見方

■各柱の見方■

	年柱	月柱	日柱	時柱
時期	少年期	青壮年期		晩年の頃
見るもの	生国、実家、先祖、父母、上役のことをみる	実家、父母のこと、兄弟、友人、目上の人、会社	自分	自己の成功、不成功 子ども縁、友人 目下の人、恋人 のことをみる
		元命　自分	夫婦の座、後援者	

年柱、月柱　生年、生月に喜星があれば、実家や父母が力になります。忌星があれば父母が力とならず、実家から離れます。

日柱　生日の蔵干の通変星が喜星であれば、夫婦仲がよいのです。忌星であれば夫婦間は仲が悪く、離婚となることもあります。

時柱　生時に喜星があればよい子に恵まれ、晩年成功を収め、幸福です。忌星であれば子縁に恵まれず、晩年は幸福ではありません。

(2) 解釈の仕方

〈例〉橋本聖子さんの命式　昭和39年10月5日午前10時生

まずは次のページAの命式をみてください。

はじめに元命をみると、月支・辛《偏財》に根があります。天干に透干はしていませんが、他に透干しているものがなく偏財タイプの人といえます。そして、日干と月支の関係から甲・庚がよい五行であることを、よい五行表（77ページ参照）で確めて記入します。

年上に甲《印綬》があり、日干・丁㊋にとっては燃料となる甲《印綬》木が必要ということは、印綬を目上の人、または親と解釈すると、両親がよい役目をされていることがわかります。また、年柱は先祖をみる場所でもありますから、この場所によい五行があることは、先祖の恩恵を受けられる、守りがあるとみます。この甲《印綬》木に根があれば、さらに強い援助者といえます。したがって、大運・年運などに寅・卯など甲の根になる運がめぐるとよい運といえるでしょう。

年支・辰と月支・酉が支合していますので、親との縁が強いと同時に、家との結びつきも強いとみます（家からなかなか離れられない）。

日干・丁㊋の横に癸《偏官》がぴたりとつき、日干にプレッシャーをかけます。癸《偏官》を仕事とみますと、仕事とのかかわりが、よきにつけ悪しきにつけ強いとみなしますから、夫よりも仕事といった気持ちから結婚は遅れるとみます。

日支は壬《正官》—亥で建禄と強く、日干を水⇒火と剋しますが、丁壬干合の情もあり、結婚されれば仲良く仕事と両立されたほうがよいでしょう（官殺混雑だから）。

A　命式

年柱	月柱	日柱	時柱	空亡
甲 印綬 衰	癸 偏官 病	丁	乙 偏印 沐浴	午未
辰	酉	亥	巳	
支合（辰・酉）		冲（亥・巳）		
戊 傷官 冠帯	辛 偏財 建禄	壬 正官 建禄	丙 劫財 建禄	
衰	長生	胎	帝旺	

格	日干の強弱	よい五行
偏財格	中和 +2	甲・庚

木	火	土	金	水
2	2	1	1	2
甲○ 乙△	丙△ 丁○	戊△ 己×	庚○ 辛△	壬△ 癸×

時干は乙（偏印）―沐浴です。偏印は自由業・副業をあらわしますが、根が強くあらわれていませんし、地支・冲で常に気持ちが定まらず、あれもやりたい、これにも挑戦してみたいといった気迷いがあります。こういうかたちは「虻蜂《あぶはち》取《と》らず」といった結果に終わりかねませんので注意を要します。つまり、橋本さんは、努力は人一倍と感じますのに、惜しいところで金メダルを逃がしたのは、月柱の癸（偏官）と時柱の乙（偏印）と地支の冲の作用が挙げられるのではないでしょうか。

なお、表面的性格は、蔵干の下の十二運星でみます（24ページ参照）。年柱の十二運星・衰は堅実型。家を継承し、何事にも研究熱心になります。月柱の十二運星・長生は、聡明で温和、目上より認められます。日柱の十二運星・胎は、平素無口だが、お酒が入ると饒舌となります。時柱の十二運星・帝旺は、独立独歩で意思が強い。運命の禍福が変わりやすい傾向があります。

元来、丁㊋は、メラメラ燃える火ですが、夕方からその光が目に見えるので、情熱を内に閉じ込めていますが、時としてそれがマグマのように溜まれば爆発します。

平素はおとなしくみえても、ちょっとの言葉の行き違いなどで誤解を招くと、神経がナイーブですから注意が必要です。それは日干・丁㊋は、燃料がなければ

B　大運

19歳―	29歳―	39歳―
辛（偏財）	庚（正財）	己
未	午	巳
冠帯	建禄	帝旺

夏火

C　年運

20歳	29歳	30歳
甲（印綬）	癸（偏官）	甲（印綬）
子	酉	戌
絶	長生	養
日本全種目完全優勝	種目に迷いが出る スケート・競輪	オリンピック三位 惜しくも転倒

いつかは消える火だから、自分の保身のため、神経がデリケートなのです。

次に、Bの大運とCの年運をみてみましょう。

大運は、30年ごとに大きな節目があり、それを接木運といいます。橋本さんにとって、甲・庚がよい五行ですが、若いときは身旺運もパワーアップで頑張れる運となります。大運が19歳から辛未《偏財》の夏運に入って日干・丁㊋から根もできて、辛《偏財》は駅馬と同じように忙しく動きまわる運でもあります。

甲子《印綬》年（'84年20歳）、全種目完全優勝できたのはよい五行の甲《印綬》がめぐったからです。

29歳がちょうど10年ごとの節目となり癸酉《偏官》年、競技種目に新たなものを加え競輪にも挑戦されたことは癸《偏官》のなせるわざでしょう。

甲戌《印綬》年（'94年30歳）は、大運も変わり庚午《正財》・建禄と強運でしたが、オリンピックでは転倒し惜しくも金メダル獲得にならなかったのも、一つには先天的素質にも関係しているのでしょう。

2 命式の考え方のポイント

(1) 用神の定め方

用神とは、前に説明しましたように、その命式に用《よう》（必要）のある神《じん》（星）で、命式の中で、自分自身を示す日干に対してもっともよい働きをする通変星《つうへんせい》です。

月支の通変星は、自分自身をあらわす日干に対して約60％の影響力があるので、とくに運命の元の星としての元命《げんめい》といいます。一般には、月支の通変星（元命）で、その人のタイプを定めます。

(2) 用神に対しての剋の有無

元命が吉星のとき、剋、干合があると福分が薄れます。元命が吉星で、その吉星が剋される場合は破格となり、他の通変星で格を定めます。

凶星のときは、剋、または干合があると凶意が薄れますから、そのまま元命用神として定めます。

(3) 用神に根があるかないか

干を植物、支を植物の根にたとえており、天干なり蔵干に同じ五行の支がある場合は根があるといい、同じ五行の支がないと根がないといいます。

128ページのAの命式では月支・酉《とり》㊎と月支・蔵干・辛《かのと》㊎は、同じ五行の金ですから、根があるといい、同じ五行の支からエネルギーを得て強くなります。年干・甲木《きのえ》―印綬は、支のどこにも同じ五行の木がないから、根がありません。

用神は、根のあるほうが強くてよいのですから、辛㊎―偏財のほうが甲木―印綬より強いということになります。

3 命式のバランス

橋本さんの命式は、五行が一応そろっています。これを五行周流といって、なんとなく助けられていく人とみることができますから、命式のバランスはとれているとみます。

そこで問題となるのは、四柱八字、お互いに隣り同士が助け合うことができるか、どんな人とかかわりをもつことになるのか、人間関係の良し悪しを知ることができます。

まず、日干を中心にみます。月柱は父母、目上の人とみます（127ページ命式の各柱の見方参照）から、橋本さんは癸で日干・丁とは、常に水⇓《剋》火でプレッシャーをかけられる関係です。時干・乙は、木↓《生》火と日干・丁を生じてくれますが、乙は草花ですから力不足です。つまり、時柱は友人、子供の場所ですから、友人は優しいが、橋本さんにはあまり力を貸してもらえません。今一つ不満があり、自身がしっかりやらなければなりません。

また年柱・甲と月柱・癸の関係は、水↓《生》木と癸は甲木を生じていきますから、癸を親の場所とすると、お父さんは橋本さんからは祖父母にあたる方の面倒をみられた人だということがわかります。（68ページ十干の特性の項参照）

4 体用看法による見方

(1) 体用看法とは

2つの通変星の組み合わせから再変通変星を出し、それらを使って特定の事相的判断を引き出す見方を体用看法といいます。命式中では月柱の組み合わせが重要です。

通変星(体) ──再変通変星──→ 通変星(用)

この方法は、各通変星のもつ意味（類神という）を取り出して、2つの通変星の組み合わせから特定の因果関係を設定します。したがって、命式本人の年令、性別、職業、境遇などに応じてその解釈は多岐に分かれて複雑です。

体用看法は部分的事相判断ですから、その吉凶は全体的吉凶判断とは必ずしも一致しません。また、同一組み合わせで体用が逆になれば解釈に若干の差異が生

体用の構成

体	用
自己(本人)	他人(対象)
内部	外部
主体	客体
原因	結果

体用の区別

	体	用
①	日干	元命 用神
②	蔵干	天干
③	元命、用神、命中通変	大運通変、年運通変
④	大運通変	年運通変
⑤	元命通変	月運通変
⑥	元命通変	日運通変

じます。その仕組みは次のようになります。

体⇩用	再変
傷官⇩正官	偏財
正官⇩傷官	偏官

再変で偏財になる場合は必ずしも悪くなく、自己に原因がありますが、再変で偏官が出る場合は相手から全面的に剋されて悩む結果となるのです。

(2) 通変星の再変（表の見方）

「体」となる通変星を右端縦の欄にある比肩～印綬より求めます。次に左横の欄に「用」の通変星を求め、その位置より上端の通変星を求めます。この通変星が再変通変星です。

(3) 通変星の再変による吉凶

- 体と用のおのおの通変星の性質を把握すること。
- 再変して得た通変星は、体と用の通変星性質の結果。

再変通変星早見表

印綬	偏印	正官	偏官	正財	偏財	傷官	食神	劫財	比肩	変化／体
印綬	偏印	正官	偏官	正財	偏財	傷官	食神	劫財	比肩	変化
偏印	印綬	偏官	正官	偏財	正財	食神	傷官	比肩	劫財	劫財
劫財	比肩	印綬	偏印	正官	偏官	正財	偏財	傷官	食神	食神
比肩	劫財	偏印	印綬	偏官	正官	偏財	正財	食神	傷官	傷官
傷官	食神	劫財	比肩	印綬	偏印	正官	偏官	正財	偏財	偏財
食神	傷官	比肩	劫財	偏印	印綬	偏官	正官	偏財	正財	正財
正財	偏財	傷官	食神	劫財	比肩	印綬	偏印	正官	偏官	偏官
偏財	正財	食神	傷官	比肩	劫財	偏印	印綬	偏官	正官	正官
正官	偏官	正財	偏財	傷官	食神	劫財	比肩	印綬	偏印	偏印
偏官	正官	偏財	正財	食神	傷官	比肩	劫財	偏印	印綬	印綬

したがって、体・用・再変通変星の3つから事相を生み出すのです。

〈例〉

●劫財（体）―食神→傷官（用）

解釈例：苦情・口舌により、反対競争があるだろうが結果は利（所得）することになる。

●偏財（体）―傷官→正官（用）

解釈例：金銭にからんで権利を失うことになる。

●印綬（体）―正官→偏財（用）

解釈例：母と父と子がうまくやっていく（家庭円満）。

〈解釈上の準則〉

①同一の組み合わせで体用が逆になれば、解釈に若干の差異が生じます。

●傷官対正官の場合

傷官（体）―偏財→正官（用）

正官（体）―偏官→傷官（用）

②●通変星が相生の組み合わせ……段階的、漸進的、推移、結合、融合

通変星の類神

比肩	兄弟・姉妹・分家・分店・養子・独立・盟友・同業・同職・自由・気まま・親類・争い・競争・金銭・不調・不利・父を剋す・我と同じ者・同志・活動
劫財	義兄弟・義姉妹・弟妹・盟友・自由・気まま・身内・破縁・苦情・口舌・無心・失財・破財・不和・損失・不利・妻を剋す・金主を破る・不義・迷惑・下級社会
食神	祖父母・問屋・質業・月給取・監督・所得・田地・株券・月給・食物・道具・貸物・子孫・財産・家督・女命ではわが子
傷官	祖父母・子孫・反対・競争・苦情・失権・失位・離婚・離別・解雇・解散・損失・疾病・災害・訴訟・破壊・慈愛・施恵・女命ではわが子・相続を破る・夫を剋す
偏財	父・妾・内縁・養子・入婿・仲買・商業・製造販売・金銭・世話・取次・縁事・周旋・尽力・女縁
正財	正妻・金主・金銭・財産・商人・金貸・縁組・女縁・婚姻・組合・共同・目上・長上・商工業・父の兄弟
偏官	偏夫・名誉・権利・敵対・反対・疾病・災厄・警察・税務・自衛官・監督・官吏・助役・雇人・勤人・請負・苦心・煩悶・部長・頭役・労働者・男命ではわが子
正官	正夫・名誉・権利・相続・品行方正・社長・主人・目上・頭役・組長・貴人・家長・主家・正価・法律・男命ではわが子
偏印	義母・乳母・食客・水商売・医者・易占業・芸術・貸席・料理屋・厄介・世話・損失・失格・疾病
印綬	正母・工業・教師・技師・師匠・宗教・産業・救助・慈愛・勝手・老人・信用・実意・目上・利益・後援・援助

●通変星が相剋の組み合わせ……変化、断続的、突然的、発現、衝突、分離
●通変星が比和の組み合わせ……停滞、静止、重複、継続、明確性

命式では月柱の蔵干対天干が一番重要としてありますが、月柱の再変通変星では、その人の性格もよくあらわれています。

例は筆者のものですが、元命・癸《食神》↓戊《印綬》は正官が出ます。食神ののんびりあっさりとした面と、印綬のもつ自己本位、気ままな面と物事を創造するといった面から、再変通変星の正官でのんびりして気まま者だが、案外、内面はきっちりと真面目な面もあると解釈もできます。また、食神を奉仕精神旺盛とみて、印綬の精神的創造の意味と、再変通変星の正官を組み合わせて、一生懸命努力して考えてそれを仕事に結びつける、といった解釈も成り立ちます。

このように、その事相に応じた発想をしていくことが必要です。そして、大運は月柱から繰り出したものですから、大運と年運の看法も重要です。ただし、日干と月支からみてその人の用神をみつけ、五行の吉凶を見た上で、○の運であれば吉の意味になりますし、×の運であれば同じ劫財でも悪いほうの解釈が成り立ちます。推命学はいろいろな〝引き出し〟をもっていてそれをどう扱うかです。

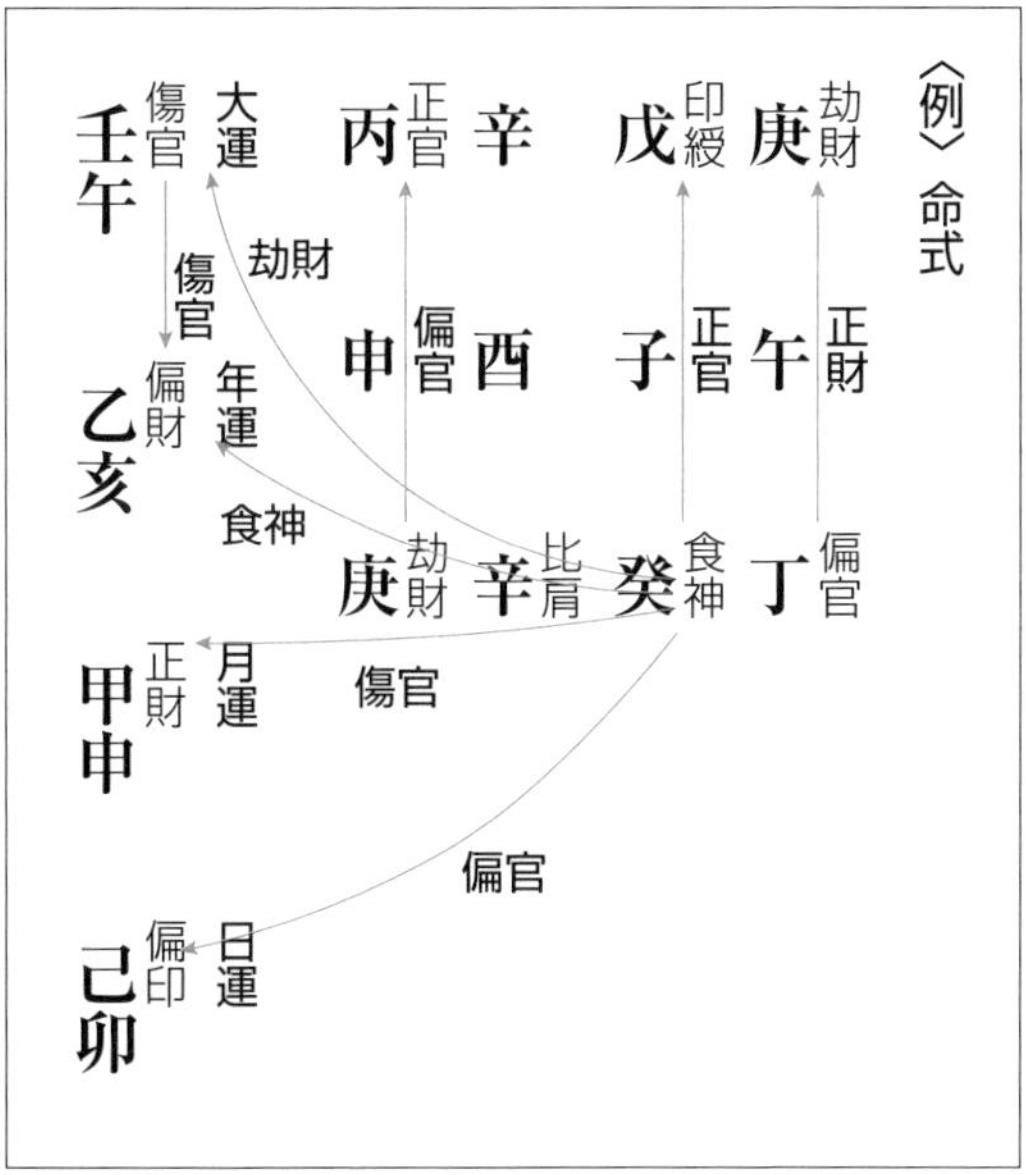

5 体用看法の見方の実例

〈実例1〉 ビートたけしさん　昭和22年1月18日午前4時生

こんな年まわりには病気、怪我に注意を！

テレビでお馴みのビートたけしさんは、幅広く活躍する人気者です。話題に事欠かない自由奔放ぶりですが、平成6年にバイク事故を起こし顔面などに大怪我を負われました。庚申日でした。

〈表1〉

	年柱	月柱	日柱	時柱	空亡
干合	干合（年柱・月柱）		干合（日柱・時柱）		
天干	丙 火（劫財）	辛 ㊎（偏財）	丁 ㊋	壬 水（正官）	辰巳
地支	戌 土	丑 ㊏	酉 ㊎	寅 木	
蔵干	丁 ㊋（比肩）	辛 ㊎（偏財）	辛 ㊎（偏財）	丙 火（劫財）	
十二運	養	墓	長生	死	
星		飛刃　血刃	天乙貴人		

格	日干の強弱	よい五行
偏財格	身弱	甲・丙

木	火	土	金	水
1	2	2	2	1

甲○乙△　丙○丁○　戊△己×　庚△辛×　壬△癸×

〈表2〉

大運　順行運　5年8カ月

46歳	56歳
乙（偏印）	丙（劫財）
巳	午
帝旺	建禄
三合金局	白虎　三合火局

年運

27歳	39歳	47歳
甲（印綬）	丙（劫財）	甲（印綬）
寅	寅	戌
テレビ初出演	フライデー殴り込み	バイクで大怪我　三合火局

その年まわりをみてみますと、前ページの〈表2〉の47歳のときは大運・丙《劫財》午で年運・甲《印綬》戌の年でした。そして、たけし軍団をひきいてフライデーに殴り込みをかけたのは昭和61年12月の丙《劫財》寅年で、大運は乙《偏印》巳でした。

前者は、三合火局で強運になり過ぎてスピード違反を起こしたような運で、三合することは病気などは長びくという暗示があります。

後者の大運も巳酉丑の三合金局し、辛《偏財》㊎が強くなり過ぎ金⇒《剋》木と、木すなわち印星（名誉星）を剋し傷害罪で起訴され、懲役6ヵ月執行猶予2年の判決を受けています。

人気が高く、テレビ界への復帰も吉運が続くかぎり可能でしょう。行運で助けがある人です。

なお、月支・丑と大運・午は六害となり、神経系を冒される暗示があります。顔面の怪我で重症でしたが、身旺運であったため、一命をとりとめられたのでしょう。

なお、大運から年運を剋すよりも、年運から大運を剋すほうがよくないのです。

命式のよい五行は丁火と寅を丁壬合と申寅の冲で剋しています。

〈実例2〉アウン・サン・スー・チー女史

1945年6月19日午前4時生

平成7年7月10日、スー・チーさんが軟禁より解放というニュースがテレビで放映されました。ビルマ独立の父、アウン・サン将軍のお嬢さん、2歳で父の暗殺という事柄、そして、軟禁という事実、数奇な運命の事実が先天素質でどのような絡みになっているのかみたいと思いました。

まず、命式の先天素質からみてみます。

①日干・己㊏の夏月生まれ。元命も己《比肩》ですから比肩タイプの人とみてよいでしょう。

スー・チーさんは南方の熱帯に近い地方で生まれたので命式よりもさらに火の力は強いとみますから、

〈表1〉

大運　順行運　6年

年齢	干（通変星）	干	支	支	十二運	備考
16歳	癸（偏財）	○	未	×	冠帯	
26歳	甲（正官）	×	申	○	沐浴	
36歳	乙（偏官）	×	酉	○	長生	
46歳	丙（印綬）	×	戌	×	養	三合火局
56歳	丁（偏印）	×	酉	○	胎	

年運

年齢	干（通変星）	干	支	支	十二運	出来事
2歳	丁（偏印）	×	亥	○	胎	月干と干合去る　父親アウンサン将軍死亡
27歳	壬（正財）	○	子	○	絶	結婚
37歳	壬（正財）	○	戌	×	養	日本に留学
44歳	己（比肩）	○	巳	×	帝旺	軍事政権により軟禁　火方合
46歳	辛（食神）	○	未	×	冠帯	ノーベル平和賞
50歳	乙（偏官）	×	亥	○	胎	軟禁より解放

〈表1〉

	年柱	月柱	日柱	時柱	空亡
天干	乙（偏官）　㊍　絶	壬（正財）　水　胎	己　㊏	丙（印綬）　火　長生	子丑
地支	酉　㊎	午　火	未　㊏	寅　木	
蔵干	辛（食神）	己（比肩）	己（比肩）	丙（印綬）	
十二運	長生	建禄	冠帯	死	
神殺	月徳合	咸池	暗禄　羊刃	亡神　天徳合　月徳貴人	

格	日干の強弱	よい五行	胎月
比肩タイプ	身旺　+5	壬、癸　庚、辛	癸酉

木	火	土	金	水
2	2	2	1	1
甲×	丙×	戊×	庚○	壬○
乙×	丁×	己○	辛○	癸○

日干の己は元来湿り気を欲しますのに、カラカラの状態に乾かされている土とみます。
②日干の強さは月令を得て強く、身旺の+5ですし、五行も全部そろっていますので、なんとなく救いが出てくる人です。
③よい五行＝用神は、日干・己に潤いを与える癸㊌壬水、そして癸水の水源として金となります。
④五行別に吉凶をみます。
　甲乙は日干との干合の情がありますが、命式が湿っていないと役に立たず、余計に水気を吸いますので、この時期は必要なく×、丙丁もこれ以上はいらず×、戊土も乾土で必要なしで×、己㊏は湿土で△、庚辛は水源として○、壬水もシャワーのようで○、癸㊌は己土の潤いで○です。
⑤先天的素質について考えてみます。
　盛夏の己㊏には絶対的に水の湿り気がほしいのですから、月干・壬《正財》は大切な水ですが根がなく弱いのです。月柱は父親の柱ですからスー・チーさんにとって大変よい父親なのですが、その力が弱いということは父親に縁が薄いとみます。年運・丁の年に、丁壬干合して亡くなったのでしょう。しかし、母親の五行・丙《印綬》がしっかりしていますから今も健在でしょう。

　命式にとってのよい五行＝用神は壬・辛です。これらの運がめぐるとき、よいことが起ります。

　結婚は女性にとっての最大の喜びの一つです。結婚の年は壬子で、スー・チーさんにとっての吉運です。16歳―26歳は甲《正官》申で日干との干合があります。壬子《正財》の前年は辛亥《食神》で知り合われたのでしょうか、辛もよい五行の一つです。大運では甲《正官》乙《偏官》（夫星）に力がありません。甲乙に水気が足らないと枯死してしまいますので、年運で潤ってきた亥子で結婚されたのでしょう。

　また、軟禁の事相をみてみましょう。

　大運は丙《印綬》戌で×の運です。印綬は健康、寿命、名誉の意味がありますが×の運ですから悪いほうに出るとみます。

年運・己巳《比肩》はこれまた地支が火方合していて己はカラカラなうえに余計に焼け土になってしまいます。×の運ですから己《比肩》は自己のことで悪く出るとみます。

大運、年運ともに悪く、丙《印綬》→己《比肩》では火→土ともらすので体用看法で再変通変星・傷官が出てきますから、傷官は失権など神経を使うことになる年まわりとなっています。また壬《正財》は潤いであり、活動の五行でもありますので、火土が強くなれば、火→土⇒《剋》水で活動を停止させられたとみるべきでしょう。

では、ノーベル平和賞を受賞したときをみてみましょう。

大運・丙戌《印綬》で × の大運ですが、年運・辛未《食神》となり、未に暗禄は暗に金運ありですが辛は○の五行です。丙《印綬》―辛《食神》からの再変通変星は正財ですから、印星＝名誉なことで、食神＝物財と正財＝お金が手に入る年といえましょう。

さて軟禁から解放された年運をみてみます。

大運・丁亥《偏印》と年運・乙亥《傷官》です。大運・亥は水で冬運となり吉運です。冬運となれば、丁㊋も必要なものになり×にはなりません。△くらいでしょう。偏印は新しいこと、偏印―胎で新規開発、新しいことに理想を傾けるなどの意味が出てきます。

年運・乙亥《傷官》は仕事、夫のことでなにか出る年。月干・壬に年運・亥は建禄となり、仕事のことで新しく計画立案という事柄が生まれます。そして偏印―偏官の再変通変星もまた偏印になりますので、新しい計画がまっすぐにはすすみにくく、トツトツと進んでいくでしょう。まだまだ水の強い冬運が続きますので、活躍が期待されましょう。

スー・チーさんの先天的素質の胎月によい五行の癸酉があります。このように胎月によい五行をもつ人は先祖の徳を受けている人です（胎月は月支から10ヵ月前の月をいう）。

第三章　四柱推命の占い方

一　性格の見方

1　身旺・身弱の性格

身旺　積極性があり、強気で、物事をみるのに楽観的です。独立的立場になることを好み、指導力があります。

身弱　消極的で、絶えず弱気、物事を悲観的にみやすい性格です。

2　通変星でみる性格

(1) みるポイント

①月支の元命でみるのがもっとも大切で、全体の約60％の性格をあらわします。
②年上と日支の通変星で、全体の性格の約30％をみます。
③月干と時干の残りで、性格全体の10％をみます。

③	日干	③	通変星②
	通変星②	元命①	

⑵通変星のあらわす性格

①偏グループ

偏財・偏官・偏印・食神

外向的です。よくしゃべり、よく笑い、感情を面《おもて》に出します。物事に順応しやすく、人づきあいがよく、無頓着、しかし躁鬱《そううつ》気質で、笑っているかと思えば沈んでしまう性格です。

以上は偏グループの共通的性格ですが、命式中に偏グループの多い人は、より顕著《けんちょ》にその性格があらわれます。

②正グループ

正財・正官・印綬（正印）・傷官

内向的です。無口、あまり笑わない、分裂気質、感情が内にこもる、議論好き、孤独を好む、几帳面、反抗的になりやすい性格です。

③自　星

比肩・劫財

自我が強い、負けず嫌い、非協調性、人の言うことを聞き入れない、依頼心が少ない性格です。比肩のほうが一本調子で、融通が利きません。劫財のほうは、比肩より協調性があり、人とのかけひきが上手です。

天干に劫財があるときはがさつ、賭け事・勝負事が好き、酒好き、女好きです。

④泄《ろう》星《せい》

食神・傷官

食神は偏グループの特徴に加えて、あっさり、さっぱり、のんびりといったような淡白な性格です。

傷官は、性格が鋭敏、神経質、自尊心が強い、人への好悪の感情が激しい、議論好きで、ぴりぴりしている、物事を秘密にすることができず、なんでも話してしまう、という泄星、つまり泄《も》らす星の特質が出てしまいます。

⑤財　星

偏財・正財

偏財は、外向性の特徴がいちばんよく出ます。社交好き、人との協調性があり、人の世話が好き、派手好き、淡白で、せっかちです。食神の淡白でのんびり、あっさりしている点とはやや異なります。

正財は真面目ですが、小心で細心、慎重な人であり、用心深い性格をしています。

⑥官　星

偏官・正官

官星の人は、信義や名誉を重んじます。社会的名声や職場での地位に執着します。

偏官は、偏財とよく似た性格をもち、身旺のときは偏官の性格がそのまま出ます。また、身弱の人は、性質が萎縮しやすく、くよくよしたり神経質な面が出ます。

しかし、いずれにしても、偏官の人は活発で、なにごとにも積極的になります。また、活動的であり、精力的に仕事をし、決断力があります。反面、がさつで荒っぽく、行動が粗暴で、偏屈なところがあります。昔の豪傑には偏官が多かったといいます。

正官は正財に似た性格があり、規律性を重んじ、定められたことをよく守ります。また、頭の回転が速い人です。

⑦印　星

偏印・印綬

偏印は機敏さがありますが、おっちょこちょいで移り気、気が変わりやすく、持続力が欠けます。気持ちにムラがあり、好奇心が強い面があります。

印綬（正印）の人は冷たい感じがします。冷静で思慮深く、なんでも自己本位に考えますが、わがままとは違います。また、同情深い人でもあります。

3 五行でみる性格

(1) みる位置

①日干の五行で性格をみます。

②〈例〉のように、日干・甲木に木の性格があるためには、日干が日支か月支のどちらか一方にでも根があるということが必要です。

〈例〉の月支・辰には、土と木が含まれており、日干・甲には根があるとみます。

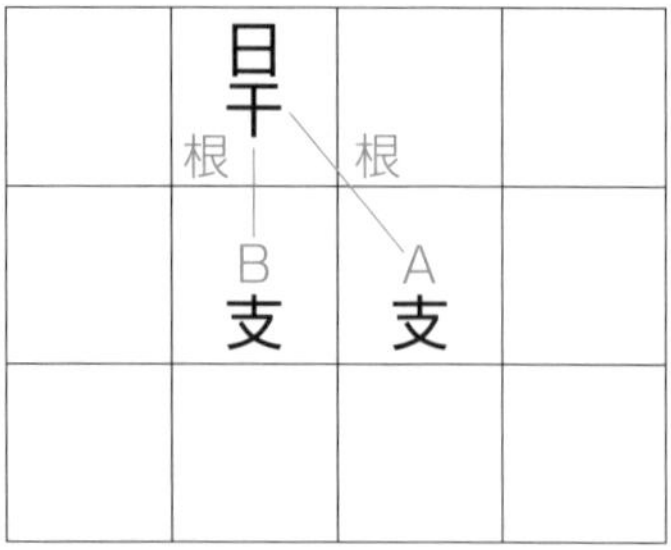

〈例〉

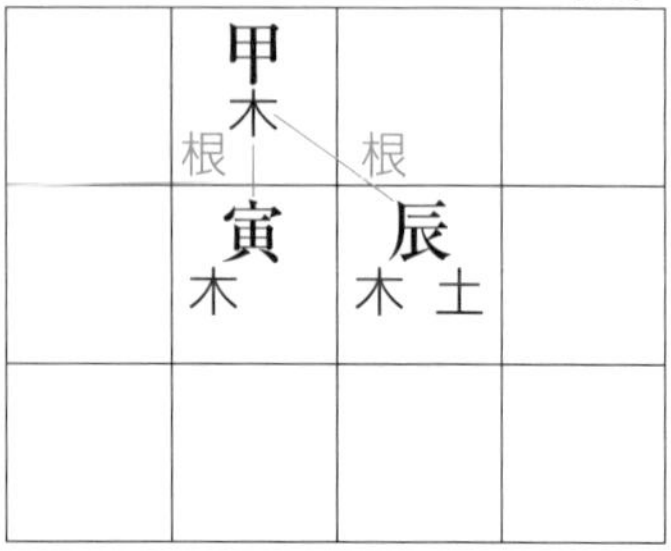

(2) 五行のあらわす性格

木 まっすぐな性格、強情で一本調子、同情心が強いが、執念深い人です。

火 陽気で多血質、明るく情熱的な人。

土 粘着性があり、粘り強い人です。粘液質で温和ですが、秘密性があります。また、対人関係を大切にします。そして、自分が人から批判されることを気にします。

金 頑固者、胆汁質で、短気です。すぐカッとなって感情を面《おもて》に出します。

水 理知的で、なめらかな落ち着き、一種の冷たさがあり、さらりとした感じです。

日干と同じ五行が地支に2つ以上あると、日干の性格がもろに出ます。

また、天干に日干と同じ五行が並べば、日干を生助して日干の特性が発現します。

反対に、日干に根がなければ、その特性は出ません。

4 十二運星でみる性格

(1) みる位置

月柱の下の十二運星で60％、日柱の下の十二運星で30％、年柱と時柱の下の十二運星を合わせて10％となります。

時柱	日柱	月柱	年柱
	日干		
		元命	

A	30%	60%	B

AとBと合わせて10%

(2) 十二運星のあらわす性格

長生　明るくのびやかで、頭もよく、なにごとにも積極性があり、しかも気持ちにゆとりがあります。

沐浴　軽率な面があり、熱しやすく冷めやすい性格です。物事に永続性がなく、煩悶しやすい。風流心に富みます。

冠帯　我《が》が強く、すぐ威張りたがる人。自分本位で人と衝突しやすい性格です。先見の明あり、外柔内剛型。

建禄　活発で、積極性のある人です。円満で、人情味があり、社会的信用が大です。

帝旺　二重人格にみえる複雑な性格の人です。強気、自信家、独立独歩、実行力あり、意思堅固。

衰　温和で自制心に富みます。物事に慎重で、保守的な人です。猜疑心《さいぎしん》が強く、苦労性です。

病　潔癖で神経質、短気な反面、楽天的な面ものぞかせます。多趣味。先案じします。

死　頭もよく、先見の明があるが、決断力が鈍く、せっかち。内弁慶でオシャレ好きです。学芸技術的才能に恵まれます。人に騙されやすい性格です。

墓 欲張りで、経済的観念が発達している人です。緻密に計画します。質素です。中年以降の発達運。

絶 孤独癖のある小心者です。心身ともに不安定で、沈着でやや陰気ですが、反面激情家です。

胎 ムード派、空想家、理想主義、不平家。平素は無口ですが、酒を飲むと饒舌となります。物事をおそれず、同情心がありますが、永続性に欠ける面があります。

養 気苦労するタイプですが、辛抱強い人です。母親との縁が深く、苦労性です。

たとえば、月支・長生にあう人（日干から年支、月支、日支、時支をみて出た十二運星を「逢う十二運星」といいます）は、特に陽干の場合が吉象です。順応性に富み、発展性があります。

沐浴が日支のとき、不安定な要素があり、住所、職業、対人関係などで悩みが多いようです。

建禄は、独立開運で、家を建てていく人で非継承です。

前述（24ページ参照）の輪廻の思想からで、特に月柱・日柱の下の十二運星では日干からの強さ弱さも出てきますので、その事柄も加味しながら考えていくことが大切です。

〈例〉**石田ひかりさん** 昭和47年5月25日生

女優・石田ひかりさんの命式から、性格を判断してみてください。

	天干		地支		蔵干	十二運
年柱	偏官 壬	水	空亡 子	水	正官 癸	胎
月柱	印綬 乙	㊍	○ 巳	㊋	比肩 丙	建禄
日柱	丙	火	辰	土	食神 戊	冠帯
空亡	子丑					

木	火	土	金	水
1	2	1	0	2

●五行からみた性格

日干が火で、月令を得て強く、元命も火で、当然火の性格が出てきます。陽気で明るく、情熱的な人です。

●通変星からみた性格

元命が比肩ですから、生一本で、自我が強く、負けず嫌いで、非協調的な面があります。

●十二運星からみた性格

おもに月柱の十二運星でみますから、建禄の性格が60%で、日柱が冠帯ですから、その性格が30%出ます。つまり、活発で、積極性がありますが、我《が》が強く、威張りたがる面があり、人と衝突します。自力で開運します。

石田さんの命式は、身旺で、時柱がわからないのが残念ですが、年柱に壬子があり、日干・丙＝太陽をキラキラ輝かす形があり、可愛い顔立ちもそのせいでしょう。これからの仕事運もどんどん伸びていかれることでしょう。

5 十二支による性格

●判断のポイント

年支、月支、日支の十二支の中心として、地支の冲、支合なども参考として考えます。

子　水の流れるごとく素直さ、あっさり、小まめさもあり、創意工夫して着実に目的に向かって行動していきます。倹約家で利害に敏感です。変化を好み、粘着性に欠ける面があります。

丑　湿土で物を育てる心。保守性、忍耐力、努力勤勉、目的に向かって行動します。人間関係を重視しますが、気性が優しくみえて、時に爆発するとくどくなります。メランコリーです。

寅　決断力、行動力があります。自己顕示欲、純情、仁義に厚いが強引さがあり、独立独歩型で組織への支配力大です。人との調和を考えることができるように努力が大切です。

卯 柔和で愛嬌を振りまきながら、上手に目的に到達する粘り強さをもちます。自己主張も強くエゴイストとみられる傾向もあります。財星にあたれば、男性は色好み。

辰 湿土であり、物を育てる心をもち繊細ですが、飾り気なく、気になることは徹底的に取り組む姿勢があります。平素は穏やかですが、喜怒哀楽の表現力も強く、愛情も深いが内向型。

巳 初夏の火で、勢いづく火ですから行動力があります。時に酉をみれば変身するので変わり身が早く頭の回転も早いでしょう。巳は蛇に通じ執念深い面がありますが、内面は暖かく辛抱強い。

午 直情径行、明朗活発で、行動力があり、感情の起伏も大きい。積極性があるが永続性に欠ける点を注意。何事もあわてて失敗の傾向があります。

未 火土で湿り気を欲しますから、注意深くまわりを見わたして地味に努力をしていくタイプです。優しさもありますが勝気。脆さもありストレスがたまりやすいタイプ。取り越し苦労性。

申 初秋の金で進取の気性に富み、賢く親切で、家庭的で小まめ、器用です。少々短気で度量が狭いところがあります。正義を重んじて気は若く、いろいろなものに挑戦します。

酉 仲秋の合金ですから、内面の葛藤があり、せっかちでじっとすることを嫌います。頑固で自説は曲げず、独断専攻、高慢さもあります。冷静、冷淡、孤独に強い。わがまま。

戌 火土でも晩秋の土で保守の意味があります。忠実で忍耐強い面もありますが、時に怒りっぽく、真面目人間ですが融通もききません。頑固で責任感が強く負けず嫌いです。人情は厚い。

亥 初冬の水で勢いづいて、猪突猛進。独立心旺盛ですが、水は方円の器に従うのたとえで、それなりに人との和を保ちます。凝り性で徹底的に物事追求型。

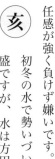

6 特殊星の性格

●判断のポイント

特殊星（神殺）看法といって、四柱の干支だけでは解釈が難しかった時代に、神殺などを加味して判断してきたものですから、あくまで補助手段として使ってください。特に重要なものに○をつけておきますので参考にしてください。

特殊星は、各柱・行運につけますから、各柱のもつ年代、たとえば月柱ならば、青年期に影響があるとみます。

また、駅馬は特に発現性が顕著ですから、その柱を冲したりしていれば、じっとしていない性格の人とみることができるのです。

○天徳貴人《てんとくきじん》・月徳貴人《げっとくきじん》（または合《ごう》）

日柱にあるのがいちばんよく、その次の時柱にあるのがよいでしょう。

災厄から守られ、この星があると、サラリーマンは重要なポストに昇進するとか、上役や先輩に引き立てられて出世が早いとか、社会的成功が約束されます。

また、凶があっても吉となり、災厄は軽くてすみます。女性の場合はお産が軽くてすみ、よい夫に恵まれます。

○華蓋《かがい》

文化、芸術、宗教、孤独を暗示します。生時と日柱を主にみます。

女優・泉ピン子さんは、大運39歳～49歳の間で、華蓋が出ていました。テレビで大活躍のことは衆知のとおりです。もちろん、先天的素質にプラスされて人々の支持を得たのです。

印綬と華蓋が同じ柱にあると、芸術で名をあげます。華蓋が墓と同じ柱ですと、宗教に熱中するか、あるいは僧となるのもよいでしょう。

また、華蓋の柱が空亡すると、男性は宗教に縁が深く、女性は子供の縁や結婚の縁がよくありません。

○**天乙貴人《てんいつきじん》**　貴人の中ではもっともよい星で、いっさいの災厄から守られるというけっこうな星です。日柱にこの星があればもっともよく、時柱にあるのが次によいでしょう。

この星があると、上役や先輩から引き立てがあり、社会的に成功します。危ないことがあっても救いがあり、いっさいの災厄から加護されます。さらに干合、支合すると社会の人から信用され、運が早く開け、生涯刑罰にあいません。

○**福星貴人《ふくせいきじん》**　この星があると、金銭、物資に恵まれます。

天厨貴人《てんちゅうきじん》　この星のある人は、サラリーマンなら昇進が早く、学生では進級、進学試験に合格します。食神、印綬が同じ柱にあればさらによいといえましょう。

天官貴人《てんかんきじん》　この星のある人は、どんなことでもうまく事が運び、また望み事もすらすら思うように運び、必ず成就します。しかし、空亡、冲剋があると福分は薄れます。

文昌貴人《ぶんしょうきじん》　この星のある人は、文章が巧みで、文学の才能があり、学問的にも知識が深く、人々の尊敬を受けます。作家にはほとんどこの星があります。

十干禄《じっかんろく》　日干からみて建禄にあたるものにつく特殊星です。したがって命式がしっかりしますから社会的地位も名誉も自らの活動により得ることができます。

○**金与禄《きんよろく》**　女性は美人が多く、この星のある人がくると雰囲気が明るくなります。

上役、先輩から引き立てがあり、男女とも良縁に恵まれます。とくに女性は玉の輿《こし》に乗る人で、性質は温和で、夫婦仲がよく、互いに協力、援助し合います。

日柱にあれば配偶者の徳を受けます。

干食禄《かんしょくろく》　日干からみて食神にあたる干につきますから、剋されなければ衣食住に不自由せず、健康で長寿を得られます。人に尽くしてその徳をもらうようにすれば、幸せに暮せます。冲などがあると女性は流産などに注意が必要です。

○暗《あん》禄《ろく》

この星をもつ人は、隠れたところから知らず知らずに援助や加護を受けます。つまり、思いがけない幸せがあったり、困難にぶつかっても、意外な人から助けられます。

○羊《よう》刃《じん》

吉凶ともこの星があると大きく作用します。羊刃の支と年運、月運、日運の支とが冲、または三合、支合しますと、思わぬ災厄にあいます。

日干が陽干で月支をみて羊刃となるときは羊刃格といい、羊刃は、官星、印星とともにあれば、成功します。羊刃は正財、魁罡を嫌います。男性で羊刃が3つある人は必ず再婚します。しかし、偏官が命式中に多い人にとっては吉星となります。日干が弱い人は、かえって羊刃が吉星となります。

○飛《ひ》刃《じん》

男性は争いを好み、バクチが好きな人もいます。女性はお産が重く、産厄にあいます。

○紅《こう》艶《えん》殺《さつ》

異性から言い寄られます。異性にたいへんもて、人づきあいがよく、愛嬌があります。

○流《りゅう》霞《か》殺《さつ》

流霞のめぐる年に住所が変わります。女性は産厄にあいやすくなります。交際上手ですが、酒色に溺れるとよくありません。

○桃《とう》花《か》殺《さつ》

異常開運をします。色難があり、異性間が親密です。女性はチャーミングです。

○咸《かん》池《ち》

色情の星を意味し、咸池のある人は色情問題で迷惑をこうむります。また、せっかちで、水厄の恐れがあります。

咸池と駅馬が同じ柱にあると、女性ハントのためにわざわざ外国へいく人で、お金も入るが、疲れるという人です。

咸池と沐浴が同じ柱にある人は、セックスを好み、ナイトクラブ、ソープランドなどへ異性を求めてさまよう人です。この星のある女性はなかなかの美人です。咸池と偏官が同じ柱だと、芸者、ホステス、女優など芸能界や花柳界で活躍します。

○駅馬《えきば》

旅行とか移転の星です。命式に駅馬のある人は、駅馬の星の出る年に旅行、住居の移転、職場でのポストの変動があります。

この星が命式にある人は、活動的で、快活なタイプです。十二運の強い駅馬は吉、弱いと凶。

○劫殺《ごうさつ》

この星は、交通事故、山での遭難とか外部からの災厄が暗示されます。

劫殺が2つある人は、金銭への執着が強く、また盗癖がある人があります。3つある人は凶暴で、妻にも非情なタイプです。

また、劫殺と亡神が同じ柱に重なるとよくありません。行運に重なると事故にあったりしますから注意してください。年柱を主にみます。

○亡神《ぼうじん》

病気とか内部の災厄にあう暗示のある星です。命式に2つの亡神があると経済的に不安定、3つあると犯罪や淋病、梅毒などの悪疾にかかりやすくなります。日柱を主にみます。

○白虎《びゃっこ》

白虎は血刃とともに病気の暗示のある星で、白虎のめぐる年運、血刃とともに病気に注意してください。

命式中に白虎が2つあると幸運が少なく、どちらかというと不運が続きます。

また、水泳とか交通事故などで横死するとか、不測の災厄があります。

○血刃《けつじん》

病気や交通事故、怪我、手術など、血をみる災厄の暗示がある星です。

血刃が年運にめぐるときは病気や事故に注意してください。

○隔角《かっかく》

この星があると、生地を離れて他国で暮らすようになります。

○孤辰《こしん》・寡宿《かしゅく》

いつも孤独で、ひとりぼっちの人です。

時柱にあると、子供がないか、年老いてから子供と離れて住みます。

囚獄《しゅうごく》

刑事事件や警察、税務署への呼び出しがあります。

黄旛《おうはん》

物事に滞りを生じ、何事もスムーズに運ばない暗示があります。

弔客《ちょうきゃく》

この星のめぐる年は、親、兄弟、肉親に不幸があります。

○病符《びょうふ》・死符《しふ》

病気、または災厄のサインです。死符があるから死ぬとは限りません。

三貴人《さんきじん》

この星のある人は、頭がよくて、学芸に優れ、衆人の頭《かしら》となる人です。ただし、この星が命式にあって、さらに各干が地支に根をもつことを条件とします。空亡すると流浪の生活をします。

また、三奇があって、天乙貴人、天徳貴人・月徳貴人が命式にあると、災厄は少なくてすみます。

○魁罡《かいごう》

日柱にある場合だけとります。女性は美人が多く、思い切ったことをします。印星があれば異常なほどに開運しますが、財星、官星だけのときは凶運となります。

学芸、文学、闘争、孤独の暗示があります。性質は、厳格なタイプで、頭がよく、文章がうまく、決断力が早いが、ときには残忍な性格となるタイプがあります。

財星、官星のめぐる年は不測の災厄にあい、印星がくると災厄は少なくなります。

三島由紀夫、太宰治、川端康成などの自殺者にもこの星が多くみられます。

海外へ行くとか、思いきったことをする人です。とにかく気性が激烈なタイプです。

懸針殺《けんしんさつ》

日柱にあるときをいいます。夫婦縁が変わりやすかったり、交通事故など事故にあいやすく、眼または身体に持病をもつなど凶の暗示があります。

日徳《にっとく》

性格が温和で、礼儀正しく、ねばり強い人。日支と年運の冲するときが死期となります。日柱だけでみます。

○禄馬貴人《ろくばきじん》

この星のある人は、一生福分に厚い人です。

○日刃《にちじん》

この星のある人は、配偶者を剋します。女性にあっては、気性が激しく、夫とよくトラブルを起こします。

また、命式中に官星のない女性は、結婚運が悪いようです。しかし、正官、印綬との運がよいのです。

陰差《いんさ》

この星のある女性は、結婚の縁が悪く、離婚や離別を繰り返します。中年以降には寡婦となることが多いようです。

陽差《ようさ》

この星のある男性は、父親とよくトラブルを起こし、不和となります。酒や女性を好み、ナイトクラブやソープランド通いにうつつをぬかします。

妨害殺《ぼうがいさつ》

この星のある人は、結婚、異性とのトラブル、妻の実家との間にいさかいが起こります。

この星が日柱の干支にある人は、初めはよい運でも、中年頃からガタッと運が悪くなり、寂しい晩年を送るでしょう。

女性でこの妨害殺が日柱の干支にある人は、お産が重いか、よく病気します。

淫欲殺《いんよくさつ》

一般にこの星のある人は、異性とのあいだでよく問題を起こします。しかもわがままであるがゆえに人から嫌われたり、兄弟と仲違いすることがあります。

また、配偶者と生死別することがあります。

二　職業の見方

① 身旺・身弱でみる職業

身旺・身弱でみるポイント

命式での身旺・身弱では、独立自営か、専門職か、指導者かの大ざっぱな捉え方をしていくことが必要です。

その他、細かな職種などは他の五行・通変星などで選択することが正しい判断につながるとみます。

身旺　独立自営に向きます。また、会社での管理職など、人を指導したり支配するのにも向きます。たとえば、公務員、政治家、特別職、社長、専務などです。

身弱　人に依存しやすいが、技術などの専門的な職業に向きます。

② 通変星でみる職業

(1) みるポイント

①月支の元命、または用神となる通変星でみます。

②命式中の元命、または用神以外のよい作用をする吉星で判断します。

命式中に、官殺混雑、印星混濁、通変星の偏重、冲刑のある人は職業上の変化が多い人です。命式の調和がとれた人は波風もなく平均的な社会人となれます。

		元命	

(2)通変星での職業の判断

①自　星

比肩・劫財

独立自営の仕事。たとえば、作家、シナリオライター、芸術家などの自由業。

銀行などの金融関係の仕事や、人と協同事業をすることはあまり向きません。

②泄　星

食神・傷官

食神は実務的で堅実な仕事、衣・食・住に関連する仕事、日用品関係の仕事。

たとえば、食料品の販売業、レストラン・すし屋・喫茶店などの飲食店、寝具関係の仕事、デザイナー・ドレスメーカー・テーラーなど衣服に関する仕事、建築業、不動産周旋業など不動産・住宅関係の仕事。

財星と同じと考えます（木火、金水食神は金水傷官と同じとみてよいでしょう）。

傷官は美的、感覚的、創造的な方面の仕事、分析、批評、専門的な職業一般。

たとえば、絵画、音楽、作曲家など、芸術関係の仕事、デザイナー、装飾品関係、作家、新聞・雑誌・言論関係、弁護士、語学関係、評論家、技術者。

単調な事務や接客サービス業はあまり向きません。

③財　星

正財・偏財

経済的な利益をあげる仕事、商業・事業全般・金融・経理・税務などに関する仕事。

偏財は派手好みで活動的、変化を好むタイプですから水商売、サービス業、芸能方面の仕事が向きます。

正財は地味で堅実、単調な性格に向く仕事。たとえば、製造販売業、銀行などの金融機関の仕事。身旺で財格・駅馬が同柱にあれば商売での利益大です。

④官　星

正官・偏官

社会的地位、権力に執着する性格に向く仕事。

正官、偏官の性格の違いは、財星の場合と同じです。

たとえば、公務員、会社員、政治家、法律家、行政方面の仕事など、実務的な仕事。

⑤印　星

偏印・印綬

名誉、評判、美的価値を求めるなど、精神的価値のある仕事。

偏印は変化に富んだ多様性、大衆的な仕事。副業をもったり、よく職を変えたりします。

たとえば、医者、芸術家、芸能人、作家、評論家など、自由業全般、ホステス、バーのママなどの接客業。三浦友和さんなどの芸能人は、偏印がよい働きをする命式の人です。

印綬（正印）は知的職種、印綬の元命の人は、よく宗教にこります。

たとえば、教育者、大学教授、作家、文学の研究者、宗教、製造業。

印綬・偏印が同柱にある人は、二業に関係します。

偏官・羊刃が同柱にある身旺の人は警察官、軍人に向きます。

3 五行でみる職業

⑴五行でみるポイント

①その命式でもっともよい五行でみます。

②日干と同じ五行が地支にある、つまり根のある五行でみます。

⑵五行での職業の判断

木

木のグループに属するものは、木材、林業、木工、紙パルプ、建具、繊維、製糸関係、医師・薬剤師などの医薬関係、保健衛生、看護師、教授、教師、僧侶などの宗教関係、占い師。

火

火のグループに属するものは、電気（発電、機具、工事）、ガス、ボイラー、暖房、冶金、文学（文学・出版・言論・語学）、新聞・雑誌・マスコミ関係の仕事、法律、化学、演劇、俳優、絵画、楽器、衣服、ドレスメーカー、デザイナー、図案、装飾、意匠、美容、美術、工芸、玩具、骨董関係。

土　土のグループに属するものは、農業、林業、園芸、鉱業、窯業、建築業（大工、左官）、運輸、倉庫、宗教全般。

金　金のグループに属するものは、金属、機械、貴金属、金物、鉱業、金融業、冶金、経済、経理、公務員、自衛隊、警察、銀行、スポーツ、刀剣、有価証券関係、質屋。

水　水のグループに属するものは、水産、漁業、船員、漁具関係、酒、醤油、冷房、浴場、水商売（料理屋、飲食店、喫茶店、バー、キャバレー、接客業、サービス、旅館、興業）、自由業、研究、調査、分析。

以上のように五行でみる職業は数多くあります。木といってもたくさんありすぎるのですが、木が用神で官星があれば官公職に適します。命式中の土性が旺盛で水火のバランスがとれれば農業にも適し、不動産業も可能です。水と火のバランスがよければ貿易商、金木相剋はブローカー。印星が強く自星も強いときは工業、金火は金属工業、金木は木工業です。

4 特殊星でみる職業

特殊星でみるポイント

元来、特殊星は部分的な判断に役立つものですから、1つのみで断じることはできません。

華蓋　学問、芸術、宗教。

華蓋、印綬、天乙貴人が墓運となる人は宗教家になります。印綬、華蓋、月徳合が吉星とともにあれば芸術で発展します。

駅馬　偏財と同じとみます。運送、交通関係の仕事、セールスマン、外交官、通訳など。

咸池　色情の星ですから、異性に対するサービス、接客業、バーのママ、ホスト、ホステスなど。

魁罡　作家、芸術家、ボクサー・プロレスラーなど闘争的な仕事。

5 命式でみる職業

(1) 命式＝格・タイプでみるポイント

先に通変星の適職を述べましたので、ここではその補助として参考にしてください。

- 傷官財星格は、技術的商業、サラ金、古美術品、身旺のときは証券業。
- 官殺混雑の人で印星があれば易占業に向きますが、身旺身弱で職位高低があります。
- 殺印格＝偏官があって印星の制化がある人は、宗教人、官史に向きます。
- 金水・木火食神傷官格で天乙貴人があると文学技術に適します。

また、格・タイプだけでなく、地支の冲・刑・空亡がある人は、常に職業の変化を考えますし、冲・刑が少ない人は本業を守ります。

(2) 傷官佩印《はいいん》格

ある条件が備わると、傷官佩印格といって、よい命式になります。

- 上皇后美智子様は傷官佩印格という貴命です。
- 学者、技術者、弁護士、裁判官。

(3) 食神財星格

- 旅館、料理屋、飲食店、家屋に関係のある仕事。

(4) 財星と官星のある命式

- 実業家、会社経営者。
- 官星→《生》印星は政治家。

(5) 身旺で財星と官星のある人

- 作家、作曲家、学者、シナリオライター、ディレクターなど、知能を生かす仕事。

(6) 一つの五行が多くて、五行のバランスのとれない命式

このような人は、職業に波乱や起伏が多い人です。

6 職業の見方の実例

〈例1〉泉ピン子さん　昭和22年9月11日生

●五行からみた適職

日干が癸㊌で、よい五行が辛と丙ですから、華やかな芸能界にはうってつけの職業といえます。

●通変星からみた適職

よい五行の辛《偏印》㊎と丙《正財》火から、芸能界によって報酬を受けることがよいでしょう。命式では庚・丁があり辛・丙の代用でレベル低下になります。

●命式でみる適職

命式全部が陰干支ですから、表面は華やかにはみえませんので、主役より脇役のほうで光るのでしょう。また、元命・庚《印綬》で印綬タイプの人ですが、官殺混雑しているのを印星で制化して日干を金↓水と生じます。仕事・男性に育てられて己《土》↓庚《金》↓癸《水》とめぐり、また癸は己へ湿り気を与えるといった循環を繰り返し、芸に磨きがかかると考えます。

●特殊星からみた適職

年柱、日柱に駅馬があります。場所を移動する職業に縁があるとみますから、ロケなどであちこち忙しいことでしょう。

〈例1〉

年柱	月柱	日柱	空亡
丁（偏財）㊋	己（偏官）㊏	癸㊌	午未
亥㊌	酉㊎	巳㊋	
戊（正官）土	庚（印綬）金	戊（正官）土	
帝旺	病	胎	
天徳合 駅馬	月徳貴人	禄馬貴人 駅馬	
格	日干の強弱	よい五行	
印綬格	中和	辛・丙	

木	火	土	金	水
0	2	1	1	2

〈例2〉利根川進さん　昭和14年9月5日午前0時30分生

この命式のよい五行は、丙・癸です。五行周流して月支・申金を壬水にもらし官印格を形成します。仕事により壬《印綬》の名誉を得られる形。また、時干・丙は申金を制金しています。木火・傷官僚は学芸技術の星です。

●五行からみた適職

日干が乙㊍で秋月生まれですから、金⇓（剋）木と日干にプレッシャーをかけるところを月干の壬が日干への通関神となって日干を守ります。水は智をあらわし、頭脳を使う職業。そして、日干・乙は時干・丙へ木↓（生）火と泄《も》らします。火もまたうれしい五行で頭脳で科学する学問の分野は最適でしょう。

●通変星からみた適職

元命・正官が日支・傷官から剋されていますから、堅いばかりの東大、官公庁には向かず、自由な空気のある京大を選ばれたのはうなづけます。また、木火傷官で学問技術の道を選ばれたの理の当然でしょう。昭和59年甲子年にノーベル賞、昭和62年丁卯年に文化勲章を受章されました。いずれも利根川さんにとってのよい五行の運気です。

〈例2〉

年柱	月柱	日柱	時柱	空亡
己 偏財 ㊏	壬 印綬 水	乙 ㊍	丙 傷官 火	寅卯
卯 ㊍	申 空亡 金	巳 ㊋	子 水	
乙 比肩 ㊍	庚 正官 金	丙 傷官 火	癸 偏印 ㊌	
建禄	胎	沐浴	病	
	大乙貴人 月徳貴人 亡神	金与禄 駅馬	天乙貴人	
格	日干の強弱	よい五行		
官印格	中和	丙・癸		
㊍2	火2	土1	金1	水2

〈例3〉石原慎太郎さん　昭和7年9月30日午前4時生

日干・甲木に対し、時干・丙火は木火・食神ですので、頭脳明晰で、作家、芸術家に向きます。また、この命式にとってもっともよい五行は丙火と年干にある壬《偏印》ですから、ご自分のエネルギーをもらし、そして生じられる五行があり、そのうえに五行の配合がよければ、順調に発達をされるのです。日干・甲木は統率力ありとみます。年月支は蔵干は庚《偏官》・辛《正官》で、職業の星が重なり合うのは官殺混雑といって、職業の変化、または二業をもつ暗示があります。

〈例3〉

年柱	月柱	日柱	時柱	空亡
壬水（偏印）	己㊏（正財）	甲木	丙火（食神）	辰巳
申金	酉㊎	午火	寅木	
庚金（偏官）	辛㊎（正官）	丁㊋（傷官）	甲木（比肩）	
絶	胎	死	建禄	
駅馬 月徳貴人	咸池	紅艶殺	天徳貴人 駅馬 血刃	

格	日干の強弱	よい五行		
木火食神格	中和 0	庚・丙・丁・壬		
木2	火2	土1	金2	水1

●五行からみる適職

仲秋月の甲木の日干をもち、金⇓《剋》木と日干を剋され、その上に、木↓火と日干を時干へと泄《も》らすことは、相当なエネルギーの消耗です。日干を生じる五行の水と、日干を剋す金を押える火がよい五行です。水の智、すなわち頭を使い、丙は文化をあらわしますから、文芸作家はまさしく天職でしょう。

●通変星からみた適職

元命正官は日支傷官から破剋で、普通のサラリーマンは不向き。木火食神のもつ学芸方面が適職です。

適職判断の練習問題

次の命式で適職、性格を判断してみてください。

〈例1〉故・手塚治虫さん　昭和3年11月3日午前8時生

	天干	地支	蔵干	十二運
年柱	戊（傷官）土	辰 土	戊（傷官）土	衰
月柱	壬（正官）水	戊 土	戊（傷官）土	養
日柱	丁 ㊋	未 ㊏	己（食神）㊏	冠帯
時柱	甲（印綬）木	辰 土	戊（傷官）土	衰

木	火	土	金	水
1	1	5	0	1

●ヒント

░の中の通変星で判断してください。

よい五行は、甲と庚です。月柱の戊（傷官）⇒壬（正官）は職業の変化を示しています。

●適職判断

①日干の強弱からみると、日干に根がなく身弱ですから専門職に向いています。

②通変星でみると泄星（食神傷官）が多いし正官が破剋されていますので傷官タイプですが、泄星を剋し日干を生助する印星がありますので、印綬のもつ創造的職業を選ばれたのでしょう。財星がありませんのでお金儲けは下手でしょう。

③五行でみると命式の中に土性が多く、それを剋し日干を生じる甲木が時上にあり、よい五行です。木と日干・丁の職業には文化・絵画などとあり、文化事象をあらわす職業を選ばれたのでしょう（マンガは火の職業）。

●性格判断

①日干・身弱で、弱気の面があります。

②通変星からは元命傷官の神経鋭敏です。

③五行からは日干・丁の性格は根が強くないのであまり出ず、土性が多く、その土の粘り強さ、温和、対人関係を大切にされる人です。

〈例2〉**渡辺謙さん** 昭和34年10月21日午後4時生

年柱	傷官 己 ㊏	亥 ㊌	偏印 甲 木	絶
月柱	偏印 甲 木	戊 土	食神 戊 土	墓
日柱	丙 火	子 水	正官 癸 ㊌	胎
時柱	比肩 丙 火	申 金	偏官 壬 水	病

木	火	土	金	水
2	1	2	1	2

●ヒント

□の中の通変星で判断してください。

●適職判断

よい五行は、壬・甲です・命式中に偏グループ（22ページ参照）の通変星が多い人は、派手な職業、逆に正グループの通変星が多い人は地味な職業に向いています。偏印格で財星があり身旺なると、芸術的方面で人気をあげ、成功します。渡辺さんにとって甲木《偏印》は、よい五行ですから俳優として成功します。

①日干の強弱からみますと、日干に根がなく身弱ですから専門職がよいでしょう。

②通変星からみますと、日干を生助する偏印がよい役目で自由業、俳優業は最適です。

③五行でみますと、10月は土性月ですから甲木の制土が必要なのと弱い日干・丙を生じる甲木がよい五行となります。日干・丙は甲から生じられ、丙の職業で俳優になられたのでしょう。

●性格判断

①日干は根がなく身弱ですから、本来は物事を悲観的にみる面があります。

②通変星からみますと、偏グループが多い点では外交的で、物事に順応しやすく、よくしゃべり、躁うつ気質でしょう。月干の偏印から元命・食命が破剋されて傷官的となり、神経鋭敏で、自尊心が強く、好悪の感情が激しい人といえます。

③五行からは日干・丙の情熱的で、明るい人です。

三　病気の見方

1　病気の起こる原因

病気は、命式中の五行の陰ばかりが多すぎるとか、陽ばかりが多すぎるとか、あるいは陽または陰の五行が多すぎたり少なすぎたりする（太過不及という）とか、五行が欠けたりすることから起こります。つまり、命式中の五行のバランスが偏《かたよ》って、五行が沖剋《ちゅうこく》を受けたり、干合《かんごう》などによって五行が生じすぎたりして病気が起こるのです。

命式中と大運、行運の五行が、多からず少なからず、バランスよくとれているときは、健康なときといえます。ところが、多すぎる五行を剋《こく》す五行や、泄《も》らす五行のめぐってくる年や月、あるいは少なくなって衰えた五行を生じて、エネルギーを与える五行のめぐってくる年には病気が治り、反対に、五行の1つが多くなったり、ただでさえ多い五行に、さらに他の五行から生じられたり、よい五行が剋されたりする年は病気になります。

左の命式のように、天干と地支の8つの五行の上下や左右の剋をみます。

- 剋が多ければ病気になりやすい。
- 下から上への剋が多い人は上半身の病気。上から下への剋が多い人は下半身の病気になりやすい。
- 相生や比和の命式の人は、だいたいにおいて健康な人です。

時柱	日柱	月柱	年柱
癸㊌	癸㊌	丙火	甲木
丑㊏	酉㊎	子水	戊土
己㊏	辛㊎	癸㊌	戊土

これは石原裕次郎氏の命式です。強い水と火の相剋で心臓病です。

② 五行と病気

命式中の弱い五行が、その人の病気の種類と関連があります。また、年運で五行に偏《かたよ》りができると、その弱い五行の病気になります。土が多いと慢性病をもちやすい人です。太過より不及のほうに病気が出やすいのです。地支・蔵干も考えてみる必要があります。その人の用神が剋されるのが一番いけません。

木 肝臓、中風、けいれん、不眠症、足の病気、神経の病気、頭の病気、ノイローゼ等。

火 心臓、眼病、耳、鼻の病気、小腸、舌。

土 消化器、胃腸、皮膚、手指の病、口腔。

金 呼吸器、肺臓、咽喉、脊柱、骨、歯、筋肉、便秘。

水 腎臓、血液、血管、泌尿器、膀胱、冷え性、下痢、子宮、生殖器。

③ 五行による病気の見方

その人の命式に偏りがあると、病気になりやすいのです。

〈例1〉木が強くて、土が弱いと胃腸病になりやすい。

日干が己㊏で根がなく、弱い土を周囲の強い木で剋されると胃腸病、または内臓の病気になりやすい人です。

しかし、行運の強い土の運がめぐると木が反剋（土剋⇩木と剋《こく》すが、反対に土反剋⇩木と剋されること）され肝

〈例1〉

時柱	日柱	月柱	年柱
	己㊏ ⇦	甲 木	
	卯㊍ ⇧	⇖ 寅 木	

臓病などになりやすく、木と土の相剋、とくに土が太過するとガンなどに要注意です。

〈例2〉木が強くて、金が弱いと腺病質。

日干が辛㊎で根がなく、弱い金が周囲の強い木で反剋されてしまうので、金のもつ病気、呼吸器、またはそれに準ずる病気になりやすいのです。

〈例3〉水が強く、火が弱いのは、眼病か心臓病になる。

日干が丙火で根がなく、弱い火を周囲の強い水に水⇓剋火と剋されると、火のもつ病気、心臓病か眼病になりやすいのです。

〈例2〉

時柱	日柱	月柱	年柱
	辛㊎	甲木	
	卯㊍	寅木	

〈例3〉

時柱	日柱	月柱	年柱
	丙火	癸㊌	
	子水	亥㊌	

〈例4〉命式中で火と土が混ざり合うと皮膚病になる（このようなものを火土燥雑という）。

命式中に土が多くて、火が混ざっています。このようなときは皮膚病になりやすく、また慢性病を持病としてもちやすいのです。

この例式では、夏生まれの己㊏でしたら湿り気を充分含んでいればよいのですが、これは夏生まれの土性ですから、余計に発現性が強いのです。また、土性が多い人は木の運がめぐると、肝臓・胆石・ノイローゼなど神経の病気も出やすくなります。

〈例4〉

時柱	日柱	月柱	年柱
庚金	己㊏	丁㊋	戊土
午火	未㊏	巳㊋	戌土

〈例5〉日干が木で、地支に水がないと、血管、または血液の病気になる。

日干・甲木に根がなくて、弱い日干に力を与える水が地支にあります（命式にとってのよい五行）が、日支・午と冲になります。このようなときは血液の病気になります。

〈例6〉水が強くて、金が弱いと呼吸器をやられる。

日干・辛㊎に根がなく、弱く、地支・亥―子―丑の方合水で、月干は壬《傷官》です。これを金水傷官といいます。

また、冷たい水で金を周囲から冷やすので、これを金水寒冷といいます。このようなときは、呼吸器疾患にかかりやすいので注意が必要です。

〈例7〉金が強くて、弱い木を剋すると、腎臓病、ノイローゼ、神経痛などにかかりやすい。

日干・甲に根がなく、弱い木を周囲の強い金で金⇩剋木と剋すと、肝臓病、神経痛、ノイローゼにかかりやすいのです。五行の太過より不及のほうに病気が出やすいのです。この例式では、行運に巳がめぐれば巳酉丑の三合金局し、戌がめぐれば申酉戌の金方合、子で三合水局で不安定要素をはらんでいます。

〈例5〉

時柱	日柱	月柱	年柱
甲 木	甲 木	乙 ㊍	丙 火
子 水	午 火	未 ㊏	辰 土
冲（子・午）			

〈例6〉

時柱	日柱	月柱	年柱
己 ㊏	辛 ㊎	壬 傷官 水	壬 水
丑 ㊏	亥 ㊌	子 水	寅 木
方合（丑・亥・子）			

〈例7〉

時柱	日柱	月柱	年柱
戊 土	甲 木	辛 ㊎	癸 ㊌
辰 土	申 金	酉 ㊎	丑 ㊏

4 寿命

(1)生日と生月の納音《なっちん》の五行でみます。
①月柱⇩剋日柱……短命〈表1〉
②日柱⇩剋月柱……長命〈表2〉
(2)日干の強弱と五行による見方
①身旺は長命で、健康
②身弱はあまり丈夫ではない
③五行がそろって、バランスがよいと長命

〈表1〉

	木 ⇦	金	納音
	己 (土)	辛 (金)	
	亥 (水)	巳 (火)	

〈表2〉

	金 ⇨	木	納音
	甲 木	戊 土	
	子 水	戊 土	

■六十甲子と納音表■

甲寅 乙卯	大溪水	甲辰 乙巳	覆燈火	甲午 乙未	沙中金	甲申 乙酉	泉中水	甲戌 乙亥	山頭火	甲子 乙丑	海中金
丙辰 丁巳	沙中土	丙午 丁未	天河水	丙申 丁酉	山下火	丙戌 丁亥	屋上土	丙子 丁丑	澗下水	丙寅 丁卯	炉中火
戊午 己未	天上火	戊申 己酉	大駅土	戊戌 己亥	平地木	戊子 己丑	霹靂火	戊寅 己卯	城頭土	戊辰 己巳	大林木
庚申 辛酉	柘榴木	庚戌 辛亥	釵釧金	庚子 辛丑	壁上土	庚寅 辛卯	松柏木	庚辰 辛巳	白鑞金	庚午 辛未	路傍土
壬戌 癸亥	大海水	壬子 癸丑	桑柘木	壬寅 癸卯	金箔金	壬辰 癸巳	長流水	壬午 癸未	楊柳木	壬申 癸酉	釼鋒金
子丑	空亡	寅卯	空亡	辰巳	空亡	午未	空亡	申酉	空亡	戌亥	空亡

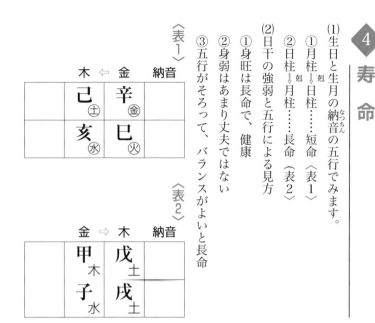

5 病気や災厄にあいやすい命式

これは大運、年運（行運《こううん》ともいう）にも応用します。

①羊刃が2つある命式。

②羊刃となる地支に対して冲または支合するとき。

交通事故とか暴漢に襲われます（三木元首相や太平元首相が暴漢に襲われたのは、命式中の羊刃と支の日運の支が冲のときでした）。命式中の羊刃の支と年、月、日の支との冲、とくに月と日の支との冲のときが多いようです。

③命式中に特殊星の駅馬と血刃が一緒にあるとき、または年運、月運に駅馬と血刃が同時にめぐってきたとき。

④食神（寿命、健康の星）を偏印で剋す年運、またはこのような命式の人、正財が印綬（寿命、健康の星）を剋すとき。

⑤日干がもっとも弱い命式、つまりもっとも身弱の命式、とくに食神や傷官の多すぎる命式や、このような年運。

⑥命式中に正官や偏官が混ざり合っており、食神、傷官のないもの、とくに身弱の人。

⑦命式中に印星が3つ以上あり、しかも印星がめぐってくる年運。

⑧年柱と日柱、月柱と時柱の支が冲となっている命式。

⑨傷官のめぐってきた年運、とくに日干が壬、癸の水の人の場合。

6 病気、災厄に関係のある特殊星

(1) 特殊星の求め方

命式中の年支、または日支から年、月、日の支をみて特殊星表から求めます。

(2) 特殊星の説明

○血刃

病気または手術することがあります。女命にありますと、血液系の病気にかかりやすいのです。

特殊星表

年支・日支	子	丑	寅	卯	辰	巳	午	未	申	酉	戌	亥
血刃	戌	酉	申	未	午	巳	辰	卯	寅	丑	子	亥
劫殺	巳	寅	亥	申	巳	寅	亥	申	巳	寅	亥	申
亡神	亥	申	巳	寅	亥	申	巳	寅	亥	申	巳	寅
病符	亥	子	丑	寅	卯	辰	巳	午	未	申	酉	戌
死符	巳	午	未	申	酉	戌	亥	子	丑	寅	卯	辰

○**劫殺**　交通事故など外部からの災厄。

○**亡神**　家族など内部からくる災厄。

○**病符・死符**　病気、または災厄のサインです。死符があるから死ぬとは限りません。

左は作家・故向田邦子さん（昭和4年11月28日生）の命式です。

年柱	己（食神）	巳	丙（劫財）	帝旺	
月柱	乙（偏印）	亥	壬（正官）	胎	駅馬
日柱	丁	丑	己（食神）	墓	飛刃
空亡	申酉				

（年柱の巳と月柱の亥：冲）

偏印・駅馬を冲する命式は乗物による事故を暗示します。

病気判断の練習問題

次の命式の人のかかりやすい病気を判断してみてください。

〈例1〉

年柱	月柱	日柱	時柱
丙 火	乙 ㊍	乙 ㊍	丁 ㊋
戌 土	未 ㊏	巳 ㊋	亥 ㊌
		冲（巳・亥）	

木 2　火 3　土 2　金 0　水 1

●ヒント

①喜星の亥㊌が反剋され、また、強い火により剋されている。

●判断

血管、血液、腎臓、泌尿器。

命式でのかかりやすい病気は、あくまで先天的なものですから、年運でのバランスは大切です。年運では特殊星を参考にし、命式と支合三合などの運は要注意。

〈例2〉

年柱	月柱	日柱	時柱
壬 水	癸 ㊌	辛 ㊎	己 ㊏
申 金	丑 ㊏	亥 ㊌	亥 ㊌

木 0　火 0　土 2　金 2　水 4

●ヒント

①干、支を五行になおす。

②五行の数を数えて記入する。

③日干の辛㊎が周囲から水で冷やされている（金水寒冷）。

④暖めてくれる喜星の火がない。

●判断

肺病、呼吸器系統、心臓、冷え症。

〈例3〉

時柱	日柱	月柱	年柱
丁㊋	丙 火	癸㊌	壬 水
酉㊎	申 金	卯㊍	寅 木
	冲		冲

水	金	土	火	木
2	2	0	2	2

●ヒント

①干、支を五行になおす。
②五行の数を数えて記入する。
③丙申の日生まれで、天干に水の多い命式は短命。
④年と日、月と時の双冲はもっとも悪い。

●判断

心臓病、腸、眼病、血管系、糖尿病（ストレスから）。

日干が丙で仲春の生まれですが、月干の癸㊌は日干・丙を曇らせます。月支・卯と日支・申は剋戦です（天戦地剋）。常に不安定要素をはらんでいます。

〈例4〉

時柱	日柱	月柱	年柱
丁㊋	丁㊋	乙㊍	丙 火
未㊏	巳㊋	未㊏	子 水

水	金	土	火	木
1	0	2	4	1

●ヒント

①火、土が多くて混ざり合っている火土燥雑。
②ほぼ健康だが持病をもちやすい。
③水運は強い火に逆に剋されるのでもっとも悪い。

●判断

皮膚病、心臓、または血管の病気。

夏生まれの丁㊋。火の太過です。土が火のため焼けてきます。水が少し年支にあるため、逆に行運に癸がめぐると水⟺《反剋》火の剋となり、血管系の病気が出やすくなります。月干・乙も枯れて神経・肝臓も注意。

四「恋愛や結婚の相性の見方」

1 相性をみるポイント

(1) 日干でみるポイント

日干に例をあげると、男性の日干ａと女性の日干ａ′を較べて、

相生《そうせい》……○　例　木 →(生) 火

相剋《そうこく》……×　　　木 ⇒(剋) 土

比和《ひわ》……△　　　木……木

（恋愛判断で）

吉……支合、干合……○

とくに両方の日干の干合、日支・月支の支合は絶対うまくいきます。

凶……沖……………×

日支や月支の沖は強調性がないとみます。たとえば、ｂとｂ′が沖となっていますと、離婚しやすいとみます。

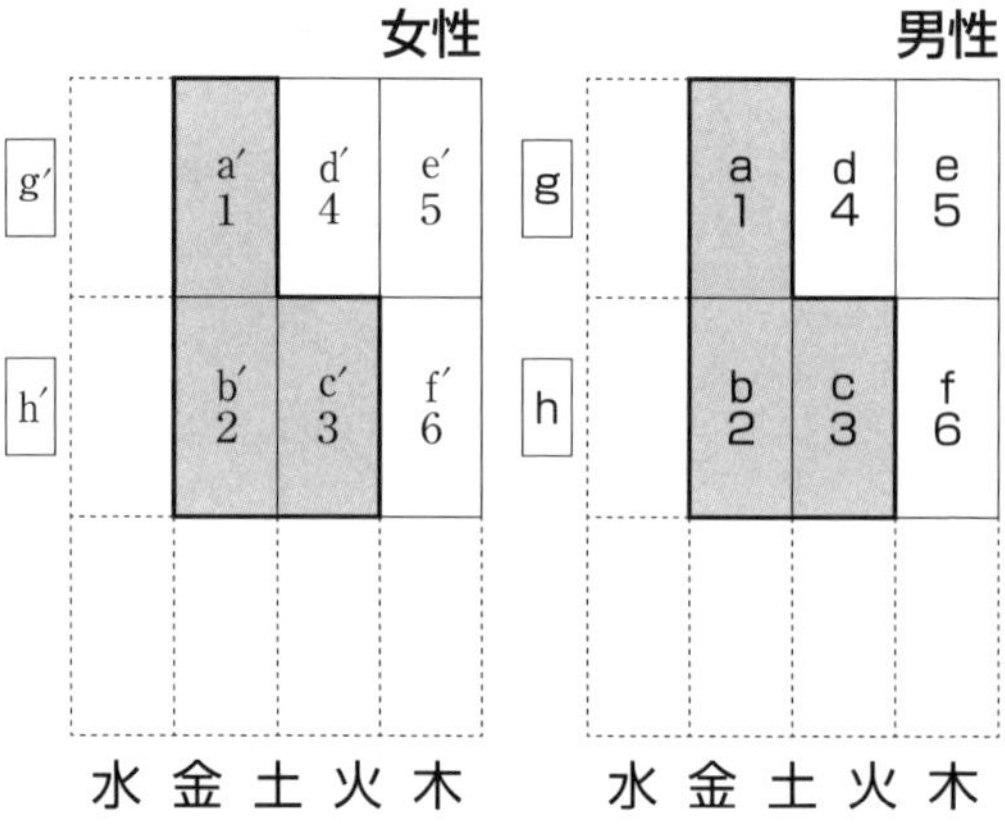

●男女の日干aとa′、日支bとb′、月支cとc′を較べて、それぞれ相生か相剋かをみます。

(2) 五行でみるポイント

それぞれの命式の喜星五行が相手の命式にあるか、較べます。

①よい五行が相手の命式にある場合…○

②喜星五行が相手の命式中のａｂｃのいずれか一箇所にある場合…○

③忌星五行が相手の命式中にあれば反発力が働く…×
④喜忌両五行がともに命式中にあれば吸引・反発力ともに生じやすい…△
⑤喜忌両五行がともに命式中になければ、吸引・反発力ともに生じない…△

- 同じものが欲しい…有情型
- 欲しいものを持ち合う…吸引型（結婚に最適）

(3) 空亡でみるポイント

互換《ごかん》空亡　凶

男性の空亡の一字が女性の日支にあり、女性の空亡の一字が男性の日支にあるのを互換空亡といい、離婚のおそれがあります。

同一《どういつ》空亡　吉

男性の空亡が戌亥、女性の空亡も戌亥という同じ空亡の男女カップルは永続性があります。

(4) 恋愛・結婚の相性の見方

①の日干は性格をみます。
②の日支は愛情（性）をみます。結婚の相性をみる場合は②がポイントです。
③の月支は協同や協調性をみます。
④⑤⑥は補助としてみます。

それぞれ両方を見較べて、前述の相生○、相剋×、比和△と、①（日干）、②（日支）、③（月支）、④（月干）、⑤（年干）、⑥（年支）を記入して、恋愛なり結婚なりの相性を判断します。

年干 ⑤	月干 ④	日干 ①	
年支 ⑥	月支 ③	日支 ②	

最後に命式全体の干と支の五行をみて較べ、自分にない五行と相手にある五行をみて、相手に自分にはない魅かれる面があるかないかをみます。

●男性が身旺の場合、女性の身旺、または身弱がよい。

●女性が身旺の場合、男性も身旺でなければ頼りなく思うでしょう。

●男性が身弱ならば、女性は身旺のほうがよい。ただし、婦唱夫随になりやすい。

●男命で自星が多い人は、泄星のある人と相性がよい。

2 相性判断の実際

〈例1〉

①相性判断の3つの部分は、②が支合で愛情面で◎ですが、他の部分が×です。命式全体でみると中凶といえます。

②五行のほうからみると、女性にとってのよい五行の火が男性にあります。しかし、男性にとってのよい五行の火が女性にありません。

●例1

〈表1〉男性

身旺

空亡	日柱	月柱	年柱
子丑	壬 水	丁（正財） ㊋	庚（偏印） 金
	戌 土	亥 ㊌	辰 土
	辛（印綬）	甲（食神）	乙（傷官）
	冠帯	建禄	墓

（壬と亥：○）

水	金	土	火	木
2	1	○ 2	○ 1	0

〈表2〉女性

身旺

空亡	日柱	月柱	年柱
申酉	己 ㊏	己（比肩） ㊏	庚（傷官） 金
	卯 ㊍	丑 ㊏	辰 土
	乙（偏官）	己（比肩）	戊（劫財）
	病	墓	衰

（己と丑：○）

水	金	土	火	木
0	1	4	○ 0	○ 1

〈表3〉相性

日柱	月柱	年柱
① 性格 ×	④ ○	⑤ △
② 愛情 ◎	③ 協調性 ×	⑥ △

③相性は、女性のほうからは惹かれますが、男性からはもう一つ、女性の優しさに欠ける面があるようです。同じものを求める点では友人関係ですが、日干同士は己土濁壬でよくありません。

〈例2〉

①相性診断の3つの部分は、①の性格の部分だけが×で、他は全部○です。また、地支が三合しており、中吉です。

②五行からみると、男性からのよい五行の金が女性にあり、男性からは好きになりますが、この女性は、気が勝った人ですから、身弱の男性にはもう一つ、という点があります。

この男性は、偏財正財が太過しており、恋愛遍歴を繰り返すように見受けられます。（咸知《かんち》と天下の妬合《とごう》・比肩と正財は、女性を友人とで争うか、または財産を兄弟で争う）。また、妻の座の日支・蔵干に傷官がありますから美人の奥さんをもらうでしょ

●例2

〈表1〉男性

身弱

年柱	月柱	日柱	時柱	
正財 己	比肩 甲	甲	正財 己	空亡
㊏	木	木	㊏	
丑	戌	午	巳	辰巳
㊏	土	火	㊋	
正財 己	偏財 戊	傷官 丁	食神 丙	
冠帯	養	死	病	
		咸池		

木2　火2　土4　金0（○）　水0

〈表2〉女性

中和

年柱	月柱	日柱	
偏官 丙	傷官 癸	庚	空亡
火	㊌	金	
申	巳	寅	午未
金	㊋	木	
比肩 庚	偏官 丙	偏財 甲	
建禄	長生	絶	

木1　火2　土0　金2　水1（○）

〈表3〉相性

	年柱	月柱	日柱
	⑤ ○	④ ○	① 性格 ×
	⑥ ○	③ 協調性 ○	② 愛情 ○

う。

〈例3〉

①相性診断の3つの部分は①②が×で、③だけが△です。性格、愛情ともに×ということで、ほかはまあまあですが、凶のほうでしょう。

②五行のほうからみますと、男性のほうはよい五行表によると木と金ですが、実際には火が太過していますから、それを泄《も》らす、または剋する五行の土と水がよい五行といえます。とくに水が欲しいのですが、女性のほうにはその水がありません。

●次のカップルの相性診断をしてください。〈例4〉

武　豊さん　昭和44年3月15日生

佐野量子さん　昭和43年8月22日生

武さんは、春月生まれの田園の土に仮象され癸㊌と丙火があれば、草木を育てるよい土壌になります。

したがって、武さんの命式に佐野さんの日干・甲木の根になる卯があるとともに、月柱・庚申の鉱金を鍛

●例3

〈表1〉男性

身旺

	年柱	月柱	日柱	
天干	癸㊌（偏官）	丁㊋（比肩）	丁㊋	空亡
地支	巳㊋	巳㊋	卯㊍	戌亥
蔵干	庚（正財）	庚（正財）	甲（印綬）	
十二運	帝旺	帝旺	病	

木1　火4　○土0　金0　○水1

〈表2〉女性

身弱

	年柱	月柱	日柱	
天干	甲 木（正財）	丙 火（正官）	辛㊎	空亡
地支	午 火	寅 木	丑㊏	辰巳
蔵干	丙（正官）	丙（正官）	辛（比肩）	
十二運	病	胎	養	

木2　○火2　○土1　金1　水0

〈表3〉相性

年柱	月柱	日柱
⑤ ○	④ △	① 性格 ×
⑥ △	③ 協調性 △	② 愛情 ×

える丁があるので、佐野さんのほうからより好きになられたのではないでしょうか?

【相性診断】

①性格　己と申…干合◎
②愛情　丑と子…支合◎
③協調性　卯㊍⇐申金…相剋　×
④丁㊋⇒庚金…相剋…×
⑤己㊏―戊土…比和△
⑥酉―申…比和△

性格・愛情面で◎と天地徳合し、縁が深いものがあります。年齢は1つ年上の姉さん女房となりますが、ともすれば、家庭内ではカカア天下の相性になりますので、その点を注意されればよいカップルとなるでしょう。

相性は中吉です。武さんが冬運にめぐり、佐野さんが春運にめぐるときが要注意でしょう。それぞれわがままが強くなるときだからです。

●例4

〈表1〉武　豊さん

中和

年柱	月柱	日柱	空亡
己 ㊏	丁 ㊋	己 ㊏	
酉 ㊎	卯 ㊍	丑 ㊏	午未
庚	甲 正官	癸	
長生	病	墓	

○木	○火	○土	金	○水
1	1	3	1	0

〈表2〉佐野量子さん

身弱

年柱	月柱	日柱	空亡
戊 土	庚 金	甲 木	
申 金	申 金	子 水	戌亥
庚	庚	癸	
絶	絶	沐浴	

○木	○火	土	金	○水
1	0	1	3	1

〈表3〉相性

年柱	月柱	日柱
⑤ △	④ ×	① 性格 ◎
⑥ △	③ 協調性 ×	② 愛情 ◎

●互換空亡のある人は離婚しやすい（例5）

男性　昭和22年10月29日生
女性　昭和27年2月21日生

【相性診断】

男性の空亡・申酉の酉が、女性の日柱・丁酉にあり、女性の空亡・辰巳の巳が、男性の日柱・辛巳にあります。こういうのは互換空亡といって、離婚しやすいのです。

次に男・女の日干、日支、月支、年支、年干を見較べ、相生、相剋、比和をみます。

①性格　辛㊎⇧丁㊋…相剋　×
②愛情　巳㊋⇩酉㊎…相剋　×
③協調性　戊土⇧寅木…相剋　×
④庚金→壬水…相生　○
⑤丁㊋と壬水…干合　○
⑥亥㊌⇧剋辰土…相剋　×

下の図のように絶対に凶となりますから、相性は大凶です。

●例5

〈表1〉男性

中和

年柱	丁㊋	亥㊌	壬	沐浴
月柱	庚金	戊土	戊	冠帯
日柱	辛㊎	巳㊋○	丙	死
空亡	申酉●			

木	火	土	金	水
○			○	○
0	2	1	2	1

〈表2〉女性

中和

年柱	壬水	辰土	戊	衰
月柱	壬水	寅木	甲	死
日柱	丁㊋	酉㊎●	辛	長生
空亡	辰巳○			

木	火	土	金	水
○			○	
1	1	1	1	2

〈表3〉相性

年柱	月柱	日柱
⑤ ○	④ ○	① 性格 ×
⑥ ×	③ 協調性 ×	② 愛情 ×

●同一空亡は別れない（例6）

男命　昭和24年2月7日生
女命　昭和29年3月14日生

【相性診断】

表1・2の空亡を見較べますと、両方とも戌亥で同一空亡です。

①性格　戊土—己㊏…比和　△
②愛情　辰土↑巳㊋…相生　○
③協調性　寅木↓卯㊍…比和だが地支寅卯辰の方合で◎
④丙火—丁㊋…比和　△
⑤己㊏—甲木…干合　◎
⑥丑㊏—午火…相生　○

日干同士が同じ土性で、男性が陽干で女性が陰干ですから、お互いに理解し合える性格です。男女ともに春生まれで地支・寅卯辰の方合となっています。それぞれの命式の欲しい五行はいっしょですから、友達夫婦といえそうです。学校などのサークルから友情を温めて、ゴールインしたと思われます。

●例6

〈表1〉男性

身旺

	年柱	月柱	日柱	空亡
天干	己㊏	丙 火	戊 土	戌・亥
地支	丑㊏	寅 木	辰 土	
蔵干	癸	戊	乙	
十二運	養	長生	冠帯	

木	火	土	金	水
○	○			○
1	1	4	0	0

〈表2〉女性

身旺

	年柱	月柱	日柱	空亡
天干	甲 木	丁㊋	己㊏	戌・亥
地支	午 火	卯㊍	巳㊋	
蔵干	丙	甲	庚	
十二運	建禄	病	帝旺	

木	火	土	金	水
		○		○
2	3	1	0	0

〈表3〉相性

年柱	月柱	日柱
⑤ ◎	④ △	① 性格 △
⑥ ○	③ 協調性 ◎	② 愛情 ○

方合

●ひじょうに相性のよいカップル（例7）

男命　昭和21年6月28日生
女命　昭和29年2月8日生午前8時生

【相性診断】

①性格　癸㊌→乙㊍…相生　○
②愛情　酉㊎←未㊏…相生　○
③協調性　午火←寅木…相生　○　地支・三合火局　◎
④甲木→丙火…相生　○
⑤丙火←甲木…相生　○
⑥戊土←午火…相生　○

女性にとってのよい五行の火と水が、男性には両方ともあり、男性にとってのよい五行の金が女性にあるので、このカップルはお互いに惹かれるでしょう。相性も全部○という、滅多にない大吉の相性です。

男性は夏生まれの癸㊌で身弱、女性は春生まれの乙㊍で月令を得た身旺ですから、女性上位の相性です。女性が男性を操縦《そうじゅう》していくことが大切です。このカップルは女性からのアプローチが強かったとみます。

●例7

〈表1〉男性

身弱

	年柱	月柱	日柱	空亡
天干	丙 火	甲 木	癸 ㊌	
地支	戌 土	午 火	酉 ㊎	戌亥
蔵干	戊	丁	辛	
十二運	衰	絶	病	

木	火	土	金	水
1	2	1	○ 1	○ 1

〈表2〉女性

身旺

	年柱	月柱	日柱	時柱	空亡
天干	甲 木	丙 火	乙 ㊍	庚 金	
地支	午 火	寅 木	未 ㊏	辰 土	
蔵干	丙	戊	丁	乙	
十二運	長生	帝旺	養	冠帯	

木	火	土	金	水
3	○ 2	2	1	○ 0

〈表3〉相性

年柱	月柱	日柱
⑤ ○	④ ○	① ○ 性格
⑥ ○	③ ○ 協調性	② ○ 愛情

●相性雑集

●女性で傷官、偏印が多い人は、男性に財星が多い人と相性がよい。

●日干が水で身弱の男性は、金の太過した女性と相性がよい。

●身旺の女性で金の太過している人は、身旺で火の太過した男性と相性がよい。

●身旺の男性で木の太過した人は、金または火の太過した女性と相性がよい。

●日干が土で身弱の男性は、火の太過した女件と相性がよい。

●身旺で火の太過した女性は、水の太過または土の太過した男性と相性がよい。

●男性が妻運を剋す自星が多くあれば、女性は泄星の多い人を選べばよい。これに反して女性が自星太過の人は、泄星の多い男性と結婚して吉となる。

●強旺格の場合は、日干そのものが用神となるので、相手にはその日干と同じ五行または、泄《も》らす五行が日干であることが必要。

●辛の日干の人には壬、丙の人が相性がよい。

●甲の日干の人には己、丁、庚の人が相性がよい。

●乙の日干の人には庚、甲、丙、癸の人と相性がよい。

●丙の日干の人には壬、辛、己の人と相性がよい。

●丁の日干の人には、庚、甲の人が相性がよい。

●戊の日干の人には丙、癸、甲の人と相性がよい。

●己の日干の人には癸、丙、甲の人と相性がよい。

●庚の日干の人には丁、甲、乙の人と相性がよい。

●壬の日干の人には辛、丙の人と相性がよい。

●癸の日干の人には戊、甲、乙、辛の人と相性がよい。

その他、地支の冲剋に関係します。つまり、先天素質での夫星、妻星の強弱、剋されているか否かを調べます。

五　結婚期の見方

1　結婚の時期をみるポイント

①男性には、妻の星の正財、偏財が、女性には、夫の星の正官、偏官が、大運、または年運にめぐっており、できれば、命式中の夫婦の座である生日地支と、年運、月運の支とが支合か三合か半会する年、月が結婚期です。

②日干と大運と年運が干合するとき。

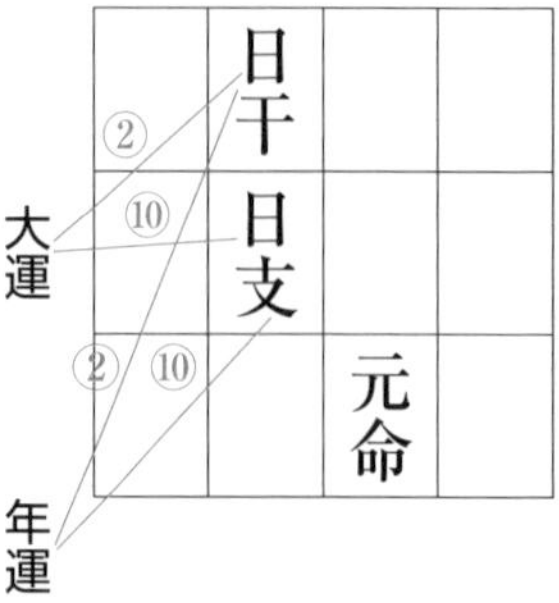

③命式の中に財星があって、それを助ける食神、傷官が大運、または年運にめぐる年。

④官星がめぐってきて、命式中の財星と、支合か三合か半会する年、月。

⑤命式の中に官星があって、官星を助ける財星が大運か年運にめぐってきて、官星と、支合か三合か半会する年、月。

⑥正財、偏財、正官、偏官の年や大運以外に男女ともその人の命式にとって、もっともよい吉星がめぐる大運か年運に結婚します。

⑦命式中に官星があって、その官星と干合する年。そして、月支、または日支と年運の支とが支合、三合、または方合、半会する年。

⑧日支と年運が支合、半会の年。

⑨大運と年運が支合、干合の年。

⑩日支と大運と年運が支合、三合、または方合する年。

⑪命式で日支との支合があるときは冲の年運。

⑫命式中に官星または財星があり、その通変星から引

いた十二運星が長生、建禄などの年。

⑬元命、または日支と年運との干合する年。空亡の年は、それが命式にとって吉星であっても、結婚に至らなかったりします。

前述の結婚相性の見方で述べましたように日柱、月支が結婚期をみるポイントです。以下、具体的に手順を説明しましょう。

手順❶ 命式においては、夫（官星）、または妻（財星）があるか否か、あれば位置関係をみます。年上にあれば早婚、月上にあれば普通、その他はやや遅れるとみます。なければ、あまり結婚に関心がないとみます。

手順❷ 命式が偏りすぎているか否か、偏りがあり官星または財星を剋すまたは反剋していないかをみます。剋すまたは反剋していれば、相手を見つけてもうまく結婚に結びつかない場合があります。

手順❸ 命式中の官星または財星の状態がどうか、官星、財星が、たとえば木とすると、よい状態に育っている木かどうかをみます。すなわち、木に潤いがあり勢いよく伸びている木かどうか、もし、枯れそうな木であれば、木に湿り気を与え潤った状態のときが結婚期となります。これは十干五行で検討します。

手順❹ 命式は先天素質ですから、どんな夫または妻と結婚できるか、を考えます。誰しもが最高の幸せを望むものですが、いくら望んでも、本人の素質により素晴らしい人にめぐり合うことのできる人、できない人がありますので、自己の素質を知り、それをベースにして夫または妻選びをする必要があります。

たとえば、日干が丙で時柱に癸《正官》がある人は、癸《正官》を夫とみるならば、癸は丙を曇らせますから、本人は満足できない夫との縁を不足に思って「この人ではない」と思ってもどうしょうもないことがあります。そんなときは5つの条件を考えるなら、4つまたは3つに減らして夫を選ばないと、ないものねだりで、その結果、結婚期を遅らせてしまったり逃がしたりします。といっても、せめて夫星からみて十二運星が強い運、またはその人の吉運に結婚を定めることが大切でしょう。

2 結婚の時期の実際例

〈例1〉ポイント①の場合

女命　昭和6年1月6日午後3時30分生

■結婚期の考え方

(イ)この命式は年干・庚《劫財》で故郷を離れる、家業を継がない暗示があります。

(ロ)元命は食神で、よい五行は冬の辛《金》ですから丙火がもっとも必要ですし、辛金は壬水で美しく洗い潔《きよ》められることがよいのです。日干・辛と大運・丙と干合し、また年運も丁で夫星がめぐっています。命式も強く、大運も金の方合で強力ですから、ともすると火が反剋されてしまいがちになりますので、自分の意志を出しすぎないよう注意が肝要です。

(ハ)先天素質でも、日干の辛は時干の丙と干合しているものの、ともすると丙火を反剋し、夫を早く亡くす暗示があります。本来はよい五行の丙ですからよいパートナーなのですが、丙火に根がありませんので

〈例1〉

	年柱	月柱	日柱	時柱
天干	庚 金	戊 土	辛 ㊎	丙 火（正官）
地支	午 火	子 水	酉 ㊎	申 金
蔵干	丁	癸（食神）	辛	庚
十二運	病	長生	建禄	帝旺
神殺	天乙貴人	咸池 紅艶殺	隔角	天徳合

格	日干の強弱	よい五行
食神格	身旺 +6	丙・壬

木	火	土	金	水
0	2	1	4	1

大運 20−30歳	年運	月運
丙戌（正官）日干と干合 金方合	丁酉（偏官）	甲辰（正財）三合水局の情 干支と支合の情

弱いのです。日支は配偶者の座ですが、日干と同じ辛で友達夫婦、または〝同じことをする〟という意味もあります。先天的に配偶者の星が弱い人は、大運・年運で官星が強くなったときに出逢いがあれば、その縁を大切にするとよいのです。

〈例2〉ポイント①の場合

男命　大正15年4月13日午後5時10分生

〈例2〉

	年柱	月柱	日柱	時柱
天干	丙（偏財）火	壬 水	壬 水	己 ㊏
地支	寅 木	辰 土	申 金	酉 ㊎
蔵干	丙	乙（傷官）	壬	庚
十二運	病	墓	長生	沐浴
神殺	駅馬	暗禄 日徳貴人	天徳貴人 駅馬	咸池

格	日干の強弱	よい五行
傷官格	中和	辛・甲

木	火	土	金	水
1	1	2	2	2

大運　18歳—28歳—38歳
甲午　乙未

年運　丁酉（正財）

月運　甲辰（食神）

■結婚期の考え方

(イ)28歳まで年上の丙《偏財》にしっかりした根ができた大運ですから、早くから女性に目覚めた人でしょう。

(ロ)38歳までの大運も、夏の運で女性運も強いときです。結婚の年は丁《正財》の妻の星が出ており、日干との干合があります。月干・壬との干合で妬合《とごう》となり、情があちことと迷う暗示がありますが、これは別れと結婚と両方あるとみます。

〈例3〉ポイント⑥の場合

花田虎上《まさる》さん　昭和46年1月20日午後10時生

■結婚期の考え方

(イ)冬月生まれの乙木は凍っているので、氷を溶かすのに丙火がほしいところです。残念ながら丙火は巳の中に、また身弱なため乙木は甲木を頼りにするが、甲木も亥の中にあって力になれません。甲・丙の運がめぐれば、己土《偏財》の財星も活性化するのです。

(ロ)命式中に己土《偏財》がたくさんあるので女性ファンが多いとみますが、身弱なため振りまわされて、なかなか一人にしぼりきれないのです。こういった場合は、身旺運とよい五行が、めぐるのがよいのです。

(ハ)大運・辛卯に日干・乙木から根が出て、15歳〜25歳までは身旺運となっています。年運・甲はよい五行です。身旺運になると決断力が出るのです。

(ニ)時柱は恋人の場所でもあり、卯亥の半会で解沖とな

〈例3〉

	年柱	月柱	日柱	時柱
天干	庚 金	己 ㊏	乙 ㊍	丁 ㊋
地支	戌 土	丑 ㊏	巳 ㊋（冲）	亥 ㊌（冲）
蔵干	戊	己 偏財	丙 傷官	壬 印綬
十二運	墓	衰	沐浴	死
特殊星	飛刃 暗禄		金与禄 天徳合	月徳合

格	日干の強弱	よい五行	
偏財格	身弱	丙・甲	

木	火	土	金	水
1	2	3	1	1

大運 15―25歳	年運 23歳
辛卯（偏官） 建禄	甲戌（劫財）

り、甲己・干合も妬合ですから出逢いと別れの暗示があり、結果はゴールインとなりました。

財星が多いことは相手もいろいろ変化する暗示があります。偏財も流通の財ですから収入も多いのですが、支出も多いとみます。

〈例4〉ポイント①②⑥の場合

石田ひかりさん　昭和47年5月25日生

〈例4〉

	年柱	月柱	日柱	空亡
天干	壬《偏官》 水	乙《印綬》 ㊍	丙 火	子丑
地支	子《空亡》 水	巳 ㊋	辰 土	
蔵干	癸《正官》	丙《比肩》	戊《食神》	
十二運	胎	建禄	冠帯	
特殊星		天徳合 月徳合	日徳	

格	日干の強弱	よい五行
殺印格	身旺 +5	壬・庚・癸

木	火	土	金	水
1	2	1	0	2

大運		
16歳—	癸《正官》卯	沐浴
26歳—	壬《偏官》寅	長生 駅馬

年運		
25歳—	丁丑	偏官と支合 丁壬・干合
29歳—	辛巳	日干と干合
30歳	壬午	年支と冲 よい五行の年

■結婚期の考え方

(イ)年柱に壬水《偏官》があり、日干・丙火を輝かせる形で、石田さんにとってはたいへんうれしい五行です。そして、大運にも26歳から壬寅《偏官》がめぐり、仕事により名誉も得られる運気となり女優として輝けるでしょう。

(ロ)仕事と同時に、結婚も女性にとっては最大の関心事です。ひかりさんは年柱の官星が空亡しているので結婚が遅れることを暗示しています。年運25歳、丁丑では年干支と干合支合して、恋人ができても別れを意味します。

(ハ)29歳、日干との丙辛・干合で家などの購入とか、または結婚になる可能性も秘めています。30歳、日干・丙火にとって最上の喜神壬水がめぐります。年支との子午の冲は、生家から離れる暗示とともに結婚をも意味します。

〈例5〉ポイント①⑨⑫の場合

男命　昭和26年4月28日午前2時生

■結婚期の考え方

(イ)命式に土性が多く、水の財星を剋しています。自我が強く、思いどおりに生きたい人ですから、結婚がどうしても遅れがちとなります。月柱・壬辰《偏財》は空亡し、時柱・癸丑は日干・戊との干合がありますので、妻星としては本命となり、年齢からいえば、当然遅

〈例5〉

	年柱	月柱	日柱	時柱
天干	辛㊎	偏財 壬水	戊土	正財 癸㊌
地支	卯㊍	辰土	戌土	丑㊏
蔵干	乙	比肩 戊	戊	己
十二運	沐浴	冠帯	墓	養
神殺	咸池	紅艶殺 月徳貴人	天徳貴人	天乙貴人

格	日干の強弱	よい五行
雑気財格 魁罡格	身旺	甲・癸・丙

木	火	土	金	水
1	0	4	1	2

冲（月干・日干、月支・日支）

大運

─37歳─

己丑

比肩 戊子

正財と支合

干合

正財 癸酉

月支と支合で冲を解く。

れがちとなります（年上に財星があれば早婚になりやすい）。

(ロ)37歳からの大運は、時上の癸《正財》に根が出て、妻運は強くなり子丑支合もあり、恋人との出会いをあらわします（時柱は恋人をもあらわす）。年運・癸酉は、大運との干合、日干との干合もありますので結婚運となりました。

(ハ)命式中の日支と月支、または日支と時支が冲している場合は、そのどちらかで支合により冲を解く運で結婚になりますし、反対に命式で支合している場合は、冲する運に結婚することがあります。

(ニ)日干との干合は、結婚だということは前述しましたが、その結合がいつ出てくるかは、それと同じものがきたときに、その事相としてあらわれるものなのです。

(ホ)戊癸・干合は、年齢の離れた人との結婚を暗示することがあります。ちなみに、この人は11歳離れた人と結婚されました。

〈例6〉ポイント⑤の場合

大竹しのぶさん　昭和32年7月17日生

■結婚期の考え方

大竹さんは、夏月の鉱金で、天干に年月・干と丁《正官》が2つあり、日支は丙《偏官》です。正官・偏官とが混り合っていることを官殺混雑といって、夫婦縁の変化の暗示があり、一度の縁ですまないことがありますので、なにか仕事と両立させるのがよいのです。

大運の17歳〜27歳は、日干・庚に根ができて身旺運となり、酉戌の金の力も加わって自分の意志をはっきり出せる年となります。このように大運・申と日支が申寅の冲の場合には支合、方合で冲を解いて結婚の形が出てきます。

年運・壬《食神》とは丁《正官》が干合の情です。2つの丁《正官》とは妬合となり、別れもあり、他方では結合もあります。30歳・丁《正官》卯の年は、大運と年支とのダブル冲ですと、夫星が弱くなり、ご主人の死という現実が出てきます。この場合は丁《正官》の年ですから、夫のことで何かあると考えて、冲があれば不安定なことがあるのです。

次の結婚は昭和63年戊辰年でしたが、寅卯辰の方合により木↓火と夫星を強めていますし、辰酉の支合により夫星・丁との支合の情も出てきます。大運・庚《比肩》戌と年運・戊《偏印》辰で相当迷われた末、結婚されたのでしょうが、壬申年に日支と冲と丁壬干合により、変化運で離婚になったようです。丁壬の妬合は別れと結合ですから、次の男性もすぐにあらわれたようです。

〈例6〉

	年柱	月柱	日柱	時柱
天干	丁（正官）火	丁（正官）火	庚 金	己（印綬）土
地支	酉 金	未（空亡）土	寅 木	卯 木
蔵干	辛（劫財）	乙（正財）	丙（偏官）	乙
十二運	帝旺	冠帯	絶	胎
	羊刃	天乙貴人		

格	日干の強弱	よい五行
印綬格	中和	庚・丁・甲

木	火	土	金	水
2	2	2	2	0

大運

17歳 — 27歳	27歳 — 37歳
己（印綬）酉	庚（比肩）戌
帝旺	衰
駅馬	羊刃

年運

25歳	30歳	31歳	35歳
壬（食神）戌	丁（正官）卯	戊（偏印）辰	壬（食神）申
衰	胎	養	建禄
結婚	冲 夫の死亡	木方合 結婚	冲 離婚 金方合

〈例7〉ポイント⑤⑥の場合

工藤夕貴さん　昭和46年1月17日生

■結婚期の考え方

厳冬の季節の河水に仮象された工藤さんは凍っている己㊏が夫星となります。したがって、己㊏に活力を与える丙の太陽があり、己㊏に根があれば夫星の働きが強くなるのです。幸い24歳が30年ごとの大きな節目となり、工藤さんにとってうれしい丙火の太陽がめぐりますので、結婚運としてはよいでしょう。年支は日支・寅と支合となり結合を意味します。

工藤さんの日支・蔵干・丙《偏財》は、この命式にとってのよい五行ですから、ご主人とはよいコンビで、つくしつくされ、お互いに助け合える仲でしょう。しかし、元命・辛《印綬》で、年干に庚《偏印》が透出していますので、常に2つのことを抱えてしまうという暗示もあります。

大運の24歳までが丁亥で、日柱と天地徳合していま

〈例7〉

	年柱	月柱	日柱
天干	庚（偏印）金	己（正官）㊏	壬 水
地支	戌 土	丑 ㊏	寅 木
蔵干	丁（正財）	辛（印綬）	丙（偏財）
十二運	冠帯	衰	病
特殊星	月徳貴人	金与禄	暗禄

格	日干の強弱	よい五行
印綬格	中和	甲・丙・辛

木	火	土	金	水
1	0	3	1	1

大運	干支	十二運
14歳―24歳	丁亥（正財）	建禄
24歳―34歳	丙戌（偏財）	冠帯

（接木運）

年運	干支	十二運	
23歳	甲戌（食神）	冠帯	
24歳	乙亥（傷官）	建禄	結婚
25歳	丙子（偏財）	帝旺	

すので、年運・甲のよい五行のときから二人の関係も急進展したのでしょう。

〈例8〉ポイント①③の場合

明石家さんまさん　昭和30年7月1日　午後6時生

■結婚期の考え方

まず夏、真最中の生まれの日干・癸水は、雨水に仮象された人ですから（夏は太陽の光が強く雨水はすぐ乾く）常に水源を求めます。時柱に辛酉があり、さんまさんにとってはよい働きをします。時柱は、自分の晩年であると同時に子供であり友人でありファンでもあるのです。したがって、ファンあってのさんまさんであり、友人、ファンが多くあってうれしい存在です。月干・壬は、所属するプロダクションですから、さんまさんによって支えられているといっても過言ではないでしょう（月干・壬は日支・亥に根をもつ）。

〈例8〉

年柱	月柱	日柱	時柱
乙（食神）	壬（劫財）	癸	辛（偏印）
㊍	水　支合	㊌	㊎
未	午	亥	酉
㊏	火	㊌	㊎
己（偏官）	丁（偏財）	壬（劫財）	辛（偏印）
墓	絶	帝旺	病
		天徳貴人	月徳合

格	日干の強弱	よい五行	
偏財格	身旺 +4	辛・庚・壬	

木	火	土	金	水
1	1	1	2	3

大運

38歳	48歳
己（偏官）	戊（正官）
卯	寅
長生	沐浴
三合木局	

年運

32歳	33歳	37歳
丁（偏財）	戊（正官）	壬（劫財）
卯	辰	申
長生	養	死
恋の芽生え 結婚		離婚 己土濁壬

大運をみると38歳までは己卯で地支・木局の情があり、日干からみて泄星が強くなることは、財星をも強めるので、元命・偏財を強めますから、女性関係のファンも多いとみます。32歳の丁《偏財》卯から大竹さんとの恋も芽生えて、翌年戊《正官》辰の日干と戊癸《ぼき》・干合して結婚されたのでしょう。戊《正官》は子星ですから、子供がすぐにできる暗示もあるわけです。37歳の壬申で元命・丁と干合し、丁《偏財》―申《沐浴》は沐浴で、女性の浮気、もめごとという暗示があり、大運と年運が己土濁土で離婚しました。

〈例9〉ポイント⑦の場合

女命　昭和28年9月12日午前4時生

■結婚期の考え方

大運に夫星の官星がきており、命式中の年上に正官があるのは、早く結婚することを意味しています。元命・偏財は金↓《生》水と年上と大運・正官を生じるので、結婚にたいへんよい運がきているとみることができます。

この方の命式は食神太過ですから、元命・偏財がそ

〈例9〉

	年柱	月柱	日柱	時柱
天干	癸（正官）水	辛（正財）金	丙 火	庚（偏財）金
地支	巳 火	酉 金	寅 木	寅 木
蔵干	戊（食神）	庚（偏財）	戊（食神）	戊（食神）
	建禄	死	長生	長生
		天乙貴人	紅艶殺 天徳貴人	月徳貴人

格	日干の強弱	よい五行	
偏財格	中和 +1	壬	

木	火	土	金	水
2	2	0	3	1

大運　18歳－28歳
癸（正官）
亥
絶
天乙
干合

年運
戊（食神）
午
帝旺
火局半会

の太過を泄《も》らし受け入れ、たいへんよい形となっています。よい子供、よい夫に恵まれ、経済的にも豊かで幸福な一生を暮らせる人です。社交的な人柄でしょう。

〈例10〉ポイント②の場合

小錦八十吉《やそきち》さん　昭和38年12月30日ハワイ生まれ

■結婚期の考え方

(イ)小錦さんはハワイ生まれですから、冬生まれですが、丙がもう1つあると思うくらい、命式に暖かさがあるとみたほうが妥当と考えます。年干から水↓木↓火と日干を生じ性格は穏やかさを示しています。

(ロ)月干の甲は地支の水気を吸い上げグングンと伸びた木です。そして、日干・丁を支えています。よい五行は甲・丙・庚です。

(ハ)大運27歳～37歳の辛酉は、財星が強いときです。日干・丁と干合した壬申年に結婚されました。

〈例10〉

	年柱	月柱	日柱
天干	偏官 癸㊌	印綬 甲 木	丁㊋
地支	卯㊍	子 水	未㊏
蔵干	偏印 乙	偏官 癸	食神 己
	病	絶	冠帯
	血刃	咸池	羊刃 暗禄

格	日干の強弱	よい五行
偏官格	中和	甲・丙・庚

木	火	土	金	水
2	1	1	0	2

大運

17歳	27歳	37歳
壬戌	偏財 辛酉	

年運

23歳	24歳	29歳
丙寅	丁卯	壬申
入幕	大関	優勝・結婚 日干と干合

六　配偶者の見方

世間には、「あの人は奥さんの尻に敷かれている」とか「奥さんの力で出世した人だ」などとよく陰口をいわれる人がいます。また、悪妻をもらうと一生の不作、女は夫の出世如何で一生が決まる、ともいいます。

結婚前の娘さんが、よくこんなことをいいます。「世界中のどこかに、私の夫となる人がいるんだわ」と。

前にも述べたように、人には先天運と後天運とがあって、確かに決まった運が命式として出てきます。

しかし、命式がよいからといって、労せずに恵まれた一生が送れるわけではありません。怠けていたのではせっかくのよい運も逃げていってしまいますし、反対に、悪い運だからといってあきらめてしまっては、ますます自分をだめにしてしまいます。もし悪い命式ならば、一生懸命修養して、よい運をつかみ取るように努力してこそ、はじめて万物の霊長としての人間の尊厳があるのだ、ということを念頭において、配偶者の見方を学んでいただきたいと思います。

1　配偶者をみるポイント

日支の通変星で、あなたはどんな配偶者に恵まれるかをみます。

①月支の元命を自分自身と考えます。そして、配偶者を、日支の通変星で、そのよし悪しを判断します。

②配偶者をあらわす通変星が、命式にとってよい働きをする通変星ならばよい配偶者、悪い働きをする通変星ならば悪い配偶者とみます。

日柱

	日干		
	通変星	元命	
	↑配偶者	↑自分自身	

③元命（自分自身）が配偶者の通変星から剋されれば（たとえば、元命・印綬⇧配偶者・正財）悪い配偶者、元命に力を与える（たとえば、元命・偏財↑配偶者・食神）配偶者の通変星であればよい配偶者といえます。

④ただし、通変星の剋も参考にしますが、命式のよい五行が配偶者の座にあるかどうかもあわせて考えます。よい五行があれば、よい配偶者と考えますし、よくない五行であれば悪い配偶者とみることができます。したがって、五行の配合が総合的に一番大切だということができるのです。

よい配偶者

元命(自分)の通変星	配偶者の通変星
比肩　劫財	偏印　印綬
食神　傷官	比肩　劫財
偏財　正財	食神　傷官
偏官　正官	偏財　正財
偏印　印綬	偏官　正官

悪い配偶者

元命(自分)の通変星	配偶者の通変星
偏財	比肩
正財	劫財
食神	偏印
正官	傷官
印綬	正財

② 命式にみる実際例

〈例1〉　男命　昭和58年6月29日生

〈例1〉

年柱	月柱	日柱	空亡
正財	比肩		
癸㊌	戊土	戊土	午未
亥㊌	午火（冲）	子水（冲）	
壬 偏財	丁 印綬 ⇦	癸 正財	
絶	帝旺	胎	

〈例1〉の命式は、配偶者の場所が正財ですから、正財のもつ意味のきっちりとした、真面目な家庭的な奥さんということになるのです。

ところが、元命の自分自身は印綬ですから、正財⇩印綬と剋されてしまい、自分にとってはあまりよい奥さんではないといえます。

また、印綬は母親の星でもあり、母親と奥さんの嫁姑のトラブルに巻き込まれて苦労するともみます。しかも月支・午と日支・子・とは子午の冲ですから、夫婦仲はあまりよくないといえます。

〈例2〉　男命　昭和3年3月13日生

〈例2〉

年柱	月柱	日柱	空亡
戊（偏官）土	乙（傷官）木	壬水	寅卯
辰土	卯木（刑）	子水（刑）	
乙（傷官）	甲（食神）←	壬（比肩）→	
墓	死	帝旺	

〈例2〉の命式は、元命・食神で、日支・比肩です。配偶者の場所が比肩・劫財ならば、比肩・劫財の性格で、生一本で、我が強い人とみますので、夫婦間のトラブルが絶えないともいえます。

この場合は、元命が食神で、比肩が食神に力を与えますから、生一本で我の強いところはあるのでトラブルはありますが、よい配偶者といえそうです。

男性にとっては、妻の星は正財・偏財ですから、命式中の財星の十二運星が強ければ（冠帯、建禄、長生、帝旺）、健康で、しっかり家を守ることができる奥さんです。反対に十二運星が弱ければ（死、絶、墓）奥さんに死別するとか、身体が弱くて、あまりよい奥さんではありません。

〈例3〉　ある企業家の命式　大正13年5月10日午前2時生

〈例3〉の命式は、日支に偏財があり、日支蔵干・癸からみた丑の十二運星は冠帯で強いのですが、年支

〈例3〉

年柱	月柱	日柱	時柱	空亡
甲（正官）木	己（比肩）土	己土	乙（偏官）木	午未
子水	巳火	丑土	丑土	
壬（正財）帝旺	戊（劫財）	癸（偏財）冠帯	癸（偏財）	
絶	帝旺	墓	墓	
		華蓋・飛刃・月徳合	華蓋・飛刃・月徳合	

に正財があり、年支蔵干・壬からみた子の十二運星は帝旺ですから、どちらも強いです。

このように、財星が正財・偏財とある場合、正妻と妻以外の女性を愛するといった暗示が出てきます。特に、日干・己土は、田園の土で夏生まれですから、癸《偏財》水を喜ぶのです。

特殊星・華蓋が2つもありますので企業の他に文化活動にも大変熱心な人です。

〈例4〉 女命 昭和25年6月9日午前8時生

〈例4〉は、月支・元命・傷官で、年上の正官を剋します。月上の印綬は、年支・正財に剋されるので、強い傷官の凶意を制化することができません。

また、夫星の正官は絶で、頼りなく（年上の正官は結婚が早いことを暗示）、早婚で子供もありながら、夫が浮気し、家へお金を入れないため、自分が働かざるを得ず、とうとう堪えかねて離婚することを示しています。

配偶者の座である日支・正財もたいへん弱く（戊—亥は絶）、この人の苦労を物語っています。

〈例4〉

時柱	日柱	月柱	年柱
庚 正官 金 養 （干合：乙と）	乙 ㊍ （干合：庚と）	壬 印綬 水	庚 正官 金 絶
辰 土	亥 ㊌	午 火	寅 木
乙 比肩 （干合：庚と）	戊 正財 絶	丙 傷官	戊 正財
冠帯	死	長生	帝旺
羊刃	天徳貴人	月徳貴人	

	よい五行	日干の強弱	格
	癸・甲・己	中和 +2	傷官財星格

水	金	土	火	木
2	2	1	1	2

月令点	+1
五行点	+0
十二運星点	+1
	+2

3 自分はどんな配偶者に恵まれるか

次に、日支の配偶者の星で、自分はどんな配偶者に恵まれるかをみたい人のために、その通変星によって起こる事柄を簡単に説明しましょう。

命式でどんな配偶者に恵まれるかを知っていたならば、配偶者に対しても寛容でいられるし、一歩進んで自己反省の材料として前向きの人生を歩んでください。

①日支と月支の冲があれば、とくに申寅の冲、卯酉の冲は、男女関係のトラブルを意味するのでよくありません。

②日支と月支の支合は夫婦仲のよいことを意味します。

③日支の通変星・自星は、日干と同じ五行になりますので友人的な同じ考え趣味をもつ配偶者と考えます。命式が身弱ならば、自分の支えになるよい配偶者と考えます。身旺ならば、トラブルはあるとみます。

④日支の通変星・泄星は、日干から生じるので自分がサービスしていく形となり、エネルギーを抜かれるので消耗気味となります。ただし命式が身旺またはよい五行であれば、よい配偶者となるのです。身弱ならば、疲れる配偶者となります。

⑤日支の通変星・財星は、日干から剋す五行となりますから、自分が積極的にアプローチして結婚する人とみることもできます。よい五行であれば、なおさらよい配偶者とみます。

⑥日支の通変星・官星は、日干を剋す五行ですから、つねに自分にプレッシャーをかけられる配偶者です。自分が身旺であれば、適当にセーブしてくれるよい配偶者といえますが、身弱の人では疲れる、えらい目にあわせられる配偶者といえます。

⑦日支の通変星・印星は、日干を生じる五行ですから、自分を甘えさせてくれる配偶者といえます。身旺の人であれば、母親的な配偶者でなくてもよいのですが、身弱の人にはうれしい、よい配偶者といえるでしょう。まわりの五行の配合をよくみます。

●通変星によって起こる事柄

日支通変星	事柄
比肩	生一本で我を張るため、夫婦間のトラブルが起こりやすい。偏官がそばにあれば、その性格をおさえられるので、かえってよい。
劫財	比肩よりは、表面おだやかで、協調性もあるが、金使いが荒い。ガサツな面も目立ち、夫婦間のトラブルが起こりやすい。食神がそばにあればよい。
食神	蛋白であっさりしており、のんびりした性格。また、ポチャッとした、色白の、食べることが大好きな人。偏印がそばにあるとよくない。
傷官	神経質で、ピリピリする面があり、好き嫌いがはげしく、おしゃべり好きで、隠しごとができない性格をもち、気位は高い。印星に財星の制化があればよい。女性は美人。
偏財	社交好きで、如才がなく、協調性に富み、派手好き。恋愛結婚をする。比肩がそばにあるといけない。
正財	たいへん真面目で、きっちりした性格。ルーズなことを嫌う。奥さんとしてはたいへんによい。劫財がそばにあったり、干合したりするとよくない。
偏官	物事をクヨクヨ考える、直感力はあるがやや短気。活発に活動するが、夫婦間のトラブルがある。食神がそばにあればよい。
正官	たいへん真面目な人柄で、夫婦円満にいく。傷官がそばにあるとトラブルが絶えないとか生死別のおそれがある。
偏印	テキパキと物事をやってのける人だが、ムラがあり、気が変わりやすいのが欠点。月支が食神だと、夫婦間のトラブルが絶えない。またほかにも偏印があると離婚の心配がある。
印綬（正印）	理知的な人で、学者肌のタイプ。やや自己中心的で、わがままだが、夫婦円満。ほかに印綬があると、子供との縁が悪く、人の子を育てるというようなことがあり、晩年は寂しい。正財がそばにあるとよくない。

〈例1〉沢口靖子さん　昭和40年6月11日生

〈例1〉

年柱	月柱	日柱
印綬 乙㊍	偏官 壬水	丙火
巳㊋	午火	申金
食神 戊	比肩 丙	食神 戊
建禄	帝旺	病

大運	18歳	28歳	38歳
	偏印 甲	印綬 乙	
	申	酉	
	病	死	

年運	30歳	31歳	32歳
	乙	丙	丁
	亥	子	丑

成人した女性にとっては、結婚は最大の関心事です。沢口さんにとっても例外ではないでしょう。

盛夏の生まれで、日干の丙は、サンサンと輝く太陽に仮象された生まれです。汪洋《おうよう》の水でキラキラ輝く美しさは強烈です。

月干・壬《偏官》は男性・仕事の星です。命式中では根がないのですが、根が強くなったときがよい仕事もできるし、男性にも恵まれるのです。

日支・蔵干戊《食神》で恰幅《かっぷく》のよい男性と縁があるようですが、沢口さんの個性が強いため男性に対して不満を持つようになり、結婚生活に亀裂が入ることがあります。丙の日干の人はえてして一人合点することがあります。

〈例2〉男命　昭和57年4月9日生

〈例2〉

年柱	月柱	日柱
転祉殺		
比肩 壬水	食神 甲木	壬水
冲	冲	
戌土	辰土	戌土

〈例2〉の命式で、年柱と日柱が同じ場合は、転祉《てんし》殺《さつ》といって、夫婦円満でないことを示しています。また、日支、月支も辰戌の冲で、ともによくありません。

十二運星・冠帯は、人と衝突しやすいという意味もあります。

七 「方角の見方」

方角の吉凶は、その人のどんな方角が吉で、また、どういう方角が凶であるかをみることです。

それぞれの方角は、子―北、卯―東、午―南、酉―西となります。

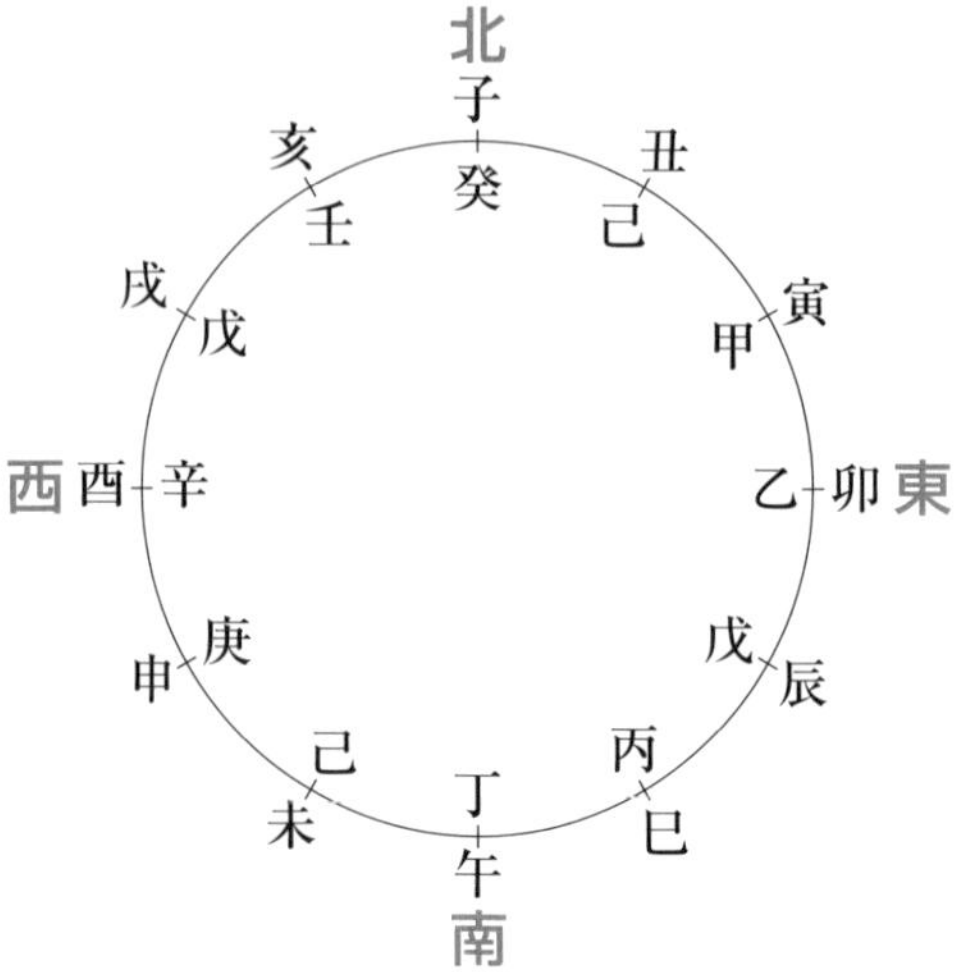

方角の吉凶

①命式中のもっともよい五行、または元命（月支の通変星）や用神を生じる五行の方角が吉です。

②欠けた五行のある人は、その命式に必要な、欠けた五行の方角が吉です。

③天乙貴人、天徳貴人など、よい特殊星の方角が吉です。十二運星が建禄・長生の方角が吉です。

④五行の1つが多すぎて、命式によくない働きをする場合、その方角が凶です。

⑤空亡の方角が凶となります。

⑥月支と冲になる方角は凶です。

一般に方位は九星からみる方位を重要視する人が多数います。つまり、われわれ人間は気の流れに沿った生き方をすればよいとされます。推命学からの方位は各人のもつ先天素質からみてよい五行がよい方位となります。冬生まれの人は南方位が吉とされるのです。

応用編

本書を発刊するにあたり、前書で書き得なかった点、それ以降、30年以上にわたり究明して来ました五行の状態を私なりに一つの結論を得るに至りました。それは、諸兄の命式解明に一つの光を与えることと信じています。

まずは、十干、十二支を五行に配し、季節の旺衰強弱に分け、五行の偏《かたよ》りをみることから始まります。それぞれの日干と生月の支により季節の様相を考慮して寒暖、燥湿を判断いたしますが、命式をまず整えることから始まります。十干、十二支及び命式から身旺・身弱まで、基礎編に記していますから、この応用編では省きます。

一 ［五行看法］

五行とは、春夏秋冬の気候の中であって、これを5つの木、火、土、金、水に当てはめ、天地の間を途絶えることなく循環することをいいます。前書ではこの五行を陰陽に分け、比肩、劫財、食神、傷官、偏財、正財、偏官、正官、偏印、印綬と名称を簡単に説明するために名付けたもので、これを通変看法といって五行の深さ重さをまったく無視しているところに欠点があるのに気付かされました。したがって、今回は、五行の重要性を知り、その旺衰強弱による看法を精密に分析することにいたしました。

◇陰陽五行をもって春夏秋冬の気候を表わし、さらに、方位を配したのは、天地自然の理《ことわり》である。

●北方は、亥子丑で冬の季節であり、陰が極まり、寒を生じ、寒は水を生じる。また、水凍をなす。

●南方は、巳午未で夏の季節であり、陽が極まり、熱を生じ、熱は火を生じる。熱は暑さを増す。

●東方は、寅卯辰で春の季節であり、陽は散じ、洩らして風を生じ、風は木を生じる。

●西方は、申酉戌で秋の季節であり、陰は粛《つつし》み、収まりのぞみ燥（乾）を生じ、燥は金を生じる。

◇土は専位がなく、各季節の間に配される。陰陽が交わり合って土を生じる。四隅を艮《ごん》（北東）巽《そん》（南東）乾《けん》（北西）坤《こん》（南西）、それぞれ丑、辰、未、戌月には土用《どよう》と呼び、土用の入りがある。大体20日前後となるが、土用の入りからは約18日間で次の節入りになる。その間は、土をいじることを忌むといわれる。つまり、季節の変わり目とされる。昔から三寒四温というので、着る物にも注意しながらその変化にも要領よく過ごす必要がある。

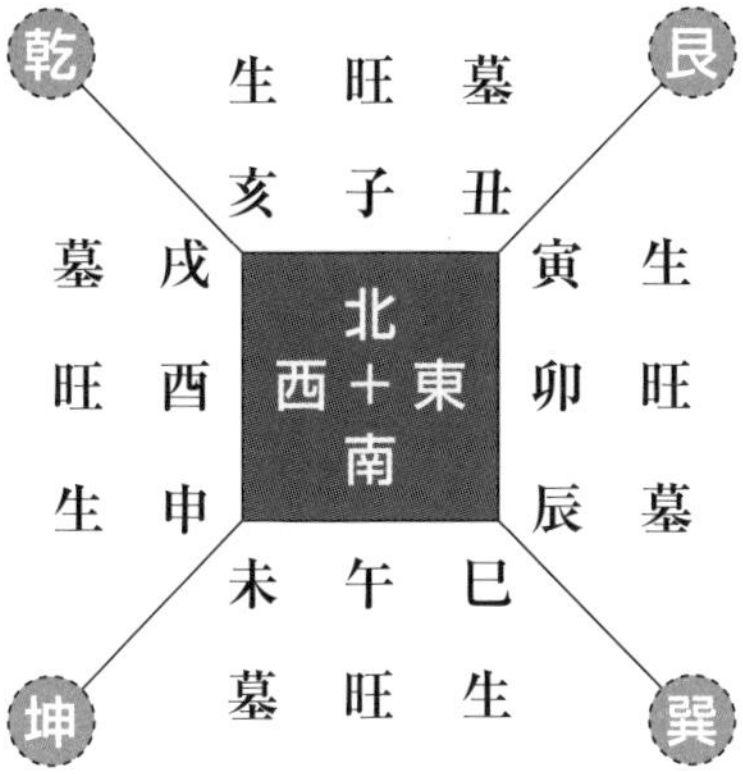

◇五行の性質は、それぞれ異なっている。

◎木の性を考える＝甲、乙

木の性は、陽和で人の中心になり和ませる。陽の木、甲は人の中心になって春には、陽気が盛んとなって上昇気運で上へ上へと伸張する特長があり、お山の大将の如く、君臨しようとする性質があります。そして根があれば活木と考えられます（131ページ参照）。ただし、木が湿りすぎたり、乾燥しすぎは燥木であったりしますと、木が腐るとは神経に影響してきますから、症状として腐れば欝《うつ》状態であったり、燥状態ですとカリカリして怒りっぽくなって精神に異常をきたし横暴となってきます。季節的に樹木は多様性を秘めています。

乙木は、字の如く曲がりくねっていますから、物事を慎重に見極めながら、「寄らば大樹の影」と、人にからみ付く蔓草《つるくさ》にたとえられる性質をもち、慎重さをあらわしています。つまり、乙は甲に頼るという言葉になってあらわされています。

◎火の性を考える＝丙、丁

丙火は陽性の最たるものとして、自らの力で輝く力をもち太陽にたとえられます。太陽の特徴は、川面を照らしキラキラと輝く様を愛でることで、美人、頭の良さ等を表わしたりします。

丁火は、陰性の火ですから、いつかは消える灯にたとえられ、火源となる甲木があれば、末永く燃え続けられますので、大変デリケートさがあり、表面的に穏やかそうに見えますが、時として、火山の爆発の如く吃驚させられることもあります。賢い人が多いです。

◎土の性を考える＝戊、己

土性には、用途により陽土でも二種類に分けられます。つまり、戊土も堤防になるのは戊ですが、戊戌でなければ堤防の土にはなりません、戊辰では畑の土ですから、河川を塞《せ》き止められません。

己土では、やはり渇き具合により、普通は田園の土と看ますが、己丑は田圃《でんぼ》のいわゆる我々が目にする田園の風景ですが、己未などの干支では、陸稲《りくとう》であったり、築山《つきやま》であったりします。つまり、丑、辰は蔵干に癸を含んでいますから作物を育てられるのですが、未は蔵干に丁を含んでいますので湿りすぎのときにはよいのですが築山のような土性と思ってください。この二つの田園の風景はいかがなものか？　絵にあらわされるならば、どのような絵になるか、殺風景な絵か、草木が生えて華やかな絵であるか？　干支の配合から読み解きます。

十代目・坂東三津五郎さん、膵臓癌で死亡、さびしい命式ですね。膵臓は糖尿病等から膵臓に負担がかかり癌に移行するのです。年干の乙は萎《しお》れますね。神経からでしょうか？　丑・2つは、水の汚れ、となり癌になりやすいのです。

㊀己	己	乙
丑	丑	未

◎金の性を考える＝庚、辛

金には陽干は庚金で表わされます。庚金は土の中から掘り出されたもので、泥まみれの金は泥を落とし丁火によって鍛錬し、光る金にすることで世の中の役に立つ金にすることから始まります。そこで、丁火には甲木（火源）によって助けられることが必要です。甲―丁―庚はセットで大切です。切れ味の良い刃物、器用、不器用はこれで決まります。

辛金は、陰の金です。庚と違い砂金に仮称され、壬水で洗い清められることで、美しく輝く宝石に例えられ壬水が隣にあれば美人、頭が良い人、器用な人などと看ます。ですから土性を嫌います。土性で汚れれば輝きを失います。土は辛からは印性（目上）ですから目の上の嘆こぶのようです。

◎水の性を考える＝壬、癸

人は水の一滴から産まれます。陽干の壬水は河川に仮称され、流れること、流通に意義があります。停滞を好まない性格があります。陰干の癸水は、雨水にたとえられ田畑に潤いを与え、動物、植物の成長にはなくてはならないものです。先天的に癸水があれば万物に寄与し、潤いがあれば気持ちにゆとりが生まれ、殺伐とした気分が和らぎます。

私は、この五行で先天的風景から、人となり等を読み取ることができるようになればと思っています。あくまで四柱推命学はバランスの学問です。五行のバランスを保つためには、その時々の寒暖燥湿から始まります。そして、一人の人間がどんな風景であらわされているか？　バランスが要求されます。美しいか、汚れているのか？　どんな所に住むのがよいのか？　どんな環境であれば住みやすいのか？　など挙げればきりがないのです。

人それぞれにお顔が違うように、57万8千通りの命式にも、それぞれ微妙な違いが生じてきます。

◇調候（気候を整える）について

木・火・土・金・水の中で、まずその季節に必要な五行は何か？　と考えます。これで、調候を知り季節的、先天的に欲しい五行を知ることが大切です。したがって、その人にとってどんな五行が巡ればよいのかを知ります。

下記の調候を参考にして、どんな五行が巡れば、命式が安定するかを知りましょう。この表を参考にしながら、命式に必要な五行は何かを考えます。

日干 ＼ 月支		2月	3月	4月	5月	6月	7月	8月	9月	10月	11月	12月	1月
日干	特定用神	寅	卯	辰	巳	午	未	申	酉	戌	亥	子	丑
甲	庚丁	丙癸	庚丁己	庚丁壬	癸庚丁	癸庚丁	癸庚丁	庚壬丁	庚丙丁	庚甲丁癸壬	庚丙戊丁	丁庚戊丙	丁庚丙
乙	丙癸	丙癸	丙癸	癸丙	癸辛	癸丙辛	癸丙辛	丙癸己	丙丁癸	丙癸辛	丙戊	丙	丙
丙	壬	壬	壬己辛庚	壬甲庚	壬庚癸	壬庚	壬庚	壬戊	壬癸	甲壬	甲壬戊	壬戊甲己	壬甲
丁	甲庚	甲庚	庚甲	甲庚	甲庚	壬庚癸	甲庚壬	甲庚丙戊	甲庚丙戊	甲庚	甲庚	甲庚	甲庚
戊	丙甲癸	丙甲癸	丙甲癸	甲丙癸	甲丙癸	壬丙甲	癸丙甲	丙甲癸	丙癸	甲癸丙	丙甲	丙甲	丙甲
己	丙癸	丙癸甲	甲癸丙	丙癸甲	癸丙	癸丙	癸丙	丙癸	丙癸	甲丙癸	丙甲戊	丙甲戊	丙甲戊
庚	丁	戊丙甲	丁甲	甲丁	壬丙戊丁	壬癸	丁甲	丁甲	丁甲丙	甲壬丁	丁丙甲	丁丙甲	丙丁甲
辛	壬	己壬庚	壬甲己	壬甲	壬癸甲	壬癸甲己	壬庚甲	壬甲	壬甲	壬甲	壬丙	丙壬甲戊	丙壬甲戊
壬		庚丙戊	戊辛庚	甲庚	壬庚癸辛	癸庚辛	辛甲癸	戊丁	甲庚	甲丙	戊丙庚	戊丙	丙丁甲
癸	庚辛	辛丙	庚辛	丙辛甲	辛壬庚	庚壬癸辛	庚壬癸辛	丁甲	辛丙	辛壬癸甲	庚丁戊辛	丙辛	丙丁

●日干甲－寅月　立春～雨水～啓蟄
（2月節入り～3月節入りまで）
●調候＝丙、癸

初春でまだ寒さが残っている。若木であるから暖と潤いがあれば、伸張が期待できる。寒木は陽に向って行くのがよい。（冬生まれは）暖のためには丙を、潤いのためには癸を用いる。さらに、己で木の根を守ることが大切です。

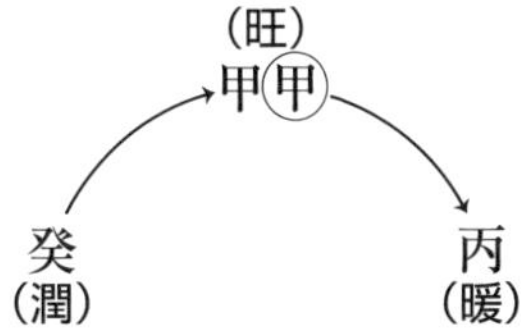

●昭和26年2月23日卯刻生　女命

左記の命式は天干に庚・辛あり若木を金剋木と伐《き》る形があるが、芽が出たばかりの木は、伐らないのが原則です。

若芽を伐っては伸びが止まってしまう。庚（偏官）に根がなく弱いので、結婚前の恋愛等で別れた男性ありとみます。また、偏官を仕事とみれば仕事の変化と読み取れます。または、辛は蔵干の丙と干合しますので、天干と蔵干の干合は根なしは去るで、別れを意味します。用神は丙、癸ですが、辰で木方合、戌で三合火局となり、癸なしは短気でしょう。

丁（食神）	㊙甲	庚（偏官）	辛（正官）
卯	午	寅	卯
甲	丙－	戊	甲
	•己	丙	
•乙	丁	•甲	•乙
旺	死	（禄）	旺

●日干甲－卯月　啓蟄～春分～清明

（3月節入り～4月節入りまで）

●調候＝庚、丁、己

中旬までは寅月と同様の丙、癸が必要だが、後半は枝葉が伸びてくるので庚で剪定する。この時期の庚は弱いので、戊、己で庚を生助する。丙丁は甲が強いので、甲の洩に用いる。

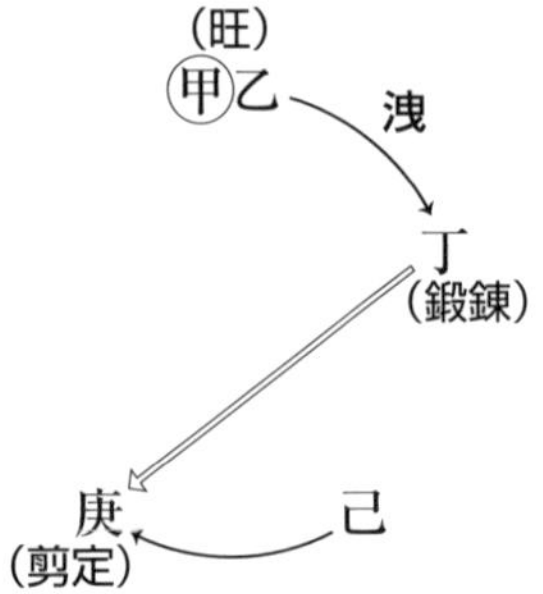

●昭和58年3月27日午刻生　男命

（バスジャック　庚辰年庚辰月辛酉日未刻発生）

●用神＝庚、丁、　●胎月＝丙午

日干甲は月令を得て強く、地支辰で木方合、戌で三合火局金は反剋され（抑止力）欠如ですぐカットする性情。中学入学後、不登校（庚は根がなく反剋される。庚は官星）。土星なく落ち着きなく不安定な性情である。

庚	(甲)	乙	癸
午	寅	卯	亥
丙	戊	甲	戊
己	丙		甲
•丁	•甲	•乙	•壬
死	祿	旺	生

●日干甲―辰月　清明～穀雨～立夏

（4月節入り～5月節入りまで）

●調候＝庚、丁、壬（甲）

剪定《せんてい》のためには庚を用いる。火気は進気だから壬を用いる。丁壬干合もよい。（木の補助）土性月だから甲も大切、この場合は自己が頑張らねばならない。

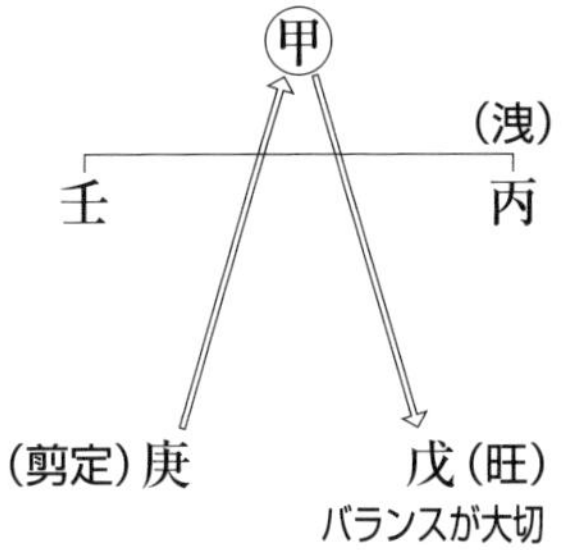

●昭和44年4月9日巳刻生　男命

●用神＝庚、甲、癸　●胎月＝己未

天干、甲己干合はあるが、化土はしない（地支に寅あり）。月令は得ている。卯で木方合、丑で三合金局の情あり、内面ストレスが溜りやすい。戊、己多いので女性関係多いとみる。年月辰酉で支合で長男の生まれ、または、実家との縁が強いとみるが、時干との干合で子供との縁も深いとみられる。

己（正財）	㊙甲	戊（偏財）	己（正財）
巳	寅	辰	酉（辰と支合）
•戊	•戊	•乙	•庚
庚	丙	癸	
丙	甲	戊	辛
病	祿	衰	死

●日干甲－巳月　立夏～小満～芒種
（5月節入り～6月節入りまで）

●調候＝癸、庚、丁

暑いから、一番に潤いとして癸で木根を潤す。庚は水源として用いる。丁をみて、甲は秀気を洩らす。湿土が欲しい。

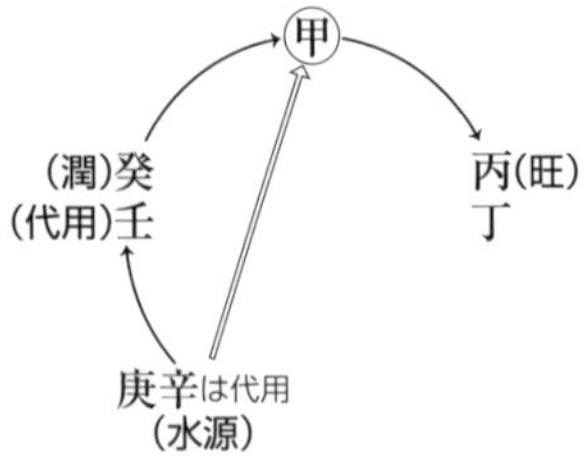

●昭和16年5月26日寅刻生　男命

●用神＝癸・庚・丁　●胎月＝甲申

天干辛―癸―甲―丙と生じ、表面穏やかに流れる。抜群に、頭がシャープ、しかし、甲の特徴がよく出る。

午で三合火局で洩星が強力。アイデアマンであり、一流大学出身、大会社の上席役員に昇り、他にも会社を経営で成功する。行運にも助けられる。命式からは、火と金の相剋は腸が弱いようだ。巳の中の庚は熔《と》けるといわれるが、行運によっては助けられる。また、水源として役に立つ。この場合、胎月が甲申だから、天干に辛癸があり、また、胎月にも根をもち、助けられる。月支の巳の中の庚は、熔金されて使えないというが、申、酉の年月は、辛に根ができる形となるので、仕事で忙しいことが出てくる。庚は腸で腸が弱い。

丙 食神	甲	癸 印綬	辛 正官
寅	戌	巳	巳
戊	辛	戊	戊
丙	丁	庚	庚
•甲	•戊	•丙	•丙
祿	養	病	病

●日干甲－午月　芒種～夏至～小暑

（6月節入り～7月節入りまで）

●調候＝癸、庚、丁

夏至までは前月同様の取用法。癸で暑気を防ぎ、水源として庚を用い、身旺であれば、丁に洩らす。湿土があればさらによい。

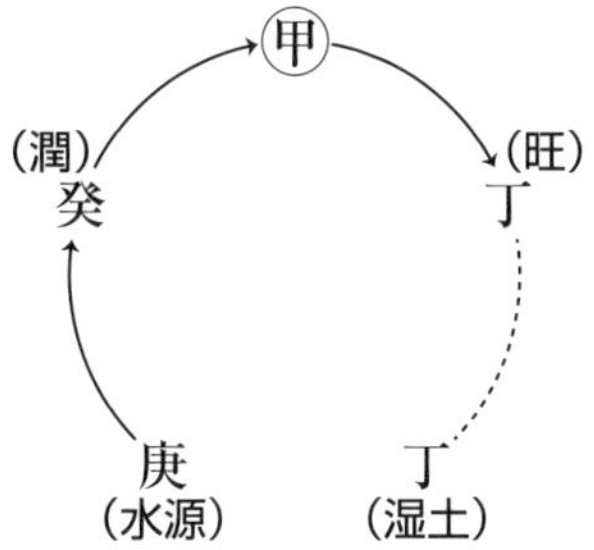

●昭和60年6月24日戌刻生　女命　不登校

●用神＝壬、丑の中の癸　●胎月＝癸酉

日干甲は月支午、日支も午で洩気が強く、潤いは年支の丑の湿土に頼る。月干の壬はありがたいが、十二運胎で弱い。どうしても甲の気位の高さ等があり、周りとのバランスが調整できにくく、不登校となってしまった。不登校にもいろいろあるが、行運によっては助かる面があることもあるが、家族関係にも友人関係にも影響があるような場合もある。

甲 比肩	㊥甲	壬 偏印	乙
戌	午	午	丑
丙	丙	丙	癸
丁	•己	•己	辛
•戊	丁	丁	•己
養	死	死	冠

●日干甲－未月　小暑～大暑～立秋

（7月節入り～8月節入りまで）

●調候＝癸、庚、丁

大暑までは午月と同様であるが、以後は土性が旺じる。丁火は衰えて、庚金は強くなる。木気は「墓」となり衰えるが、枝葉はなお繁り、結実はしていない。水の潤いが欲しい。丁を第一とし、次に、庚の水源、癸を潤として用いる。土旺であるため癸で充分に潤えば甲で己を疎土したい。

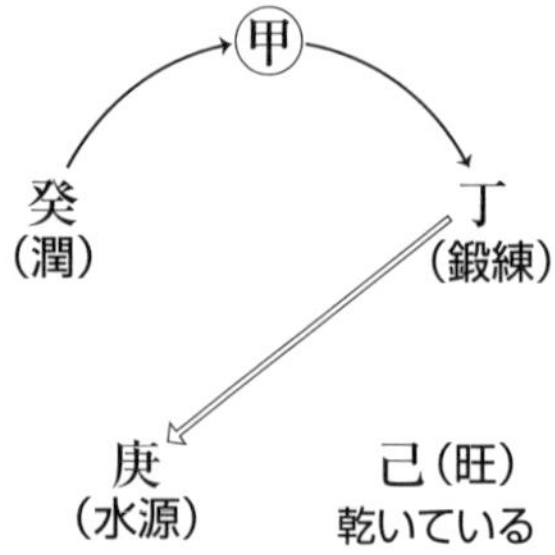

●昭和45年7月13日未刻生　女命

●用神＝癸、庚、丁　●胎月＝甲戌

調候の癸、庚、丁をもっている。蔵干に丙、丁をもち、調候を全部もって、美貌の持ち主である。洩星が強いが、天干にはない。職業は看護師さん＝木の仕事である。庚、辛と官星が二位あるので、仕事と結婚との両立がよい。根がない官星なので、結婚は遅れやすく、決断がしにくい。H25年（癸巳）結婚、大運は己卯の身旺運であった。年干庚の陽干で逆行運。

辛	甲	癸	庚（偏官）
未	午	未	戌
•丁	•丙	•丁	•辛
乙	己	乙	丁
己	丁	己	戊
墓	死	墓	養

●日干甲－申月　立秋～処暑～白露
（8月節入り～9月節入りまで）
●調候＝庚、丁、壬

　甲は衰退に向かう。熱気は未だ去らず、甲から申は絶であるが申の中の壬が甲を生じ光明をみる。庚で有為な材とし、旺金を丁で制する。丁がないとき、壬を代用とする。

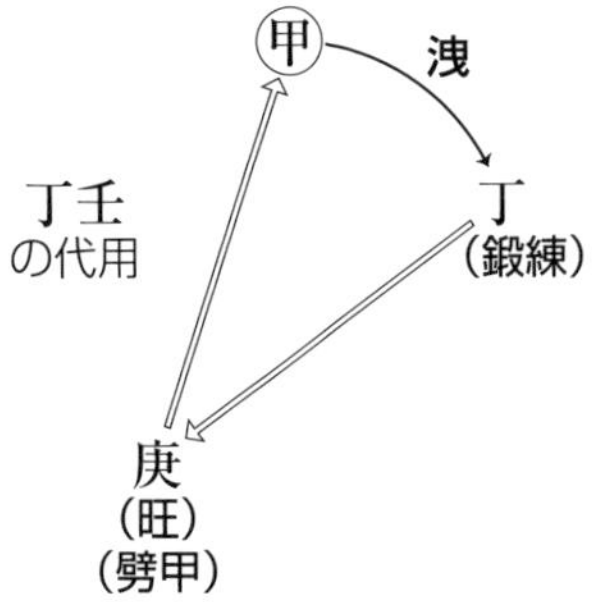

●昭和59年8月8日午刻生　女命
●用神＝庚、丁、壬　●胎月＝癸亥

　天干陽干ばかりで、ええ格好しいである。地支辰で水局、酉で金方合、寅で三合火局の情となる。せっかく根として寅が来ても火局の情のみで、ただ、浪費が多くなろう。気分が揺れ動く人であろう。用神丁が来ても丁壬干合して役に立たない。身旺運が来て結婚となろう。

庚偏官	(甲)	壬偏印	甲比肩
午 ─	戊	申 ─	子
•丁	•戊	•庚	•癸
死	養	絶	沐

●日干甲－酉月　白露～秋分～寒露

（9月節入り～10月節入りまで）

●調候＝庚、丁、丙

冷たい酉月だから丙、丁両方で暖め、鍛錬したい。木は枝葉は散り、生気は根にあるので剪定を喜ぶ。鍛錬された丁、丙で暖照するのがよい。

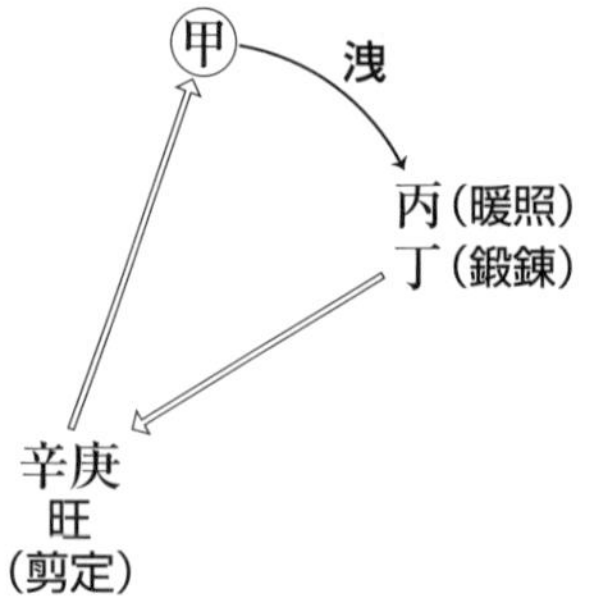

●昭和16年9月13日辰刻生　安藤忠雄　建築家

●用神＝丁、庚、丙　●胎月＝戊子

調候の庚、丁、丙は全部もたれている。申で水局、丑で金局の情をもたれているので、思考力は丁で庚を鍛錬し丙で暖めて考えられる。つまり、洩星、官星は自己の発想、アイデアとなり考えを暖められる形がある。色々な思考力をもたれるのは建設、設計と楽しみである。行運も逆行運だが洩星の強運に巡るのはよいと考える。

戊	㊙甲	丁	辛
辰～	子	酉～	巳
•乙	•壬	•庚	•戊
癸			庚
戊	癸	辛	丙
衰	沐	胎	病

●日干甲－戌月　寒露～霜降～立冬
（10月節入り～11月節入りまで）

●調候＝庚、丁、甲、壬癸

庚を用いて形を整える。戌は火土で、木は枯れるから壬癸で潤す。癸で土を潤し疎土を容易にする。丁で根を暖めれば、木は枯れない。

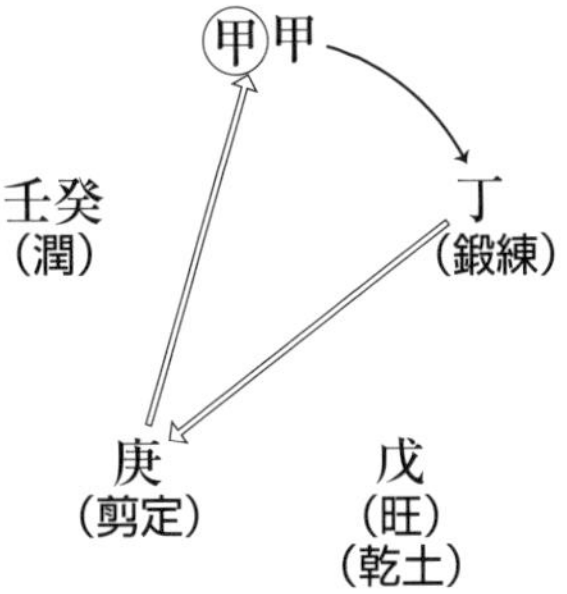

●昭和7年10月30日丑刻生　男命

●用神＝庚、丁、甲、壬、癸　●胎月＝辛丑

地支酉で金方合、亥で水方合、辰で三合水局の情、日干甲に根がないのが惜しい。調候の庚は月干にあるが、丁火が戌の蔵干中にあるだけで鍛錬不足。日干が弱いので自己が強くなることが望ましい。庚が丁によく鍛錬されているかで、頭のよさがわかる。命式は先天的な事柄を示すが、大運でよい運が来るのが望ましい。この場合ですと日干に根ができることがよい。順行運で、働き盛りに身旺運が来るからよい。

乙 却	㊙甲	庚 偏官	壬 偏印
丑～	子	戌	申
癸	壬	辛	戊
辛		丁	壬
•己	•癸	•戊	•庚
冠	沐	（養）	絶

●日干甲―亥月　立冬～小雪～大雪

（11月節入り～12月節入りまで）

●調候＝庚、丁、丙、戊

　葉はまったく落ち、木気は根に収まっている。来春に向けての、準備をしている。よって、根の生気を損じないようにする。亥月は長生。蔵干に甲が入っているのはそのため。庚、丁を用い、次に丙で暖める。水旺のときだから戊土で制水する。

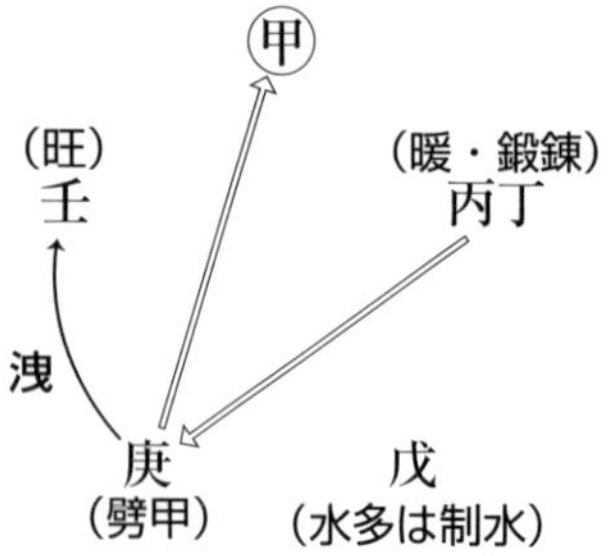

●昭和3年11月30日卯刻　男命

●用神＝丁、丙、甲(庚)　●胎月＝甲寅

　戊癸干合は月支が火でなく、化火はしない。調候の丁はあるが庚が欠落している。また、丙もないが、行運の働き盛りに身旺運になるのがよい。時柱がよい。時柱は子供、部下、晩年をみるので卯戌の支合でありがたい。年月の戊癸干合はそれぞれ根があり、去りはしないが、親の反対で、最初の恋愛は駄目になる等の事相が出る。月支亥の中の甲は湿っている。神経がデリケートとみる。

戊（偏財）	癸	甲（○）	丁
辰	亥	戌	卯
乙	戊	辛	甲
癸	甲	丁	
•戊	•壬	•戊	•乙
衰	生	養	旺

●日干甲ー子月　大雪～冬至～小寒
（12月節入～1月節入りまで）

●調候＝丁、庚、丙、戊

極寒の季節で丙火の暖が不可欠、丁で庚を鍛錬し甲を剪定。水旺なので戊で制水する。初春は火を用いて金を忌むが、冬は火金共に用いる。丁庚ともにあり、地支に巳寅があれば、寒木向陽で功名顕達。癸があれば丁を剋し忌む。東南運に巡るを喜ぶ。

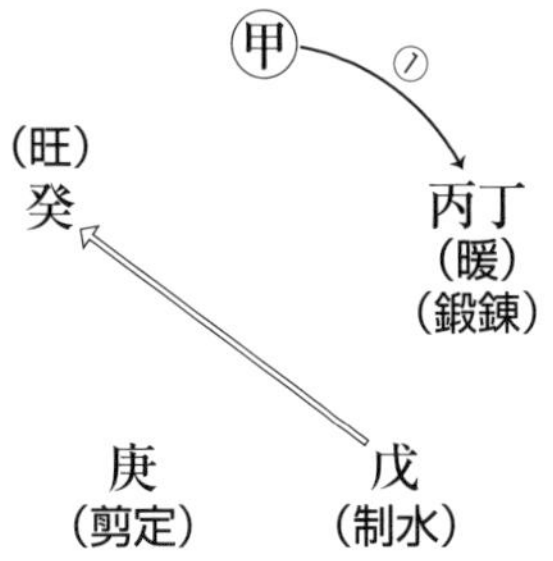

●昭和43年12月30日午刻生　女命

●用神＝庚、丁、丙、甲、戊　●胎月＝乙卯

日干甲で子月生まれ、天干陽干ばかりでええ格好しい。辰で地支三合水局の情、寅で三合火局の情あり、日支戌から駅馬が出て外国へ、商社勤めを辞め、店を開業した。45歳癸巳で結婚した。年支空亡で故郷を離れる。時干に庚（偏官）は遅い結婚。

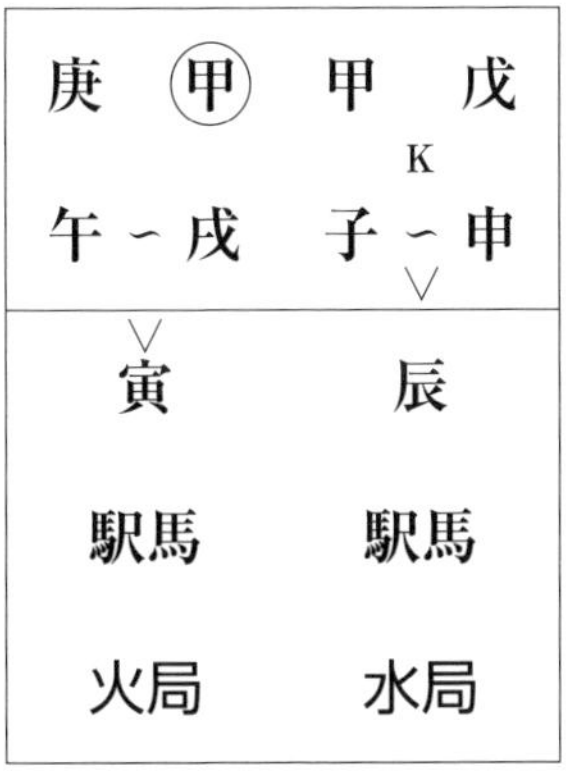

●日干甲－丑月　小寒～大寒～立春

（1月節入～2月節入まで）

●調候＝丙、丁、庚

天地凍り、木は寒気により生気は失せる。暖を不可欠とする。春に向けての準備のとき。丙、丁で暖を採り、庚で枝葉を剪除する。旧を去り、新を生ずる。大寒前は丁丙が共にあり丙を暗蔵すれば大富貴、大運は東南運に巡るのを喜ぶ。

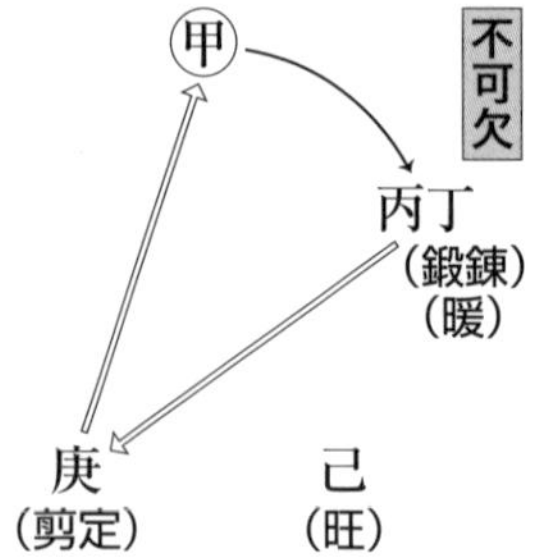

●昭和6年1月9日巳刻生　男命　実業家

●用神＝庚、丙、丁、甲　●胎月＝庚辰

庚	己	㊙甲	己
午	丑	子	巳
•丙	•癸	•壬	•戊
己	辛		庚
丁	己	癸	丙
死	冠	沐	病

命式は年干に庚、地支蔵干に丙、丁の用神は、冬生まれだから弱いが、一応、もたれている。日干と月干、時干の甲己干合は化土はしそうだが、化土は妬合であるし、初気が出ているので化土はしない。土が蔵干とともに5個もあり、身弱では（富屋の貧人）というが、先祖からの財を守る人などに使われる言葉である。年干陽干で順行運で寒木向陽（丑－寅－卯と進む）。酉で三合金局で金は官星であちこちに仕事場あり。土星は土地持ちともいえる。実際にはあちこちに山をもっている人。㊙甲に対し己が妬合となっている。今一つ甲が来たときに変化がある。

●日干乙－寅月　立春～雨水～啓蟄

（2月節入～3月節入まで）

●調候＝丙、癸

まだ寒さが残っている季節。丙火で暖め、癸水で潤す。癸は少なくてよい。己土があればさらによい。

丙癸が共にあれば功名富貴。丙がないとき、癸があっても生気なく発展しない。

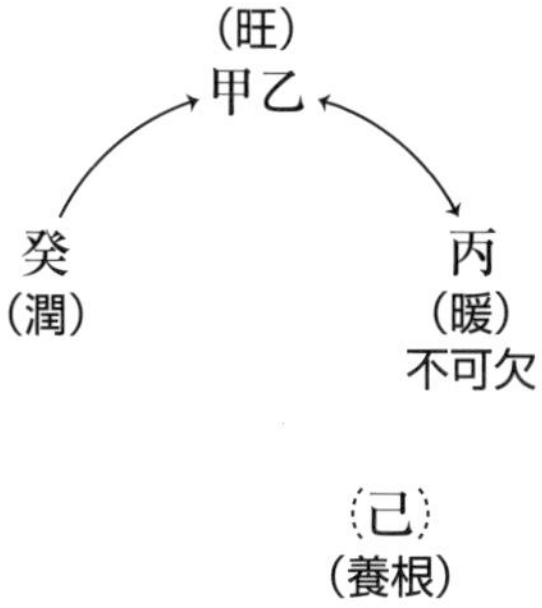

●昭和23年2月20日巳刻生　男命

●用神＝丙、癸、天干に用神は出ていない。　●胎月＝乙巳

辛（偏官）	㊀乙	甲	戊（正財）
巳（冲）	亥－寅（化木しない）		子
戊	戊	戊	壬
庚	甲	丙	
•丙	•壬	•甲	•癸
沐	死	旺	病

日干は月令を得て強い。丙の暖、癸の潤を用神とする。月柱甲寅があり、乙は甲に頼る藤羅繫甲でありがたいが、乙は甲を頼りにして、乙は甲に巻き付いたら離れない。癸の母は、子供を甘えさせて育て方の間違いからか、子供を駄目男にしてしまった例です。時干は辛で日干とは金木で友達の場所だが剋となり友達は少ないし、子供との関係もよくない。中年以降、総合失調症で入院、加療となった。結婚はしたが、離婚した。

●日干乙－卯月　啓蟄～春分～清明

（3月節入～4月節入まで）

●調候＝丙、癸

月初めは寒いときもあるが、除々に陽気は進み、乙はよく伸びる、前半の生まれは、寅月と同様で、丙で暖、癸で潤す。後半は暖かくなるので、癸を先に用いることがある。

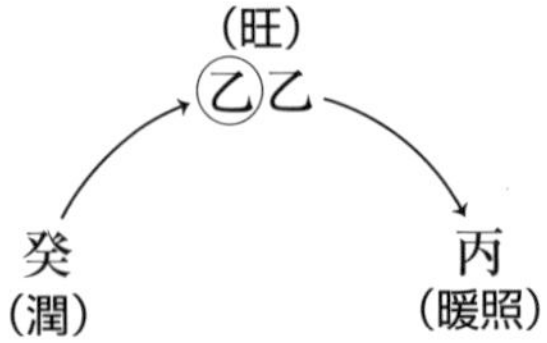

●昭和48年3月10日辰刻　男命

●用神＝丙・癸　●胎月＝丙午

日干乙は月令を得て強く癸、丙を用神とする。年干に癸丑をもち透干している。日支に巳あり初気の戊が出ている。本来、天干に丙が、蔵干に癸があるほうがよいが、月柱が乙で根があるが空亡している。月干を職場とみるとしっかりした職場だが、空亡により職場の変更があるかもしれない。丙の洩星が出ていないので、人への奉仕精神がないとも、気が付かないともみられる。日干と時干との干合は子供との関係、また相続の関係ともみられる。乙乙と並ぶと1対1の干合であることから、今一つ庚が出たときに変化が出るともみられる。

庚（正官）	㊀乙	乙（比肩）	癸（偏印）
辰	巳	卯	丑
•乙（比肩）	•戊（正財）	•甲（却財）	•癸（偏印）
癸	庚		辛
戊	丙	乙	己
冠	沐	禄	衰

●日干乙－辰月　清明～穀雨～立夏
（4月節入～5月節入まで）
●調候＝癸、丙、甲
　癸水で潤いを与え、丙火で照らす、旺土は甲木で疎土する。癸、丙が共にあれば功名顕達。ただし、己庚がないこと。己庚があれば常人。

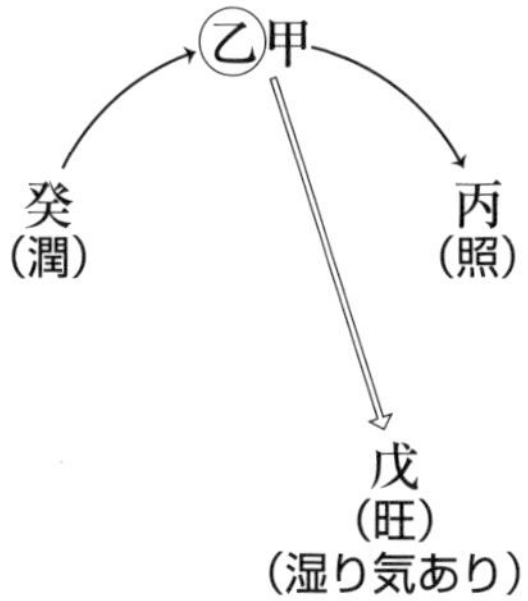

●昭和13年4月13日辰刻生　女命
●用神＝癸、丙、甲　●胎月＝丁未
　日干乙は調候の丙は月干に、癸は辰の中に、甲は年支寅の中にあるが、丙が出ている。日干と時干の乙庚干合は化金しない。つまり月支が金ではないし金を剋す丙がある。丙は日干乙から洩らす傷官にあたるおしゃべり、技術星であるので、技術にはよい。初気生まれだから蔵干の中には癸はあるが、少々水不足となり、肩凝り、神経がデリケートではある。乙に根があるので、自己主張は強いようだ。丙火と癸水を使う職業がよい。

庚 正官	㊀乙	丙 傷官	戊 正財
辰	亥	辰	寅
•乙	•戊	•乙	•戊
癸	甲	癸	丙
戊	壬	戊	甲
冠	死	冠	旺

●日干乙ー巳月　立夏〜小満〜芒種

（5月節入〜6月節入まで）

●調候＝癸、辛

一番に癸水で潤す。辛金は水源として癸を助ける。丙は月支にあり季節的に旺じているので特になくてもよい。

癸水で炎暑を和らげるので癸水は不可欠。

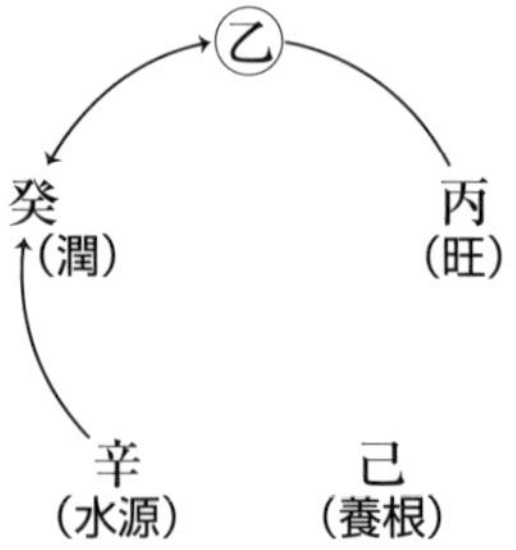

●昭和15年6月1日卯刻　女命

●用神＝癸、辛、甲（病薬用神）

初気生まれである。癸、辛の調候はもっているが月柱と日柱とは、天戦地冲は家庭縁が不安定であることを示している。

男性の星が多く離婚ありとみる。身旺運で決断ができる。この人は日支壬が出ているが壬は印星であることから、母親が配偶者の場所を明け渡さず、ご自分が出しゃばり、夫婦仲を悪くされたような形となった。甲寅の35歳で離婚。

乙卯は官星からは絶運である。

己 偏財	㊂乙	辛 偏官	庚 正官
卯 ー	亥 ×	巳	辰
甲	戊	戊	乙
	甲	庚	癸
•乙	•壬	•丙	•戊
祿	死	沐	冠

●日干乙－午月　芒種～夏至～小暑
（6月節入～7月節入まで）

●調候＝癸、丙、辛

炎暑の季節で癸の潤を第一とする。夏至までは巳月と同様の取用法。夏至から陰に入るので、金水多ければ先に丙を取用する。土は夏に旺じ、水を制するので注意を要する。乙は根も枝葉も乾いて水気を欲する、土は燥土となる。

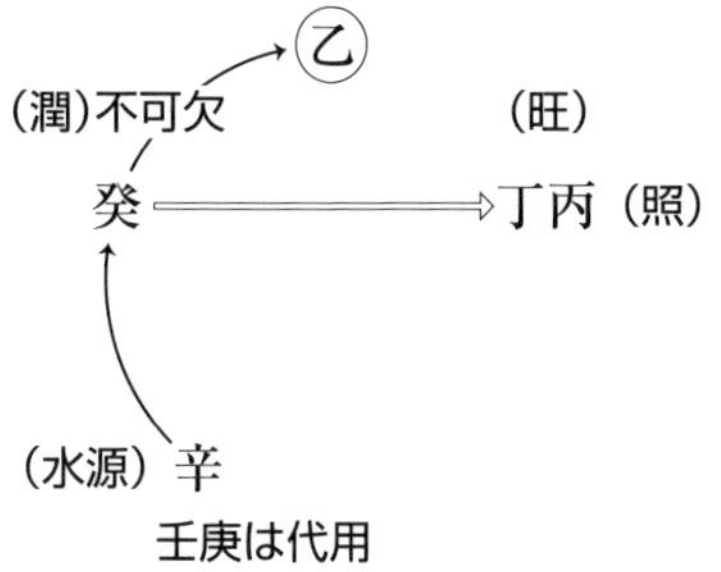

●昭和61年6月30日午刻生　男命　祖母が、不登校を心配した。

●用神＝癸ナシ壬が用神となる。年干丙は祖母となる。

日干乙は夏に生まれて火が旺じ、時干の壬を用神とするも壬に根なし、水源の金もない。乙は甲を頼るが、甲木に根もなく力不足。寅は甲の根となるが空亡している。旺火は湿土に洩らすのがよいが、湿土は午の中にあるが力なし、幸い父、母が癸水の人で助けられるが、胎月は乙酉である。

父親		
癸	甲	乙
丑	申	未

母親			
乙	癸	己	丙
卯	巳	亥	申

壬（印綬）	乙	甲（却財）	丙（傷官）
午	巳	午	寅
丙	戊	丙	戊
己	庚	己	丙
•丁	•丙	•丁	•甲
生	沐	生	旺

●日干乙ー未月　小暑～大暑～立秋

（7月節入～8月節入まで）

●調候＝癸、丙、辛

癸水の潤いを第一とする。次に丙を用いる。命式に金水多いときは、丙は重要。命式が乾き気味のときは辛癸を先に用いる。癸、丙共にあれば良命。さらに水源として辛があれば良好。

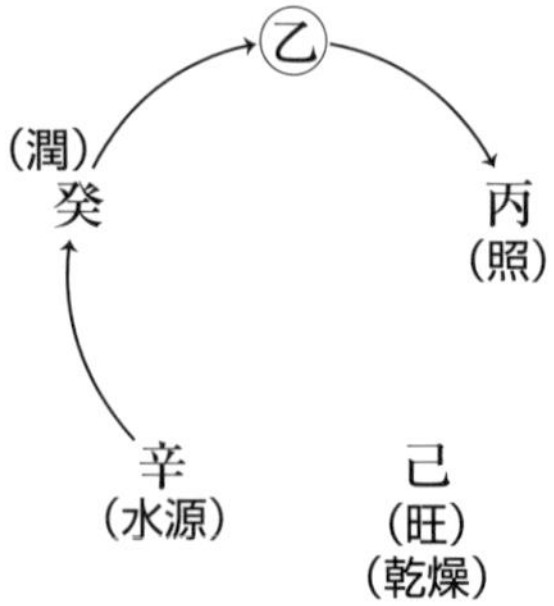

●昭和34年8月1日辰刻生　女命

●用神＝癸（辰の中の癸）辛

調候の癸は辰の中に、水源の辛は月干にあるが、地支三合木局して反剋されている水不足である。乳癌で手術した。

大運丙子で用神で辛と干合し、年運甲申で用神辛に根ができて手術は成功した。乳癌は水の病。

庚	㊀乙	辛	己
辰	卯	未	亥
		丁	戊
乙	甲		甲
癸	乙	乙	
•戊			壬
冠	禄	養	死

三合木局（卯・未・亥）

㊅丙子　㊎甲申　水局

●日干乙－申月　立秋～処暑～白露

（8月節入～9月節入まで）

●調候＝丙、癸、己

立秋といえどもまだ暑い。水気は未だ生じない。乙木は凋落《ちょうらく》のとき。庚が旺じて来るので、丙で制金、癸で根を潤し、旺金は水源とする。己土で根を養う。

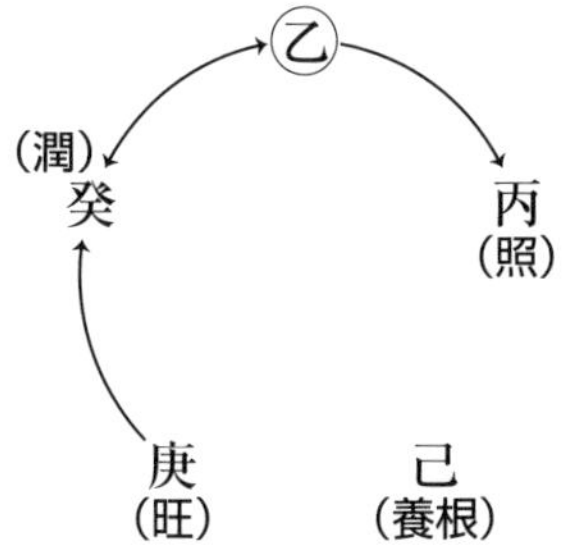

●昭和14年9月5日子刻生

利根川進　生物学者・ノーベル賞受賞（癸亥年）

●用神＝丙・癸・己　●胎月＝癸亥

調候の丙、癸、己は命中にある。己は壬と混壬して旺金に対応する。壬は通関の意味もある。欠陥の少ない命式。自然発福。木火傷官は学芸技術の星。印綬（水・知）がよい役目をしている。

辰で三合水局の情あり。沢山の賞をもらっておられるが、行運の巡りも、逆行運で秋から夏～春と巡られるのはよい。ノーベル賞をいただかれたのは、大運が戊辰の水局の大運であった。

45才	49才
年運 癸亥 ノーベル賞	大運 戊辰 水局

丙（傷官）	㊀乙	壬（印綬）	己（偏財）
子	巳－	申	卯
壬	戊	戊	甲
	庚	壬	
•癸	•丙	•庚	•乙
病	沐	胎	禄

●日干乙－酉月　白露～秋分～寒露

（9月節入～10月節入まで）

●調候＝丙、丁、癸

秋分前は先に癸で生助し、次に丙で暖をとる。秋分後は先に、丙で暖をとり、次に癸で生助する。丁による制金が必要。これは蔵干の庚のためである。

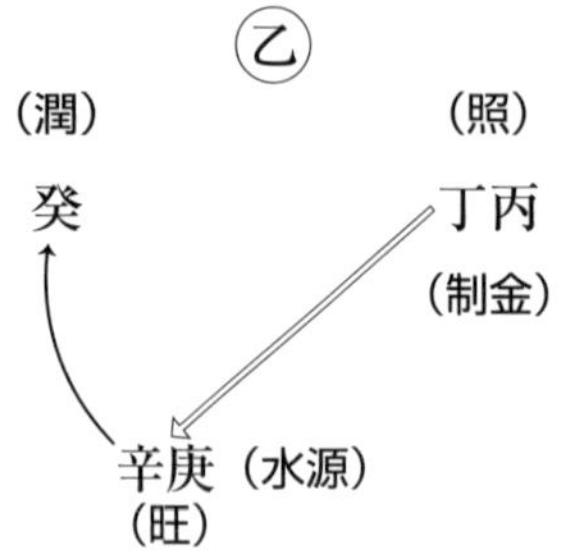

●昭和2年10月8日申刻生　男命　医者

日干乙に年支卯があるが、卯酉の冲あり、丁はあるが根がない。壬はあるが癸はない。時干の甲を頼りとしたいが根がない。胎月も庚子である。医者の資格をもってO国へ移住を決意し、甲己干合で移住された。自由人である。卯酉の冲で故郷を離れる。未で木局、戌で金方合の情あり。大運の流れもよい。医者の仕事は「木」である。自己が強くなる。

甲 却財	㋠乙	己 偏財	丁 食神
k 申	亥	k 酉 ×	卯
戊	戊		
壬	甲	庚	甲
•庚	•壬	•辛	•乙
胎	死	絶	禄

●日干乙－戌月　寒露～霜降～立冬

（10月節入～11月節入まで）

●調候＝丙、辛、癸

晩秋である。一段と寒さは増してくる。木は枯れる。乙は太陽の丙で暖め、燥土であるから、潤いに癸が必要。その上で、土性月は、甲木で疎土する。霜降以前は酉月と同様にみる。

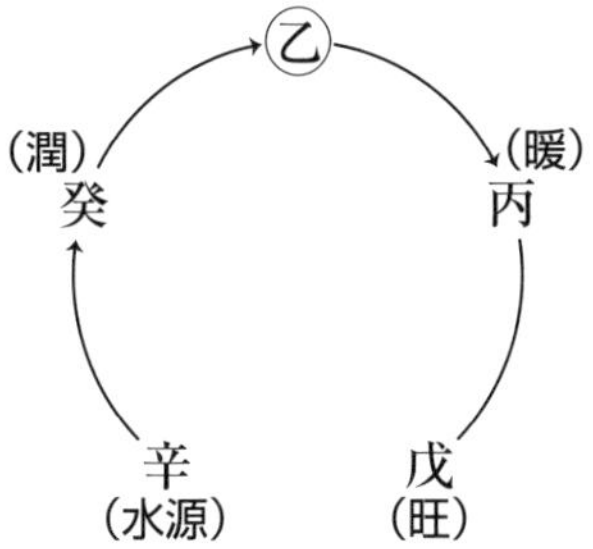

●昭和19年10月26日丑刻生　男命　藤羅繋甲の例

●用神＝丁、甲、癸　●胎月＝乙丑

日干乙は、甲を頼りにする。甲の支えによって活動できる。つまり、月柱は親、年柱は先祖の宮位である。友人兄弟でもあるが、先祖からの恩恵を少なからず受けている。運の巡りは寒木向陽がよいとされる。丙のないのはさびしい。腎臓、糖尿、肝臓等に注意の命式であろう。

丁 食神	㊀乙	甲 劫財	甲
丑	丑	戌	申
癸	癸	辛	戊
辛	辛	丁	壬
•己	•己	•戊	•庚
衰	衰	墓	胎

●日干乙－亥月　立冬～小雪～大雪

（11月節～12月節入まで）

●調候＝丙、戊、甲

寒気が進み、乙は枝葉がすべて落ち、気脈は根に収まって、力は無い。春の温《ぬく》もりを待つ。丙で暖め、壬が旺じるので、乙が浮かぶときは戊土で制する。

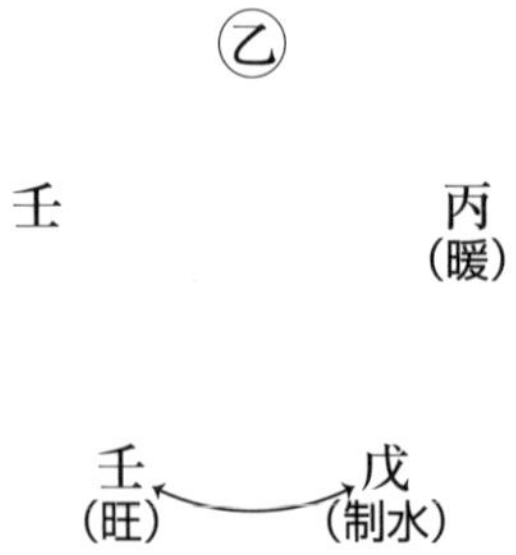

●昭和16年11月23日寅刻生　男命

●用神＝丙、甲、戊　●胎月＝庚寅

初冬の生まれである。小陽春といわれる（11月10日～12月10日）強くはないが水はやや強い程度。寅亥の支合あり、亥の自刑あり、丙は温もりとして天干に欲しい。戊は壬に対して制水の役目。亥の中の甲は湿っている。つまり、神経がデリケートな人であろう。甲＝兄弟をも指す（よく気配りするなど）。

戊（正財）	㊚乙	己（偏財）	辛（偏官）
寅 ～	亥	亥 ×	巳
戊	戊	戊	戊
丙	甲	甲	庚
•甲	•壬	•壬	•丙
旺	死	死	沐

●日干乙－子月　大雪～冬至～小寒

（12月節入～1月節入まで）

●調候＝丙

厳寒のとき、乙は丙の暖かさがなければ枯れてしまう。寒いときで水は不要、丙火あれば発展できる。南方運で発達。

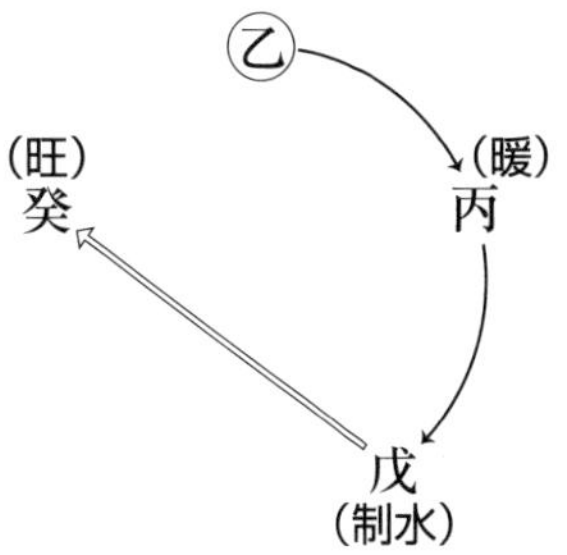

●昭和32年12月19日戌刻生　女命

●用神＝丙、甲　●胎月＝癸 卯

用神は丙、時干の丙が嬉しいが根がない。亥で水方合、申で金方合の情あり。巳で三合金局の情あり忙しい。時干の丙がよい役目、寒木向陽でありたい。大運が身旺運で夏運に恵まれ幸せな人。丁壬干合は化木しない。天干は水↓木↓丙と穏やかな人柄。月干壬で親は過保護のようだ。子供は、時柱でみると用神の丙で、よい子供とみられる。年干丁を祖母とみると、月干壬は母とみる。母親は祖母の面倒をみている。または親と祖母は仲良く。

丙 傷官	㊄乙	壬 印	丁 食
戌	丑～	子	酉
辛	癸	壬	庚
丁	辛		
•戊	•己	•癸	•辛
墓	衰	病	絶

●日干乙―丑月　小寒～大寒～立春

（1月節入～2月節入まで）

●調候＝丙、甲

　氷砂の季節、丙で暖める。甲で己を疎土。己は財星で甲木あれば財をコントロールできる。

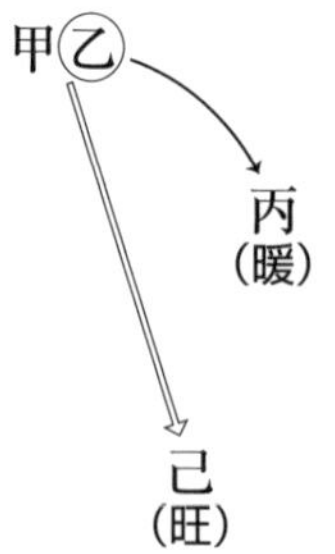

●昭和46年1月20日卯刻生　花田勝（三代目若乃花）

●甲神＝丙、甲　●胎月＝庚 辰

　蔵干にはあるが、天干に透干していないのが惜しまれる。土性が多く財に囲まれているが強くないので賑やかであることは己＝財＝女性が多いとも受け取れる。ファンが多く振り回されるとも受け取れるのは、疲れるが、商売ならば繁盛はするが…？　酉で三合金局の情あり。

　甲で財をコントロールしたいが、甲が来れば、甲己干合の妬合、冬生まれだから、木火運が巡れば幸せである。

庚 偏官	戌	辛	丁	•戊	墓
己 偏財	丑	癸	辛	•己	衰
(乙)	巳	戊	庚	•(丙)	沐
己 k	卯	(甲)		•乙	祿

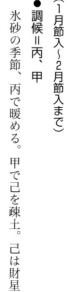

●日干丙―寅月　立春～雨水～啓蟄
（2月節入～3月節入まで）
●調候＝壬、庚

余寒が残っているときであるが、三陽開泰といい火気はいよいよ燃えだす。陽光の補映あるを喜ぶ。壬と丙のコラボレーションを楽しむ。壬は弱いので庚で助ける。

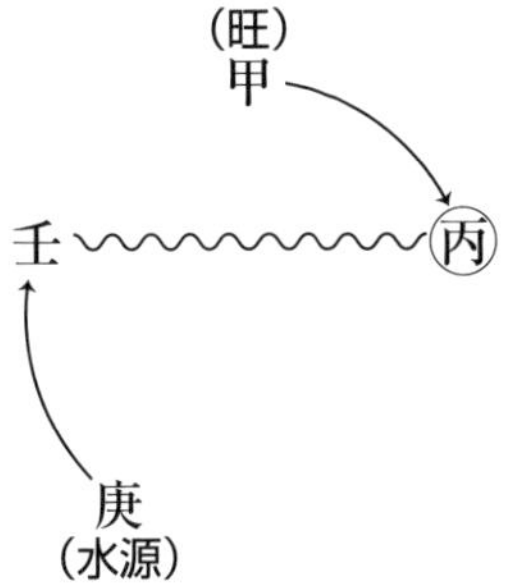

●昭和20年2月16日申刻生　逸見政孝　タレント
（H5年12月25日午刻死亡）
●用神＝壬、庚、甲　●胎月＝己巳

日干丙は初春に生まれである。寒さが残るので、日干丙には、根が欲しい、時柱丙申で天干に丙が並び競争が激しくエネルギー消耗の形がある。胎月も己巳であるが、甲と壬が用神となるも、月支寅の木が金水強旺したことと、日干丙を癸酉の大運で剋傷したことにより致命傷となった。まだ48歳の若さであった。さぞかし残念であったことであろう。

癸酉年甲子月庚辰日壬午時死亡。

丙	丙	戊（食神）	乙（印綬）
申	辰	寅	酉
戊	乙	戊	庚
•壬	•癸	•丙	
庚	戊	甲	•辛
病	冠	生	死

●日干丙ー卯月　啓蟄～春分～清明
（3月節入～4月節入まで）

●調候＝壬、己、庚、辛

徐々に陽気が進み暖かくなる。江湖の水は必需のものとなる。壬は弱いので水源として庚、辛が欲しい。壬がないときは己を用いる。

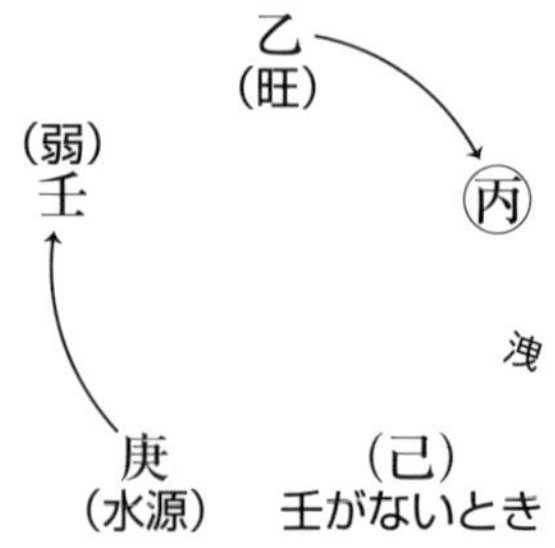

●昭和44年3月22日　辰刻生　有働由美子　アナウンサー

●用神＝壬、庚　●胎月＝戊午

日干丙は、中春に生まれた。寅で木方合、戌で金方合と目まぐるしい。柔らかさを感じるが地支が金・木と不安定さがあり、色々と考える人。NHKの朝の顔であったが、思うところがあって世の中へ飛び出したい気持ちにかられたのであろう、酉年からの蠢《うごめ》きがあったのであろう。

己	丁	㊅丙	壬
酉	冲 卯	申	辰
庚	甲	戊	乙
		壬	癸
•辛	•乙	•庚	•戊
死	沐	病	冠

●日干丙―辰月　清明～穀雨～立夏
（4月節入～5月節入まで）

●調候＝壬、庚、甲

　土性月で日干丙は晦火となる恐れがある。土重なれば、甲を用いて、晦火を防ぐ。丙に対して、壬、甲を用神とし、庚は水源としての用とする。辰月の壬は「墓」である。つまり壬は弱い。丙は壬によって輝くことが大切だから。

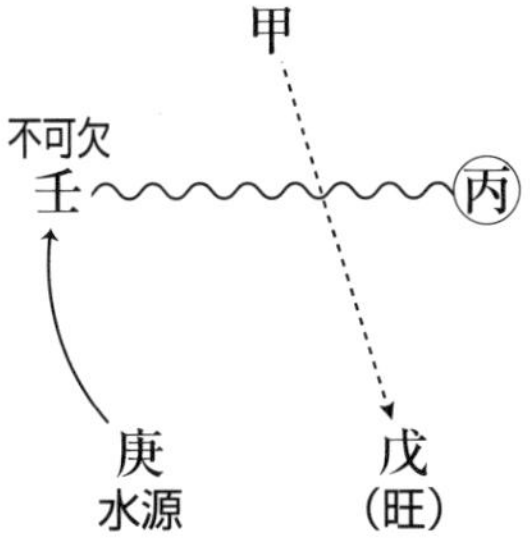

●昭和53年4月14日丑刻生　男命

●用神＝癸、甲　●胎月＝丁未

　命式は五行だけをみると、4：4の両神成象格となるが、蔵干は月支は初気の乙が出ているため、真の両神成象格にはならないので、火土燥雑の凶命となる。すなわち、日干丙には壬水で美しくバランスをとりたいが土性多く甲が来れば甲己干合、水源となる庚が来ても、旺丙に剋されすぎる。バランスが大切だが、少々の水はかえって凶である。金水木のバランスが大切。眼、心臓に注意。気の向くままに生きてしまう。

戊	丙	㊀丙	己
午	辰	午	丑
•丙	•乙	•丙	•癸
己	癸	己	辛
丁	戊	丁	己
旺	冠	旺	養

●日干丙－巳月　立夏～小満～芒種
（5月節入～6月節入まで）

●調候＝壬、庚、辛

壬水を調候として用いるが、壬水は弱く、十二運＝絶で涸れやすいので水源の庚、辛で生助する。壬水がなければ美しく輝けない。壬水でも根がなければバランスがとれない。

壬、庚あればバランスがとれ運気向上する。癸、庚あれば、壬のようなわけにはいかず、口先では上手ではあるが。

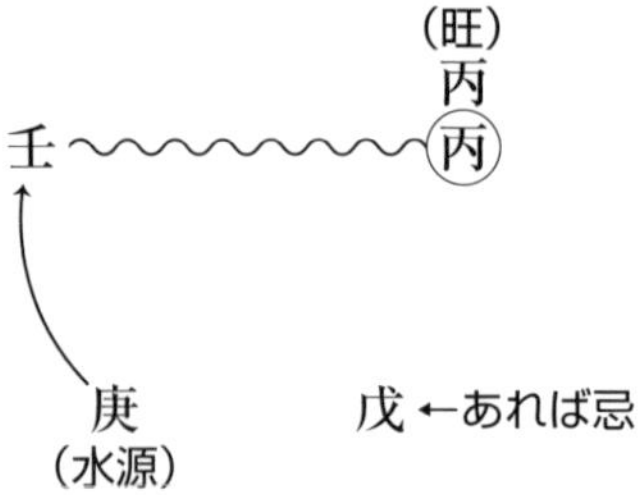

●昭和51年5月24日戌刻生　男命

●用神＝壬、庚　●胎月＝甲 申

日干丙は月令を得ている。年干にも丙があり火炎土燥の命である。壬は蔵干にあるが、表面にはない。癸では力不足である。戊の存在は癸との干合するので嫌な存在である。申で水局となると大きく動揺する。白血球の癌で平成4年9月12日死去。平成3年夏頃発病。活発な生徒。父母離婚。

（壬申年己酉月辛卯日死去）壬は用神にはなるが、やはりバランスが大切であり、金水が強くなりすぎれば忌となる。

丙	癸	㊛丙	戊
辰	巳	子	戌
乙	戊	壬	辛
癸	庚		丁
・戊	・丙	・癸	・戊
冠	禄	胎	墓

●日干丙－午月　芒種～夏至～小暑

（6月節入～7月節入まで）

●調候＝壬・庚

日干丙は月令を得て強く壬を用いてバランスをとりたいが、庚の水源があれば助かる。戊己は夏旺じ水を制するので命式を汚すので用いない。よほど水が多ければ戊土で制するが、また丁壬が干合することは、日干以外の干合は根がなければ去るを表わすので、変化がおきる。

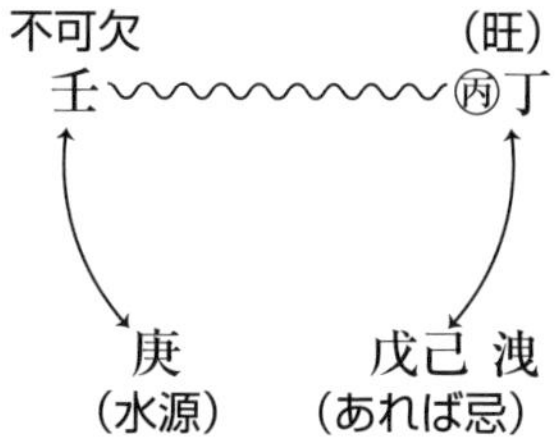

●昭和10年6月29日寅刻生

野村克也　元野球選手・元野球監督

●用神＝壬　●補佐用神＝庚、甲　●胎月＝癸 酉

日干丙は月令を得て強いが月干に用神の壬をもって年支と日支に根をもたれて日干丙を輔映している。壬が旺じれば甲は通関として働く。時干庚は水源として水を生じるが夏午月の金は強くない。スポーツ関係の人は金水がよいことが望まれる。丁酉年壬子月己巳日（H17年12月8日）に妻・佐知代さんを亡くす。用神の壬を丁で干合した。令和2年2月11日死去。

庚	(丙)	壬	乙
寅	子　冲	午	亥
戊	壬	丙	戊
丙		己	甲
•甲	•癸	•丁	•壬
生	胎	旺	絶

●日干丙―未月　小暑～大暑～立秋

（7月節入～8月節入まで）

●調候＝壬、庚

　未月の特徴は、大暑までは午月と同じであるから江湖の既済を求めるが大暑以降は土旺となるので、火は晦火になり、金への進気となる。調候として壬水を用いて調候とし、庚で助ける。土旺であるので、庚へ洩らす。己土濁壬にならぬように、壬には庚の助けが必要。土旺のときだから、土性太過のときには木性を用とする。

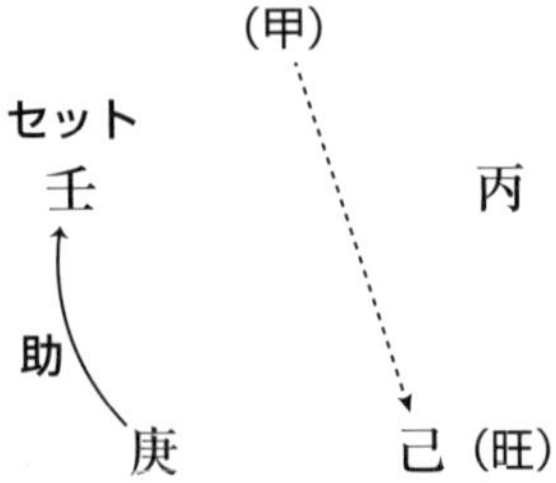

●昭和38年7月22日未刻生　女命

●用神＝癸、甲　●胎月＝庚 戌

　本来は壬が欲しいが癸しかない。土性が多いので甲も必要だが天干には出ていない。耳が悪い人である。耳は癸水がよい働きをしているが、力不足で根がないのは惜しい。体の部位としては耳は水の状態が重要である。

癸	己	丙	乙
卯	未	寅	未
甲	丁	戊	丁
	乙	丙	乙
・乙	・己	・甲	・己
沐	衰	生	衰

●日干丙－申月　立秋～処暑～白露

（8月節入～9月節入まで）

●調候＝壬、（戊）

申月は、未だ暑さが残っているので、壬水で輔映湖海でありたい。金は旺じ壬からは長生となる。戊は壬が旺勢のとき用い制水する。己は泥水になりよくない。水多ければ甲、戊を用いる。身旺でありたい。

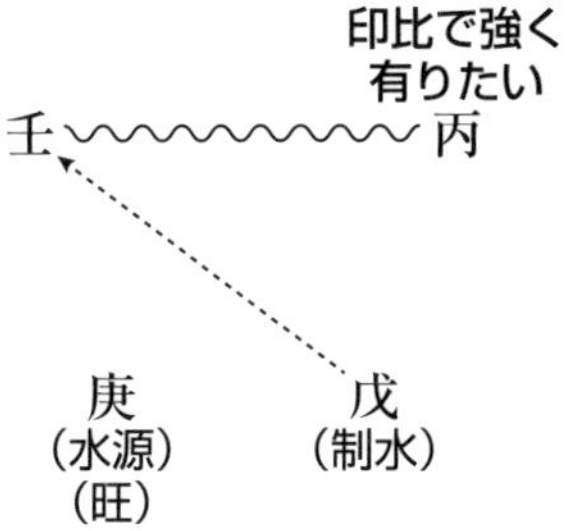

●平成13年8月21日寅刻生　本田真凛《まりん》　フィギアスケート選手

●用神＝壬、庚、甲　●胎月＝丁亥

日干丙は、申月に生まれた、年月干支干合又支合している。丙辛干合は財との干合で金銭はよく出る形。出費が多い。時柱に駅馬あり外国にも行く形がある。元命壬では用神であるのは嬉しい。子で三合水局、卯で木方合と日干にとっては大運とともにバランスがとれれば、行運とともに順調に成果が出るでしょう。楽しみな人である。

庚	㊉丙	丙（比肩）	辛（正財）
寅	辰	申	巳
戊	乙	戊	戊
•丙	癸	•壬	•庚
甲	•戊	庚	丙
（駅馬）生	冠	病	禄

●日干丙－酉月　白露〜秋分〜寒露
（9月節入〜10月節入まで）

●調候＝壬、癸　●補佐用神＝甲

天高く気は澄んで、日は黄昏に近付くが、その余光は川面を照らす。美しい風景が目に浮かぶような命式でありたい。あくまで、バランスによる。命式が弱ければ、甲で輔して欲しい。丙を汚した癸で曇らせたり、戊で隠したりしないようにしたい。

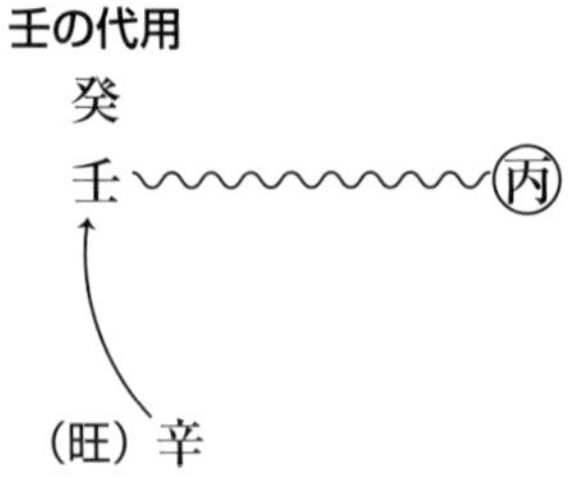

●昭和10年9月27日卯刻生　男命

●用神＝壬、甲　●胎月＝丙子

天干に乙2つあり甲は年支に暗蔵している。時支は甲があるが空亡しているために、力は半減する。壬は年支の蔵干にあるが天干には出ていない。戊午の年に息子を交通事故で亡くした。巳亥の冲。壬は官星である。自己が強いと子を剋す。丙辛干合は月支水ではないので化水しない。身旺運で活躍した。柔道家。

辛	丙	乙	乙
k卯	午	酉	亥
甲	丙	庚	戊
	己		甲
•乙	•丁	辛	•壬
沐	旺	死	絶

●日干丙－戌月　寒露～霜降～立冬

（10月節入～11月節入まで）

●調候＝甲、壬

晩秋で陰気は漸次加わり、日は地平線下に没し微光有るのみ。土性月は晦火を嫌う。霜降以前は酉月と同様に考える。甲で土を制し丙を助ける。甲によって土の制火と制水の作用を防ぐことになる。戊土は丁を含んでいるので、ぱさぱさした土であるので、甲は癸の潤いがあればよく制土できる。

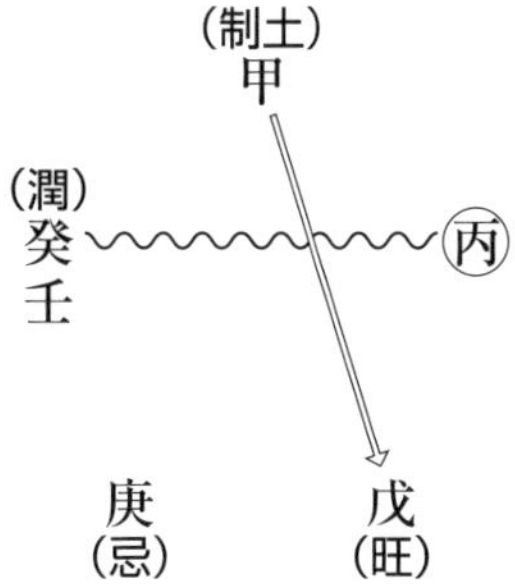

●昭和34年10月21日未刻生　渡辺　謙　映画俳優

●用神＝甲、壬　●胎月＝乙丑

年月甲己干合は、初気、中気は化土しないが、土性が強く水を剋している。正気で化土するので泥土は仕事の場所だから、一時、病気で仕事を離れることになった。甲の制土が充分ではない。日干は強くありたいが強くない。胎月もこれ又乙丑ではどうしようもない。H1年己巳の仕事中に、急性骨髄性白血病で倒れたがH2年にはカムバックした。（庚午年日支と冲、時支と午未の支合）しかし、H6年甲戌で再入院。月柱と併臨。

乙	㊅丙	甲	己
未	子	戌	亥
乙	辛	辛	壬
癸	丁	丁	
•戊	•戊	•戊	•癸
冠	墓	墓	胎

●日干丙－亥月　立冬～小雪～大雪
（11月節入～12月節入まで）
●調候＝甲、戊、庚、壬

初冬のとき、丙火は絶で最弱となるので、甲の生助を喜ぶ。甲で丙を助け、木が旺じれば庚がよく、水が旺じれば戊で、火が旺じれば壬を用いる。甲、戊、庚があってバランスよく相生すれば、吉祥である。

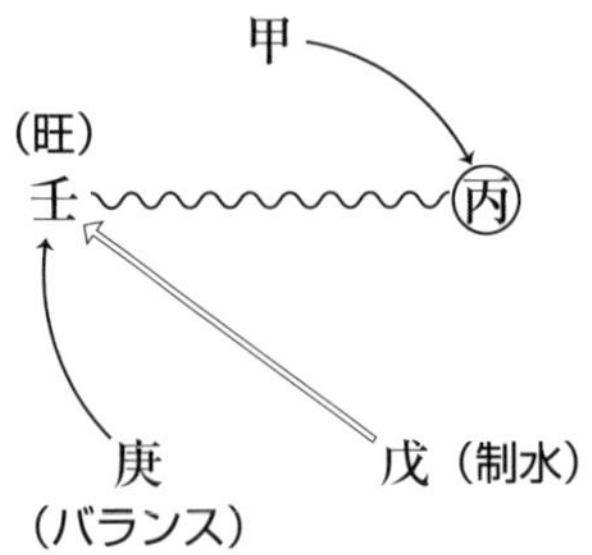

●昭和41年11月13日巳刻生　男命　大学1年で不登校になって28歳で復活した。
●用神＝甲（通関）戊月とみると壬も用神となるが
●胎月＝庚寅。

日干丙は亥月は最弱のとき、壬は旺じる。初気生まれで戊月生まれも考慮する。命式は水火相剋であるが己が月干にあり、これを学校とみると己土濁壬となり、丑で水方合、未で火方合の種をもち、大きくバランスをくずす結果となった。乙丑から癸酉まで不登校となり、甲戌で復調した。（9年間不登校であった）

丙	己	㊅丙	癸
午	亥	子	巳
•丙	•戊	•壬	•戊
己	甲		庚
丁	壬	癸	丙
旺	絶	胎	禄

●日干丙－子月　大雪～冬至～小寒
（12月節入～1節入まで）
●調候＝壬、戊、（己）、甲

極寒の季節であり丙火の勢いは衰えている。冬至後は一陽来復で弱い中にも力を得る。冬至前までは亥月と同様に甲で生助する。水旺なので壬を用いるときは戊で調整したい。己は戊の代用だが？　戊を用いるときはバランスに甲を用いる。

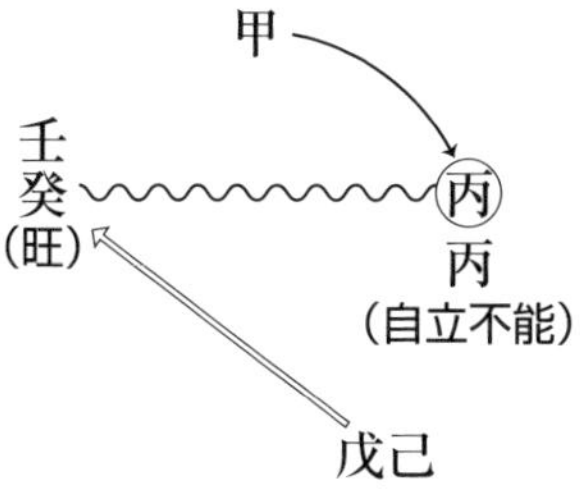

●昭和13年1月4日酉刻生　藤田小女姫　霊感占い師
（平成6年2月24日死去　甲戌年丙寅月辛巳日）
●用神＝壬（甲、丙なし）●胎月＝癸卯

日干に根なく弱い。年干陰干で順行運だから木火運に巡って、ありがたく活躍できた（11歳で天皇明仁の結婚予言）。年干丁火月干丁壬干合は化木しない。子丑があり亥で水方合、申酉があり戊で金方合、辰で水局の情あって水が多すぎるので丙には甲丙の比助も欲しい。死亡の大運は戊午、年運、甲戌年は金方合で、月の丙寅月は三合火局と日は辛巳日で金火の剋戦であった。

丁	(丙)	壬	丁
酉	申	子	丑
庚	戊	壬	癸
	壬		辛
•辛	•庚	•癸	•己
死	病	胎	衰

●日干丙－丑月　小寒～大寒～立春

（1月節入～2月節入まで）

●調候＝壬、甲

天地凍り、寒気烈しく、火勢は衰弱しているようでも二陽の進気となり、雪や霜を恐れず、江湖を喜ぶ。土性月で晦火を恐れる。大寒前は子月と同様の取用法。大寒後は己が旺じるので、濁壬と晦火を防ぐため甲を用いる。

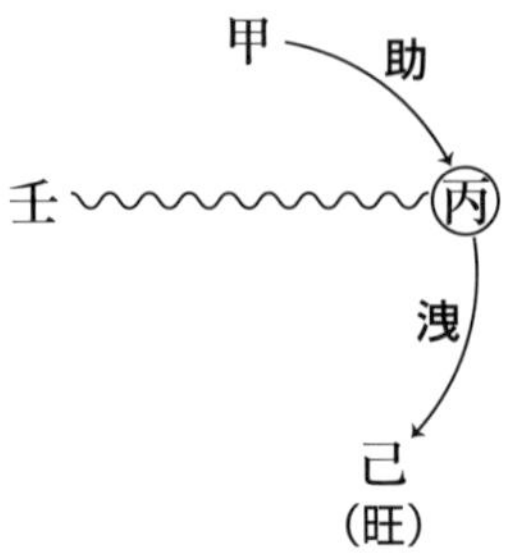

●昭和45年1月16日子刻　男命

●用神＝壬、（甲）　●胎月＝戊辰

大寒前の生れであるので子月と同様にみるが、日干丙に根がなく非常に弱いので、甲が欲しいがこれもない。蔵干は中気が出て、辰で水局、巳で金局の情があり、折角の巳が巳としての力が出ないので従勢格的に生きていく人のようだ。行運も逆行運であり金水運が続く。日干丙にとっては苦しい状態だが、控え目な温和《おとな》しい性格のようだ。自我を出さず、運に任せて生きる人。

庚	(丙)	丁	己
子	申	丑	酉
壬	戊	癸	庚
	•壬	•辛	
•癸	庚	己	•辛
胎	病	衰	死

●日干丁－寅月　立春～雨水～啓蟄
（2月節入～3月節入まで）

●調候＝甲、庚

寅月は未だ余寒が残っている。火は未だ旺じていないが、木が旺じてくるので、金により木を制する。金はこの時期は弱い。丁が弱いので甲を火源として、庚は甲を劈甲して火源とする。甲が旺じてくれば、庚で制する。木火多いときは壬で中和を保つ。

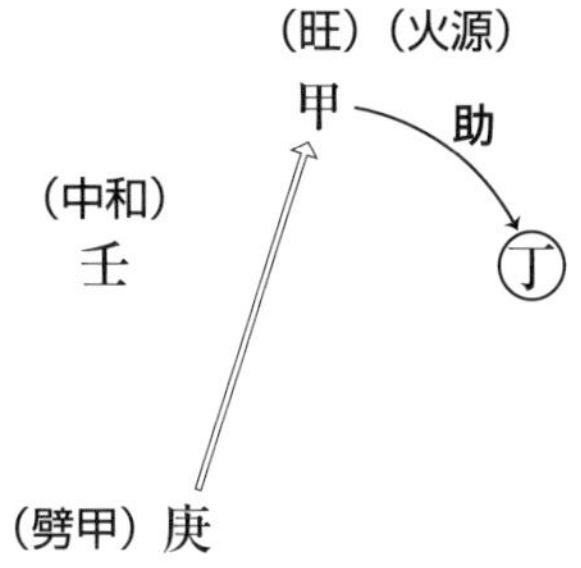

●昭和23年2月22日申刻生　都 はるみ　演歌歌手

●用神＝甲、庚　●胎月＝乙巳

天干に戊が2位あるは有火有炉のたとえあり、弱い火を炉で守り、役立てる。身は弱いので炉の守りで燃えさかる。よって、月柱の甲木はありがたい親である。戊は炉の役目、土性をよく制してくれる甲木もある。甲木を劈甲する庚が天干に透出していないのは惜しい。戊午で結婚（年支の子と冲するのは、結婚で家を離れる意味あり）、34歳壬戌で離婚（大運辛亥で水方合）で疲れて引退した（甲子）。36歳丁卯で復帰、今度はプロデューサーとして。

戊	丁	甲	戊
申	丑	寅	子
戊	癸	戊	壬
壬	辛	丙	
•庚	•己	•甲	•癸
沐	墓	死	絶

●日干丁ー卯月　啓蟄～春分～清明

（3月節入～4月節入まで）

●調候＝庚、甲

春は庚が弱いが、庚を用いて乙を干合して除く。次いで、甲で丁の燃料として助ける。湿った乙を採り除く。庚、甲あれば嬉しい。

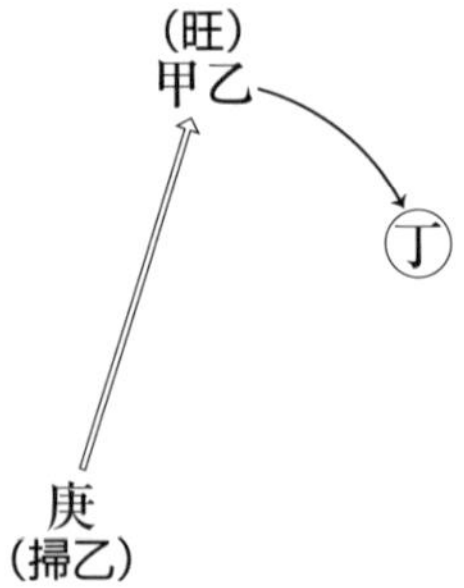

●昭和15年3月25日申刻生　志茂田景樹　作家

●用神＝庚、甲　●胎月＝庚午

調候の庚は年干にあるが根は遠い、甲は初気に蔵干として暗蔵、戊は有火有炉でありがたいが、己土は日干丁の力を抜くのでよくない、エネルギー消耗である。洩星で己は官星の壬を汚し、己土濁壬となり、20以上職を変えた経験から二百五十冊以上の本を出版した。順行運で木火運に巡り、その後、財運で頑張れた。

戊	丁	己	庚
申	卯	卯	辰
戊	甲	甲	乙
壬			癸
•庚	•乙	•乙	•戊
沐	病	病	衰

●日干丁－辰月　清明～穀雨～立夏

（4月節入～5月節入まで）

●調候＝甲、庚

陽気は一段と進み丁は盛んになる。月支土性で戊が旺盛となり、火気は洩が多くなり弱まる。甲の沽躍が望まれる。穀雨前は卯月と同じような取用法。穀雨後は甲が旺土を制し、丁を生助する。また、木の勢いが盛んであれば、庚で制す。また、庚で戊の勢いを洩らす。甲が透出し庚があれば秀才。

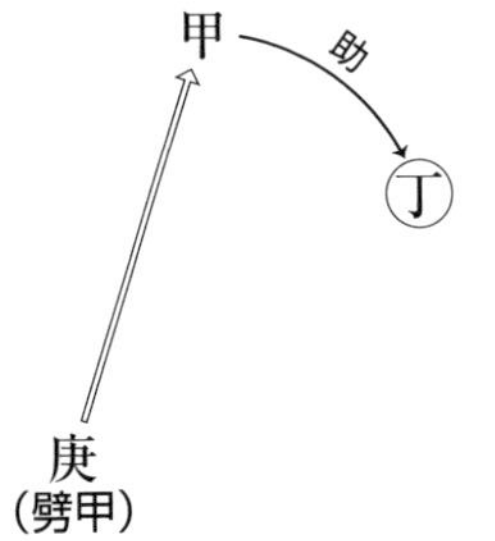

●昭和22年4月8日酉刻　千 昌夫　歌手

●用神＝甲、庚　●胎月＝乙 未

月干に用神の甲をもち、火源で制土している。庚は暗蔵だが天干に透出したときは嬉しい。天干に丁火が年と日にあるが、丁壬干合は1対1になったとき変化とみる。丑で三合金局。壬子年は25歳でシェパードと結婚、個人事務所アベインターナショナル設立で2つのことで丁壬が1対1となった。

己	(丁)	甲	丁
酉	巳	辰	亥
•庚	•戊	•乙	•戊
	庚	癸	甲
辛	丙	戊	壬
生	旺	衰	死

●日干丁ー巳月　立夏〜小満〜芒種

(5月節入〜6月節入まで)

●調候＝甲、庚

初夏である。丙火が月令となる。丁は旺じて炎烈となる。木の助けが多くても困る。木金のバランスが大切。丁を甲で生助するが丁火が烈火にならぬように庚で甲を制する。甲庚があれば、水の存在は忌。丙の透出は「丙奪丁光」となり忌。

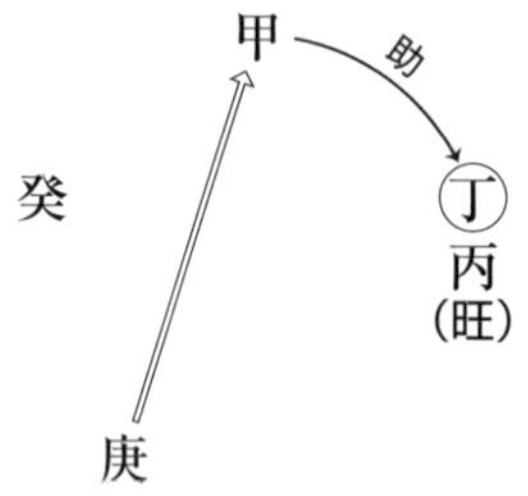

●昭和17年5月24日辰刻生　小沢一郎　政治家

●用神＝庚、甲、己　●胎月＝丙 申

日干丁は月令を得て強く。未で火方合。酉で三合金局の種をもつ。元命丙で劫財は厚顔。甲は多く要《い》らぬ。父の地盤を継ぐ。(22歳) 暗財多くあり胎月も丙申である。庚は天干に欲しい。27歳己酉で父親の死亡。甲己干合では変化が起こる。(日干以外の干合で根なければ去る)

甲	㊜丁	乙	壬
辰	丑	巳	午
乙	癸	戊	丙
癸	辛	庚	己
•戊	•己	•丙劫	•丁
衰	墓	旺	禄

●日干丁－午月　芒種～夏至～小暑
（6月節入～7月節入まで）

●調候＝壬、庚、癸

炎暑の季節であり、火勢は旺じて猛烈となる。金水でもってその勢いを制する。壬で火を制し、庚は水源として壬を助ける。壬で火を制すれば庚は安全、互いに救済の作用をする。癸は、壬を助ける。壬は年干にあるとよい。水を用とするときは、木や土の存在は忌となる。

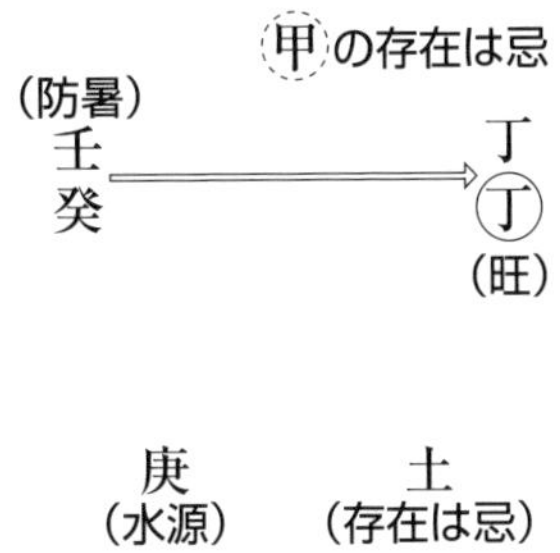

●昭和21年7月2日子刻生　西川 潔　タレント

●用神＝壬、庚　●胎月＝乙 酉

日干丁は庚、甲を抱え身弱ならば大変嬉しいが、午月には甲は不要、壬が用神となる。また、土の存在も忌となる。地支は半会し、丙もあるので火は旺強となっている。元命比肩で頑固な面もある。丙寅の三合火局では参議員になったが、議員生活に己丑で終止符を打った。寅で火局、亥で水方合、大運は西北運がよい。72歳が接木運となり、春運に向う。注意。

庚	丁	甲	丙
子	丑	午	戌
壬	癸	丙	辛
	辛	己	丁
•癸	•己	•丁	•戊
絶	墓	祿	養

●日干丁－未月　小暑～大暑～立秋

（7月節入～8月節入まで）

●調候＝甲、壬、庚

　暑気の厳しいときであるが、火は退気となる。木で生助すれば、火炎土燥となるので、水の潤沢を施す。大暑前は午月と同様だが暑気で弱まった丁を甲で生助し、また、己で制する。壬で炎燥を加減する。さらに、庚の水源があればよい。甲が丁を助け丁が旺じ金水があれば貴命。もし、庚がなければ伸びがたい。

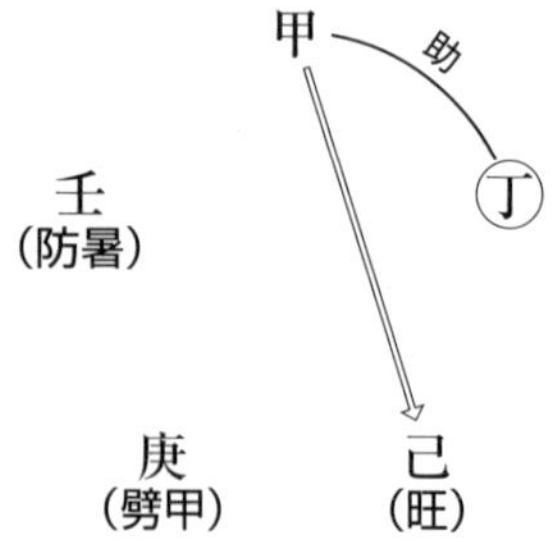

●昭和12年7月29日午刻生　橋本竜太郎　元首相

（平成18年7月1日死去　丙戌年甲午月辛卯日）

●用神＝体神は火　●喜神は木、火、土

●忌神は水　●胎月＝戊戌

　日干は月令を得て強く、地支火方合して炎上格となる。木火運で推移し、57歳～冬運になり、金水運で心臓の手術、庚＝腸系統で、結果、腸管虚血性疾患で死去であった。蔵干の巳の中の庚が天干又は地支に出干のとき、火金の相剋で腸に、肺に変化が起こる。

丁	丁	(丁)	丙
	K	火方合	
丑	未	巳	午
癸	•丁	戊	•丙
辛	乙	庚	己
•己	•己	•丙	•丁
墓	冠	旺	祿

●日干丁―申月　立秋～処暑～白露
（8月節入～9月節入まで）

●調候＝甲、庚、丙、戊

熱気は去ってはいないが、火勢は衰え収束に向う。木の助けを頼りとする。甲で弱い丁を生助し、庚で甲を火源とする。甲丁共に弱いので、丙で旺金を制止丁を守る。夏月以外は「丙奪丁光」にはならない。戊は水が多いときに用いる。

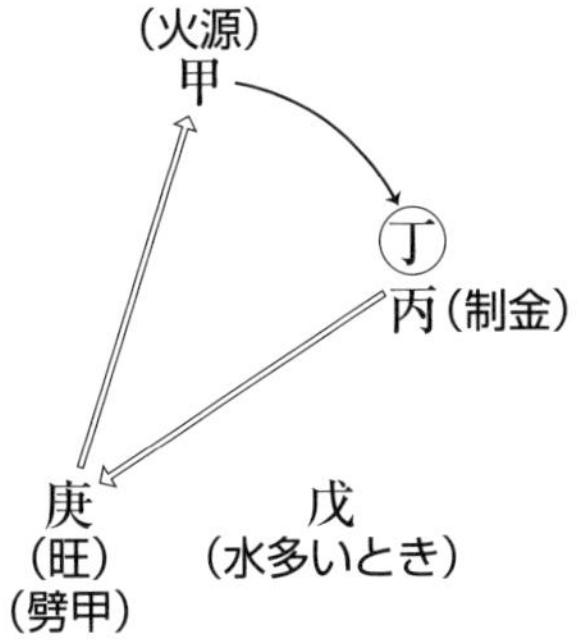

●昭和33年8月28日未刻生　男命　歯科医師

●用神＝甲なし、乙、丁　●胎月＝辛亥

日干丁で未と戌の蔵干には丁があり根となるが、年柱、月柱、共にしっかりした干支である。時柱は地支未ではあるが強い。共に正気の生まれであるが、火源の甲がないのが惜しい。土性が多く晦火、つまり輝けない。庚申の月柱はしっかりしていて、仕事は歯科医としては頑張れるが、妻の星はありながらなかなか踏ん切りがつかないで、永く独身であった。ぱっとしない人。

丁	丁	庚戈	戊
	K		
未	丑	申	戌
丁	癸	戊	辛
乙	辛	壬	丁
•己	•己	•庚	•戊
冠	墓	沐	表

●日干丁－酉月　白露～秋分～寒露

（9月節入～10月節入まで）

●調候＝甲、庚、丙（戊水多ければ）

暑気は去り、金性が旺じ、木火は弱い。酉月の火は、申月同様に他の助けを必要とする。甲で弱い丁を生助し、庚で甲を火源とする。甲丁共に弱いので、丙で旺金を制し甲を守る。甲庚丙があれば、富貴。甲なしで、乙を代用にするとき丙が必要。

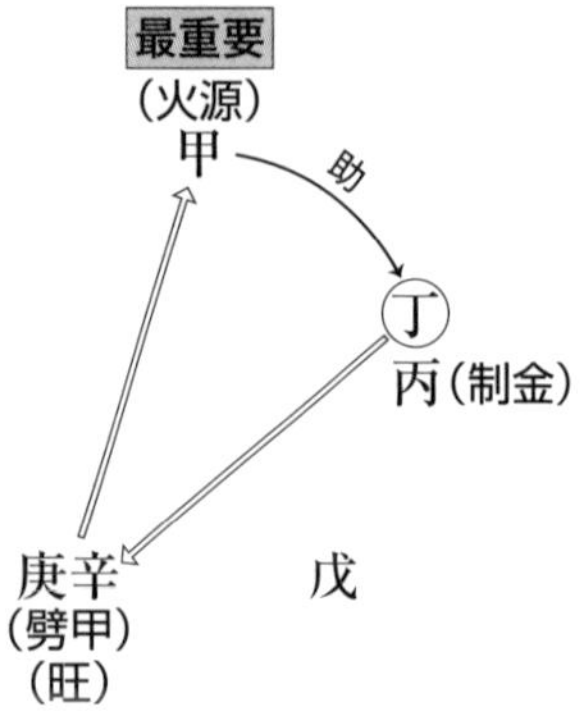

●昭和39年9月15日巳刻生　男命　大学教授

●用神＝甲、庚、丙　●胎月＝甲子

日干丁は酉月に生まれたが蔵干は初気が出ている。用神は一応甲は年干にあり嬉しいが月干に癸が出ているのは甲を湿らせるのでよくない。庚は月支蔵干に出ている。本来天干に透出して欲しい。男命であるから順行運であり若年運は冬運に巡り。苦労。48歳運からは、春運に巡り思いが叶う。月干の癸が鬼門である。苦労である。

乙	㊐丁	癸	甲
巳	卯冲	酉合	辰
戊	•甲	•庚	•乙
•庚			癸
丙	乙	辛	戊
旺	病	生	衰

●日干丁－戌月　寒露～霜降～立冬

（10月節入～11月節入まで）

●調候＝甲、庚

戌月の特徴は、晩秋で陰気は加わり火の勢いは弱く、光は微弱。甲木の助けで輝きを増す。旺戌を甲で制し、庚に洩らす。甲、庚共にあれば、功名顕達する。戌があれば丁を晦《くら》くするのでよくない。戌月はばさばさの水気がないので、甲があるときは、1～2の水があれば甲は涸れない。甲、庚共にあるのがよい。

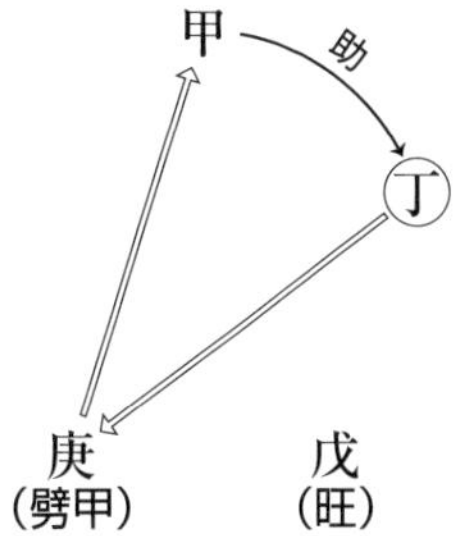

●昭和21年10月10日卯刻生　菅 直人　国会議員

●用神＝甲、庚　●胎月＝己丑

日干丁は時干癸から剋されてる。神経敏感を表わす。月干支は戌月で戌が年支とあり、甲は用神であるが、洩星が多く甲は反剋され疲れる。日干に根はあるが、時干癸と日干丁の剋は、いらいらがつのりやすい上に洩星の土性への洩らしで辛抱できない短気を引き起こしやすい。甲の仕事は日干をサポートであるが洩気がを強いので土を制土の役目もあり、いらいらがつのる。胎月もまた己土ではどろどろしてくるのは堪えがたい。

癸	㊜丁	戊	丙
卯	巳	戌	戌
•甲	•戊	•辛	•辛
	庚	丁	丁
乙	丙	戊	戊
病	旺	養	養

●日干丁―亥月　立冬～小雪～大雪

（11月節入～12月節入まで）

●調候＝甲、庚

初冬ではあるが、小陽春の日が12月10日位まで続く。柔弱の火はさらにその光を減じる。甲の助けが欲しい。甲が強ければ、庚で加減する。甲、庚あれば上格といえる。己の存在は忌むが、戊の存在は有火有炉の例えで、弱い丁を戊は炉として守る。甲、庚あれば発福偉大。甲を用とするときは、庚と共にあるのがよい

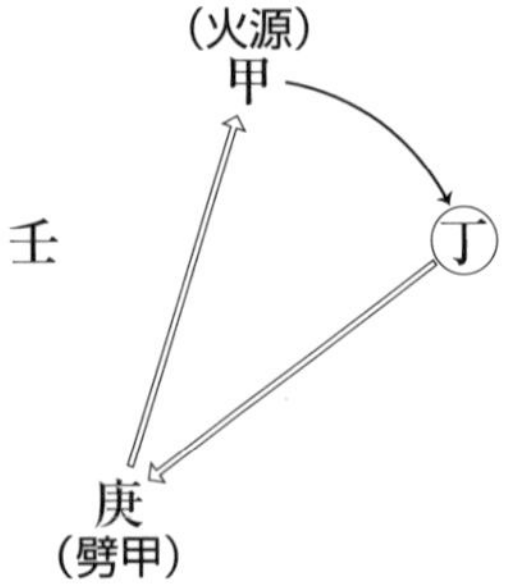

●平成6年12月7日寅刻生　羽生結弦　フィギュアスケート選手　平成30年国民栄誉賞に輝いた

●用神＝甲、庚　●胎月＝丙 寅

日干丁はデリケートである。天干に用神の甲、庚をもち、根あり、年支、月支が空亡しているが、これは、国を離れる意味があると考える。地支未で木局の要素があり、また若年運の20歳からは春運となって、周りからの応援が期待される。頑張り屋であり、さらなる上を目指して欲しい。国民栄誉賞の授与される日も、乙未の日で三合木局でもある（7月2日）。

庚	丁	乙	甲
		K	K
戌	卯	亥	戌
辛	甲	戊	辛
丁		甲	丁
•戊	•乙	•壬	•戊
養	病	胎	養

●日干丁－子月　大雪～冬至～小寒

（12月節入～1月節入まで）

●調候＝甲、庚

極寒の季節、丁は絶となり光は消滅の恐れがある。木の生助は不可欠である。甲で丁を助ける。甲が強ければ庚で加減する。秋、冬は特に甲があれば上格。甲を用神とするときは、庚もともにあればよい。

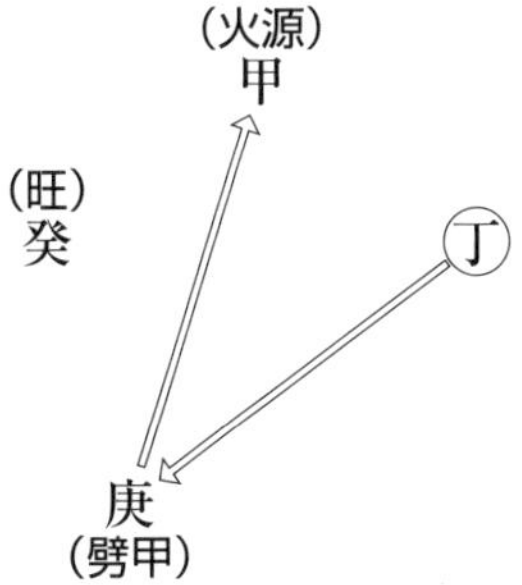

●昭和56年12月25日申刻生　男命

●用神＝胎月の卯　●胎月＝辛 卯

日干丁に根がない、印星もない、金水が旺じて従勢格的に考え検討したいが、戌が来ても金方合となり戌として扱えない。身弱の金水寒冷の命式である。亥で水方合。有火有炉にしても戊に根がない。大運16歳まで己亥で水方合、13歳甲戌年で金方合金水寒冷で、結核。大腿骨剥離＝金の病。

戊	㊜丁	庚	辛
申	丑	子	酉
戊	癸	壬	庚
壬	辛		
•庚	•己	•癸	•辛
沐	墓	絶	生

●日干丁－丑月　小寒～大寒～立春

（1月節入り～2月節入まで）

●調候＝甲、庚

寒冷のときであるが、陽気が広がる。火は衰弱し木の生助なしに光は放てない。前月同様の取用法。甲で丁を助ける。甲が強ければ庚で加減する。秋冬は特に甲があれば上格。甲を用とするときは庚とともになければならない。己があればせっかくの甲も干合して、甲の情を己に向けて丁を生じなくなる。

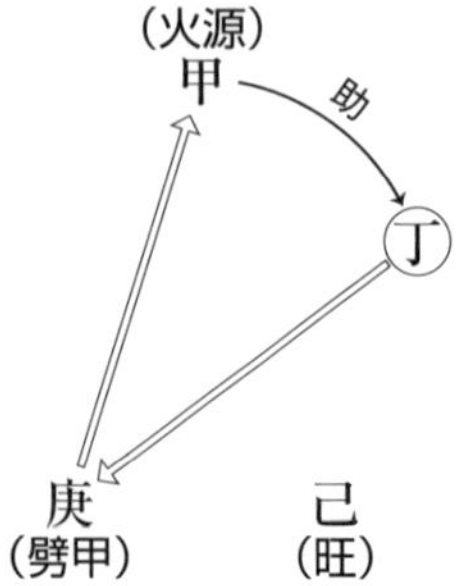

●昭和58年1月19日戌刻生　宇多田ヒカル　歌手

●用神＝甲、庚　●胎月＝甲 辰

用神の庚、胎月に甲をもち、近接はしていないが先祖からの恩がいただけているか？　土性が地支に並び丁の日干は洩弱である。つまり洩星が多く、歌で人のために尽くす形である。卯月に離婚した。戊の存在は有火有炉で、弱い火だから戊の炉中で燃える形であるが天干にはない。戊戌年は戊癸干合で仕事を辞めることに。

年運戊戌

壬	癸	㊀丁	庚
戌	丑	未	戌
辛	癸	丁	辛
丁	辛	乙	丁
•戊	•己	•己	•戊
養	墓	冠	養

●日干戊－寅月　立春～雨水～啓蟄
（2月節入～3月節入まで）

●調候＝丙、甲、癸

寒気が未だ去らないときだから、暖をとり、土に生意をもたらし、疎土と潤いを与えれば、万物を育てる土となる。丙で暖をとり生助し、甲で疎土して、癸で潤す。丙甲癸共にあれば大富貴の命式。丙、癸をより重要視する。温もりあってこその命である。

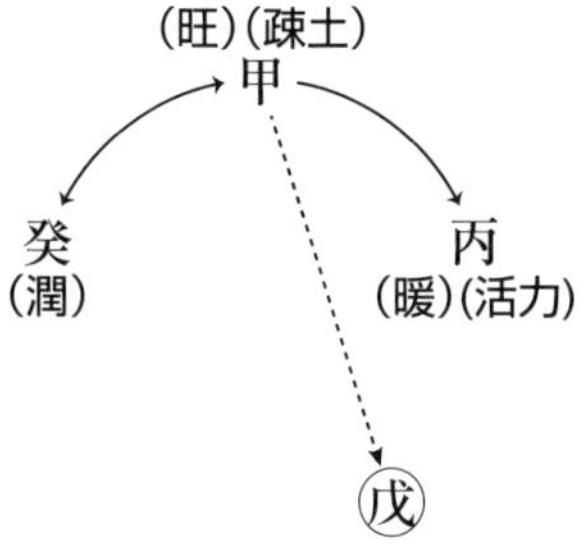

●昭和53年2月15日酉刻生　男命
軽い登校拒否があったが、生徒会長をした

●用神＝丙、甲、癸（ナシ）（暖）扶抑

命式戊に根がなく弱い、月柱甲寅は強くよい学校？時柱辛は根を申酉にもち強い。年月寅午は戊で火局であると同時に金方合にもなり不安定である。甲の制土は充分ではない。水気不足で甲は疎土が充分できない。戊土は弱く振り回される。充分に自分の意志が通らないのでストレスから不登校になった。駅馬あり（寅＝駅馬）、海外へ行きたいという。

辛	㊀戊	甲	戊
酉	申（冲）	寅	午
庚	戊	戊	丙
	•壬	•丙	•己
•辛	庚	甲	丁
死	病	生	旺

●日干戊－卯月　啓蟄～春分～清明

（3月節入～4月節入まで）

●調候＝丙、甲、癸

陽気が進み暖かくなるが、土を暖めなければ土の活力は生じない。疎土して潤いがあれば、万物は成育する。丙で土を暖め、甲で疎土して、癸で潤いを与える。丙、甲、癸あれば大富貴の命式。丙癸をより重要視する。

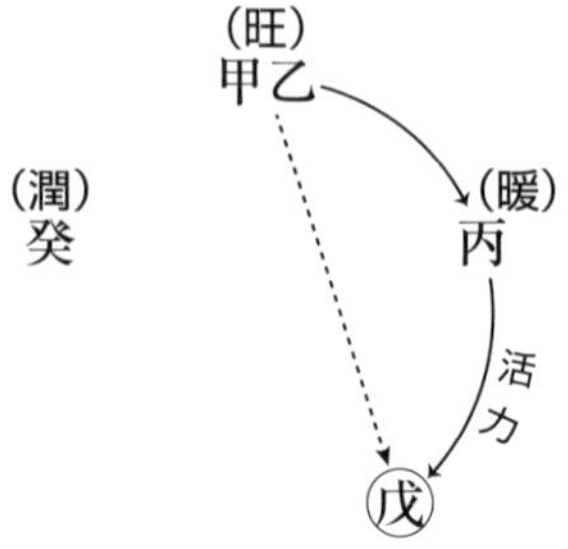

●昭和32年3月27日午刻生　女命　経済観念しっかり者

●用神＝癸、甲

命式中に会合、冲があるが天干は情不専、地支は半会と冲が残る。戊戌の燥土が重なり、甲の疎土が欲しい。癸はよい働きをしている。丙、甲の暗蔵は惜しい。癸が充分でない根が欲しい。マネービル（株式などによる財産づくり）に関心がある。戊癸干合は火化しない。実家から嫁いだ人で3人の子供（女2人男1人）。

戊	(戊)	癸財	丁
半会	支合		冲
午－	戌－	卯＊	酉
丙	辛食	甲	庚食
己	丁		
•丁	•戊	•乙	•辛傷
旺	墓	沐	死

●日干戊―辰月　清明～穀雨～立夏
（4月節入～5月節入まで）
●調候＝甲、丙、癸

陽気は盛んになり、土性月で戊土が月令を得る。土は厚いが、作物を育てる土となり癸が入っている。穀雨前は卯月と同様の取用法。まず土性月だから甲を用いて戊を疎土する。次に、丙の熱気を要し、癸の潤いを与える。丙甲癸共にあれば富貴。甲をより重要視する。いずれか欠落すれば、発達はない。

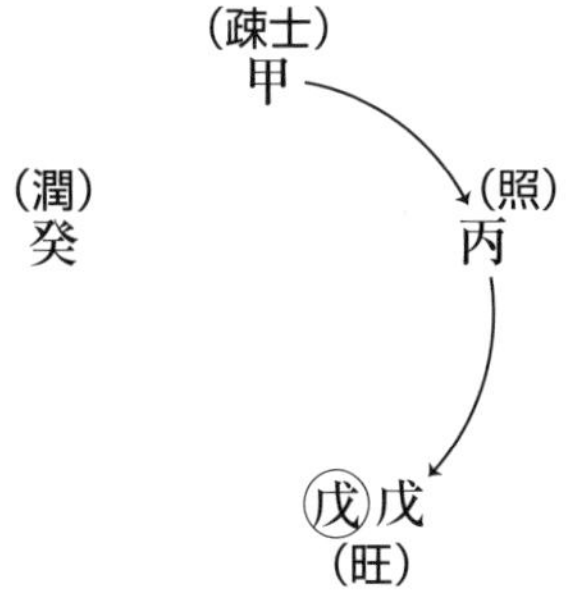

●昭和23年5月3日未刻生　女命　リウマチ（ギリシャ語で「流れる」の意味。胆石胆囊）
●用神＝丙、癸、甲ナシ　●胎月＝丁未

土性太過して、地支は水気が多い、土水相剋は激しい。丙は、活力を戊に与えるものとして嬉しいが、地支水多く丙は晦火で、最重要の甲がない。また、金性がなく洩気ができない。甲の剋土がなければ、金の洩土で対応しなければならない。土水相剋の通関にもなる。しかし、命式に金はない。リウマチは水木の病。胆石は木の病。

己	戊（○）	丙	戊
未	子～	辰～	子
丁	壬	乙	壬
乙		癸	
•己	•癸	•戊	•癸
衰	胎	冠	胎

●日干戊ー巳月　立夏～小満～芒種

（5月節入～6月節入まで）

●調候＝甲、丙、癸

土は陽火に逢い、勢いは強くなる。土を解し太陽の熱と雨露の水があれば、万物の成長は可能となる。厚い戊を甲で疎土する。次に丙で活力を、癸で潤沢を与える。甲、丙があって、癸が蔵干にあれば吉祥。戊癸干合を忌む（火化する要素）。甲による疎土は水の存在があれば可。

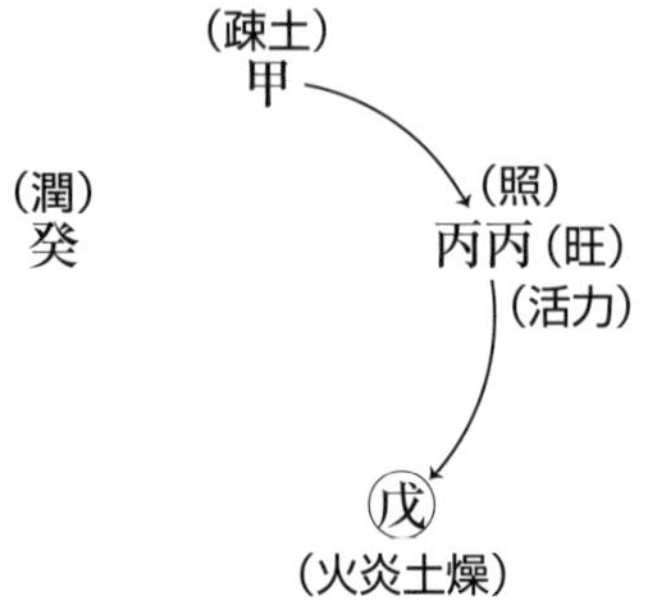

●昭和52年5月21日卯刻生　女命　不登校～自殺

●用神＝壬ナシ、癸ナシ

火が強く、火炎土燥となっている。水がなく、乾いているので甲木は土の疎土は充分にできない。金水が欲しいが、単なる水はかえって凶運となる。湿土のほうがよいが、命式中にその手立てとなるものはない。甲申年丁亥月に飛込み自殺した。巳の中の庚は使えないというが、事相としては庚に申、酉のように庚に根が出たときに物事が発現する。

乙	㊍戊	乙	丁
卯	寅	巳	巳
甲	戊	戊	戊
	丙	庚	庚
•乙	•甲	•丙	•丙
沐	生	禄	禄

●日干戊ー午月　芒種〜夏至〜小暑
（6月節入〜7月節入まで）
●調候＝壬、丙、甲

火勢は強く、土は燥土になる恐れがある。炎熱を和らげ、土を疎土して、太陽は情況を考慮して用いる。潤いには癸水に代わり壬を用いて暑さを和らげる。次いで、甲で戊を疎土して、状況をみて丙を用いる。壬甲共にあれば自然に発福偉大。位は高く権力をもつ。辛が壬を生助すれば、さらに名利向上。

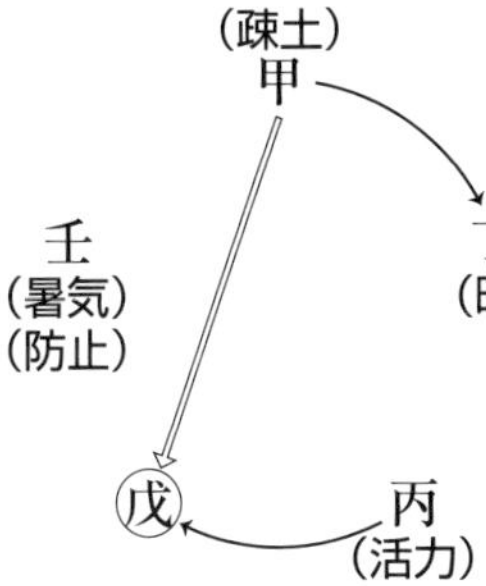

●昭和10年6月11日辰刻生　女命　アトピーの患者
●用神＝壬　●胎月＝癸 酉

初気の生れで巳月と同様にみてもよい。火土が旺強で火炎土燥の恐れがある。壬癸はよい働きをしている。西北運がよいが、大運丙戌運で発病した。火土燥雑で夏の壬は滴水であり苦しい。体の内面よりの抗議だから体質改善が大切である。食事療法などにも気配りしたい。戊の根は、辰にあるが、午は旺といっても皮膚を乾かすだけであることを知らねばならない。

丙	㊋戊	壬	乙
辰	午	午	亥
•乙	•丙	•丙	•戊
癸	己	己	甲
戊	丁	丁	壬
冠	旺	旺	絶

●日干戊ー未月　小暑〜大暑〜立秋

（7月節入〜8月節入まで）

●調候＝癸、丙、甲

火の勢いはまだ強く、しかも土性月で土は燥となる。雨露の潤沢は緊要。潤沢の後に疎土をおこない、太陽で陽和をはかる。金は進気となる。大暑前は午月と同様の取用法。癸を用いて戊を潤し、甲で疎土する。命中に金水が多いとき、丙は考えて用いる。癸丙甲共にあれば名利通達。バランスが大切である。

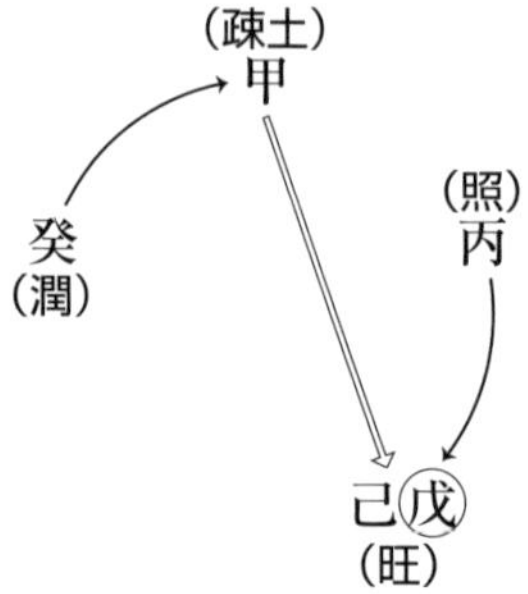

●平成14年7月19日亥刻生　藤井聡太　棋士

●用神＝丙、癸、甲　●胎月＝戊 戌

日干戊は乾いている。戊癸干合、丁壬干合あり月支未であるが化火しない、月干、年干も干合するが化木しない、巳で火方合丑で水方合の種がある。水火と忙しい。日干戊で蔵干と戊癸干合しているのは夫婦は仲良しといわれる。干合、支合がやたらと多い人だ。行運も金水運にまわり吉運が続く。幸せな人生になるであろう。最初の恋愛は破れる。令和2年7月22日、最年少記録にてタイトル獲得。

壬（偏財胎）	丁	戊	癸
午	未	子	亥
丙	丁	壬	戊
•己	•乙		•甲
丁	己	•癸	壬
旺	衰	胎	絶

●日干戊－申月　立秋～処暑～白露

（8月節入～9月節入まで）

●調候＝丙、癸、甲

初秋は熱気はようやく衰退になる。金が替わりに旺じる。土は土性月でなければ旺じないから強くはない。丙の役割が重要になる。丙で戊に活力を与え、癸で潤す。命中に土性が多いときは、甲で疎土する。丙甲癸共にあれば富貴極品。

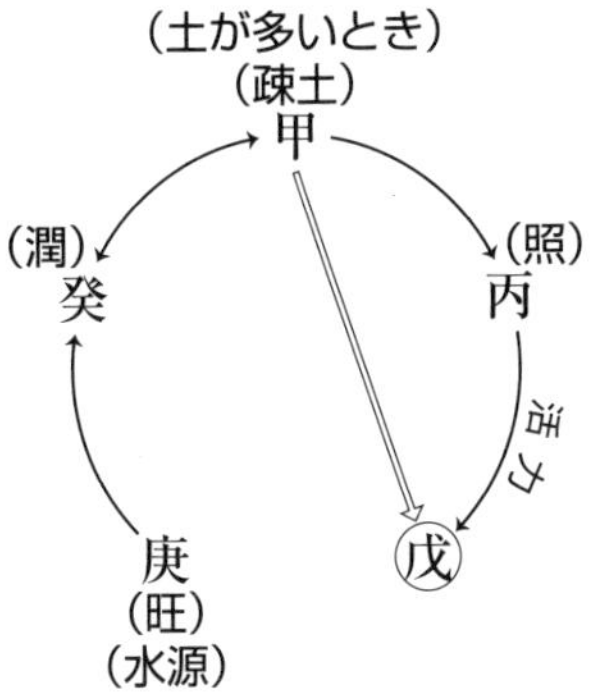

●昭和40年9月1日戌刻生　男命　官殺混雑の命

●用神＝丙、甲、癸代用壬

申月の戊だから気勢は弱い。洩が多く丙の助はあるが秋の火は弱い。官殺混雑、午の中の丙が暗蔵は惜しい。命式中に癸がないから壬が代用である。地支寅で火局、酉で金方合。天干に、甲、乙とあるのは職の変化とみる。銀行～国税へと変化した。庚は乙庚干合、甲は己との干合で、いずれも根がないので変化する。

壬	戊	甲	乙
戌～	午	申～	巳
辛	丙	戊	戊
丁	己	壬	庚
•戊	•丁	•庚	•丙
墓	旺	病	禄

●日干戊－酉月　白露～秋分～寒露

（9月節入～10月節入まで）

●調候＝丙、癸（甲）

金が旺じるので、土生金となり土は衰えて虚となる。丙の助が必要となる。丙を用いて暖をとり、戊に活力を与え、癸で潤す。必ずしも甲の疎土は必要ではない。丙が日干を助け、辛が癸を生じるとき秀気流動して必ず富貴顕達。

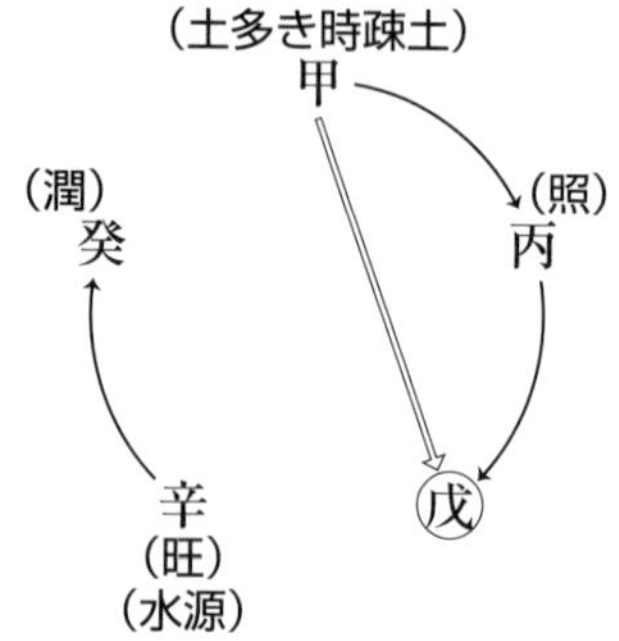

●昭和47年9月14日辰刻生　中村獅童　歌舞伎役者

●用神＝丙、癸　●胎月＝庚子

日干戊は中秋に生れた。地支戌で金方合、三合水局の情あり。用神丙が時干にあるは、ファンが多いとの見方ができる。年、月が濁壬になっているのは血流がともすれば悪い形をあらわしている。用神丙に根がないのが惜しい。金の三合して肺腺癌を患う。戊で金方合でもある。現在はよい治療法も発達しているから、頑張ってもらいたい。

丙	戊	己	壬
辰	申	酉	子
•乙	•戊	•甲	•壬
癸	壬		
戊	庚	乙	癸
冠	病	沐	胎

●日干戊―戌月　寒露〜霜降〜立冬

（10月節入〜11節入まで）

●調候＝甲、癸、丙

晩秋で陰気は漸次加わるが、土は月令を得て旺じる。甲で旺土を制する。戊は丁を含む乾土であるから癸で潤す、また、秋の甲は弱いので癸で助ける。丙を地支に蔵し、土が暖かになれば甲癸の効用は高まる。甲癸あって丙を蔵すれば功名顕達。

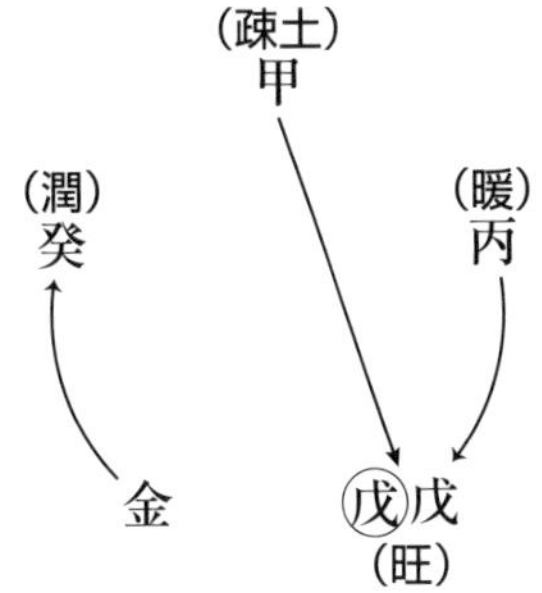

●平成8年10月8日巳刻生　高梨沙羅　スキージャンプ選手

●用神＝癸、甲、丙　●胎月＝己丑

命式は月令を得て強い。丙、丁は年、時の天干にあり午で火局の情あり。ただし、初気生れで丙、丁に根がないのが惜しまれる。行運は21歳から夏運に入り頑張られるチャンスが楽しみだ。結婚は28歳位になるかも。配偶者も自己と同じようなアスリートであったりとなるかも。まずは次のオリンピックに向けて、情熱を燃やし続けられるであろう。

丙	戊	(戊)	丁
子	戌	寅	巳
•壬	•辛	•戊	•戊
	丁	丙	庚
癸	戊	甲	丙
胎	墓	生	祿

●日干戊－亥月　立冬～小雪～大雪

（11月節入～12月節入まで）

●調候＝丙、甲

小陽の季節であるが、土は暖を欲す。また、疎土されてこそ万物育成の土となる。水旺のときで癸は必要としない。丙で戊を暖め、甲で疎土する。また、水の勢いを洩らし丙を助ける。丙甲ともにあれば功名顕達。甲の疎土がなければよくない。

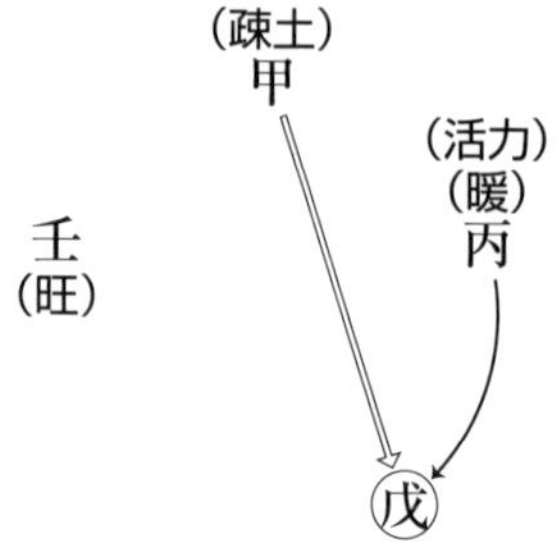

●昭和29年11月8日未刻生

カヅオ・イシグロ　ノーベル文学賞作家

●用神＝丙、甲　●胎月＝丙寅

日干戊は地支の水で湿っている。三冬は癸は不要。丙は暗蔵。年支午と月支亥は剋している。冲ではないから日本を離れたことをあらわす。天干月、年に官星があるのは、仕事の変化、場所の変化ともみられる。30歳から春運に恵まれ幸せだ。年柱がよい役目である。日本を離れて久しいが年干支がよい役目ということは、日本を忘れないことのあらわれであろう。おめでたい。

己	戊	乙	甲
未	辰	亥	午
•丁	•乙	•戊	•丙
乙	癸	庚	己
己	戊	壬	丁
衰	冠	絶	旺

●日干戊－子月　大雪～冬至～小雪
(12月節入～1月節入まで)
●調候＝丙、甲

寒冷の季節であり土は凍っている。土に暖を与え活力あるものにする。丙で暖める。丙は弱いので甲で生助する。水旺だから癸は不要。丙甲共にあれば、または、二丙一甲ともにあれば、大富大貴。甲はなくてもよいが、丙は不可欠。

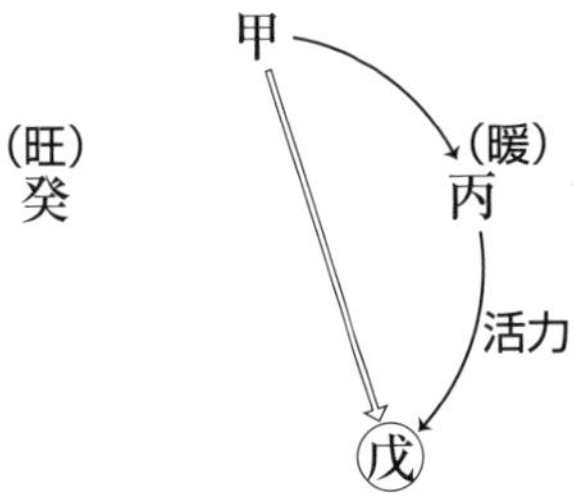

●昭和10年12月18日巳刻生　男命
●用神＝丙(調候)、甲(扶抑、調候)　●胎月＝己卯

土が天干に二位あるが中気の生れである。地支丑で水方合、申で水局の情あり、丙、甲ともに天干にはない。丁では力不足、巳の中に丙は暗蔵、甲は亥の中にあるが湿っているので火源には無理。また、甲の戊土を疎土するには力不足。丙と甲の運が待たれる。変に空威張りのところがある。ストレスが溜まりやすい性格。真面目で几帳面。胃・十二指腸を病む。腸は丙、胃は土。

丁	(戊)	戊	乙
巳	辰～	子 k	亥
戊	乙	•壬	戊
•庚	•癸		•甲
丙	戊	癸	壬
禄	冠	胎	絶

●日干戊—丑月　小寒〜大寒〜立春

（1月節入〜2月節入まで）

●調候＝丙、甲

寒気は烈《はげ》しく天は寒く地は凍る。土を暖め活気のあるものとする。丙で戊を暖め、甲は丙を助け、さらに疎土する。丙、甲ともにあれば高名貴格。丙あって甲蔵ならば、貴は軽い。丙を蔵し甲があれば官職を得る。

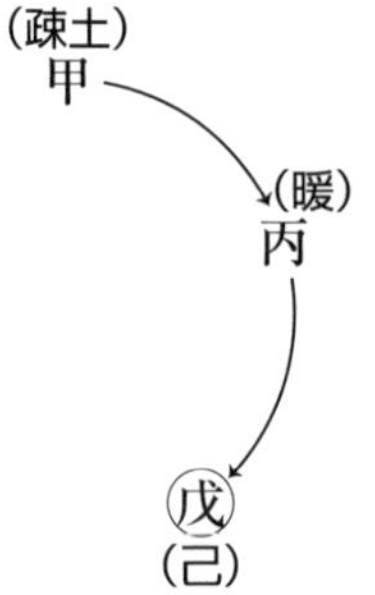

●昭和60年1月19日未刻生　石川梨華　元モーニング娘

●用神＝丙、甲　●胎月＝戊辰

年から木―火―土―土と流れは穏やかに流れる。柔和な面影と考える。地支も、子丑の支合、午未の支合があり、和気あいあいの様子がうかがえる。年干陽干で逆行運で、冬〜秋〜夏に巡る。用神の丙は蔵干に天干には甲丁があるが今一つ強くない。現在秋運で日干からは子供を産み、育てる時期である。頑張ってください。

甲	丁	(戊)	己
子	丑〜	午	〜未
壬	癸	丙	丁
	•辛	•己	•乙
•癸	己	丁	己
胎	養	旺	衰

●日干己－寅月　立春～雨水～啓蟄
（2月節入～3月節入まで）

●調候＝丙、癸、甲、庚

初春で余寒が残っている。田園の土に暖気はなく凍った状態、陽があたり湿った土であれば草花は育つ。丙で己を暖め、甲で疎土する。癸の必要度は低い。春は甲が旺じるので甲が多いときは庚で制する。丙甲あって癸を蔵し、配合がよければ富貴極品。

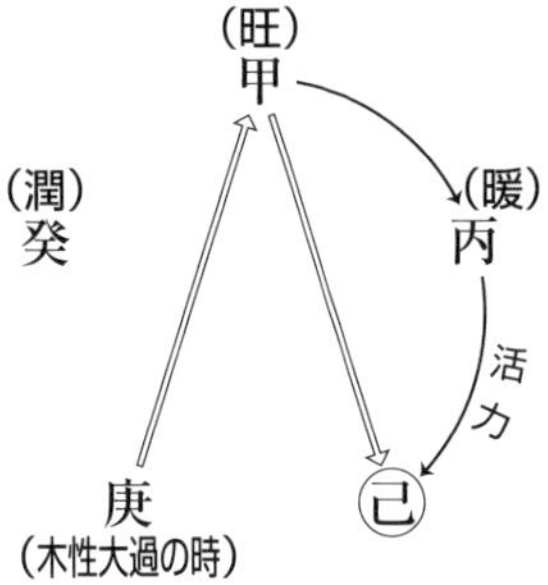

●昭和53年2月26日卯刻生　女命　なかなか付き合いが続かない。何がいけないのか？

●用神＝丙、甲　癸ナシ、庚ナシ　●胎月＝乙巳

日干己で未だ寒さも残っているが、やはり女性には大切なことは、思いやりの心、気が付く、サービス精神が大切です。貴女には洩星がありません。可愛がられ育てられると、人に何かしてもらうのは当たり前となるので、ギブアンドテイクの精神を忘れないように。官星は沢山あるのに潤いに欠けています。甲己は化土しません。

	化土しない		
丁	㊁己	甲	戊
卯 ⌣	未	寅 ⌣	午
甲	丁	戊	丙
	乙	丙	己
•乙	•己	•甲	•丁
病	冠	死	禄

●日干己ー卯月　啓蟄～春分～清明

（3月節入～4月節入まで）

●調候＝甲、癸、丙

月始めは未だ寒さも残るが、陽気は進む。田園はまだ開かれていない。仲春の己は弱い。甲で己を疎土し、癸で己を潤す。さらに丙があればよい。甲己干合はよくない。乙は強いときだが疎土の力は弱いので、用神にはできない。甲癸あれば、功名顕達。

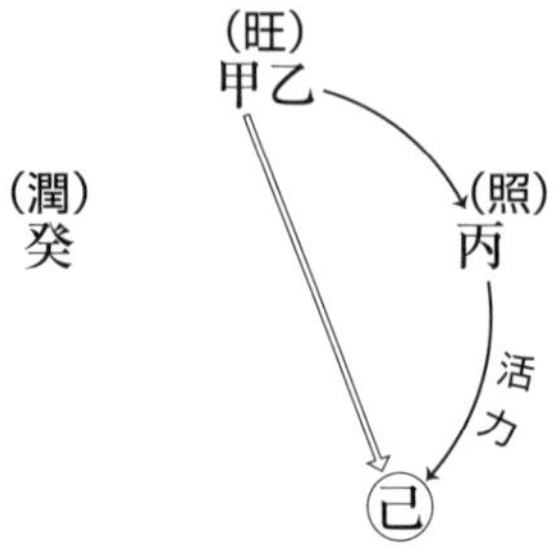

●昭和44年3月15日寅刻生　武　豊　競馬騎手

●用神＝丙、癸、甲　●胎月＝戊午

寅月考慮、丙は天干、癸甲は蔵干中にある。庚の存在は忌むが丁で制している。命式はやや水不足である。癸は欲しいが、壬はいらない。行運は逆行運であるので春～冬～秋に巡るので、活躍期が長く続く。女優佐野量子とクイズ番組で知り合い結婚した（癸酉年であった）。

己	丁	㊀己	丙
＊酉	卯	丑	寅
•庚	•甲	癸	戊
		•辛	•丙
辛	乙	己	甲
生	病	墓	死

●日干己－辰月　清明～穀雨～立夏

(4月節入～5月節入まで)

●調候＝丙、癸、甲

陽気は一段と進み、田園は農作業の時期である。辰は水庫である。先に丙の陽光を用いる。次に癸の雨露を用いる。後に甲で疎土する。丙、癸、甲があれば大開運。丙癸あって甲なしは才能豊か。丙甲なくて癸あれば衣食充分。

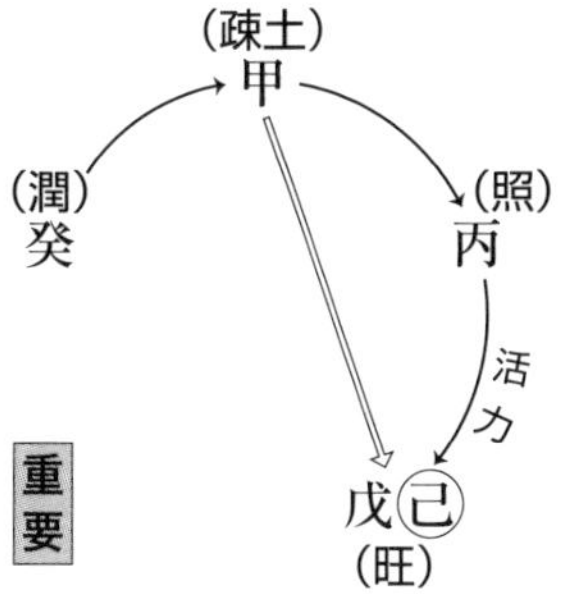

●昭和23年4月24日申刻生　男命　胃がんで死去

(H4年1月3日死亡)壬申年庚子月戊寅日

●用神＝丙、(甲蔵干に)

日干己は月令を得て強そうにみえるが、地支三合水局の情あり。寅で木方合となるが、時干に壬があり己土濁壬の様相あり。木は水多く腐りやすい。水木が日干己を泥土に化し、己は胃を顕し、用神丙も泥土に輝きを失い、頑張られたが最後は心不全で死亡となった。死亡の日の壬、庚、戊いずれも忌む神となっている。丙は壬を忌とする。(水多きに過ぎるとき)

壬	㊁己	丙	戊
申	卯	辰	子
三合水局			
戊	甲	乙	壬
壬		癸	
•庚	•乙	•戊	•癸
沐	病	衰	絶

●日干己－巳月　立夏～小満～芒種

（5月節入～6月節入まで）

●調候＝癸、丙

暑さは増すので、田園の土は湿り気をもっていたい。火炎土燥の恐れがある。潤沢は不可欠。一番に癸で土を潤す。癸を用いれば丙を欲す。夏月でも丙は必要。癸の力が弱いので水源があれば富貴極品。水火既済、丙辛干合は忌。

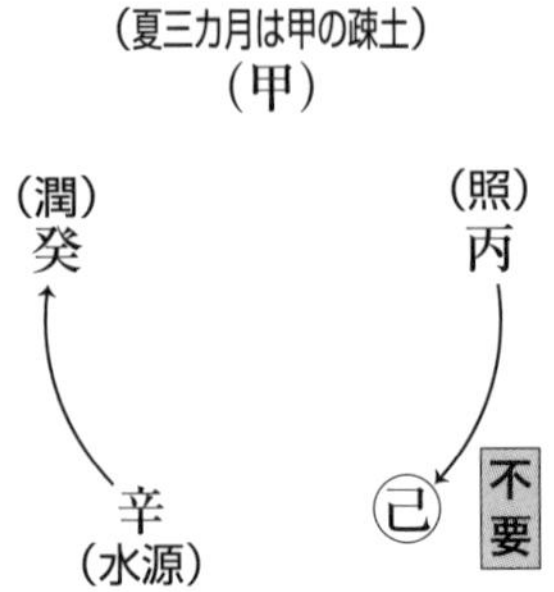

●昭和46年6月3日寅刻生　男命

●用神＝癸、丙　●胎月甲申

日干己は巳月の生まれ、調候の癸、丙を天干にもち、それぞれに根をもち、水源もある。一応はバランスの採れているものと考えられる。やや暑い感じはするが、亥巳の冲、午が巡れば火方合。卯が巡れば木局となる。良好な命式であるが、このような命式の人は、努力しない人が多い。この人も国立の大学には入ったが、運の巡りがよくない。

丙	㊀己	癸	辛
寅	未	巳 *	亥
戊	丁	戊	戊
丙	乙	庚	甲
•甲	•己	•丙	•壬
死	冠	旺	胎

●日干己ー午月　芒種～夏至～小暑

（6月節入～7月節入まで）

●調候＝癸、丙

炎熱の季節、田園の土は乾いて水を要求する。水がないときは亀裂ができる。癸の潤沢を第一とする。癸があれば土に活力を与える丙が欲しい。癸に根があるか水源があれば、火性2位までは喜神。癸丙があって、そして水源の辛あれば水火既済。

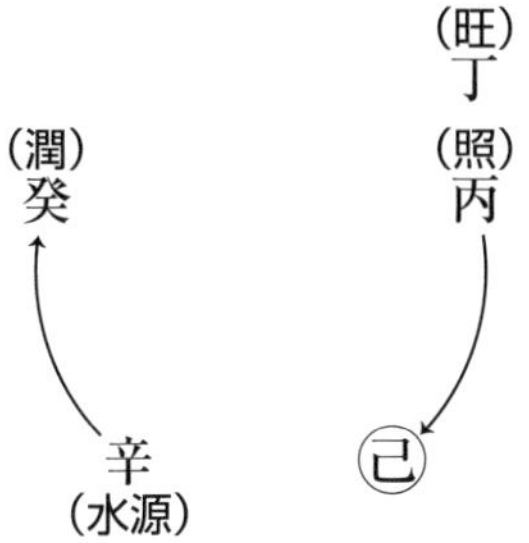

●昭和41年6月29日子刻生　女命

●用神＝癸（調候）　●胎月＝乙　酉

日干己は月令を得て強い。己はぱさぱさである。調候の癸は時支蔵干にある。火性が強くその上、甲があるので炎熱偏枯の命。子は空亡であるが多分に刺激がある。しかし、水源の辛は胎月にはある。己は相当な火をも受け入れるが、甲己は妬合。金水運が待たれる。命中印星太過は子女なしというが、洩星の年に子供が生れている。

	妬合		
甲	(己)	甲	丙
子	未	支合 午	午
壬	丁	丙	丙
	乙	己	己
•癸	•己	•丁	•丁
絶	冠	禄	禄

●日干己－未月　小暑～大暑～立秋

（7月節入～8月節入まで）

●調候＝癸、丙

　炎熱の季節だから田園の土は火炎土燥の恐れがあり、水を欲している。癸の潤沢を第一とする。癸があれば土に活力を与える丙が欲しい。さらに、水源があればよい。癸、丙があって、さらに水源の辛があればよい。癸丙あって辛の水源あれば富貴極品。

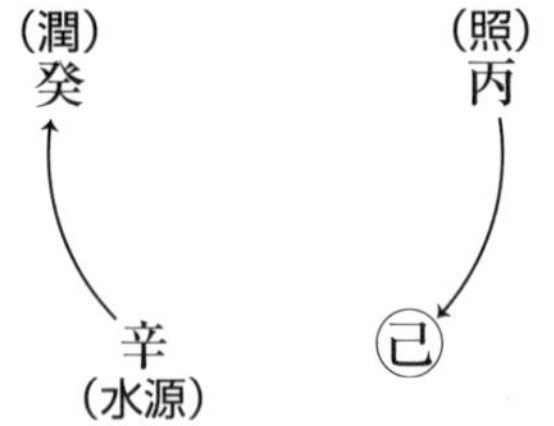

●昭和29年8月1日戌刻生　男命　結婚前の男性でさめ肌に悩む？

●用神＝癸、辛、丙　●胎月＝壬 戌

　土が旺強で水不足である。癸は丑の中に頼るのみ。癸あれば、日干己に活力を与える丙が欲しいが、丙、癸共に暗蔵。いずれにしても土が多いので甲の疎土ができない。金水運が巡ればよい。甲が力強くないから、野菜を沢山摂取すること。

・注意すべき病気…土＝皮膚、アトピー。木＝胆石、肝臓。水＝腎臓、循環器系。

化土しない（甲－己）　冲×（丑－未）　支合（未－午）

甲	㊁己	辛	甲
戌	丑	未	午
辛	癸	丁	丙
丁	辛	乙	己
•戊	•己	•己	•丁
養	墓	冠	禄

●日干己－申月　立秋～処暑～白露
（8月節入～9月節入まで）

●調候＝丙、癸

夏の熱気は未だ去ってはいない。水の潤沢が欲しい。土性は未だ乾きがあるが、除々に衰えてくる。そして金は旺じてくる。土はまず癸の潤沢を欲し、次に丙の暖を望む。癸は併せて、旺金を洩らし、丙は旺金を制する。癸丙共にあれば、功名顕達。

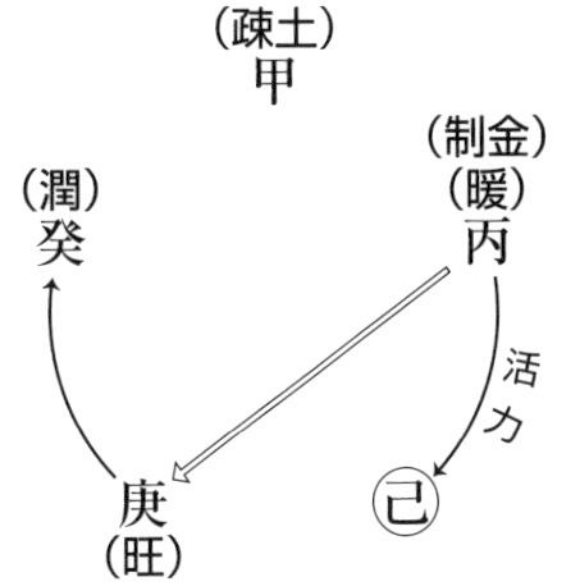

●昭和25年8月23日卯刻生　鹿島とも子　歌手・女優・オウム教信者

●用神＝癸、丙　●胎月＝乙亥

日干己は金旺強、木の存在は土強でないかぎり必要としない。癸は丑の中に暗蔵、丙は寅の中、年月冲で生家に縁なし。ハーフであるが。年、月天戦地冲である。甲寅で結婚。日劇ダンサーデビュー。辛酉の三合金局でスノーモービルで骨髄損傷する。戊辰再起、己巳で「車椅子からの出発」を出版。庚午、ミュージカル出演。壬申、入信、離婚。甲戌で出家。乙亥逮捕脱会。

（己・甲：化土せず／申・寅：冲）

丁	㊀己	甲	庚
卯	丑	申	寅
甲	癸	戊	戊
	辛	•壬	•丙
•乙	•己	庚	甲
病	墓	沐	死

●日干己ー酉月　白露～秋分～寒露

（9月節入～10月節入まで）

●調候＝丙、癸

万物収蔵の季節。金性が強い時期。蔵干が庚、辛で日干からの洩が大きい。金が強いので、丙で金を制し土を暖める。癸は旺金を洩らし、土を潤す。癸、丙共にあれば功名顕達。冠位高く権重く上格。二丙あって癸なしは異途顕職。または武職で権を得る。

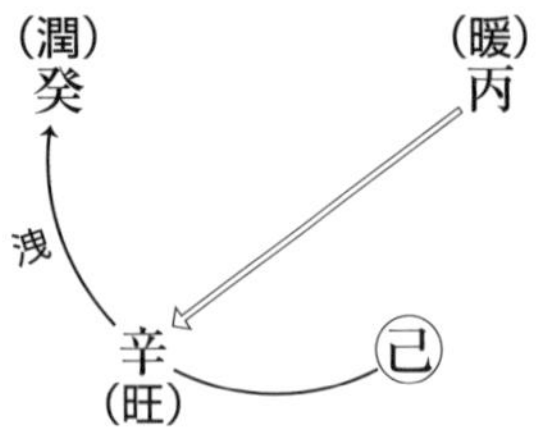

●昭和31年9月29日亥刻生　女命　乳癌で手術を。

●用神＝丙、癸ナシ　●胎月＝戊 子

日干己は酉月に生まれた。地支金水が強いので、日干の洩が強く、まず金を丙丁で剋すか？　丙丁には根がないので充分な剋は無理。また、日干己に対して亥の壬で泥土の様相であることは、基本的に体の循環器系、生殖器系の病には抵抗力がない形である。時干乙は亥の中の甲がどうか？　甲が泥土により神経系統は痛みやすく、甲戌年甲戌月に乳癌の手術をした。行運が癸巳運であった。甲戌は金方合で甲の神経を傷めることによる。

乙	㊁己	丁	丙
亥	自刑 亥	酉	申
戊	戊	庚	戊
甲	甲		壬
•壬	•壬	•辛	•庚
胎	胎	生	沐

●日干己―戌月　寒露～霜降～立冬
（10月節入～11月節入まで）
●調候＝甲、丙、癸

晩秋で寒に傾き、土性は衰えてくる。火で土に活力を与える。戌月は土性の火庫であり、甲で疎土するが土に潤いなければ甲は疎土できにくいので、癸で土に潤いを与えることが大切です。丙があって癸を蔵し金にあえば顕達。丙がなければ福は軽く、癸がなければ富ではない。

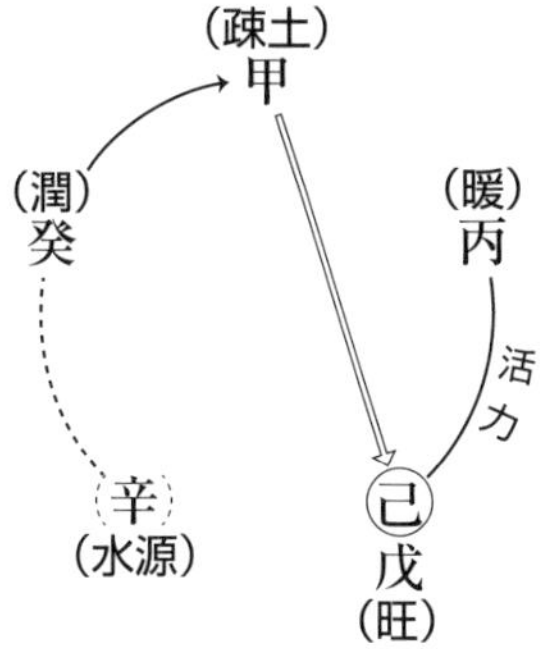

●昭和32年10月24日卯刻生　男命　銀行員
●用神＝甲、丙、癸ナシ　●胎月＝辛 丑

表面は穏やか、口数が少ない。潤いの癸なし。癸がなければ、甲は働けない。暖には丁があり、丙は地支にある。一応充当されているが、癸がないのは残念。胎月が辛丑で丑の中の癸に期待。甲は内蔵されているが、透出が望まれる。申で申酉戌の金方合。丑で三合金局である。洩星が多いので、内面に秘めた心の発散に音楽上手と聞く。丁は庚を鍛錬する。音色は良好。

丁	㊁己	庚	⇦ 丁
卯	巳	戌	酉
甲	戊	辛	庚
	庚	丁	
•乙	•丙	•戊	•辛
病	旺	養	金

●日干己－亥月　立冬～小雪～大雪

（11月節入～12月節入まで）

●調候＝丙、甲、戊

天地はやや寒く、寒さは除々に増してくる。田園の土は弱くなってくる。丙があれば、生意ある土になる。丙で土を暖め活力を与える。甲は丙を助け土を疎土する。水が強旺すれば戊で制する。丙の調候は緊要である。土が旺じれば甲を、水旺じれば戊を用とする。丙、甲は天干に欲しい。

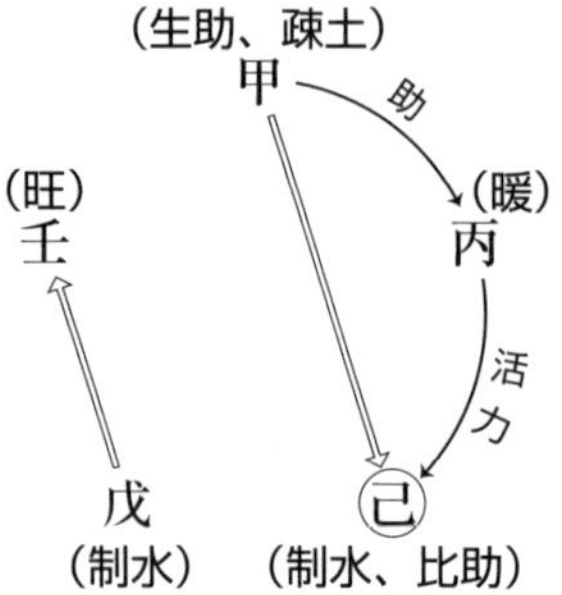

●昭和49年11月14日午刻生　男命　暴走族から抜け出せるか？

●用神＝甲、丙　交車支合格　●胎月＝丙寅

年、月で化木の情はあるが時干に庚があるので化木はしない。地支巳で火方合、戌で火局となる要素をもち、短気さがうかがえる。暴走することで発散ができるので、なかなか抜け出せない。年月、甲、乙は官星であるので仕事も変化を生じることがたびたび出てくるようだ。丙は天干に欲しい。亥月ではあるが初気が出ているので、戊月と同様にみる。

		化木の情	
庚	㊁己	乙	甲
午（支合）	未	亥（支合）	寅
•丙	•丁	•戊	•戊
己	乙	甲	丙
丁	己	壬	甲
禄	冠	胎	死

●日干己－子月　大雪～冬至～小寒
（12月節入～1月節入まで）

●調候＝丙、甲、戊（水多ければ）

極寒の季節になり、土は凍土になってしまうので暖めが欲しい。調候はほぼ亥月と同様の取用法。丙で暖め活力を与える。甲で火を助け土を疎土する。水が強旺なれば戊で制する。冬月は水性が不要なので戊癸干合も吉となる。一丙は透出し、甲あって制丙なしは功名顕達。

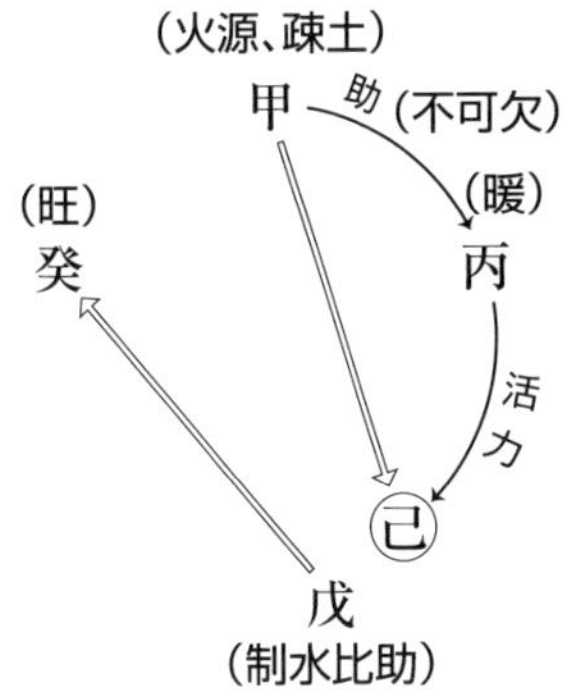

●昭和37年12月17日生　上祐史浩　宗教家・元オウム真理教徒

用神＝丙、甲―だが甲が浮木になり、従勢格的に生きていく。五行に印性なし（蔵干に寅の中の丙はあるが、剋されている）。亥の中の甲も腐木になっている。甲＝神経、肝臓。男性であるから年干陽干で順行運であるから、冬～春～夏と巡るので現在は夏運に巡っているが、27歳～37歳運のとき（寅、卯大運で宗教に入信）木が腐る形である。（亥子丑の方合は厳しい）

乙	㊁己	壬	壬
亥	丑（水方合）	子	寅
戊	•癸	•壬	戊
•甲	辛		•丙
壬	己	癸	甲
胎	墓	絶	死

●日干己－丑月　小寒～大寒～立春

（1月節入～2月節入まで）

●調候＝丙、甲、戊

ほぼ前二ヵ月と同様の取用法。丙で土を暖め活力を与える。甲で火を助け土を疎土する。水が強旺すれば戊で制する。丙は三位あっても忌神ではない。丙の調候は緊要である。土が旺じれば甲を、水が旺じれば戊を用とする。一丙透出し、甲あって制丙なしは、功名顕達。

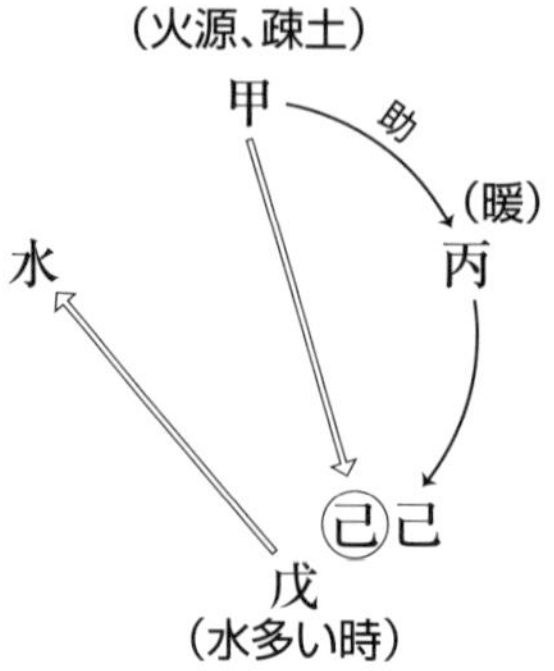

●昭和3年1月10日寅刻生　男命　銀行員　父は銀行頭取

●用神＝丙、甲　●胎月＝甲 辰

日干己の丑月生まれ。地支酉丑の半会あり洩星強く、丙が欲しい。時干に丙があるが根は強くない。酒が強く（火は酒）、ハンサム。壬は正妻だが、癸があり、よい役目はしないで離婚。卯は肝臓を表わして肝臓病—酒の飲みすぎから肝硬変で何回も死にかけた。自己を律する木が弱いので。酒＝火であるので少々はよいが過剰はよくない。

丙	己	癸	丁
寅	酉	丑	卯
•戊	•庚	•癸	•甲
丙		辛	
甲	辛	己	乙
死	生	墓	病

●日干庚－寅月　立春〜雨水〜啓蟄
（2月節入〜3月節入まで）
●調候＝戊、甲、壬、丙、丁

　木気はようやく旺じる。余寒は未だ去らない。金寒水冷を忌むから暖が欲しい。庚は絶にあって生助を要す。本来庚は土性を要しないが、戊で生助し、丙で暖める。土が多いときは甲を用いる。地支火局したときは壬を、庚が強いときは丁甲を用いる。

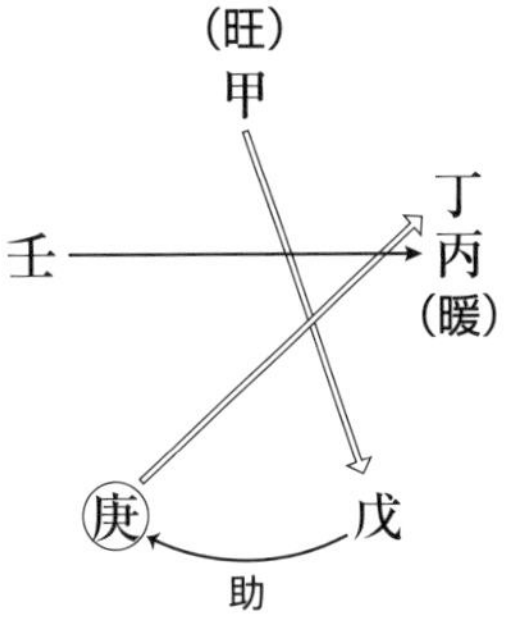

●昭和17年2月16日巳刻生　金　正日　政治家
2011年12月17日死亡（辛卯、庚子、丙午70才）
●用神＝戊、甲、丙、丁　●胎月＝癸巳

　洩星多く身弱である。戊で火局、未で火方合だが、戊で壬を剋したい。己は濁壬となるので忌む。また、身旺運は嬉しいが、濁壬となるのは困る。木火運は嬉しい。列車の中での死亡であった。大運は己酉で、己は濁壬となり、丙が来ても丙辛干合で、金水旺じ、丙を剋し亡くなった。

辛	庚	壬	壬
巳	子	寅	午
戊	壬	戊	丙
•庚		•丙	•己
丙	•癸	甲	丁
生	死	絶	沐

●日干庚－卯月　啓蟄～春分～清明

（3月節入～4月節入まで）

●調候＝丁、甲、庚、丙

余寒の時期を抜け、陽気は進む。卯月は庚は虚弱であるが卯の中の乙と干合するので、秋金並に強いと看る。本来は季節的に金は弱いので印、比、劫の生助を要するが、卯月の庚は丁の鍛錬に耐える。甲は丁の生助。丁は甲を、甲は庚を離せない。丁甲ともにあって地支に庚あり、制甲劈甲で配合よくば功名顕達。

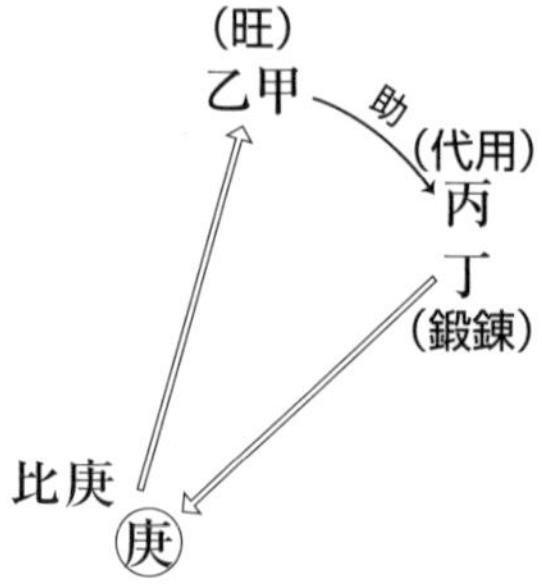

●昭和31年3月24日丑刻生　島田紳助　元タレント

●用神＝丁、甲　●胎月＝壬 午

日干は月令を得ていないが時干丁の剋を受け入れるし、また甲財のコントロールもしていける。比助の中は遠すぎる。わりと整った命式であるから、大きな動揺はないほうがよい。火、木、自星運はよいが、月柱との併臨の年、暴力団関係者との交際が取り沙汰されて芸能界を引退した。大運丁酉―年運辛卯。月支の冲は、仕事運の冲で、会社等を引退などがある。

丙	辛	㊁庚	丁
申	卯	寅	丑
戊	甲	戊	癸
壬		丙	辛
•庚	•乙	•甲	•己
禄	胎	絶	墓

●日干庚－辰月　清明～穀雨～立夏
（4月節入～5月節入まで）

●調候＝甲、丁

陽気は一段と進み、土性月で土が旺じるので、庚は埋金を恐れる。穀雨前は卯月と同様にみる。甲で戊を制し、丁を助け丁で庚を鍛錬する。甲丁ともにあって庚の破甲がなければ功名顕達。ただし、大運良好を要す。甲を蔵し丁があれば、異途顕職。

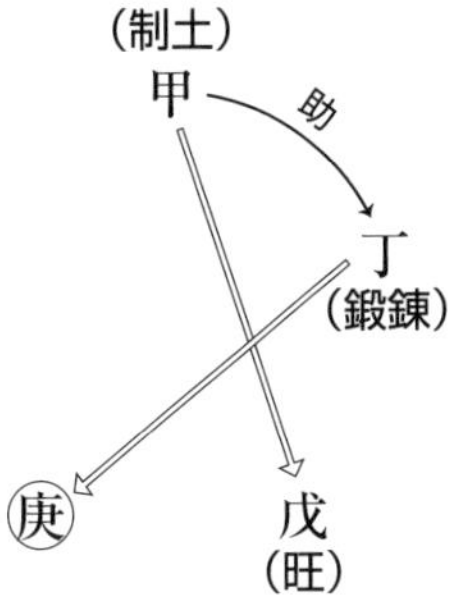

●昭和30年4月29日辰刻生　沢田裕子　女優

●用神＝丁は蔵干中にあるが表に出ていない

日干庚は月令は得ていないが頑強である。月支辰はよく生金している。庚が鋭くなるためには丁が欲しい。土に対してバランスとして甲が欲しいが、強旺格であれば、話は別である。甲寅年に結婚したが、昭和61年1月に離婚している（乙丑年己丑月）。沢田研二との結婚は己巳であることから、考えるとふわっとした気分で結婚するのが妥当だと思われる。

化金せず（庚・乙）

庚	㊎庚	庚	乙
辰	申	辰	未
乙	戊	乙	丁
癸	壬	癸	乙
•戊	•庚	•戊	•己
養	禄	養	冠

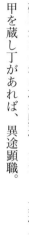

●日干庚ー巳月　立夏〜小満〜芒種

（5月節入〜6月節入まで）

●調候＝壬、戊、丙、丁

庚は巳は長生であるが、火が旺じて庚は弱い。まず、壬で暑気を払う、戊で火を晦くする。形も質も整ってはいない。庚が旺じれば丙で制する。また、丁で鍛錬する。壬があって中和を得れば顕達。壬戊丙がそれぞれ用をなせば、富貴無双。水の潤沢があって身旺運に巡れば生意がある。

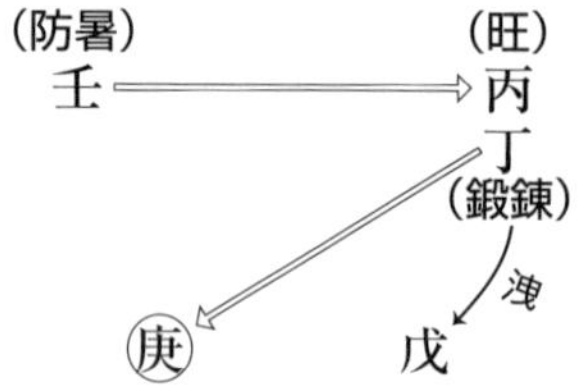

●昭和42年5月16日子刻生　男命

●用神＝壬　●胎月＝丙申

日干庚は月令は得ていない。元命庚の比肩であるが、火が強力である。水の存在は嬉しい。金水及び湿土が欲しい。庚は弱いので、火の運は災害がある。元命庚は機能しない。木は火を助長するので欲しくない。若年運はまともな職に付けなかった。33歳以後自立。つまり、冬運の金水が旺じてフリーターとなる洩星がよいから、技術を学ぶことが大切である。

丙	庚（化金せず）	乙	丁
子－	辰	巳	未
•壬	乙	戊	丁
	•癸	•庚	•乙
癸	戊	丙	己
死	養	生	冠

●日干庚－午月　芒種～夏至～小暑
（6月節入～7月節入まで）
●調候＝壬、癸
炎暑の季節。水によって暑気を防ぐことを要す。まず壬で暑気を払い癸で潤し、丁で鍛錬をする。壬があって地支に癸庚辛があれば貴顕の命。日干は強くなり、金水清澄。壬を蔵し金があれば学者。癸があり辛の生があれば異途顕達。

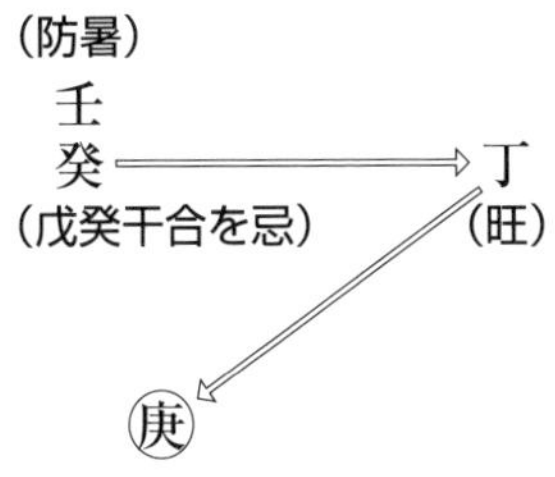

●昭和16年6月21日酉刻生　女命　LGBT
●用神＝壬、癸　●胎月＝乙 酉
月支は正気でなく中気の生まれになっている。従って丁は必要。壬の防暑も欲しい。水気も欲しい。金が水を生じその反生を受ける形がよい。同性を求めるのは官星の忌避か？　火＝官星である。若年運で乙未で火方合となる。女性と同棲する。
庚＝腸、喉、肺。丙＝腸、心臓。中、晩年大腸の手術。ゲーム喫茶等経営をする。

（化金せず：乙・庚）

乙	㊎庚	甲	辛
酉	子	冲 午	巳
庚	壬	丙	戊
		•己	庚
•辛	•癸	丁	•丙
旺	死	沐	生

●日干庚ー未月　小暑～大暑～立秋

（7月節入～8月節入まで）

●調候＝丁、甲

金は進気となり、土は生助を受けて頑金となる。丁は退気。大暑前は午月と同様の取用法。まず、丁で頑金を鍛錬し、甲は丁を生助し、さらに疎土する。丁甲共にあれば、至上の福命。癸の破丁は忌む。丁がなくて甲があるは利欲を謀《はか》る人。

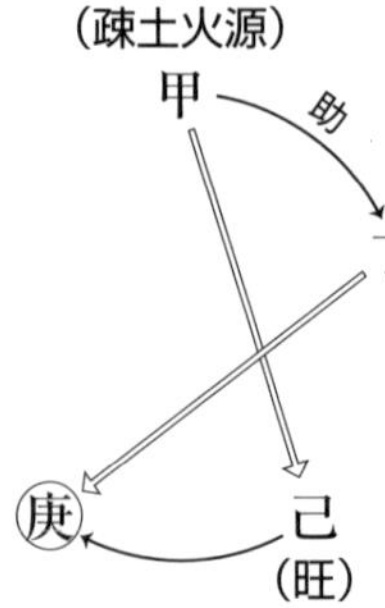

●昭和32年7月17日午刻生　大竹しのぶ　女優

●用神＝壬、丁　●胎月＝戊 戌

大暑前だから午月を考慮する。三柱には水気なし、男性遍歴は官星大過、旺強と考えたい。行運は身旺運から冬運の洩星運に入る。身旺運で活躍するが、冬運もまた頑張られる。

巳で火方合、戌で火局である。胎月も戊戌となると？

壬	庚	丁	丁
午	寅	未	酉
•丙	戊	丁	•庚
己	•丙	•乙	
丁	甲	己	辛
沐	絶	冠	旺

●日干庚－申月　立秋～処暑～白露
（8月節入～9月節入まで）

●調候＝丁、甲

暑気は未だ去ってはいない。申月は建禄にあたり金気は旺じ、庚は剛鋭であるかは丁火で鍛錬がなされているかによるが。この時期の丁は弱いので甲で丁を生助する必要あり。壬癸の存在は忌。丁甲近接して天干にあるほうがよい。丁甲が共にあれば権重く百官を従える。

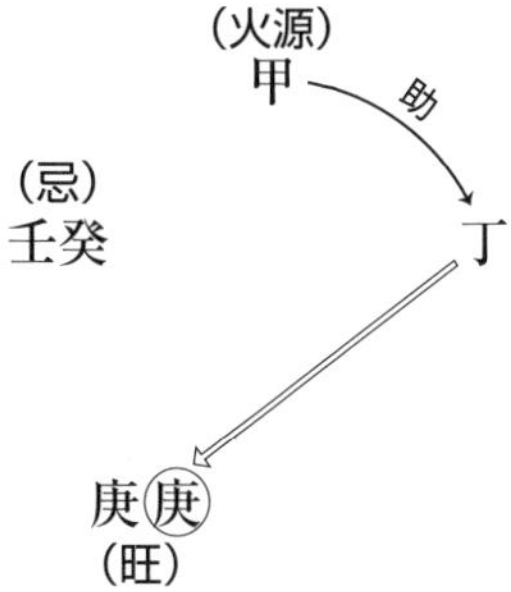

●昭和33年8月31日子刻生　女命　洩星が多い

●用神＝丁、甲ナシ　●胎月＝辛　亥

地支三合水局し時干の丙を剋す。金星は月令を得ているが、地支水局により洩星が強くなり官星を剋し、結婚はしても、離婚した人です。木火運に巡ればよいがバランスがくずれている。昭和61年12月に結婚～63年1月に離婚した。酉で金方合で自我は強いから、金水旺じて夫星を剋す。このような人は洩星を活かし、技術をもって処世すればよいが。

丙	(庚)	庚	戊
	三合水局		
子	辰	申	戌
壬	乙	戊	辛
	癸	壬	丁
•癸	•戊	•庚	•戊
死	養	禄	衰

●日干庚ー酉月　白露～秋分～寒露

（9月節入～10月節入まで）

●調候＝丁、甲、丙

金気は旺じ、寒さは進んでくる。庚は剛強である。丁によって鍛錬する。次に丙で暖をとる。この月は官殺混雑を恐れてはいない。丁丙併用。水の剋を忌む。丁甲あって丙をみれば、功名顕達。特に丁が重要。丁が蔵で丙があれば、異途顕達。多くは武職。丁が重要。

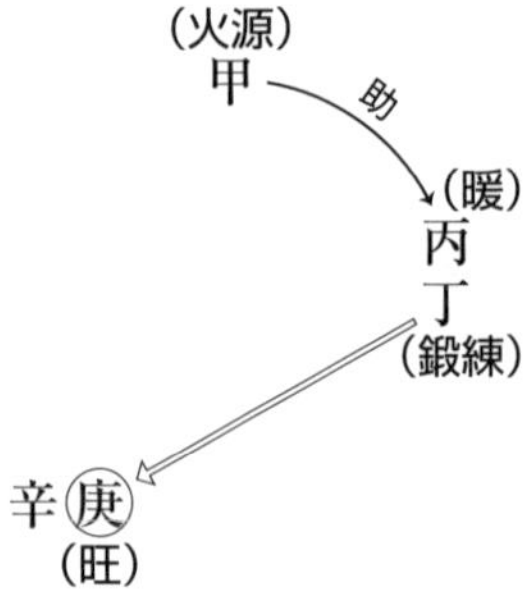

●昭和44年10月2日辰月生　山瀬まみ　タレント

●用神＝土、金。　●胎月＝甲 子

日干は月令を得て強く、調候の丁は、蔵干にある胎月甲は強くはない、月干の癸はおしゃべり星である。大運、冬運の12歳からデビューしたことを思えば強旺格であろうか？　と考える。本来ならば木火が欲しいはずだが、現在は、春運に入っている。丁酉年己酉月（平成30年9月）両足骨折とのこと。

庚	(庚)	癸	己
辰 冲	戌	酉	酉
乙	辛	庚	庚
癸	丁		
•戊	•戊	•辛	•辛
養	衰	旺	旺

●日干庚－戌月　寒露～霜降～立冬

（10月節入～11月節入まで）

●調候＝甲、壬、丁

土性月であり、しかも燥土である。燥土の埋金は苦しい。霜降までは酉月と同様の取用法。まず甲で埋金を防ぎ、丁で鍛錬する。壬水は泥土からの庚を洗金し、埋金から庚を救い鍛錬する。戊の制水と己の濁壬を忌む。甲壬ともにあれば、功名富貴。

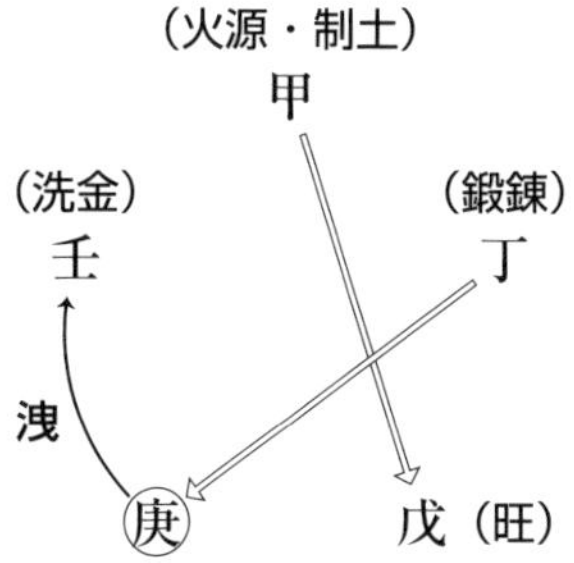

●昭和39年10月28日午刻生　女命

●用神＝甲、壬、丁　●胎月＝乙　丑

調候は甲壬丁ともに命式中にある。土性は強力であるが甲がよく制している。陽干陽支である。甲の働きには癸の潤いが欲しい。庚にはしっかりした根が欲しい。魁罡《かいごう》でもある。土の存在が乾きすぎている。女性だから年干陽干で逆行運で大運は身旺運から夏の官星運になるので職業運も強いが、男性運も強く寅で火局すると、土は乾きすぎるので、結婚しても離婚となったりする。

壬	(庚)	甲	甲
半会		冲	
午	戌	戌	辰
丙	辛	辛	乙
己	丁	丁	癸
•丁	•戊	•戊	•戊
沐	衰	衰	養

●日干庚ー亥月　立冬～小雪～大雪

（11月節入～12月節入まで）

●調候＝丁、丙、甲

　丁で鍛錬し、丙で暖める、甲で丁を生助する。官殺が共にあらわれるのを美格とする。三冬共に丙丁甲をもって上格とする。丁甲ともにあり、さらに丙があれば顕達。水の存在は忌。丙があって丁の蔵は異途武職。丙甲あって丁なしは常人で顕達（不貴）。

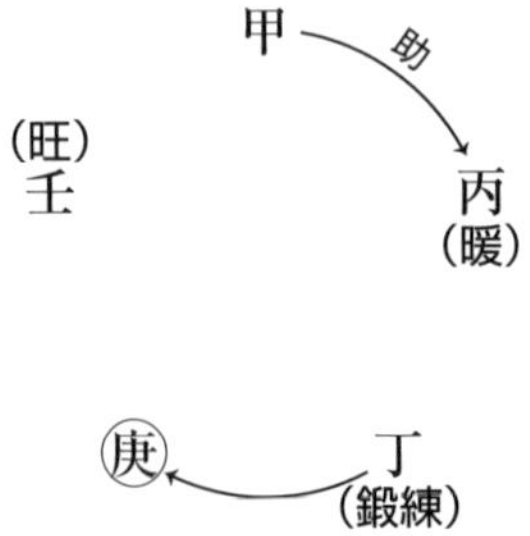

●昭和47年11月15日巳刻生　女命　結婚運はどうか？

●用神＝甲、丁、丙は暗蔵　●胎月＝壬 寅

　男性運は、先天的に潜在した形であり、表面には出てない。元命は甲の偏財である甲は壬水が太過の形であり甲は湿っている。甲は丁丙（官星）のサポート役であるが力がない。魁罡《かいごう》日生まれであるから、強くありたい。子亥の水が多いのは官星を剋すので、なかなか難しいが壬癸は洩星だから技術をしっかりもつことが大切。30歳を過ぎての結婚がよいでしょう。

辛	(庚)	辛	壬
巳	戌	亥	子
戊	•辛	戊	•壬
•庚	丁	•甲	
丙	戊	壬	癸
生	衰	病	死

●日干庚－子月　大雪～冬至～小寒

（12月節入～1月節入まで）

●調候＝丙、丁、甲

厳寒のときであり、金寒水冷を忌む。金気は水に洩らして弱い。丙で暖をとり、丁で鍛錬し、甲で丁を生助する。金水傷官は官殺ともに喜ぶ。壬癸を忌む。三冬共に丙丁甲をもって上格とする。丁甲共にあって丙を内蔵すれば、功名顕達。

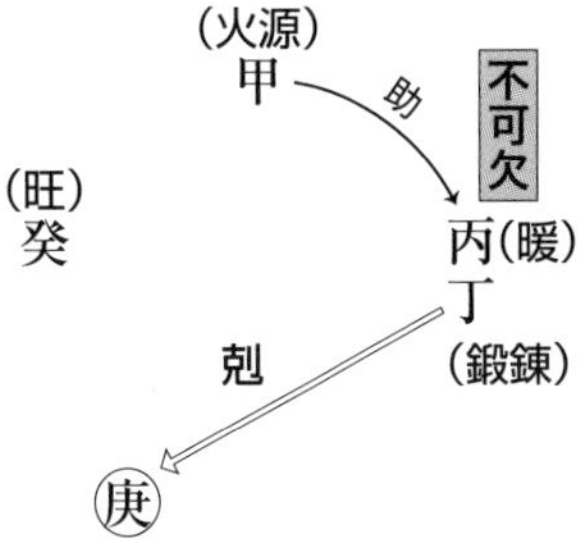

●昭和27年12月20日巳刻生　男命　水多く職を7回も変わった

●用神＝丙　●胎月＝癸卯

丙は時支蔵干に暗蔵。丁の鍛錬はない。生助する甲なし。壬が多く甲は浮木となる。金水寒冷の命式。時支の巳は空亡。しかも庚が出ている。ベーチェット病を15歳で発病。気位高く（弁護士になりたい）、色白く、目は大きい。声は大きい。占いに多額のお金を使った。大運は冬運～春運に巡るが、壬水多く腐木となり実らない。中年を過ぎて夏運に巡ればよいと思うが、大量の水が火を消すことにならねばよいが。

壬	壬	庚	辛
辰	子	子	巳
乙	壬	壬	戊
癸			•庚
•戊	•癸	•癸	丙
養	死	死	生

●日干庚－丑月　小寒～大寒～立春
（1月節入～2月節入まで）
●調候＝丙、丁、甲

土性月でしかも厳寒のときである。湿泥氷凍となっている。まず寒を解くに丙を用いる。次に丁で鍛錬する。甲は丁を生助する。また、己を疎土する。官殺共に顕れるのを美格とする。三冬ともに丙丁甲をもって上格とする。丙丁甲をもって大富大貴とす。

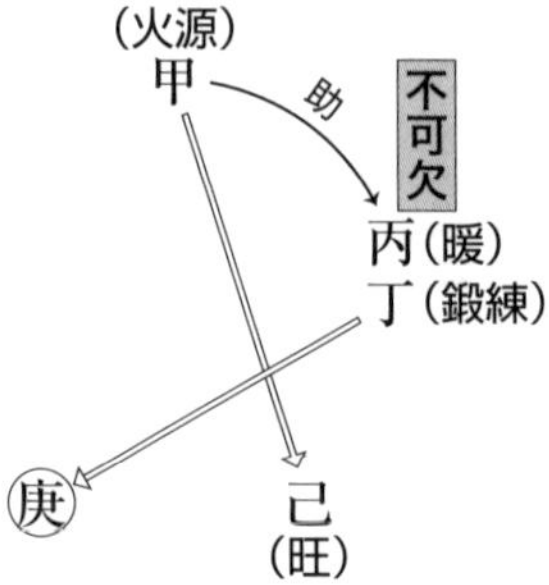

●昭和25年1月25日丑刻生　男命　銀行員
●用神＝丁　甲丙ナシ　●胎月＝戊辰

厳冬の月の庚である。丑三位あるが暗冲ならず、丁は力弱く、消えそうな火である。月干は職場であり銀行であるが空亡して力不足の銀行であろう。甲もナシで妻の五行もない、胎月の辰の中にあるのみで、結婚も丙辰でして、戊午で離婚。癸亥で再婚したが、丑は印星だから三位あり、親の星が強く、わがままともいえる。細かいともとれる。

丁	㊀庚	丁	己
k		k	k
丑	申	丑	丑
癸	戊	癸	癸
辛	壬	辛	辛
•己	•庚	•己	•己
墓	禄	墓	墓

●日干辛－寅月　立春～雨水～啓蟄
（2月節入～3月節入まで）
●調候＝己、壬、庚

余寒は去らず、金は令を失し非常に弱い。失令の金は湿土の生助を喜び、次いで江湖の淘洗をもつ。本来土性を要しないが己で生助し壬で淘洗する。庚は己を甲の制より救い、壬の水源となる。己壬ともにあって庚を蔵すれば功名顕達。己があって地支に申があれば異途顕達。己庚があって壬がなく丙を用とすれば武職にて顕達。

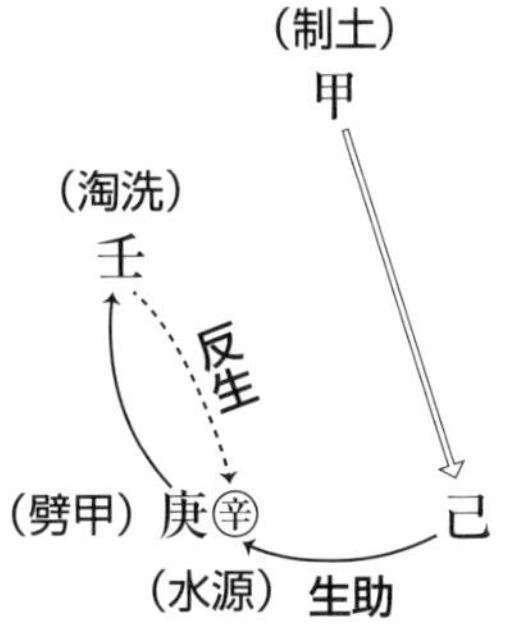

●昭和21年2月26日寅刻生　女命　メニエール病　辛で2月3月生れはメニエール病になりやすい
●用神＝甲、庚、壬ナシ　●胎月＝辛 巳

病薬、通関用神をもつが壬が命式にない。日干辛は壬の淘洗が嬉しいがない。壬が来ても木が水を吸うので辛は綺麗にならない。女命であるので、大運は年干陽干で逆行運だから、大運の丙戌、年運の甲戌年丙子月に発病した。寅、卯月の生まれの人は特に注意。

庚	(辛)	庚	丙
寅	未	寅	戌
戊	丁	戊	辛
丙	乙	丙	丁
•甲	•己	•甲	•戊
胎	衰	胎	冠

●日干辛－卯月　啓蟄～清明～穀雨

（3月節入～4月節入まで）

●調候＝壬、甲、（己）辛に根あればなくてもよい。

辛は地支に根があれば壬で淘洗する。衰絶の辛は己の生助を喜ぶが、壬を用とする命は濁壬を忌とするから甲で己を制する。壬が天干にあれば戊己は蔵するほうがよい。辛が酉に通根して、壬甲共あれば、貴顕に至る。

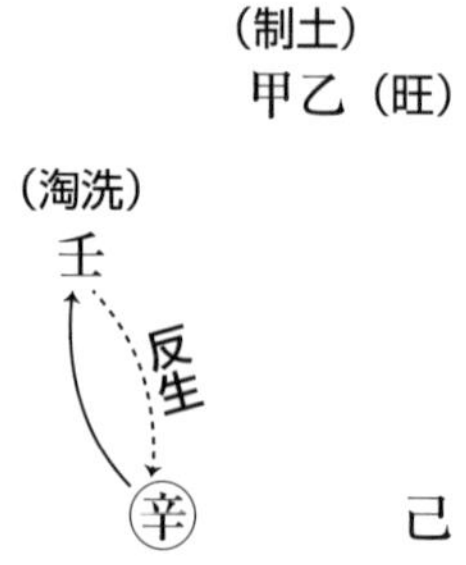

●平成7年3月21日酉刻生　男命

●用神＝壬、甲　●胎月＝庚 午

月干父親の場所とみると己で、父は優しい。母は年支の壬でみると彼を甘やかしてしまう。好きなようにさせる点があり注意。壬は天干にないのが惜しい。壬の気を甲に洩らすことになる。庚で木を制し壬を生助したい。丁は壬と干合するので忌。金水運は吉。亥は壬の蔵干に入っているが、甲が湿りすぎはよくない。結構神経質な子供が多い。未で木局となり、洩星が多くなるので、技術系の仕事をすすめたい。

乙	己	㊉辛	丁
亥	卯	亥	酉
戊	甲	戊	庚
甲		甲	
•壬	•乙	•壬	•辛
沐	絶	沐	祿

●日干辛ー辰月　清明～穀雨～立夏
（4月節入～5月節入まで）
●調候＝壬、甲

陽気は天地に満ち、土性月で土が旺じるので、虚弱な辛は土の生助を受ける。しかし本来埋金を恐れる。壬で淘洗し、甲で旺戊を制して壬を護る。壬甲ともにあれば功名顕達。壬あって甲を蔵すれば小富貴。

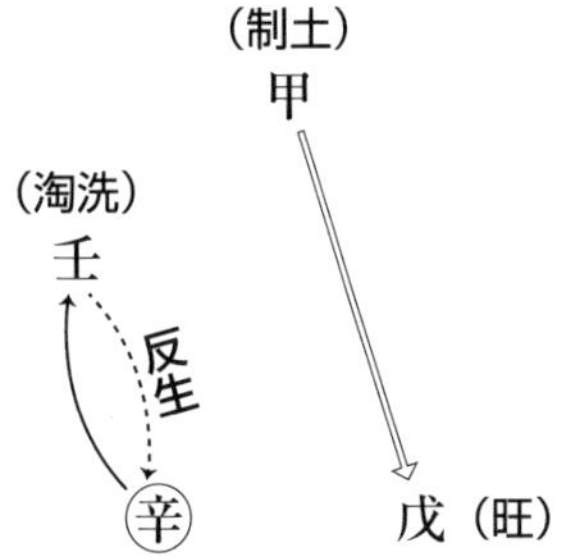

●昭和4年4月26日巳刻生　女命
くも膜下出血。66才で発病（乙亥年戊子月）
●用神＝甲ナシ　壬ナシ　●胎月＝己 未

完全に埋金の命式。印星多く甘やかしの命。頑愚の命である。たとえ甲が来ても反剋されて苦しい。壬が来れば泥土で汚い。乙亥で発病であるが、亥は蔵干中に甲があるので、その甲が命中でどうなるかを考えなければいけない。木は疲れる＝甲は神経をあらわすので神経、頭から来る病は必然である。死亡は戊子年丁酉月壬子日亥刻であった。

乙	(辛)	戊	己
未 冲	丑	辰	巳
丁	癸	乙	戊
乙	辛	癸	庚
•己	•己	•戊	•丙
衰	養	墓	死

●日干辛－巳月　立夏～小満～芒種

（5月節入～6月節入まで）

●調候＝壬、甲、癸

熱気は盛んで、火が旺じて火勢は辛を脅かすため、水の扶助を要する。また、土も乾くので木の救いも必要。まず、壬で暑気を払い、辛を淘洗する。甲で戊を制する。癸は壬の補助、代用とする。地支金局し、日干を助ける壬甲あれば功名顕達。

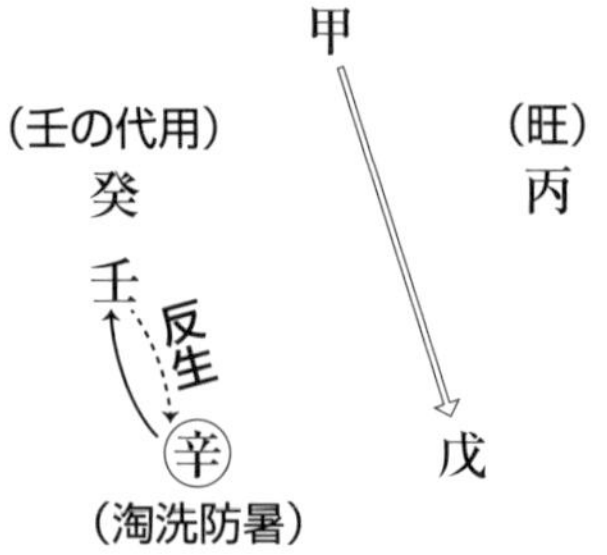

●昭和46年5月26日丑刻生　男命　求職相談？　1歳のとき心臓の手術で血液を入れ替えた

●用神＝壬、癸、甲　●胎月＝甲申

日干辛は巳月で弱い。夏月は火とともに土も旺じる。癸は天干にあるが、壬は地支に、甲は暗蔵されている。冲あり、水火の剋。金水はよい働きをしているが、過剰には欲しくない。要は、バランスが上手く保たれるほうがよい。1歳のとき壬子で水方合で水太過と濁壬となり心臓の手術となった。その後順調に回復して成長し、求職の相談。24歳から身旺運となり頑張れるが、辛二位天干にあり丙が来ると職の変化がある。

辛	癸	(辛)	己
亥	巳（冲×亥、冲×亥）	亥	丑
戊	戊	戊	癸
甲	庚	甲	辛
•壬	•丙	•壬	•己
沐	死	沐	養

●日干辛－午月　芒種～夏至～小暑
（6月節入～7月節入まで）

●調候＝壬、己、癸、甲

炎暑の季節、火勢は旺じ丁火が司権する。本来、辛には鍛錬は不要。炎暑を解き柔弱の辛を生扶する。また、湿土の己で生助するも、熱気で己は燥となり生助不能となる。そこで、壬を用い熱気を払い、壬己ともに用いる。癸は壬の代用。甲で埋金を防ぐ。

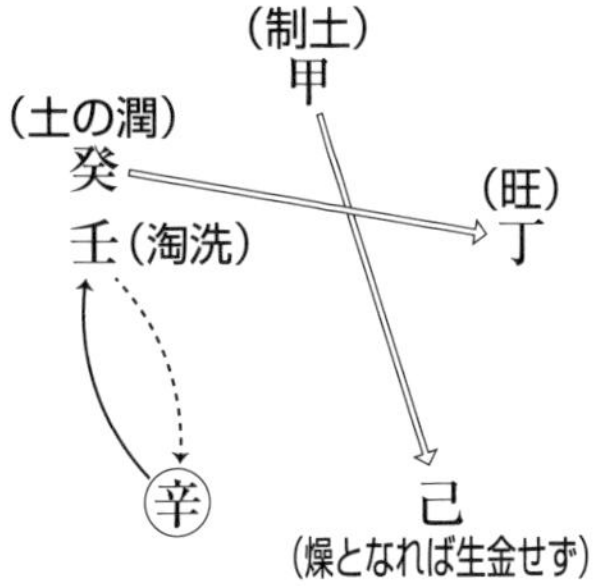

●昭和5年6月10日申刻生　上坂冬子　ノンフィクション作家　平成21年4月14日巳刻死去

●用神＝壬、甲、庚、癸ナシ　●胎月＝癸酉

日干辛は午月に生まれた。初気の生まれである。壬水を第一の用神とするが、年干の庚も輔佐用神としたい。いずれも根がないのが惜しまれる。甲で土性を制土したい。北方四島返還が遅々として進まないので「ビザなし交流」で行かれたが、肝不全で死亡された。甲＝肝臓である。干支は、大運甲戌・年運己丑・月運戊辰・日運己丑・時運己巳だった。

丙	(辛) →	壬 ←	庚
申	卯	午	午
•戊	•甲	•丙	•丙
壬		己	己
庚	乙	丁	丁
旺	絶	病	病

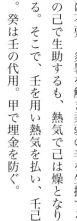

●日干辛－未月　小暑～大暑～立秋

（8月節入～9月節入まで）

●調候＝壬、庚、甲

　土性月で丁は退気とはいえ、余力を残し土は燥土となる。従って辛を生助することはできない。大暑前は午月と同様の取用法。まず壬で洗金し、庚で旺土を洩らし、併せて壬の水源とする。もし戊が壬を剋すときは甲で制する。戊己の制水を忌む。

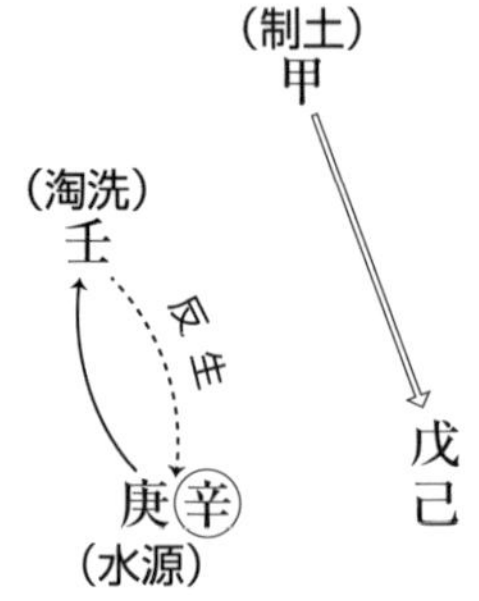

●昭和42年7月10日未刻生　女命　拒食症の女性

●用神＝壬、庚、甲ナシ　●胎月＝庚 戌

　午月考慮する。燥土で焚木、土旺ではないが火土太過、埋金、水ナシ、食傷なし、埋金状態。乙＝肝臓、神経をあらわすので、木が枯れる。頭が正常に働かない。大運の丙辰の運で11階から飛び降り、奇跡的に助かるが、その後また和歌山の海へ身投げして自殺された。

乙	㊇辛	己	戊
未	巳	未	申
•丁	•戊	•丁	•戊
乙	庚	乙	壬
己	丙	己	庚
衰	死	衰	旺

●日干辛－申月　立秋～処暑～白露

（8月節入～9月節入まで）

●調候＝壬、甲、戊（水多い時）

暑気は去ってはいないが、金は旺じその勢いは盛んである。辛は江湖の淘洗を受け、秀気を洩らす。壬で辛を淘洗する。辛は旺勢でその秀気を壬にもらす。戊の制水を忌み甲で戊を制する。壬が多いときは戊で制水する。壬があって甲戊をともにみれば顕達。

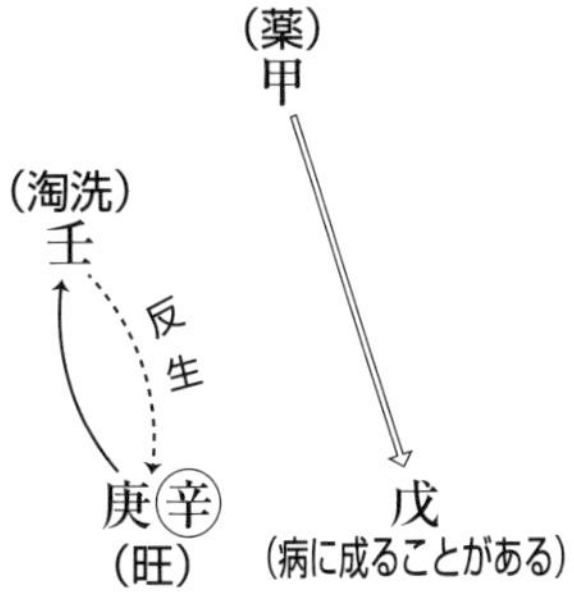

●昭和2年8月25日辰刻生　男命

●用神＝壬、甲　●胎月＝己 亥

水多くないので戊は忌。丁は本来不要のもの、甲は暗蔵で惜しい。乙では戊の制は力不足。木性は薬としてはよいが、強きに過ぎれば用神壬の洩を招く。子供なし、妻は病弱、父は18歳で病死（乙酉年）。丁酉年に肋膜。丁未年階段落下で骨にひび。丁卯年胆石。マネービルに秀でる。壬申で母死亡。悪賢く、邪悪になるのは、用神があってそれが無力になるとき。丁壬干合を考える。木＝仁。土＝信義をあらわす。

壬	㊔	戊	丁
辰	卯	申	卯
乙	甲	戊	甲
癸		壬	
•戊	•乙	•庚	•乙
墓	絶	旺	絶

●日干辛－酉月　白露～秋分～寒露

（9月節入～10月節入まで）

●調候＝壬、甲

寒さは進む。辛は令を得て旺じ、淘洗を喜び、その秀気を洩し流通をよくする。壬によって辛を淘洗する。旺辛は秀気を洩らす。戊己があれば辛の生扶太過、また壬を傷めるので甲で制する。壬甲あって戊己なければ顕達。戊己なければ甲は不要。

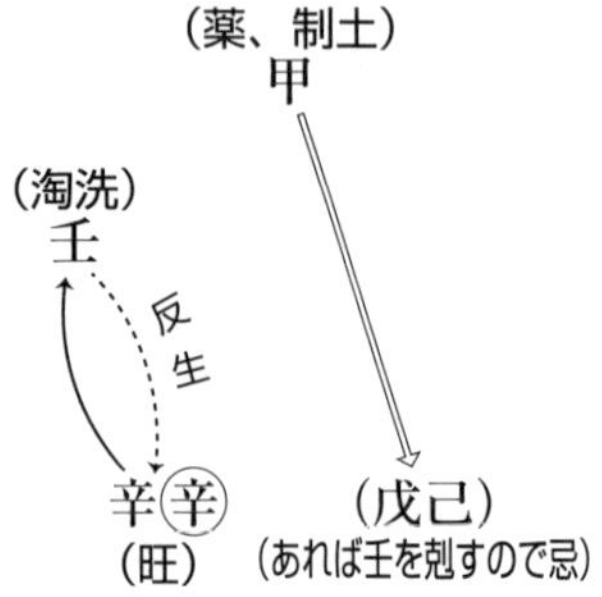

●昭和25年10月3日巳刻生　宮川大助　漫才師

●用神＝甲、癸、壬ナシ　●胎月＝丙　子

命式は令を得て強いが年支に寅があり、時支に巳で化金はしない。昭和51年丙辰年に結婚、昭和54年己未年から夫婦漫才デビュー。丁亥で脳出血を発症、また、腰部背柱管狭窄症をも克服して現在も夫婦漫才をしている。卯亥未の木局の年であった。年月干庚乙の干合は、女性関係の変化か。

癸	㊀辛	乙伐	庚劫
巳	未	酉	寅
戊	丁	庚	戊
庚	乙		丙
•丙	•己	•辛	•甲
死	衰	祿	胎

●日干辛―戊月　寒露～霜降～立冬
（10月節入～11月節入まで）
●調候＝壬、甲

土性月で、しかも燥土である。土重なるため埋金を忌む。辛は淘洗を喜び、秀気を洩らす。霜降前は酉月と同様の取用法。壬で辛を淘洗し、厚い土は甲で制土する。戊の有無は注意を要す。壬甲ともにあって地支水局すれば顕達。

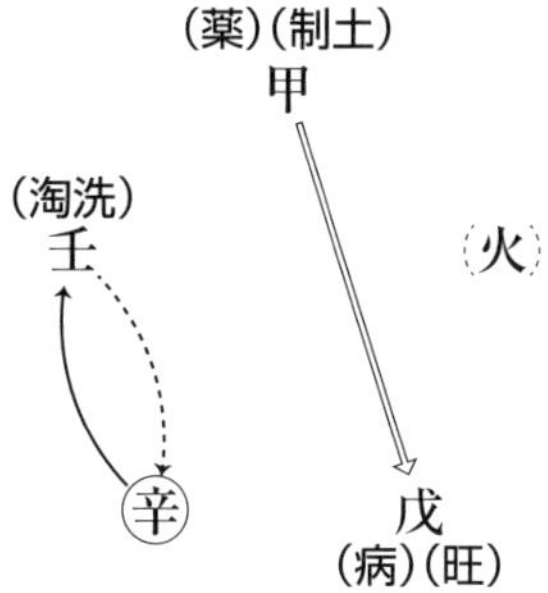

●昭和48年10月22日申刻生　イチロー　プロ野球選手
・オリックス～辛巳でマリナーズ入団
●用神＝壬、甲　●胎月＝癸丑

年月正気の土である甲で制土したい。月干に壬をもち用神とする。甲は蔵干にあるが透干していないのが惜しい。時干に丙あるが子供がいないのがさびしい。丙辛干合ではあるが化水はしない。大運は年干陰干で逆行運、44歳で特別輔佐の役、生涯契約を結ぶ。日干辛から月干へ金↓水と自己も美しく、そして、会社にも貢献できる形が出ている。

丙	辛	壬	癸
	支合		
申	卯	戌	丑
戊	甲	辛	癸
•壬		丁	辛
庚	•乙	•戊	•己
旺	絶	冠	養

●日干辛ー亥月　立冬～小雪～大雪

（11月節入～12月節入まで）

●調候＝壬、丙

　小陽の月、寒気は進むが寒冷とはいえない。辛は淘洗とともに暖を欲す。壬で淘洗して次に丙で金水とともに暖める。金水傷官は、正官を喜ぶ。壬が太旺して日干は洩弱になっている。壬丙あれば、名利昂揚。金水清白。丙あって壬は蔵は小貴命。

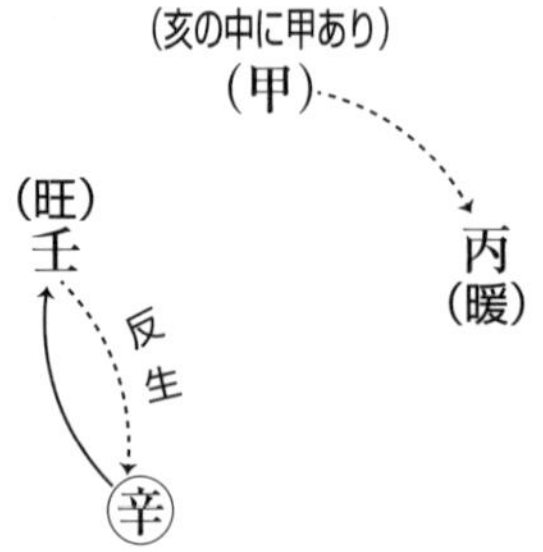

●昭和41年11月28日子刻生　女命　広島生れ

●用神＝甲　●胎月＝庚 寅

　土性が月干、時干にあり、辛には壬の存在が欠かせないのだが大運が秋運で身旺運が17歳～27歳～37歳。申酉運が巡るが、いつも秋口になると体調がよくない、折角妊娠しても流産を繰り返すので、相談があった。金は木を剋すの形で用神の甲を金が切るので困る。甲は己と干合してしまう。戊が邪魔をしている。年運甲戌で妊娠したが流産した。乙亥で妊娠、出産した。

丙	己	㊉辛	戊
午	亥	卯	子
丙	戊	甲	壬
己	甲		
•丁	•壬	•乙	•癸
病	沐	絶	生

●日干辛－子月　大雪～冬至～小寒
（12月節入～1月節入まで）

●調候＝丙、壬、戊、甲

厳寒の季節で金寒水冷のとき、暖があって金水の寒を解き、淘洗あればよい。丙で暖をとり、壬で辛を淘洗する。戊、甲は水性が旺強のとき、その制のため適宜に用いる。丙壬ともにあって戊癸がなければ顕達。丙あって壬蔵は貴、功名を得る。

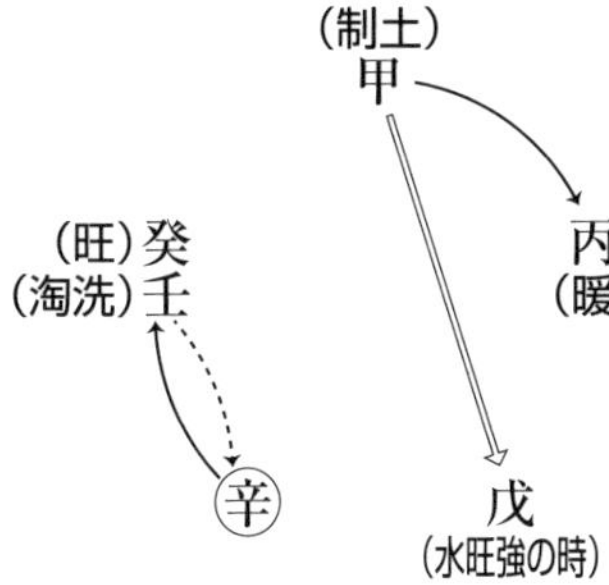

●昭和40年12月13日辰刻生　女命　娘の結婚に際してどんなアドバイスがよいか

●用神＝丙、壬、戊、甲ナシ　●胎月＝己 亥

日干辛は子月に生まれた。亥で水方合、申で三合水局、酉で三合金局。いずれも金水が強くなる。亥月を考慮する。丙の暖は地支巳の蔵干にあるが顕干していない。また、巳は空亡している。日干辛は壬水を喜びとするが、まずは、寒いので丙火で暖をとりたい。甲もない。結婚にとってはまず官星が表に出ていない。月干の戊の印星は水旺じるときは助けになるが、うるさいときもある。命式が寒いので、丙のある人がよい。

壬	辛	戊	乙
k		k	
辰	丑	子	巳
•乙	•癸	•壬	•戊
癸	辛		庚
戊	己	癸	丙
墓	養	生	死

●日干辛－丑月　小寒～大寒～立春

（1月節入～2月節入まで）

●調候＝丙、壬、戊、甲

　土性月で、厳寒のときであり、湿泥氷凍となっている。辛は金庫にあって弱くはないが、暖を求め、淘洗を欲す。寒を解くに丙を用いる。次に壬で淘洗する。水性が強旺のときは戊を用いる。丙壬ともにあれば、清雅富貴。戊癸を忌む。

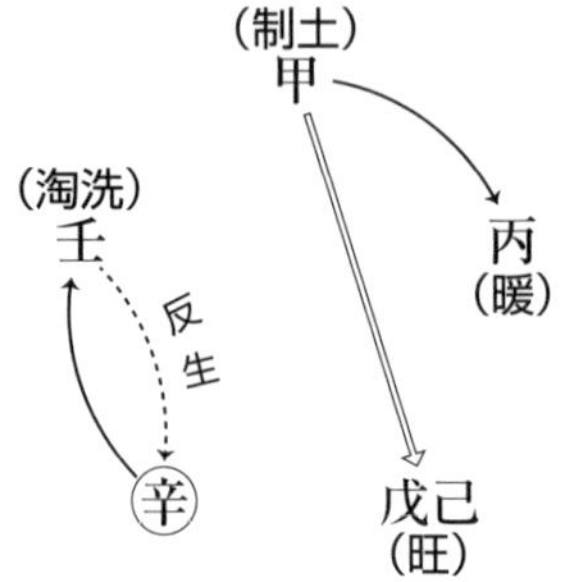

●昭和17年1月8日辰刻生　角川春樹　元角川書店社長

●用神＝壬、丙、甲ナシ　●胎月＝壬辰

　日干辛は天干に三位あり地支金局している。月令を得てはいないが強旺格的にみてもよいようだ。大運は年干が陰干だから男性であり、逆行運で冬運～秋運とめぐるので従勢格的にみることもできるが、丙が来ると辛との妬合《とごう》となる。いずれにしても天干辛三位は自己の思いどおりに処世されよう。甲がないのは惜しいが、内面で求めるようだ。いずれも甲にまつわることが出てくる。

壬	㊀辛（日干）	辛	辛
辰（支合）	酉（三合金局）	丑（三合金局）	巳（三合金局）
•乙	•庚	•癸	•戊
癸		辛	庚
戊	辛	己	丙
墓	禄	養	死

●日干壬－寅月　立春～雨水～啓蟄
（2月節入～3月節入まで）
●調候＝庚、丙、戊（水多ければ）

　余寒が残っている。壬は冲奔の勢いはないから、水源があって勢いを得、陽光のもとに流れるのを喜ぶ。水源として庚で壬を生助する。丙で余寒を去る。水が強いときは戊で流れを調整する。庚と丙の近接は忌。庚丙戊ともにあれば功名顕達。

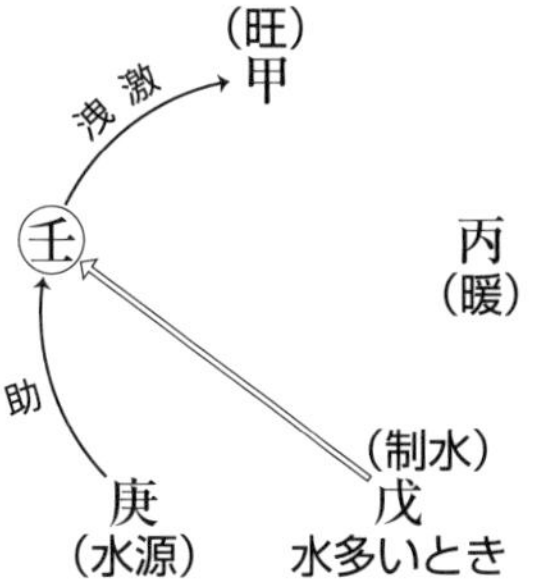

●昭和54年3月6日子刻生　男命
●用神＝庚、丙　●胎月＝丁巳

　五行がそろい、用神の庚、丙が天干にあり、壬とともにそれぞれ根をもっている。また年干己も根をもつ。つまり財、官、印すべて根をもつ。金水は時柱にある。春月の水は弱いというが、丙庚が近接していないのでよい。申寅の冲は惜しい。命式がよいので自然発福する。命式がよい場合は「努力不足」になることがある。大運を考えると、金水に巡るので戊の制水があるとよい。

庚	壬	丙	己
子	申 冲	寅	未
壬	戊	戊	丁
	壬	丙	乙
•癸	•庚	•甲	•己
旺	生	病	養

●日干壬－卯月　啓蟄～春分～清明

（3月節入～4月節入まで）

●調候＝戊、辛、庚

仲春である。陽気は進み、春江水暖で丙は不要であるが、壬は弱いので水源を確保し流れを整える。戊は堤防としての用をなし、辛庚は水源として壬を生助。甲丁を忌とする。戊辛ともにあれば名利顕達。戊あり辛蔵ならば恩恵があり相当の出世をする。

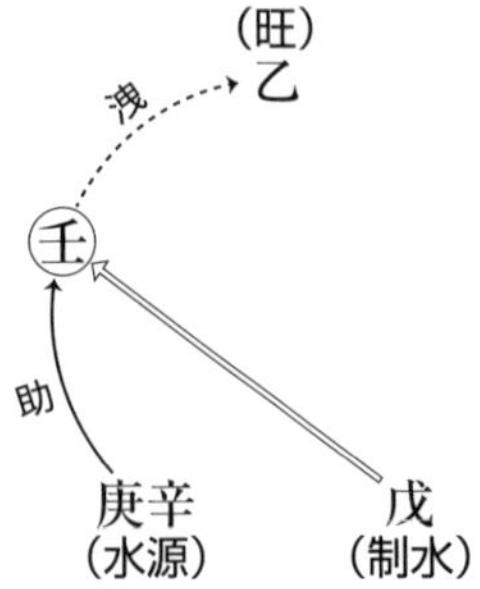

●昭和30年4月1日丑刻生　男命　中学時代に手指を落とす　手指は五行＝土　大工職

●用神＝辛　●胎月＝庚午

水源の辛は時柱にあり嬉しいが土が多い。年乙地支卯未で木局の強さがある。日干壬と月干己ではともすると濁壬の要素がある。亥で木局、寅で木方合の要素をもつ。戊は官星で仕事星である。土性多く、身弱であるので、バランスは微妙である。水源としては庚、辛は欲しい。戊寅の年は木方合、木局で戊が剋され職の災厄に注意である。特に寅、卯は不安定で注意。

乙	己	㊏壬	辛
未	卯（k）	辰	丑
丁	甲	乙	癸
乙		癸	辛
•己	•乙	•戊	•己
養	死	墓	衰

●日干壬－辰月　清明～穀雨～立夏
（4月節入～5月節入まで）
●調候＝甲、庚

陽気はようやく盛んになり、水は温《ぬる》む。土性月は戊が支配するので水が停滞しないで流れるようにする。穀雨前は卯月と同様の取用法。甲を用いて土を制土し、庚で壬を生助する。甲庚ともにあれば功名顕達。甲があって庚蔵ならば秀才、品格名位高い。

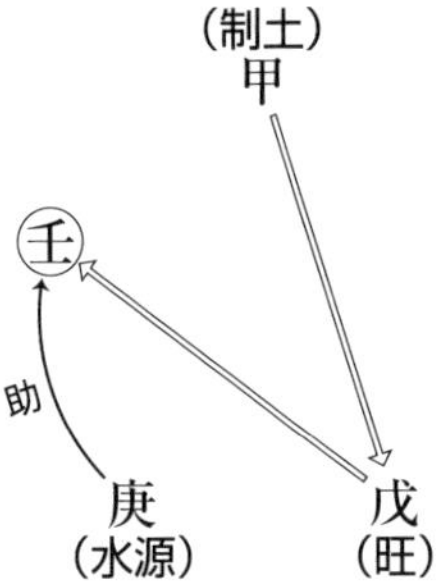

●大正15年4月13日酉刻生　男命　教師
昭和59年10月11日死去　糖尿、肝臓、循環器病
●用神＝戊　●胎月＝癸　未

卯月考慮。子で三合水局、卯で木方合、戌で金方合の種があり、いずれも凶に働く。壬は五行周流を最上とする。金水強く水は忌神とする。己は濁壬となる。制土の甲は病となる。戊の制がなければ、壬は散漫となり帰る宿なし。勝手に流れる。せっかく大運が戊戌が巡っても、地支は方合となり、甲子の年は水局しかも甲は戊を抑えるため、水は旺盛となり水、火の病となる。年干年支蔵干偏財で父は養子。

丙（偏財）	壬	壬（日干）	己
寅	辰	申	酉
戊	•乙	戊	•庚
•丙（偏財）	癸	•壬	
甲	戊	庚	辛
病	墓	生	沐

●日干壬－巳月　立夏～小満～芒種

（5月節入～6月節入まで）

●調候＝壬、辛、庚、癸

陽火は旺じて勢いが強く、壬は絶地に逢い、江湖の水は乾枯の恐れあり。壬は弱いので壬癸を用いて我が身を助け、辛庚で生助する。財星をもつため比劫をもってバランスをとる。壬辛ともにあれば富貴双全。庚があっても壬癸なしは奔流下賤常人。

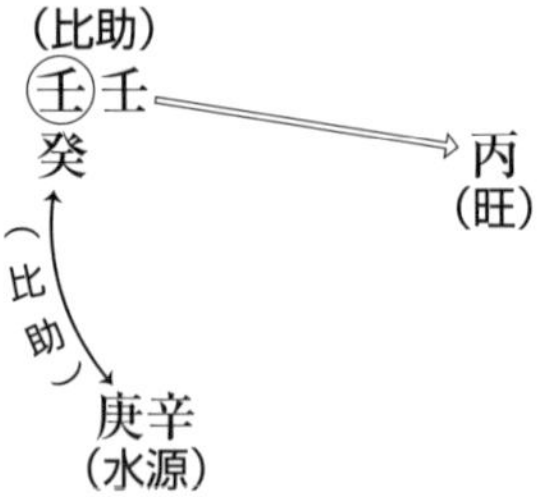

●昭和38年5月9日子刻生　男命

医者　外国で働きたい

●用神＝戊、庚　●胎月＝戊 申

辰月考慮である。水旺の命だから、印、比劫はもういらない。火旺ではないのだから、甲を用いて漏水し戊で水を制したい。しかし、戊は戊癸干合、戊は卯戌の支合になる。日干壬の悪い面が出てくる。大運春の運はよかったが、冬の身旺運に入れば冲奔して身のコントロールができるかが問題となる。月支に、駅馬をもっておられるので外国で動きたい気持ちになるのでしょう。

癸卯	丁巳	㊀壬子	壬子
•甲 乙	•戊 庚 丙	•壬 癸	•壬 癸
死	絶駅馬	旺	旺

●日干壬－午月　芒種～夏至～小暑
（6月節入～7月節入まで）

●調候＝癸、庚、辛

炎暑の季節。火勢はいよいよ旺じ、江湖は枯渇の憂いがある。壬と癸の助けと、庚、辛の水源の生助を得て身が成り立つ。巳月と同様に財星の強い月だから、比、劫でバランスをとりたい丁旺のため、巳月と異なり癸、庚を用神とする。

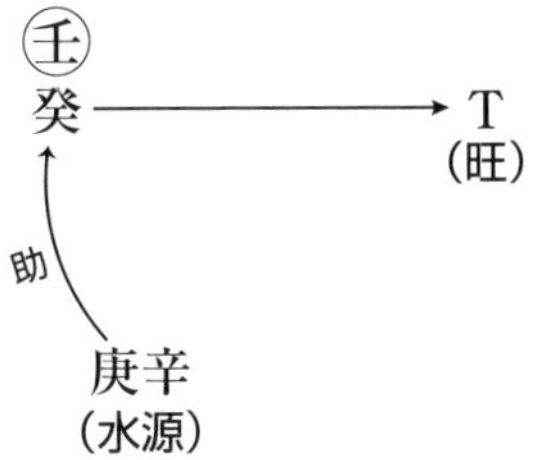

●昭和42年7月7日午刻生　男命　IT関係の仕事＝火、金

●用神＝庚、壬　●胎月＝丁酉

年、月干支は化火するとみるも、日柱以外は自己と逆のものばかり従格のようだが従格は取用できない。申は救いの神だが、火に剋されすぎて熔金になっている。壬の根は申の中にあるが壬の冷静さはなく、火の特性が出る。財多身弱でイライラする。財のコントロールできない。真面目だが自分と逆のことばかりで、ストレスが溜り、会社を辞めたくなる。胎2つは理想を求める。日干壬よりの水火の剋あり化火はしない。

		化火	
丙	壬	丙	丁
午	申	午	未
丙	戊	午	丁
己	壬	己	乙
•丁	•庚	•丁	•己
胎	生	胎	養

●日干壬－未月　小暑～大暑～立秋

（8月節入～9月節入まで）

●調候＝辛、甲、癸

土性月であり火は退気、金は進気となる。己が司権であり己土濁壬、枯渇を憂うる。大暑前は午月と同様の取用法。辛を用いて壬を助け、次いで甲で戊己を制する。癸は甲を潤し、また壬を助け火を制する。辛甲共にあれば、富貴双全。

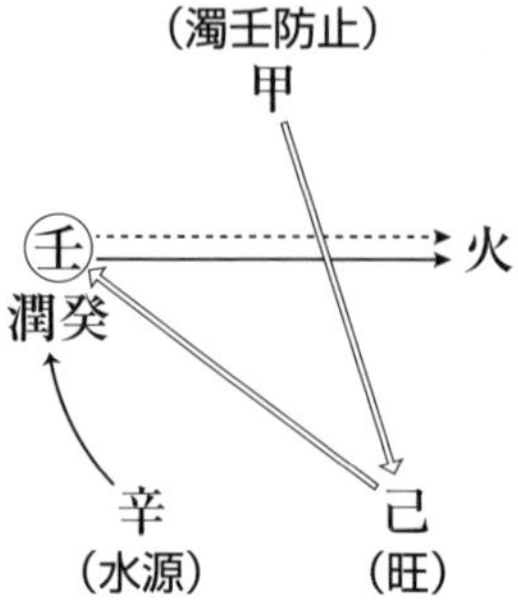

●昭和20年8月1日辰刻生　女命　美人。プティック開店は？

●用神＝辛、甲、癸　●胎月＝甲 戌

調候はすべてもっている。甲がよい働きをしている。木のために壬は洩弱になるが、月支未であるので甲で抑えたい。甲に根はあるが、夏の木は潤いに水気が欲しい。身弱であるのでその点身旺運になればよいが。五行では火がない。丁は未の中にあるが、火は財である。華やかさの点では少しさびしいか？　また火が欠けるのは財星にあまり執着しないとも読み取れる。

甲	㊀壬	癸	乙
辰	寅	未	酉
乙	戊	丁	庚
癸	丙	乙	
•戊	•甲	•己	•辛
墓	病	養	沐

●日干壬―申月　立秋～処暑～白露
（8月節入～9月節入まで）

●調候＝戊、丁

庚が強い時期で、壬は長生の月。金水旺相して弱は強に転じる。水勢冲奔の勢となるので堤防で流れを整える。戊を用いて、奔流となる壬を制する。また、丁で旺金を制する。戊丁あれば衣食豊かで顕達。戊があって丁が蔵ならば人の援助で発福。

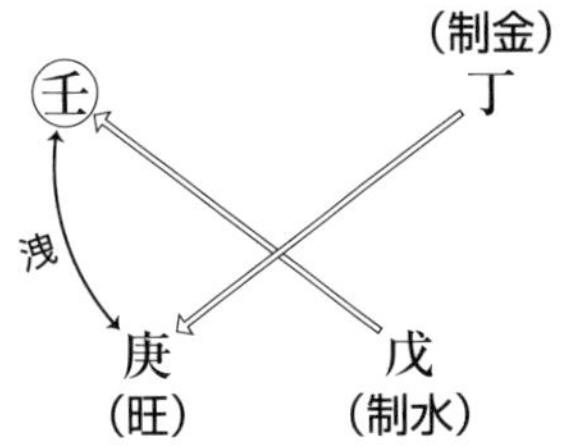

●昭和10年8月24日　羽田　孜　国会議員

●用神＝戊、丁　●胎月＝乙 亥

命式は金旺の上にさらに金水があり、金水旺強である。戊の制水、丁の制金が欲しい。戊は空亡。甲で戊を剋したくない。壬は五気周流でありたい。細川内閣の後を受け、社会党の離反で少数与党の短命内閣として終わる。社会運は月柱で看ると甲申は絶で弱いので、短命内閣となったのであろう。表の天干は、穏やかに水―木と流れ人当たりよく、穏やかだ。胎月乙亥で空亡している。胎月空亡は東奔西走の命といわれる。

㊏壬	甲	乙
申	申	k亥
戊	戊	戊
壬	壬	甲
庚	庚	壬
生	生	祿

●日干壬－酉月　白露～秋分～寒露

（9月節入～10月節入まで）

●調候＝甲、庚

　辛が令を得て金水相生して「金白水清」のとき。壬は非旺非弱、土の阻塞混濁を忌む。甲を用いて戊を制する。もし、甲がなければ庚を用とする。甲があって戊を制すれば功名顕達。甲を蔵し庚がないのは秀才。甲戊がなくて庚辛あれば顕達。

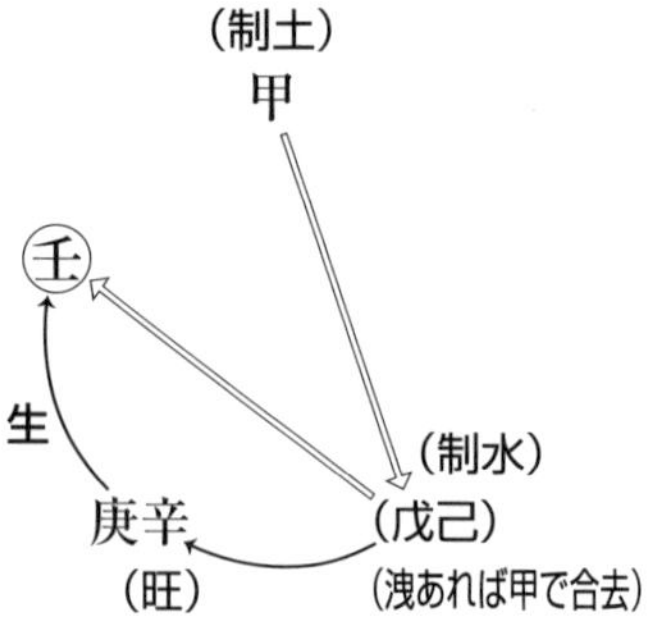

●昭和7年10月8日卯刻生　女命

●用神＝戊、火ナシ　●胎月＝庚子

「金水清白」を好象とし己土濁壬を忌とする。しかし、命中は比劫が天干に地支に申があるので水勢は奔流となっている。よって戊を用とし丙丁を輔佐としたい。地支は戌で金方合、辰で木方合、戊は干合となり充分な効果は疑問である。己土濁壬は免れるか？　土水の濁りは体液に濁りをもたらすことがあらわれて病気として卵巣癌となった。木の寅が天干に欲しい。己土濁壬を防ぐ事を第一番に考えることが大切である。

壬	己	㊀壬	癸
申	酉	寅	卯
戊	庚	戊	甲
壬		丙	
•庚	•辛	•甲	•乙
生	沐	病	死

●日干壬－戌月　寒露～霜降～立冬

（10月節入～11月節入まで）

●調候＝甲、丙

陰気は漸次加わるが、土性月で戊が司権だから水に勢いがあっても氾濫の憂いはない。甲で戊を制す、特に壬が弱いときは、その必要度は大きい。丙で暖をとる。甲、丙あれば功名顕達。丙の代用で丁があれば、ほぼ富貴。

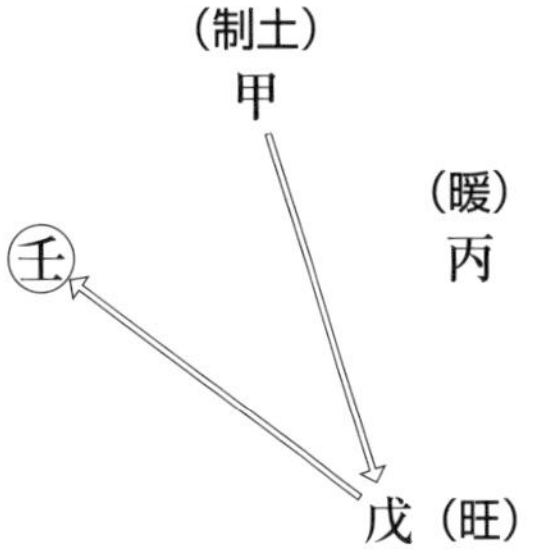

●昭和25年10月14日辰刻生　女命　インク製造、父死亡後相続でもめる

●用神＝甲、庚　●胎月＝丁丑

酉月考慮。陽干陽支、ただし、初気生まれ地支三合火局している。五行はそろっているが配合は悪い。酉月の壬は非旺、非弱である。水源の金は遠く、火の財に振り回されて、自分の思うようにならない。ストレスが溜まる。循環器系統特に心臓が悪い。大運辛巳ではかなりの心労が重なりやすい。注意である。

甲	㊀壬	丙	庚
辰	午	戌	寅
•乙	•丙	•辛	•戊
癸	己	丁	丙
戊	丁	戊	甲
墓	胎	冠	病

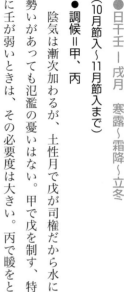

●日干壬－亥月　立冬～小雪～大雪
（11月節入～12月節入まで）

●調候＝戊、丙、庚

水勢旺洋で勢いは盛んだから、必ず堤防でその流れを整える。また、暖の丙も欲しい。戊で旺壬の勢いを制する。次いで、丙により暖をとる。甲があって戊を剋すときは庚を用いる。戊庚ともにあれば、功名顕達。丙戊があって火土運に巡り名利双全。

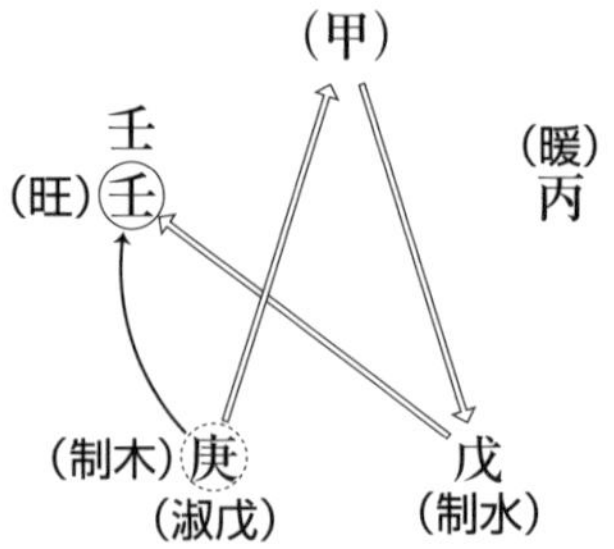

●昭和17年11月15日戌刻生　男命
平成4年7月28日死亡（壬申年丁未月乙巳日に自殺）

●用神＝戊、丙　●胎月＝壬寅：命式とで三合火局。

亥月の中気の生まれである。元命は甲である。空亡ではあるが、亥の中の甲は湿っている。神経はデリケートとみる。戊の制が必要であるが、表には出ていない。庚は水源としてはいらない。天干金水で人当たりはよいが我が道を行くタイプ。10歳で父死亡。28歳で母死亡。離婚1回。いろいろな葛藤の末の自己処理の方法であったのであろう。

庚	㊀壬 K	辛	壬
戌	申	亥	午
•辛	戊	戊	•丙
丁	•壬	•甲	己
戊	庚	壬	丁
冠	生	祿	胎

●日干壬―子月　大雪～冬至～小寒
（12月節入～1月節入まで）

●調候＝戊、丙

壬の勢いは強く度を越える。土でもって制剋する。また、気候はさらに寒く極寒の侯であり、水土は共に凍り暖を求める。水旺なので戊で水を制し、併せて丙によって暖をとる。丙戊がともにあれば、高位、権力顕達。（亥月と同様に財官を喜ぶ）丙がなくて戊があれば、処世には無難、小富。

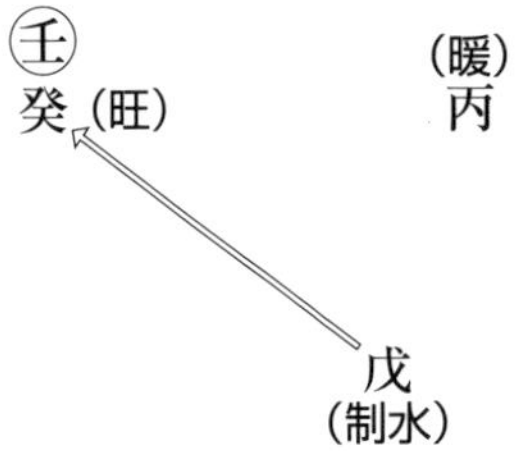

●昭和50年12月12日午刻生　男命
水多く木を痛める。精神疾患を発症

●用神＝戊、丙、庚　●胎月＝己卯

水旺強で、戊丙の調候用神が両サイドにある。甲は忌神であるため、庚の制が欲しい。しかし、申で水局、酉は冲、支合、庚乙庚干合、寅は木方合と目まぐるしい。甲戌年の19歳で精神病が起こり、20歳乙亥年に相談あり。電気ショック療法はどうかとのお尋ねに、結論としては、しても、しなくてもすぐによくならないと返事。薬で多少は抑えられるが。壬の性格改善を。

丙	壬	戊	乙
午	辰－	子	卯
•丙	•乙	•壬	•甲
己	癸		
丁	戊	癸	乙
胎	墓	旺	死

●日干壬ー丑月　小寒～大寒～立春

（1月節入～2月節入まで）

●調候＝丙、丁、甲

天地凍り、寒気が烈しく水勢は旺極から衰退に向う。水土共に凍結して暖を欲す。大寒前は癸辛が司権、水勢の余気が盛んで寒く丙を用いて解凍する。辛で壬を生助する。比劫があれば、戊を酌用する。大寒後は己が司権、壬は衰えるので辛を助け、丙で暖め、甲で己土濁壬を防ぐ。丁は丙の代用に用いる。

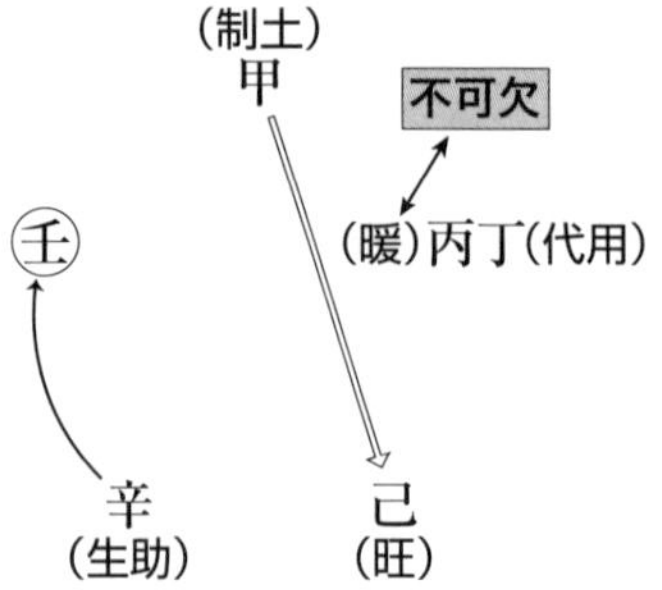

●明治40年1月23日辰刻生　湯川秀樹博士　ノーベル賞物理学賞受賞（S56年9月8日死去）

●用神＝丙、甲　●胎月＝壬 辰

命式は五気そろい、太過不及なく、剋冲会合もなく、調候は天干に出て、それぞれが根をもちよく働いている。丑月の壬だから寒冷にならないほうがよい。木、火運がよい。大運の巡りも順行運で　春～夏～秋運に巡り、大運戊申、年運辛酉、月運丁酉、日運己丑日であった。ちなみに、ノーベル賞を受賞された年は、1949年己丑年であった。

丙	辛	㊣壬	甲
午	丑	申	辰
丙	癸	戊	乙
•己	辛	壬	癸
丁	•己	•庚	•戊
胎	衰	生	墓

●日干癸－寅月　立春～雨水～啓蟄

（2月節入～3月節入まで）

●調候＝辛、丙

　余寒が残る時期、三陽の候。癸は雨露の精で至弱であるから水源が必要。そして暖があればよい。辛を水源として癸を生助する。丙辛干合を忌む。辛丙あれば、名利顕達。辛があって丙が蔵であれば、他人の力で開運。丙があって辛が蔵ならば出世。

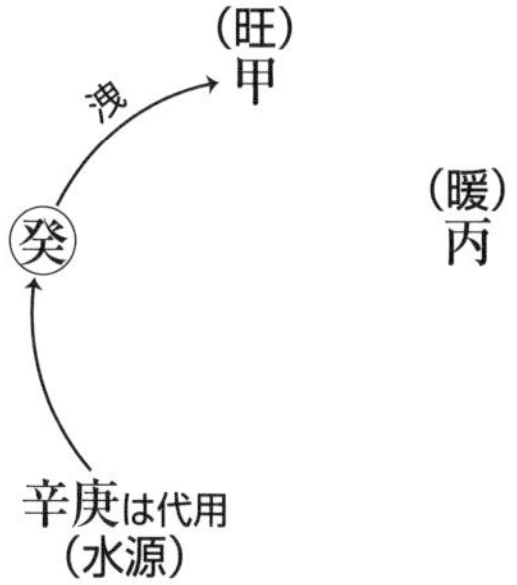

●昭和42年2月8日酉刻生　男命

●用神＝辛、丙（寅の中気）　●胎月＝癸巳

　丑月を考慮すると丙が天干に欲しい。丁壬干合は化木しない。辰で木方合、亥で木局はいずれも酉があるため不成立。日干は、洩弱の恐れがあるので水源は確保したい。土と丁は忌神となる。年月の丁壬干合は劫財と偏財との干合であるため金銭を他人に貸しても戻らない。また友人に女性を奪われる。という事相が出るので、注意してください。

化木せず（丁・壬）

丁	壬	癸	辛
未	寅	卯	酉
•丁	•戊	•甲	•庚
乙	丙		
己	甲	乙	辛
墓	沐	生	病

●日干癸－卯月　啓蟄～春分～清明

（3月節入～4月節入まで）

●調候＝庚、辛

陽気が進み暖かい。暖は特に必要ではない。木気盛んで洩気は激しい。癸は弱いので庚辛の水源の助けを得て強くする。また強旺の木性を制剋する。乙庚干合を忌む。丁を忌む。庚辛ともにあれば、功名顕達。庚辛ともに蔵は富をもって官を得る。

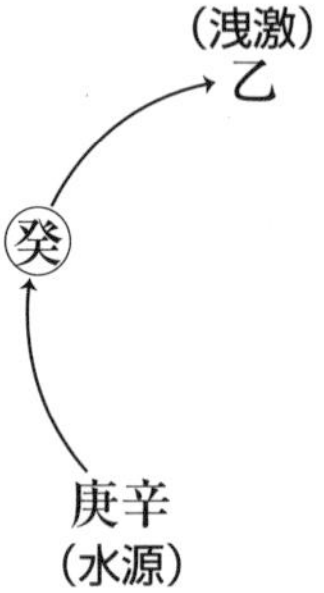

●昭和24年3月24日辰刻生　男命　理科の先生

●用神＝辛、庚ナシ　●胎月＝戊午

殺が多く身弱である。水源の辛、庚は表になく、辛のみは蔵干に存在するが丑の中に隠れているのみ。辰丑の中に根をもち案外強い。土が多いので甲が欲しい。丁＝偏財で月干にあるが根がなく父親を早く亡くす（丁―丑＝墓）。土は官星であり、戊己あり、官殺混雑で職の変化を表わす。会社員→教員。平成5年癸酉年に母親死亡。金水運を待つのみ。大運で助かる。

己	丁	癸（○）	丙
丑	卯	丑	辰
癸	甲	癸	乙
辛		辛	癸
•己	•乙	•己	•戊
冠	生	冠	養

●日干癸－辰月　清明～穀雨～立夏

（4月節入～5月節入まで）

●調候＝丙、辛、甲

穀雨前は陽気は盛んになるが、暑いことはなく、癸が司権だから暖を用いる。穀雨後は戊が司権だから弱水を生扶する。暖は少ないほうがよい。穀雨前は水源で癸を生助し、丙で暖をとる。穀雨後は甲で戊を制し、水源による癸の生助があれば丙を用いる。

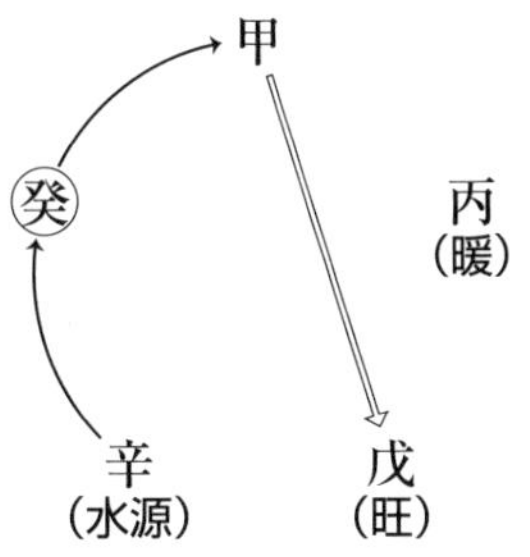

●昭和2年4月9日辰刻生　奉仕精神旺盛な人　公民館の館長

●用神＝丙、甲、辛＝酉の蔵干に　●胎月＝乙未

初気生まれで、卯月考慮。癸の洩気が多い。金水の生助を必要とする。五行そろうのは吉。辰酉支合、蔵干庚乙干合は忌。月干に甲の洩星は奉仕精神旺盛で、組織への働きかけ及び目上に対しての忠誠心あり。（月干）気苦労症、辛抱強い（養）、日支酉で内助あり。（日支）夫婦仲良く。辰酉の支合。

丙	㊣癸	甲	丁
辰 ～	酉 ～	辰	卯
•乙	•庚	•乙	•甲
癸		癸	
戊	辛	丙	乙
養	病	養	生

●日干癸－巳月　立夏～小満～芒種
（5月節入～6月節入まで）
●調候＝辛、庚

陽火は旺じて勢いが強く、火、土共に旺じている。雨露の水は微弱であるため水源を求める。辛又は庚を水源として、癸を助ける。壬癸の助けもよい。印比劫なしは自存不能。辛、壬があって、丁午がなければ富貴極品。庚があって辛がなければ異途功名。

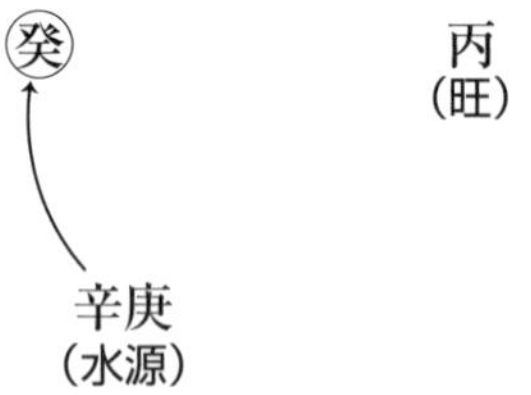

●昭和23年5月28日辰刻生　女命
●用神＝辛庚壬は蔵干に、癸は自身
●胎月＝戊申三合水局

亥で水方合、酉で三合金局、申で三合水局と目まぐるしい。日干癸だが両サイドに丁丙あり、偏財、正財、人間関係が不安定。水方合で父死亡。子供が強い年に親の死亡はわかるが、自分も水方合のときに事故死した。47歳乙亥年4月庚辰月己丑日であった。あまりにせっかちになられたのであろう。水火の剋。

丙	㊇癸	丁	戊
辰	丑	巳	子
乙	癸	戊	壬
癸	辛	庚	
•戊	•己	•丙	•癸
養	冠	胎	禄

●日干癸―午月　芒種～夏至～小暑

（6月節入～7月節入まで）

●調候＝庚、辛、壬、癸

火土ともに旺じ、癸は絶地に逢って、根もなく極弱である。金性の生助が必要である。庚辛を用い癸を生助する。金は火に抗し難く、壬癸の助けを要す。庚辛壬癸を斟酌して用い互いに救護し合っている。丁壬、丙辛干合を忌む。印比劫あれば、顕達。

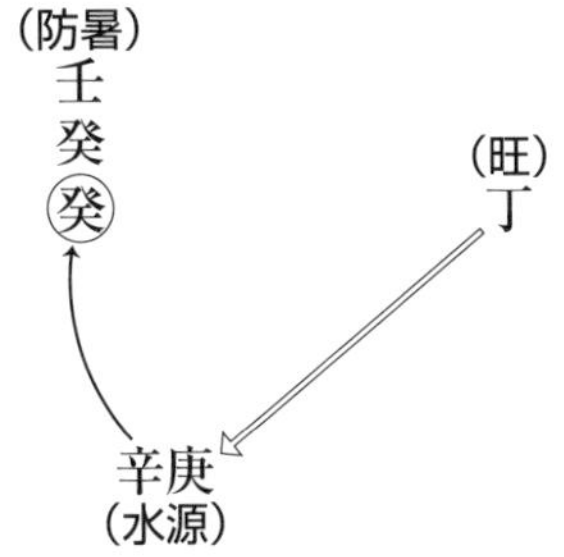

●昭和52年6月25日亥刻生　塚原直也　体操選手　平成28年引退

●用神＝庚、辛、癸　●胎月＝丁酉

夏月の癸水は乾き流れない。ストレスが大きい命である。行運も逆行運で、すぐ春運になるので、洩気が強くなり洩らす運は疲れが大きい。壬が来れば丁壬干合。戊が来れば戊癸干合となって、若年運は努力努力の運気である。洩星運は、本人にとっては辛い運として（寅）引退を決意した。年月が親からのプレッシャーが大きかったのであろう。胎月丁酉の日に辞めた。

癸	(癸)	丙	丁
亥	丑	午	巳
戊	癸	丙	戊
甲	辛	己	庚
•壬	•己	•丁	•丙
旺	冠	絶	胎

●日干癸－未月　小暑～大暑～立秋

（7月節入～8月節入まで）

●調候＝庚、辛、壬、癸

大暑前は炎熱激しく、火気のため金は衰弱する。大暑後は土旺となり、火は退気、金は進気となる。金は火の剋を恐れない。大暑前は庚辛を用い気を生助し、さらに壬癸で身を助ける。午月同様の取用法。大暑前、庚辛更に壬癸あれば顕達。

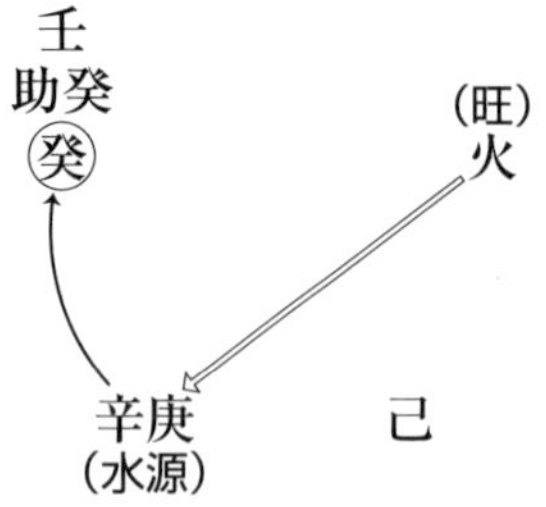

●平成12年7月14日丑刻生　池江璃花子　水泳選手

●用神＝庚、辛、癸　●胎月＝甲　戌

大暑前の生まれであるが、初気の生まれになっている。調候は、庚辛、癸を必要とする。これら金水は命中では強力である。本来、木が強ければ癸が洩弱となり、また、土が多いので木の役割は大切であるが、命式では、金水の力は強くはない。巳で火方合となると財星が強くなり、忙しく働く、また財星は官星を強めるので、仕事、男性に関することが強くなる。白血病に関しては、現在の大運が巳であることから火方合でよくないので、くり返しのこととなるので要注意。

庚	癸	癸	戊
辰	未	酉	午
・乙	・丁	・庚	・丙
癸	乙		己
戊	己	辛	丁
養	墓	病	絶

22～12　辛巳　火方合

●日干癸－申月　立秋～処暑～白露
（8月節入～9月節入まで）

●調候＝丁、甲

暑気はまだ去らず、申月は死にあたるが、金気は旺じ、癸は弱中強に転じる。庚は旺じて癸を生じる。丁で剛金を鍛錬してバランスをとる。しかし、丁は弱いので甲で生助する。丁があって甲をみれば富貴双全。

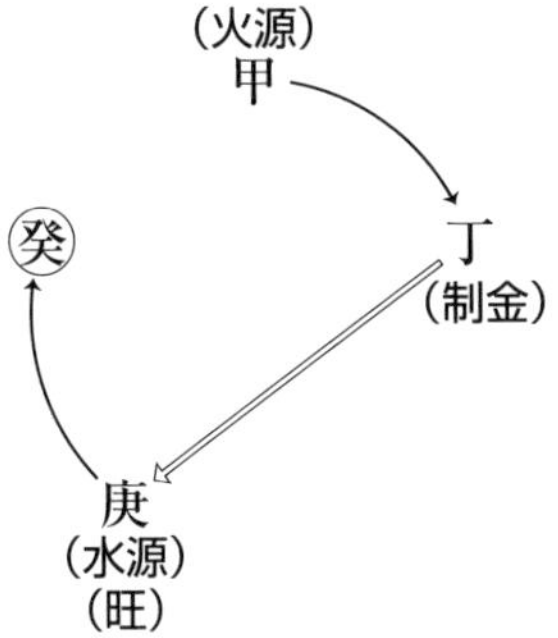

●平成1年8月31日丑刻生　桐山照史　ジャニーズ事務所タレント

●用神＝甲、丙　●胎月＝癸亥

年干に己があるが月干壬とは己土濁壬の恐れがある。天干壬癸癸と並び、自己の想いを通していく人だ。また、その気持ちのあらわれでもある。年支にも駅馬、日支にも駅馬であちこちと動きが出る。酉で三合金局。甲は日支蔵干にあるが、結構神経がデリケートでもある。自己の意志どおりに動く人ではある。

癸	癸	壬	己
丑	亥	申	巳
癸	戊	戊	戊
辛	甲	壬	庚
•己	•壬	•庚	•丙
冠	旺 駅馬	死	胎 駅馬

●日干癸—酉月　白露～秋分～寒露

（9月節入～10月節入まで）

●調候＝辛、丙

金気は旺じ、寒さは進んでくる。癸は酉にあって、金白水清のとき。暖があれば、金温水暖となる。辛で癸を生助して、次に、丙で暖をとる。丙辛干合を忌む。丙辛が隔位であれば功名顕達。丙辛の一透一蔵すれば相当の出世で小富貴。

（暖）丙

辛辛（水源）（旺）→㊣癸

●昭和2年9月16日辰刻生

緒方貞子（国連難民高等弁務官・国際協力機構理事長）

●用神＝辛、丙　●胎月＝庚子

丙は時干にあり、辛は月支にあるが、年支が空亡して月支と沖しているは外国への出張が多く故郷を離れる形をあらわす。巳で三合金局。寅で木方合となる。つまり、印星はまわりからの助力があり、また、木の洩星が強くなることがあるのは、人のために働く形である。職の変化ありで日本を離れて外国暮らしがある形。令和元年10月22日死去（己亥年甲戌月壬辰日）。

丙	(癸)	己	丁
辰	丑	酉 k×	卯
•乙	•癸	•庚	•甲
癸	辛		
己	己	辛	乙
養	冠	病	生

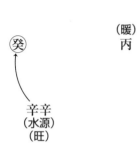

●日干癸ー戌月　寒露～霜降～立冬
（10月節入～11月節入まで）

●調候＝辛、甲、壬、癸

土性月で、しかも燥土であるから、癸は枯渇の恐れがある。水源を要す。霜降前は辛、丙共に用いて金温水暖とする。霜降後は辛で癸を生助する。旺土は癸を傷めるので甲で制する。壬癸は身を助け、甲を滋養する。辛甲あって子癸あれば功名顕達。

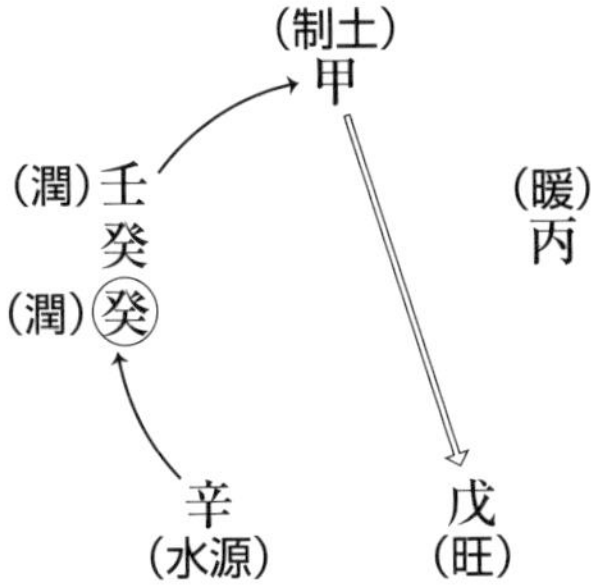

●昭和21年10月26日寅刻生　初代・尾上辰之助　歌舞伎役者（昭和62年3月28日死去　丁卯、癸卯、丙子）

●用神＝辛、甲　癸　●胎月＝己丑

三柱でみれば、癸、甲、壬が欲しい。土旺強だから癸甲セットで欲しい。甲が少々あっても旺強の土に反剋されてしまう。自分が強くない。日支の酉に頼るのみ。大運が順行運でよかったが春の運になり寅への反剋で肝臓が悪くなり、肝硬変で入院し一度復帰を果たすも再度の入院で急変であった。胎月も己土であるのは、せっかくの時干に甲も、干合で甲の力を弱くするので凶。

甲	㊀癸	戊	丙
寅	酉	戌	戌
戊	庚	辛	辛
丙		丁	丁
•甲	•辛	•戊	•戊
沐	病	衰	衰

●日干癸―亥月　立冬～小雪～大雪
（11月節入～12月節入まで）

●調候＝庚、辛（戊丁）

寒気が進み水勢は強く、癸は旺じるが、亥月は甲があるので、旺は洩弱に転じる。庚辛を用いて癸を生助する。丁で金を制しバランスをとる。木旺じれば金を用い、水旺じれば戊を用いる。地支木局をもっとも忌む。庚辛があって丁の剋無ければ功名顕達。

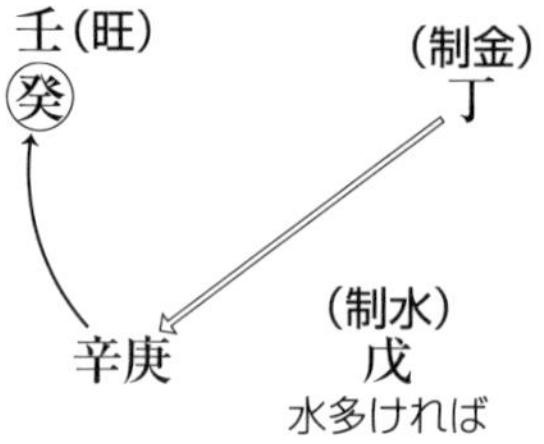

●昭和55年12月6日申刻生　女命　職業は何がよいか？

●用神＝丁　●胎月＝戊寅

庚が4位あり丁火1位では足らない。丁火の制が必要。丁には根なし、破丁、干合を忌む。子で水方合の種あり。身旺に過ぎるので旺水を散じたい。戊も欲しい。また、洩らしもよい（五行周流しても、木性は可）。一応の調候はもっている。丁に根が出るとよいが、水の職業から離れられないか？

庚	癸	丁	庚
申	丑	亥	申
戊	癸	戊	戊
壬	辛	甲	壬
•庚	•己	•壬	•庚
死	冠	旺	死

●日干癸－子月　大雪～冬至～小寒

（12月節入～1月節入まで）

●調候＝丙、辛

厳寒のとき、雨露は霜雪に化しているため、暖をとって金温水暖とする。丙の暖を用いて金水を暖め、辛で癸を生助する。丙辛の干合を忌む。丙、辛ともにあれば、功名顕達。丙があって、辛が蔵ならば、富貴。丙がなければ辛があっても無意味。

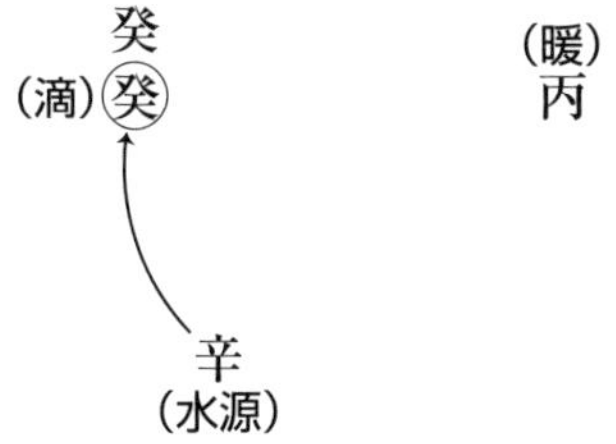

●昭和15年1月1日酉刻生　加藤一二三　将棋九段

平成30年引退

●用神＝丙、辛、甲　●胎月＝丁卯

丙は月干にあるが、根が欲しい。時柱が辛酉で周りからの助力がある午で四旺が揃うのは愛敬がある。印星は嬉しい。卯の洩星は天干にないので今一つの発展がない。胎月にも卯があるが草花は今一つ伸びがたく。乙＝胆嚢の手術をした。丙火はありがたいが。お酒＝火であるから、ほどほどに。

辛	(癸)	丙	己
酉 ×	卯	子	卯
庚	甲	壬	甲
辛	乙	癸	乙
病	生	禄	生

●日干癸－丑月　大雪～大寒～立春
（1月節入～2月節入まで）

●調候＝丙、丁

土性月で、しかも厳寒のときである。湿泥氷凍となっている。寒を解くに丙を用いる。丁は丙の代用。二丙があって支に多壬、また時干に壬をみて月干に丁がなければ、富貴極品。

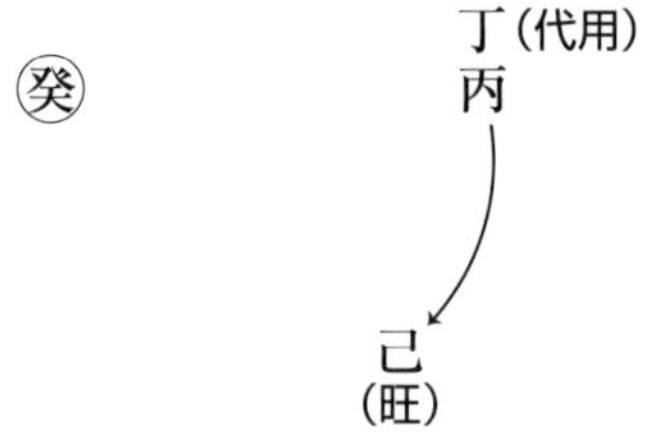

●昭和51年1月12日午刻生　中谷美紀　女優

●用神＝丙　●胎月＝庚辰

厳冬の季節、丙が切に欲しい。時干にあるが丙が出干。行運は順行運で冬～春～夏に巡る。平成3年辛未でデビュー、平成5年癸酉で女優デビューである。命式は月干と時干に己・戊で二つの職をもつことになる。行運が吉運に巡り、癸水は木を育てるので、順調に伸びるであろう。現在は退社して個人事務所へ。

乙	己	癸	戊
卯	丑	亥	午
•甲	•癸	•戊	•丙
	辛	甲	己
乙	己	壬	丁
生	冠	旺	絶

二 干合論《かんごうろん》

1 干合論について

己《き》	甲《こう》	(土)
庚《こう》	乙《おつ》	(金)
辛《しん》	丙《へい》	(水)
壬《じん》	丁《てい》	(木)
癸《き》	戊《ぼ》	(火)

陽干とその陽干が剋する陰干とが結びついて、新しい五行になります。(変化の条件については後述)

●結合、和合、親密、円満、協調、団結、分離離別…などの意がある。喜神が干合すると、福分が薄れて、忌神が干合すると、凶意が薄れる。日干以外の干合は離れるの意味あり。

□

甲(日干)
辛 官
丙 食

・夫と子供が離れていく(女命)

癸
乙(日干)
庚 官
丁

・夫と結ばれる(女命)

●日干以外で干合、支合するとき

干合火

癸 官	戊	丙(日干)
未	午	子
丁 乙 己	丙 己 丁	壬 癸

・天干地支は戊癸干合は化火するか？　地支午—未で火で、化火する形がある。火が非常に強い形である。

化火の条件として、化火した火を剋す五行があれば化火しないので、日干丙子は、子(水)があるので化火はしないとみます。

●干合が妬合になったとき

甲
(己)
甲

日干己は年干、月干と妬合となっています。しかし、原則として1：1が条件です。

この場合、行運で己が来たときにちょうどになって変化するようになります。

●先頃のことですが、自民党の副大臣が忖度《そんたく》の問題で辞職されました。そこで、命式はどうなっているかと検討しました。

昭和38年12月27日生　塚田一郎副大臣

	癸	卯	甲乙
	甲	子	壬癸
	(甲)	辰	乙癸戊
大運	己	未	年運 己亥 三合木局
56才～	戊	午	

日干甲辰で大運は己未で、丁度、大運は節目です。

日干甲と大運己は干合します。また、月干甲も年干己と干合しています。甲己干合は1：1となりました。その上に亥卯未の三合木局もしています。決断されるのには強さが必要だったのでしょう。反対に、強かったので、かえって不要なことまで言われたのでしょうか？

2 干合の不思議さ

さかのぼること30年以前、昭和の御代《みよ》について尋ねられたことがありました。昭和も62年が過ぎようとしておりました。そこで、昭和天皇陛下と平成天皇陛下の命式をつぶさにみさせていただきました。平成天皇様からの大運が55歳～65歳の戊午は、日干の癸と干合し、年干支63年は戊辰で、命式の年柱と干合支合いたします。つまり、天地徳合ですね。年干支が去るとは、昭和天皇の御代代わりをあらわします。干合は1：1が原則ですから、また、日干との干合は戊は官星ですから、皇太子様が御代を継がれるとのことにつながりました。

明治34・4・29・亥　昭和天皇様

辛	壬	㊀丁	辛
丑	辰	丑	亥
癸・辛・己	乙・癸・戊	癸・辛・己	戊・庚・壬
墓	衰	墓	胎

大 88~78 甲申

年 戊辰 己巳

昭和8・12・23・卯　平成天皇様

癸	甲	癸	乙
酉	子	亥	卯
庚・辛	壬・癸	戊庚・壬	甲・乙
病	禄	旺	生

大 65~55 戊午　85~75 丙辰（食神）

年 戊辰 己巳　戊戌 己亥

昭和35・2・23・申　天皇陛下様

庚	戊	辛	丙
子	寅	巳	申
壬・癸	戊丙・甲	戊庚・丙	戊壬・庚
生	胎	死	旺

大 63~53 甲申（正財）

年 戊戌 己亥

このたび30年の月日が流れ、天皇がお言葉を述べられましたように、4月30日に天皇の地位を皇太子様に譲位される日をみますと、月は戊辰で日は戊戌ではございませんか！　年は己亥で甲己干合で平成天皇様の月干は甲で干合します。甲に根がありませんので、地位から離れる意味がありますから、現在の地位を離れられる形となっています。大運は丙辰で年運戊戌・己亥ですから、体用看法では火—土で食神・傷官が出ます。つまり洩星です。洩星は官星を剋します。一方、皇太子様は大運が甲で年は己ですから干合します。体

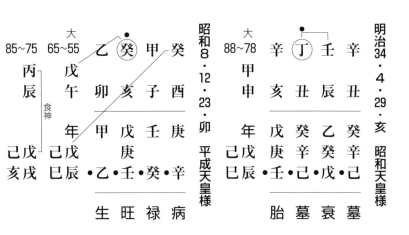

用看法からは甲─己で財が出ます。財＝活動、動意、財物、女、ですから活動しなければなりません。月支との支合は地位の動意です（寅亥）。不思議ですね！

平成30年は、戊戌年で大運から年運をみますと、大運丙辰─年運戊戌で、大運を(体)とすると年運戊戌は丙─土で(用)は食神が出て、お疲れを示しています。一方、年干癸と年運戊は癸戊干合し、宮を離れられる形でありますし、4月は戊辰であります。1：1の戊癸干合ですね。不思議ですね。一方、令和天皇となられる陛下の大運は、甲申と年運己亥で体用看法では甲己干合で正財が出ます。月支寅と年運の支亥は寅亥の支合し、命式とで四長生がそろい、これからはますます忙しくなられることでしょう。（正財には財＝活動の意味あり）

●また話はさかのぼって、私は、フィギヤスケートの番組を楽しみにみていました。中でも、浅田真央選手、羽生選手は必ずといってもよいくらい楽しみにしていましたが、平成26年11月8日20時過ぎ、6分間練習のとき中国の閻涵《えんかん》選手と羽生選手と激突してしまいました。皆様も覚えておられるでしょうか。そこで、羽生選手と閻涵選手の命式を出してみました。

閻涵選手

(大) 20~10　H8・3・6

癸	壬	(壬)	辛	丙
巳	辰	寅	卯	子
日月年		戊	甲	壬
癸丙甲		丙		
丑子午		甲	乙	癸

羽生選手

(大) 20~10　H6・12・7

戊	丁	(丁)	乙	甲
寅	丑	卯	亥	戌
日月年		甲	戊	辛
癸丙甲			甲	丁
丑子午		乙	壬	戊

羽生選手は日干丁で、闇涵選手は壬で干合しているではありませんか！　羽生選手は冬運で自己が弱いときです。日干丁には仕事運のときではありました。他方、闇涵選手は、壬辰で寅卯辰の方合で洩星が強いときでした。双方、頑張っていたには違いありませんが、昔から「袖振り合うも多少の縁」と申しますが、まさに縁は縁でも、こんな縁もあるんだと、そして大運まで干合しているではありませんか！　このようによくない干合もありますが、大運も次も干合ですね。お二人はご縁が深いと申し上げたらよいのでしょうか？愛縁奇縁でしょうか？

●また、現在の内閣の安倍首相のブレーンは、菅義偉官房長官と二階俊博幹事長も安倍首相と干合しておられますので、命式をみてみましょう。

　お三方は、安倍首相を挟み乙庚干合しておられ、お互いに支えあっておられます。不思議ですね。

菅官房長官

大 80~70	S23・12・6 生		
辛	(乙)	癸	戊
未	丑	亥	子
	水方合		
	癸	戊	壬
	辛	甲	
	己	壬	癸

安倍首相

大 66~56	S29・9・21 亥刻生			
己	丁	(庚)	癸	甲
卯	亥	辰	酉	午
	戊	乙	庚	丙
	甲	癸		己
	壬	戊		丁

二階幹事長

大 84~74	S14・2・17 生		
己	(乙)	丙	己
未	酉	寅	卯
	庚	戊	甲
		丙	
	辛	甲	乙

3 干合についての考察

先の干合論で示しましたように、干支は根があれば去らず、根がなければ去ると申しております。また、干合して化すか、化さないかに関しては、命式中に天干、地支にも化す五行を剋す五行がなければ化すと申しておりました。

ところで、この干合論のことで曖昧にしてはいけない問題が出てきましたので、皆様に、今一度、勉強のために此処に問題を提起したいと思います。

昭和18年6月7日酉刻生　男命

時	日	月	年
丁	•丙	戊	•癸
酉	申	×午	未
•庚	•戊	•丙	•丁
	㊚壬	己	乙
辛	庚	丁	己
死	病	旺	衰

（戊・癸に「火化の情」、午・未に「↑火」）

・この命式は、年干癸は月干戊と干合し、地支午未は支合しているので化火するようにみえるが、月支午は日支申を剋しているので年支未との支合は力強さはない、情不専であるために申の中気の壬の壬は申酉から生じられている。つまり日干丙の用神である金水は化火に対抗する。よって化火は弱まる。ある有名な先生の言葉に、「簡単にお化けは出ないよ」との化火格への忠告である。よって、この人は40代～60代まで現役で稼業の寺の住職として、また、華やかなテレビのほうにも席を置かれたりして、冬運を過ごされたが、所詮、水なしでは、水関係の病である前立腺癌で命を落とされた。戊戌年、壬戌月、丙戌日（2018年10月21日）であった。

合掌

干合論は、大変深い面、面白さ、不思議さが交錯しますが、相性の面でも、不思議ですね。皆様も、いろいろな事例を観察してみましょう。

三 方合《ほうごう》

方合は、季節の同一地支が三支ともそろって成立します。二支がそろう半方合はありません。旺支以外の地支に、冲合の情があっても方合は成立します。強力なもので団結して、それぞれの五行に対応する蔵干が強化されます。方合には、東西南北の4種類があります。

例：東方合

	寅	＝卯＝	辰
蔵干	戊	甲	乙
	丙		癸
	甲	乙	戊
木が強くなる。		甲	乙
	甲	乙	

東方合

	寅	＝卯＝	辰
蔵干	戊	甲	乙
	丙		癸
	甲	乙	戊

南方合

巳	＝午＝	未
戊	丙	丁
庚	己	乙
丙	丁	己

西方合

申	＝酉＝	戌
戊	庚	辛
壬		丁
庚	辛	戊

北方合

亥	＝子＝	丑
戊	壬	癸
甲		辛
壬	癸	己

四 会局《かいきょく》と冲《ちゅう》・支合《しごう》

a

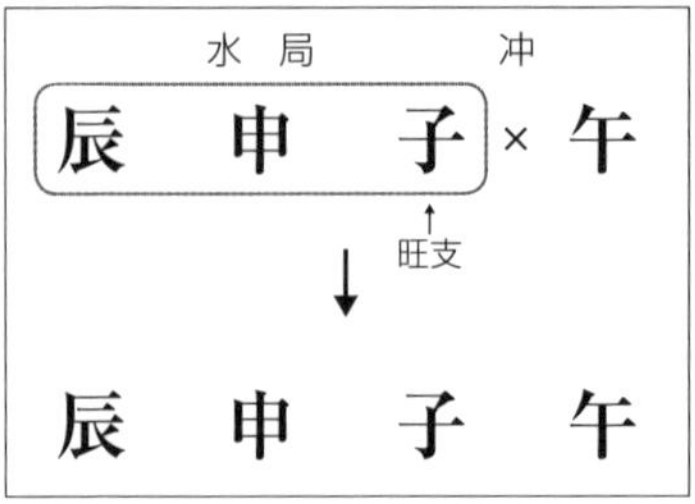

旺支に冲があると全支個有根となる情は残る。

b

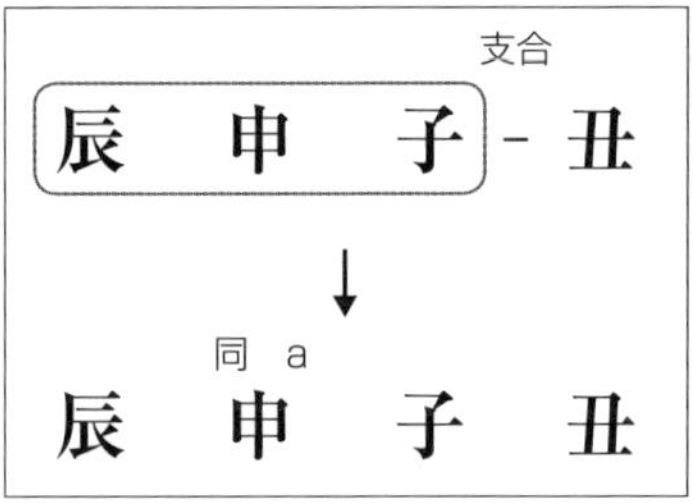

全支個有根となる。

c

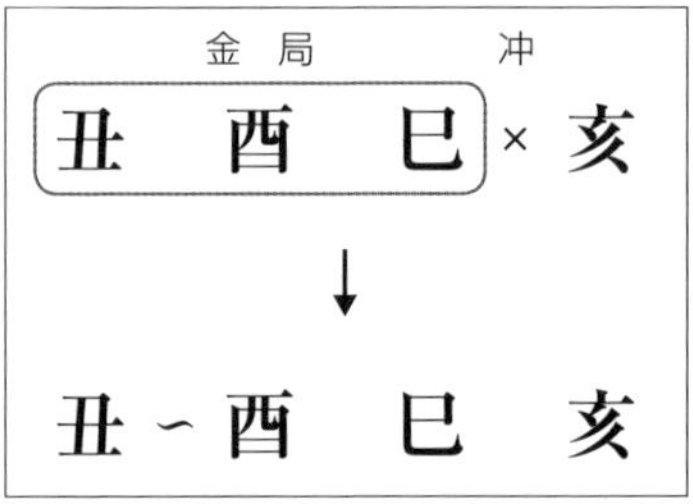

半会として残り他は個有根となる情は残る。

会局とは、十二支を円形に配置したときに正三角形で結ばれる、三支の組み合わせです。

a・b 旺支に冲・支合があると、会局も半会もなく全支個有根。

c 地支の並び方によっては半会が成立する場合がある。

五

「方合《ほうごう》と冲《ちゅう》・支合《しごう》・会局《かいきょく》」

方合は、旺支が冲になった場合には成立せずに、地支はすべて個有根になります。

a

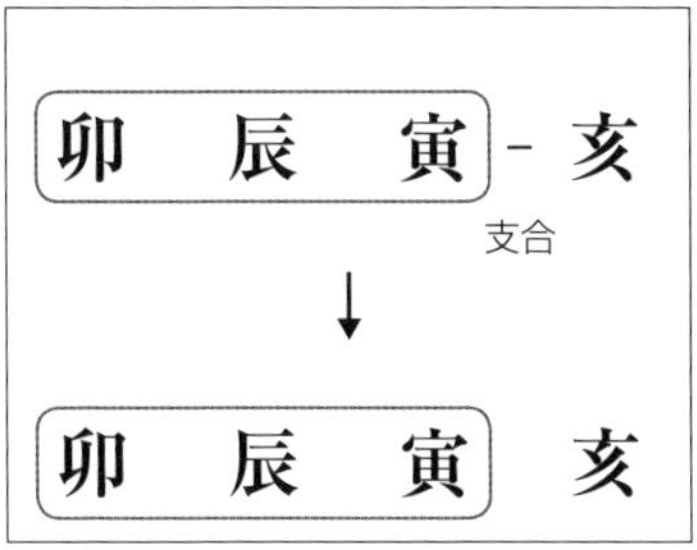

b

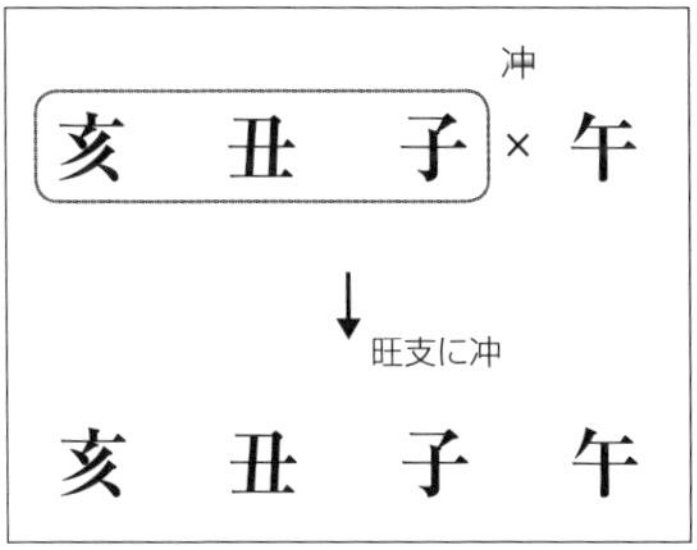

全支個有根。

c

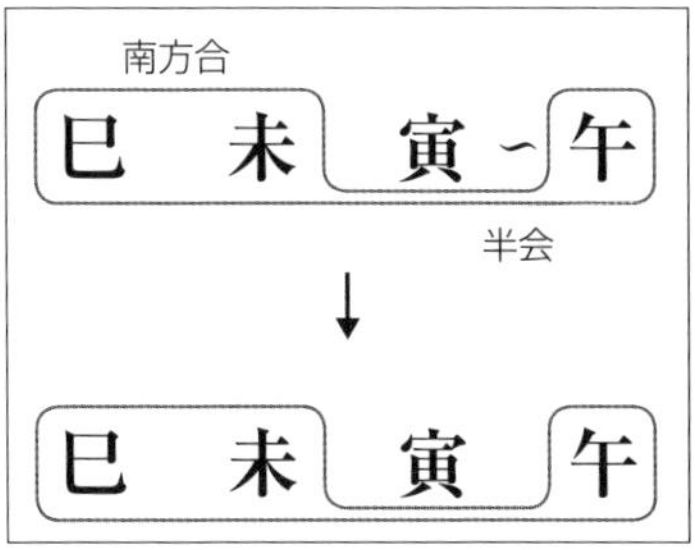

南方合。

六　「方合と大運《たいうん》や年運の支との関係」

大運や年運に旺支を冲する子支が巡って来ると、方合が解ける場合（南・北）と、解けない場合（東・西）があります。

a

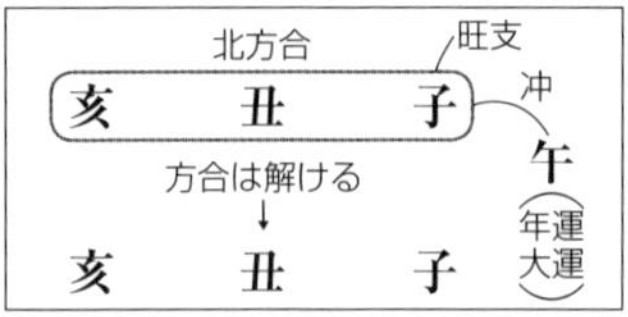

b

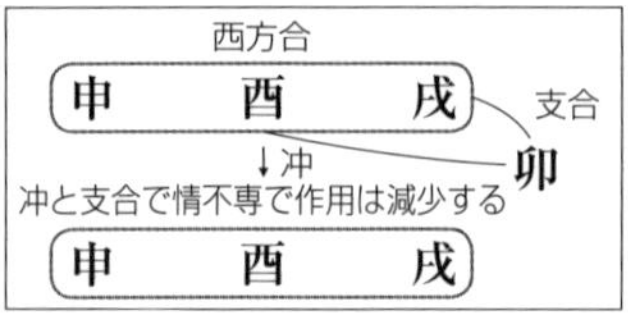

方合は解けない。

c

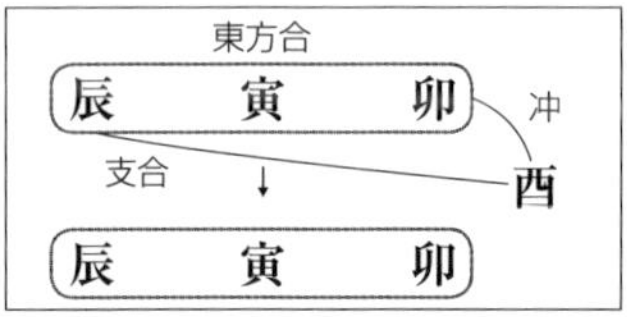

bに同じ。

●大運や年運の支によって方合や会局ができる場合。

a

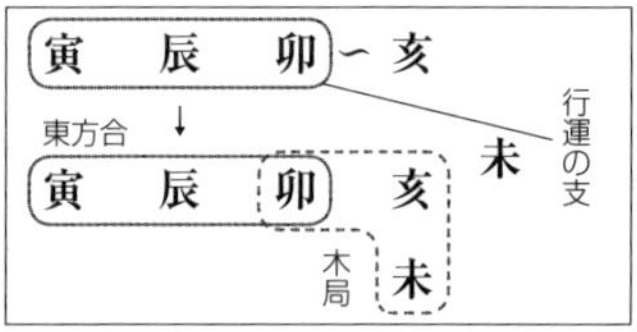

b

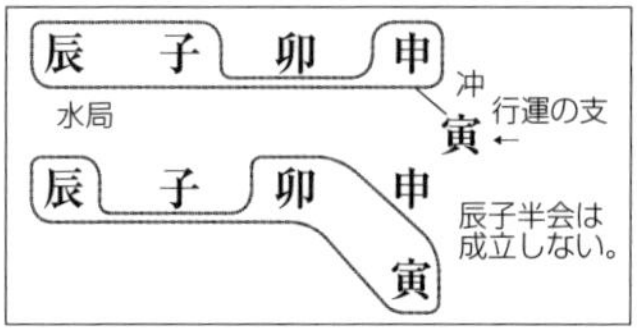

東方合成立水局は崩れる。

●大運や年運の支によって方合や会局ができる場合。

a

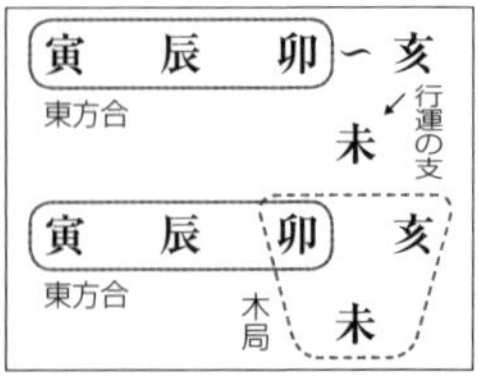

b

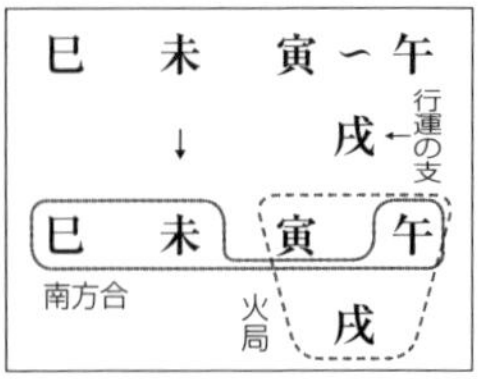

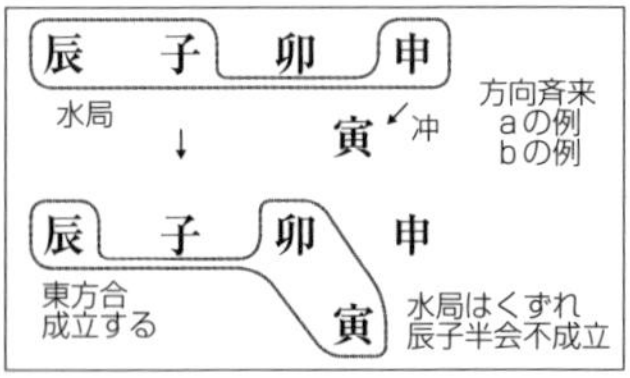

七

「地支に四旺《しおう》・四長生《しちょうせい》・四墓《しぼ》がそれぞれそろうとき、命式がよいと異常発達する」

a 桃花殺で異常開運

酉 × 卯　午 × 子

↓

酉　卯　午　子

女性はチャーミング。男性にもてる。

b 四生格

亥 × 巳 − 申 × 寅

↓

亥　巳　申　寅

聡明で命式が良好なれば大発達する。

c 四墓格

未　戌 × 辰　丑

↓

未　戌　辰　丑

芸術で財をなす。女性は子孫なし。大貴大富の質あり。

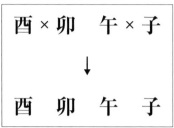

八 天地徳合《てんちとくごう》

日干は月干または時干と干合し、日支は月支または時支と支合となることを鴛鴦合《えんおうごう》といいます。

ex

○ (甲) 己財 ○
○ 寅－亥 ○

陽日生まれは正財と干合。

○ (丁) 壬官
未－午

陰日生まれは正官と干合。

男命では妻と仲良く、女命は夫と仲良く。琴瑟《きんしつ》相和することを意味します。

九 天戦地冲《てんせんちちゅう》

天戦地冲とは干支同士がぶつかること、天干同士がぶつかることです。

・天干同志は、七殺となり、地支同志は七冲となる。
・生月の干支と大運干支が天戦地冲となる場合。
・生日の干支と大運干支が天戦地冲はその部位の闘争を意味する。運勢上の大きな変化運となる。たとえば配偶者と生死別が起こる。六親骨肉との不和。

十 胎月《たいげつ》

胎月は、母親のお腹に宿った月のことで、生月より10ヶ月さかのぼります。胎月は、先祖との縁をあらわし、胎月が本人にとってよい五行であれば、先祖からのよい縁をいただいて来たといえます。

人は、母親のお腹で養われ十月十日を経て生まれてきます。胎児が腹中で育つ間の胎教は、母親が妊娠中の行状、先祖からの遺伝等様々ですが、よい環境、素質等は先祖、両親から与えられる素質であります。医学的にはたくさんの細胞から成り立っている人間ですから、細かなことは分析できていませんが、親、先祖の影響を必ず何かしら受け継いで生まれて来ることは間違いありません。やはり大変大切なことと言わざるを得ないでしょう。

したがって、命式と共に胎月も重要性を増してまいります。よい細胞よい素質をもらって生まれれば素晴らしい子供になるはずが、必ずしもそうとはいえません。私はその点を大変興味をもってみておりますが、才能、性格等にあらわれてきますと安易な形でみることはできません。命式によい五行（用神）は何か？から始まる四柱推命ですから、その人のもつ命式に必要な五行を胎月にもっている人は、プラスアルファの効果があると確信しています。皆さまも今一度、ご自分の胎月を視てみましょう。

胎月は十月十日前後といいますから月支から、4つ数えます。次に月干の干の次の干です。たとえば、月柱の干支が丁亥ならば、地支亥から4つ数えると寅となります。次に月干丁の次の干は戊ですから、胎月は、戊寅となります。命式に水が多い人は木に水を吸ってもらいたいですから嬉しいですね。とすると先祖様からよい五行をいただいている人でしょう。

十一　宅神《たくしん》

宅神は月干支から導きます。まず、月干との干合を考え、次に月支の冲支の一つ手前の支をみます。以下を参考に設定します。

左の命式は月干支甲子で、まず甲の干合は己、地支子の冲支は午で午の一つ手前は巳であり、ゆえに宅神は己巳です。宅神の干支が大運にあたると、その10年間は家の改築、新築、勤め人であれば転勤等が出て来ることがあります。宅神を剋する年は注意してください。また、命式中に宅神をもっている人は、住宅に不自由しません。

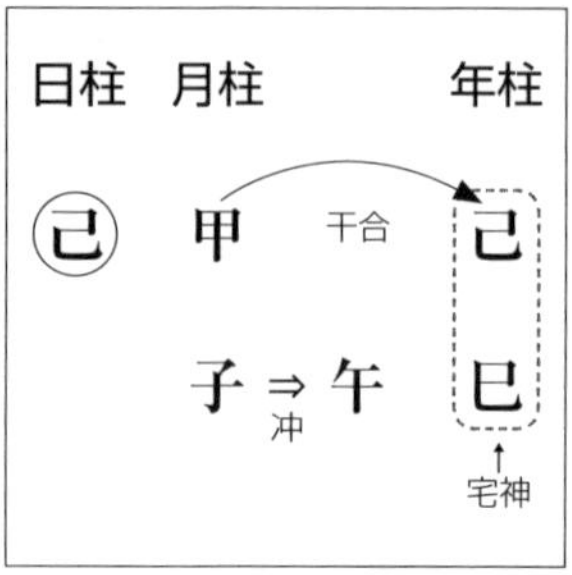

十二 「蔵干《ぞうかん》」

1 蔵干の理論

四柱推命学において蔵干は、天干と地支と同じく欠くことのできない重要なものであります。

つまり、四柱八字が重要で、四柱八字のみで推命できるといっても、蔵干を無視した推命は成立しないほどの重要なものであります。

蔵干とはその字の示す通り、蔵されている所の干という意味であり、すなわち、支蔵されている干をいうのです。

蔵干の理論として、どのようにして現在の蔵干が確立されたかは定かではありません。恐らくいろいろな経緯をたどり現在に至っているものと思っています。たとえば、一年を春・夏・秋・冬と分け、さらに昔から農耕に使用された二十四節気を考えます。一年を約365日で計算致しますと15日有余です。一年を円形で表しますと次の計算が成立します。円形の十二支と蔵干の図を貼付します（346ページ）。

360°÷24＝15°…一節気…約15日でいわゆる節入りと六壬で使用する月建
360°÷４＝90°…一季節…約90日、３ヵ月
365÷５＝約73…一五行の日数　73日÷４＝約18日…各四季の土用

十二支と蔵干の図

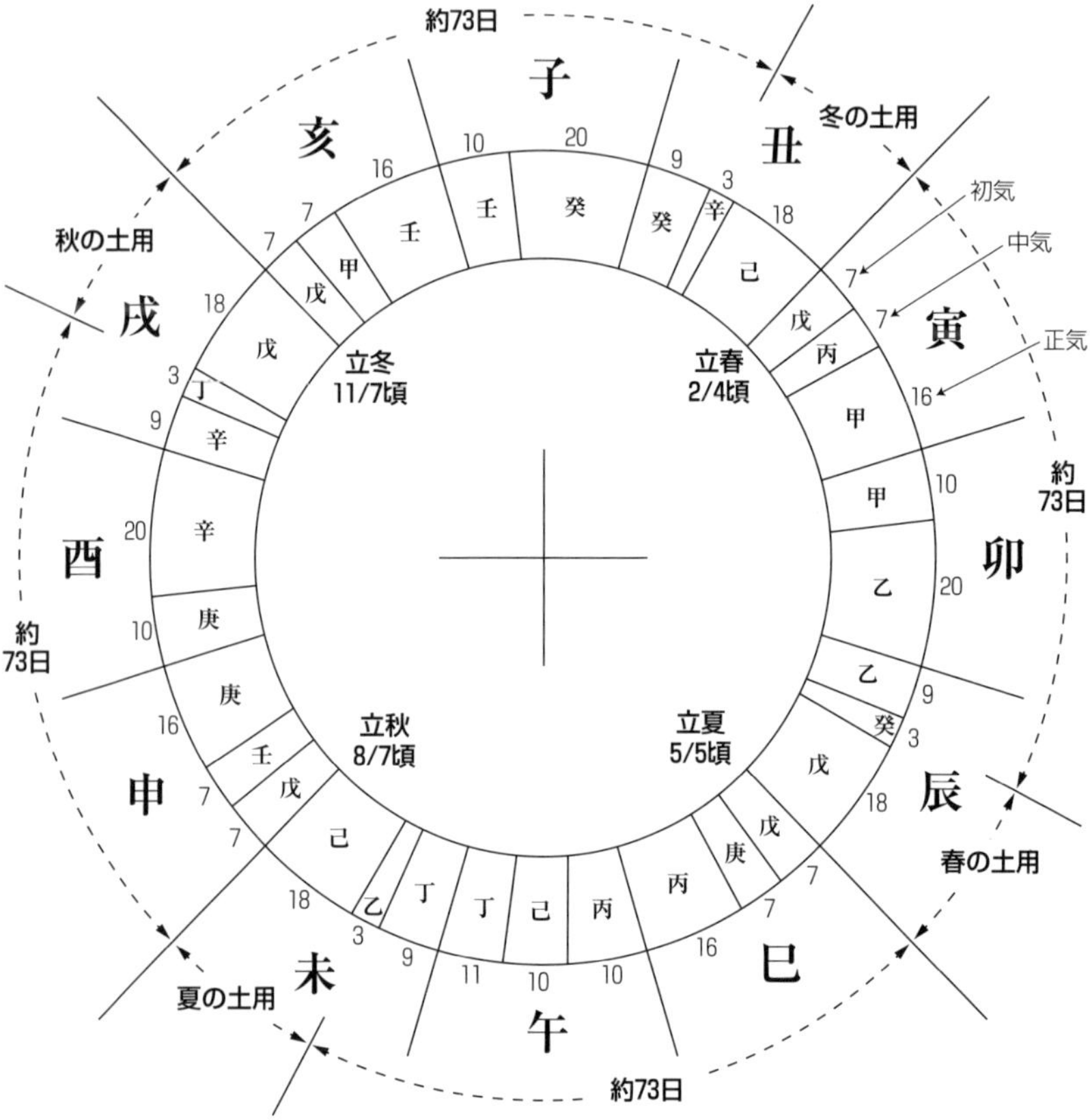
約73日
子
丑
寅
卯
辰
巳
午
未
申
酉
戌
亥
冬の土用
春の土用
夏の土用
秋の土用
初気
中気
正気
約
73日
約73日
約
73日
立春
2/4頃
立夏
5/5頃
立秋
8/7頃
立冬
11/7頃
壬
癸
癸
辛
己
戊
丙
甲
甲
乙
乙
癸
戊
戊
庚
丙
丙
己
丁
丁
乙
己
戊
壬
庚
庚
辛
辛
丁
戊
戊
甲
壬
10
20
9
3
18
7
7
16
10
20
9
3
18
7
7
16
10
10
11
9
3
18
7
7
16
10
20
9
3
18
7
7
16

2 蔵干の力量

四柱推命学では、幹と枝、すなわち、生年月日時を干支で表したものがあり、それぞれの十干と十二支、つまり、天干と地支で初めて万物が生まれます。そして、地支の五行の中に天干の五行が蔵されています。

それらの地支には、地支と同じ五行の干が蔵干にあれば、しっかりした地支でもありますが、そうでなければやや不安定さがある地支とみます。それらの地支は、季節毎に、孟・仲・季、すなわち、生・旺・墓と私共は呼んでいますが、生とはすなわち長生で、生命力の勢いの盛んな時期であり、旺とは生命力が頂点に達したときであり、墓は土性の時期でそれぞれの五行が衰えて土に納まるときであります。それを、分類すると次のようになります。

四長生の蔵干

	寅	巳	申	亥	
(余気) 初気	戊	戊	戊	戊	7日2時間
中気	丙	庚	壬	甲	7日2時間
正気	甲	丙	庚	壬	16日5時間

四旺の蔵干

	子	卯	午	酉	
初気	壬	甲	丙	庚	10日3時間
中気			己		午のみは中気に己が入る。よって、10日ずつに分れる
正気	癸	乙	丁	辛	20日6時間

四墓の蔵干

	丑	辰	未	戌	
初気	癸	乙	丁	辛	9日3時間
中気	辛	癸	乙	丁	3日1時間
正気	己	戊	己	戊	18日6時間

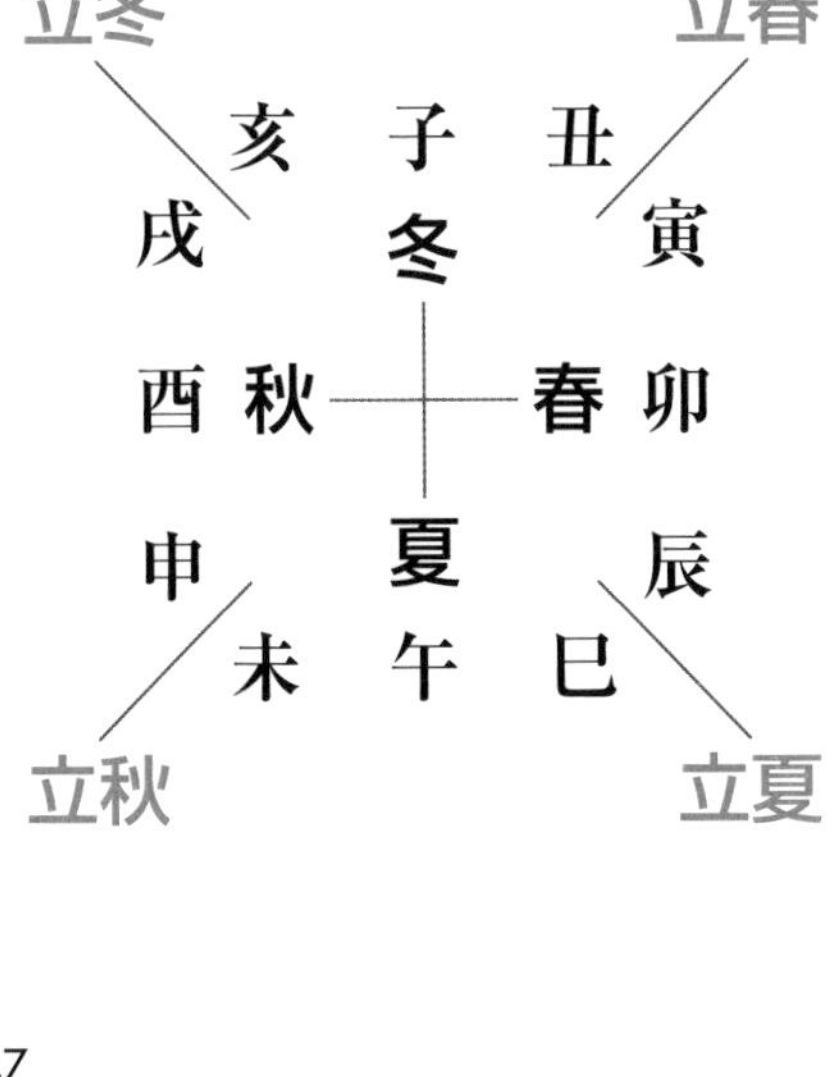

初気のことを余気ともいいますが、これは、前の地支の気配が残っていることをあらわしています。そして、生・旺・墓と季節をつないでいます。十二支は陰・陽・陰・陽として1つおきに陽干陽支・陰干陰支となってぐるぐると循環しています。

それぞれの蔵干の力量につきましては、それぞれの取用法が時代により異なる形が出て来ています。私は現在の照山会で使用しています蔵干表での域を出るものではありませんが、実践に即した考え方を披瀝《ひれき》して皆様のご意見を仰ぎたく思っています。

本来蔵干は、それぞれの地支の正気となるのが自然です。四旺の子の蔵干は壬・癸だけであり、卯は甲・乙で午は丙・己・丁、酉は庚・辛です。すなわち、それぞれの地支で旺支は旺ずるものですから、その力量は強大であり、しっかりしているとみますが、それは、あくまで季節（月支）から考えて判断しなくてはなりません。

四長生では、初気は前地支土性の気の戊が出ておりますが、これは前支が四墓の余気となっているためで土性月の季節の変わり目でもあるので、蔵干の余気が透出している場合は、その力量を精査せねばなりません。

中気には、それぞれ三合の四長生が透出します。すなわち、亥には三合木局の甲が、寅には三合火局の丙が、巳には三合金局の庚が、申には三合水局の壬があるのは、木火金水が、これらの生地であるからです。その力量は、やはり、月支の季節から考えて測られるべきものと思われます。

四墓では、丑の中気に辛があり、未には乙があり、辰に癸があり、戌に丁があるのは金・木・水・火局の墓地にあるからです。これらは、それぞれ、地支の縁の下の力持ち、または調整役のような役目です。

四墓の辰の初気には乙があり、未には丁があり、戌には辛があり、丑には癸があるのは、木火金水の余気なのです。つまり、前地支の正気をうけていることによるものなので、前地支との力関係を考える必要が大です。

寅・巳には戊が、午には己があるのは、土は火の母にしたがって生旺するからです。よって、寅巳の中の土は力があるといわれています。午の中の己は丙丁に挟まれて燥《かわ》いてしまうと思いますが、一方で燥を和らげ火金の剋を和らげる効果を期待するようです。

蔵干の取用法も流派によって多少の違いがありますが、基本は変わらないと思っています。

四柱推命では年・月・日・時柱の天干・地支は表面に表れていますから、世間の目に触れるものでありますが、蔵干は家の垣根の中にあり世間の人にはわからない、隠れたところを探るのに使用するものと私はみています。

3 蔵干の解釈

前項でも申し上げましたように、蔵干の力量を推し量ることは、もちろん大切なことであるのは言うまでもありませんが、蔵干が、初気・中気が出る場合と正気が出る場合では、著しく違う場合があります。特に、初気・中気が出るのは、地支が不安定なために起こり得る現象と考えてもよいでしょう。その現象と、それぞれの地支五行と十干とがどのような状態になっているかを考えることが大切です。同じ初気が出ていても四旺の場合は、その旺支、つまり、子→壬、卯→甲、午→丙、酉→庚が出ますからその力量は強力です。よって、月支の季節からの強さを勘案して全地支に及ぼす影響を考えていけばよいでしょう。

●四長生の場合は、すべて前支の土性の影響で初気は戊が出ます。中気には、それぞれの三合の長生がでます。亥の中の甲は、水により湿《しめ》り具合を考える必要があり、乾いた甲を必要とするような命式ならば、その力量は力不足となるので困ったことになります。

また、寅の中の丙の命式全体に対してどのように働いているのかをみなければなりませんし、巳の中の庚は月支が巳ならば、熔金されて使えないことになってしまいますが、その他の場所、たとえば、時柱などにあるならば熔金はされないので、庚は有効に水源として使うことができるのです（①）。

　また、②申の場合の中気は壬が出ますから、庚申の年柱で中気の壬が出ますと、天干地支に根があるようでも、蔵干が壬では洩気が強く、剛気な金でしっかりしているようでも、どこかに脆《もろ》さが出てくるようです。

①

壬	(甲)	癸	辛	←辛は水源として良い役目だが力不足。
申	戌	巳	巳	
戊	辛	戊	戊	
壬	丁	庚 ←	庚	←水源としては使えない。
•庚	•戊	•丙	•丙	

↑水源として使える。

●四墓の場合の初気では、すべてその前支の季節の陰干が出ます。
　よって、前支の影響が強く出て丑↓壬は土と水ですから、土水の関係をどう判断するのか。それが月支であれば、冷たい冬の季節の生まれですから、命式全体にどういう影響を及ぼすか。癸水が天干に透出または透干すれば癸水の力は強力です。そうなれば丑は湿り凍土となりますから、命式全体への影響と対処法を考え、まず火がいるといったことをイメージします。辰↓乙では、辰は水の墓庫ですから、よく乙木を滋養し根を守ります。それが月支で乙が出ているならば、乙木の力は、それなりに春の木卯月としての力を発揮します。

②

丁	(甲)	庚	庚	
卯	子－	辰－	申	←三合水局でたとえ庚が出ていても、水に変化するため、庚は力不足。
甲	壬	乙	戊	
		•癸	•壬	
•乙	•癸	戊	庚	
旺	沐	衰	絶	

●③の命式では月支が未で初気の丁が出ますから、前月支は午月です。よって丙火の力は強力となります。

また、戊から辛が出ると前月支酉の影響をうけて土↓金と洩れるようにみえます。しかし、表向き戊土は、ゴワゴワとした土性のようでも、ともすると辛金は埋金のような状態となり、天干に戊土があっても戊戌が通根してその力で影響を及ぼすのではなく、特に、戊土そのものの力がそがれる形となりやすいことに注意し、その働きを精査せねばなりません。

月支蔵干の正気と初気について述べてきましたが、中気につきましては、前述のごとく、その力量を命式全体から考えて、蔵干がどのように働いているかを、五行に照らし合わせてみましょう。

③

己	㊀乙	己	戊
卯 *	酉	未	申
•甲	•庚	•丁	•戊
		乙	壬
乙	辛	己	庚
禄	絶	養	胎

・月支未の丁は、前月支午月で未はますます燥土になり乙は疲れる。

4 実践（地支と蔵干を主にした）

蔵干をどう解釈するかは、実践を通して考えましょう。

(a) 職業・男性の変化と事故が多い。現在は下着の店を経営している。

女命●調候（癸庚丁）　●用神　壬庚

昭和29年7月17日15時10分

壬	㊀甲	辛	甲
k申	戌	未 -	午
戊	辛	丁	•丙
•壬	•丁	•乙	己
庚	戊	己	丁
絶	養	墓	死

●命式　日干甲が未月に生れた。燥土で調候として癸

庚があれば潤い、水源として嬉しい。時柱の壬申を用神とする。月干の辛も水源としては嬉しいが力は弱い。蔵干は初気・中気が出ているため丙丁の力が強く、月支蔵干の乙は日干の根としては役に立たない。むしろ、時干の壬を代用ではあるが壬は偏印は副業の星といわれるのでそれを活かすほうがよい。蔵干にも透出して文蔵通干している。

　これは、2つのことをする形です。蔵干同士丁壬の干合は副業の変化・内面での仕事を物語ります。蔵干乙は焼け枯れているため、ストレスが大きいとみます。また、辛正官があっても根が強くないため離婚もある。

●巳で火方合・酉で金方合・寅で火局の情、特に火方合のときが事故を起こしやすいとみることができる。

(b) 中国整体師になりたい。

昭和55年11月10日13時5分
男命（時差－5分　均時差＋15分）島根県生
●調候（戊月亥月　甲庚）　●用神　甲庚

庚	申	•戊	壬	庚	沐
丁	亥	•戊	甲	壬	胎
(丁)	亥	•戊	甲	壬	胎
丁	k未	•丁	乙	己	冠

●命式　日干丁は亥月の生れ、天干に丁三位ある。地支に亥が二位ある。初気生まれで、四長生のため、初気戊が出て、前月支戊土の様相が強く出る。よって地支亥であるが、水の強さは弱いとみる。時柱丁未で蔵干は初気丁が出るが空亡して根として力不足だ。よって、身弱であり、洩らすことが多く、甲で

生助してほしい気持ちがある。甲は職業では医者を表し、庚は鍼灸に適する。日干が春運に巡れば、発展運とみることができる。

（c）不登校だが、遠足などには参加する。

●調候（丙甲癸）　●用神　癸

昭和57年3月16日14時4分

女命　東京生（時差＋19分　均時差－8分）

己	(戊)	癸	壬
未	戌	卯	戌
丁	辛	甲	辛
•乙	•丁		•丁
己	戊	•乙	戊
衰	墓	沐	墓

●命式　春の戊土の生まれ、土性が累々としているようだが、蔵干は中気の生まれで木火が出ているため、土性の強さはなく、火により乾燥して乾土のもろさが出る。天干に癸水・壬水はあるが、それらは地支に吸い取られてしまい充分な潤いはない。土性も木性も春は充分な水分を必要とする。

　学業を官星とみるので、乙の官星は水不足のため涸《か》れる。時干の己未を友達とみると乾いたもの同士では、そりが合いにくく不登校となる。癸は財星だが、根がなくこの人を助けられない。母親を丁とみると過保護にするので困ったことになる。（父親は自衛官で家を空けることが多い家庭）

(d) 仕事・男性・お金に泣く。

●調候（寅月・辛丙・丑月・丙丁）　●用神　丙丁

昭和42年2月8日17時20分

女命　山梨生（時差＋14分　均時差－14分）

辛	㊀癸	劫財 壬	偏財 丁
酉	＊卯	寅	未
•庚	•甲	•戊	•丁
		丙	乙
辛	乙	甲	己
病	生	沐	墓

●命式　日干癸が寅月に生まれた。しかし、初気生まれのため戊が出ているので、丑月生まれの寒さが残る。寒を解くのに丙丁が欲しい。年干に丁があるが壬との干合がある。財と劫財との干合により財を奪われる形が出ている。

　これは、人にお金を貸すことにより自己が被害をこうむる形です。このような人は、人への貸金はよくありません。財は丙丁ですが、寅の中の丙は蔵干の戊土に吸い取られてしまいます。つまり、財を官に貢ぐ形が出る。日干癸は旺盛な日支卯にもらし、自己はお金・男性・仕事に振り回される形です。

　時柱辛酉で根がしっかりしていますが、時柱を友人とみると金↓水と優しくしてくれるが、反面、丙が来ると丙辛干合でお金が出ることになるようです。

(e) 仕事を変えたい。

●調候（酉月・丙癸　戌月・甲癸丙）　●用神　癸

昭和39年10月16日17時32分

男命　島根生（時差－10分　均時差＋15分）

辛	(戊)	甲 偏官	甲 偏官
酉	戌	戌	＊辰
•庚	•辛	•辛	•乙 正官
	丁	丁	癸
辛	戊	戊	戊
死	墓	墓	冠

●命式　日干戊が戌月に生れた。しかし、初気生れのため前月支の金が出ている。辛は時柱に透出している。土性が4位あるが根があるようでしっかりしていない。日干以外に我を生じる干はなく、剋と洩だけである。よって、身弱のような状態となる。

癸と丙があれば安定しますが、癸は辰の中、丙はなく丁が代用で暗蔵しています。職業をあらわす官星は多いですが、根がないので力不足であれこれと迷い安定は得ない人とみます。

(f) 人間関係で疲れる。

●調候（未月・癸丙　申月・丙癸）　●用神　癸丙

昭和58年8月9日23時55分

女命　大阪生（時差＋1分　均時差－9分）

丙	(己)	庚	癸
子	巳－	申 k	亥
•壬	•戊	•戊	•戊
	庚	壬	甲
癸	丙	庚	壬
絶	旺	沐	胎

●命式　日干己が申月に生まれた。しかし、初気生れのため蔵干は前月支の戊が出ている。年干支癸亥で根があるようだが、空亡と初気生れで根なしと同様で時支子に根としても遠い。月柱庚申は、蔵干に庚があるので天干に透干すれば強力だが初気で戊が出ているため、前月支未のようなバサバサ土のような

形で、本来、己は湿り気が欲しいのにもかかわらず不足する。時干から火↓己↓庚↓癸と相生なのはよいようだが、年から相生と違い、尽くしていかねばならないのは疲れる。

　日干己で蔵干戊の乾土が3位もあり、根があるようでも己には戊が欝陶しい存在で、常に洩気も多く気使いする素質の持ち主です。

(g) 子供を死産により肝炎。

●調候（未月　壬庚甲　申月　壬甲）　●用神　壬
昭和24年8月9日16時
女命　東京生（時差＋19分　均時差－9分）

丙	㊉辛	壬	己
申	未	申	丑
•戊	•丁	•戊	•癸
壬	乙	壬	辛
庚	己	庚	己
旺	衰	旺	養

水	金•	土	火	木	
					月令 3
					五行 4
1	3	3	1	0	十二運 3
					＋10

●命式　日干辛が申月に生れた。表面は申月で月令を得ているようだが、初気生れであるため未月と変わらないようで、計算上は＋10身旺であるが、土性が多いことによる。日干辛は壬水による淘洗が好ましいが、土性多きにより湿泥となり、日干辛は輝けない。よって、壬は傷官は子供であるので死産となってしまった。壬は用神だが、土性が多いときはどうしても甲の制土が必要となる。命中に甲はなく乙が未の中に暗蔵しているが、乙では役に立たない。
　土性による身旺であるため、特に甘えと依頼心が

強いのが目につくようです。また、肝炎は乙の状態によるようです。乙は未の中に暗蔵されてはいますが、乙の力は弱く、己土濁壬を止めることはできないとみます。

以上のように、蔵干に正気か中気か初気かによって、地支の力量に違いができて事相にも影響を及ぼすことがご理解いただけたら嬉しく思います。命式解明にあたり、勉強した順序にしたがい、たくさんの引き出しをおもちになって、より深い読み取りができるように研鑽《けんさん》してください。

＊照山会の命式作成時の記号

- 支合　□－□
- 半会　□～□
- 冲　□＊□
- 三合　□～□～□
- 方合　□＝□＝□

- 透干＝地支中の蔵干と同じ五行の干が天干にあること。

乙	癸	甲	戊
卯	丑	寅	午
		甲	

- 透出＝地支中の蔵干と同じ五行の干が天干にあらわれること。

□	□	□	甲
□	寅	□	□
	甲		

十三 五行と病気

推命学では、推命による病気を導き出すということを考えます。それは、先天的に持ち合わせている素質から、将来にわたって気を付けなければならない注意すべき事項を、知っておくことの大切さを痛感させます。

たとえば、日本では2人に1人は癌にかかりやすいというデータが出ております。医学的見地からいわれた言葉ですが、病気の死因は心不全と書かれていても実際には癌を患っておられた、ということがあります。これは結果的には心臓が止まるという事項が最終的であるとしても、それまでの経緯には複数の病気があったりします。ですから個人の命式からどんな病気になりやすい素質をもっているかは重要で、その素質により注意すべきことを知りながら、より良い生活ができるようにすることが大切ではないでしょうか。

また、年々により大きく病気の種類が異なることがわかって来ています。たとえば、平成28年と平成29年は丙申、丁酉であることから、火金の推測で肺炎癌、腸の病気が多くみられました。火と金は腸をあらわし、火が多く金が剋されると肺のほうにウエイトがかかるのです。もちろん、金は肺だけでなく、骨折などにも及んできますし、また、基本的には木＝神経ですから、最後まで人の生死にかかわっている神経の存在も大変大切です。つまり、木が湿りすぎていると木が腐って来ますので神経系の病気にかかりやすく、パーキンソン病、うつ病などもみられます。木は乾きすぎても湿りすぎてもいけません。推命ではあくまで五行のバランスなのです。

●生まれ日の十干でみた病気

甲日生まれ	黄疸・肝臓・頭部・脳神経系・胆嚢・神経痛
乙日生まれ	肝臓・咽喉・扁桃腺・瘰癧・ジフテリア
丙日生まれ	心臓・眼・小腸・胃腸カタル・下痢・便秘・肩こり・婦人病・肺炎・神経痛・肋膜炎・リウマチ
丁日生まれ	心臓病・心臓弁膜症・狭心症・肺炎・肋膜炎
戊日生まれ	胃病・胃癌・胃アトニー・腋の下の病気・腋臭
己日生まれ	マラリア・腸チフス・腸カタル・腸癌・蛔虫病
庚日生まれ	盲腸・腸結核・腸カタル・喘息・腹膜炎・腹痛
辛日生まれ	肺病・呼吸器病・感冒・喘息・神経痛・梅毒
壬日生まれ	泌尿器病・淋病・黄根・糖尿病・関節炎・便秘
癸日生まれ	腎臓・脚気・膀胱・便秘・足に関する病気

●生まれ日の干支でみた病気

甲辰・甲戌・乙丑	腫物に注意
甲午・乙未	金の剋にあうと脳の病
甲申・乙酉	乳児は身体が弱い
丙子・丁亥	心臓系統・腹・眼・脳
丙申・丁酉	動脈硬化症
戊子・己亥	腸・胃
戊寅・己卯	刑・冲にあうと胃弱
己丑	刑・冲にあうと神経痛
庚寅・辛卯	リウマチ・肺炎
辛卯	火の運にあうと眼病
壬午・癸巳	眼病・脳病
癸卯	刑・冲にあうと神経痛

●十二支からみた病気

子	腎臓、膀胱、耳、腰、生殖器	午	心臓、眼、舌
丑	脾臓、身体に残傷	未	胃腸、脾臓、腹部、口唇、歯
寅	胆嚢、関節、眼、腹膜、毛髪、指、肝臓	申	大腸、肺臓、骨筋
卯	肝臓、眼、手の甲	酉	肺臓、口、鼻、喉、血行
辰	脾臓、皮膚、肩、背中、うなじ	戌	肘、膝、胸、脇腹、脾臓
巳	小腸、顔、股、三焦、心臓	亥	膀胱、泌尿器、腎臓

1 木の病　肝臓、頭部、脳神経系、胆のう、神経痛、うつ病等。

● S13・7・21

(1)脳梗塞で79歳で死亡。日干甲は未月に生まれて水気が少ない。時柱にある亥は、大運と三合木局している。頭に血液がつまる病である。

乙	(甲)	己	戊
亥	寅	未	寅
戊	戊	丁	戊
甲	丙	乙	丙
壬	甲	乙	甲

(大)丁卯　三合不局

戊戌年

● H11・10・10

(2)脳腫瘍で17歳の若さで死亡。命中水不足、木土相剋格の様だが、蔵干は初気の生まれであるから相剋格は取用できない。

戊	(乙)	甲	己
寅	未	戌	卯
・戊	・丁	・辛	・甲
丙	乙	丁	乙
甲	己	戊	

(大)壬申

丙申年

癸巳月

● S23・2・20

(3)命式は月令を得て強いが、日干乙は月柱甲にまとわりつく習性あり。甘えが原因で脳神経に異常をきたし、自己を律することができなく生活に破綻を生じる。

辛	(乙)	甲	戊
巳	亥	寅	子
戊	戊	戊	壬
癸	甲	丙	癸
・丙	・壬	・甲	

● S15・3・13

(4)金木相剋で腸癌から肺癌、肝臓癌へと転移し、水不足で金木相剋で死亡。

乙	(乙)	己	庚
酉	卯	卯	辰
・庚	・甲	・甲	・乙
			癸
辛	乙	乙	戊

2 火の病　心臓、眼、舌、腸、三焦《さんしょう》、リウマチ、便秘、婦人病、肩こり、パーキンソン病等。

●S20・1・7　辰刻

(1)日干丙で地支水局の情あり、日柱丙子は心臓病で、心不全で死去。パーキンソン病でもあった。死亡には複数の病名が重なることあり。

壬	(丙)	丁	甲
辰	子	丑	申
乙	壬	癸	戊

●T9・12・24

(2)日干丙は地支三合水局に典型的な心臓病、心不全で死亡。年月日の命式と亡くなった年月日がそれぞれ乙庚、戊癸、丙辛、干合した。天干支が全部干合してしまった。

(丙)	戊	庚
辰	子	申
	壬	
	癸	

(大) 丁酉

乙未 年
癸未 月
辛亥 日

●S12・9・10

(3)日干庚は月令を得て強く、用神丁は力が弱い。大運胎月の庚子の運で、日柱との併塩であり、水方合で用神の丁を剋した。心筋梗塞で死亡。

(庚)	己	丁
子	酉	丑
壬	庚	癸

(大) 庚子

年 戊戌 年
月 甲寅
日 乙亥 永方合

●S12・5・30

(4)日干丁は月令を得て強いが大運丁酉となり、三合金局と金方合が重なり、(丁)を反剋し心筋梗塞にて死去。

戊	(丁)	乙	丁
申	巳	巳	丑
庚	丙	丙	己

(大) 丁酉

戊戌 年
甲寅 月
丁酉 日

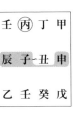

3 土の病　胃病、胃癌、腋臭、腸チフス、脾臓、歯、皮膚、肩、背中、口唇、腹部、脾臓等。

●S9・5・15

(1)日干丙で月令を得て強いが、河水で日干丙を輝かしたい。時干の壬が用神となるが、大運で丁丑が来て用神の壬を干合してしまう。潤いなく食道癌で死去となった。

甲	戌	丁
己	巳	戊 庚
(丙)	戌	丁
壬	辰	癸

(大)丁丑　(年)己丑月　日癸丑日

●S6・8・8

(2)日干乙は未月に生まれた、地支未が3位時支午である！　時干に壬の潤いあるも滴水である。未3位、皮膚はいかようであったかと思われる、食道癌にて死去。用神壬の干合による。土が乾くと潰瘍になったりする。

辛	未	己
乙	未	己
(乙)	未	己
壬	午	丁

(大)丁亥　(年)丁酉年　(月)丁亥月　日壬戌日

●57・11・12　巳刻

(3)日干己は亥月に生まれで、亥の中の甲は神経を表わすが、初気生まれで戊が出ている。土性累々として胃癌で死亡。亥の中の甲は神経を表わす。神経デリケートな人である。

壬	戌	辛 丁 戊
辛	亥	戊 甲 壬
(己)	亥	戊 甲 壬
己	巳	戊 庚 壬

(大)丁未　(年)乙未年　月乙酉月　日戊戌年 死去

4金の病　庚辛いずれも盲腸、腸結核、喘息《ぜんそく》、喉、骨折、肺病、呼吸器系神経痛等。

●昭24年1月21日生　用神（丙・甲・戊）、うつ病

冬の辛の生まれです。地支亥子丑剋土と剋となり、神経質そうなお方である。金剋木、木剋土、土剋水と剋が多く、乙木は水びたしである。金剋木と神経が痛んでしまう。ノイローゼ、うつ病が出て来てもおかしくない。日干の辛で肺炎、骨折にも注意。また、命式に金がない人は、骨、骨折にも注意である。太過より不及に病は出ることが多いようだ。

●S24年1月21日生

㊎辛 ×	乙 ×	戊
亥	丑	子
水方合		

●昭22年4月21日生　用神（甲・丁）急性心不全。

日干庚は用神甲、丁を持たれ地支は寅午で戌で火局、卯で木方合となる。用神をしっかりもたれよい命式だが、火局したとき、庚に根がなく大運戊戌、甲午年、己巳月に急逝となった。過ぎたるは、ですね、バランスが大切。

●S22年4月21日生

戊 ×	(庚) ×	甲 ×	丁
寅〜	午	辰	亥

5水の病　壬　癸あり。壬では泌尿器、糖尿病、関節炎、便秘、腰、耳。癸では腎臓、脚気《かっけ》、膀胱、足に関する病、リンパ腫等。

●昭3年7月2日生　調候（甲・辛）用神（甲・辛）

夏生れの壬である滴水だ。土性多く生時の甲・戊の中の辛が用神となる。甲＝神経、肝系用神甲、辛にも根はない。86歳の晦気殺で死亡。大運丁卯、年運甲午、月運癸酉、日運壬辰日であった。

●S3年7月2日生

甲	(壬)	己	戊
辰	戌	未	辰
	辛		

●昭36年1月20日　調候（丙・丁・甲）用神（丙・庚）

日干癸で丑月生まれ、地支に土性が類々としている。調候甲丙が来ても干合したりして力が発揮できない。丑2つは血液を濁してしまう。また、土は用神甲を干合、また、反則としてしまう。乳癌で死亡となった。戊戌年辛酉月、己酉日であった。用神丙、甲を干合してしまった。戊戌の大運、年運には癸が用神の人が多く亡くなっている。

●S36年1月20日生

丙	(癸)	己	庚
辰	丑	丑〜	子
戊	己	己	癸

十四 四柱推命学の探究

1 ある人生の終焉

永年のお付き合いから、ある女性が人生の最後のときを迎えられるまでを、つぶさにみさせていただきました。彼女も推命に興味をもたれ、私共の教室に入門されたお方です。見事に推命通りに人生を終えられましたので、皆様方の勉強の一助になればと、発表させていただくことにいたしました。

彼女との最初の出会いは、昭和60年乙丑で、大運が庚子のときでした。天地徳合の年からでした。当時53歳の彼女は、熱心に通われ、鑑定士、師範と資格を取得して、教室も開講して幾人かの鑑定士の方も育てられていました。以前から肝臓が悪いとは聞いていましたが、大運の戊戌は気を付けなければと伝えておりましたので、その運は上手に過ごすことができました。ある教室へ講義に行っていたときに、肝臓からの吐血でびっくりいたしました。そのときは、肝硬変になっていたようです。それ以降は、息子さんの方に行かれて安心していました。彼女は、私共のご縁を大切に思われ、以後も何かとお手紙をいただいておりましたので、ある地方の教室に行くついでにお寄りして、彼女に会いに行きました。この時点で肝硬変から肝臓癌になっていたようです。見た目には私にはわかりませんが、本人は推命をしていますので、平成30年には覚悟しておられました。腹水が溜りしんどそうでした。

その時点で医者からは8ヵ月といわれていましたが、気分転換に施設を替えて、楽しいことを増やすようにしました、また翌年に2ヵ月、あと一両日といわれ、六壬易を立ててみました。

別紙、六壬易の表も参考になさってください。大運は胎月の丙申、年は戊戌年、月は甲寅月、日は庚辰日。たとえ一日後でも辛巳の大運と干合、支合の晦気殺となり絶対絶命であると思いました。つまり、日干の丙

四柱推命鑑定書　殿

女命　昭和7年5月15日午後10時20分生

時	日	月	年
36	13	42	9
己 傷官	(丙)	乙 印綬	壬 偏官
亥	子	巳	申 K
戊甲壬 偏印	壬癸 偏官	戊庚丙 偏財	戊壬庚 偏官
絶	胎	禄	病
亡神	天徳	劫殺	暗禄

空亡	宅神	胎月	用神	よい五行	日干強弱	命式のタイプ
申酉	庚戌	丙申	壬庚甲	壬庚辛	身旺	偏財

水	金	土	(火)	木	
3	1	1	2	1	月令点 3 五行点 −2 十二運星点 +2
壬○ 癸△	庚△ 辛×	戊× 己×	丙○ 丁×	甲○ 乙△	3

大運　逆行3年運

93 — 10	83 — 9	73 — 8	63 — 7	53 — 6	43 — 5	33　3 — 1	0
丙 比肩	丁 劫財	戊 食神	乙 傷官	庚 偏財	辛 正財	乙 印綬	天干
申	酉	戌	亥	子	丑	巳	地支
△ ○ △	△ × ×	△ × ×	○ × ○	○ △ △	○ × ×	・ ・ ・	方 天干 地支
胎月	用神干合	注意 危ない	肝臓注意	推命入会		立運	備考

＊立運の計算　節入　5月6日2：55～6月6日7：28
　節入りから　9日19時間　大運　3年3ヶ月
　次の節まで　21日9時間

年運

30	29	28	27	26	25	24	年
86歳	85歳	84歳	83歳	82歳	81歳	80歳	年齢
戊 食神	丁 劫財	丙 比肩	乙 印綬	甲 偏印	癸 正官	壬 偏官	天干
戌	酉	申	未	午	巳	辰	地支
甲寅月干合 庚辰日水局		胎月 施設移動					事項

＊命式の解明

命式の用神は初夏の生まれであるので壬庚が用神となるが、命式のバランスからみると金水が強くなると不安定になり、神経的にいらいらする形となる。

本来は木は印星であるが、金水が多くなると木も用神となる。つまり、水が多くなると木は腐るの理である。天干水→木→火→土と穏やかに流れているが、地支は水➡火➡金と剋が続き内面は不安定な人であるとみられる。つまり、内面神経をよく使う人ではある。日干丙は地支子から剋を受け心不全での死亡となる人が多い。

大運の戊戌に注意するようにいい、それを、まず、無事通り抜けられました。その間50代からの肝臓病から肝硬変になりましたが、本来、お酒も飲まない人なので養生よろしく、無理は駄目ですが、ぼちぼちと好きな勉強をなさっていましたが、色々な気使いからか肝硬変から肝臓癌になり亡くなりました。胎月の大運は、逆行運の人には第10運には胎月と同じ運が来ますが、順行運の人には来ません。

本来、壬は用神ですが、金水が強くなり、戊戌年は泥沼のようになったのですね？

平成30年2月17日寅刻永眠されました。

合　掌

は三合水局になり、泥水で心不全となり、天上人となられました。

六壬易では、日干己で、三合木局で鬼殺です。年命申には子乗じ貴人が乗っていますが、日干から子は絶で貴人（己丑）から剋されている、ということは、もはや回復の見込みなしなのです。

＊mさんの病状と寿命は？

渉害課＝なかなか難しい、厳しい状態である　曲直格＝日干己に対して、三伝、課式が三合木局している。鬼殺である　和美格＝三合木局している。病は癒えず　蕪淫格＝病は癒えず。

＊年命申に子が乗じ、日干己からは絶神である。遁干して丙が乗じ水剋火で心臓を剋す。

蟇越格＝急に変化が起こる。

＊絶神が年命上神に乗じているので、推命でみても、翌17日は三合水局の日にあたるので難しい。

六壬神課　占時 平成30年 2 月16日16時 3 分　[己卯]第 9 局　第 2 旬　月将 子

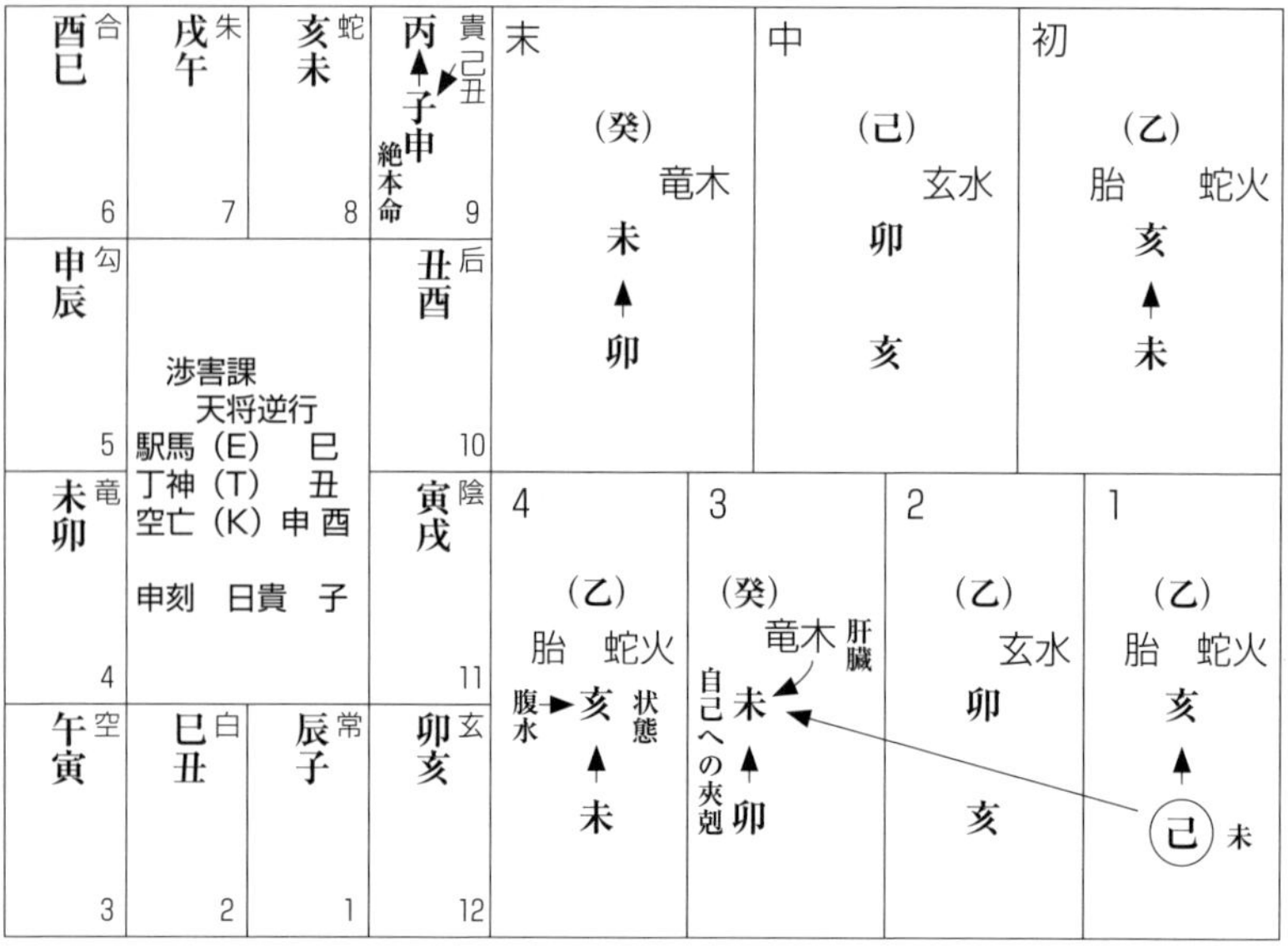

M　女

渉害課　曲直　和美　蕪淫　度厄　刑傷　蟇越　六陰　不備回環

2 命式の中での土性の役割

1 土性について

永年にわたり多くの方々を鑑定させていただいている中で、「命式の中で土の存在がいかに重要であるか、どのように作用するのか」を、良きにつけ悪しきにつけ実感してまいりました。

従いまして、鑑定の中で得たものを確信をもってお話できるのではないか、また、皆様の鑑定の参考にしていただければ、これに優るものはないと思います。

さて、土につきましては、先人の記したバイブル的存在の『滴天髄《てきてんずい》』では、次のように述べられています。

●土は「万物司令」とし、万物の根源として他の五行に関係がある。つまり、土は木に剋を受けるが、よく草木を培養する。土は火によって生じられ活力を得る。また、火の旺衰を調整する。土は金を生じ、金の旺衰に影響をあたえる。土は水を剋し、堤防となって水の奔流を防ぎ、また、滋潤を受ける。特に、水と火との係わりは、その太過不及に大きい影響を受ける。

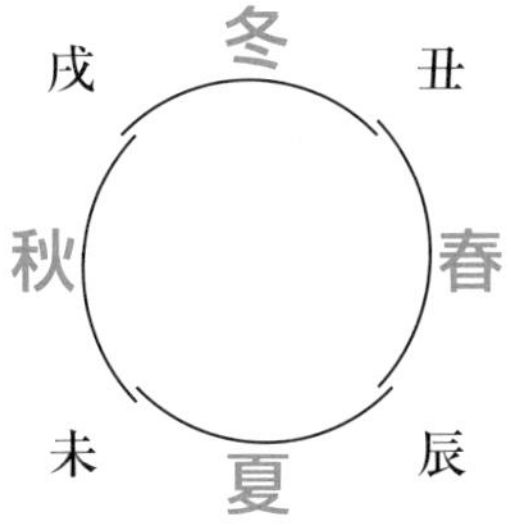

●『造化元鑰』によれば、木火金水は春夏秋冬の代名詞であるが、土には特定の季節はなく、四季交脱の際の気を名付けて土としている。つまり、春季は木気が未だ尽きないうちに、火気はすでに顔を出している。この交脱の時期を辰、夏季は火気が未だ尽きないうちに、金気はすでに忍びよっている。この交脱の時期を未、秋季は金気が未だ尽きないうちに、水気の気配が感じられる。この交脱の時期を戌、冬季は水気が未だ尽きないうちに、木気はすでに訪れようとしている。

この交脱の時期を丑とした。よって、土性は辰戌丑未をもって主旺の地としている。辰戌は戊土であり、丑未は己土である。土性には旺じる季節はないが、夏季に火が旺じることにより、火生土で土も旺じる、火が旺なら土も旺じ、火が弱なら土も弱になる。

●土は万物の始めであり、また終わりでもあり、金木水火に依って象を成す、故に土の性質は春夏秋冬の気候にしたがってその善し悪しが異なる。辰戌は陽土であり、丑未は陰土となる。もし、これを細別すれば、辰は木の余気であり、水の墓庫である。未は火の余気であり、木の墓庫である。戌は金の余気であり、火の墓庫である。丑は水の余気であり、金の墓庫である。辰未は春夏の土となり、戌丑は秋冬の土となる。春夏は陽和淑気で、故に、辰未の土は能く万物を滋生することができる。秋冬は粛殺寒気で、ゆえに、戌丑の土は万物を収蔵する。いわゆる、土は金水木火によって象を成すということになる。

●四季の土では、戌土が最も生気がないとするのはなぜか？　辰土は生長する力が最も強く、未土は生長する力は未だ衰えず、丑土は生長する力はまさに進まんとする。丑土は艮で気は二陽に進み、丑宮には癸水の潤があり、ただ丙火の照暖があれば、即ち万物の生長ができる。戌土は秋と冬の間にあって、気候は粛殺のときで、戌宮は蔵干に火を持ち、土は燥でたかぶる、少しも生意がない。

2 土性の役割

私は、土は季節の変わり目に配置され、それぞれの四季の土は、癸水と丙火のバランスがよければ、万物を育む母なる大地となり得ると考えます。基本は、月支の季節による寒暖燥湿をしっかり踏まえておいた後、命式全体の寒暖燥湿の状態を、明確にしていくべきだと思います。いま、万物を育むことができない土を考えてみます。

(a)日干が土で火が多い場合は「焦土」となりますが、水による制火、また湿土へ洩らすことができれば、良好な状態になります。

(b)洩気の金が多い土を「変土」といいますが、金を抑える火があったり、金気を洩らす水があればよい結果となります。

(a)

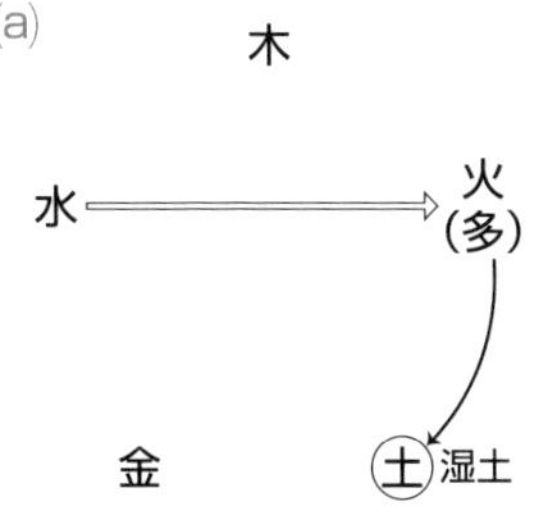

(b)

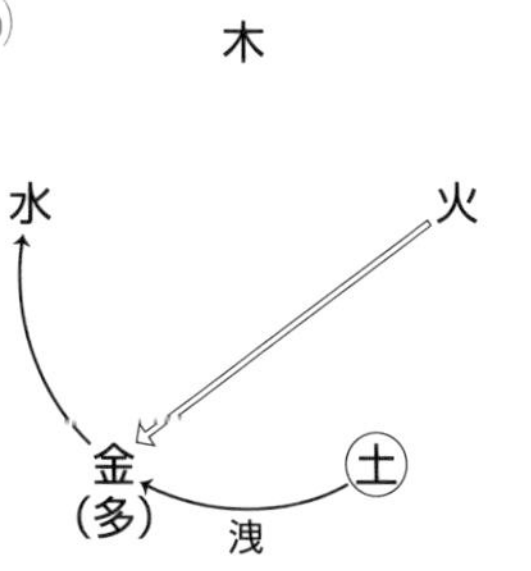

(c)水性太過の土は「流土」といいます。この場合は土で水を抑えたい。その土を助け、命式全体を暖かくするのは丙火です。

(d)木が多い場合は「傾土」といい、土は木の剋を強く受けます。この対応には、金で木を制することになりますが、さらに丙火による土への助けが必要になります。この際、木と土には癸水の存在が嬉しいものになります。

(c)

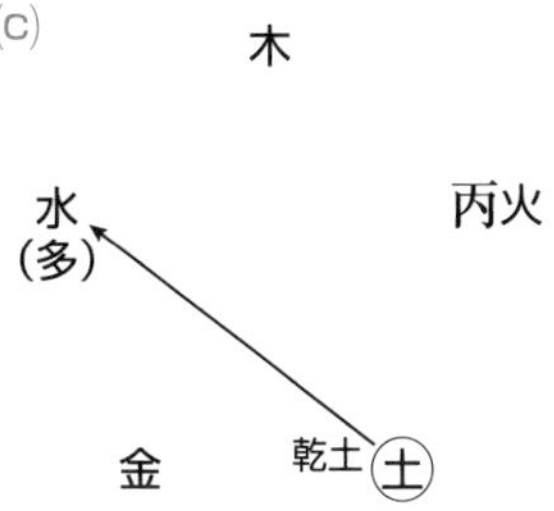

(d)

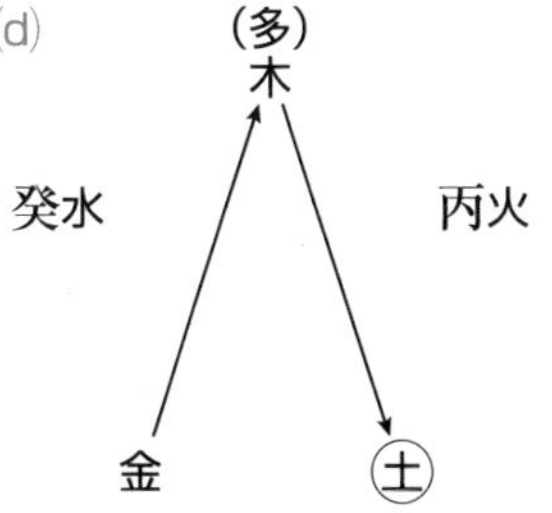

3 実践例による地支土性について

丑：丑は冬の土で凍土といわれ、蔵干に癸辛をもっています。丙火の暖があれば良好な土になります。

①丑が強い火を洩らしよい役目をする。

昭和41年6月23日2：20生　男命（鮮魚商）

癸	癸	甲	丙
丑	丑 癸辛	午	午
己	己	己	己

水●	金	土	火	木
2	0	2	3	1
○	○			

月令点	0	調候	庚辛壬癸
五行点	−4	よい五行	癸壬庚辛
十二運星点	1	用神	癸辛（丑）

夏生まれの癸水は火性旺強のため、水源の金性を欲しますが、丑の中に暗蔵されているので、本来の自分らしさを保てません。その救済策は、強烈な火の力を丑の湿土へ洩らすしかない。（甲戌年は大変しんどい年であった。このような命式の人が鮮魚商をすれば、魚は腐ってしまう）

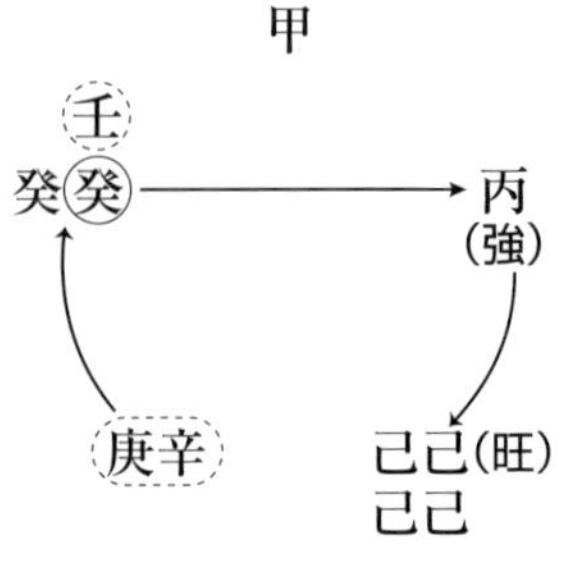

②旺土が丁火を晦火にして、さらに、日干を埋金にする。

昭和30年1月10日1：55　北海道生　女命

身旺身弱点は数の上では身旺です。初気の生まれであること、北海道生まれであることにより、丑の凍土は、さらに凍土となり、丙火の暖は緊要です。午の中の丙火は嬉しいが力が弱い。丙甲はしっかりしたいが、火のエネルギーを月支丑に吸収されて力を失い、用神洩弱となります。共に土性の悪さが出ます。(周囲の者に振り回される)

大運　甲戌　26歳　辛酉　結婚
　　　癸酉　36歳　辛未　離婚

己	辛	丁	甲
丑	未	丑	午
癸	丁	癸	丙

水	●金	土	火	木
0	1	4	2	1
		×	○	○
			丙	甲

月令点	1	調候	丙壬戊甲
五行点	2	よい五行	丙壬甲
十二運星点	0	用神	丙甲

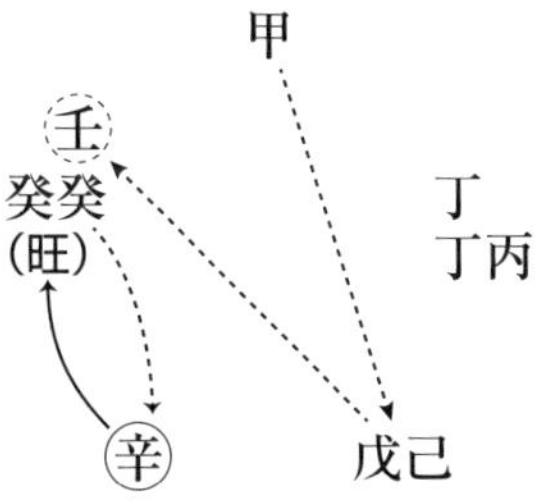

辰：辰は水庫といわれ、万物を育成することのできる土と考えられます。甲木には辰さえあれば順調に成育すると滴天髄には述べられています。

③辰が水庫として旺火を洩気する。

昭和6年6月18日酉刻生　浅野八郎先生

癸	甲	甲	辛
酉	辰	午	未
辛	癸	己	乙

水	金	土	火	木●
1	2	2	1	2
○	○	○		
		辰		

月令点	1	調候	癸庚丁
五行点	−2	よい五行	癸辛庚己
十二運星点	0	用神	癸辛

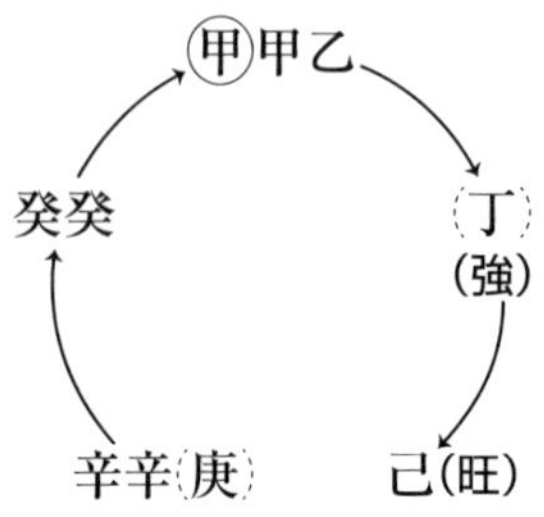

手相学などで有名な浅野八郎先生の命式です。

日支の辰は旺火を洩らしてよい働きをしています。

時干の癸と辰の蔵干から、癸が出て用神としての役目を果たしています。

④辰が水庫であるが、火性が旺じすぎて乾いてしまう。

昭和42年7月27日午刻生　女命　セックス拒否で離婚

夏月生まれの壬水は枯山水のようです。日干壬を助ける金性はありません。

丙	壬	丁	丁
午	辰	未	未
己	戊	己	己

●水	金	土	火	木
1	0	3	4	0
○	○	×	×	○
壬	癸辛			甲

月令点	0	調候	辛癸甲
五行点	－6	よい五行	甲壬癸辛
十二運星点	0	用神	癸

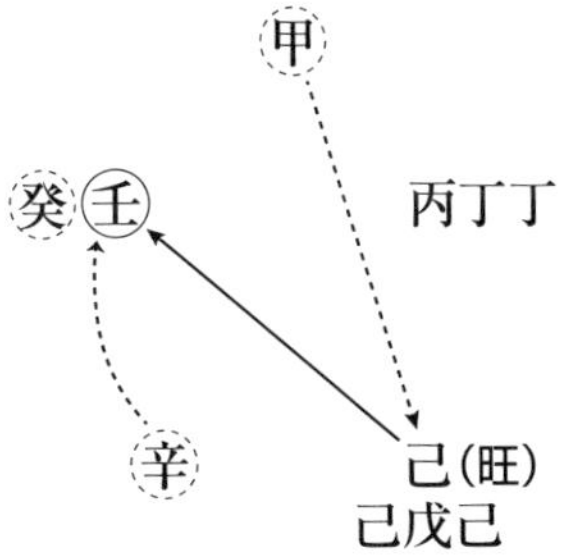

従格になりそうですが従格にはならない。しかし、火土が混ざり合っているので従格的には動く面はあるでしょう。日支辰は火土燥雑により乾いてしまう。故に土性は官星にあたるので、夫により痛められる構図ができて夫婦生活がうまくいかなかった。当然、水不足では子供もできにくいはずです。生殖器は不調でした。

未：前述のように、未は辰と共に万物を育成する力はありますが、辰土と違って、未土は蔵干に丁乙己をもつ燥土ですから、癸と丙のバランスがよくなければ草木は育ちません。

⑤水気がまったくなく、用神らしい用神がとれなくて、官星が働かない。

昭和42年7月14日卯刻生　男命

未月の而も初気に生まれた己土は非常に燥土となっています。また、日支卯は水気なしでは枯木になります。つまり、木も土も水気を欲している状態です。

丁	己	丁	丁
卯	卯	未	未
甲	甲	丁	丁

水	金	●土	火	木
0	0	2	3	2
○	○	○		
		己		

月令点	2	調候	癸辛丙
五行点	3	よい五行	癸辛壬
十二運星点	1	用神	

卯は官星にあたり、学校をあらわします。15歳から不登校になりました。

大運　乙巳　15歳　壬戌
16歳　癸亥　木局

命式自体が周囲に水気を求めますので、家族の方に、この人と反対に水の多い命式の人があれば救われます。

16歳は地支木局でしたが、17歳（甲子）は水運が巡り、18歳（乙丑）からは定時制へ通い始めました。

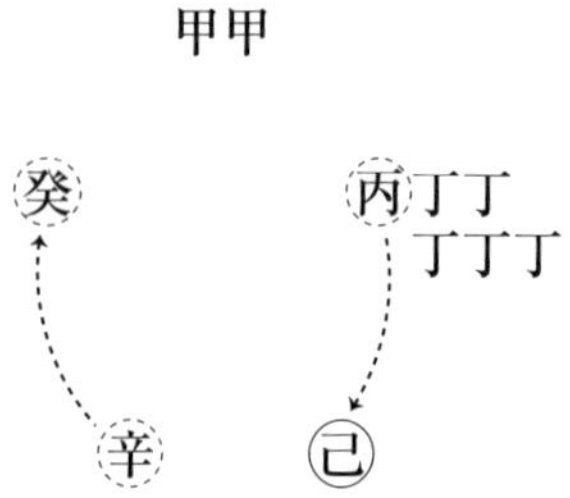

戊：戊土については、冬へのプロローグのとき。万物を育てる土ではなく、収蔵する土ですから、一番堅く頑固な土です。融通性に欠ける点が指摘されます。

⑥戊には適度の潤いが必要、過不足は困る。

昭和5年11月6日卯刻生　夫　ベーチェット病になって離婚した。復縁したいが可能性は？

夫：戊月生まれは寒さが加わりますので、鍛錬のための丁火は必要です。また、戊土を疎土するためには、壬癸水と甲木を要します。壬は申の中に、甲は卯の中にあり、一応の用神はそろってはいますが、暗蔵であり配合が今一つです。

酉で金方合、寅で火局の情が出ます。

戊土はゴワゴワした土だから、水で潤すといっても旺水は不要です。

大運で水庫の辰、年運で水局の情といった運が重なって眼病、眼圧が上がり緑内障と従来からのベーチェット病もあって困っておられます。

命式の中での土の存在は、大変微妙で乾きすぎてもいけないし、湿泥になっても肝心の鍛錬ができないということになるのです。

己	庚	丙	庚
卯	申	戌	午
乙	庚	戊	丁

水	●金	土	火	木
0	3	2	2	1
○			○	○
壬癸			丁	甲

月令点	2	調候	甲丁壬癸
五行点	2	よい五行	甲丁壬癸
十二運星点	2	用神	丁甲壬

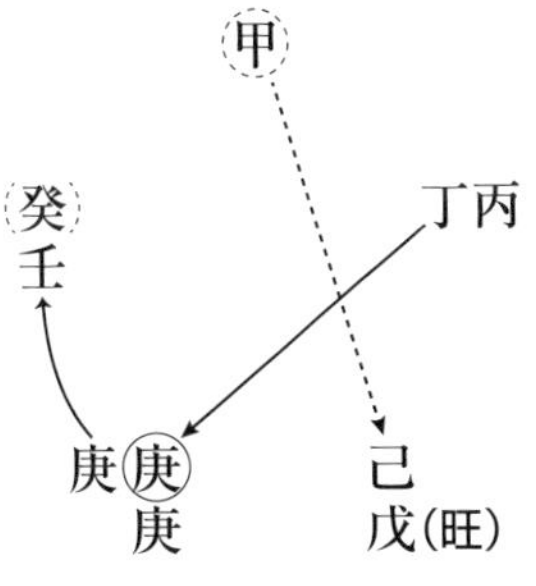

昭和5年7月9日午刻生　妻

妻：妻と夫は日柱が同じで、友人的な夫妻です。

妻は未月の初気の生まれで、火勢は強くパサパサ土のため、水による防暑潤いが欲しい人です。

命式中に用神の壬癸をもっているので順調でしたが、50歳～60歳の大運丁丑では、用神の壬と丁の干合と、丑の冬運により丁火を洩らすことになります。


丁火は官星で夫星であり、夫との縁は薄くなるとみます。

よって、復縁はできないとみます。

ここで申し上げたいのは、庚にとって火がオーバーになりすぎていると熔金になり、よくありません。反対に水が多くなりすぎると、本来の役目を忘れるため、中庸の土の重要さが再認識されると思います。

壬	(庚)	癸	庚
午	申	未	午
丙	戊	丁	丙

水	●金	土	火	木
2	3	1	2	0
○				

月令点	0	調候	壬癸
五行点	0	よい五行	壬癸丁
十二運星点	1	用神	壬癸

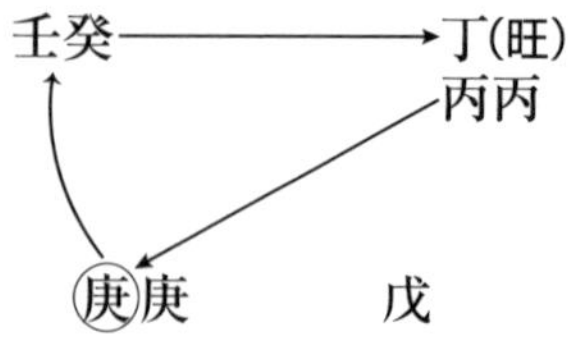

⑦戊が潤いのないときは、甲木の疎土作用は難しい場合。

昭和42年10月24日寅刻生　男命

戊月生まれの日干辛金の命式です。壬水を求めたいが水気はまったくありません。

庚	㊁辛	庚	丁
寅	酉	戌	未
甲	辛	戊	己

水	●金	土	火	木
0	4	2	1	1
○				○
壬癸				甲

月令点	2	調候	壬甲癸
五行点	4	よい五行	甲壬癸
十二運星点	2	用神	甲

周囲には庚金があり、自分自身も強いので、庚はうっとうしい存在です。

戊土に潤いがあれば甲木は働けますが、壬癸水がなく甲木は旺金に剋されている。よって、うつ状態から自殺におよび未遂になりました。甲は頭、神経をあらわします。

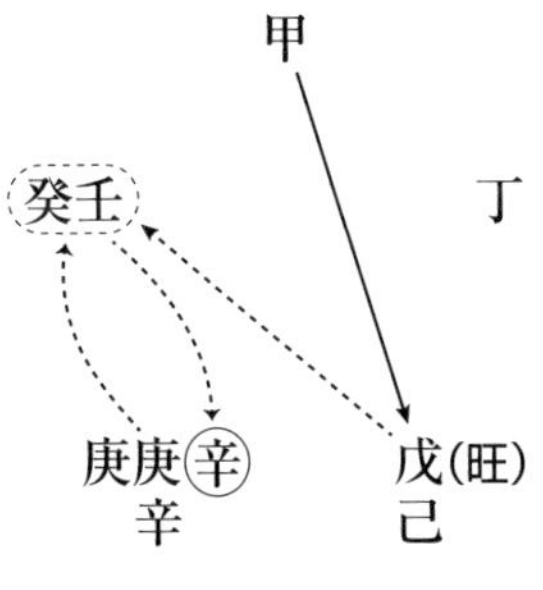

⑧土性太過に振り回され、代用品の用神しかない場合
昭和30年4月10日未刻生　男命（時差、均時差は調整済み）

この命式は全支が土性ですが、蔵干は初気が出ています。地支五行と蔵干五行とが一致しない場合、解明をどのようにするのかは、よく議論になりますが、土性は土性として良くも悪くも存在します。たとえ初気が出ていても土性を意識しない訳には参りません。

身旺身弱点は数の上では身旺になりますが、それは土性によって支えられている部分です。太過の土性は甲木によって制しなければなりませんが、甲木は命式中にはありません。

幸いなことに、辰丑土は柔土であり、辰の中からは乙が出ているので不十分ながら疎土は進み、さらに丑の中からは癸水が出ているので、乙木が育つには何とか可能になります。蔵干が初気だから、卯月を考慮することも必要です。乙木は未辰に根をもちます。

日干辛にとっては、壬水の淘洗が望ましいですが、土性太過で甲木の制土がなければ、美しくなれるはずはありません。

乙	㊅辛	庚	乙
未	丑	辰	未
丁	癸	乙	丁

水	●金	土	火	木
0	2	4	0	2
○	△	×	×	○
壬				甲

月令点	0	調候	甲壬
五行点	4	よい五行	甲壬癸乙
十二運星点	0	用神	乙癸

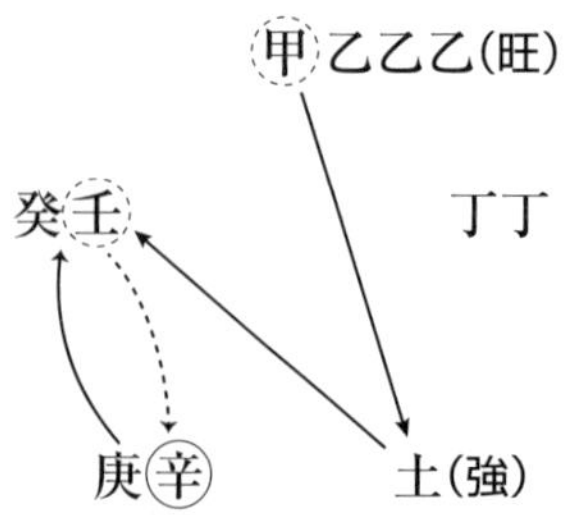

よって、乙木＝偏財＝流通の財、となれば、職業は流通業、仲買人などがよいのではないかと思いました。つまり、清く正しく美しくといったことに当てはまることはなく、代用の乙木と代用の癸水で、我慢することが必要です。

水が強くなりすぎれば、辛金は湿泥に沈み、火が強くて土が乾いてくると埋金になる辛金です。根なしの辛金は、周囲のものに振り回されるのです。時として蟻地獄になるといったことを想像させる命式です。

この人に「事業運はあるか？」と聞かれました。

現在の大運は乙亥で、命式中の庚と乙庚干合により、失財につながります。

祖父から平成8年に相続した事業は、昨年（壬午）10月以降、銀行破綻により連鎖倒産になりました。家屋敷、事業所など施設すべてを、差し押えられました。本人は「銀行が悪い、地震（阪神）が悪い」と嘆いておりました。

私は、「運勢がよければ逃れられたはずだ」といいました。自己を知り、身の丈だけの商売をすること――と銘記すべきでしょう。

この人は、何十人もの有名な四柱推命の先生といわれる人に、鑑定してもらったそうです。そして、「こんな運のよい人はいない、どんどん事業をやりなさい、守られている人だから！」といわれたそうです。そこで、ゴルフ場などにも手を伸ばし大きい負債を抱えて倒産したのです。

私の辛辣《しんらつ》な言葉に戸惑ったようでしたが、最後には納得して帰りました。

要は、四柱推命の基本である水と火が、その命式とどのように関わっているか。土があれば中庸を得て、水木に対してはストッパーの役目をしますし、命式中に土をもたない人は、純粋でよい面は多々ありますが、極端から極端に走ることにもなります。土の効用を、これからも実践の中で追い続けたいと思います。

3 水の功罪

「水の功罪」についてお話をいたします。永年にわたり多くの方々を鑑定をいたしておりますうちに、先天的素質に大変偏りがあったりするお方がおられます。そうしたお方をみておりますと、やはり五行のバランスがいかに大切かを実感いたしました。

我々がこの地球上の生物となる前の宇宙の存在は、46億年前にさかのぼるといわれますが、幾多の工程を経て現在の地球ができ上がったことは皆様もご衆知の事実です。そして、我々の体も水の一滴から成長してこの世に生を享けてきました。その過程は神秘というほかなく、自然の営みによる自然環境に対応し得るように人間の知恵を働かせてというものの、それは神の世界であると考えています。日本では異常気象が続いたり、未曾有の大地震と大津波は、言葉に絶する悲惨な事態と水の恐ろしさを体験することとなりました。人体が受ける被害も大きく、乾燥が続けば花粉症のお方は異常を感じ、乾燥しすぎには湿気を与える工夫をせねばならないという事態になりました。

私ども推命学を研究する者として、我々をおおう宇宙と人体との関連を考えざるを得ないのであります。そして、その宇宙は五行で成り立ち、人体もまた五行にあてはめられています。

五行の中の水は、人体では体液、血液、循環器、ホルモン系統です。まずは、体液の循環がスムーズでないと、他の臓器への影響は計り知れないものがあります。また一方では、水の量が多すぎても、かえって過ぎたるは及ばざるが如しのように、それが泥水となり、循環器、心臓など血液を汚してしまいます。

推命学は子平学と云われます。つまり計量器の天秤に相当するものです。バランスが悪いといけません。老廃物が溜り排出できなくてコレステロールが血管をふさぎますと大変です。このコントロールがうまくいっていれば健康でいられるし、さもなければ医者通いとなります。これは栄養のバランス・食の多様化で、現在の日本は二極化しているといわれます。

若い女性がカモシカの脚のごとく美しくありたいと食事制限などしてアンバランスな食事を摂っていることでの弊害により、妊娠・出産と子供に与える影響が心配されています。拒食症、過食症の繰返し等、これらも精神的なものからくることがわかっています。

ではこれらは推命学上はどうなっているか。例で実証してみたいと思います。

① 命式が水不及の人

昭和52年8月5日0：30生　男命

(調候) 癸・庚 (用神) 癸・庚

命式について

＊日干甲は未月に生れた。地支火方合の情あり、時支子午の冲により方合はしない。丁火が透出して甲木は燃え尽きてしまう、元命は己で旺火を洩らすにはよいが、これまた火生土でパサパサの焦土と化している。壬癸は時支に存在するが滴水である。また、子午の冲でその力量はより弱いとみる。胎月も戊戌となる。自己を律する庚は年支巳の中に存在するが、熔金されて用をなさない。大運は逆行運で夏から春

	甲	(甲)	丁	丁	
K	子×	午	未	巳	胎
辰	壬	丙	丁	戊	月
巳		己	乙	庚	戊
	•癸	•丁	•己	•丙	戊
	沐	死	冠	病	

水	金	土	火	(木)	月令	1
1	0	1	4	2	五行	-2
○	◎	×	×	◎	十二	1
					中和	0

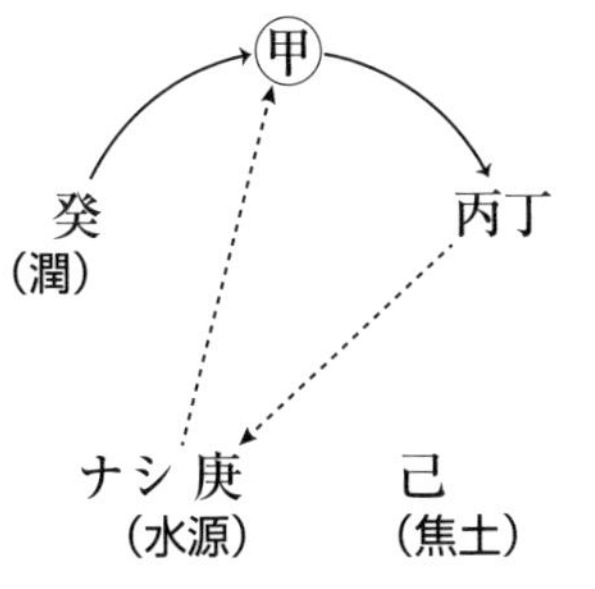

へと巡る。火の力量が強く甲木は焚木となるを止める手立てが見つからないのが欠点と思われる。

＊H22年（庚寅）日干甲に根が出るも、寅・午と胎月戌とで火局の情をもち、以前からの糖尿病に加えて腎臓病も併発した。両者は食養生が異なり難しいといわれている。熔金された庚は、火金相剋により骨を傷め挫骨神経症・膝・ヘルニア等に傷害をもたらし、歩行困難にもなりかねない。

＊命式に水不足がもたらす功罪には、計り知れないものがある。

＊水不足による性格的な弱点は、臆病・姑息・愚痴っぽい・猜疑心・根気がない・焦燥、饒舌・馬鹿丁寧・身体柔弱・くどくどとわずらわしい・精神的弱さなどのマイナスの特徴が出やすい。

②　命式に水不及による疾病

S18年7月1日巳刻生　女命

（調侯）壬・癸（用神）壬・癸

命式について

＊日干庚は午月に生まれた。年干癸と月干戊は干合となり、未と午は支合で天地徳合となるが化火格にはならない。また申と巳の支合は化水しないことを考慮すると、「美」とはいえないが、地支は火方合の情あり。日干庚は申に根があるが熔金状態である。壬水は日支申の中にあるが力は弱い。癸水は年干にあるが天地徳合となっている。火金相剋による金へのダメージはかなり大きいと考える。まず水の不及による子宮癌を患い、火金相剋による腸癌への転移及び肺癌へと転移していったようである。

＊旺火による金への剋による病は、神経性腸炎・腸閉塞・盲腸炎・急性腸炎など。

＊火が旺金を剋する病は、慢性腸カタル・腸結核・腸管癌・肺癌などいずれも源は水不及によるとみられる。

＊日干庚のダメージは、水不足からの火性太過による熔金。決断力低下・消極的・気力の低下・自閉傾向・

優柔不断。不安定さは内面にある木の作用も影響するとみる。

化火しない（戊・癸）

	辛	(庚)	戊	癸	
K	巳-	申	午-	未	胎
子	戊	戊	丙	丁	月
丑	庚•	壬	己	乙	己
	丙	庚•	丁•	己	酉
	生	禄	沐	冠	

水	金	土	火	木		
					月令	0
1	3	2	2	0	五行	2
					十二	2
					身旺	4

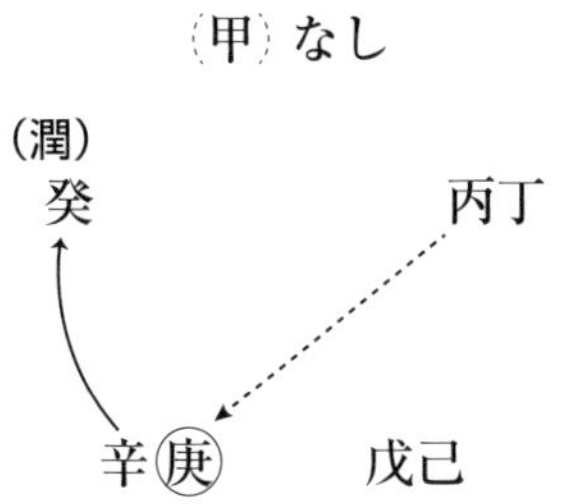

③ 水太過による弊害

S27年12月20日　巳刻生まれ　男命

（調候）丙・丁・甲　（用神）(丙)・戊

命式について

＊日干庚は子月に生まれた。厳寒の季節で日干庚は丙（暖）・丁（鍛錬）を必要とする。しかし命式には壬水が多くたとえ丁が巡っても、干合となり用を成さない。丙火は時支にあるが中気の生まれで暗蔵となる。旺水を制する戊土も要するが、年支辰は月支子と半会で制水できない。また、たとえ丙火が巡っても丙辛干合して要をなさない。丙の根とし巳が存在するが、空亡で力は弱い。

＊金水寒冷による肺機能の低下と水太過による心臓・呼器系が弱くベーチェット病を発病した。

＊職業は官星で考える。丙・丁が無力となるので、仕事は長続きしない。アルバイト程度で母親の年金で生活している。

＊庚は水太過で沈金となる。性情としては、実行力欠

如・義侠心欠如・行動力緩慢・思考硬直・屁理屈・詭弁・陰気・不平不満等の特徴が表れやすいとみる。

＊庚からの疾病としては、腸・呼吸器・喘息・腹膜炎・関節リュウマチ等。

＊金水寒冷からは、肺臓・呼吸器系統・心臓神経症・循環器系等。

胎月　癸卯

壬	壬	(庚)	辛
辰	子	子	K 巳
乙 癸 戊	壬 ・癸	壬 ・癸	戊 ・庚 丙
養	死	死	生

K　辰巳

水	(金)	土	火	木	月令	1
4	2	1	-1	0	五行	-1
					十二	0
					中和	0

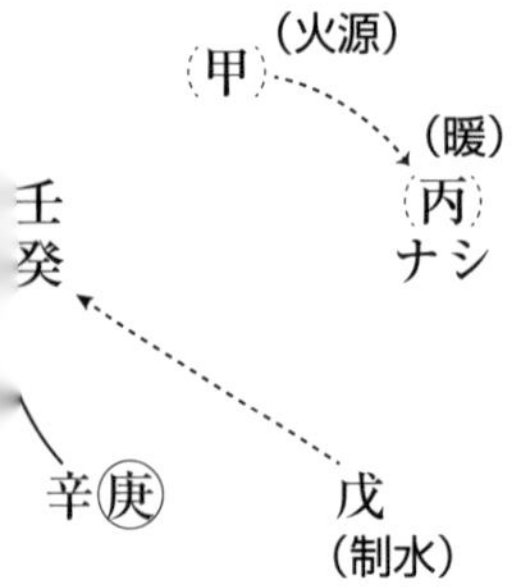

④ 先天的素質の中に濁りがある人

T15年4月13日　酉刻生まれ　男命

（調候）甲・庚　（用神）戊・甲

命式について

＊日干壬は辰月初気に生まれた。春の壬水は特に流れは緩やかで、好きなように流れるのをモットーとする。時干に己があり、日干とは己土濁壬の様相を呈する。すなわち日支・時支から日干が生じられ、堤防の戊土が欲しいにもかかわらず己土のみである。戊土は年支寅の初気にあるも蔵干は中気の丙が出る。地支に申・酉があり戌が巡れば金方合、卯が巡れば木方合、子が巡れば水局の情となりめまぐるしく動く。しかし戊土の堤防が弱いために濁壬となる。よって濁壬による体液の濁りから、皮膚炎・蓄膿症・痔疾。中年期からは糖尿病による肝臓病となり、自己を律する官星（戊土）が弱いことによる過食気味よりコレステロールの増加傾向でストレス太りとなる。また甲木も金方合となったときには、木を剋さ

れ濁壬防止の役目を果たせないとみる。

大運　**戊戌**　金方合　用神戊　土↓金と洩らす
年運　**甲子**　水局の情　水局で甲木で腐木となる
月運　**甲戌**　甲己干合　甲は干合で用を忘れる

胎月	年	月	日	時	
胎	丙	壬	(壬)	己	
月	寅	辰	申	酉	K
癸	戊	•乙	戊	•庚	戌
未	•丙	癸	•壬		亥
	甲	戊	庚	辛	
	病	墓	生	沐	

	(水)	金	土	火	木
月令 1					
五行 0	2	2	2	1	1
十二 1			戌○		○
中和 2					

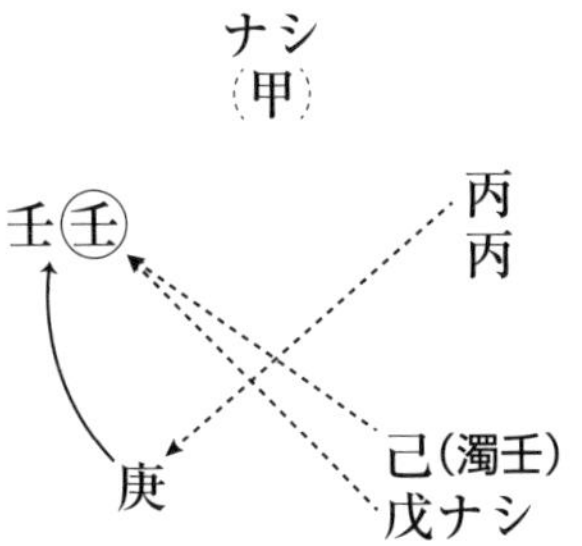

日運　**丁丑**　丁壬干合　干合で我を忘れる
時運　**辛亥**　丙辛干合　水方合で丙火を剋す
　心不全で死亡、大運も金の運から水の運へ変わる大きな節目の接木運であった。

＊命式中に己土濁壬の要素をもった人は性格面・職業面などに顕著にあらわれるが、特に健康面においては、先天的に濁壬の要素をもっているといっても過言ではないでしょう。すなわち、濁壬により老廃物の処理ができにくかったり、体液の濁りによる病にはホルモン系・泌尿器系統の病になりやすく、また血液中のコレステロールが血管をふさぎ心筋梗塞・心不全・脳血栓・脳梗塞・認知症等と様々な病気の原因となりやすいとみます。特に日干壬の人の場合には、五行周流することを最上としますので、命式中に己土濁壬をもつと職業的には人の痛みで金儲けをするなどといわれますが、病気としては体液・血液の濁りなどの病になりやすいのが特徴と思われます。

4 より良い人生のために

私どもが目指している四柱推命は単なる占いではありません。この世の森羅万象は、すべて五行によって成り立っていると思われることから、学問としての推命学を、世の中の人に知って欲しいという願いが込められています。

この機会にあらためて、五行に込められた事柄を考えましょう。

1．五行の役割

木↓火↓土↓金↓水、単純にいえばそれだけの話です。また、五行の色体表にもありますように、五行の①属性～⑳五色・五方位まで21項目に分けられています。その中で私どもが重視しているのは①～⑥の主に性情論であり、プラス疾病論に用いる⑦～⑰の項目です。これらは特に、推命における鑑定のとき、充分に意図されなければなりません。そしてそれらの五行が命式において、どんな役割り、どんな様相を呈しているかが大切です。

それにはまず、大まかに五行の有様をとらえ、徐々に理解を深められることが望ましいと思っています。

2．命式と人生

人は自分が望んで生まれたのでもなく、自然の生理的営みによりこの世に存在するにほかなく、その親・兄弟等との出会いも自然の運命的ご縁であり、それを宿命といわれると何とはなしに受け入れてしまっている人と、反発する人が出てきても当然だと思うわけです。しかし、その人は、与えられた命式通りに生きて行かれるという現実を見せ付けられたとき、納得せざるをえない自分に気付かされるのです。否応なく、その枠の中にはまっている宇宙の星のように、人々はその歩みを止めることもなく動いています。

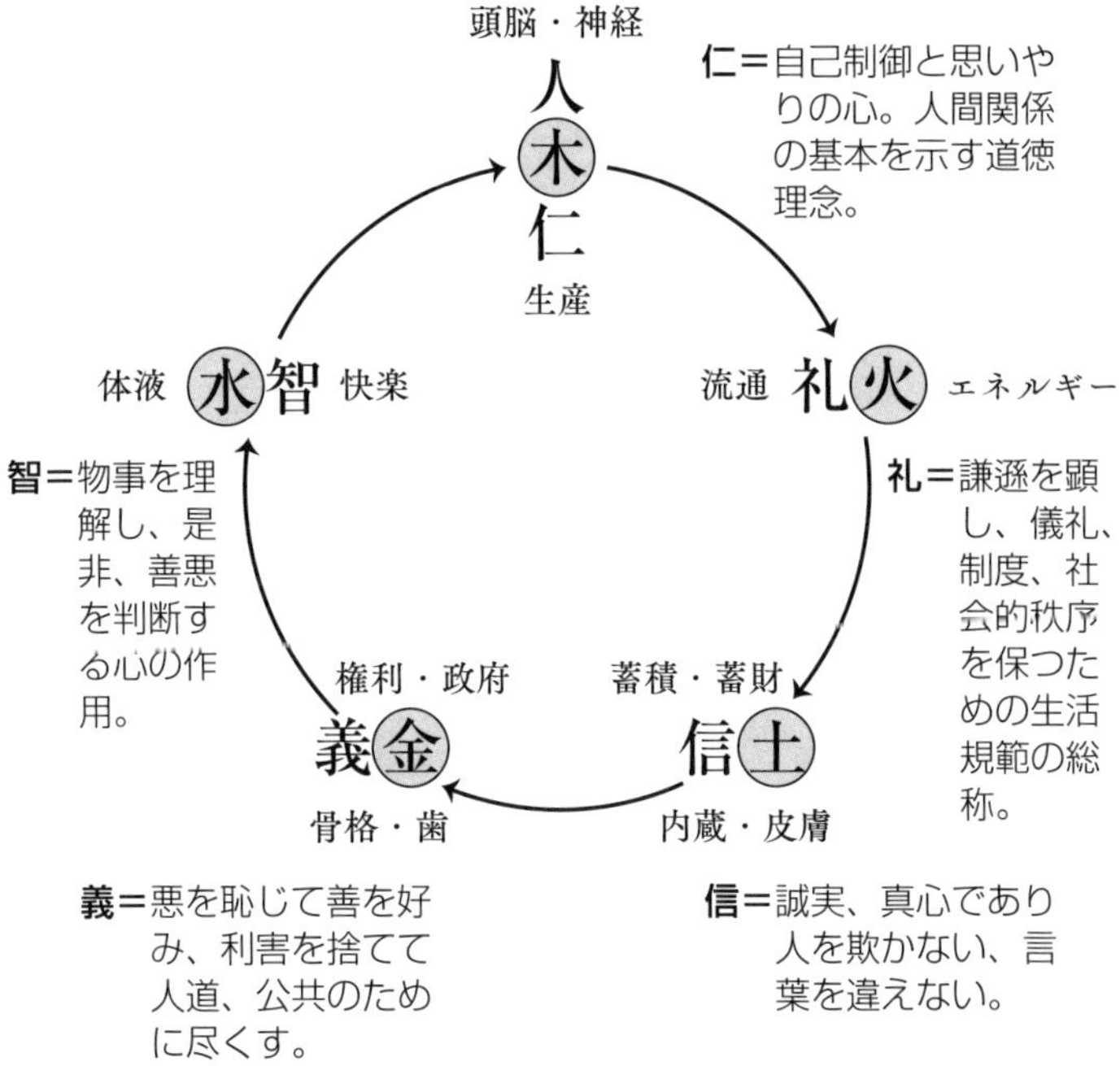
頭脳・神経
人
木
仁
生産
仁＝自己制御と思いやりの心。人間関係の基本を示す道徳理念。
流通
礼
火
エネルギー
礼＝謙遜を顕し、儀礼、制度、社会的秩序を保つための生活規範の総称。
蓄積・蓄財
信
土
内蔵・皮膚
信＝誠実、真心であり人を欺かない、言葉を違えない。
権利・政府
義
金
骨格・歯
義＝悪を恥じて善を好み、利害を捨てて人道、公共のために尽くす。
体液
水
智
快楽
智＝物事を理解し、是非、善悪を判断する心の作用。

五行	①五行属性	②五常	③五徳	④五倫	⑤五志	⑥五精	⑦五臓	⑧五腑	⑨五官	⑩五充	⑪五華	⑫五液	⑬五脈	⑭五声	⑮五味	⑯五香	⑰五悪	⑱五化	⑲五季	⑳五色	a五方位	b五神
木	生発舒展	仁	温	君臣	怒	魂	肝	胆	眼	筋肉	爪	涙	弦	呼	酸	臊	風	生	春	青	東	青龍
火	温熱炎上	礼	良	父子	喜	神	心	小腸	舌	血脈	顔面	汗	洪	笑	苦	焦	暑	長	夏	赤	南	朱雀
土	長養変化	信	恭	夫婦	思	意	脾	胃	口	肌肉	唇乳	涎	緩	歌	甘	香	湿	化	土用	黄	中央	蛇陳
金	静粛収斂	義	倹	長幼	憂	魄	肺	大腸	鼻	皮膚	体毛	涕	浮	哭	辛	腥	燥	収	秋	白	西	白虎
水	寒湿下行	智	譲	朋友	恐	志	腎	膀胱	耳	骨髄	髪	唾	沈	呻	鹹	腐	寒	蔵	冬	黒	北	玄武

3. 自分を知るために

この世に生をうけた人間として、まず自分が何の役割をもらって生まれてきているのか?

それには、まず資質を知ることが大切です。かの国では、生まれた子供がどんな素質をもっているのかと、生年月日時間を大切にそれによる鑑定を求める習慣があるやに聞いております。わが国では、そのような習慣の普及はなく、適齢期になって結婚の相性、就職の相談、わが子の育児方法など様々な悩みを抱えて、迷ったときの神頼みのごとく鑑定を依頼されますことがほとんどといってもよいでしょう。しかし、それには限りがあります。

各個人の素質を、五行的にみて命式と向き合うことが大切です。たとえば、お花の好きな人は花に問うているといわれます、もう少しお水が欲しいの?…また赤ちゃんの泣き方によりミルクの時間か、おしめが濡れて気持ちが悪いのか等と判別するのと同様に、その人の命式の五行により、何がよくて何が悪いのかを知ることを早く会得すればするほど、その命式の可能性を見いだし、納得して人生に向き合うことができます。そして、与えられた人生をよりよく生きる方向性を見いだせて安心な心構えもできると思っています。

皆様は、もうすでにこの学問を通じて、この扉の前に立っておられるのです。どうか、扉を開けてどんどん奥にお入りください。知らず知らずのうちに五行の奥深さが私をとらえ魅了してしまったように、皆様もまたこの素晴らしい学問に魅力をお感じになられることでしょう。

4. 五行への飽くなき探求心

この世のものすべてが五行により構成、分類されているといっても過言ではないと思われます。まず、我々の住む宇宙空間、地球上に存在するすべてのものの存在が五行にあてはめられ、それが、循環、対偶となって我々に様々な彩りを与えてくれています。それは、生活習慣の中での健康面であったり、生活面での食習

＊命式の解明　調候＝丙・壬・甲・(戊)

(基本)

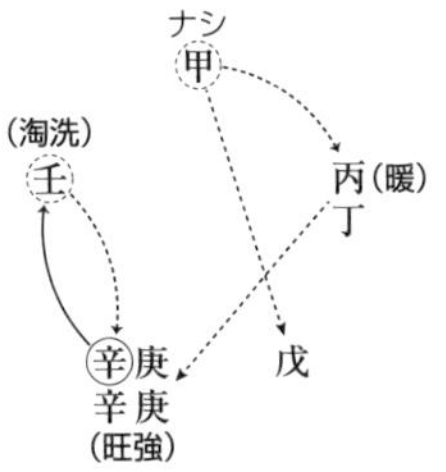

(命式)

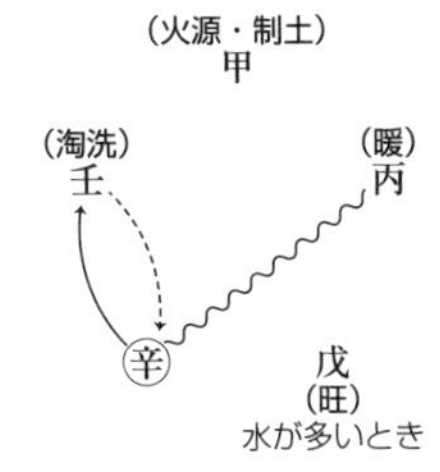

命式のタイプ	日干強弱	よい五行	用神	胎月	宅神	空亡
食神	身旺 +6	丙壬甲	丙壬	己卯	癸巳	子・丑

水	㊎	土	火	木	月令点 1 五行点 2 十二運勢点 3
1	4	1	2	0	
壬◎	庚×	戊△	丙◎	甲○	+6
癸△	辛△	己×	丁△	乙×	

(命式)

日干辛は子月に生まれた。厳冬の月ではとくに太陽の丙火が必要である。それがあれば次は辛を淘洗する壬が必要となる。土性があれば制土として甲木が必要となる。水が多ければ戊土で制することが必要となる。

暖の丙火は時干にあり日干と干合している壬は月支子の蔵干に暗蔵は惜しまれる。

甲木は土性が多い時必要だが月干に戊土は一つだけで戊土が癸水と干合により化水することは命式の安定性を欠くから戊土の必要性は低いが水太過のときには必要になる。身旺だから、ときに鬱陶しいこともある。地支戌で金方合、辰で水局の情がある。用神は丙・壬とする。

～80	～70	～60	～50	～40	～30	～20	～10		大運 逆10年運
庚 辰	辛 巳	壬 午	癸 未	甲 申	乙 酉	丙 戌	丁 亥	天干 地支	
○ × △	○ △ ◎	○ ◎ △	○ △ △	× ○ ×	× × △	× ○ △	△ △ ◎	方 天干 地支	
水局の情 辰酉支合 丙庚の剋	巳酉会 丙辛干合	子午の冲 丙壬剋	午未支合 戊癸干合	申子半会 庚甲剋 戊甲剋	乙庚干合 酉自刑	丙辛干合 金方合 午戌会	駅馬 自刑	備考	

※立運の計算　女命で年干で逆行運
12月8日　4：51 節入り～1月6日　15：56 節入り
(31 － 8 ＋ 6) ÷ 3 ＝ 9 余り 2…9 才 8 カ月

慣であったり、住居での色彩感覚であったりして、我々の生活に彩りを添えてくれています。それも、皆、五行的により添って生活が成り立っていることを感じ、宇宙の恩恵を享けて、また支配されている現実を思えば、その五行の何たるかを知り、上手にそれを使って生活面に活用しましょうと、思わざるを得ないのです。

私ども推命学を究明するものにとりましては、最初の出会いは泰山流の四柱推命でした。しかし、時を経て、五行、調候を重視することの重要性に気付き研究を始めたのです。そして、五行の深い理論に魅せられてしまったのです。五行の研究家は沢山おられますが、私は理論と実践を通して、生ある限り五行による推命学の確立に寄与したいと思っています。

5. まず自分を知りましょう

四柱推命鑑定書　三木照山

女命　昭和6年1月6日　15時30分生

	年	月	日	時
通変	劫財	印綬		正官
天干	庚	戊	辛	丙
地支	午	k 子 *	酉	申
蔵干通変	偏官	食神	比肩	劫財
蔵干	丙己・丁	壬・癸	庚・辛	戊壬・庚
十二運	病	生	禄	旺
神殺	天乙貴人		咸池 紅艶殺	駅馬亡神 天徳合

親子のDNAを考えてみました。親とどこが似ているのか？

親から子への絆は果てしなく次世代とつながりをみせています。それは、姿形であったり、声量であったりいたしますが、それだけではなく内面の性質なども似通うものです。

次女			
T7.9.10			
丁	(庚)	辛	戊
亥	申	酉	午
胃腸炎～腹膜炎			
姉死亡日			
S12年	丁	丑	年
2月	壬	寅	月
13日	辛	未	日
	癸	巳	刻

母			
M31.8.22			
甲	(丁)	庚	戊
辰	巳	申	戌
肺炎			
母死亡日			
S10年	乙	亥	年
4月	庚	辰	月
26日	壬	申	日
	壬	子	刻

父			
M19.1.2			
丙	(壬)	戊	乙
午	戌	子	酉
老衰			
父死亡日			
S50年	乙	卯	年
11月	丁	亥	月
11日	辛	酉	日
	癸	巳	刻

五女			
S3.7.11			
甲	(壬)	己	戊
辰	子	未	辰
肺炎			
姉死亡日			
H19年	丁	亥	年
11月	辛	亥	月
29日	丁	卯	日
	癸	卯	刻

長男			
T14.7.6			
丙	(辛)	壬	乙
申	卯	午	丑
糖尿病			
兄死亡日			
H20年	戊	子	年
8月	己	未	月
6日	戊	寅	日
	己	未	刻

四女			
T12.4.5			
丙	(戊)	乙	癸
辰	申	卯	亥
老衰			
H21年	己	丑	年
8月	壬	申	月
24日	辛	丑	日

三女			
T9.8.7			
甲	(丁)	癸	庚
辰	酉	未	申
老衰			
H21年	己	丑	年
10月	甲	戌	月

大運と年運のからみにより、事相との関連を考える。

歳	大運	方干支	年令	年運	吉凶	要項	事相
0			4	乙亥	×○	母死亡	乙庚干合、印綬絶
	戊子	・・・	6	丁丑	△×	次姉死亡	子丑支合、丁辛剋
			7	戊寅	△○	小学校入学、電車通学	申寅冲、寅午半会
10	丁亥	△△○	12	癸未	△△	小学校卒業、女学校入学	戊癸干合
			14	甲申	○×	学徒動員で工場で働く	
			15	乙酉	×△	3月空襲で家焼失疎開、終戦	乙庚干合
			18	戊子	△△	女学校卒業、専門学校入学	子午冲
			19	己丑	××	専門学校1年修了、会社勤務	子丑支合
20	丙戌	×◎△	21	辛卯	△×	姉の結婚	丙辛妬合、卯酉冲
	丙辛干合		23	癸巳	△○	会社退職、姉のお産手伝い	戊癸干合、駅馬運
	金方合		26	丙申	◎×	縁談が重なる	丙辛妬合
			27	丁酉	△△	甲辰月結婚	水局の情、辰酉支合
			28	戊戌	△△	夫の入院	金方合出費多し
30	乙酉	××△	31	辛丑	△×	犬の散歩で足骨折	丙辛干合、酉丑会
	乙庚干合		33	癸卯	△×	流産、6月	卯酉の冲、戊癸干合
			34	甲辰	○×	流産、3月	水局で洩星太過
40	甲申	×○×	40	庚戌	×△	夫の網膜剥離で入院、奇蹟的に治癒	金方合
	申子会		44	甲寅	○○	夫肝臓病9か月休職	申寅の冲
			45	乙卯	××	父死亡、日柱と天戦地冲	推命学を習い始める
			49	己未	×△	推命学の看板を出す	午未支合
50	癸未	○△△	51	辛酉	△△	四柱推命の本初版	日柱併臨
	戊癸干合		52	壬戌	◎△	推命学教室を開講	金方合
	午未支合		54	甲子	○△	夫死亡 10月11日、姑と暮らす	子午W冲
			55	乙丑	××	相続で財の分財	乙庚干合
			58	戊辰	△△	照山会発足東京教室開講、10月	壬戌月、三合水局
60	壬午	○◎△	60	庚午	×△	姑骨折入院、横浜教室開講	子午冲
	月支の冲		62	壬申	◎×	姑死亡、介護より解放	癸卯月、戊癸干合
						10周年記念パーティー4月	駅馬、申子半会
			65	乙亥	×○	相続で財の失財	乙庚干合
			66	丙子	◎△	改訂版を発刊、家の新築	丙辛干合、子午冲
70	辛巳	○△◎	73	癸未	△△	20周年記念パーティー帝国ホテル	戊癸干合、午未支合
	丙辛干合		74	甲申	○×	㈲会社組織に変更4月	巳申支合、申子半会
	巳酉会		76	丙戌	◎△	NPO協会の活動に参加	丙辛干合、金方合
			77	丁亥	△○	姉死亡、病院見舞い通い	天戦地冲、駅馬の冲
			78	戊子	△△	兄死亡、理事長脳梗塞	子午W冲
			79	己丑	××	ザッパラスから運命関係図、リリース7月	子丑支合、三合金局
80	庚辰	○×△	80	庚寅	×○	ザッパラスから運命関係図、リリース2月	申寅冲、寅午半会
	水局の情					推命学改訂版3月発刊	金木で腰痛、駅馬冲
	辰酉支合		81	辛卯	△×		丙辛妬合、卯酉の冲

1）大運の流れ＝冬～秋～夏～春と逆行運である。元来身旺であるのにもかかわらず身旺運に巡ることは、知らず知らずのうちに強くなれることはあるが、よくいえば何があっても頑張れるが悪くいえば我が強くなって人とのコミュニケーションにもスムーズには行かない面が出ることは否めない。
2）用神の夏運は大変忙しくはあるが、吉運とみることができて喜び事も多くあった。一方では兄姉の死という不幸はあったが、これは年齢的なものもあるので仕方がない。
3）80歳代は春運ではあるが三合水局の情不専である。綺麗な三合水局になるとき、用神火を被傷するときは、要注意と考える。
4）命式・大運・年運の三方面から事相を読むと同時に用神五行の状態はどうかを考える事が大切です。大運がよければ、年運が少々悪くても大したことはないようです。

7．与えられた使命をまっとうする

私自身の命式を考えますとき、

日干　辛―子月生　用神

丙＝男性・夫・仕事・権利・地位・相続・文字
壬＝子供・研究・学問・奉仕精神・飲食・外交

●丙は、夫をよく支え、よく仕え、社会にあっては、仕事に専念し社会に貢献する。

●壬は、子供をよく育て、教育、研究、奉仕精神旺盛にして社会に貢献する。

このように、人に幸せを与えることで、自らが幸せになるといった支え合いの社会に満足して行くことこそが、より良い人生であり、それがひいては社会貢献であると考えます。社会の一員としての家庭の在り方がそういった家庭の集まりから構成される社会でありますから、私は毎日が先祖に感謝であり、この宇宙の大気をいただき吸えることに始まり、美味しくいただける食事に感謝であります。

このように自分の使命を知り、それに対してひた向きに進めば、五行の神様はその人にできる仕事をお与えになると信じています。その人にできない仕事はお与えにならないと信じています。丁度よいときに丁度の仕事をお与えになると思っています。

私はいつもそれを感じ、感謝申し上げて過ごしています。

8．より良き人生のために

より良く生きるための一つの提唱があります。何事に対しても、ポジティブ・ネガティブといった言葉がよく使われますが、すべてプラスかマイナスかというと必ずしもプラスばかりでもマイナスばかりでもありません。悲しいときにはうんと泣いてもいいですし、グチグチいっても、怒ってもいいのです。しかし、いつまでも、そのことにこだわりをもち続けることは、何事にもマイナス思考になって前に進めません。考え方を切り替えていくことでプラス思考が生まれます。

相性――結婚・恋人・職場・友人・家族関係等

1, まず生年、月、日の干支を出します。（萬年暦より）
2, 三柱の干支を六十干支の中から求めます。（398 ページ、別紙円形より）
3, 求めた干支を三角に順次結びます。

図1

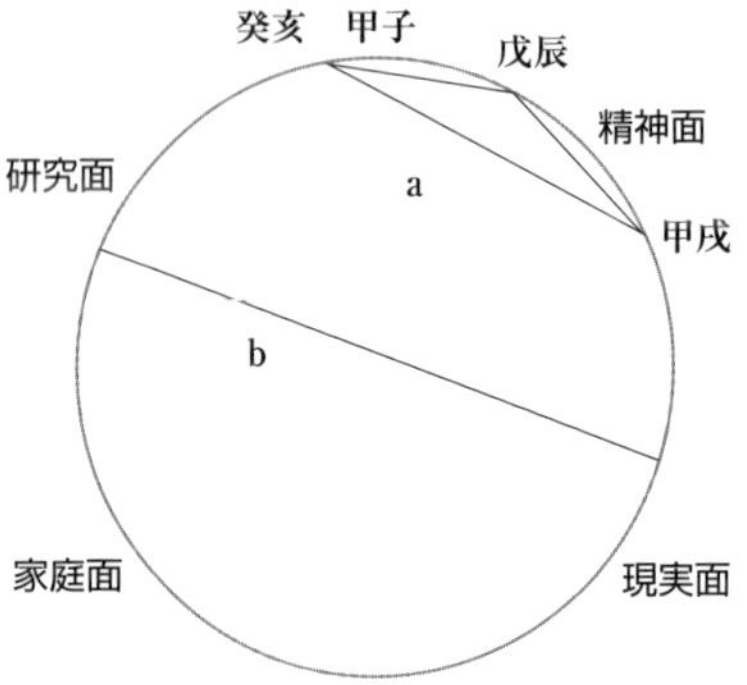

政治家	
日　月　年	土井たか子 さん
甲　癸　戊	
戌　亥　辰	

（図1）

a, 精神面を重んじる人。
しかし、現実面に足がついていないので、夢、理想を追って現実の政治は無理だから、もし、政権を取ったとしても実際は頭で考えるようには運びにくいため野党にいるほうがいい人。もし、政権を担当するときは、補佐役として大きな三角の人が必要です。自分の思い通りに運ぶ人。

b, 一本線になる人は、現実・研究面とにまたがるので、結構、我が道を行き、事業等ワンマンタイプでやり通す。

図2

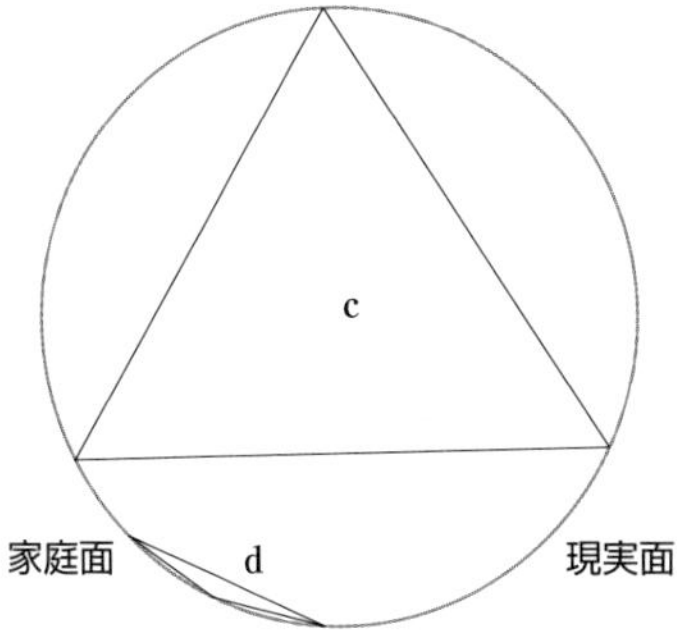

(図2)

c，大きな三角形は、それなりに円満だが大衆相手に苦労する人。または、大衆相手に仕事をする人。アナウンサー、営業、サービス業、先生など。

d，マイペース型。自己の思いのままに行動する人。家庭内での守備範囲。

図3

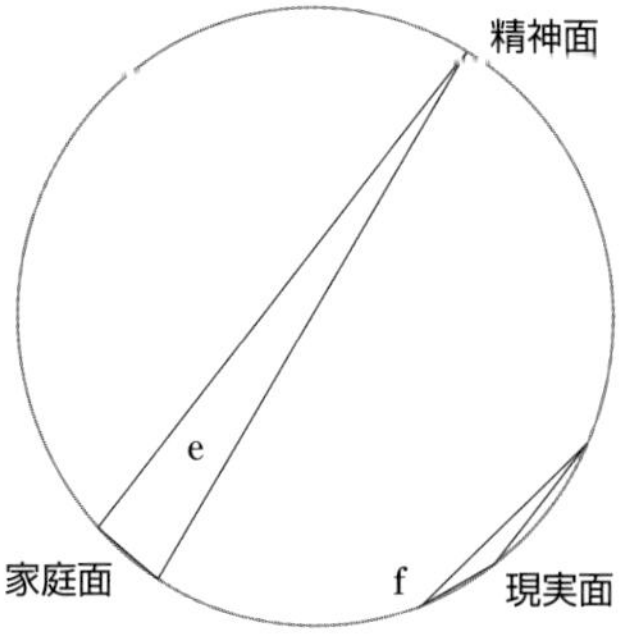

(図3)

e，細長い三角だが、精神面と家庭面を重視する人。特に、家庭縁はある。

f，現実面のみを重視する。目先のことばかりを考える。

図4

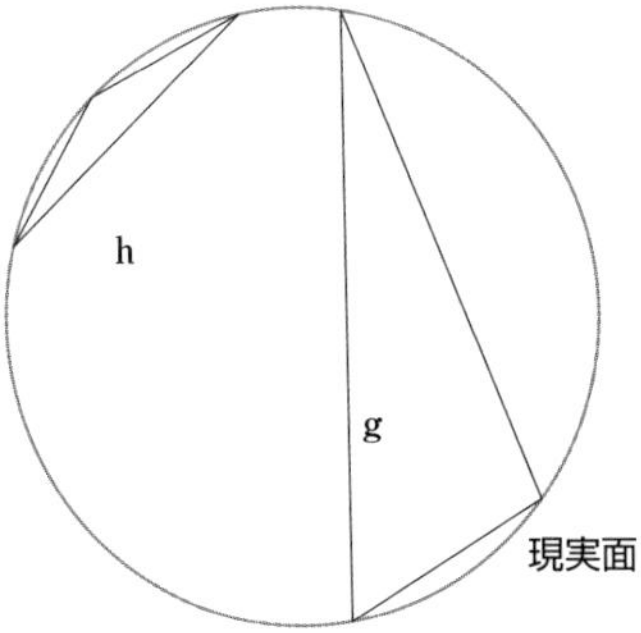

(図4)

g，現実生活を重視する人だが、精神面も大切にする。まあ、無難な三角ですが、金銭面などはガッチリもつ。

h，研究面のみを、大切にする。学者タイプ。

図5

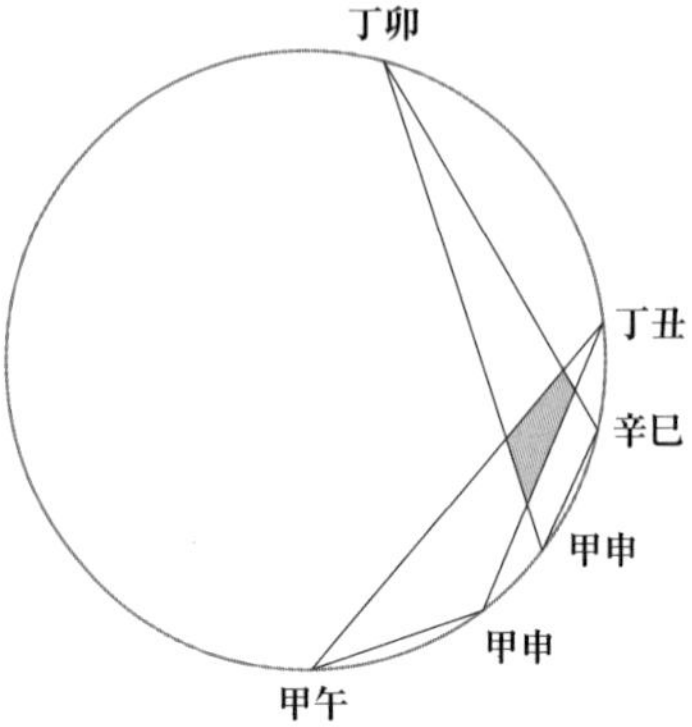

(図5)

漫才コンビ	
辛 丁 甲 巳 卯 申	横山やすし さん
丁 甲 丙 丑 午 戌	西川きよし さん

現実面での合致だが、方向性が違うので、考え方の相違が出てくる。

西川きよしさんのほうが現実に足を踏まえて、落ち着いている。

図6

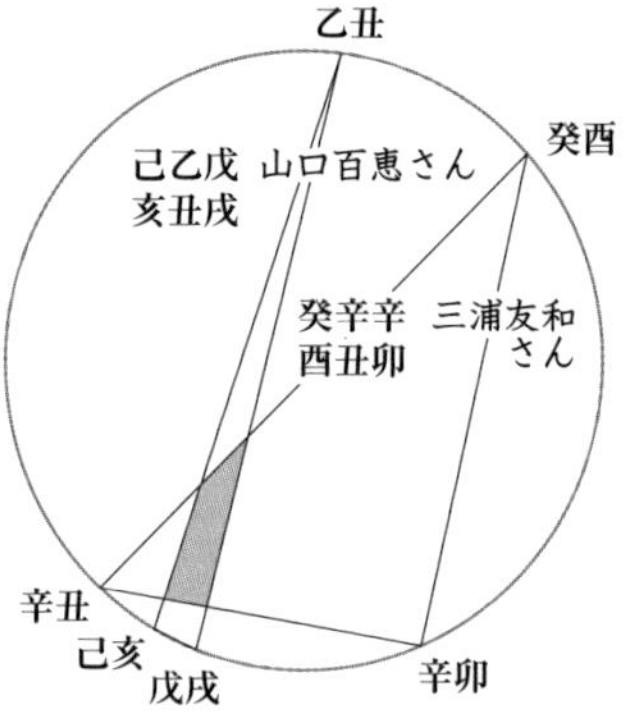

(図6)

家庭面で合致していて、方向性も同じ。家庭面を大切にする。

図7

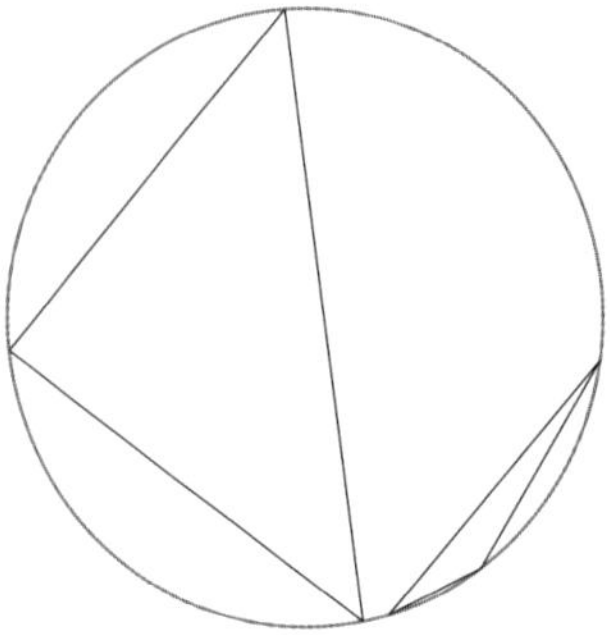

(図7)

全然交わりのない夫婦の場合、命式の相性がよければ、自分のペースを崩さないでので、それぞれのマイペースをまもって行くこと。

趣味・考え方などの相違が出て来る。

図8

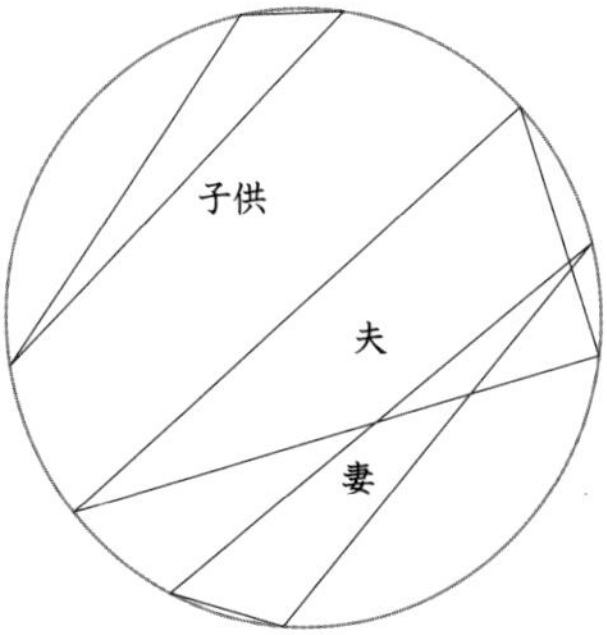

（図8）

夫婦関係は普通だが子供が離れていく。（交わらない）子供独立型。

図9

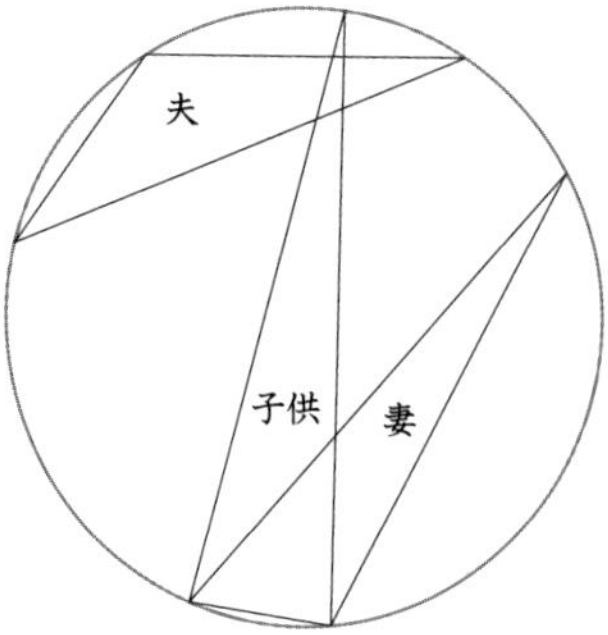

（図9）

夫と妻は、離れてマイペースだが、子供によって結んでいる。子はかすがい型。

図10

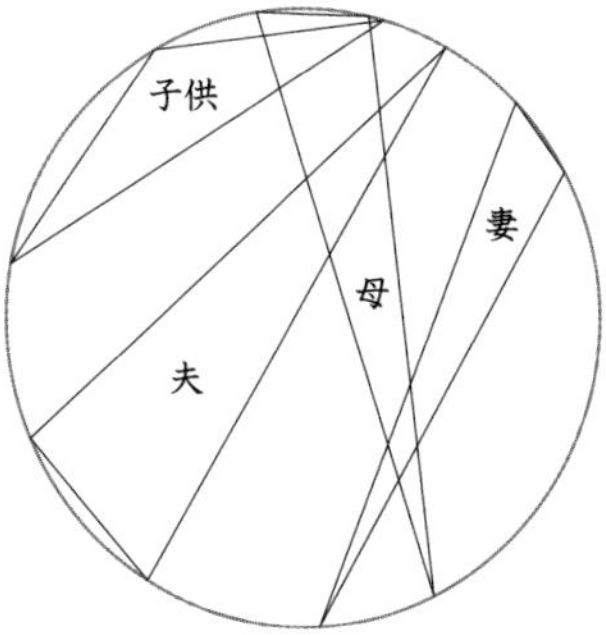

（図10）

夫と妻の仲をとりもつ母。そして、孫のことが気になる母・お祖母ちゃん子型。

人間関係を考える

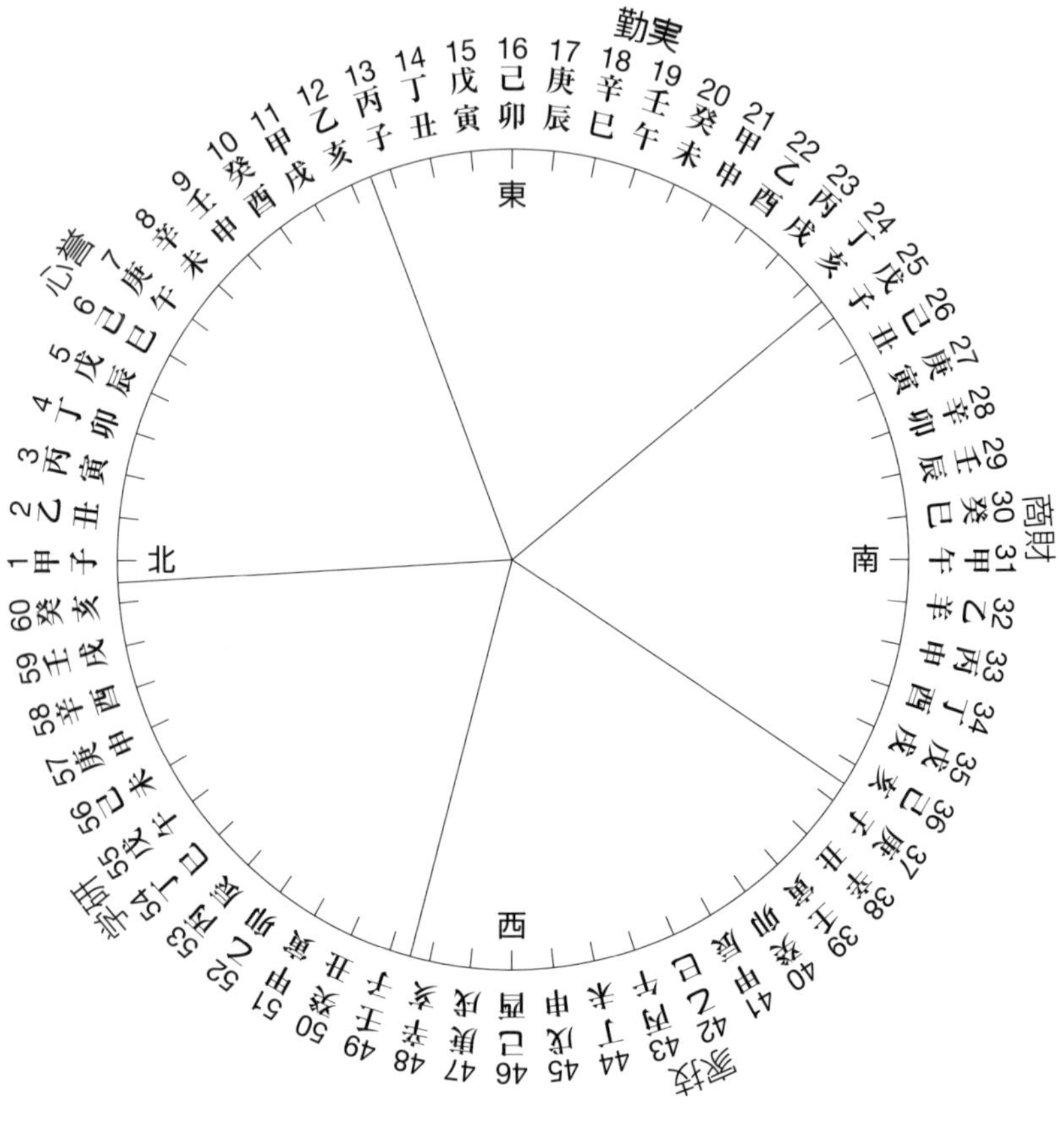
勤実
商財
求技
学研
心養
東
南
西
北
1 甲子
2 乙丑
3 丙寅
4 丁卯
5 戊辰
6 己巳
7 庚午
8 辛未
9 壬申
10 癸酉
11 甲戌
12 乙亥
13 丙子
14 丁丑
15 戊寅
16 己卯
17 庚辰
18 辛巳
19 壬午
20 癸未
21 甲申
22 乙酉
23 丙戌
24 丁亥
25 戊子
26 己丑
27 庚寅
28 辛卯
29 壬辰
30 癸巳
31 甲午
32 乙未
33 丙申
34 丁酉
35 戊戌
36 己亥
37 庚子
38 辛丑
39 壬寅
40 癸卯
41 甲辰
42 乙巳
43 丙午
44 丁未
45 戊申
46 己酉
47 庚戌
48 辛亥
49 壬子
50 癸丑
51 甲寅
52 乙卯
53 丙辰
54 丁巳
55 戊午
56 己未
57 庚申
58 辛酉
59 壬戌
60 癸亥

◆あとがき

人生100年時代に突入して、私もなんなく米寿を過ぎてしまいました。中国から発展してきた宮廷の学問であった四柱推命との出会いから早や40年に感謝、感動の日々ですが、五行哲学としての推命学をいかに正しく、楽しくお伝えすることができて、事の重要性を少しでも明るく、人々が納得して日々を過ごせる見識をもつことができるようにと願っています。

先の出版から版を重ねて、この度、決定版として出版していただく運びとなりましたことに感謝申し上げるとともに、日本文芸社編集長の坂将志様のご助力に感謝いたします。

三木照山

萬年暦

※令和３年２月１日現在

昭和元年〈1926年〉 丙寅（二黒土星）

九紫	一白	二黒	三碧	四緑	五黄	六白	七赤	八白	九紫	一白	二黒	九星
1月	12月	11月	10月	9月	8月	7月	6月	5月	4月	3月	2月	月
辛丑	庚子	己亥	戊戌	丁酉	丙申	乙未	甲午	癸巳	壬辰	辛卯	庚寅	月干
6日	8日	8日	9日	8日	8日	8日	6日	6日	5日	6日	4日	節入
16:45	5:39	13:08	10:25	19:16	16:45	7:06	20:42	16:09	22:19	17:00	22:39	時刻
乙未	甲子	甲午	癸亥	癸巳	壬戌	辛卯	辛酉	庚寅	庚申	己丑	辛酉	1日
丙申	乙丑	乙未	甲子	甲午	癸亥	壬辰	壬戌	辛卯	辛酉	壬戌	壬戌	2日
丁酉	丙寅	丙申	乙丑	乙未	甲子	癸巳	癸亥	壬辰	壬戌	辛卯	癸亥	3日
戊戌	丁卯	丁酉	丙寅	丙申	乙丑	甲午	甲子	癸巳	癸亥	壬辰	甲子	4日
己亥	戊辰	戊戌	丁卯	丁酉	丙寅	乙未	乙丑	甲午	甲子	癸巳	乙丑	5日
庚子	己巳	己亥	戊辰	戊戌	丁卯	丙申	丙寅	乙未	乙丑	甲午	丙寅	6日
辛丑	庚午	庚子	己巳	己亥	戊辰	丁酉	丁卯	丙申	丙寅	乙未	丁卯	7日
壬寅	辛未	辛丑	庚午	庚子	己巳	戊戌	戊辰	丁酉	丁卯	丙申	戊辰	8日
癸卯	壬申	壬寅	辛未	辛丑	庚午	己亥	己巳	戊戌	戊辰	丁酉	己巳	9日
甲辰	癸酉	癸卯	壬申	壬寅	辛未	庚子	庚午	己亥	己巳	戊戌	庚午	10日
乙巳	甲戌	甲辰	癸酉	癸卯	壬申	辛丑	辛未	庚子	庚午	己亥	辛未	11日
丙午	乙亥	乙巳	甲戌	甲辰	癸酉	壬寅	壬申	辛丑	辛未	庚子	壬申	12日
丁未	丙子	丙午	乙亥	乙巳	甲戌	癸卯	癸酉	壬寅	壬申	辛丑	癸酉	13日
戊申	丁丑	丁未	丙子	丙午	乙亥	甲辰	甲戌	癸卯	癸酉	壬寅	甲戌	14日
己酉	戊寅	戊申	丁丑	丁未	丙子	乙巳	乙亥	甲辰	甲戌	癸卯	乙亥	15日
庚戌	己卯	己酉	戊寅	戊申	丁丑	丙午	丙子	乙巳	乙亥	甲辰	丙子	16日
辛亥	庚辰	庚戌	己卯	己酉	戊寅	丁未	丁丑	丙午	丙子	乙巳	丁丑	17日
壬子	辛巳	辛亥	庚辰	庚戌	己卯	戊申	戊寅	丁未	丁丑	丙午	戊寅	18日
癸丑	壬午	壬子	辛巳	辛亥	庚辰	己酉	己卯	戊申	戊寅	丁未	己卯	19日
甲寅	癸未	癸丑	壬午	壬子	辛巳	庚戌	庚辰	己酉	己卯	戊申	庚辰	20日
乙卯	甲申	甲寅	癸未	癸丑	壬午	辛亥	辛巳	庚戌	庚辰	己酉	辛巳	21日
丙辰	乙酉	乙卯	甲申	甲寅	癸未	壬子	壬午	辛亥	辛巳	庚戌	壬午	22日
丁巳	丙戌	丙辰	乙酉	乙卯	甲申	癸丑	癸未	壬子	壬午	辛亥	癸未	23日
戊午	丁亥	丁巳	丙戌	丙辰	乙酉	甲寅	甲申	癸丑	癸未	壬子	甲申	24日
己未	戊子	戊午	丁亥	丁巳	丙戌	乙卯	乙酉	甲寅	甲申	癸丑	乙酉	25日
庚申	己丑	己未	戊子	戊午	丁亥	丙辰	丙戌	乙卯	乙酉	甲寅	丙戌	26日
辛酉	庚寅	庚申	己丑	己未	戊子	丁巳	丁亥	丙辰	丙戌	乙卯	丁亥	27日
壬戌	辛卯	辛酉	庚寅	庚申	己丑	戊午	戊子	丁巳	丁亥	丙辰	戊子	28日
癸亥	壬辰	壬戌	辛卯	辛酉	庚寅	己未	己丑	戊午	戊子	丁巳		29日
甲子	癸巳	癸亥	壬辰	壬戌	辛卯	庚申	庚寅	己未	己丑	戊午		30日
乙丑	甲午		癸巳		壬辰	辛酉		庚申		己未		31日

昭和2年〈1927年〉 丁卯（一白水星）

六白	七赤	八白	九紫	一白	二黒	三碧	四緑	五黄	六白	七赤	八白	九星
1月	12月	11月	10月	9月	8月	7月	6月	5月	4月	3月	2月	月
癸丑	壬子	辛亥	庚戌	己酉	戊申	丁未	丙午	乙巳	甲辰	癸卯	壬寅	月干
6日	8日	8日	9日	9日	8日	8日	7日	6日	6日	6日	5日	節入
22:32	11:27	18:57	16:16	1:06	22:32	12:50	2:25	21:54	4:07	22:51	4:31	時刻
庚子	己巳	己亥	戊辰	戊戌	丁卯	丙申	丙寅	乙未	乙丑	甲午	丙寅	1日
辛丑	庚午	庚子	己巳	己亥	戊辰	丁酉	丁卯	丙申	丙寅	乙未	丁卯	2日
壬寅	辛未	辛丑	庚午	庚子	己巳	戊戌	戊辰	丁酉	丁卯	丙申	戊辰	3日
癸卯	壬申	壬寅	辛未	辛丑	庚午	己亥	己巳	戊戌	戊辰	丁酉	己巳	4日
甲辰	癸酉	癸卯	壬申	壬寅	辛未	庚子	庚午	己亥	己巳	戊戌	庚午	5日
乙巳	甲戌	甲辰	癸酉	癸卯	壬申	辛丑	辛未	庚子	庚午	己亥	辛未	6日
丙午	乙亥	乙巳	甲戌	甲辰	癸酉	壬寅	壬申	辛丑	辛未	庚子	壬申	7日
丁未	丙子	丙午	乙亥	乙巳	甲戌	癸卯	癸酉	壬寅	壬申	辛丑	癸酉	8日
戊申	丁丑	丁未	丙子	丙午	乙亥	甲辰	甲戌	癸卯	癸酉	壬寅	甲戌	9日
己酉	戊寅	戊申	丁丑	丁未	丙子	乙巳	乙亥	甲辰	甲戌	癸卯	乙亥	10日
庚戌	己卯	己酉	戊寅	戊申	丁丑	丙午	丙子	乙巳	乙亥	甲辰	丙子	11日
辛亥	庚辰	庚戌	己卯	己酉	戊寅	丁未	丁丑	丙午	丙子	乙巳	丁丑	12日
壬子	辛巳	辛亥	庚辰	庚戌	己卯	戊申	戊寅	丁未	丁丑	丙午	戊寅	13日
癸丑	壬午	壬子	辛巳	辛亥	庚辰	己酉	己卯	戊申	戊寅	丁未	己卯	14日
甲寅	癸未	癸丑	壬午	壬子	辛巳	庚戌	庚辰	己酉	己卯	戊申	庚辰	15日
乙卯	甲申	甲寅	癸未	癸丑	壬午	辛亥	辛巳	庚戌	庚辰	己酉	辛巳	16日
丙辰	乙酉	乙卯	甲申	甲寅	癸未	壬子	壬午	辛亥	辛巳	庚戌	壬午	17日
丁巳	丙戌	丙辰	乙酉	乙卯	甲申	癸丑	癸未	壬子	壬午	辛亥	癸未	18日
戊午	丁亥	丁巳	丙戌	丙辰	乙酉	甲寅	甲申	癸丑	癸未	壬子	甲申	19日
己未	戊子	戊午	丁亥	丁巳	丙戌	乙卯	乙酉	甲寅	甲申	癸丑	乙酉	20日
庚申	己丑	己未	戊子	戊午	丁亥	丙辰	丙戌	乙卯	乙酉	甲寅	丙戌	21日
辛酉	庚寅	庚申	己丑	己未	戊子	丁巳	丁亥	丙辰	丙戌	乙卯	丁亥	22日
壬戌	辛卯	辛酉	庚寅	庚申	己丑	戊午	戊子	丁巳	丁亥	丙辰	戊子	23日
癸亥	壬辰	壬戌	辛卯	辛酉	庚寅	己未	己丑	戊午	戊子	丁巳	己丑	24日
甲子	癸巳	癸亥	壬辰	壬戌	辛卯	庚申	庚寅	己未	己丑	戊午	庚寅	25日
乙丑	甲午	甲子	癸巳	癸亥	壬辰	辛酉	辛卯	庚申	庚寅	己未	辛卯	26日
丙寅	乙未	乙丑	甲午	甲子	癸巳	壬戌	壬辰	辛酉	辛卯	庚申	壬辰	27日
丁卯	丙申	丙寅	乙未	乙丑	甲午	癸亥	癸巳	壬戌	壬辰	辛酉	癸巳	28日
戊辰	丁酉	丁卯	丙申	丙寅	乙未	甲子	甲午	癸亥	癸巳	壬戌		29日
己巳	戊戌	戊辰	丁酉	丁卯	丙申	乙丑	乙未	甲子	甲午	癸亥		30日
庚午	己亥		戊戌		丁酉	丙寅		乙丑		甲子		31日

昭和3年〈1928年〉 戊辰（九紫火星）

三碧	四緑	五黄	六白	七赤	八白	九紫	一白	二黒	三碧	四緑	五黄	九星
1月	12月	11月	10月	9月	8月	7月	6月	5月	4月	3月	2月	月
乙丑	甲子	癸亥	壬戌	辛酉	庚申	己未	戊午	丁巳	丙辰	乙卯	甲寅	月干
6日	7日	8日	8日	8日	8日	7日	6日	6日	5日	6日	5日	節入
4:23	17:18	0:50	22:11	7:02	4:28	18:45	8:18	3:44	9:55	4:38	10:17	時刻
丙午	乙亥	乙巳	甲戌	甲辰	癸酉	壬寅	壬申	辛丑	辛未	庚子	辛未	1日
丁未	丙子	丙午	乙亥	乙巳	甲戌	癸卯	癸酉	壬寅	壬申	辛丑	壬申	2日
戊申	丁丑	丁未	丙子	丙午	乙亥	甲辰	甲戌	癸卯	癸酉	壬寅	癸酉	3日
己酉	戊寅	戊申	丁丑	丁未	丙子	乙巳	乙亥	甲辰	甲戌	癸卯	甲戌	4日
庚戌	己卯	己酉	戊寅	戊申	丁丑	丙午	丙子	乙巳	乙亥	甲辰	乙亥	5日
辛亥	庚辰	庚戌	己卯	己酉	戊寅	丁未	丁丑	丙午	丙子	乙巳	丙子	6日
壬子	辛巳	辛亥	庚辰	庚戌	己卯	戊申	戊寅	丁未	丁丑	丙午	丁丑	7日
癸丑	壬午	壬子	辛巳	辛亥	庚辰	己酉	己卯	戊申	戊寅	丁未	戊寅	8日
甲寅	癸未	癸丑	壬午	壬子	辛巳	庚戌	庚辰	己酉	己卯	戊申	己卯	9日
乙卯	甲申	甲寅	癸未	癸丑	壬午	辛亥	辛巳	庚戌	庚辰	己酉	庚辰	10日
丙辰	乙酉	乙卯	甲申	甲寅	癸未	壬子	壬午	辛亥	辛巳	庚戌	辛巳	11日
丁巳	丙戌	丙辰	乙酉	乙卯	甲申	癸丑	癸未	壬子	壬午	辛亥	壬午	12日
戊午	丁亥	丁巳	丙戌	丙辰	乙酉	甲寅	甲申	癸丑	癸未	壬子	癸未	13日
己未	戊子	戊午	丁亥	丁巳	丙戌	乙卯	乙酉	甲寅	甲申	癸丑	甲申	14日
庚申	己丑	己未	戊子	戊午	丁亥	丙辰	丙戌	乙卯	乙酉	甲寅	乙酉	15日
辛酉	庚寅	庚申	己丑	己未	戊子	丁巳	丁亥	丙辰	丙戌	乙卯	丙戌	16日
壬戌	辛卯	辛酉	庚寅	庚申	己丑	戊午	戊子	丁巳	丁亥	丙辰	丁亥	17日
癸亥	壬辰	壬戌	辛卯	辛酉	庚寅	己未	己丑	戊午	戊子	丁巳	戊子	18日
甲子	癸巳	癸亥	壬辰	壬戌	辛卯	庚申	庚寅	己未	己丑	戊午	己丑	19日
乙丑	甲午	甲子	癸巳	癸亥	壬辰	辛酉	辛卯	庚申	庚寅	己未	庚寅	20日
丙寅	乙未	乙丑	甲午	甲子	癸巳	壬戌	壬辰	辛酉	辛卯	庚申	辛卯	21日
丁卯	丙申	丙寅	乙未	乙丑	甲午	癸亥	癸巳	壬戌	壬辰	辛酉	壬辰	22日
戊辰	丁酉	丁卯	丙申	丙寅	乙未	甲子	甲午	癸亥	癸巳	壬戌	癸巳	23日
己巳	戊戌	戊辰	丁酉	丁卯	丙申	乙丑	乙未	甲子	甲午	癸亥	甲午	24日
庚午	己亥	己巳	戊戌	戊辰	丁酉	丙寅	丙申	乙丑	乙未	甲子	乙未	25日
辛未	庚子	庚午	己亥	己巳	戊戌	丁卯	丁酉	丙寅	丙申	乙丑	丙申	26日
壬申	辛丑	辛未	庚子	庚午	己亥	戊辰	戊戌	丁卯	丁酉	丙寅	丁酉	27日
癸酉	壬寅	壬申	辛丑	辛未	庚子	己巳	己亥	戊辰	戊戌	丁卯	戊戌	28日
甲戌	癸卯	癸酉	壬寅	壬申	辛丑	庚午	庚子	己巳	己亥	戊辰	己亥	29日
乙亥	甲辰	甲戌	癸卯	癸酉	壬寅	辛未	辛丑	庚午	庚子	己巳		30日
丙子	乙巳		甲辰		癸卯	壬申		辛未		庚午		31日

昭和4年〈1929年〉 己巳（八白土星）

九紫	一白	二黒	三碧	四緑	五黄	六白	七赤	八白	九紫	一白	二黒	九星
1月	12月	11月	10月	9月	8月	7月	6月	5月	4月	3月	2月	月
丁丑	丙子	乙亥	甲戌	癸酉	壬申	辛未	庚午	己巳	戊辰	丁卯	丙寅	月干
6日	7日	8日	9日	8日	8日	8日	6日	8日	5日	8日	4日	節入
10:03	22:57	6:28	3:48	12:40	10:09	0:32	14:11	9:41	15:52	10:32	16:09	時刻
辛亥	庚辰	庚戌	己卯	己酉	戊寅	丁未	丁丑	丙午	丙子	乙巳	丁丑	1日
壬子	辛巳	辛亥	庚辰	庚戌	己卯	戊申	戊寅	丁未	丁丑	丙午	戊寅	2日
癸丑	壬午	壬子	辛巳	辛亥	庚辰	己酉	己卯	戊申	戊寅	丁未	己卯	3日
甲寅	癸未	癸丑	壬午	壬子	辛巳	庚戌	庚辰	己酉	己卯	戊申	庚辰	4日
乙卯	甲申	甲寅	癸未	癸丑	壬午	辛亥	辛巳	庚戌	庚辰	己酉	辛巳	5日
丙辰	乙酉	乙卯	甲申	甲寅	癸未	壬子	壬午	辛亥	辛巳	庚戌	壬午	6日
丁巳	丙戌	丙辰	乙酉	乙卯	甲申	癸丑	癸未	壬子	壬午	辛亥	癸未	7日
戊午	丁亥	丁巳	丙戌	丙辰	乙酉	甲寅	甲申	癸丑	癸未	壬子	甲申	8日
己未	戊子	戊午	丁亥	丁巳	丙戌	乙卯	乙酉	甲寅	甲申	癸丑	乙酉	9日
庚申	己丑	己未	戊子	戊午	丁亥	丙辰	丙戌	乙卯	乙酉	甲寅	丙戌	10日
辛酉	庚寅	庚申	己丑	己未	戊子	丁巳	丁亥	丙辰	丙戌	乙卯	丁亥	11日
壬戌	辛卯	辛酉	庚寅	庚申	己丑	戊午	戊子	丁巳	丁亥	丙辰	戊子	12日
癸亥	壬辰	壬戌	辛卯	辛酉	庚寅	己未	己丑	戊午	戊子	丁巳	己丑	13日
甲子	癸巳	癸亥	壬辰	壬戌	辛卯	庚申	庚寅	己未	己丑	戊午	庚寅	14日
乙丑	甲午	甲子	癸巳	癸亥	壬辰	辛酉	辛卯	庚申	庚寅	己未	辛卯	15日
丙寅	乙未	乙丑	甲午	甲子	癸巳	壬戌	壬辰	辛酉	辛卯	庚申	壬辰	16日
丁卯	丙申	丙寅	乙未	乙丑	甲午	癸亥	癸巳	壬戌	壬辰	辛酉	癸巳	17日
戊辰	丁酉	丁卯	丙申	丙寅	乙未	甲子	甲午	癸亥	癸巳	壬戌	甲午	18日
己巳	戊戌	戊辰	丁酉	丁卯	丙申	乙丑	乙未	甲子	甲午	癸亥	乙未	19日
庚午	己亥	己巳	戊戌	戊辰	丁酉	丙寅	丙申	乙丑	乙未	甲子	丙申	20日
辛未	庚子	庚午	己亥	己巳	戊戌	丁卯	丁酉	丙寅	丙申	乙丑	丁酉	21日
壬申	辛丑	辛未	庚子	庚午	己亥	戊辰	戊戌	丁卯	丁酉	丙寅	戊戌	22日
癸酉	壬寅	壬申	辛丑	辛未	庚子	己巳	己亥	戊辰	戊戌	丁卯	己亥	23日
甲戌	癸卯	癸酉	壬寅	壬申	辛丑	庚午	庚子	己巳	己亥	戊辰	庚子	24日
乙亥	甲辰	甲戌	癸卯	癸酉	壬寅	辛未	辛丑	庚午	庚子	己巳	辛丑	25日
丙子	乙巳	乙亥	甲辰	甲戌	癸卯	壬申	壬寅	辛未	辛丑	庚午	壬寅	26日
丁丑	丙午	丙子	乙巳	乙亥	甲辰	癸酉	癸卯	壬申	壬寅	辛未	癸卯	27日
戊寅	丁未	丁丑	丙午	丙子	乙巳	甲戌	甲辰	癸酉	癸卯	壬申	甲辰	28日
己卯	戊申	戊寅	丁未	丁丑	丙午	乙亥	乙巳	甲戌	甲辰	癸酉		29日
庚辰	己酉	己卯	戊申	戊寅	丁未	丙子	丙午	乙亥	乙巳	甲戌		30日
辛巳	庚戌		己酉		戊申	丁丑		丙子		乙亥		31日

昭和5年〈1930年〉 庚午（七赤金星）

六白	七赤	八白	九紫	一白	二黒	三碧	四緑	五黄	六白	七赤	八白	九星
1月	12月	11月	10月	9月	8月	7月	6月	5月	4月	3月	2月	月
己丑	戊子	丁亥	丙戌	乙酉	甲申	癸未	壬午	辛巳	庚辰	己卯	戊寅	月干
6日	8日	8日	9日	8日	8日	8日	6日	6日	5日	6日	4日	節入
15:56	4:51	12:21	9:38	18:29	15:58	6:20	19:58	15:28	21:38	16:17	21:52	時刻
丙辰	乙酉	乙卯	甲申	甲寅	癸未	壬子	壬午	辛亥	辛巳	庚戌	壬午	1日
丁巳	丙戌	丙辰	乙酉	乙卯	甲申	癸丑	癸未	壬子	壬午	辛亥	癸未	2日
戊午	丁亥	丁巳	丙戌	丙辰	乙酉	甲寅	甲申	癸丑	癸未	壬子	甲申	3日
己未	戊子	戊午	丁亥	丁巳	丙戌	乙卯	乙酉	甲寅	甲申	癸丑	乙酉	4日
庚申	己丑	己未	戊子	戊午	丁亥	丙辰	丙戌	乙卯	乙酉	甲寅	丙戌	5日
辛酉	庚寅	庚申	己丑	己未	戊子	丁巳	丁亥	丙辰	丙戌	乙卯	丁亥	6日
壬戌	辛卯	辛酉	庚寅	庚申	己丑	戊午	戊子	丁巳	丁亥	丙辰	戊子	7日
癸亥	壬辰	壬戌	辛卯	辛酉	庚寅	己未	己丑	戊午	戊子	丁巳	己丑	8日
甲子	癸巳	癸亥	壬辰	壬戌	辛卯	庚申	庚寅	己未	己丑	戊午	庚寅	9日
乙丑	甲午	甲子	癸巳	癸亥	壬辰	辛酉	辛卯	庚申	庚寅	己未	辛卯	10日
丙寅	乙未	乙丑	甲午	甲子	癸巳	壬戌	壬辰	辛酉	辛卯	庚申	壬辰	11日
丁卯	丙申	丙寅	乙未	乙丑	甲午	癸亥	癸巳	壬戌	壬辰	辛酉	癸巳	12日
戊辰	丁酉	丁卯	丙申	丙寅	乙未	甲子	甲午	癸亥	癸巳	壬戌	甲午	13日
己巳	戊戌	戊辰	丁酉	丁卯	丙申	乙丑	乙未	甲子	甲午	癸亥	乙未	14日
庚午	己亥	己巳	戊戌	戊辰	丁酉	丙寅	丙申	乙丑	乙未	甲子	丙申	15日
辛未	庚子	庚午	己亥	己巳	戊戌	丁卯	丁酉	丙寅	丙申	乙丑	丁酉	16日
壬申	辛丑	辛未	庚子	庚午	己亥	戊辰	戊戌	丁卯	丁酉	丙寅	戊戌	17日
癸酉	壬寅	壬申	辛丑	辛未	庚子	己巳	己亥	戊辰	戊戌	丁卯	己亥	18日
甲戌	癸卯	癸酉	壬寅	壬申	辛丑	庚午	庚子	己巳	己亥	戊辰	庚子	19日
乙亥	甲辰	甲戌	癸卯	癸酉	壬寅	辛未	辛丑	庚午	庚子	己巳	辛丑	20日
丙子	乙巳	乙亥	甲辰	甲戌	癸卯	壬申	壬寅	辛未	辛丑	庚午	壬寅	21日
丁丑	丙午	丙子	乙巳	乙亥	甲辰	癸酉	癸卯	壬申	壬寅	辛未	癸卯	22日
戊寅	丁未	丁丑	丙午	丙子	乙巳	甲戌	甲辰	癸酉	癸卯	壬申	甲辰	23日
己卯	戊申	戊寅	丁未	丁丑	丙午	乙亥	乙巳	甲戌	甲辰	癸酉	乙巳	24日
庚辰	己酉	己卯	戊申	戊寅	丁未	丙子	丙午	乙亥	乙巳	甲戌	丙午	25日
辛巳	庚戌	庚辰	己酉	己卯	戊申	丁丑	丁未	丙子	丙午	乙亥	丁未	26日
壬午	辛亥	辛巳	庚戌	庚辰	己酉	戊寅	戊申	丁丑	丁未	丙子	戊申	27日
癸未	壬子	壬午	辛亥	辛巳	庚戌	己卯	己酉	戊寅	戊申	丁丑	己酉	28日
甲申	癸丑	癸未	壬子	壬午	辛亥	庚辰	庚戌	己卯	己酉	戊寅		29日
乙酉	甲寅	甲申	癸丑	癸未	壬子	辛巳	辛亥	庚辰	庚戌	己卯		30日
丙戌	乙卯		甲寅		癸丑	壬午		辛巳		庚辰		31日

昭和6年〈1931年〉 辛未（六白金星）

三碧	四緑	五黄	六白	七赤	八白	九紫	一白	二黒	三碧	四緑	五黄	九星
1月	12月	11月	10月	9月	8月	7月	6月	5月	4月	3月	2月	月
辛丑	庚子	己亥	戊戌	丁酉	丙申	乙未	甲午	癸巳	壬辰	辛卯	庚寅	月干
6日	8日	8日	9日	9日	8日	8日	7日	6日	6日	6日	5日	節入
21:46	10:41	18:10	15:27	0:18	21:45	12:06	1:42	21:10	3:21	22:03	3:41	時刻
辛酉	庚寅	庚申	己丑	己未	戊子	丁巳	丁亥	丙辰	丙戌	乙卯	丁亥	1日
壬戌	辛卯	辛酉	庚寅	庚申	己丑	戊午	戊子	丁巳	丁亥	丙辰	戊子	2日
癸亥	壬辰	壬戌	辛卯	辛酉	庚寅	己未	己丑	戊午	戊子	丁巳	己丑	3日
甲子	癸巳	癸亥	壬辰	壬戌	辛卯	庚申	庚寅	己未	己丑	戊午	庚寅	4日
乙丑	甲午	甲子	癸巳	癸亥	壬辰	辛酉	辛卯	庚申	庚寅	己未	辛卯	5日
丙寅	乙未	乙丑	甲午	甲子	癸巳	壬戌	壬辰	辛酉	辛卯	庚申	壬辰	6日
丁卯	丙申	丙寅	乙未	乙丑	甲午	癸亥	癸巳	壬戌	壬辰	辛酉	癸巳	7日
戊辰	丁酉	丁卯	丙申	丙寅	乙未	甲子	甲午	癸亥	癸巳	壬戌	甲午	8日
己巳	戊戌	戊辰	丁酉	丁卯	丙申	乙丑	乙未	甲子	甲午	癸亥	乙未	9日
庚午	己亥	己巳	戊戌	戊辰	丁酉	丙寅	丙申	乙丑	乙未	甲子	丙申	10日
辛未	庚子	庚午	己亥	己巳	戊戌	丁卯	丁酉	丙寅	丙申	乙丑	丁酉	11日
壬申	辛丑	辛未	庚子	庚午	己亥	戊辰	戊戌	丁卯	丁酉	丙寅	戊戌	12日
癸酉	壬寅	壬申	辛丑	辛未	庚子	己巳	己亥	戊辰	戊戌	丁卯	己亥	13日
甲戌	癸卯	癸酉	壬寅	壬申	辛丑	庚午	庚子	己巳	己亥	戊辰	庚子	14日
乙亥	甲辰	甲戌	癸卯	癸酉	壬寅	辛未	辛丑	庚午	庚子	己巳	辛丑	15日
丙子	乙巳	乙亥	甲辰	甲戌	癸卯	壬申	壬寅	辛未	辛丑	庚午	壬寅	16日
丁丑	丙午	丙子	乙巳	乙亥	甲辰	癸酉	癸卯	壬申	壬寅	辛未	癸卯	17日
戊寅	丁未	丁丑	丙午	丙子	乙巳	甲戌	甲辰	癸酉	癸卯	壬申	甲辰	18日
己卯	戊申	戊寅	丁未	丁丑	丙午	乙亥	乙巳	甲戌	甲辰	癸酉	乙巳	19日
庚辰	己酉	己卯	戊申	戊寅	丁未	丙子	丙午	乙亥	乙巳	甲戌	丙午	20日
辛巳	庚戌	庚辰	己酉	己卯	戊申	丁丑	丁未	丙子	丙午	乙亥	丁未	21日
壬午	辛亥	辛巳	庚戌	庚辰	己酉	戊寅	戊申	丁丑	丁未	丙子	戊申	22日
癸未	壬子	壬午	辛亥	辛巳	庚戌	己卯	己酉	戊寅	戊申	丁丑	己酉	23日
甲申	癸丑	癸未	壬子	壬午	辛亥	庚辰	庚戌	己卯	己酉	戊寅	庚戌	24日
乙酉	甲寅	甲申	癸丑	癸未	壬子	辛巳	辛亥	庚辰	庚戌	己卯	辛亥	25日
丙戌	乙卯	乙酉	甲寅	甲申	癸丑	壬午	壬子	辛巳	辛亥	庚辰	壬子	26日
丁亥	丙辰	丙戌	乙卯	乙酉	甲寅	癸未	癸丑	壬午	壬子	辛巳	癸丑	27日
戊子	丁巳	丁亥	丙辰	丙戌	乙卯	甲申	甲寅	癸未	癸丑	壬午	甲寅	28日
己丑	戊午	戊子	丁巳	丁亥	丙辰	乙酉	乙卯	甲申	甲寅	癸未		29日
庚寅	己未	己丑	戊午	戊子	丁巳	丙戌	丙辰	乙酉	乙卯	甲申		30日
辛卯	庚申		己未		戊午	丁亥		丙戌		乙酉		31日

昭和7年〈1932年〉 壬申（五黄土星）

九紫	一白	二黒	三碧	四緑	五黄	六白	七赤	八白	九紫	一白	二黒	九星
1月	12月	11月	10月	9月	8月	7月	6月	5月	4月	3月	2月	月
癸丑	壬子	辛亥	庚戌	己酉	戊申	丁未	丙午	乙巳	甲辰	癸卯	壬寅	月干
6日	7日	7日	8日	8日	8日	7日	6日	6日	5日	6日	5日	節入
3:23	16:19	23:50	21:00	6:03	3:32	17:53	7:28	2:55	9:07	3:50	9:30	時刻
丁卯	丙申	丙寅	乙未	乙丑	甲午	癸亥	癸巳	壬戌	壬辰	辛酉	壬辰	1日
戊辰	丁酉	丁卯	丙申	丙寅	乙未	甲子	甲午	癸亥	癸巳	壬戌	癸巳	2日
己巳	戊戌	戊辰	丁酉	丁卯	丙申	乙丑	乙未	甲子	甲午	癸亥	甲午	3日
庚午	己亥	己巳	戊戌	戊辰	丁酉	丙寅	丙申	乙丑	乙未	甲子	乙未	4日
辛未	庚子	庚午	己亥	己巳	戊戌	丁卯	丁酉	丙寅	丙申	乙丑	丙申	5日
壬申	辛丑	辛未	庚子	庚午	己亥	戊辰	戊戌	丁卯	丁酉	丙寅	丁酉	6日
癸酉	壬寅	壬申	辛丑	辛未	庚子	己巳	己亥	戊辰	戊戌	丁卯	戊戌	7日
甲戌	癸卯	癸酉	壬寅	壬申	辛丑	庚午	庚子	己巳	己亥	戊辰	己亥	8日
乙亥	甲辰	甲戌	癸卯	癸酉	壬寅	辛未	辛丑	庚午	庚子	己巳	庚子	9日
丙子	乙巳	乙亥	甲辰	甲戌	癸卯	壬申	壬寅	辛未	辛丑	庚午	辛丑	10日
丁丑	丙午	丙子	乙巳	乙亥	甲辰	癸酉	癸卯	壬申	壬寅	辛未	壬寅	11日
戊寅	丁未	丁丑	丙午	丙子	乙巳	甲戌	甲辰	癸酉	癸卯	壬申	癸卯	12日
己卯	戊申	戊寅	丁未	丁丑	丙午	乙亥	乙巳	甲戌	甲辰	癸酉	甲辰	13日
庚辰	己酉	己卯	戊申	戊寅	丁未	丙子	丙午	乙亥	乙巳	甲戌	乙巳	14日
辛巳	庚戌	庚辰	己酉	己卯	戊申	丁丑	丁未	丙子	丙午	乙亥	丙午	15日
壬午	辛亥	辛巳	庚戌	庚辰	己酉	戊寅	戊申	丁丑	丁未	丙子	丁未	16日
癸未	壬子	壬午	辛亥	辛巳	庚戌	己卯	己酉	戊寅	戊申	丁丑	戊申	17日
甲申	癸丑	癸未	壬子	壬午	辛亥	庚辰	庚戌	己卯	己酉	戊寅	己酉	18日
乙酉	甲寅	甲申	癸丑	癸未	壬子	辛巳	辛亥	庚辰	庚戌	己卯	庚戌	19日
丙戌	乙卯	乙酉	甲寅	甲申	癸丑	壬午	壬子	辛巳	辛亥	庚辰	辛亥	20日
丁亥	丙辰	丙戌	乙卯	乙酉	甲寅	癸未	癸丑	壬午	壬子	辛巳	壬子	21日
戊子	丁巳	丁亥	丙辰	丙戌	乙卯	甲申	甲寅	癸未	癸丑	壬午	癸丑	22日
己丑	戊午	戊子	丁巳	丁亥	丙辰	乙酉	乙卯	甲申	甲寅	癸未	甲寅	23日
庚寅	己未	己丑	戊午	戊子	丁巳	丙戌	丙辰	乙酉	乙卯	甲申	乙卯	24日
辛卯	庚申	庚寅	己未	己丑	戊午	丁亥	丁巳	丙戌	丙辰	乙酉	丙辰	25日
壬辰	辛酉	辛卯	庚申	庚寅	己未	戊子	戊午	丁亥	丁巳	丙戌	丁巳	26日
癸巳	壬戌	壬辰	辛酉	辛卯	庚申	己丑	己未	戊子	戊午	丁亥	戊午	27日
甲午	癸亥	癸巳	壬戌	壬辰	辛酉	庚寅	庚申	己丑	己未	戊子	己未	28日
乙未	甲子	甲午	癸亥	癸巳	壬戌	辛卯	辛酉	庚寅	庚申	己丑	庚申	29日
丙申	乙丑	乙未	甲子	甲午	癸亥	壬辰	壬戌	辛卯	辛酉	庚寅		30日
丁酉	丙寅		乙丑		甲子	癸巳		壬辰		辛卯		31日

昭和8年〈1933年〉 癸酉（四緑木星）

六白	七赤	八白	九紫	一白	二黒	三碧	四緑	五黄	六白	七赤	八白	
1月	12月	11月	10月	9月	8月	7月	6月	5月	4月	3月	2月	月
乙丑	甲子	癸亥	壬戌	辛酉	庚申	己未	戊午	丁巳	丙辰	乙卯	甲寅	月干
6日	7日	8日	9日	8日	8日	7日	6日	6日	5日	6日	4日	節入
9:17	22:12	5:43	3:04	11:59	9:26	23:45	13:18	8:43	14:51	9:32	15:09	時刻
壬申	辛丑	辛未	庚子	庚午	己亥	戊辰	戊戌	丁卯	丁酉	丙寅	戊戌	1日
癸酉	壬寅	壬申	辛丑	辛未	庚子	己巳	己亥	戊辰	戊戌	丁卯	己亥	2日
甲戌	癸卯	癸酉	壬寅	壬申	辛丑	庚午	庚子	己巳	己亥	戊辰	庚子	3日
乙亥	甲辰	甲戌	癸卯	癸酉	壬寅	辛未	辛丑	庚午	庚子	己巳	辛丑	4日
丙子	乙巳	乙亥	甲辰	甲戌	癸卯	壬申	壬寅	辛未	辛丑	庚午	壬寅	5日
丁丑	丙午	丙子	乙巳	乙亥	甲辰	癸酉	癸卯	壬申	壬寅	辛未	癸卯	6日
戊寅	丁未	丁丑	丙午	丙子	乙巳	甲戌	甲辰	癸酉	癸卯	壬申	甲辰	7日
己卯	戊申	戊寅	丁未	丁丑	丙午	乙亥	乙巳	甲戌	甲辰	癸酉	乙巳	8日
庚辰	己酉	己卯	戊申	戊寅	丁未	丙子	丙午	乙亥	乙巳	甲戌	丙午	9日
辛巳	庚戌	庚辰	己酉	己卯	戊申	丁丑	丁未	丙子	丙午	乙亥	丁未	10日
壬午	辛亥	辛巳	庚戌	庚辰	己酉	戊寅	戊申	丁丑	丁未	丙子	戊申	11日
癸未	壬子	壬午	辛亥	辛巳	庚戌	己卯	己酉	戊寅	戊申	丁丑	己酉	12日
甲申	癸丑	癸未	壬子	壬午	辛亥	庚辰	庚戌	己卯	己酉	戊寅	庚戌	13日
乙酉	甲寅	甲申	癸丑	癸未	壬子	辛巳	辛亥	庚辰	庚戌	己卯	辛亥	14日
丙戌	乙卯	乙酉	甲寅	甲申	癸丑	壬午	壬子	辛巳	辛亥	庚辰	壬子	15日
丁亥	丙辰	丙戌	乙卯	乙酉	甲寅	癸未	癸丑	壬午	壬子	辛巳	癸丑	16日
戊子	丁巳	丁亥	丙辰	丙戌	乙卯	甲申	甲寅	癸未	癸丑	壬午	甲寅	17日
己丑	戊午	戊子	丁巳	丁亥	丙辰	乙酉	乙卯	甲申	甲寅	癸未	乙卯	18日
庚寅	己未	己丑	戊午	戊子	丁巳	丙戌	丙辰	乙酉	乙卯	甲申	丙辰	19日
辛卯	庚申	庚寅	己未	己丑	戊午	丁亥	丁巳	丙戌	丙辰	乙酉	丁巳	20日
壬辰	辛酉	辛卯	庚申	庚寅	己未	戊子	戊午	丁亥	丁巳	丙戌	戊午	21日
癸巳	壬戌	壬辰	辛酉	辛卯	庚申	己丑	己未	戊子	戊午	丁亥	己未	22日
甲午	癸亥	癸巳	壬戌	壬辰	辛酉	庚寅	庚申	己丑	己未	戊子	庚申	23日
乙未	甲子	甲午	癸亥	癸巳	壬戌	辛卯	辛酉	庚寅	庚申	己丑	辛酉	24日
丙申	乙丑	乙未	甲子	甲午	癸亥	壬辰	壬戌	辛卯	辛酉	庚寅	壬戌	25日
丁酉	丙寅	丙申	乙丑	乙未	甲子	癸巳	癸亥	壬辰	壬戌	辛卯	癸亥	26日
戊戌	丁卯	丁酉	丙寅	丙申	乙丑	甲午	甲子	癸巳	癸亥	壬辰	甲子	27日
己亥	戊辰	戊戌	丁卯	丁酉	丙寅	乙未	乙丑	甲午	甲子	癸巳	乙丑	28日
庚子	己巳	己亥	戊辰	戊戌	丁卯	丙申	丙寅	乙未	乙丑	甲午		29日
辛丑	庚午	庚子	己巳	己亥	戊辰	丁酉	丁卯	丙申	丙寅	乙未		30日
壬寅	辛未		庚午		己巳	戊戌		丁酉		丙申		31日

昭和9年〈1934年〉 甲戌（三碧木星）

三碧	四緑	五黄	六白	七赤	八白	九紫	一白	二黒	三碧	四緑	五黄	九星
1月	12月	11月	10月	9月	8月	7月	6月	5月	4月	3月	2月	月
丁丑	丙子	乙亥	甲戌	癸酉	壬申	辛未	庚午	己巳	戊辰	丁卯	丙寅	月干
6日	8日	8日	9日	8日	8日	8日	6日	6日	5日	6日	4日	節入
15:03	3:57	11:27	8:46	17:37	15:04	5:25	19:02	14:31	20:44	15:27	21:04	時刻
丁丑	丙午	丙子	乙巳	乙亥	甲辰	癸酉	癸卯	壬申	壬寅	辛未	癸卯	1日
戊寅	丁未	丁丑	丙午	丙子	乙巳	甲戌	甲辰	癸酉	癸卯	壬申	甲辰	2日
己卯	戊申	戊寅	丁未	丁丑	丙午	乙亥	乙巳	甲戌	甲辰	癸酉	乙巳	3日
庚辰	己酉	己卯	戊申	戊寅	丁未	丙子	丙午	乙亥	乙巳	甲戌	丙午	4日
辛巳	庚戌	庚辰	己酉	己卯	戊申	丁丑	丁未	丙子	丙午	乙亥	丁未	5日
壬午	辛亥	辛巳	庚戌	庚辰	己酉	戊寅	戊申	丁丑	丁未	丙子	戊申	6日
癸未	壬子	壬午	辛亥	辛巳	庚戌	己卯	己酉	戊寅	戊申	丁丑	己酉	7日
甲申	癸丑	癸未	壬子	壬午	辛亥	庚辰	庚戌	己卯	己酉	戊寅	庚戌	8日
乙酉	甲寅	甲申	癸丑	癸未	壬子	辛巳	辛亥	庚辰	庚戌	己卯	辛亥	9日
丙戌	乙卯	乙酉	甲寅	甲申	癸丑	壬午	壬子	辛巳	辛亥	庚辰	壬子	10日
丁亥	丙辰	丙戌	乙卯	乙酉	甲寅	癸未	癸丑	壬午	壬子	辛巳	癸丑	11日
戊子	丁巳	丁亥	丙辰	丙戌	乙卯	甲申	甲寅	癸未	癸丑	壬午	甲寅	12日
己丑	戊午	戊子	丁巳	丁亥	丙辰	乙酉	乙卯	甲申	甲寅	癸未	乙卯	13日
庚寅	己未	己丑	戊午	戊子	丁巳	丙戌	丙辰	乙酉	乙卯	甲申	丙辰	14日
辛卯	庚申	庚寅	己未	己丑	戊午	丁亥	丁巳	丙戌	丙辰	乙酉	丁巳	15日
壬辰	辛酉	辛卯	庚申	庚寅	己未	戊子	戊午	丁亥	丁巳	丙戌	戊午	16日
癸巳	壬戌	壬辰	辛酉	辛卯	庚申	己丑	己未	戊子	戊午	丁亥	己未	17日
甲午	癸亥	癸巳	壬戌	壬辰	辛酉	庚寅	庚申	己丑	己未	戊子	庚申	18日
乙未	甲子	甲午	癸亥	癸巳	壬戌	辛卯	辛酉	庚寅	庚申	己丑	辛酉	19日
丙申	乙丑	乙未	甲子	甲午	癸亥	壬辰	壬戌	辛卯	辛酉	庚寅	壬戌	20日
丁酉	丙寅	丙申	乙丑	乙未	甲子	癸巳	癸亥	壬辰	壬戌	辛卯	癸亥	21日
戊戌	丁卯	丁酉	丙寅	丙申	乙丑	甲午	甲子	癸巳	癸亥	壬辰	甲子	22日
己亥	戊辰	戊戌	丁卯	丁酉	丙寅	乙未	乙丑	甲午	甲子	癸巳	乙丑	23日
庚子	己巳	己亥	戊辰	戊戌	丁卯	丙申	丙寅	乙未	乙丑	甲午	丙寅	24日
辛丑	庚午	庚子	己巳	己亥	戊辰	丁酉	丁卯	丙申	丙寅	乙未	丁卯	25日
壬寅	辛未	辛丑	庚午	庚子	己巳	戊戌	戊辰	丁酉	丁卯	丙申	戊辰	26日
癸卯	壬申	壬寅	辛未	辛丑	庚午	己亥	己巳	戊戌	戊辰	丁酉	己巳	27日
甲辰	癸酉	癸卯	壬申	壬寅	辛未	庚子	庚午	己亥	己巳	戊戌	庚午	28日
乙巳	甲戌	甲辰	癸酉	癸卯	壬申	辛丑	辛未	庚子	庚午	己亥		29日
丙午	乙亥	乙巳	甲戌	甲辰	癸酉	壬寅	壬申	辛丑	辛未	庚子		30日
丁未	丙子		乙亥		甲戌	癸卯		壬寅		辛丑		31日

昭和10年〈1935年〉 乙亥（二黒土星）

九紫	一白	二黒	三碧	四緑	五黄	六白	七赤	八白	九紫	一白	二黒	九星
1月	12月	11月	10月	9月	8月	7月	6月	5月	4月	3月	2月	月
己丑	戊子	丁亥	丙戌	乙酉	甲申	癸未	壬午	辛巳	庚辰	己卯	戊寅	月干
6日	8日	8日	9日	8日	8日	8日	7日	6日	6日	6日	5日	節入
20:47	9:45	17:18	14:36	23:25	20:48	11:06	0:42	20:12	2:27	21:11	2:49	時刻
壬午	辛亥	辛巳	庚戌	庚辰	己酉	戊寅	戊申	丁丑	丁未	丙子	戊申	1日
癸未	壬子	壬午	辛亥	辛巳	庚戌	己卯	己酉	戊寅	戊申	丁丑	己酉	2日
甲申	癸丑	癸未	壬子	壬午	辛亥	庚辰	庚戌	己卯	己酉	戊寅	庚戌	3日
乙酉	甲寅	甲申	癸丑	癸未	壬子	辛巳	辛亥	庚辰	庚戌	己卯	辛亥	4日
丙戌	乙卯	乙酉	甲寅	甲申	癸丑	壬午	壬子	辛巳	辛亥	庚辰	壬子	5日
丁亥	丙辰	丙戌	乙卯	乙酉	甲寅	癸未	癸丑	壬午	壬子	辛巳	癸丑	6日
戊子	丁巳	丁亥	丙辰	丙戌	乙卯	甲申	甲寅	癸未	癸丑	壬午	甲寅	7日
己丑	戊午	戊子	丁巳	丁亥	丙辰	乙酉	乙卯	甲申	甲寅	癸未	乙卯	8日
庚寅	己未	己丑	戊午	戊子	丁巳	丙戌	丙辰	乙酉	乙卯	甲申	丙辰	9日
辛卯	庚申	庚寅	己未	己丑	戊午	丁亥	丁巳	丙戌	丙辰	乙酉	丁巳	10日
壬辰	辛酉	辛卯	庚申	庚寅	己未	戊子	戊午	丁亥	丁巳	丙戌	戊午	11日
癸巳	壬戌	壬辰	辛酉	辛卯	庚申	己丑	己未	戊子	戊午	丁亥	己未	12日
甲午	癸亥	癸巳	壬戌	壬辰	辛酉	庚寅	庚申	己丑	己未	戊子	庚申	13日
乙未	甲子	甲午	癸亥	癸巳	壬戌	辛卯	辛酉	庚寅	庚申	己丑	辛酉	14日
丙申	乙丑	乙未	甲子	甲午	癸亥	壬辰	壬戌	辛卯	辛酉	庚寅	壬戌	15日
丁酉	丙寅	丙申	乙丑	乙未	甲子	癸巳	癸亥	壬辰	壬戌	辛卯	癸亥	16日
戊戌	丁卯	丁酉	丙寅	丙申	乙丑	甲午	甲子	癸巳	癸亥	壬辰	甲子	17日
己亥	戊辰	戊戌	丁卯	丁酉	丙寅	乙未	乙丑	甲午	甲子	癸巳	乙丑	18日
庚子	己巳	己亥	戊辰	戊戌	丁卯	丙申	丙寅	乙未	乙丑	甲午	丙寅	19日
辛丑	庚午	庚子	己巳	己亥	戊辰	丁酉	丁卯	丙申	丙寅	乙未	丁卯	20日
壬寅	辛未	辛丑	庚午	庚子	己巳	戊戌	戊辰	丁酉	丁卯	丙申	戊辰	21日
癸卯	壬申	壬寅	辛未	辛丑	庚午	己亥	己巳	戊戌	戊辰	丁酉	己巳	22日
甲辰	癸酉	癸卯	壬申	壬寅	辛未	庚子	庚午	己亥	己巳	戊戌	庚午	23日
乙巳	甲戌	甲辰	癸酉	癸卯	壬申	辛丑	辛未	庚子	庚午	己亥	辛未	24日
丙午	乙亥	乙巳	甲戌	甲辰	癸酉	壬寅	壬申	辛丑	辛未	庚子	壬申	25日
丁未	丙子	丙午	乙亥	乙巳	甲戌	癸卯	癸酉	壬寅	壬申	辛丑	癸酉	26日
戊申	丁丑	丁未	丙子	丙午	乙亥	甲辰	甲戌	癸卯	癸酉	壬寅	甲戌	27日
己酉	戊寅	戊申	丁丑	丁未	丙子	乙巳	乙亥	甲辰	甲戌	癸卯	乙亥	28日
庚戌	己卯	己酉	戊寅	戊申	丁丑	丙午	丙子	乙巳	乙亥	甲辰		29日
辛亥	庚辰	庚戌	己卯	己酉	戊寅	丁未	丁丑	丙午	丙子	乙巳		30日
壬子	辛巳		庚辰		己卯	戊申		丁未		丙午		31日

昭和11年〈1936年〉 丙子（一白水星）

六白	七赤	八白	九紫	一白	二黒	三碧	四緑	五黄	六白	七赤	八白	九紫
1月	12月	11月	10月	9月	8月	7月	6月	5月	4月	3月	2月	月
辛丑	庚子	己亥	戊戌	丁酉	丙申	乙未	甲午	癸巳	壬辰	辛卯	庚寅	月干
6日	7日	7日	8日	8日	8日	7日	6日	6日	5日	6日	5日	節入
2:44	15:43	23:15	20:33	5:21	2:44	16:59	6:31	1:57	8:07	2:50	8:30	時刻
戊子	丁巳	丁亥	丙辰	丙戌	乙卯	甲申	甲寅	癸未	癸丑	壬午	癸丑	1日
己丑	戊午	戊子	丁巳	丁亥	丙辰	乙酉	乙卯	甲申	甲寅	癸未	甲寅	2日
庚寅	己未	己丑	戊午	戊子	丁巳	丙戌	丙辰	乙酉	乙卯	甲申	乙卯	3日
辛卯	庚申	庚寅	己未	己丑	戊午	丁亥	丁巳	丙戌	丙辰	乙酉	丙辰	4日
壬辰	辛酉	辛卯	庚申	庚寅	己未	戊子	戊午	丁亥	丁巳	丙戌	丁巳	5日
癸巳	壬戌	壬辰	辛酉	辛卯	庚申	己丑	己未	戊子	戊午	丁亥	戊午	6日
甲午	癸亥	癸巳	壬戌	壬辰	辛酉	庚寅	庚申	己丑	己未	戊子	己未	7日
乙未	甲子	甲午	癸亥	癸巳	壬戌	辛卯	辛酉	庚寅	庚申	己丑	庚申	8日
丙申	乙丑	乙未	甲子	甲午	癸亥	壬辰	壬戌	辛卯	辛酉	庚寅	辛酉	9日
丁酉	丙寅	丙申	乙丑	乙未	甲子	癸巳	癸亥	壬辰	壬戌	辛卯	壬戌	10日
戊戌	丁卯	丁酉	丙寅	丙申	乙丑	甲午	甲子	癸巳	癸亥	壬辰	癸亥	11日
己亥	戊辰	戊戌	丁卯	丁酉	丙寅	乙未	乙丑	甲午	甲子	癸巳	甲子	12日
庚子	己巳	己亥	戊辰	戊戌	丁卯	丙申	丙寅	乙未	乙丑	甲午	乙丑	13日
辛丑	庚午	庚子	己巳	己亥	戊辰	丁酉	丁卯	丙申	丙寅	乙未	丙寅	14日
壬寅	辛未	辛丑	庚午	庚子	己巳	戊戌	戊辰	丁酉	丁卯	丙申	丁卯	15日
癸卯	壬申	壬寅	辛未	辛丑	庚午	己亥	己巳	戊戌	戊辰	丁酉	戊辰	16日
甲辰	癸酉	癸卯	壬申	壬寅	辛未	庚子	庚午	己亥	己巳	戊戌	己巳	17日
乙巳	甲戌	甲辰	癸酉	癸卯	壬申	辛丑	辛未	庚子	庚午	己亥	庚午	18日
丙午	乙亥	乙巳	甲戌	甲辰	癸酉	壬寅	壬申	辛丑	辛未	庚子	辛未	19日
丁未	丙子	丙午	乙亥	乙巳	甲戌	癸卯	癸酉	壬寅	壬申	辛丑	壬申	20日
戊申	丁丑	丁未	丙子	丙午	乙亥	甲辰	甲戌	癸卯	癸酉	壬寅	癸酉	21日
己酉	戊寅	戊申	丁丑	丁未	丙子	乙巳	乙亥	甲辰	甲戌	癸卯	甲戌	22日
庚戌	己卯	己酉	戊寅	戊申	丁丑	丙午	丙子	乙巳	乙亥	甲辰	乙亥	23日
辛亥	庚辰	庚戌	己卯	己酉	戊寅	丁未	丁丑	丙午	丙子	乙巳	丙子	24日
壬子	辛巳	辛亥	庚辰	庚戌	己卯	戊申	戊寅	丁未	丁丑	丙午	丁丑	25日
癸丑	壬午	壬子	辛巳	辛亥	庚辰	己酉	己卯	戊申	戊寅	丁未	戊寅	26日
甲寅	癸未	癸丑	壬午	壬子	辛巳	庚戌	庚辰	己酉	己卯	戊申	己卯	27日
乙卯	甲申	甲寅	癸未	癸丑	壬午	辛亥	辛巳	庚戌	庚辰	己酉	庚辰	28日
丙辰	乙酉	乙卯	甲申	甲寅	癸未	壬子	壬午	辛亥	辛巳	庚戌	辛巳	29日
丁巳	丙戌	丙辰	乙酉	乙卯	甲申	癸丑	癸未	壬子	壬午	辛亥		30日
戊午	丁亥		丙戌		乙酉	甲寅		癸丑		壬子		31日

昭和12年〈1937年〉 丁丑（九紫火星）

三碧	四緑	五黄	六白	七赤	八白	九紫	一白	二黒	三碧	四緑	五黄	九星
1月	12月	11月	10月	9月	8月	7月	6月	5月	4月	3月	2月	月
癸丑	壬子	辛亥	庚戌	己酉	戊申	丁未	丙午	乙巳	甲辰	癸卯	壬寅	月干
6日	7日	8日	9日	8日	8日	7日	6日	6日	5日	6日	4日	節入
8:32	21:27	4:56	2:11	11:00	8:26	22:46	12:23	7:51	14:02	8:45	14:26	時刻
癸巳	壬戌	壬辰	辛酉	辛卯	庚申	己丑	己未	戊子	戊午	丁亥	己未	1日
甲午	癸亥	癸巳	壬戌	壬辰	辛酉	庚寅	庚申	己丑	己未	戊子	庚申	2日
乙未	甲子	甲午	癸亥	癸巳	壬戌	辛卯	辛酉	庚寅	庚申	己丑	辛酉	3日
丙申	乙丑	乙未	甲子	甲午	癸亥	壬辰	壬戌	辛卯	辛酉	庚寅	壬戌	4日
丁酉	丙寅	丙申	乙丑	乙未	甲子	癸巳	癸亥	壬辰	壬戌	辛卯	癸亥	5日
戊戌	丁卯	丁酉	丙寅	丙申	乙丑	甲午	甲子	癸巳	癸亥	壬辰	甲子	6日
己亥	戊辰	戊戌	丁卯	丁酉	丙寅	乙未	乙丑	甲午	甲子	癸巳	乙丑	7日
庚子	己巳	己亥	戊辰	戊戌	丁卯	丙申	丙寅	乙未	乙丑	甲午	丙寅	8日
辛丑	庚午	庚子	己巳	己亥	戊辰	丁酉	丁卯	丙申	丙寅	乙未	丁卯	9日
壬寅	辛未	辛丑	庚午	庚子	己巳	戊戌	戊辰	丁酉	丁卯	丙申	戊辰	10日
癸卯	壬申	壬寅	辛未	辛丑	庚午	己亥	己巳	戊戌	戊辰	丁酉	己巳	11日
甲辰	癸酉	癸卯	壬申	壬寅	辛未	庚子	庚午	己亥	己巳	戊戌	庚午	12日
乙巳	甲戌	甲辰	癸酉	癸卯	壬申	辛丑	辛未	庚子	庚午	己亥	辛未	13日
丙午	乙亥	乙巳	甲戌	甲辰	癸酉	壬寅	壬申	辛丑	辛未	庚子	壬申	14日
丁未	丙子	丙午	乙亥	乙巳	甲戌	癸卯	癸酉	壬寅	壬申	辛丑	癸酉	15日
戊申	丁丑	丁未	丙子	丙午	乙亥	甲辰	甲戌	癸卯	癸酉	壬寅	甲戌	16日
己酉	戊寅	戊申	丁丑	丁未	丙子	乙巳	乙亥	甲辰	甲戌	癸卯	乙亥	17日
庚戌	己卯	己酉	戊寅	戊申	丁丑	丙午	丙子	乙巳	乙亥	甲辰	丙子	18日
辛亥	庚辰	庚戌	己卯	己酉	戊寅	丁未	丁丑	丙午	丙子	乙巳	丁丑	19日
壬子	辛巳	辛亥	庚辰	庚戌	己卯	戊申	戊寅	丁未	丁丑	丙午	戊寅	20日
癸丑	壬午	壬子	辛巳	辛亥	庚辰	己酉	己卯	戊申	戊寅	丁未	己卯	21日
甲寅	癸未	癸丑	壬午	壬子	辛巳	庚戌	庚辰	己酉	己卯	戊申	庚辰	22日
乙卯	甲申	甲寅	癸未	癸丑	壬午	辛亥	辛巳	庚戌	庚辰	己酉	辛巳	23日
丙辰	乙酉	乙卯	甲申	甲寅	癸未	壬子	壬午	辛亥	辛巳	庚戌	壬午	24日
丁巳	丙戌	丙辰	乙酉	乙卯	甲申	癸丑	癸未	壬子	壬午	辛亥	癸未	25日
戊午	丁亥	丁巳	丙戌	丙辰	乙酉	甲寅	甲申	癸丑	癸未	壬子	甲申	26日
己未	戊子	戊午	丁亥	丁巳	丙戌	乙卯	乙酉	甲寅	甲申	癸丑	乙酉	27日
庚申	己丑	己未	戊子	戊午	丁亥	丙辰	丙戌	乙卯	乙酉	甲寅	丙戌	28日
辛酉	庚寅	庚申	己丑	己未	戊子	丁巳	丁亥	丙辰	丙戌	乙卯		29日
壬戌	辛卯	辛酉	庚寅	庚申	己丑	戊午	戊子	丁巳	丁亥	丙辰		30日
癸亥	壬辰		辛卯		庚寅	己未		戊午		丁巳		31日

昭和13年〈1938年〉 戊寅（八白土星）

九紫	一白	二黒	三碧	四緑	五黄	六白	七赤	八白	九紫	一白	二黒	九星
1月	12月	11月	10月	9月	8月	7月	6月	5月	4月	3月	2月	月
乙丑	甲子	癸亥	壬戌	辛酉	庚申	己未	戊午	丁巳	丙辰	乙卯	甲寅	月干
6日	8日	8日	9日	8日	8日	8日	6日	6日	5日	6日	4日	節入
14:28	3:23	10:49	8:02	16:49	14:13	4:32	18:07	13:35	19:49	14:34	20:15	時刻
戊戌	丁卯	丁酉	丙寅	丙申	乙丑	甲午	甲子	癸巳	癸亥	壬辰	甲子	1日
己亥	戊辰	戊戌	丁卯	丁酉	丙寅	乙未	乙丑	甲午	甲子	癸巳	乙丑	2日
庚子	己巳	己亥	戊辰	戊戌	丁卯	丙申	丙寅	乙未	乙丑	甲午	丙寅	3日
辛丑	庚午	庚子	己巳	己亥	戊辰	丁酉	丁卯	丙申	丙寅	乙未	丁卯	4日
壬寅	辛未	辛丑	庚午	庚子	己巳	戊戌	戊辰	丁酉	丁卯	丙申	戊辰	5日
癸卯	壬申	壬寅	辛未	辛丑	庚午	己亥	己巳	戊戌	戊辰	丁酉	己巳	6日
甲辰	癸酉	癸卯	壬申	壬寅	辛未	庚子	庚午	己亥	己巳	戊戌	庚午	7日
乙巳	甲戌	甲辰	癸酉	癸卯	壬申	辛丑	辛未	庚子	庚午	己亥	辛未	8日
丙午	乙亥	乙巳	甲戌	甲辰	癸酉	壬寅	壬申	辛丑	辛未	庚子	壬申	9日
丁未	丙子	丙午	乙亥	乙巳	甲戌	癸卯	癸酉	壬寅	壬申	辛丑	癸酉	10日
戊申	丁丑	丁未	丙子	丙午	乙亥	甲辰	甲戌	癸卯	癸酉	壬寅	申戌	11日
己酉	戊寅	戊申	丁丑	丁未	丙子	乙巳	乙亥	甲辰	甲戌	癸卯	乙亥	12日
庚戌	己卯	己酉	戊寅	戊申	丁丑	丙午	丙子	乙巳	乙亥	甲辰	丙子	13日
辛亥	庚辰	庚戌	己卯	己酉	戊寅	丁未	丁丑	丙午	丙子	乙巳	丁丑	14日
壬子	辛巳	辛亥	庚辰	庚戌	己卯	戊申	戊寅	丁未	丁丑	丙午	戊寅	15日
癸丑	壬午	壬子	辛巳	辛亥	庚辰	己酉	己卯	戊申	戊寅	丁未	己卯	16日
甲寅	癸未	癸丑	壬午	壬子	辛巳	庚戌	庚辰	己酉	己卯	戊申	庚辰	17日
乙卯	甲申	甲寅	癸未	癸丑	壬午	辛亥	辛巳	庚戌	庚辰	己酉	辛巳	18日
丙辰	乙酉	乙卯	甲申	甲寅	癸未	壬子	壬午	辛亥	辛巳	庚戌	壬午	19日
丁巳	丙戌	丙辰	乙酉	乙卯	甲申	癸丑	癸未	壬子	壬午	辛亥	癸未	20日
戊午	丁亥	丁巳	丙戌	丙辰	乙酉	甲寅	甲申	癸丑	癸未	壬子	甲申	21日
己未	戊子	戊午	丁亥	丁巳	丙戌	乙卯	乙酉	甲寅	甲申	癸丑	乙酉	22日
庚申	己丑	己未	戊子	戊午	丁亥	丙辰	丙戌	乙卯	乙酉	甲寅	丙戌	23日
辛酉	庚寅	庚申	己丑	己未	戊子	丁巳	丁亥	丙辰	丙戌	乙卯	丁亥	24日
壬戌	辛卯	辛酉	庚寅	庚申	己丑	戊午	戊子	丁巳	丁亥	丙辰	戊子	25日
癸亥	壬辰	壬戌	辛卯	辛酉	庚寅	己未	己丑	戊午	戊子	丁巳	己丑	26日
甲子	癸巳	癸亥	壬辰	壬戌	辛卯	庚申	庚寅	己未	己丑	戊午	庚寅	27日
乙丑	甲午	甲子	癸巳	癸亥	壬辰	辛酉	辛卯	庚申	庚寅	己未	辛卯	28日
丙寅	乙未	乙丑	甲午	甲子	癸巳	壬戌	壬辰	辛酉	辛卯	庚申		29日
丁卯	丙申	丙寅	乙未	乙丑	甲午	癸亥	癸巳	壬戌	壬辰	辛酉		30日
戊辰	丁酉		丙申		乙未	甲子		癸亥		壬戌		31日

昭和14年〈1939年〉 己卯（七赤金星）

六白	七赤	八白	九紫	一白	二黒	三碧	四緑	五黄	六白	七赤	八白	九星
1月	12月	11月	10月	9月	8月	7月	6月	5月	4月	3月	2月	月
丁丑	丙子	乙亥	甲戌	癸酉	壬申	辛未	庚午	己巳	戊辰	丁卯	丙寅	月干
6日	8日	8日	9日	8日	8日	8日	6日	6日	6日	6日	5日	節入
20:24	9:18	16:44	13:57	22:42	20:04	10:19	23:52	19:21	1:38	20:27	2:11	時刻
癸卯	壬申	壬寅	辛未	辛丑	庚午	己亥	己巳	戊戌	戊辰	丁酉	己巳	1日
甲辰	癸酉	癸卯	壬申	壬寅	辛未	庚子	庚午	己亥	己巳	戊戌	庚午	2日
乙巳	甲戌	甲辰	癸酉	癸卯	壬申	辛丑	辛未	庚子	庚午	己亥	辛未	3日
丙午	乙亥	乙巳	甲戌	甲辰	癸酉	壬寅	壬申	辛丑	辛未	庚子	壬申	4日
丁未	丙子	丙午	乙亥	乙巳	甲戌	癸卯	癸酉	壬寅	壬申	辛丑	癸酉	5日
戊申	丁丑	丁未	丙子	丙午	乙亥	甲辰	甲戌	癸卯	癸酉	壬寅	甲戌	6日
己酉	戊寅	戊申	丁丑	丁未	丙子	乙巳	乙亥	甲辰	甲戌	癸卯	乙亥	7日
庚戌	己卯	己酉	戊寅	戊申	丁丑	丙午	丙子	乙巳	乙亥	甲辰	丙子	8日
辛亥	庚辰	庚戌	己卯	己酉	戊寅	丁未	丁丑	丙午	丙子	乙巳	丁丑	9日
壬子	辛巳	辛亥	庚辰	庚戌	己卯	戊申	戊寅	丁未	丁丑	丙午	戊寅	10日
癸丑	壬午	壬子	辛巳	辛亥	庚辰	己酉	己卯	戊申	戊寅	丁未	己卯	11日
甲寅	癸未	癸丑	壬午	壬子	辛巳	庚戌	庚辰	己酉	己卯	戊申	庚辰	12日
乙卯	甲申	甲寅	癸未	癸丑	壬午	辛亥	辛巳	庚戌	庚辰	己酉	辛巳	13日
丙辰	乙酉	乙卯	甲申	甲寅	癸未	壬子	壬午	辛亥	辛巳	庚戌	壬午	14日
丁巳	丙戌	丙辰	乙酉	乙卯	甲申	癸丑	癸未	壬子	壬午	辛亥	癸未	15日
戊午	丁亥	丁巳	丙戌	丙辰	乙酉	甲寅	甲申	癸丑	癸未	壬子	甲申	16日
己未	戊子	戊午	丁亥	丁巳	丙戌	乙卯	乙酉	甲寅	甲申	癸丑	乙酉	17日
庚申	己丑	己未	戊子	戊午	丁亥	丙辰	丙戌	乙卯	乙酉	甲寅	丙戌	18日
辛酉	庚寅	庚申	己丑	己未	戊子	丁巳	丁亥	丙辰	丙戌	乙卯	丁亥	19日
壬戌	辛卯	辛酉	庚寅	庚申	己丑	戊午	戊子	丁巳	丁亥	丙辰	戊子	20日
癸亥	壬辰	壬戌	辛卯	辛酉	庚寅	己未	己丑	戊午	戊子	丁巳	己丑	21日
甲子	癸巳	癸亥	壬辰	壬戌	辛卯	庚申	庚寅	己未	己丑	戊午	庚寅	22日
乙丑	甲午	甲子	癸巳	癸亥	壬辰	辛酉	辛卯	庚申	庚寅	己未	辛卯	23日
丙寅	乙未	乙丑	甲午	甲子	癸巳	壬戌	壬辰	辛酉	辛卯	庚申	壬辰	24日
丁卯	丙申	丙寅	乙未	乙丑	甲午	癸亥	癸巳	壬戌	壬辰	辛酉	癸巳	25日
戊辰	丁酉	丁卯	丙申	丙寅	乙未	甲子	甲午	癸亥	癸巳	壬戌	甲午	26日
己巳	戊戌	戊辰	丁酉	丁卯	丙申	乙丑	乙未	甲子	甲午	癸亥	乙未	27日
庚午	己亥	己巳	戊戌	戊辰	丁酉	丙寅	丙申	乙丑	乙未	甲子	丙申	28日
辛未	庚子	庚午	己亥	己巳	戊戌	丁卯	丁酉	丙寅	丙申	乙丑		29日
壬申	辛丑	辛未	庚子	庚午	己亥	戊辰	戊戌	丁卯	丁酉	丙寅		30日
癸酉	壬寅		辛丑		庚子	己巳		戊辰		丁卯		31日

昭和15年〈1940年〉 庚辰（六白金星）

三碧	四緑	五黄	六白	七赤	八白	九紫	一白	二黒	三碧	四緑	五黄	九星
1月	12月	11月	10月	9月	8月	7月	6月	5月	4月	3月	2月	月
己丑	戊子	丁亥	丙戌	乙酉	甲申	癸未	壬午	辛巳	庚辰	己卯	戊寅	月干
6日	7日	7日	8日	8日	8日	7日	6日	6日	5日	6日	5日	節入
2:05	14:59	22:27	19:43	4:30	1:52	16:08	5:44	1:17	7:35	2:24	8:08	時刻
己酉	戊寅	戊申	丁丑	丁未	丙子	乙巳	乙亥	甲辰	甲戌	癸卯	甲戌	1日
庚戌	己卯	己酉	戊寅	戊申	丁丑	丙午	丙子	乙巳	乙亥	甲辰	乙亥	2日
辛亥	庚辰	庚戌	己卯	己酉	戊寅	丁未	丁丑	丙午	丙子	乙巳	丙子	3日
壬子	辛巳	辛亥	庚辰	庚戌	己卯	戊申	戊寅	丁未	丁丑	丙午	丁丑	4日
癸丑	壬午	壬子	辛巳	辛亥	庚辰	己酉	己卯	戊申	戊寅	丁未	戊寅	5日
甲寅	癸未	癸丑	壬午	壬子	辛巳	庚戌	庚辰	己酉	己卯	戊申	己卯	6日
乙卯	甲申	甲寅	癸未	癸丑	壬午	辛亥	辛巳	庚戌	庚辰	己酉	庚辰	7日
丙辰	乙酉	乙卯	甲申	甲寅	癸未	壬子	壬午	辛亥	辛巳	庚戌	辛巳	8日
丁巳	丙戌	丙辰	乙酉	乙卯	甲申	癸丑	癸未	壬子	壬午	辛亥	壬午	9日
戊午	丁亥	丁巳	丙戌	丙辰	乙酉	甲寅	甲申	癸丑	癸未	壬子	癸未	10日
己未	戊子	戊午	丁亥	丁巳	丙戌	乙卯	乙酉	甲寅	甲申	癸丑	甲申	11日
庚申	己丑	己未	戊子	戊午	丁亥	丙辰	丙戌	乙卯	乙酉	甲寅	乙酉	12日
辛酉	庚寅	庚申	己丑	己未	戊子	丁巳	丁亥	丙辰	丙戌	乙卯	丙戌	13日
壬戌	辛卯	辛酉	庚寅	庚申	己丑	戊午	戊子	丁巳	丁亥	丙辰	丁亥	14日
癸亥	壬辰	壬戌	辛卯	辛酉	庚寅	己未	己丑	戊午	戊子	丁巳	戊子	15日
甲子	癸巳	癸亥	壬辰	壬戌	辛卯	庚申	庚寅	己未	己丑	戊午	己丑	16日
乙丑	甲午	甲子	癸巳	癸亥	壬辰	辛酉	辛卯	庚申	庚寅	己未	庚寅	17日
丙寅	乙未	乙丑	甲午	甲子	癸巳	壬戌	壬辰	辛酉	辛卯	庚申	辛卯	18日
丁卯	丙申	丙寅	乙未	乙丑	甲午	癸亥	癸巳	壬戌	壬辰	辛酉	壬辰	19日
戊辰	丁酉	丁卯	丙申	丙寅	乙未	甲子	甲午	癸亥	癸巳	壬戌	癸巳	20日
己巳	戊戌	戊辰	丁酉	丁卯	丙申	乙丑	乙未	甲子	甲午	癸亥	甲午	21日
庚午	己亥	己巳	戊戌	戊辰	丁酉	丙寅	丙申	乙丑	乙未	甲子	乙未	22日
辛未	庚子	庚午	己亥	己巳	戊戌	丁卯	丁酉	丙寅	丙申	乙丑	丙申	23日
壬申	辛丑	辛未	庚子	庚午	己亥	戊辰	戊戌	丁卯	丁酉	丙寅	丁酉	24日
癸酉	壬寅	壬申	辛丑	辛未	庚子	己巳	己亥	戊辰	戊戌	丁卯	戊戌	25日
甲戌	癸卯	癸酉	壬寅	壬申	辛丑	庚午	庚子	己巳	己亥	戊辰	己亥	26日
乙亥	甲辰	甲戌	癸卯	癸酉	壬寅	辛未	辛丑	庚午	庚子	己巳	庚子	27日
丙子	乙巳	乙亥	甲辰	甲戌	癸卯	壬申	壬寅	辛未	辛丑	庚午	辛丑	28日
丁丑	丙午	丙子	乙巳	乙亥	甲辰	癸酉	癸卯	壬申	壬寅	辛未	壬寅	29日
戊寅	丁未	丁丑	丙午	丙子	乙巳	甲戌	甲辰	癸酉	癸卯	壬申		30日
己卯	戊申		丁未		丙午	乙亥		甲戌		癸酉		31日

昭和16年〈1941年〉 辛巳（五黄土星）

九紫	一白	二黒	三碧	四緑	五黄	六白	七赤	八白	九紫	一白	二黒	九星
1月	12月	11月	10月	9月	8月	7月	6月	5月	4月	3月	2月	月
辛丑	庚子	己亥	戊戌	丁酉	丙申	乙未	甲午	癸巳	壬辰	辛卯	庚寅	月干
6日	7日	8日	9日	8日	8日	7日	6日	6日	5日	6日	4日	節入
8:03	20:57	4:25	1:39	10:24	7:46	22:03	11:40	7:10	13:25	8:11	13:50	時刻
甲寅	癸未	癸丑	壬午	壬子	辛巳	庚戌	庚辰	己酉	己卯	戊申	庚辰	1日
乙卯	甲申	甲寅	癸未	癸丑	壬午	辛亥	辛巳	庚戌	庚辰	己酉	辛巳	2日
丙辰	乙酉	乙卯	甲申	甲寅	癸未	壬子	壬午	辛亥	辛巳	庚戌	壬午	3日
丁巳	丙戌	丙辰	乙酉	乙卯	甲申	癸丑	癸未	壬子	壬午	辛亥	癸未	4日
戊午	丁亥	丁巳	丙戌	丙辰	乙酉	甲寅	甲申	癸丑	癸未	壬子	甲申	5日
己未	戊子	戊午	丁亥	丁巳	丙戌	乙卯	乙酉	甲寅	甲申	癸丑	乙酉	6日
庚申	己丑	己未	戊子	戊午	丁亥	丙辰	丙戌	乙卯	乙酉	甲寅	丙戌	7日
辛酉	庚寅	庚申	己丑	己未	戊子	丁巳	丁亥	丙辰	丙戌	乙卯	丁亥	8日
壬戌	辛卯	辛酉	庚寅	庚申	己丑	戊午	戊子	丁巳	丁亥	丙辰	戊子	9日
癸亥	壬辰	壬戌	辛卯	辛酉	庚寅	己未	己丑	戊午	戊子	丁巳	己丑	10日
甲子	癸巳	癸亥	壬辰	壬戌	辛卯	庚申	庚寅	己未	己丑	戊午	庚寅	11日
乙丑	甲午	甲子	癸巳	癸亥	壬辰	辛酉	辛卯	庚申	庚寅	己未	辛卯	12日
丙寅	乙未	乙丑	甲午	甲子	癸巳	壬戌	壬辰	辛酉	辛卯	庚申	壬辰	13日
丁卯	丙申	丙寅	乙未	乙丑	甲午	癸亥	癸巳	壬戌	壬辰	辛酉	癸巳	14日
戊辰	丁酉	丁卯	丙申	丙寅	乙未	甲子	甲午	癸亥	癸巳	壬戌	甲午	15日
己巳	戊戌	戊辰	丁酉	丁卯	丙申	乙丑	乙未	甲子	甲午	癸亥	乙未	16日
庚午	己亥	己巳	戊戌	戊辰	丁酉	丙寅	丙申	乙丑	乙未	甲子	丙申	17日
辛未	庚子	庚午	己亥	己巳	戊戌	丁卯	丁酉	丙寅	丙申	乙丑	丁酉	18日
壬申	辛丑	辛未	庚子	庚午	己亥	戊辰	戊戌	丁卯	丁酉	丙寅	戊戌	19日
癸酉	壬寅	壬申	辛丑	辛未	庚子	己巳	己亥	戊辰	戊戌	丁卯	己亥	20日
甲戌	癸卯	癸酉	壬寅	壬申	辛丑	庚午	庚子	己巳	己亥	戊辰	庚子	21日
乙亥	甲辰	甲戌	癸卯	癸酉	壬寅	辛未	辛丑	庚午	庚子	己巳	辛丑	22日
丙子	乙巳	乙亥	甲辰	甲戌	癸卯	壬申	壬寅	辛未	辛丑	庚午	壬寅	23日
丁丑	丙午	丙子	乙巳	乙亥	甲辰	癸酉	癸卯	壬申	壬寅	辛未	癸卯	24日
戊寅	丁未	丁丑	丙午	丙子	乙巳	甲戌	甲辰	癸酉	癸卯	壬申	甲辰	25日
己卯	戊申	戊寅	丁未	丁丑	丙午	乙亥	乙巳	甲戌	甲辰	癸酉	乙巳	26日
庚辰	己酉	己卯	戊申	戊寅	丁未	丙子	丙午	乙亥	乙巳	甲戌	丙午	27日
辛巳	庚戌	庚辰	己酉	己卯	戊申	丁丑	丁未	丙子	丙午	乙亥	丁未	28日
壬午	辛亥	辛巳	庚戌	庚辰	己酉	戊寅	戊申	丁丑	丁未	丙子		29日
癸未	壬子	壬午	辛亥	辛巳	庚戌	己卯	己酉	戊寅	戊申	丁丑		30日
甲申	癸丑		壬子		辛亥	庚辰		己卯		戊寅		31日

昭和17年〈1942年〉　壬午（四緑木星）

六白	七赤	八白	九紫	一白	二黒	三碧	四緑	五黄	六白	七赤	八白	八白
1月	12月	11月	10月	9月	8月	7月	6月	5月	4月	3月	2月	月
癸丑	壬子	辛亥	庚戌	己酉	戊申	丁未	丙午	乙巳	甲辰	癸卯	壬寅	月干
6日	8日	8日	9日	8日	8日	8日	6日	6日	5日	6日	4日	節入
13:55	2:47	10:12	7:22	16:07	13:31	3:52	17:33	13:07	19:24	14:10	19:49	時刻
己未	戊子	戊午	丁亥	丁巳	丙戌	乙卯	乙酉	甲寅	甲申	癸丑	乙酉	1日
庚申	己丑	己未	戊子	戊午	丁亥	丙辰	丙戌	乙卯	乙酉	甲寅	丙戌	2日
辛酉	庚寅	庚申	己丑	己未	戊子	丁巳	丁亥	丙辰	丙戌	乙卯	丁亥	3日
壬戌	辛卯	辛酉	庚寅	庚申	己丑	戊午	戊子	丁巳	丁亥	丙辰	戊子	4日
癸亥	壬辰	壬戌	辛卯	辛酉	庚寅	己未	己丑	戊午	戊子	丁巳	己丑	5日
甲子	癸巳	癸亥	壬辰	壬戌	辛卯	庚申	庚寅	己未	己丑	戊午	庚寅	6日
乙丑	甲午	甲子	癸巳	癸亥	壬辰	辛酉	辛卯	庚申	庚寅	己未	辛卯	7日
丙寅	乙未	乙丑	甲午	甲子	癸巳	壬戌	壬辰	辛酉	辛卯	庚申	壬辰	8日
丁卯	丙申	丙寅	乙未	乙丑	甲午	癸亥	癸巳	壬戌	壬辰	辛酉	癸巳	9日
戊辰	丁酉	丁卯	丙申	丙寅	乙未	甲子	甲午	癸亥	癸巳	壬戌	甲午	10日
己巳	戊戌	戊辰	丁酉	丁卯	丙申	乙丑	乙未	甲子	甲午	癸亥	乙未	11日
庚午	己亥	己巳	戊戌	戊辰	丁酉	丙寅	丙申	乙丑	乙未	甲子	丙申	12日
辛未	庚子	庚午	己亥	己巳	戊戌	丁卯	丁酉	丙寅	丙申	乙丑	丁酉	13日
壬申	辛丑	辛未	庚子	庚午	己亥	戊辰	戊戌	丁卯	丁酉	丙寅	戊戌	14日
癸酉	壬寅	壬申	辛丑	辛未	庚子	己巳	己亥	戊辰	戊戌	丁卯	己亥	15日
甲戌	癸卯	癸酉	壬寅	壬申	辛丑	庚午	庚子	己巳	己亥	戊辰	庚子	16日
乙亥	甲辰	甲戌	癸卯	癸酉	壬寅	辛未	辛丑	庚午	庚子	己巳	辛丑	17日
丙子	乙巳	乙亥	甲辰	甲戌	癸卯	壬申	壬寅	辛未	辛丑	庚午	壬寅	18日
丁丑	丙午	丙子	乙巳	乙亥	甲辰	癸酉	癸卯	壬申	壬寅	辛未	癸卯	19日
戊寅	丁未	丁丑	丙午	丙子	乙巳	甲戌	甲辰	癸酉	癸卯	壬申	甲辰	20日
己卯	戊申	戊寅	丁未	丁丑	丙午	乙亥	乙巳	甲戌	甲辰	癸酉	乙巳	21日
庚辰	己酉	己卯	戊申	戊寅	丁未	丙子	丙午	乙亥	乙巳	甲戌	丙午	22日
辛巳	庚戌	庚辰	己酉	己卯	戊申	丁丑	丁未	丙子	丙午	乙亥	丁未	23日
壬午	辛亥	辛巳	庚戌	庚辰	己酉	戊寅	戊申	丁丑	丁未	丙子	戊申	24日
癸未	壬子	壬午	辛亥	辛巳	庚戌	己卯	己酉	戊寅	戊申	丁丑	己酉	25日
甲申	癸丑	癸未	壬子	壬午	辛亥	庚辰	庚戌	己卯	己酉	戊寅	庚戌	26日
乙酉	甲寅	甲申	癸丑	癸未	壬子	辛巳	辛亥	庚辰	庚戌	己卯	辛亥	27日
丙戌	乙卯	乙酉	甲寅	甲申	癸丑	壬午	壬子	辛巳	辛亥	庚辰	壬子	28日
丁亥	丙辰	丙戌	乙卯	乙酉	甲寅	癸未	癸丑	壬午	壬子	辛巳		29日
戊子	丁巳	丁亥	丙辰	丙戌	乙卯	甲申	甲寅	癸未	癸丑	壬午		30日
己丑	戊午		丁巳		丙辰	乙酉		甲申		癸未		31日

昭和18年〈1943年〉 癸未（三碧木星）

三碧	四緑	五黄	六白	七赤	八白	九紫	一白	二黒	三碧	四緑	五黄	九星
1月	12月	11月	10月	9月	8月	7月	6月	5月	4月	3月	2月	月
乙丑	甲子	癸亥	壬戌	辛酉	庚申	己未	戊午	丁巳	丙辰	乙卯	甲寅	月干
6日	8日	8日	9日	8日	8日	8日	6日	6日	6日	6日	5日	節入
19:40	8:33	15:59	13:11	21:56	19:19	9:39	23:19	18:54	1:12	19:59	1:41	時刻
甲子	癸巳	癸亥	壬辰	壬戌	辛卯	庚申	庚寅	己未	己丑	戊午	庚寅	1日
乙丑	甲午	甲子	癸巳	癸亥	壬辰	辛酉	辛卯	庚申	庚寅	己未	辛卯	2日
丙寅	乙未	乙丑	甲午	甲子	癸巳	壬戌	壬辰	辛酉	辛卯	庚申	壬辰	3日
丁卯	丙申	丙寅	乙未	乙丑	甲午	癸亥	癸巳	壬戌	壬辰	辛酉	癸巳	4日
戊辰	丁酉	丁卯	丙申	丙寅	乙未	甲子	甲午	癸亥	癸巳	壬戌	甲午	5日
己巳	戊戌	戊辰	丁酉	丁卯	丙申	乙丑	乙未	甲子	甲午	癸亥	乙未	6日
庚午	己亥	己巳	戊戌	戊辰	丁酉	丙寅	丙申	乙丑	乙未	甲子	丙申	7日
辛未	庚子	庚午	己亥	己巳	戊戌	丁卯	丁酉	丙寅	丙申	乙丑	丁酉	8日
壬申	辛丑	辛未	庚子	庚午	己亥	戊辰	戊戌	丁卯	丁酉	丙寅	戊戌	9日
癸酉	壬寅	壬申	辛丑	辛未	庚子	己巳	己亥	戊辰	戊戌	丁卯	己亥	10日
甲戌	癸卯	癸酉	壬寅	壬申	辛丑	庚午	庚子	己巳	己亥	戊辰	庚子	11日
乙亥	甲辰	甲戌	癸卯	癸酉	壬寅	辛未	辛丑	庚午	庚子	己巳	辛丑	12日
丙子	乙巳	乙亥	甲辰	甲戌	癸卯	壬申	壬寅	辛未	辛丑	庚午	壬寅	13日
丁丑	丙午	丙子	乙巳	乙亥	甲辰	癸酉	癸卯	壬申	壬寅	辛未	癸卯	14日
戊寅	丁未	丁丑	丙午	丙子	乙巳	甲戌	甲辰	癸酉	癸卯	壬申	甲辰	15日
己卯	戊申	戊寅	丁未	丁丑	丙午	乙亥	乙巳	甲戌	甲辰	癸酉	乙巳	16日
庚辰	己酉	己卯	戊申	戊寅	丁未	丙子	丙午	乙亥	乙巳	甲戌	丙午	17日
辛巳	庚戌	庚辰	己酉	己卯	戊申	丁丑	丁未	丙子	丙午	乙亥	丁未	18日
壬午	辛亥	辛巳	庚戌	庚辰	己酉	戊寅	戊申	丁丑	丁未	丙子	戊申	19日
癸未	壬子	壬午	辛亥	辛巳	庚戌	己卯	己酉	戊寅	戊申	丁丑	己酉	20日
甲申	癸丑	癸未	壬子	壬午	辛亥	庚辰	庚戌	己卯	己酉	戊寅	庚戌	21日
乙酉	甲寅	甲申	癸丑	癸未	壬子	辛巳	辛亥	庚辰	庚戌	己卯	辛亥	22日
丙戌	乙卯	乙酉	甲寅	甲申	癸丑	壬午	壬子	辛巳	辛亥	庚辰	壬子	23日
丁亥	丙辰	丙戌	乙卯	乙酉	甲寅	癸未	癸丑	壬午	壬子	辛巳	癸丑	24日
戊子	丁巳	丁亥	丙辰	丙戌	乙卯	甲申	甲寅	癸未	癸丑	壬午	甲寅	25日
己丑	戊午	戊子	丁巳	丁亥	丙辰	乙酉	乙卯	甲申	甲寅	癸未	乙卯	26日
庚寅	己未	己丑	戊午	戊子	丁巳	丙戌	丙辰	乙酉	乙卯	甲申	丙辰	27日
辛卯	庚申	庚寅	己未	己丑	戊午	丁亥	丁巳	丙戌	丙辰	乙酉	丁巳	28日
壬辰	辛酉	辛卯	庚申	庚寅	己未	戊子	戊午	丁亥	丁巳	丙戌		29日
癸巳	壬戌	壬辰	辛酉	辛卯	庚申	己丑	己未	戊子	戊午	丁亥		30日
甲午	癸亥		壬戌		辛酉	庚寅		己丑		戊子		31日

昭和19年〈1944年〉 甲申（二黒土星）

九紫	一白	二黒	三碧	四緑	五黄	六白	七赤	八白	九紫	一白	二黒	九星
1月	12月	11月	10月	9月	8月	7月	6月	5月	4月	3月	2月	月
丁丑	丙子	乙亥	甲戌	癸酉	壬申	辛未	庚午	己巳	戊辰	丁卯	丙寅	月干
6日	7日	7日	8日	8日	8日	7日	6日	6日	5日	6日	5日	節入
1:32	14:28	21:55	19:09	3:56	1:19	15:36	5:11	0:40	6:54	1:41	7:24	時刻
庚午	己亥	己巳	戊戌	戊辰	丁酉	丙寅	丙申	乙丑	乙未	甲子	乙未	1日
辛未	庚子	庚午	己亥	己巳	戊戌	丁卯	丁酉	丙寅	丙申	乙丑	丙申	2日
壬申	辛丑	辛未	庚子	庚午	己亥	戊辰	戊戌	丁卯	丁酉	丙寅	丁酉	3日
癸酉	壬寅	壬申	辛丑	辛未	庚子	己巳	己亥	戊辰	戊戌	丁卯	戊戌	4日
甲戌	癸卯	癸酉	壬寅	壬申	辛丑	庚午	庚子	己巳	己亥	戊辰	己亥	5日
乙亥	甲辰	甲戌	癸卯	癸酉	壬寅	辛未	辛丑	庚午	庚子	己巳	庚子	6日
丙子	乙巳	乙亥	甲辰	甲戌	癸卯	壬申	壬寅	辛未	辛丑	庚午	辛丑	7日
丁丑	丙午	丙子	乙巳	乙亥	甲辰	癸酉	癸卯	壬申	壬寅	辛未	壬寅	8日
戊寅	丁未	丁丑	丙午	丙子	乙巳	甲戌	甲辰	癸酉	癸卯	壬申	癸卯	9日
己卯	戊申	戊寅	丁未	丁丑	丙午	乙亥	乙巳	甲戌	甲辰	癸酉	甲辰	10日
庚辰	己酉	己卯	戊申	戊寅	丁未	丙子	丙午	乙亥	乙巳	甲戌	乙巳	11日
辛巳	庚戌	庚辰	己酉	己卯	戊申	丁丑	丁未	丙子	丙午	乙亥	丙午	12日
壬午	辛亥	辛巳	庚戌	庚辰	己酉	戊寅	戊申	丁丑	丁未	丙子	丁未	13日
癸未	壬子	壬午	辛亥	辛巳	庚戌	己卯	己酉	戊寅	戊申	丁丑	戊申	14日
甲申	癸丑	癸未	壬子	壬午	辛亥	庚辰	庚戌	己卯	己酉	戊寅	己酉	15日
乙酉	甲寅	甲申	癸丑	癸未	壬子	辛巳	辛亥	庚辰	庚戌	己卯	庚戌	16日
丙戌	乙卯	乙酉	甲寅	甲申	癸丑	壬午	壬子	辛巳	辛亥	庚辰	辛亥	17日
丁亥	丙辰	丙戌	乙卯	乙酉	甲寅	癸未	癸丑	壬午	壬子	辛巳	壬子	18日
戊子	丁巳	丁亥	丙辰	丙戌	乙卯	甲申	甲寅	癸未	癸丑	壬午	癸丑	19日
己丑	戊午	戊子	丁巳	丁亥	丙辰	乙酉	乙卯	甲申	甲寅	癸未	甲寅	20日
庚寅	己未	己丑	戊午	戊子	丁巳	丙戌	丙辰	乙酉	乙卯	甲申	乙卯	21日
辛卯	庚申	庚寅	己未	己丑	戊午	丁亥	丁巳	丙戌	丙辰	乙酉	丙辰	22日
壬辰	辛酉	辛卯	庚申	庚寅	己未	戊子	戊午	丁亥	丁巳	丙戌	丁巳	23日
癸巳	壬戌	壬辰	辛酉	辛卯	庚申	己丑	己未	戊子	戊午	丁亥	戊午	24日
甲午	癸亥	癸巳	壬戌	壬辰	辛酉	庚寅	庚申	己丑	己未	戊子	己未	25日
乙未	甲子	甲午	癸亥	癸巳	壬戌	辛卯	辛酉	庚寅	庚申	己丑	庚申	26日
丙申	乙丑	乙未	甲子	甲午	癸亥	壬辰	壬戌	辛卯	辛酉	庚寅	辛酉	27日
丁酉	丙寅	丙申	乙丑	乙未	甲子	癸巳	癸亥	壬辰	壬戌	辛卯	壬戌	28日
戊戌	丁卯	丁酉	丙寅	丙申	乙丑	甲午	甲子	癸巳	癸亥	壬辰	癸亥	29日
己亥	戊辰	戊戌	丁卯	丁酉	丙寅	乙未	乙丑	甲午	甲子	癸巳		30日
庚子	己巳		戊辰		丁卯	丙申		乙未		甲午		31日

昭和20年〈1945年〉　乙酉（一白水星）

六白	七赤	八白	九紫	一白	二黒	三碧	四緑	五黄	六白	七赤	八白	九星
1月	12月	11月	10月	9月	8月	7月	6月	5月	4月	3月	2月	月
己丑	戊子	丁亥	丙戌	乙酉	甲申	癸未	壬午	辛巳	庚辰	己卯	戊寅	月干
6日	7日	8日	9日	8日	8日	7日	6日	6日	5日	6日	4日	節入
7:17	20:08	3:35	0:50	9:39	7:06	21:27	11:06	6:37	12:52	7:38	13:20	時刻
乙亥	甲辰	甲戌	癸卯	癸酉	壬寅	辛未	辛丑	庚午	庚子	己巳	辛丑	1日
丙子	乙巳	乙亥	甲辰	甲戌	癸卯	壬申	壬寅	辛未	辛丑	庚午	壬寅	2日
丁丑	丙午	丙子	乙巳	乙亥	甲辰	癸酉	癸卯	壬申	壬寅	辛未	癸卯	3日
戊寅	丁未	丁丑	丙午	丙子	乙巳	甲戌	甲辰	癸酉	癸卯	壬申	甲辰	4日
己卯	戊申	戊寅	丁未	丁丑	丙午	乙亥	乙巳	甲戌	甲辰	癸酉	乙巳	5日
庚辰	己酉	己卯	戊申	戊寅	丁未	丙子	丙午	乙亥	乙巳	甲戌	丙午	6日
辛巳	庚戌	庚辰	己酉	己卯	戊申	丁丑	丁未	丙子	丙午	乙亥	丁未	7日
壬午	辛亥	辛巳	庚戌	庚辰	己酉	戊寅	戊申	丁丑	丁未	丙子	戊申	8日
癸未	壬子	壬午	辛亥	辛巳	庚戌	己卯	己酉	戊寅	戊申	丁丑	己酉	9日
甲申	癸丑	癸未	壬子	壬午	辛亥	庚辰	庚戌	己卯	己酉	戊寅	庚戌	10日
乙酉	甲寅	甲申	癸丑	癸未	壬子	辛巳	辛亥	庚辰	庚戌	己卯	辛亥	11日
丙戌	乙卯	乙酉	甲寅	甲申	癸丑	壬午	壬子	辛巳	辛亥	庚辰	壬子	12日
丁亥	丙辰	丙戌	乙卯	乙酉	甲寅	癸未	癸丑	壬午	壬子	辛巳	癸丑	13日
戊子	丁巳	丁亥	丙辰	丙戌	乙卯	甲申	甲寅	癸未	癸丑	壬午	甲寅	14日
己丑	戊午	戊子	丁巳	丁亥	丙辰	乙酉	乙卯	甲申	甲寅	癸未	乙卯	15日
庚寅	己未	己丑	戊午	戊子	丁巳	丙戌	丙辰	乙酉	乙卯	甲申	丙辰	16日
辛卯	庚申	庚寅	己未	己丑	戊午	丁亥	丁巳	丙戌	丙辰	乙酉	丁巳	17日
壬辰	辛酉	辛卯	庚申	庚寅	己未	戊子	戊午	丁亥	丁巳	丙戌	戊午	18日
癸巳	壬戌	壬辰	辛酉	辛卯	庚申	己丑	己未	戊子	戊午	丁亥	己未	19日
甲午	癸亥	癸巳	壬戌	壬辰	辛酉	庚寅	庚申	己丑	己未	戊子	庚申	20日
乙未	甲子	甲午	癸亥	癸巳	壬戌	辛卯	辛酉	庚寅	庚申	己丑	辛酉	21日
丙申	乙丑	乙未	甲子	甲午	癸亥	壬辰	壬戌	辛卯	辛酉	庚寅	壬戌	22日
丁酉	丙寅	丙申	乙丑	乙未	甲子	癸巳	癸亥	壬辰	壬戌	辛卯	癸亥	23日
戊戌	丁卯	丁酉	丙寅	丙申	乙丑	甲午	甲子	癸巳	癸亥	壬辰	甲子	24日
己亥	戊辰	戊戌	丁卯	丁酉	丙寅	乙未	乙丑	甲午	甲子	癸巳	乙丑	25日
庚子	己巳	己亥	戊辰	戊戌	丁卯	丙申	丙寅	乙未	乙丑	甲午	丙寅	26日
辛丑	庚午	庚子	己巳	己亥	戊辰	丁酉	丁卯	丙申	丙寅	乙未	丁卯	27日
壬寅	辛未	辛丑	庚午	庚子	己巳	戊戌	戊辰	丁酉	丁卯	丙申	戊辰	28日
癸卯	壬申	壬寅	辛未	辛丑	庚午	己亥	己巳	戊戌	戊辰	丁酉		29日
甲辰	癸酉	癸卯	壬申	壬寅	辛未	庚子	庚午	己亥	己巳	戊戌		30日
乙巳	甲戌		癸酉		壬申	辛丑		庚子		己亥		31日

昭和21年〈1946年〉 丙戌（九紫火星）

三碧	四緑	五黄	六白	七赤	八白	九紫	一白	二黒	三碧	四緑	五黄	九星
1月	12月	11月	10月	9月	8月	7月	6月	5月	4月	3月	2月	月
辛丑	庚子	己亥	戊戌	丁酉	丙申	乙未	甲午	癸巳	壬辰	辛卯	庚寅	月干
6日	8日	8日	9日	8日	8日	8日	6日	6日	5日	6日	4日	節入
13:07	2:01	9:28	6:41	15:28	12:52	3:11	16:49	12:22	18:39	13:25	19:04	時刻
庚辰	己酉	己卯	戊申	戊寅	丁未	丙子	丙午	乙亥	乙巳	甲戌	丙午	1日
辛巳	庚戌	庚辰	己酉	己卯	戊申	丁丑	丁未	丙子	丙午	乙亥	丁未	2日
壬午	辛亥	辛巳	庚戌	庚辰	己酉	戊寅	戊申	丁丑	丁未	丙子	戊申	3日
癸未	壬子	壬午	辛亥	辛巳	庚戌	己卯	己酉	戊寅	戊申	丁丑	己酉	4日
甲申	癸丑	癸未	壬子	壬午	辛亥	庚辰	庚戌	己卯	己酉	戊寅	庚戌	5日
乙酉	甲寅	甲申	癸丑	癸未	壬子	辛巳	辛亥	庚辰	庚戌	己卯	辛亥	6日
丙戌	乙卯	乙酉	甲寅	甲申	癸丑	壬午	壬子	辛巳	辛亥	庚辰	壬子	7日
丁亥	丙辰	丙戌	乙卯	乙酉	甲寅	癸未	癸丑	壬午	壬子	辛巳	癸丑	8日
戊子	丁巳	丁亥	丙辰	丙戌	乙卯	甲申	甲寅	癸未	癸丑	壬午	甲寅	9日
己丑	戊午	戊子	丁巳	丁亥	丙辰	乙酉	乙卯	甲申	甲寅	癸未	乙卯	10日
庚寅	己未	己丑	戊午	戊子	丁巳	丙戌	丙辰	乙酉	乙卯	甲申	丙辰	11日
辛卯	庚申	庚寅	己未	己丑	戊午	丁亥	丁巳	丙戌	丙辰	乙酉	丁巳	12日
壬辰	辛酉	辛卯	庚申	庚寅	己未	戊子	戊午	丁亥	丁巳	丙戌	戊午	13日
癸巳	壬戌	壬辰	辛酉	辛卯	庚申	己丑	己未	戊子	戊午	丁亥	己未	14日
甲午	癸亥	癸巳	壬戌	壬辰	辛酉	庚寅	庚申	己丑	己未	戊子	庚申	15日
乙未	甲子	甲午	癸亥	癸巳	壬戌	辛卯	辛酉	庚寅	庚申	己丑	辛酉	16日
丙申	乙丑	乙未	甲子	甲午	癸亥	壬辰	壬戌	辛卯	辛酉	庚寅	壬戌	17日
丁酉	丙寅	丙申	乙丑	乙未	甲子	癸巳	癸亥	壬辰	壬戌	辛卯	癸亥	18日
戊戌	丁卯	丁酉	丙寅	丙申	乙丑	甲午	甲子	癸巳	癸亥	壬辰	甲子	19日
己亥	戊辰	戊戌	丁卯	丁酉	丙寅	乙未	乙丑	甲午	甲子	癸巳	乙丑	20日
庚子	己巳	己亥	戊辰	戊戌	丁卯	丙申	丙寅	乙未	乙丑	甲午	丙寅	21日
辛丑	庚午	庚子	己巳	己亥	戊辰	丁酉	丁卯	丙申	丙寅	乙未	丁卯	22日
壬寅	辛未	辛丑	庚午	庚子	己巳	戊戌	戊辰	丁酉	丁卯	丙申	戊辰	23日
癸卯	壬申	壬寅	辛未	辛丑	庚午	己亥	己巳	戊戌	戊辰	丁酉	己巳	24日
甲辰	癸酉	癸卯	壬申	壬寅	辛未	庚子	庚午	己亥	己巳	戊戌	庚午	25日
乙巳	甲戌	甲辰	癸酉	癸卯	壬申	辛丑	辛未	庚子	庚午	己亥	辛未	26日
丙午	乙亥	乙巳	甲戌	甲辰	癸酉	壬寅	壬申	辛丑	辛未	庚子	壬申	27日
丁未	丙子	丙午	乙亥	乙巳	甲戌	癸卯	癸酉	壬寅	壬申	辛丑	癸酉	28日
戊申	丁丑	丁未	丙子	丙午	乙亥	甲辰	甲戌	癸卯	癸酉	壬寅		29日
己酉	戊寅	戊申	丁丑	丁未	丙子	乙巳	乙亥	甲辰	甲戌	癸卯		30日
庚戌	己卯		戊寅		丁丑	丙午		乙巳		甲辰		31日

昭和22年〈1947年〉 丁亥（八白土星）

九紫	一白	二黒	三碧	四緑	五黄	六白	七赤	八白	九紫	一白	二黒	九星
1月	12月	11月	10月	9月	8月	7月	6月	5月	4月	3月	2月	月
癸丑	壬子	辛亥	庚戌	己酉	戊申	丁未	丙午	乙巳	甲辰	癸卯	壬寅	月干
6日	8日	8日	9日	8日	8日	8日	6日	6日	6日	6日	5日	節入
19:01	7:57	15:25	12:38	21:22	18:41	8:56	22:32	18:03	0:21	19:08	0:51	時刻
乙酉	甲寅	甲申	癸丑	癸未	壬子	辛巳	辛亥	庚辰	庚戌	己卯	辛亥	1日
丙戌	乙卯	乙酉	甲寅	甲申	癸丑	壬午	壬子	辛巳	辛亥	庚辰	壬子	2日
丁亥	丙辰	丙戌	乙卯	乙酉	甲寅	癸未	癸丑	壬午	壬子	辛巳	癸丑	3日
戊子	丁巳	丁亥	丙辰	丙戌	乙卯	甲申	甲寅	癸未	癸丑	壬午	甲寅	4日
己丑	戊午	戊子	丁巳	丁亥	丙辰	乙酉	乙卯	甲申	甲寅	癸未	乙卯	5日
庚寅	己未	己丑	戊午	戊子	丁巳	丙戌	丙辰	乙酉	乙卯	甲申	丙辰	6日
辛卯	庚申	庚寅	己未	己丑	戊午	丁亥	丁巳	丙戌	丙辰	乙酉	丁巳	7日
壬辰	辛酉	辛卯	庚申	庚寅	己未	戊子	戊午	丁亥	丁巳	丙戌	戊午	8日
癸巳	壬戌	壬辰	辛酉	辛卯	庚申	己丑	己未	戊子	戊午	丁亥	己未	9日
甲午	癸亥	癸巳	壬戌	壬辰	辛酉	庚寅	庚申	己丑	己未	戊子	庚申	10日
乙未	甲子	甲午	癸亥	癸巳	壬戌	辛卯	辛酉	庚寅	庚申	己丑	辛酉	11日
丙申	乙丑	乙未	甲子	甲午	癸亥	壬辰	壬戌	辛卯	辛酉	庚寅	壬戌	12日
丁酉	丙寅	丙申	乙丑	乙未	甲子	癸巳	癸亥	壬辰	壬戌	辛卯	癸亥	13日
戊戌	丁卯	丁酉	丙寅	丙申	乙丑	甲午	甲子	癸巳	癸亥	壬辰	甲子	14日
己亥	戊辰	戊戌	丁卯	丁酉	丙寅	乙未	乙丑	甲午	甲子	癸巳	乙丑	15日
庚子	己巳	己亥	戊辰	戊戌	丁卯	丙申	丙寅	乙未	乙丑	甲午	丙寅	16日
辛丑	庚午	庚子	己巳	己亥	戊辰	丁酉	丁卯	丙申	丙寅	乙未	丁卯	17日
壬寅	辛未	辛丑	庚午	庚子	己巳	戊戌	戊辰	丁酉	丁卯	丙申	戊辰	18日
癸卯	壬申	壬寅	辛未	辛丑	庚午	己亥	己巳	戊戌	戊辰	丁酉	己巳	19日
甲辰	癸酉	癸卯	壬申	壬寅	辛未	庚子	庚午	己亥	己巳	戊戌	庚午	20日
乙巳	甲戌	甲辰	癸酉	癸卯	壬申	辛丑	辛未	庚子	庚午	己亥	辛未	21日
丙午	乙亥	乙巳	甲戌	甲辰	癸酉	壬寅	壬申	辛丑	辛未	庚子	壬申	22日
丁未	丙子	丙午	乙亥	乙巳	甲戌	癸卯	癸酉	壬寅	壬申	辛丑	癸酉	23日
戊申	丁丑	丁未	丙子	丙午	乙亥	甲辰	甲戌	癸卯	癸酉	壬寅	甲戌	24日
己酉	戊寅	戊申	丁丑	丁未	丙子	乙巳	乙亥	甲辰	甲戌	癸卯	乙亥	25日
庚戌	己卯	己酉	戊寅	戊申	丁丑	丙午	丙子	乙巳	乙亥	甲辰	丙子	26日
辛亥	庚辰	庚戌	己卯	己酉	戊寅	丁未	丁丑	丙午	丙子	乙巳	丁丑	27日
壬子	辛巳	辛亥	庚辰	庚戌	己卯	戊申	戊寅	丁未	丁丑	丙午	戊寅	28日
癸丑	壬午	壬子	辛巳	辛亥	庚辰	己酉	己卯	戊申	戊寅	丁未		29日
甲寅	癸未	癸丑	壬午	壬子	辛巳	庚戌	庚辰	己酉	己卯	戊申		30日
乙卯	甲申		癸未		壬午	辛亥		庚戌		己酉		31日

昭和23年〈1948年〉 戊子（七赤金星）

六白	七赤	八白	九紫	一白	二黒	三碧	四緑	五黄	六白	七赤	八白	九星
1月	12月	11月	10月	9月	8月	7月	6月	5月	4月	3月	2月	月
乙丑	甲子	癸亥	壬戌	辛酉	庚申	己未	戊午	丁巳	丙辰	乙卯	甲寅	月干
6日	7日	7日	8日	8日	8日	7日	6日	5日	5日	6日	5日	節入
0:42	13:38	21:07	18:21	3:06	0:27	14:44	4:21	23:53	6:10	0:58	6:43	時刻
辛卯	庚申	庚寅	己未	己丑	戊午	丁亥	丁巳	丙戌	丙辰	乙酉	丙辰	1日
壬辰	辛酉	辛卯	庚申	庚寅	己未	戊子	戊午	丁亥	丁巳	丙戌	丁巳	2日
癸巳	壬戌	壬辰	辛酉	辛卯	庚申	己丑	己未	戊子	戊午	丁亥	戊午	3日
甲午	癸亥	癸巳	壬戌	壬辰	辛酉	庚寅	庚申	己丑	己未	戊子	己未	4日
乙未	甲子	甲午	癸亥	癸巳	壬戌	辛卯	辛酉	庚寅	庚申	己丑	庚申	5日
丙申	乙丑	乙未	甲子	甲午	癸亥	壬辰	壬戌	辛卯	辛酉	庚寅	辛酉	6日
丁酉	丙寅	丙申	乙丑	乙未	甲子	癸巳	癸亥	壬辰	壬戌	辛卯	壬戌	7日
戊戌	丁卯	丁酉	丙寅	丙申	乙丑	甲午	甲子	癸巳	癸亥	壬辰	癸亥	8日
己亥	戊辰	戊戌	丁卯	丁酉	丙寅	乙未	乙丑	甲午	甲子	癸巳	甲子	9日
庚子	己巳	己亥	戊辰	戊戌	丁卯	丙申	丙寅	乙未	乙丑	甲午	乙丑	10日
辛丑	庚午	庚子	己巳	己亥	戊辰	丁酉	丁卯	丙申	丙寅	乙未	丙寅	11日
壬寅	辛未	辛丑	庚午	庚子	己巳	戊戌	戊辰	丁酉	丁卯	丙申	丁卯	12日
癸卯	壬申	壬寅	辛未	辛丑	庚午	己亥	己巳	戊戌	戊辰	丁酉	戊辰	13日
甲辰	癸酉	癸卯	壬申	壬寅	辛未	庚子	庚午	己亥	己巳	戊戌	己巳	14日
乙巳	甲戌	甲辰	癸酉	癸卯	壬申	辛丑	辛未	庚子	庚午	己亥	庚午	15日
丙午	乙亥	乙巳	甲戌	甲辰	癸酉	壬寅	壬申	辛丑	辛未	庚子	辛未	16日
丁未	丙子	丙午	乙亥	乙巳	甲戌	癸卯	癸酉	壬寅	壬申	辛丑	壬申	17日
戊申	丁丑	丁未	丙子	丙午	乙亥	甲辰	甲戌	癸卯	癸酉	壬寅	癸酉	18日
己酉	戊寅	戊申	丁丑	丁未	丙子	乙巳	乙亥	甲辰	甲戌	癸卯	甲戌	19日
庚戌	己卯	己酉	戊寅	戊申	丁丑	丙午	丙子	乙巳	乙亥	甲辰	乙亥	20日
辛亥	庚辰	庚戌	己卯	己酉	戊寅	丁未	丁丑	丙午	丙子	乙巳	丙子	21日
壬子	辛巳	辛亥	庚辰	庚戌	己卯	戊申	戊寅	丁未	丁丑	丙午	丁丑	22日
癸丑	壬午	壬子	辛巳	辛亥	庚辰	己酉	己卯	戊申	戊寅	丁未	戊寅	23日
甲寅	癸未	癸丑	壬午	壬子	辛巳	庚戌	庚辰	己酉	己卯	戊申	己卯	24日
乙卯	甲申	甲寅	癸未	癸丑	壬午	辛亥	辛巳	庚戌	庚辰	己酉	庚辰	25日
丙辰	乙酉	乙卯	甲申	甲寅	癸未	壬子	壬午	辛亥	辛巳	庚戌	辛巳	26日
丁巳	丙戌	丙辰	乙酉	乙卯	甲申	癸丑	癸未	壬子	壬午	辛亥	壬午	27日
戊午	丁亥	丁巳	丙戌	丙辰	乙酉	甲寅	甲申	癸丑	癸未	壬子	癸未	28日
己未	戊子	戊午	丁亥	丁巳	丙戌	乙卯	乙酉	甲寅	甲申	癸丑	甲申	29日
庚申	己丑	己未	戊子	戊午	丁亥	丙辰	丙戌	乙卯	乙酉	甲寅		30日
辛酉	庚寅		己丑		戊子	丁巳		丙辰		乙卯		31日

昭和24年〈1949年〉 己丑（六白金星）

三碧	四緑	五黄	六白	七赤	八白	九紫	一白	二黒	三碧	四緑	五黄	九星
1月	12月	11月	10月	9月	8月	7月	6月	5月	4月	3月	2月	月
丁丑	丙子	乙亥	甲戌	癸酉	壬申	辛未	庚午	己巳	戊辰	丁卯	丙寅	月干
6日	7日	8日	9日	8日	8日	7日	6日	6日	5日	6日	4日	節入
6:40	19:34	3:01	0:12	8:55	6:16	20:32	10:07	5:37	11:52	6:40	12:24	時刻
丙申	乙丑	乙未	甲子	甲午	癸亥	壬辰	壬戌	辛卯	辛酉	庚寅	壬戌	1日
丁酉	丙寅	丙申	乙丑	乙未	甲子	癸巳	癸亥	壬辰	壬戌	辛卯	癸亥	2日
戊戌	丁卯	丁酉	丙寅	丙申	乙丑	甲午	甲子	癸巳	癸亥	壬辰	甲子	3日
己亥	戊辰	戊戌	丁卯	丁酉	丙寅	乙未	乙丑	甲午	甲子	癸巳	乙丑	4日
庚子	己巳	己亥	戊辰	戊戌	丁卯	丙申	丙寅	乙未	乙丑	甲午	丙寅	5日
辛丑	庚午	庚子	己巳	己亥	戊辰	丁酉	丁卯	丙申	丙寅	乙未	丁卯	6日
壬寅	辛未	辛丑	庚午	庚子	己巳	戊戌	戊辰	丁酉	丁卯	丙申	戊辰	7日
癸卯	壬申	壬寅	辛未	辛丑	庚午	己亥	己巳	戊戌	戊辰	丁酉	己巳	8日
甲辰	癸酉	癸卯	壬申	壬寅	辛未	庚子	庚午	己亥	己巳	戊戌	庚午	9日
乙巳	甲戌	甲辰	癸酉	癸卯	壬申	辛丑	辛未	庚子	庚午	己亥	辛未	10日
丙午	乙亥	乙巳	甲戌	甲辰	癸酉	壬寅	壬申	辛丑	辛未	庚子	壬申	11日
丁未	丙子	丙午	乙亥	乙巳	甲戌	癸卯	癸酉	壬寅	壬申	辛丑	癸酉	12日
戊申	丁丑	丁未	丙子	丙午	乙亥	甲辰	甲戌	癸卯	癸酉	壬寅	甲戌	13日
己酉	戊寅	戊申	丁丑	丁未	丙子	乙巳	乙亥	甲辰	甲戌	癸卯	乙亥	14日
庚戌	己卯	己酉	戊寅	戊申	丁丑	丙午	丙子	乙巳	乙亥	甲辰	丙子	15日
辛亥	庚辰	庚戌	己卯	己酉	戊寅	丁未	丁丑	丙午	丙子	乙巳	丁丑	16日
壬子	辛巳	辛亥	庚辰	庚戌	己卯	戊申	戊寅	丁未	丁丑	丙午	戊寅	17日
癸丑	壬午	壬子	辛巳	辛亥	庚辰	己酉	己卯	戊申	戊寅	丁未	己卯	18日
甲寅	癸未	癸丑	壬午	壬子	辛巳	庚戌	庚辰	己酉	己卯	戊申	庚辰	19日
乙卯	甲申	甲寅	癸未	癸丑	壬午	辛亥	辛巳	庚戌	庚辰	己酉	辛巳	20日
丙辰	乙酉	乙卯	甲申	甲寅	癸未	壬子	壬午	辛亥	辛巳	庚戌	壬午	21日
丁巳	丙戌	丙辰	乙酉	乙卯	甲申	癸丑	癸未	壬子	壬午	辛亥	癸未	22日
戊午	丁亥	丁巳	丙戌	丙辰	乙酉	甲寅	甲申	癸丑	癸未	壬子	甲申	23日
己未	戊子	戊午	丁亥	丁巳	丙戌	乙卯	乙酉	甲寅	甲申	癸丑	乙酉	24日
庚申	己丑	己未	戊子	戊午	丁亥	丙辰	丙戌	乙卯	乙酉	甲寅	丙戌	25日
辛酉	庚寅	庚申	己丑	己未	戊子	丁巳	丁亥	丙辰	丙戌	乙卯	丁亥	26日
壬戌	辛卯	辛酉	庚寅	庚申	己丑	戊午	戊子	丁巳	丁亥	丙辰	戊子	27日
癸亥	壬辰	壬戌	辛卯	辛酉	庚寅	己未	己丑	戊午	戊子	丁巳	己丑	28日
甲子	癸巳	癸亥	壬辰	壬戌	辛卯	庚申	庚寅	己未	己丑	戊午		29日
乙丑	甲午	甲子	癸巳	癸亥	壬辰	辛酉	辛卯	庚申	庚寅	己未		30日
丙寅	乙未		甲午		癸巳	壬戌		辛酉		庚申		31日

昭和25年〈1950年〉 庚寅（五黄土星）

九紫	一白	二黒	三碧	四緑	五黄	六白	七赤	八白	九紫	一白	二黒	九星
1月	12月	11月	10月	9月	8月	7月	6月	5月	4月	3月	2月	月
己丑	戊子	丁亥	丙戌	乙酉	甲申	癸未	壬午	辛巳	庚辰	己卯	戊寅	月干
6日	8日	8日	9日	8日	8日	8日	6日	6日	5日	6日	4日	節入
12:31	1:22	8:44	5:52	14:34	11:56	2:14	15:51	11:25	17:45	12:36	18:21	時刻
辛丑	庚午	庚子	己巳	己亥	戊辰	丁酉	丁卯	丙申	丙寅	乙未	丁卯	1日
壬寅	辛未	辛丑	庚午	庚子	己巳	戊戌	戊辰	丁酉	丁卯	丙申	戊辰	2日
癸卯	壬申	壬寅	辛未	辛丑	庚午	己亥	己巳	戊戌	戊辰	丁酉	己巳	3日
甲辰	癸酉	癸卯	壬申	壬寅	辛未	庚子	庚午	己亥	己巳	戊戌	庚午	4日
乙巳	甲戌	甲辰	癸酉	癸卯	壬申	辛丑	辛未	庚子	庚午	己亥	辛未	5日
丙午	乙亥	乙巳	甲戌	甲辰	癸酉	壬寅	壬申	辛丑	辛未	庚子	壬申	6日
丁未	丙子	丙午	乙亥	乙巳	甲戌	癸卯	癸酉	壬寅	壬申	辛丑	癸酉	7日
戊申	丁丑	丁未	丙子	丙午	乙亥	甲辰	甲戌	癸卯	癸酉	壬寅	甲戌	8日
己酉	戊寅	戊申	丁丑	丁未	丙子	乙巳	乙亥	甲辰	甲戌	癸卯	乙亥	9日
庚戌	己卯	己酉	戊寅	戊申	丁丑	丙午	丙子	乙巳	乙亥	甲辰	丙子	10日
辛亥	庚辰	庚戌	己卯	己酉	戊寅	丁未	丁丑	丙午	丙子	乙巳	丁丑	11日
壬子	辛巳	辛亥	庚辰	庚戌	己卯	戊申	戊寅	丁未	丁丑	丙午	戊寅	12日
癸丑	壬午	壬子	辛巳	辛亥	庚辰	己酉	己卯	戊申	戊寅	丁未	己卯	13日
甲寅	癸未	癸丑	壬午	壬子	辛巳	庚戌	庚辰	己酉	己卯	戊申	庚辰	14日
乙卯	甲申	甲寅	癸未	癸丑	壬午	辛亥	辛巳	庚戌	庚辰	己酉	辛巳	15日
丙辰	乙酉	乙卯	甲申	甲寅	癸未	壬子	壬午	辛亥	辛巳	庚戌	壬午	16日
丁巳	丙戌	丙辰	乙酉	乙卯	甲申	癸丑	癸未	壬子	壬午	辛亥	癸未	17日
戊午	丁亥	丁巳	丙戌	丙辰	乙酉	甲寅	甲申	癸丑	癸未	壬子	甲申	18日
己未	戊子	戊午	丁亥	丁巳	丙戌	乙卯	乙酉	甲寅	甲申	癸丑	乙酉	19日
庚申	己丑	己未	戊子	戊午	丁亥	丙辰	丙戌	乙卯	乙酉	甲寅	丙戌	20日
辛酉	庚寅	庚申	己丑	己未	戊子	丁巳	丁亥	丙辰	丙戌	乙卯	丁亥	21日
壬戌	辛卯	辛酉	庚寅	庚申	己丑	戊午	戊子	丁巳	丁亥	丙辰	戊子	22日
癸亥	壬辰	壬戌	辛卯	辛酉	庚寅	己未	己丑	戊午	戊子	丁巳	己丑	23日
甲子	癸巳	癸亥	壬辰	壬戌	辛卯	庚申	庚寅	己未	己丑	戊午	庚寅	24日
乙丑	甲午	甲子	癸巳	癸亥	壬辰	辛酉	辛卯	庚申	庚寅	己未	辛卯	25日
丙寅	乙未	乙丑	甲午	甲子	癸巳	壬戌	壬辰	辛酉	辛卯	庚申	壬辰	26日
丁卯	丙申	丙寅	乙未	乙丑	甲午	癸亥	癸巳	壬戌	壬辰	辛酉	癸巳	27日
戊辰	丁酉	丁卯	丙申	丙寅	乙未	甲子	甲午	癸亥	癸巳	壬戌	甲午	28日
己巳	戊戌	戊辰	丁酉	丁卯	丙申	乙丑	乙未	甲子	甲午	癸亥		29日
庚午	己亥	己巳	戊戌	戊辰	丁酉	丙寅	丙申	乙丑	乙未	甲子		30日
辛未	庚子		己亥		戊戌	丁卯		丙寅		乙丑		31日

昭和26年〈1951年〉 辛卯（四緑木星）

六白	七赤	八白	九紫	一白	二黒	三碧	四緑	五黄	六白	七赤	八白	九星
1月	12月	11月	10月	9月	8月	7月	6月	5月	4月	3月	2月	月
辛丑	庚子	己亥	戊戌	丁酉	丙申	乙未	甲午	癸巳	壬辰	辛卯	庚寅	月干
6日	8日	8日	9日	8日	8日	8日	6日	6日	5日	6日	5日	節入
18:10	7:03	14:27	11:37	20:19	17:38	7:54	21:33	17:10	23:33	18:27	0:14	時刻
丙午	乙亥	乙巳	甲戌	甲辰	癸酉	壬寅	壬申	辛丑	辛未	庚子	壬申	1日
丁未	丙子	丙午	乙亥	乙巳	甲戌	癸卯	癸酉	壬寅	壬申	辛丑	癸酉	2日
戊申	丁丑	丁未	丙子	丙午	乙亥	甲辰	甲戌	癸卯	癸酉	壬寅	甲戌	3日
己酉	戊寅	戊申	丁丑	丁未	丙子	乙巳	乙亥	甲辰	甲戌	癸卯	乙亥	4日
庚戌	己卯	己酉	戊寅	戊申	丁丑	丙午	丙子	乙巳	乙亥	甲辰	丙子	5日
辛亥	庚辰	庚戌	己卯	己酉	戊寅	丁未	丁丑	丙午	丙子	乙巳	丁丑	6日
壬子	辛巳	辛亥	庚辰	庚戌	己卯	戊申	戊寅	丁未	丁丑	丙午	戊寅	7日
癸丑	壬午	壬子	辛巳	辛亥	庚辰	己酉	己卯	戊申	戊寅	丁未	己卯	8日
甲寅	癸未	癸丑	壬午	壬子	辛巳	庚戌	庚辰	己酉	己卯	戊申	庚辰	9日
乙卯	甲申	甲寅	癸未	癸丑	壬午	辛亥	辛巳	庚戌	庚辰	己酉	辛巳	10日
丙辰	乙酉	乙卯	甲申	甲寅	癸未	壬子	壬午	辛亥	辛巳	庚戌	壬午	11日
丁巳	丙戌	丙辰	乙酉	乙卯	甲申	癸丑	癸未	壬子	壬午	辛亥	癸未	12日
戊午	丁亥	丁巳	丙戌	丙辰	乙酉	甲寅	甲申	癸丑	癸未	壬子	甲申	13日
己未	戊子	戊午	丁亥	丁巳	丙戌	乙卯	乙酉	甲寅	甲申	癸丑	乙酉	14日
庚申	己丑	己未	戊子	戊午	丁亥	丙辰	丙戌	乙卯	乙酉	甲寅	丙戌	15日
辛酉	庚寅	庚申	己丑	己未	戊子	丁巳	丁亥	丙辰	丙戌	乙卯	丁亥	16日
壬戌	辛卯	辛酉	庚寅	庚申	己丑	戊午	戊子	丁巳	丁亥	丙辰	戊子	17日
癸亥	壬辰	壬戌	辛卯	辛酉	庚寅	己未	己丑	戊午	戊子	丁巳	己丑	18日
甲子	癸巳	癸亥	壬辰	壬戌	辛卯	庚申	庚寅	己未	己丑	戊午	庚寅	19日
乙丑	甲午	甲子	癸巳	癸亥	壬辰	辛酉	辛卯	庚申	庚寅	己未	辛卯	20日
丙寅	乙未	乙丑	甲午	甲子	癸巳	壬戌	壬辰	辛酉	辛卯	庚申	壬辰	21日
丁卯	丙申	丙寅	乙未	乙丑	甲午	癸亥	癸巳	壬戌	壬辰	辛酉	癸巳	22日
戊辰	丁酉	丁卯	丙申	丙寅	乙未	甲子	甲午	癸亥	癸巳	壬戌	甲午	23日
己巳	戊戌	戊辰	丁酉	丁卯	丙申	乙丑	乙未	甲子	甲午	癸亥	乙未	24日
庚午	己亥	己巳	戊戌	戊辰	丁酉	丙寅	丙申	乙丑	乙未	甲子	丙申	25日
辛未	庚子	庚午	己亥	己巳	戊戌	丁卯	丁酉	丙寅	丙申	乙丑	丁酉	26日
壬申	辛丑	辛未	庚子	庚午	己亥	戊辰	戊戌	丁卯	丁酉	丙寅	戊戌	27日
癸酉	壬寅	壬申	辛丑	辛未	庚子	己巳	己亥	戊辰	戊戌	丁卯	己亥	28日
甲戌	癸卯	癸酉	壬寅	壬申	辛丑	庚午	庚子	己巳	己亥	戊辰		29日
乙亥	甲辰	甲戌	癸卯	癸酉	壬寅	辛未	辛丑	庚午	庚子	己巳		30日
丙子	乙巳		甲辰		癸卯	壬申		辛未		庚午		31日

昭和27年〈1952年〉 壬辰（三碧木星）

三碧	四緑	五黄	六白	七赤	八白	九紫	一白	二黒	三碧	四緑	五黄	九星
1月	12月	11月	10月	9月	8月	7月	6月	5月	4月	3月	2月	月
癸丑	壬子	辛亥	庚戌	己酉	戊申	丁未	丙午	乙巳	甲辰	癸卯	壬寅	月干
6日	7日	7日	8日	8日	7日	7日	6日	5日	5日	6日	5日	節入
0:03	12:56	20:22	17:33	2:14	23:32	13:45	3:21	22:54	5:16	0:08	5:54	時刻
壬子	辛巳	辛亥	庚辰	庚戌	己卯	戊申	戊寅	丁未	丁丑	丙午	丁丑	1日
癸丑	壬午	壬子	辛巳	辛亥	庚辰	己酉	己卯	戊申	戊寅	丁未	戊寅	2日
甲寅	癸未	癸丑	壬午	壬子	辛巳	庚戌	庚辰	己酉	己卯	戊申	己卯	3日
乙卯	甲申	甲寅	癸未	癸丑	壬午	辛亥	辛巳	庚戌	庚辰	己酉	庚辰	4日
丙辰	乙酉	乙卯	甲申	甲寅	癸未	壬子	壬午	辛亥	辛巳	庚戌	辛巳	5日
丁巳	丙戌	丙辰	乙酉	乙卯	甲申	癸丑	癸未	壬子	壬午	辛亥	壬午	6日
戊午	丁亥	丁巳	丙戌	丙辰	乙酉	甲寅	甲申	癸丑	癸未	壬子	癸未	7日
己未	戊子	戊午	丁亥	丁巳	丙戌	乙卯	乙酉	甲寅	甲申	癸丑	甲申	8日
庚申	己丑	己未	戊子	戊午	丁亥	丙辰	丙戌	乙卯	乙酉	甲寅	乙酉	9日
辛酉	庚寅	庚申	己丑	己未	戊子	丁巳	丁亥	丙辰	丙戌	乙卯	丙戌	10日
壬戌	辛卯	辛酉	庚寅	庚申	己丑	戊午	戊子	丁巳	丁亥	丙辰	丁亥	11日
癸亥	壬辰	壬戌	辛卯	辛酉	庚寅	己未	己丑	戊午	戊子	丁巳	戊子	12日
甲子	癸巳	癸亥	壬辰	壬戌	辛卯	庚申	庚寅	己未	己丑	戊午	己丑	13日
乙丑	甲午	甲子	癸巳	癸亥	壬辰	辛酉	辛卯	庚申	庚寅	己未	庚寅	14日
丙寅	乙未	乙丑	甲午	甲子	癸巳	壬戌	壬辰	辛酉	辛卯	庚申	辛卯	15日
丁卯	丙申	丙寅	乙未	乙丑	甲午	癸亥	癸巳	壬戌	壬辰	辛酉	壬辰	16日
戊辰	丁酉	丁卯	丙申	丙寅	乙未	甲子	甲午	癸亥	癸巳	壬戌	癸巳	17日
己巳	戊戌	戊辰	丁酉	丁卯	丙申	乙丑	乙未	甲子	甲午	癸亥	甲午	18日
庚午	己亥	己巳	戊戌	戊辰	丁酉	丙寅	丙申	乙丑	乙未	甲子	乙未	19日
辛未	庚子	庚午	己亥	己巳	戊戌	丁卯	丁酉	丙寅	丙申	乙丑	丙申	20日
壬申	辛丑	辛未	庚子	庚午	己亥	戊辰	戊戌	丁卯	丁酉	丙寅	丁酉	21日
癸酉	壬寅	壬申	辛丑	辛未	庚子	己巳	己亥	戊辰	戊戌	丁卯	戊戌	22日
甲戌	癸卯	癸酉	壬寅	壬申	辛丑	庚午	庚子	己巳	己亥	戊辰	己亥	23日
乙亥	甲辰	甲戌	癸卯	癸酉	壬寅	辛未	辛丑	庚午	庚子	己巳	庚子	24日
丙子	乙巳	乙亥	甲辰	甲戌	癸卯	壬申	壬寅	辛未	辛丑	庚午	辛丑	25日
丁丑	丙午	丙子	乙巳	乙亥	甲辰	癸酉	癸卯	壬申	壬寅	辛未	壬寅	26日
戊寅	丁未	丁丑	丙午	丙子	乙巳	甲戌	甲辰	癸酉	癸卯	壬申	癸卯	27日
己卯	戊申	戊寅	丁未	丁丑	丙午	乙亥	乙巳	甲戌	甲辰	癸酉	甲辰	28日
庚辰	己酉	己卯	戊申	戊寅	丁未	丙子	丙午	乙亥	乙巳	甲戌	乙巳	29日
辛巳	庚戌	庚辰	己酉	己卯	戊申	丁丑	丁未	丙子	丙午	乙亥		30日
壬午	辛亥		庚戌		己酉	戊寅		丁丑		丙子		31日

昭和28年〈1953年〉 癸巳（二黒土星）

九紫	一白	二黒	三碧	四緑	五黄	六白	七赤	八白	九紫	一白	二黒	九星
1月	12月	11月	10月	9月	8月	7月	6月	5月	4月	3月	2月	月
乙丑	甲子	癸亥	壬戌	辛酉	庚申	己未	戊午	丁巳	丙辰	乙卯	甲寅	月干
6日	7日	8日	8日	8日	8日	7日	6日	6日	5日	6日	4日	節入
5:46	18:38	2:02	23:11	7:53	5:15	19:35	9:17	4:53	11:13	6:03	11:47	時刻
丁巳	丙戌	丙辰	乙酉	乙卯	甲申	癸丑	癸未	壬子	壬午	辛亥	癸未	1日
戊午	丁亥	丁巳	丙戌	丙辰	乙酉	甲寅	甲申	癸丑	癸未	壬子	甲申	2日
己未	戊子	戊午	丁亥	丁巳	丙戌	乙卯	乙酉	甲寅	甲申	癸丑	乙酉	3日
庚申	己丑	己未	戊子	戊午	丁亥	丙辰	丙戌	乙卯	乙酉	甲寅	丙戌	4日
辛酉	庚寅	庚申	己丑	己未	戊子	丁巳	丁亥	丙辰	丙戌	乙卯	丁亥	5日
壬戌	辛卯	辛酉	庚寅	庚申	己丑	戊午	戊子	丁巳	丁亥	丙辰	戊子	6日
癸亥	壬辰	壬戌	辛卯	辛酉	庚寅	己未	己丑	戊午	戊子	丁巳	己丑	7日
甲子	癸巳	癸亥	壬辰	壬戌	辛卯	庚申	庚寅	己未	己丑	戊午	庚寅	8日
乙丑	甲午	甲子	癸巳	癸亥	壬辰	辛酉	辛卯	庚申	庚寅	己未	辛卯	9日
丙寅	乙未	乙丑	甲午	甲子	癸巳	壬戌	壬辰	辛酉	辛卯	庚申	壬辰	10日
丁卯	丙申	丙寅	乙未	乙丑	甲午	癸亥	癸巳	壬戌	壬辰	辛酉	癸巳	11日
戊辰	丁酉	丁卯	丙申	丙寅	乙未	甲子	甲午	癸亥	癸巳	壬戌	甲午	12日
己巳	戊戌	戊辰	丁酉	丁卯	丙申	乙丑	乙未	甲子	甲午	癸亥	乙未	13日
庚午	己亥	己巳	戊戌	戊辰	丁酉	丙寅	丙申	乙丑	乙未	甲子	丙申	14日
辛未	庚子	庚午	己亥	己巳	戊戌	丁卯	丁酉	丙寅	丙申	乙丑	丁酉	15日
壬申	辛丑	辛未	庚子	庚午	己亥	戊辰	戊戌	丁卯	丁酉	丙寅	戊戌	16日
癸酉	壬寅	壬申	辛丑	辛未	庚子	己巳	己亥	戊辰	戊戌	丁卯	己亥	17日
甲戌	癸卯	癸酉	壬寅	壬申	辛丑	庚午	庚子	己巳	己亥	戊辰	庚子	18日
乙亥	甲辰	甲戌	癸卯	癸酉	壬寅	辛未	辛丑	庚午	庚子	己巳	辛丑	19日
丙子	乙巳	乙亥	甲辰	甲戌	癸卯	壬申	壬寅	辛未	辛丑	庚午	壬寅	20日
丁丑	丙午	丙子	乙巳	乙亥	甲辰	癸酉	癸卯	壬申	壬寅	辛未	癸卯	21日
戊寅	丁未	丁丑	丙午	丙子	乙巳	甲戌	甲辰	癸酉	癸卯	壬申	甲辰	22日
己卯	戊申	戊寅	丁未	丁丑	丙午	乙亥	乙巳	甲戌	甲辰	癸酉	乙巳	23日
庚辰	己酉	己卯	戊申	戊寅	丁未	丙子	丙午	乙亥	乙巳	甲戌	丙午	24日
辛巳	庚戌	庚辰	己酉	己卯	戊申	丁丑	丁未	丙子	丙午	乙亥	丁未	25日
壬午	辛亥	辛巳	庚戌	庚辰	己酉	戊寅	戊申	丁丑	丁未	丙子	戊申	26日
癸未	壬子	壬午	辛亥	辛巳	庚戌	己卯	己酉	戊寅	戊申	丁丑	己酉	27日
甲申	癸丑	癸未	壬子	壬午	辛亥	庚辰	庚戌	己卯	己酉	戊寅	庚戌	28日
乙酉	甲寅	甲申	癸丑	癸未	壬子	辛巳	辛亥	庚辰	庚戌	己卯		29日
丙戌	乙卯	乙酉	甲寅	甲申	癸丑	壬午	壬子	辛巳	辛亥	庚辰		30日
丁亥	丙辰		乙卯		甲寅	癸未		壬午		辛巳		31日

昭和29年〈1954年〉 甲午（一白水星）

六白	七赤	八白	九紫	一白	二黒	三碧	四緑	五黄	六白	七赤	八白	九星
1月	12月	11月	10月	9月	8月	7月	6月	5月	4月	3月	2月	月
丁丑	丙子	乙亥	甲戌	癸酉	壬申	辛未	庚午	己巳	戊辰	丁卯	丙寅	月干
6日	8日	8日	9日	8日	8日	8日	6日	6日	5日	6日	4日	節入
11:37	0:29	7:51	4:58	13:38	11:00	1:20	15:01	10:39	17:00	11:49	17:31	時刻
壬戌	辛卯	辛酉	庚寅	庚申	己丑	戊午	戊子	丁巳	丁亥	丙辰	戊子	1日
癸亥	壬辰	壬戌	辛卯	辛酉	庚寅	己未	己丑	戊午	戊子	丁巳	己丑	2日
甲子	癸巳	癸亥	壬辰	壬戌	辛卯	庚申	庚寅	己未	己丑	戊午	庚寅	3日
乙丑	甲午	甲子	癸巳	癸亥	壬辰	辛酉	辛卯	庚申	庚寅	己未	辛卯	4日
丙寅	乙未	乙丑	甲午	甲子	癸巳	壬戌	壬辰	辛酉	辛卯	庚申	壬辰	5日
丁卯	丙申	丙寅	乙未	乙丑	甲午	癸亥	癸巳	壬戌	壬辰	辛酉	癸巳	6日
戊辰	丁酉	丁卯	丙申	丙寅	乙未	甲子	甲午	癸亥	癸巳	壬戌	甲午	7日
己巳	戊戌	戊辰	丁酉	丁卯	丙申	乙丑	乙未	甲子	甲午	癸亥	乙未	8日
庚午	己亥	己巳	戊戌	戊辰	丁酉	丙寅	丙申	乙丑	乙未	甲子	丙申	9日
辛未	庚子	庚午	己亥	己巳	戊戌	丁卯	丁酉	丙寅	丙申	乙丑	丁酉	10日
壬申	辛丑	辛未	庚子	庚午	己亥	戊辰	戊戌	丁卯	丁酉	丙寅	戊戌	11日
癸酉	壬寅	壬申	辛丑	辛未	庚子	己巳	己亥	戊辰	戊戌	丁卯	己亥	12日
甲戌	癸卯	癸酉	壬寅	壬申	辛丑	庚午	庚子	己巳	己亥	戊辰	庚子	13日
乙亥	甲辰	甲戌	癸卯	癸酉	壬寅	辛未	辛丑	庚午	庚子	己巳	辛丑	14日
丙子	乙巳	乙亥	甲辰	甲戌	癸卯	壬申	壬寅	辛未	辛丑	庚午	壬寅	15日
丁丑	丙午	丙子	乙巳	乙亥	甲辰	癸酉	癸卯	壬申	壬寅	辛未	癸卯	16日
戊寅	丁未	丁丑	丙午	丙子	乙巳	甲戌	甲辰	癸酉	癸卯	壬申	甲辰	17日
己卯	戊申	戊寅	丁未	丁丑	丙午	乙亥	乙巳	甲戌	甲辰	癸酉	乙巳	18日
庚辰	己酉	己卯	戊申	戊寅	丁未	丙子	丙午	乙亥	乙巳	甲戌	丙午	19日
辛巳	庚戌	庚辰	己酉	己卯	戊申	丁丑	丁未	丙子	丙午	乙亥	丁未	20日
壬午	辛亥	辛巳	庚戌	庚辰	己酉	戊寅	戊申	丁丑	丁未	丙子	戊申	21日
癸未	壬子	壬午	辛亥	辛巳	庚戌	己卯	己酉	戊寅	戊申	丁丑	己酉	22日
甲申	癸丑	癸未	壬子	壬午	辛亥	庚辰	庚戌	己卯	己酉	戊寅	庚戌	23日
乙酉	甲寅	甲申	癸丑	癸未	壬子	辛巳	辛亥	庚辰	庚戌	己卯	辛亥	24日
丙戌	乙卯	乙酉	甲寅	甲申	癸丑	壬午	壬子	辛巳	辛亥	庚辰	壬子	25日
丁亥	丙辰	丙戌	乙卯	乙酉	甲寅	癸未	癸丑	壬午	壬子	辛巳	癸丑	26日
戊子	丁巳	丁亥	丙辰	丙戌	乙卯	甲申	甲寅	癸未	癸丑	壬午	甲寅	27日
己丑	戊午	戊子	丁巳	丁亥	丙辰	乙酉	乙卯	甲申	甲寅	癸未	乙卯	28日
庚寅	己未	己丑	戊午	戊子	丁巳	丙戌	丙辰	乙酉	乙卯	甲申		29日
辛卯	庚申	庚寅	己未	己丑	戊午	丁亥	丁巳	丙戌	丙辰	乙酉		30日
壬辰	辛酉		庚申		己未	戊子		丁亥		丙戌		31日

昭和30年〈1955年〉 乙未（九紫火星）

三碧	四緑	五黄	六白	七赤	八白	九紫	一白	二黒	三碧	四緑	五黄	九星
1月	12月	11月	10月	9月	8月	7月	6月	5月	4月	3月	2月	月
己丑	戊子	丁亥	丙戌	乙酉	甲申	癸未	壬午	辛巳	庚辰	己卯	戊寅	月干
6日	8日	8日	9日	8日	8日	8日	6日	6日	5日	6日	4日	節入
17:31	6:24	13:46	10:53	19:32	16:51	7:06	20:44	16:18	22:39	17:32	23:18	時刻
丁卯	丙申	丙寅	乙未	乙丑	甲午	癸亥	癸巳	壬戌	壬辰	辛酉	癸巳	1日
戊辰	丁酉	丁卯	丙申	丙寅	乙未	甲子	甲午	癸亥	癸巳	壬戌	甲午	2日
己巳	戊戌	戊辰	丁酉	丁卯	丙申	乙丑	乙未	甲子	甲午	癸亥	乙未	3日
庚午	己亥	己巳	戊戌	戊辰	丁酉	丙寅	丙申	乙丑	乙未	甲子	丙申	4日
辛未	庚子	庚午	己亥	己巳	戊戌	丁卯	丁酉	丙寅	丙申	乙丑	丁酉	5日
壬申	辛丑	辛未	庚子	庚午	己亥	戊辰	戊戌	丁卯	丁酉	丙寅	戊戌	6日
癸酉	壬寅	壬申	辛丑	辛未	庚子	己巳	己亥	戊辰	戊戌	丁卯	己亥	7日
甲戌	癸卯	癸酉	壬寅	壬申	辛丑	庚午	庚子	己巳	己亥	戊辰	庚子	8日
乙亥	甲辰	甲戌	癸卯	癸酉	壬寅	辛未	辛丑	庚午	庚子	己巳	辛丑	9日
丙子	乙巳	乙亥	甲辰	甲戌	癸卯	壬申	壬寅	辛未	辛丑	庚午	壬寅	10日
丁丑	丙午	丙子	乙巳	乙亥	甲辰	癸酉	癸卯	壬申	壬寅	辛未	癸卯	11日
戊寅	丁未	丁丑	丙午	丙子	乙巳	甲戌	甲辰	癸酉	癸卯	壬申	甲辰	12日
己卯	戊申	戊寅	丁未	丁丑	丙午	乙亥	乙巳	甲戌	甲辰	癸酉	乙巳	13日
庚辰	己酉	己卯	戊申	戊寅	丁未	丙子	丙午	乙亥	乙巳	甲戌	丙午	14日
辛巳	庚戌	庚辰	己酉	己卯	戊申	丁丑	丁未	丙子	丙午	乙亥	丁未	15日
壬午	辛亥	辛巳	庚戌	庚辰	己酉	戊寅	戊申	丁丑	丁未	丙子	戊申	16日
癸未	壬子	壬午	辛亥	辛巳	庚戌	己卯	己酉	戊寅	戊申	丁丑	己酉	17日
甲申	癸丑	癸未	壬子	壬午	辛亥	庚辰	庚戌	己卯	己酉	戊寅	庚戌	18日
乙酉	甲寅	甲申	癸丑	癸未	壬子	辛巳	辛亥	庚辰	庚戌	己卯	辛亥	19日
丙戌	乙卯	乙酉	甲寅	甲申	癸丑	壬午	壬子	辛巳	辛亥	庚辰	壬子	20日
丁亥	丙辰	丙戌	乙卯	乙酉	甲寅	癸未	癸丑	壬午	壬子	辛巳	癸丑	21日
戊子	丁巳	丁亥	丙辰	丙戌	乙卯	甲申	甲寅	癸未	癸丑	壬午	甲寅	22日
己丑	戊午	戊子	丁巳	丁亥	丙辰	乙酉	乙卯	甲申	甲寅	癸未	乙卯	23日
庚寅	己未	己丑	戊午	戊子	丁巳	丙戌	丙辰	乙酉	乙卯	甲申	丙辰	24日
辛卯	庚申	庚寅	己未	己丑	戊午	丁亥	丁巳	丙戌	丙辰	乙酉	丁巳	25日
壬辰	辛酉	辛卯	庚申	庚寅	己未	戊子	戊午	丁亥	丁巳	丙戌	戊午	26日
癸巳	壬戌	壬辰	辛酉	辛卯	庚申	己丑	己未	戊子	戊午	丁亥	己未	27日
甲午	癸亥	癸巳	壬戌	壬辰	辛酉	庚寅	庚申	己丑	己未	戊子	庚申	28日
乙未	甲子	甲午	癸亥	癸巳	壬戌	辛卯	辛酉	庚寅	庚申	己丑		29日
丙申	乙丑	乙未	甲子	甲午	癸亥	壬辰	壬戌	辛卯	辛酉	庚寅		30日
丁酉	丙寅		乙丑		甲子	癸巳		壬辰		辛卯		31日

昭和31年〈1956年〉 丙申（八白土星）

九紫	一白	二黒	三碧	四緑	五黄	六白	七赤	八白	九紫	一白	二黒	九星
1月	12月	11月	10月	9月	8月	7月	6月	5月	4月	3月	2月	月
辛丑	庚子	己亥	戊戌	丁酉	丙申	乙未	甲午	癸巳	壬辰	辛卯	庚寅	月干
5日	7日	7日	8日	8日	7日	7日	6日	5日	5日	5日	5日	節入
23:11	12:03	19:27	16:37	1:20	22:41	12:59	2:36	22:10	4:32	23:25	5:13	時刻
癸酉	壬寅	壬申	辛丑	辛未	庚子	己巳	己亥	戊辰	戊戌	丁卯	戊戌	1日
甲戌	癸卯	癸酉	壬寅	壬申	辛丑	庚午	庚子	己巳	己亥	戊辰	己亥	2日
乙亥	甲辰	甲戌	癸卯	癸酉	壬寅	辛未	辛丑	庚午	庚子	己巳	庚子	3日
丙子	乙巳	乙亥	甲辰	甲戌	癸卯	壬申	壬寅	辛未	辛丑	庚午	辛丑	4日
丁丑	丙午	丙子	乙巳	乙亥	甲辰	癸酉	癸卯	壬申	壬寅	辛未	壬寅	5日
戊寅	丁未	丁丑	丙午	丙子	乙巳	甲戌	甲辰	癸酉	癸卯	壬申	癸卯	6日
己卯	戊申	戊寅	丁未	丁丑	丙午	乙亥	乙巳	甲戌	甲辰	癸酉	甲辰	7日
庚辰	己酉	己卯	戊申	戊寅	丁未	丙子	丙午	乙亥	乙巳	甲戌	乙巳	8日
辛巳	庚戌	庚辰	己酉	己卯	戊申	丁丑	丁未	丙子	丙午	乙亥	丙午	9日
壬午	辛亥	辛巳	庚戌	庚辰	己酉	戊寅	戊申	丁丑	丁未	丙子	丁未	10日
癸未	壬子	壬午	辛亥	辛巳	庚戌	己卯	己酉	戊寅	戊申	丁丑	戊申	11日
甲申	癸丑	癸未	壬子	壬午	辛亥	庚辰	庚戌	己卯	己酉	戊寅	己酉	12日
乙酉	甲寅	甲申	癸丑	癸未	壬子	辛巳	辛亥	庚辰	庚戌	己卯	庚戌	13日
丙戌	乙卯	乙酉	甲寅	甲申	癸丑	壬午	壬子	辛巳	辛亥	庚辰	辛亥	14日
丁亥	丙辰	丙戌	乙卯	乙酉	甲寅	癸未	癸丑	壬午	壬子	辛巳	壬子	15日
戊子	丁巳	丁亥	丙辰	丙戌	乙卯	甲申	甲寅	癸未	癸丑	壬午	癸丑	16日
己丑	戊午	戊子	丁巳	丁亥	丙辰	乙酉	乙卯	甲申	甲寅	癸未	甲寅	17日
庚寅	己未	己丑	戊午	戊子	丁巳	丙戌	丙辰	乙酉	乙卯	甲申	乙卯	18日
辛卯	庚申	庚寅	己未	己丑	戊午	丁亥	丁巳	丙戌	丙辰	乙酉	丙辰	19日
壬辰	辛酉	辛卯	庚申	庚寅	己未	戊子	戊午	丁亥	丁巳	丙戌	丁巳	20日
癸巳	壬戌	壬辰	辛酉	辛卯	庚申	己丑	己未	戊子	戊午	丁亥	戊午	21日
甲午	癸亥	癸巳	壬戌	壬辰	辛酉	庚寅	庚申	己丑	己未	戊子	己未	22日
乙未	甲子	甲午	癸亥	癸巳	壬戌	辛卯	辛酉	庚寅	庚申	己丑	庚申	23日
丙申	乙丑	乙未	甲子	甲午	癸亥	壬辰	壬戌	辛卯	辛酉	庚寅	辛酉	24日
丁酉	丙寅	丙申	乙丑	乙未	甲子	癸巳	癸亥	壬辰	壬戌	辛卯	壬戌	25日
戊戌	丁卯	丁酉	丙寅	丙申	乙丑	甲午	甲子	癸巳	癸亥	壬辰	癸亥	26日
己亥	戊辰	戊戌	丁卯	丁酉	丙寅	乙未	乙丑	甲午	甲子	癸巳	甲子	27日
庚子	己巳	己亥	戊辰	戊戌	丁卯	丙申	丙寅	乙未	乙丑	甲午	乙丑	28日
辛丑	庚午	庚子	己巳	己亥	戊辰	丁酉	丁卯	丙申	丙寅	乙未	丙寅	29日
壬寅	辛未	辛丑	庚午	庚子	己巳	戊戌	戊辰	丁酉	丁卯	丙申		30日
癸卯	壬申		辛未		庚午	己亥		戊戌		丁酉		31日

昭和32年〈1957年〉 丁酉（七赤金星）

六白	七赤	八白	九紫	一白	二黒	三碧	四緑	五黄	六白	七赤	八白	九星
1月	12月	11月	10月	9月	8月	7月	6月	5月	4月	3月	2月	月
癸丑	壬子	辛亥	庚戌	己酉	戊申	丁未	丙午	乙巳	甲辰	癸卯	壬寅	月干
6日	7日	8日	8日	8日	8日	7日	6日	6日	5日	6日	4日	節入
5:05	17:57	1:21	22:31	7:13	4:33	18:49	8:25	3:59	10:19	5:11	10:55	時刻
戊寅	丁未	丁丑	丙午	丙子	乙巳	甲戌	甲辰	癸酉	癸卯	壬申	甲辰	1日
己卯	戊申	戊寅	丁未	丁丑	丙午	乙亥	乙巳	甲戌	甲辰	癸酉	乙巳	2日
庚辰	己酉	己卯	戊申	戊寅	丁未	丙子	丙午	乙亥	乙巳	甲戌	丙午	3日
辛巳	庚戌	庚辰	己酉	己卯	戊申	丁丑	丁未	丙子	丙午	乙亥	丁未	4日
壬午	辛亥	辛巳	庚戌	庚辰	己酉	戊寅	戊申	丁丑	丁未	丙子	戊申	5日
癸未	壬子	壬午	辛亥	辛巳	庚戌	己卯	己酉	戊寅	戊申	丁丑	己酉	6日
甲申	癸丑	癸未	壬子	壬午	辛亥	庚辰	庚戌	己卯	己酉	戊寅	庚戌	7日
乙酉	甲寅	甲申	癸丑	癸未	壬子	辛巳	辛亥	庚辰	庚戌	己卯	辛亥	8日
丙戌	乙卯	乙酉	甲寅	甲申	癸丑	壬午	壬子	辛巳	辛亥	庚辰	壬子	9日
丁亥	丙辰	丙戌	乙卯	乙酉	甲寅	癸未	癸丑	壬午	壬子	辛巳	癸丑	10日
戊子	丁巳	丁亥	丙辰	丙戌	乙卯	甲申	甲寅	癸未	癸丑	壬午	甲寅	11日
己丑	戊午	戊子	丁巳	丁亥	丙辰	乙酉	乙卯	甲申	甲寅	癸未	乙卯	12日
庚寅	己未	己丑	戊午	戊子	丁巳	丙戌	丙辰	乙酉	乙卯	甲申	丙辰	13日
辛卯	庚申	庚寅	己未	己丑	戊午	丁亥	丁巳	丙戌	丙辰	乙酉	丁巳	14日
壬辰	辛酉	辛卯	庚申	庚寅	己未	戊子	戊午	丁亥	丁巳	丙戌	戊午	15日
癸巳	壬戌	壬辰	辛酉	辛卯	庚申	己丑	己未	戊子	戊午	丁亥	己未	16日
甲午	癸亥	癸巳	壬戌	壬辰	辛酉	庚寅	庚申	己丑	己未	戊子	庚申	17日
乙未	甲子	甲午	癸亥	癸巳	壬戌	辛卯	辛酉	庚寅	庚申	己丑	辛酉	18日
丙申	乙丑	乙未	甲子	甲午	癸亥	壬辰	壬戌	辛卯	辛酉	庚寅	壬戌	19日
丁酉	丙寅	丙申	乙丑	乙未	甲子	癸巳	癸亥	壬辰	壬戌	辛卯	癸亥	20日
戊戌	丁卯	丁酉	丙寅	丙申	乙丑	甲午	甲子	癸巳	癸亥	壬辰	甲子	21日
己亥	戊辰	戊戌	丁卯	丁酉	丙寅	乙未	乙丑	甲午	甲子	癸巳	乙丑	22日
庚子	己巳	己亥	戊辰	戊戌	丁卯	丙申	丙寅	乙未	乙丑	甲午	丙寅	23日
辛丑	庚午	庚子	己巳	己亥	戊辰	丁酉	丁卯	丙申	丙寅	乙未	丁卯	24日
壬寅	辛未	辛丑	庚午	庚子	己巳	戊戌	戊辰	丁酉	丁卯	丙申	戊辰	25日
癸卯	壬申	壬寅	辛未	辛丑	庚午	己亥	己巳	戊戌	戊辰	丁酉	己巳	26日
甲辰	癸酉	癸卯	壬申	壬寅	辛未	庚子	庚午	己亥	己巳	戊戌	庚午	27日
乙巳	甲戌	甲辰	癸酉	癸卯	壬申	辛丑	辛未	庚子	庚午	己亥	辛未	28日
丙午	乙亥	乙巳	甲戌	甲辰	癸酉	壬寅	壬申	辛丑	辛未	庚子		29日
丁未	丙子	丙午	乙亥	乙巳	甲戌	癸卯	癸酉	壬寅	壬申	辛丑		30日
戊申	丁丑		丙子		乙亥	甲辰		癸卯		壬寅		31日

昭和33年〈1958年〉 戊戌（六白金星）

三碧	四緑	五黄	六白	七赤	八白	九紫	一白	二黒	三碧	四緑	五黄	九星
1月	12月	11月	10月	9月	8月	7月	6月	5月	4月	3月	2月	月
乙丑	甲子	癸亥	壬戌	辛酉	庚申	己未	戊午	丁巳	丙辰	乙卯	甲寅	月干
6日	7日	8日	9日	8日	8日	8日	6日	6日	5日	6日	4日	節入
10:59	23:50	7:13	4:20	13:00	10:18	0:34	14:13	9:50	16:13	11:06	16:50	時刻
癸未	壬子	壬午	辛亥	辛巳	庚戌	己卯	己酉	戊寅	戊申	丁丑	己酉	1日
甲申	癸丑	癸未	壬子	壬午	辛亥	庚辰	庚戌	己卯	己酉	戊寅	庚戌	2日
乙酉	甲寅	甲申	癸丑	癸未	壬子	辛巳	辛亥	庚辰	庚戌	己卯	辛亥	3日
丙戌	乙卯	乙酉	甲寅	甲申	癸丑	壬午	壬子	辛巳	辛亥	庚辰	壬子	4日
丁亥	丙辰	丙戌	乙卯	乙酉	甲寅	癸未	癸丑	壬午	壬子	辛巳	癸丑	5日
戊子	丁巳	丁亥	丙辰	丙戌	乙卯	甲申	甲寅	癸未	癸丑	壬午	甲寅	6日
己丑	戊午	戊子	丁巳	丁亥	丙辰	乙酉	乙卯	甲申	甲寅	癸未	乙卯	7日
庚寅	己未	己丑	戊午	戊子	丁巳	丙戌	丙辰	乙酉	乙卯	甲申	丙辰	8日
辛卯	庚申	庚寅	己未	己丑	戊午	丁亥	丁巳	丙戌	丙辰	乙酉	丁巳	9日
壬辰	辛酉	辛卯	庚申	庚寅	己未	戊子	戊午	丁亥	丁巳	丙戌	戊午	10日
癸巳	壬戌	壬辰	辛酉	辛卯	庚申	己丑	己未	戊子	戊午	丁亥	己未	11日
甲午	癸亥	癸巳	壬戌	壬辰	辛酉	庚寅	庚申	己丑	己未	戊子	庚申	12日
乙未	甲子	甲午	癸亥	癸巳	壬戌	辛卯	辛酉	庚寅	庚申	己丑	辛酉	13日
丙申	乙丑	乙未	甲子	甲午	癸亥	壬辰	壬戌	辛卯	辛酉	庚寅	壬戌	14日
丁酉	丙寅	丙申	乙丑	乙未	甲子	癸巳	癸亥	壬辰	壬戌	辛卯	癸亥	15日
戊戌	丁卯	丁酉	丙寅	丙申	乙丑	甲午	甲子	癸巳	癸亥	壬辰	甲子	16日
己亥	戊辰	戊戌	丁卯	丁酉	丙寅	乙未	乙丑	甲午	甲子	癸巳	乙丑	17日
庚子	己巳	己亥	戊辰	戊戌	丁卯	丙申	丙寅	乙未	乙丑	甲午	丙寅	18日
辛丑	庚午	庚子	己巳	己亥	戊辰	丁酉	丁卯	丙申	丙寅	乙未	丁卯	19日
壬寅	辛未	辛丑	庚午	庚子	己巳	戊戌	戊辰	丁酉	丁卯	丙申	戊辰	20日
癸卯	壬申	壬寅	辛未	辛丑	庚午	己亥	己巳	戊戌	戊辰	丁酉	己巳	21日
甲辰	癸酉	癸卯	壬申	壬寅	辛未	庚子	庚午	己亥	己巳	戊戌	庚午	22日
乙巳	甲戌	甲辰	癸酉	癸卯	壬申	辛丑	辛未	庚子	庚午	己亥	辛未	23日
丙午	乙亥	乙巳	甲戌	甲辰	癸酉	壬寅	壬申	辛丑	辛未	庚子	壬申	24日
丁未	丙子	丙午	乙亥	乙巳	甲戌	癸卯	癸酉	壬寅	壬申	辛丑	癸酉	25日
戊申	丁丑	丁未	丙子	丙午	乙亥	甲辰	甲戌	癸卯	癸酉	壬寅	甲戌	26日
己酉	戊寅	戊申	丁丑	丁未	丙子	乙巳	乙亥	甲辰	甲戌	癸卯	乙亥	27日
庚戌	己卯	己酉	戊寅	戊申	丁丑	丙午	丙子	乙巳	乙亥	甲辰	丙子	28日
辛亥	庚辰	庚戌	己卯	己酉	戊寅	丁未	丁丑	丙午	丙子	乙巳		29日
壬子	辛巳	辛亥	庚辰	庚戌	己卯	戊申	戊寅	丁未	丁丑	丙午		30日
癸丑	壬午		辛巳		庚辰	己酉		戊申		丁未		31日

昭和34年〈1959年〉 己亥（五黄土星）

九紫	一白	二黒	三碧	四緑	五黄	六白	七赤	八白	九紫	一白	二黒	九星
1月	12月	11月	10月	9月	8月	7月	6月	5月	4月	3月	2月	月
丁丑	丙子	乙亥	甲戌	癸酉	壬申	辛未	庚午	己巳	戊辰	丁卯	丙寅	月干
6日	8日	8日	9日	8日	8日	8日	6日	6日	5日	6日	4日	節入
16:43	5:38	13:03	10:11	18:49	16:05	6:20	20:01	15:39	22:04	16:57	22:43	時刻
戊子	丁巳	丁亥	丙辰	丙戌	乙卯	甲申	甲寅	癸未	癸丑	壬午	甲寅	1日
己丑	戊午	戊子	丁巳	丁亥	丙辰	乙酉	乙卯	甲申	甲寅	癸未	乙卯	2日
庚寅	己未	己丑	戊午	戊子	丁巳	丙戌	丙辰	乙酉	乙卯	甲申	丙辰	3日
辛卯	庚申	庚寅	己未	己丑	戊午	丁亥	丁巳	丙戌	丙辰	乙酉	丁巳	4日
壬辰	辛酉	辛卯	庚申	庚寅	己未	戊子	戊午	丁亥	丁巳	丙戌	戊午	5日
癸巳	壬戌	壬辰	辛酉	辛卯	庚申	己丑	己未	戊子	戊午	丁亥	己未	6日
甲午	癸亥	癸巳	壬戌	壬辰	辛酉	庚寅	庚申	己丑	己未	戊子	庚申	7日
乙未	甲子	甲午	癸亥	癸巳	壬戌	辛卯	辛酉	庚寅	庚申	己丑	辛酉	8日
丙申	乙丑	乙未	甲子	甲午	癸亥	壬辰	壬戌	辛卯	辛酉	庚寅	壬戌	9日
丁酉	丙寅	丙申	乙丑	乙未	甲子	癸巳	癸亥	壬辰	壬戌	辛卯	癸亥	10日
戊戌	丁卯	丁酉	丙寅	丙申	乙丑	甲午	甲子	癸巳	癸亥	壬辰	甲子	11日
己亥	戊辰	戊戌	丁卯	丁酉	丙寅	乙未	乙丑	甲午	甲子	癸巳	乙丑	12日
庚子	己巳	己亥	戊辰	戊戌	丁卯	丙申	丙寅	乙未	乙丑	甲午	丙寅	13日
辛丑	庚午	庚子	己巳	己亥	戊辰	丁酉	丁卯	丙申	丙寅	乙未	丁卯	14日
壬寅	辛未	辛丑	庚午	庚子	己巳	戊戌	戊辰	丁酉	丁卯	丙申	戊辰	15日
癸卯	壬申	壬寅	辛未	辛丑	庚午	己亥	己巳	戊戌	戊辰	丁酉	己巳	16日
甲辰	癸酉	癸卯	壬申	壬寅	辛未	庚子	庚午	己亥	己巳	戊戌	庚午	17日
乙巳	甲戌	甲辰	癸酉	癸卯	壬申	辛丑	辛未	庚子	庚午	己亥	辛未	18日
丙午	乙亥	乙巳	甲戌	甲辰	癸酉	壬寅	壬申	辛丑	辛未	庚子	壬申	19日
丁未	丙子	丙午	乙亥	乙巳	甲戌	癸卯	癸酉	壬寅	壬申	辛丑	癸酉	20日
戊申	丁丑	丁未	丙子	丙午	乙亥	甲辰	甲戌	癸卯	癸酉	壬寅	甲戌	21日
己酉	戊寅	戊申	丁丑	丁未	丙子	乙巳	乙亥	甲辰	甲戌	癸卯	乙亥	22日
庚戌	己卯	己酉	戊寅	戊申	丁丑	丙午	丙子	乙巳	乙亥	甲辰	丙子	23日
辛亥	庚辰	庚戌	己卯	己酉	戊寅	丁未	丁丑	丙午	丙子	乙巳	丁丑	24日
壬子	辛巳	辛亥	庚辰	庚戌	己卯	戊申	戊寅	丁未	丁丑	丙午	戊寅	25日
癸丑	壬午	壬子	辛巳	辛亥	庚辰	己酉	己卯	戊申	戊寅	丁未	己卯	26日
甲寅	癸未	癸丑	壬午	壬子	辛巳	庚戌	庚辰	己酉	己卯	戊申	庚辰	27日
乙卯	甲申	甲寅	癸未	癸丑	壬午	辛亥	辛巳	庚戌	庚辰	己酉	辛巳	28日
丙辰	乙酉	乙卯	甲申	甲寅	癸未	壬子	壬午	辛亥	辛巳	庚戌		29日
丁巳	丙戌	丙辰	乙酉	乙卯	甲申	癸丑	癸未	壬子	壬午	辛亥		30日
戊午	丁亥		丙戌		乙酉	甲寅		癸丑		壬子		31日

昭和35年〈1960年〉 庚子（四緑木星）

六白	七赤	八白	九紫	一白	二黒	三碧	四緑	五黄	六白	七赤	八白	九星
1月	12月	11月	10月	9月	8月	7月	6月	5月	4月	3月	2月	月
己丑	戊子	丁亥	丙戌	乙酉	甲申	癸未	壬午	辛巳	庚辰	己卯	戊寅	月干
5日	7日	7日	8日	8日	7日	7日	6日	5日	5日	5日	5日	節入
22:43	11:38	19:02	16:09	0:46	22:00	12:13	1:48	21:23	3:44	22:36	4:23	時刻
甲午	癸亥	癸巳	壬戌	壬辰	辛酉	庚寅	庚申	己丑	己未	戊子	己未	1日
乙未	甲子	甲午	癸亥	癸巳	壬戌	辛卯	辛酉	庚寅	庚申	己丑	庚申	2日
丙申	乙丑	乙未	甲子	甲午	癸亥	壬辰	壬戌	辛卯	辛酉	庚寅	辛酉	3日
丁酉	丙寅	丙申	乙丑	乙未	甲子	癸巳	癸亥	壬辰	壬戌	辛卯	壬戌	4日
戊戌	丁卯	丁酉	丙寅	丙申	乙丑	甲午	甲子	癸巳	癸亥	壬辰	癸亥	5日
己亥	戊辰	戊戌	丁卯	丁酉	丙寅	乙未	乙丑	甲午	甲子	癸巳	甲子	6日
庚子	己巳	己亥	戊辰	戊戌	丁卯	丙申	丙寅	乙未	乙丑	甲午	乙丑	7日
辛丑	庚午	庚子	己巳	己亥	戊辰	丁酉	丁卯	丙申	丙寅	乙未	丙寅	8日
壬寅	辛未	辛丑	庚午	庚子	己巳	戊戌	戊辰	丁酉	丁卯	丙申	丁卯	9日
癸卯	壬申	壬寅	辛未	辛丑	庚午	己亥	己巳	戊戌	戊辰	丁酉	戊辰	10日
甲辰	癸酉	癸卯	壬申	壬寅	辛未	庚子	庚午	己亥	己巳	戊戌	己巳	11日
乙巳	甲戌	甲辰	癸酉	癸卯	壬申	辛丑	辛未	庚子	庚午	己亥	庚午	12日
丙午	乙亥	乙巳	甲戌	甲辰	癸酉	壬寅	壬申	辛丑	辛未	庚子	辛未	13日
丁未	丙子	丙午	乙亥	乙巳	甲戌	癸卯	癸酉	壬寅	壬申	辛丑	壬申	14日
戊申	丁丑	丁未	丙子	丙午	乙亥	甲辰	甲戌	癸卯	癸酉	壬寅	癸酉	15日
己酉	戊寅	戊申	丁丑	丁未	丙子	乙巳	乙亥	甲辰	甲戌	癸卯	甲戌	16日
庚戌	己卯	己酉	戊寅	戊申	丁丑	丙午	丙子	乙巳	乙亥	甲辰	乙亥	17日
辛亥	庚辰	庚戌	己卯	己酉	戊寅	丁未	丁丑	丙午	丙子	乙巳	丙子	18日
壬子	辛巳	辛亥	庚辰	庚戌	己卯	戊申	戊寅	丁未	丁丑	丙午	丁丑	19日
癸丑	壬午	壬子	辛巳	辛亥	庚辰	己酉	己卯	戊申	戊寅	丁未	戊寅	20日
甲寅	癸未	癸丑	壬午	壬子	辛巳	庚戌	庚辰	己酉	己卯	戊申	己卯	21日
乙卯	甲申	甲寅	癸未	癸丑	壬午	辛亥	辛巳	庚戌	庚辰	己酉	庚辰	22日
丙辰	乙酉	乙卯	甲申	甲寅	癸未	壬子	壬午	辛亥	辛巳	庚戌	辛巳	23日
丁巳	丙戌	丙辰	乙酉	乙卯	甲申	癸丑	癸未	壬子	壬午	辛亥	壬午	24日
戊午	丁亥	丁巳	丙戌	丙辰	乙酉	甲寅	甲申	癸丑	癸未	壬子	癸未	25日
己未	戊子	戊午	丁亥	丁巳	丙戌	乙卯	乙酉	甲寅	甲申	癸丑	甲申	26日
庚申	己丑	己未	戊子	戊午	丁亥	丙辰	丙戌	乙卯	乙酉	甲寅	乙酉	27日
辛酉	庚寅	庚申	己丑	己未	戊子	丁巳	丁亥	丙辰	丙戌	乙卯	丙戌	28日
壬戌	辛卯	辛酉	庚寅	庚申	己丑	戊午	戊子	丁巳	丁亥	丙辰	丁亥	29日
癸亥	壬辰	壬戌	辛卯	辛酉	庚寅	己未	己丑	戊午	戊子	丁巳		30日
甲子	癸巳		壬辰		辛卯	庚申		己未		戊午		31日

昭和36年〈1961年〉 辛丑（三碧木星）

三碧	四緑	五黄	六白	七赤	八白	九紫	一白	二黒	三碧	四緑	五黄	九星
1月	12月	11月	10月	9月	8月	7月	6月	5月	4月	3月	2月	月
辛丑	庚子	己亥	戊戌	丁酉	丙申	乙未	甲午	癸巳	壬辰	辛卯	庚寅	月干
6日	7日	8日	8日	8日	8日	7日	6日	6日	5日	6日	4日	節入
4:35	17:26	0:46	21:51	6:29	3:48	18:07	7:46	3:21	9:42	4:35	10:23	時刻
己亥	戊辰	戊戌	丁卯	丁酉	丙寅	乙未	乙丑	甲午	甲子	癸巳	乙丑	1日
庚子	己巳	己亥	戊辰	戊戌	丁卯	丙申	丙寅	乙未	乙丑	甲午	丙寅	2日
辛丑	庚午	庚子	己巳	己亥	戊辰	丁酉	丁卯	丙申	丙寅	乙未	丁卯	3日
壬寅	辛未	辛丑	庚午	庚子	己巳	戊戌	戊辰	丁酉	丁卯	丙申	戊辰	4日
癸卯	壬申	壬寅	辛未	辛丑	庚午	己亥	己巳	戊戌	戊辰	丁酉	己巳	5日
甲辰	癸酉	癸卯	壬申	壬寅	辛未	庚子	庚午	己亥	己巳	戊戌	庚午	6日
乙巳	甲戌	甲辰	癸酉	癸卯	壬申	辛丑	辛未	庚子	庚午	己亥	辛未	7日
丙午	乙亥	乙巳	甲戌	甲辰	癸酉	壬寅	壬申	辛丑	辛未	庚子	壬申	8日
丁未	丙子	丙午	乙亥	乙巳	甲戌	癸卯	癸酉	壬寅	壬申	辛丑	癸酉	9日
戊申	丁丑	丁未	丙子	丙午	乙亥	甲辰	甲戌	癸卯	癸酉	壬寅	甲戌	10日
己酉	戊寅	戊申	丁丑	丁未	丙子	乙巳	乙亥	甲辰	甲戌	癸卯	乙亥	11日
庚戌	己卯	己酉	戊寅	戊申	丁丑	丙午	丙子	乙巳	乙亥	甲辰	丙子	12日
辛亥	庚辰	庚戌	己卯	己酉	戊寅	丁未	丁丑	丙午	丙子	乙巳	丁丑	13日
壬子	辛巳	辛亥	庚辰	庚戌	己卯	戊申	戊寅	丁未	丁丑	丙午	戊寅	14日
癸丑	壬午	壬子	辛巳	辛亥	庚辰	己酉	己卯	戊申	戊寅	丁未	己卯	15日
甲寅	癸未	癸丑	壬午	壬子	辛巳	庚戌	庚辰	己酉	己卯	戊申	庚辰	16日
乙卯	甲申	甲寅	癸未	癸丑	壬午	辛亥	辛巳	庚戌	庚辰	己酉	辛巳	17日
丙辰	乙酉	乙卯	甲申	甲寅	癸未	壬子	壬午	辛亥	辛巳	庚戌	壬午	18日
丁巳	丙戌	丙辰	乙酉	乙卯	甲申	癸丑	癸未	壬子	壬午	辛亥	癸未	19日
戊午	丁亥	丁巳	丙戌	丙辰	乙酉	甲寅	甲申	癸丑	癸未	壬子	甲申	20日
己未	戊子	戊午	丁亥	丁巳	丙戌	乙卯	乙酉	甲寅	甲申	癸丑	乙酉	21日
庚申	己丑	己未	戊子	戊午	丁亥	丙辰	丙戌	乙卯	乙酉	甲寅	丙戌	22日
辛酉	庚寅	庚申	己丑	己未	戊子	丁巳	丁亥	丙辰	丙戌	乙卯	丁亥	23日
壬戌	辛卯	辛酉	庚寅	庚申	己丑	戊午	戊子	丁巳	丁亥	丙辰	戊子	24日
癸亥	壬辰	壬戌	辛卯	辛酉	庚寅	己未	己丑	戊午	戊子	丁巳	己丑	25日
甲子	癸巳	癸亥	壬辰	壬戌	辛卯	庚申	庚寅	己未	己丑	戊午	庚寅	26日
乙丑	甲午	甲子	癸巳	癸亥	壬辰	辛酉	辛卯	庚申	庚寅	己未	辛卯	27日
丙寅	乙未	乙丑	甲午	甲子	癸巳	壬戌	壬辰	辛酉	辛卯	庚申	壬辰	28日
丁卯	丙申	丙寅	乙未	乙丑	甲午	癸亥	癸巳	壬戌	壬辰	辛酉		29日
戊辰	丁酉	丁卯	丙申	丙寅	乙未	甲子	甲午	癸亥	癸巳	壬戌		30日
己巳	戊戌		丁酉		丙申	乙丑		甲子		癸亥		31日

昭和37年〈1962年〉 壬寅（二黒土星）

九紫	一白	二黒	三碧	四緑	五黄	六白	七赤	八白	九紫	一白	二黒	九星
1月	12月	11月	10月	9月	8月	7月	6月	5月	4月	3月	2月	月
癸丑	壬子	辛亥	庚戌	己酉	戊申	丁未	丙午	乙巳	甲辰	癸卯	壬寅	月干
6日	7日	8日	9日	8日	8日	7日	6日	6日	5日	6日	4日	節入
10:27	23:17	6:35	3:38	12:16	9:34	23:51	13:31	9:09	15:34	10:30	16:18	時刻
甲辰	癸酉	癸卯	壬申	壬寅	辛未	庚子	庚午	己亥	己巳	戊戌	庚午	1日
乙巳	甲戌	甲辰	癸酉	癸卯	壬申	辛丑	辛未	庚子	庚午	己亥	辛未	2日
丙午	乙亥	乙巳	甲戌	甲辰	癸酉	壬寅	壬申	辛丑	辛未	庚子	壬申	3日
丁未	丙子	丙午	乙亥	乙巳	甲戌	癸卯	癸酉	壬寅	壬申	辛丑	癸酉	4日
戊申	丁丑	丁未	丙子	丙午	乙亥	甲辰	甲戌	癸卯	癸酉	壬寅	甲戌	5日
己酉	戊寅	戊申	丁丑	丁未	丙子	乙巳	乙亥	甲辰	甲戌	癸卯	乙亥	6日
庚戌	己卯	己酉	戊寅	戊申	丁丑	丙午	丙子	乙巳	乙亥	甲辰	丙子	7日
辛亥	庚辰	庚戌	己卯	己酉	戊寅	丁未	丁丑	丙午	丙子	乙巳	丁丑	8日
壬子	辛巳	辛亥	庚辰	庚戌	己卯	戊申	戊寅	丁未	丁丑	丙午	戊寅	9日
癸丑	壬午	壬子	辛巳	辛亥	庚辰	己酉	己卯	戊申	戊寅	丁未	己卯	10日
甲寅	癸未	癸丑	壬午	壬子	辛巳	庚戌	庚辰	己酉	己卯	戊申	庚辰	11日
乙卯	甲申	甲寅	癸未	癸丑	壬午	辛亥	辛巳	庚戌	庚辰	己酉	辛巳	12日
丙辰	乙酉	乙卯	甲申	甲寅	癸未	壬子	壬午	辛亥	辛巳	庚戌	壬午	13日
丁巳	丙戌	丙辰	乙酉	乙卯	甲申	癸丑	癸未	壬子	壬午	辛亥	癸未	14日
戊午	丁亥	丁巳	丙戌	丙辰	乙酉	甲寅	甲申	癸丑	癸未	壬子	甲申	15日
己未	戊子	戊午	丁亥	丁巳	丙戌	乙卯	乙酉	甲寅	甲申	癸丑	乙酉	16日
庚申	己丑	己未	戊子	戊午	丁亥	丙辰	丙戌	乙卯	乙酉	甲寅	丙戌	17日
辛酉	庚寅	庚申	己丑	己未	戊子	丁巳	丁亥	丙辰	丙戌	乙卯	丁亥	18日
壬戌	辛卯	辛酉	庚寅	庚申	己丑	戊午	戊子	丁巳	丁亥	丙辰	戊子	19日
癸亥	壬辰	壬戌	辛卯	辛酉	庚寅	己未	己丑	戊午	戊子	丁巳	己丑	20日
甲子	癸巳	癸亥	壬辰	壬戌	辛卯	庚申	庚寅	己未	己丑	戊午	庚寅	21日
乙丑	甲午	甲子	癸巳	癸亥	壬辰	辛酉	辛卯	庚申	庚寅	己未	辛卯	22日
丙寅	乙未	乙丑	甲午	甲子	癸巳	壬戌	壬辰	辛酉	辛卯	庚申	壬辰	23日
丁卯	丙申	丙寅	乙未	乙丑	甲午	癸亥	癸巳	壬戌	壬辰	辛酉	癸巳	24日
戊辰	丁酉	丁卯	丙申	丙寅	乙未	甲子	甲午	癸亥	癸巳	壬戌	甲午	25日
己巳	戊戌	戊辰	丁酉	丁卯	丙申	乙丑	乙未	甲子	甲午	癸亥	乙未	26日
庚午	己亥	己巳	戊戌	戊辰	丁酉	丙寅	丙申	乙丑	乙未	甲子	丙申	27日
辛未	庚子	庚午	己亥	己巳	戊戌	丁卯	丁酉	丙寅	丙申	乙丑	丁酉	28日
壬申	辛丑	辛未	庚子	庚午	己亥	戊辰	戊戌	丁卯	丁酉	丙寅		29日
癸酉	壬寅	壬申	辛丑	辛未	庚子	己巳	己亥	戊辰	戊戌	丁卯		30日
甲戌	癸卯		壬寅		辛丑	庚午		己巳		戊辰		31日

昭和38年〈1963年〉 癸卯（一白水星）

六白	七赤	八白	九紫	一白	二黒	三碧	四緑	五黄	六白	七赤	八白	九星
1月	12月	11月	10月	9月	8月	7月	6月	5月	4月	3月	2月	月
乙丑	甲子	癸亥	壬戌	辛酉	庚申	己未	戊午	丁巳	丙辰	乙卯	甲寅	月干
6日	8日	8日	9日	8日	8日	8日	6日	6日	5日	6日	4日	節入
16:23	5:13	12:33	9:36	18:12	15:26	5:38	19:14	14:52	21:19	16:17	22:08	時刻
己酉	戊寅	戊申	丁丑	丁未	丙子	乙巳	乙亥	甲辰	甲戌	癸卯	乙亥	1日
庚戌	己卯	己酉	戊寅	戊申	丁丑	丙午	丙子	乙巳	乙亥	甲辰	丙子	2日
辛亥	庚辰	庚戌	己卯	己酉	戊寅	丁未	丁丑	丙午	丙子	乙巳	丁丑	3日
壬子	辛巳	辛亥	庚辰	庚戌	己卯	戊申	戊寅	丁未	丁丑	丙午	戊寅	4日
癸丑	壬午	壬子	辛巳	辛亥	庚辰	己酉	己卯	戊申	戊寅	丁未	己卯	5日
甲寅	癸未	癸丑	壬午	壬子	辛巳	庚戌	庚辰	己酉	己卯	戊申	庚辰	6日
乙卯	甲申	甲寅	癸未	癸丑	壬午	辛亥	辛巳	庚戌	庚辰	己酉	辛巳	7日
丙辰	乙酉	乙卯	甲申	甲寅	癸未	壬子	壬午	辛亥	辛巳	庚戌	壬午	8日
丁巳	丙戌	丙辰	乙酉	乙卯	甲申	癸丑	癸未	壬子	壬午	辛亥	癸未	9日
戊午	丁亥	丁巳	丙戌	丙辰	乙酉	甲寅	甲申	癸丑	癸未	壬子	甲申	10日
己未	戊子	戊午	丁亥	丁巳	丙戌	乙卯	乙酉	甲寅	甲申	癸丑	乙酉	11日
庚申	己丑	己未	戊子	戊午	丁亥	丙辰	丙戌	乙卯	乙酉	甲寅	丙戌	12日
辛酉	庚寅	庚申	己丑	己未	戊子	丁巳	丁亥	丙辰	丙戌	乙卯	丁亥	13日
壬戌	辛卯	辛酉	庚寅	庚申	己丑	戊午	戊子	丁巳	丁亥	丙辰	戊子	14日
癸亥	壬辰	壬戌	辛卯	辛酉	庚寅	己未	己丑	戊午	戊子	丁巳	己丑	15日
甲子	癸巳	癸亥	壬辰	壬戌	辛卯	庚申	庚寅	己未	己丑	戊午	庚寅	16日
乙丑	甲午	甲子	癸巳	癸亥	壬辰	辛酉	辛卯	庚申	庚寅	己未	辛卯	17日
丙寅	乙未	乙丑	甲午	甲子	癸巳	壬戌	壬辰	辛酉	辛卯	庚申	壬辰	18日
丁卯	丙申	丙寅	乙未	乙丑	甲午	癸亥	癸巳	壬戌	壬辰	辛酉	癸巳	19日
戊辰	丁酉	丁卯	丙申	丙寅	乙未	甲子	甲午	癸亥	癸巳	壬戌	甲午	20日
己巳	戊戌	戊辰	丁酉	丁卯	丙申	乙丑	乙未	甲子	甲午	癸亥	乙未	21日
庚午	己亥	己巳	戊戌	戊辰	丁酉	丙寅	丙申	乙丑	乙未	甲子	丙申	22日
辛未	庚子	庚午	己亥	己巳	戊戌	丁卯	丁酉	丙寅	丙申	乙丑	丁酉	23日
壬申	辛丑	辛未	庚子	庚午	己亥	戊辰	戊戌	丁卯	丁酉	丙寅	戊戌	24日
癸酉	壬寅	壬申	辛丑	辛未	庚子	己巳	己亥	戊辰	戊戌	丁卯	己亥	25日
甲戌	癸卯	癸酉	壬寅	壬申	辛丑	庚午	庚子	己巳	己亥	戊辰	庚子	26日
乙亥	甲辰	甲戌	癸卯	癸酉	壬寅	辛未	辛丑	庚午	庚子	己巳	辛丑	27日
丙子	乙巳	乙亥	甲辰	甲戌	癸卯	壬申	壬寅	辛未	辛丑	庚午	壬寅	28日
丁丑	丙午	丙子	乙巳	乙亥	甲辰	癸酉	癸卯	壬申	壬寅	辛未		29日
戊寅	丁未	丁丑	丙午	丙子	乙巳	甲戌	甲辰	癸酉	癸卯	壬申		30日
己卯	戊申		丁未		丙午	乙亥		甲戌		癸酉		31日

昭和39年〈1964年〉 甲辰（九紫火星）

三碧	四緑	五黄	六白	七赤	八白	九紫	一白	二黒	三碧	四緑	五黄	九星
1月	12月	11月	10月	9月	8月	7月	6月	5月	4月	3月	2月	月
丁丑	丙子	乙亥	甲戌	癸酉	壬申	辛未	庚午	己巳	戊辰	丁卯	丙寅	月干
5日	7日	7日	8日	7日	7日	7日	6日	5日	5日	5日	5日	節入
22:02	10:53	18:15	15:22	23:59	21:16	11:32	1:12	20:51	3:18	22:16	4:05	時刻
乙卯	甲申	甲寅	癸未	癸丑	壬午	辛亥	辛巳	庚戌	庚辰	己酉	庚辰	1日
丙辰	乙酉	乙卯	甲申	甲寅	癸未	壬子	壬午	辛亥	辛巳	庚戌	辛巳	2日
丁巳	丙戌	丙辰	乙酉	乙卯	甲申	癸丑	癸未	壬子	壬午	辛亥	壬午	3日
戊午	丁亥	丁巳	丙戌	丙辰	乙酉	甲寅	甲申	癸丑	癸未	壬子	癸未	4日
己未	戊子	戊午	丁亥	丁巳	丙戌	乙卯	乙酉	甲寅	甲申	癸丑	甲申	5日
庚申	己丑	己未	戊子	戊午	丁亥	丙辰	丙戌	乙卯	乙酉	甲寅	乙酉	6日
辛酉	庚寅	庚申	己丑	己未	戊子	丁巳	丁亥	丙辰	丙戌	乙卯	丙戌	7日
壬戌	辛卯	辛酉	庚寅	庚申	己丑	戊午	戊子	丁巳	丁亥	丙辰	丁亥	8日
癸亥	壬辰	壬戌	辛卯	辛酉	庚寅	己未	己丑	戊午	戊子	丁巳	戊子	9日
甲子	癸巳	癸亥	壬辰	壬戌	辛卯	庚申	庚寅	己未	己丑	戊午	己丑	10日
乙丑	甲午	甲子	癸巳	癸亥	壬辰	辛酉	辛卯	庚申	庚寅	己未	庚寅	11日
丙寅	乙未	乙丑	甲午	甲子	癸巳	壬戌	壬辰	辛酉	辛卯	庚申	辛卯	12日
丁卯	丙申	丙寅	乙未	乙丑	甲午	癸亥	癸巳	壬戌	壬辰	辛酉	壬辰	13日
戊辰	丁酉	丁卯	丙申	丙寅	乙未	甲子	甲午	癸亥	癸巳	壬戌	癸巳	14日
己巳	戊戌	戊辰	丁酉	丁卯	丙申	乙丑	乙未	甲子	甲午	癸亥	甲午	15日
庚午	己亥	己巳	戊戌	戊辰	丁酉	丙寅	丙申	乙丑	乙未	甲子	乙未	16日
辛未	庚子	庚午	己亥	己巳	戊戌	丁卯	丁酉	丙寅	丙申	乙丑	丙申	17日
壬申	辛丑	辛未	庚子	庚午	己亥	戊辰	戊戌	丁卯	丁酉	丙寅	丁酉	18日
癸酉	壬寅	壬申	辛丑	辛未	庚子	己巳	己亥	戊辰	戊戌	丁卯	戊戌	19日
甲戌	癸卯	癸酉	壬寅	壬申	辛丑	庚午	庚子	己巳	己亥	戊辰	己亥	20日
乙亥	甲辰	甲戌	癸卯	癸酉	壬寅	辛未	辛丑	庚午	庚子	己巳	庚子	21日
丙子	乙巳	乙亥	甲辰	甲戌	癸卯	壬申	壬寅	辛未	辛丑	庚午	辛丑	22日
丁丑	丙午	丙子	乙巳	乙亥	甲辰	癸酉	癸卯	壬申	壬寅	辛未	壬寅	23日
戊寅	丁未	丁丑	丙午	丙子	乙巳	甲戌	甲辰	癸酉	癸卯	壬申	癸卯	24日
己卯	戊申	戊寅	丁未	丁丑	丙午	乙亥	乙巳	甲戌	甲辰	癸酉	甲辰	25日
庚辰	己酉	己卯	戊申	戊寅	丁未	丙子	丙午	乙亥	乙巳	甲戌	乙巳	26日
辛巳	庚戌	庚辰	己酉	己卯	戊申	丁丑	丁未	丙子	丙午	乙亥	丙午	27日
壬午	辛亥	辛巳	庚戌	庚辰	己酉	戊寅	戊申	丁丑	丁未	丙子	丁未	28日
癸未	壬子	壬午	辛亥	辛巳	庚戌	己卯	己酉	戊寅	戊申	丁丑	戊申	29日
甲申	癸丑	癸未	壬子	壬午	辛亥	庚辰	庚戌	己卯	己酉	戊寅		30日
乙酉	甲寅		癸丑		壬子	辛巳		庚辰		己卯		31日

昭和40年〈1965年〉 乙巳（八白土星）

九紫	一白	二黒	三碧	四緑	五黄	六白	七赤	八白	九紫	一白	二黒	九星
1月	12月	11月	10月	9月	8月	7月	6月	5月	4月	3月	2月	月
己丑	戊子	丁亥	丙戌	乙酉	甲申	癸未	壬午	辛巳	庚辰	己卯	戊寅	月干
6日	7日	8日	8日	8日	8日	7日	6日	6日	5日	6日	4日	節入
3:55	16:46	0:07	21:11	5:48	3:05	17:21	7:02	2:42	9:07	4:01	9:46	時刻
庚申	己丑	己未	戊子	戊午	丁亥	丙辰	丙戌	乙卯	乙酉	甲寅	丙戌	1日
辛酉	庚寅	庚申	己丑	己未	戊子	丁巳	丁亥	丙辰	丙戌	乙卯	丁亥	2日
壬戌	辛卯	辛酉	庚寅	庚申	己丑	戊午	戊子	丁巳	丁亥	丙辰	戊子	3日
癸亥	壬辰	壬戌	辛卯	辛酉	庚寅	己未	己丑	戊午	戊子	丁巳	己丑	4日
甲子	癸巳	癸亥	壬辰	壬戌	辛卯	庚申	庚寅	己未	己丑	戊午	庚寅	5日
乙丑	甲午	甲子	癸巳	癸亥	壬辰	辛酉	辛卯	庚申	庚寅	己未	辛卯	6日
丙寅	乙未	乙丑	甲午	甲子	癸巳	壬戌	壬辰	辛酉	辛卯	庚申	壬辰	7日
丁卯	丙申	丙寅	乙未	乙丑	甲午	癸亥	癸巳	壬戌	壬辰	辛酉	癸巳	8日
戊辰	丁酉	丁卯	丙申	丙寅	乙未	甲子	甲午	癸亥	癸巳	壬戌	甲午	9日
己巳	戊戌	戊辰	丁酉	丁卯	丙申	乙丑	乙未	甲子	甲午	癸亥	乙未	10日
庚午	己亥	己巳	戊戌	戊辰	丁酉	丙寅	丙申	乙丑	乙未	甲子	丙申	11日
辛未	庚子	庚午	己亥	己巳	戊戌	丁卯	丁酉	丙寅	丙申	乙丑	丁酉	12日
壬申	辛丑	辛未	庚子	庚午	己亥	戊辰	戊戌	丁卯	丁酉	丙寅	戊戌	13日
癸酉	壬寅	壬申	辛丑	辛未	庚子	己巳	己亥	戊辰	戊戌	丁卯	己亥	14日
甲戌	癸卯	癸酉	壬寅	壬申	辛丑	庚午	庚子	己巳	己亥	戊辰	庚子	15日
乙亥	甲辰	甲戌	癸卯	癸酉	壬寅	辛未	辛丑	庚午	庚子	己巳	辛丑	16日
丙子	乙巳	乙亥	甲辰	甲戌	癸卯	壬申	壬寅	辛未	辛丑	庚午	壬寅	17日
丁丑	丙午	丙子	乙巳	乙亥	甲辰	癸酉	癸卯	壬申	壬寅	辛未	癸卯	18日
戊寅	丁未	丁丑	丙午	丙子	乙巳	甲戌	甲辰	癸酉	癸卯	壬申	甲辰	19日
己卯	戊申	戊寅	丁未	丁丑	丙午	乙亥	乙巳	甲戌	甲辰	癸酉	乙巳	20日
庚辰	己酉	己卯	戊申	戊寅	丁未	丙子	丙午	乙亥	乙巳	甲戌	丙午	21日
辛巳	庚戌	庚辰	己酉	己卯	戊申	丁丑	丁未	丙子	丙午	乙亥	丁未	22日
壬午	辛亥	辛巳	庚戌	庚辰	己酉	戊寅	戊申	丁丑	丁未	丙子	戊申	23日
癸未	壬子	壬午	辛亥	辛巳	庚戌	己卯	己酉	戊寅	戊申	丁丑	己酉	24日
甲申	癸丑	癸未	壬子	壬午	辛亥	庚辰	庚戌	己卯	己酉	戊寅	庚戌	25日
乙酉	甲寅	甲申	癸丑	癸未	壬子	辛巳	辛亥	庚辰	庚戌	己卯	辛亥	26日
丙戌	乙卯	乙酉	甲寅	甲申	癸丑	壬午	壬子	辛巳	辛亥	庚辰	壬子	27日
丁亥	丙辰	丙戌	乙卯	乙酉	甲寅	癸未	癸丑	壬午	壬子	辛巳	癸丑	28日
戊子	丁巳	丁亥	丙辰	丙戌	乙卯	甲申	甲寅	癸未	癸丑	壬午		29日
己丑	戊午	戊子	丁巳	丁亥	丙辰	乙酉	乙卯	甲申	甲寅	癸未		30日
庚寅	己未		戊午		丁巳	丙戌		乙酉		甲申		31日

昭和41年〈1966年〉 丙午（七赤金星）

六白	七赤	八白	九紫	一白	二黒	三碧	四緑	五黄	六白	七赤	八白	九星
1月	12月	11月	10月	9月	8月	7月	6月	5月	4月	3月	2月	月
辛丑	庚子	己亥	戊戌	丁酉	丙申	乙未	甲午	癸巳	壬辰	辛卯	庚寅	月干
6日	7日	8日	9日	8日	8日	7日	6日	6日	5日	6日	4日	節入
9:49	22:38	5:56	2:57	11:32	8:49	23:07	12:50	8:30	14:57	9:52	15:38	時刻
乙丑	甲午	甲子	癸巳	癸亥	壬辰	辛酉	辛卯	庚申	庚寅	己未	辛卯	1日
丙寅	乙未	乙丑	甲午	甲子	癸巳	壬戌	壬辰	辛酉	辛卯	庚申	壬辰	2日
丁卯	丙申	丙寅	乙未	乙丑	甲午	癸亥	癸巳	壬戌	壬辰	辛酉	癸巳	3日
戊辰	丁酉	丁卯	丙申	丙寅	乙未	甲子	甲午	癸亥	癸巳	壬戌	甲午	4日
己巳	戊戌	戊辰	丁酉	丁卯	丙申	乙丑	乙未	甲子	甲午	癸亥	乙未	5日
庚午	己亥	己巳	戊戌	戊辰	丁酉	丙寅	丙申	乙丑	乙未	甲子	丙申	6日
辛未	庚子	庚午	己亥	己巳	戊戌	丁卯	丁酉	丙寅	丙申	乙丑	丁酉	7日
壬申	辛丑	辛未	庚子	庚午	己亥	戊辰	戊戌	丁卯	丁酉	丙寅	戊戌	8日
癸酉	壬寅	壬申	辛丑	辛未	庚子	己巳	己亥	戊辰	戊戌	丁卯	己亥	9日
甲戌	癸卯	癸酉	壬寅	壬申	辛丑	庚午	庚子	己巳	己亥	戊辰	庚子	10日
乙亥	甲辰	甲戌	癸卯	癸酉	壬寅	辛未	辛丑	庚午	庚子	己巳	辛丑	11日
丙子	乙巳	乙亥	甲辰	甲戌	癸卯	壬申	壬寅	辛未	辛丑	庚午	壬寅	12日
丁丑	丙午	丙子	乙巳	乙亥	甲辰	癸酉	癸卯	壬申	壬寅	辛未	癸卯	13日
戊寅	丁未	丁丑	丙午	丙子	乙巳	甲戌	甲辰	癸酉	癸卯	壬申	甲辰	14日
己卯	戊申	戊寅	丁未	丁丑	丙午	乙亥	乙巳	甲戌	甲辰	癸酉	乙巳	15日
庚辰	己酉	己卯	戊申	戊寅	丁未	丙子	丙午	乙亥	乙巳	甲戌	丙午	16日
辛巳	庚戌	庚辰	己酉	己卯	戊申	丁丑	丁未	丙子	丙午	乙亥	丁未	17日
壬午	辛亥	辛巳	庚戌	庚辰	己酉	戊寅	戊申	丁丑	丁未	丙子	戊申	18日
癸未	壬子	壬午	辛亥	辛巳	庚戌	己卯	己酉	戊寅	戊申	丁丑	己酉	19日
甲申	癸丑	癸未	壬子	壬午	辛亥	庚辰	庚戌	己卯	己酉	戊寅	庚戌	20日
乙酉	甲寅	甲申	癸丑	癸未	壬子	辛巳	辛亥	庚辰	庚戌	己卯	辛亥	21日
丙戌	乙卯	乙酉	甲寅	甲申	癸丑	壬午	壬子	辛巳	辛亥	庚辰	壬子	22日
丁亥	丙辰	丙戌	乙卯	乙酉	甲寅	癸未	癸丑	壬午	壬子	辛巳	癸丑	23日
戊子	丁巳	丁亥	丙辰	丙戌	乙卯	甲申	甲寅	癸未	癸丑	壬午	甲寅	24日
己丑	戊午	戊子	丁巳	丁亥	丙辰	乙酉	乙卯	甲申	甲寅	癸未	乙卯	25日
庚寅	己未	己丑	戊午	戊子	丁巳	丙戌	丙辰	乙酉	乙卯	甲申	丙辰	26日
辛卯	庚申	庚寅	己未	己丑	戊午	丁亥	丁巳	丙戌	丙辰	乙酉	丁巳	27日
壬辰	辛酉	辛卯	庚申	庚寅	己未	戊子	戊午	丁亥	丁巳	丙戌	戊午	28日
癸巳	壬戌	壬辰	辛酉	辛卯	庚申	己丑	己未	戊子	戊午	丁亥		29日
甲午	癸亥	癸巳	壬戌	壬辰	辛酉	庚寅	庚申	己丑	己未	戊子		30日
乙未	甲子		癸亥		壬戌	辛卯		庚寅		己丑		31日

昭和42年〈1967年〉 丁未（六白金星）

三碧	四緑	五黄	六白	七赤	八白	九紫	一白	二黒	三碧	四緑	五黄	九星
1月	12月	11月	10月	9月	8月	7月	6月	5月	4月	3月	2月	月
癸丑	壬子	辛亥	庚戌	己酉	戊申	丁未	丙午	乙巳	甲辰	癸卯	壬寅	月干
6日	8日	8日	9日	8日	8日	8日	6日	6日	5日	6日	4日	節入
15:27	4:18	11:38	8:41	17:18	14:35	4:53	18:36	14:17	20:45	15:42	21:31	時刻
庚午	己亥	己巳	戊戌	戊辰	丁酉	丙寅	丙申	乙丑	乙未	甲子	丙申	1日
辛未	庚子	庚午	己亥	己巳	戊戌	丁卯	丁酉	丙寅	丙申	乙丑	丁酉	2日
壬申	辛丑	辛未	庚子	庚午	己亥	戊辰	戊戌	丁卯	丁酉	丙寅	戊戌	3日
癸酉	壬寅	壬申	辛丑	辛未	庚子	己巳	己亥	戊辰	戊戌	丁卯	己亥	4日
甲戌	癸卯	癸酉	壬寅	壬申	辛丑	庚午	庚子	己巳	己亥	戊辰	庚子	5日
乙亥	甲辰	甲戌	癸卯	癸酉	壬寅	辛未	辛丑	庚午	庚子	己巳	辛丑	6日
丙子	乙巳	乙亥	甲辰	甲戌	癸卯	壬申	壬寅	辛未	辛丑	庚午	壬寅	7日
丁丑	丙午	丙子	乙巳	乙亥	甲辰	癸酉	癸卯	壬申	壬寅	辛未	癸卯	8日
戊寅	丁未	丁丑	丙午	丙子	乙巳	甲戌	甲辰	癸酉	癸卯	壬申	甲辰	9日
己卯	戊申	戊寅	丁未	丁丑	丙午	乙亥	乙巳	甲戌	甲辰	癸酉	乙巳	10日
庚辰	己酉	己卯	戊申	戊寅	丁未	丙子	丙午	乙亥	乙巳	甲戌	丙午	11日
辛巳	庚戌	庚辰	己酉	己卯	戊申	丁丑	丁未	丙子	丙午	乙亥	丁未	12日
壬午	辛亥	辛巳	庚戌	庚辰	己酉	戊寅	戊申	丁丑	丁未	丙子	戊申	13日
癸未	壬子	壬午	辛亥	辛巳	庚戌	己卯	己酉	戊寅	戊申	丁丑	己酉	14日
甲申	癸丑	癸未	壬子	壬午	辛亥	庚辰	庚戌	己卯	己酉	戊寅	庚戌	15日
乙酉	甲寅	甲申	癸丑	癸未	壬子	辛巳	辛亥	庚辰	庚戌	己卯	辛亥	16日
丙戌	乙卯	乙酉	甲寅	甲申	癸丑	壬午	壬子	辛巳	辛亥	庚辰	壬子	17日
丁亥	丙辰	丙戌	乙卯	乙酉	甲寅	癸未	癸丑	壬午	壬子	辛巳	癸丑	18日
戊子	丁巳	丁亥	丙辰	丙戌	乙卯	甲申	甲寅	癸未	癸丑	壬午	甲寅	19日
己丑	戊午	戊子	丁巳	丁亥	丙辰	乙酉	乙卯	甲申	甲寅	癸未	乙卯	20日
庚寅	己未	己丑	戊午	戊子	丁巳	丙戌	丙辰	乙酉	乙卯	甲申	丙辰	21日
辛卯	庚申	庚寅	己未	己丑	戊午	丁亥	丁巳	丙戌	丙辰	乙酉	丁巳	22日
壬辰	辛酉	辛卯	庚申	庚寅	己未	戊子	戊午	丁亥	丁巳	丙戌	戊午	23日
癸巳	壬戌	壬辰	辛酉	辛卯	庚申	己丑	己未	戊子	戊午	丁亥	己未	24日
甲午	癸亥	癸巳	壬戌	壬辰	辛酉	庚寅	庚申	己丑	己未	戊子	庚申	25日
乙未	甲子	甲午	癸亥	癸巳	壬戌	辛卯	辛酉	庚寅	庚申	己丑	辛酉	26日
丙申	乙丑	乙未	甲子	甲午	癸亥	壬辰	壬戌	辛卯	辛酉	庚寅	壬戌	27日
丁酉	丙寅	丙申	乙丑	乙未	甲子	癸巳	癸亥	壬辰	壬戌	辛卯	癸亥	28日
戊戌	丁卯	丁酉	丙寅	丙申	乙丑	甲午	甲子	癸巳	癸亥	壬辰		29日
己亥	戊辰	戊戌	丁卯	丁酉	丙寅	乙未	乙丑	甲午	甲子	癸巳		30日
庚子	己巳		戊辰		丁卯	丙申		乙未		甲午		31日

昭和43年〈1968年〉 戊申（五黄土星）

九紫	一白	二黒	三碧	四緑	五黄	六白	七赤	八白	九紫	一白	二黒	九星
1月	12月	11月	10月	9月	8月	7月	6月	5月	4月	3月	2月	月
乙丑	甲子	癸亥	壬戌	辛酉	庚申	己未	戊午	丁巳	丙辰	乙卯	甲寅	月干
5日	7日	7日	8日	7日	7日	7日	6日	5日	5日	5日	5日	節入
21:17	10:09	17:30	14:35	23:12	20:27	10:42	0:19	19:56	2:21	21:18	3:08	時刻
丙子	乙巳	乙亥	甲辰	甲戌	癸卯	壬申	壬寅	辛未	辛丑	庚午	辛丑	1日
丁丑	丙午	丙子	乙巳	乙亥	甲辰	癸酉	癸卯	壬申	壬寅	辛未	壬寅	2日
戊寅	丁未	丁丑	丙午	丙子	乙巳	甲戌	甲辰	癸酉	癸卯	壬申	癸卯	3日
己卯	戊申	戊寅	丁未	丁丑	丙午	乙亥	乙巳	甲戌	甲辰	癸酉	甲辰	4日
庚辰	己酉	己卯	戊申	戊寅	丁未	丙子	丙午	乙亥	乙巳	甲戌	乙巳	5日
辛巳	庚戌	庚辰	己酉	己卯	戊申	丁丑	丁未	丙子	丙午	乙亥	丙午	6日
壬午	辛亥	辛巳	庚戌	庚辰	己酉	戊寅	戊申	丁丑	丁未	丙子	丁未	7日
癸未	壬子	壬午	辛亥	辛巳	庚戌	己卯	己酉	戊寅	戊申	丁丑	戊申	8日
甲申	癸丑	癸未	壬子	壬午	辛亥	庚辰	庚戌	己卯	己酉	戊寅	己酉	9日
乙酉	甲寅	甲申	癸丑	癸未	壬子	辛巳	辛亥	庚辰	庚戌	己卯	庚戌	10日
丙戌	乙卯	乙酉	甲寅	甲申	癸丑	壬午	壬子	辛巳	辛亥	庚辰	辛亥	11日
丁亥	丙辰	丙戌	乙卯	乙酉	甲寅	癸未	癸丑	壬午	壬子	辛巳	壬子	12日
戊子	丁巳	丁亥	丙辰	丙戌	乙卯	甲申	甲寅	癸未	癸丑	壬午	癸丑	13日
己丑	戊午	戊子	丁巳	丁亥	丙辰	乙酉	乙卯	甲申	甲寅	癸未	甲寅	14日
庚寅	己未	己丑	戊午	戊子	丁巳	丙戌	丙辰	乙酉	乙卯	甲申	乙卯	15日
辛卯	庚申	庚寅	己未	己丑	戊午	丁亥	丁巳	丙戌	丙辰	乙酉	丙辰	16日
壬辰	辛酉	辛卯	庚申	庚寅	己未	戊子	戊午	丁亥	丁巳	丙戌	丁巳	17日
癸巳	壬戌	壬辰	辛酉	辛卯	庚申	己丑	己未	戊子	戊午	丁亥	戊午	18日
甲午	癸亥	癸巳	壬戌	壬辰	辛酉	庚寅	庚申	己丑	己未	戊子	己未	19日
乙未	甲子	甲午	癸亥	癸巳	壬戌	辛卯	辛酉	庚寅	庚申	己丑	庚申	20日
丙申	乙丑	乙未	甲子	甲午	癸亥	壬辰	壬戌	辛卯	辛酉	庚寅	辛酉	21日
丁酉	丙寅	丙申	乙丑	乙未	甲子	癸巳	癸亥	壬辰	壬戌	辛卯	壬戌	22日
戊戌	丁卯	丁酉	丙寅	丙申	乙丑	甲午	甲子	癸巳	癸亥	壬辰	癸亥	23日
己亥	戊辰	戊戌	丁卯	丁酉	丙寅	乙未	乙丑	甲午	甲子	癸巳	甲子	24日
庚子	己巳	己亥	戊辰	戊戌	丁卯	丙申	丙寅	乙未	乙丑	甲午	乙丑	25日
辛丑	庚午	庚子	己巳	己亥	戊辰	丁酉	丁卯	丙申	丙寅	乙未	丙寅	26日
壬寅	辛未	辛丑	庚午	庚子	己巳	戊戌	戊辰	丁酉	丁卯	丙申	丁卯	27日
癸卯	壬申	壬寅	辛未	辛丑	庚午	己亥	己巳	戊戌	戊辰	丁酉	戊辰	28日
甲辰	癸酉	癸卯	壬申	壬寅	辛未	庚子	庚午	己亥	己巳	戊戌	己巳	29日
乙巳	甲戌	甲辰	癸酉	癸卯	壬申	辛丑	辛未	庚子	庚午	己亥		30日
丙午	乙亥		甲戌		癸酉	壬寅		辛丑		庚子		31日

昭和44年〈1969年〉 己酉（四緑木星）

六白	七赤	八白	九紫	一白	二黒	三碧	四緑	五黄	六白	七赤	八白	九星
1月	12月	11月	10月	9月	8月	7月	6月	5月	4月	3月	2月	月
丁丑	丙子	乙亥	甲戌	癸酉	壬申	辛未	庚午	己巳	戊辰	丁卯	丙寅	月干
6日	7日	7日	8日	8日	8日	7日	6日	6日	5日	6日	4日	節入
3:02	15:52	23:12	20:17	4:56	2:14	16:32	6:11	1:50	8:15	3:11	8:59	時刻
辛巳	庚戌	庚辰	己酉	己卯	戊申	丁丑	丁未	丙子	丙午	乙亥	丁未	1日
壬午	辛亥	辛巳	庚戌	庚辰	己酉	戊寅	戊申	丁丑	丁未	丙子	戊申	2日
癸未	壬子	壬午	辛亥	辛巳	庚戌	己卯	己酉	戊寅	戊申	丁丑	己酉	3日
甲申	癸丑	癸未	壬子	壬午	辛亥	庚辰	庚戌	己卯	己酉	戊寅	庚戌	4日
乙酉	甲寅	甲申	癸丑	癸未	壬子	辛巳	辛亥	庚辰	庚戌	己卯	辛亥	5日
丙戌	乙卯	乙酉	甲寅	甲申	癸丑	壬午	壬子	辛巳	辛亥	庚辰	壬子	6日
丁亥	丙辰	丙戌	乙卯	乙酉	甲寅	癸未	癸丑	壬午	壬子	辛巳	癸丑	7日
戊子	丁巳	丁亥	丙辰	丙戌	乙卯	甲申	甲寅	癸未	癸丑	壬午	甲寅	8日
己丑	戊午	戊子	丁巳	丁亥	丙辰	乙酉	乙卯	甲申	甲寅	癸未	乙卯	9日
庚寅	己未	己丑	戊午	戊子	丁巳	丙戌	丙辰	乙酉	乙卯	甲申	丙辰	10日
辛卯	庚申	庚寅	己未	己丑	戊午	丁亥	丁巳	丙戌	丙辰	乙酉	丁巳	11日
壬辰	辛酉	辛卯	庚申	庚寅	己未	戊子	戊午	丁亥	丁巳	丙戌	戊午	12日
癸巳	壬戌	壬辰	辛酉	辛卯	庚申	己丑	己未	戊子	戊午	丁亥	己未	13日
甲午	癸亥	癸巳	壬戌	壬辰	辛酉	庚寅	庚申	己丑	己未	戊子	庚申	14日
乙未	甲子	甲午	癸亥	癸巳	壬戌	辛卯	辛酉	庚寅	庚申	己丑	辛酉	15日
丙申	乙丑	乙未	甲子	甲午	癸亥	壬辰	壬戌	辛卯	辛酉	庚寅	壬戌	16日
丁酉	丙寅	丙申	乙丑	乙未	甲子	癸巳	癸亥	壬辰	壬戌	辛卯	癸亥	17日
戊戌	丁卯	丁酉	丙寅	丙申	乙丑	甲午	甲子	癸巳	癸亥	壬辰	甲子	18日
己亥	戊辰	戊戌	丁卯	丁酉	丙寅	乙未	乙丑	甲午	甲子	癸巳	乙丑	19日
庚子	己巳	己亥	戊辰	戊戌	丁卯	丙申	丙寅	乙未	乙丑	甲午	丙寅	20日
辛丑	庚午	庚子	己巳	己亥	戊辰	丁酉	丁卯	丙申	丙寅	乙未	丁卯	21日
壬寅	辛未	辛丑	庚午	庚子	己巳	戊戌	戊辰	丁酉	丁卯	丙申	戊辰	22日
癸卯	壬申	壬寅	辛未	辛丑	庚午	己亥	己巳	戊戌	戊辰	丁酉	己巳	23日
甲辰	癸酉	癸卯	壬申	壬寅	辛未	庚子	庚午	己亥	己巳	戊戌	庚午	24日
乙巳	甲戌	甲辰	癸酉	癸卯	壬申	辛丑	辛未	庚子	庚午	己亥	辛未	25日
丙午	乙亥	乙巳	甲戌	甲辰	癸酉	壬寅	壬申	辛丑	辛未	庚子	壬申	26日
丁未	丙子	丙午	乙亥	乙巳	甲戌	癸卯	癸酉	壬寅	壬申	辛丑	癸酉	27日
戊申	丁丑	丁未	丙子	丙午	乙亥	甲辰	甲戌	癸卯	癸酉	壬寅	甲戌	28日
己酉	戊寅	戊申	丁丑	丁未	丙子	乙巳	乙亥	甲辰	甲戌	癸卯		29日
庚戌	己卯	己酉	戊寅	戊申	丁丑	丙午	丙子	乙巳	乙亥	甲辰		30日
辛亥	庚辰		己卯		戊寅	丁未		丙午		乙巳		31日

昭和45年〈1970年〉 庚戌（三碧木星）

三碧	四緑	五黄	六白	七赤	八白	九紫	一白	二黒	三碧	四緑	五黄	九星
1月	12月	11月	10月	9月	8月	7月	6月	5月	4月	3月	2月	月
己丑	戊子	丁亥	丙戌	乙酉	甲申	癸未	壬午	辛巳	庚辰	己卯	戊寅	月干
6日	7日	8日	9日	8日	8日	7日	6日	6日	5日	6日	4日	節入
8:45	21:38	4:58	2:02	10:38	7:54	22:11	11:52	7:34	14:02	8:59	14:46	時刻
丙戌	乙卯	乙酉	甲寅	甲申	癸丑	壬午	壬子	辛巳	辛亥	庚辰	壬子	1日
丁亥	丙辰	丙戌	乙卯	乙酉	甲寅	癸未	癸丑	壬午	壬子	辛巳	癸丑	2日
戊子	丁巳	丁亥	丙辰	丙戌	乙卯	甲申	甲寅	癸未	癸丑	壬午	甲寅	3日
己丑	戊午	戊子	丁巳	丁亥	丙辰	乙酉	乙卯	甲申	甲寅	癸未	乙卯	4日
庚寅	己未	己丑	戊午	戊子	丁巳	丙戌	丙辰	乙酉	乙卯	甲申	丙辰	5日
辛卯	庚申	庚寅	己未	己丑	戊午	丁亥	丁巳	丙戌	丙辰	乙酉	丁巳	6日
壬辰	辛酉	辛卯	庚申	庚寅	己未	戊子	戊午	丁亥	丁巳	丙戌	戊午	7日
癸巳	壬戌	壬辰	辛酉	辛卯	庚申	己丑	己未	戊子	戊午	丁亥	己未	8日
甲午	癸亥	癸巳	壬戌	壬辰	辛酉	庚寅	庚申	己丑	己未	戊子	庚申	9日
乙未	甲子	甲午	癸亥	癸巳	壬戌	辛卯	辛酉	庚寅	庚申	己丑	辛酉	10日
丙申	乙丑	乙未	甲子	甲午	癸亥	壬辰	壬戌	辛卯	辛酉	庚寅	壬戌	11日
丁酉	丙寅	丙申	乙丑	乙未	甲子	癸巳	癸亥	壬辰	壬戌	辛卯	癸亥	12日
戊戌	丁卯	丁酉	丙寅	丙申	乙丑	甲午	甲子	癸巳	癸亥	壬辰	甲子	13日
己亥	戊辰	戊戌	丁卯	丁酉	丙寅	乙未	乙丑	甲午	甲子	癸巳	乙丑	14日
庚子	己巳	己亥	戊辰	戊戌	丁卯	丙申	丙寅	乙未	乙丑	甲午	丙寅	15日
辛丑	庚午	庚子	己巳	己亥	戊辰	丁酉	丁卯	丙申	丙寅	乙未	丁卯	16日
壬寅	辛未	辛丑	庚午	庚子	己巳	戊戌	戊辰	丁酉	丁卯	丙申	戊辰	17日
癸卯	壬申	壬寅	辛未	辛丑	庚午	己亥	己巳	戊戌	戊辰	丁酉	己巳	18日
甲辰	癸酉	癸卯	壬申	壬寅	辛未	庚子	庚午	己亥	己巳	戊戌	庚午	19日
乙巳	甲戌	甲辰	癸酉	癸卯	壬申	辛丑	辛未	庚子	庚午	己亥	辛未	20日
丙午	乙亥	乙巳	甲戌	甲辰	癸酉	壬寅	壬申	辛丑	辛未	庚子	壬申	21日
丁未	丙子	丙午	乙亥	乙巳	甲戌	癸卯	癸酉	壬寅	壬申	辛丑	癸酉	22日
戊申	丁丑	丁未	丙子	丙午	乙亥	甲辰	甲戌	癸卯	癸酉	壬寅	甲戌	23日
己酉	戊寅	戊申	丁丑	丁未	丙子	乙巳	乙亥	甲辰	甲戌	癸卯	乙亥	24日
庚戌	己卯	己酉	戊寅	戊申	丁丑	丙午	丙子	乙巳	乙亥	甲辰	丙子	25日
辛亥	庚辰	庚戌	己卯	己酉	戊寅	丁未	丁丑	丙午	丙子	乙巳	丁丑	26日
壬子	辛巳	辛亥	庚辰	庚戌	己卯	戊申	戊寅	丁未	丁丑	丙午	戊寅	27日
癸丑	壬午	壬子	辛巳	辛亥	庚辰	己酉	己卯	戊申	戊寅	丁未	己卯	28日
甲寅	癸未	癸丑	壬午	壬子	辛巳	庚戌	庚辰	己酉	己卯	戊申		29日
乙卯	甲申	甲寅	癸未	癸丑	壬午	辛亥	辛巳	庚戌	庚辰	己酉		30日
丙辰	乙酉		甲申		癸未	壬子		辛亥		庚戌		31日

昭和46年〈1971年〉 辛亥（二黒土星）

九紫	一白	二黒	三碧	四緑	五黄	六白	七赤	八白	九紫	一白	二黒	九星
1月	12月	11月	10月	9月	8月	7月	6月	5月	4月	3月	2月	月
辛丑	庚子	己亥	戊戌	丁酉	丙申	乙未	甲午	癸巳	壬辰	辛卯	庚寅	月干
6日	8日	8日	9日	8日	8日	8日	6日	6日	5日	6日	4日	節入
14:42	3:36	10:57	7:59	16:30	13:40	3:51	17:29	13:08	19:36	14:35	20:26	時刻
辛卯	庚申	庚寅	己未	己丑	戊午	丁亥	丁巳	丙戌	丙辰	乙酉	丁巳	1日
壬辰	辛酉	辛卯	庚申	庚寅	己未	戊子	戊午	丁亥	丁巳	丙戌	戊午	2日
癸巳	壬戌	壬辰	辛酉	辛卯	庚申	己丑	己未	戊子	戊午	丁亥	己未	3日
甲午	癸亥	癸巳	壬戌	壬辰	辛酉	庚寅	庚申	己丑	己未	戊子	庚申	4日
乙未	甲子	甲午	癸亥	癸巳	壬戌	辛卯	辛酉	庚寅	庚申	己丑	辛酉	5日
丙申	乙丑	乙未	甲子	甲午	癸亥	壬辰	壬戌	辛卯	辛酉	庚寅	壬戌	6日
丁酉	丙寅	丙申	乙丑	乙未	甲子	癸巳	癸亥	壬辰	壬戌	辛卯	癸亥	7日
戊戌	丁卯	丁酉	丙寅	丙申	乙丑	甲午	甲子	癸巳	癸亥	壬辰	甲子	8日
己亥	戊辰	戊戌	丁卯	丁酉	丙寅	乙未	乙丑	甲午	甲子	癸巳	乙丑	9日
庚子	己巳	己亥	戊辰	戊戌	丁卯	丙申	丙寅	乙未	乙丑	甲午	丙寅	10日
辛丑	庚午	庚子	己巳	己亥	戊辰	丁酉	丁卯	丙申	丙寅	乙未	丁卯	11日
壬寅	辛未	辛丑	庚午	庚子	己巳	戊戌	戊辰	丁酉	丁卯	丙申	戊辰	12日
癸卯	壬申	壬寅	辛未	辛丑	庚午	己亥	己巳	戊戌	戊辰	丁酉	己巳	13日
甲辰	癸酉	癸卯	壬申	壬寅	辛未	庚子	庚午	己亥	己巳	戊戌	庚午	14日
乙巳	甲戌	甲辰	癸酉	癸卯	壬申	辛丑	辛未	庚子	庚午	己亥	辛未	15日
丙午	乙亥	乙巳	甲戌	甲辰	癸酉	壬寅	壬申	辛丑	辛未	庚子	壬申	16日
丁未	丙子	丙午	乙亥	乙巳	甲戌	癸卯	癸酉	壬寅	壬申	辛丑	癸酉	17日
戊申	丁丑	丁未	丙子	丙午	乙亥	甲辰	甲戌	癸卯	癸酉	壬寅	甲戌	18日
己酉	戊寅	戊申	丁丑	丁未	丙子	乙巳	乙亥	甲辰	甲戌	癸卯	乙亥	19日
庚戌	己卯	己酉	戊寅	戊申	丁丑	丙午	丙子	乙巳	乙亥	甲辰	丙子	20日
辛亥	庚辰	庚戌	己卯	己酉	戊寅	丁未	丁丑	丙午	丙子	乙巳	丁丑	21日
壬子	辛巳	辛亥	庚辰	庚戌	己卯	戊申	戊寅	丁未	丁丑	丙午	戊寅	22日
癸丑	壬午	壬子	辛巳	辛亥	庚辰	己酉	己卯	戊申	戊寅	丁未	己卯	23日
甲寅	癸未	癸丑	壬午	壬子	辛巳	庚戌	庚辰	己酉	己卯	戊申	庚辰	24日
乙卯	甲申	甲寅	癸未	癸丑	壬午	辛亥	辛巳	庚戌	庚辰	己酉	辛巳	25日
丙辰	乙酉	乙卯	甲申	甲寅	癸未	壬子	壬午	辛亥	辛巳	庚戌	壬午	26日
丁巳	丙戌	丙辰	乙酉	乙卯	甲申	癸丑	癸未	壬子	壬午	辛亥	癸未	27日
戊午	丁亥	丁巳	丙戌	丙辰	乙酉	甲寅	甲申	癸丑	癸未	壬子	甲申	28日
己未	戊子	戊午	丁亥	丁巳	丙戌	乙卯	乙酉	甲寅	甲申	癸丑		29日
庚申	己丑	己未	戊子	戊午	丁亥	丙辰	丙戌	乙卯	乙酉	甲寅		30日
辛酉	庚寅		己丑		戊子	丁巳		丙辰		乙卯		31日

昭和47年〈1972年〉 壬子（一白水星）

六白	七赤	八白	九紫	一白	二黒	三碧	四緑	五黄	六白	七赤	八白	九星
1月	12月	11月	10月	9月	8月	7月	6月	5月	4月	3月	2月	月
癸丑	壬子	辛亥	庚戌	己酉	戊申	丁未	丙午	乙巳	甲辰	癸卯	壬寅	月干
5日	7日	7日	8日	7日	7日	7日	5日	5日	5日	5日	5日	節入
20:26	9:19	16:40	13:42	22:15	19:29	9:43	23:22	19:01	1:29	20:28	2:20	時刻
丁酉	丙寅	丙申	乙丑	乙未	甲子	癸巳	癸亥	壬辰	壬戌	辛卯	壬戌	1日
戊戌	丁卯	丁酉	丙寅	丙申	乙丑	甲午	甲子	癸巳	癸亥	壬辰	癸亥	2日
己亥	戊辰	戊戌	丁卯	丁酉	丙寅	乙未	乙丑	甲午	甲子	癸巳	甲子	3日
庚子	己巳	己亥	戊辰	戊戌	丁卯	丙申	丙寅	乙未	乙丑	甲午	乙丑	4日
辛丑	庚午	庚子	己巳	己亥	戊辰	丁酉	丁卯	丙申	丙寅	乙未	丙寅	5日
壬寅	辛未	辛丑	庚午	庚子	己巳	戊戌	戊辰	丁酉	丁卯	丙申	丁卯	6日
癸卯	壬申	壬寅	辛未	辛丑	庚午	己亥	己巳	戊戌	戊辰	丁酉	戊辰	7日
甲辰	癸酉	癸卯	壬申	壬寅	辛未	庚子	庚午	己亥	己巳	戊戌	己巳	8日
乙巳	甲戌	甲辰	癸酉	癸卯	壬申	辛丑	辛未	庚子	庚午	己亥	庚午	9日
丙午	乙亥	乙巳	甲戌	甲辰	癸酉	壬寅	壬申	辛丑	辛未	庚子	辛未	10日
丁未	丙子	丙午	乙亥	乙巳	甲戌	癸卯	癸酉	壬寅	壬申	辛丑	壬申	11日
戊申	丁丑	丁未	丙子	丙午	乙亥	甲辰	甲戌	癸卯	癸酉	壬寅	癸酉	12日
己酉	戊寅	戊申	丁丑	丁未	丙子	乙巳	乙亥	甲辰	甲戌	癸卯	甲戌	13日
庚戌	己卯	己酉	戊寅	戊申	丁丑	丙午	丙子	乙巳	乙亥	甲辰	乙亥	14日
辛亥	庚辰	庚戌	己卯	己酉	戊寅	丁未	丁丑	丙午	丙子	乙巳	丙子	15日
壬子	辛巳	辛亥	庚辰	庚戌	己卯	戊申	戊寅	丁未	丁丑	丙午	丁丑	16日
癸丑	壬午	壬子	辛巳	辛亥	庚辰	己酉	己卯	戊申	戊寅	丁未	戊寅	17日
甲寅	癸未	癸丑	壬午	壬子	辛巳	庚戌	庚辰	己酉	己卯	戊申	己卯	18日
乙卯	甲申	甲寅	癸未	癸丑	壬午	辛亥	辛巳	庚戌	庚辰	己酉	庚辰	19日
丙辰	乙酉	乙卯	甲申	甲寅	癸未	壬子	壬午	辛亥	辛巳	庚戌	辛巳	20日
丁巳	丙戌	丙辰	乙酉	乙卯	甲申	癸丑	癸未	壬子	壬午	辛亥	壬午	21日
戊午	丁亥	丁巳	丙戌	丙辰	乙酉	甲寅	甲申	癸丑	癸未	壬子	癸未	22日
己未	戊子	戊午	丁亥	丁巳	丙戌	乙卯	乙酉	甲寅	甲申	癸丑	甲申	23日
庚申	己丑	己未	戊子	戊午	丁亥	丙辰	丙戌	乙卯	乙酉	甲寅	乙酉	24日
辛酉	庚寅	庚申	己丑	己未	戊子	丁巳	丁亥	丙辰	丙戌	乙卯	丙戌	25日
壬戌	辛卯	辛酉	庚寅	庚申	己丑	戊午	戊子	丁巳	丁亥	丙辰	丁亥	26日
癸亥	壬辰	壬戌	辛卯	辛酉	庚寅	己未	己丑	戊午	戊子	丁巳	戊子	27日
甲子	癸巳	癸亥	壬辰	壬戌	辛卯	庚申	庚寅	己未	己丑	戊午	己丑	28日
乙丑	甲午	甲子	癸巳	癸亥	壬辰	辛酉	辛卯	庚申	庚寅	己未	庚寅	29日
丙寅	乙未	乙丑	甲午	甲子	癸巳	壬戌	壬辰	辛酉	辛卯	庚申		30日
丁卯	丙申		乙未		甲午	癸亥		壬戌		辛酉		31日

昭和48年〈1973年〉 癸丑（九紫火星）

三碧	四緑	五黄	六白	七赤	八白	九紫	一白	二黒	三碧	四緑	五黄	九星
1月	12月	11月	10月	9月	8月	7月	6月	5月	4月	3月	2月	月
乙丑	甲子	癸亥	壬戌	辛酉	庚申	己未	戊午	丁巳	丙辰	乙卯	甲寅	月干
6日 2:20	7日 15:11	7日 22:28	8日 19:28	8日 4:00	8日 1:13	7日 15:27	6日 5:07	6日 0:46	5日 7:14	6日 2:13	4日 8:04	節入 時刻
壬寅	辛未	辛丑	庚午	庚子	己巳	戊戌	戊辰	丁酉	丁卯	丙申	戊辰	1日
癸卯	壬申	壬寅	辛未	辛丑	庚午	己亥	己巳	戊戌	戊辰	丁酉	己巳	2日
甲辰	癸酉	癸卯	壬申	壬寅	辛未	庚子	庚午	己亥	己巳	戊戌	庚午	3日
乙巳	甲戌	甲辰	癸酉	癸卯	壬申	辛丑	辛未	庚子	庚午	己亥	辛未	4日
丙午	乙亥	乙巳	甲戌	甲辰	癸酉	壬寅	壬申	辛丑	辛未	庚子	壬申	5日
丁未	丙子	丙午	乙亥	乙巳	甲戌	癸卯	癸酉	壬寅	壬申	辛丑	癸酉	6日
戊申	丁丑	丁未	丙子	丙午	乙亥	甲辰	甲戌	癸卯	癸酉	壬寅	甲戌	7日
己酉	戊寅	戊申	丁丑	丁未	丙子	乙巳	乙亥	甲辰	甲戌	癸卯	乙亥	8日
庚戌	己卯	己酉	戊寅	戊申	丁丑	丙午	丙子	乙巳	乙亥	甲辰	丙子	9日
辛亥	庚辰	庚戌	己卯	己酉	戊寅	丁未	丁丑	丙午	丙子	乙巳	丁丑	10日
壬子	辛巳	辛亥	庚辰	庚戌	己卯	戊申	戊寅	丁未	丁丑	丙午	戊寅	11日
癸丑	壬午	壬子	辛巳	辛亥	庚辰	己酉	己卯	戊申	戊寅	丁未	己卯	12日
甲寅	癸未	癸丑	壬午	壬子	辛巳	庚戌	庚辰	己酉	己卯	戊申	庚辰	13日
乙卯	甲申	甲寅	癸未	癸丑	壬午	辛亥	辛巳	庚戌	庚辰	己酉	辛巳	14日
丙辰	乙酉	乙卯	甲申	甲寅	癸未	壬子	壬午	辛亥	辛巳	庚戌	壬午	15日
丁巳	丙戌	丙辰	乙酉	乙卯	甲申	癸丑	癸未	壬子	壬午	辛亥	癸未	16日
戊午	丁亥	丁巳	丙戌	丙辰	乙酉	甲寅	甲申	癸丑	癸未	壬子	甲申	17日
己未	戊子	戊午	丁亥	丁巳	丙戌	乙卯	乙酉	甲寅	甲申	癸丑	乙酉	18日
庚申	己丑	己未	戊子	戊午	丁亥	丙辰	丙戌	乙卯	乙酉	甲寅	丙戌	19日
辛酉	庚寅	庚申	己丑	己未	戊子	丁巳	丁亥	丙辰	丙戌	乙卯	丁亥	20日
壬戌	辛卯	辛酉	庚寅	庚申	己丑	戊午	戊子	丁巳	丁亥	丙辰	戊子	21日
癸亥	壬辰	壬戌	辛卯	辛酉	庚寅	己未	己丑	戊午	戊子	丁巳	己丑	22日
甲子	癸巳	癸亥	壬辰	壬戌	辛卯	庚申	庚寅	己未	己丑	戊午	庚寅	23日
乙丑	甲午	甲子	癸巳	癸亥	壬辰	辛酉	辛卯	庚申	庚寅	己未	辛卯	24日
丙寅	乙未	乙丑	甲午	甲子	癸巳	壬戌	壬辰	辛酉	辛卯	庚申	壬辰	25日
丁卯	丙申	丙寅	乙未	乙丑	甲午	癸亥	癸巳	壬戌	壬辰	辛酉	癸巳	26日
戊辰	丁酉	丁卯	丙申	丙寅	乙未	甲子	甲午	癸亥	癸巳	壬戌	甲午	27日
己巳	戊戌	戊辰	丁酉	丁卯	丙申	乙丑	乙未	甲子	甲午	癸亥	乙未	28日
庚午	己亥	己巳	戊戌	戊辰	丁酉	丙寅	丙申	乙丑	乙未	甲子		29日
辛未	庚子	庚午	己亥	己巳	戊戌	丁卯	丁酉	丙寅	丙申	乙丑		30日
壬申	辛丑		庚子		己亥	戊辰		丁卯		丙寅		31日

昭和49年〈1974年〉 甲寅（八白土星）

九紫	一白	二黒	三碧	四緑	五黄	六白	七赤	八白	九紫	一白	二黒	九星
1月	12月	11月	10月	9月	8月	7月	6月	5月	4月	3月	2月	月
丁丑	丙子	乙亥	甲戌	癸酉	壬申	辛未	庚午	己巳	戊辰	丁卯	丙寅	月干
6日	7日	8日	9日	8日	8日	7日	6日	6日	5日	6日	4日	節入
8:18	21:05	4:18	1:15	9:45	6:57	21:11	10:52	6:34	13:05	8:07	14:00	時刻
丁未	丙子	丙午	乙亥	乙巳	甲戌	癸卯	癸酉	壬寅	壬申	辛丑	癸酉	1日
戊申	丁丑	丁未	丙子	丙午	乙亥	甲辰	甲戌	癸卯	癸酉	壬寅	甲戌	2日
己酉	戊寅	戊申	丁丑	丁未	丙子	乙巳	乙亥	甲辰	甲戌	癸卯	乙亥	3日
庚戌	己卯	己酉	戊寅	戊申	丁丑	丙午	丙子	乙巳	乙亥	甲辰	丙子	4日
辛亥	庚辰	庚戌	己卯	己酉	戊寅	丁未	丁丑	丙午	丙子	乙巳	丁丑	5日
壬子	辛巳	辛亥	庚辰	庚戌	己卯	戊申	戊寅	丁未	丁丑	丙午	戊寅	6日
癸丑	壬午	壬子	辛巳	辛亥	庚辰	己酉	己卯	戊申	戊寅	丁未	己卯	7日
甲寅	癸未	癸丑	壬午	壬子	辛巳	庚戌	庚辰	己酉	己卯	戊申	庚辰	8日
乙卯	甲申	甲寅	癸未	癸丑	壬午	辛亥	辛巳	庚戌	庚辰	己酉	辛巳	9日
丙辰	乙酉	乙卯	甲申	甲寅	癸未	壬子	壬午	辛亥	辛巳	庚戌	壬午	10日
丁巳	丙戌	丙辰	乙酉	乙卯	甲申	癸丑	癸未	壬子	壬午	辛亥	癸未	11日
戊午	丁亥	丁巳	丙戌	丙辰	乙酉	甲寅	甲申	癸丑	癸未	壬子	甲申	12日
己未	戊子	戊午	丁亥	丁巳	丙戌	乙卯	乙酉	甲寅	甲申	癸丑	乙酉	13日
庚申	己丑	己未	戊子	戊午	丁亥	丙辰	丙戌	乙卯	乙酉	甲寅	丙戌	14日
辛酉	庚寅	庚申	己丑	己未	戊子	丁巳	丁亥	丙辰	丙戌	乙卯	丁亥	15日
壬戌	辛卯	辛酉	庚寅	庚申	己丑	戊午	戊子	丁巳	丁亥	丙辰	戊子	16日
癸亥	壬辰	壬戌	辛卯	辛酉	庚寅	己未	己丑	戊午	戊子	丁巳	己丑	17日
甲子	癸巳	癸亥	壬辰	壬戌	辛卯	庚申	庚寅	己未	己丑	戊午	庚寅	18日
乙丑	甲午	甲子	癸巳	癸亥	壬辰	辛酉	辛卯	庚申	庚寅	己未	辛卯	19日
丙寅	乙未	乙丑	甲午	甲子	癸巳	壬戌	壬辰	辛酉	辛卯	庚申	壬辰	20日
丁卯	丙申	丙寅	乙未	乙丑	甲午	癸亥	癸巳	壬戌	壬辰	辛酉	癸巳	21日
戊辰	丁酉	丁卯	丙申	丙寅	乙未	甲子	甲午	癸亥	癸巳	壬戌	甲午	22日
己巳	戊戌	戊辰	丁酉	丁卯	丙申	乙丑	乙未	甲子	甲午	癸亥	乙未	23日
庚午	己亥	己巳	戊戌	戊辰	丁酉	丙寅	丙申	乙丑	乙未	甲子	丙申	24日
辛未	庚子	庚午	己亥	己巳	戊戌	丁卯	丁酉	丙寅	丙申	乙丑	丁酉	25日
壬申	辛丑	辛未	庚子	庚午	己亥	戊辰	戊戌	丁卯	丁酉	丙寅	戊戌	26日
癸酉	壬寅	壬申	辛丑	辛未	庚子	己巳	己亥	戊辰	戊戌	丁卯	己亥	27日
甲戌	癸卯	癸酉	壬寅	壬申	辛丑	庚午	庚子	己巳	己亥	戊辰	庚子	28日
乙亥	甲辰	甲戌	癸卯	癸酉	壬寅	辛未	辛丑	庚午	庚子	己巳		29日
丙子	乙巳	乙亥	甲辰	甲戌	癸卯	壬申	壬寅	辛未	辛丑	庚午		30日
丁丑	丙午		乙巳		甲辰	癸酉		壬申		辛未		31日

昭和50年〈1975年〉 乙卯（七赤金星）

六白	七赤	八白	九紫	一白	二黒	三碧	四緑	五黄	六白	七赤	八白	九星
1月	12月	11月	10月	9月	8月	7月	6月	5月	4月	3月	2月	月
己丑	戊子	丁亥	丙戌	乙酉	甲申	癸未	壬午	辛巳	庚辰	己卯	戊寅	月干
6日	8日	8日	9日	8日	8日	8日	6日	6日	5日	6日	4日	節入
13:58	2:47	10:03	7:02	15:33	12:45	2:59	16:42	12:27	19:02	14:06	19:59	時刻
壬子	辛巳	辛亥	庚辰	庚戌	己卯	戊申	戊寅	丁未	丁丑	丙午	戊寅	1日
癸丑	壬午	壬子	辛巳	辛亥	庚辰	己酉	己卯	戊申	戊寅	丁未	己卯	2日
甲寅	癸未	癸丑	壬午	壬子	辛巳	庚戌	庚辰	己酉	己卯	戊申	庚辰	3日
乙卯	甲申	甲寅	癸未	癸丑	壬午	辛亥	辛巳	庚戌	庚辰	己酉	辛巳	4日
丙辰	乙酉	乙卯	甲申	甲寅	癸未	壬子	壬午	辛亥	辛巳	庚戌	壬午	5日
丁巳	丙戌	丙辰	乙酉	乙卯	甲申	癸丑	癸未	壬子	壬午	辛亥	癸未	6日
戊午	丁亥	丁巳	丙戌	丙辰	乙酉	甲寅	甲申	癸丑	癸未	壬子	甲申	7日
己未	戊子	戊午	丁亥	丁巳	丙戌	乙卯	乙酉	甲寅	甲申	癸丑	乙酉	8日
庚申	己丑	己未	戊子	戊午	丁亥	丙辰	丙戌	乙卯	乙酉	甲寅	丙戌	9日
辛酉	庚寅	庚申	己丑	己未	戊子	丁巳	丁亥	丙辰	丙戌	乙卯	丁亥	10日
壬戌	辛卯	辛酉	庚寅	庚申	己丑	戊午	戊子	丁巳	丁亥	丙辰	戊子	11日
癸亥	壬辰	壬戌	辛卯	辛酉	庚寅	己未	己丑	戊午	戊子	丁巳	己丑	12日
甲子	癸巳	癸亥	壬辰	壬戌	辛卯	庚申	庚寅	己未	己丑	戊午	庚寅	13日
乙丑	甲午	甲子	癸巳	癸亥	壬辰	辛酉	辛卯	庚申	庚寅	己未	辛卯	14日
丙寅	乙未	乙丑	甲午	甲子	癸巳	壬戌	壬辰	辛酉	辛卯	庚申	壬辰	15日
丁卯	丙申	丙寅	乙未	乙丑	甲午	癸亥	癸巳	壬戌	壬辰	辛酉	癸巳	16日
戊辰	丁酉	丁卯	丙申	丙寅	乙未	甲子	甲午	癸亥	癸巳	壬戌	甲午	17日
己巳	戊戌	戊辰	丁酉	丁卯	丙申	乙丑	乙未	甲子	甲午	癸亥	乙未	18日
庚午	己亥	己巳	戊戌	戊辰	丁酉	丙寅	丙申	乙丑	乙未	甲子	丙申	19日
辛未	庚子	庚午	己亥	己巳	戊戌	丁卯	丁酉	丙寅	丙申	乙丑	丁酉	20日
壬申	辛丑	辛未	庚子	庚午	己亥	戊辰	戊戌	丁卯	丁酉	丙寅	戊戌	21日
癸酉	壬寅	壬申	辛丑	辛未	庚子	己巳	己亥	戊辰	戊戌	丁卯	己亥	22日
甲戌	癸卯	癸酉	壬寅	壬申	辛丑	庚午	庚子	己巳	己亥	戊辰	庚子	23日
乙亥	甲辰	甲戌	癸卯	癸酉	壬寅	辛未	辛丑	庚午	庚子	己巳	辛丑	24日
丙子	乙巳	乙亥	甲辰	甲戌	癸卯	壬申	壬寅	辛未	辛丑	庚午	壬寅	25日
丁丑	丙午	丙子	乙巳	乙亥	甲辰	癸酉	癸卯	壬申	壬寅	辛未	癸卯	26日
戊寅	丁未	丁丑	丙午	丙子	乙巳	甲戌	甲辰	癸酉	癸卯	壬申	甲辰	27日
己卯	戊申	戊寅	丁未	丁丑	丙午	乙亥	乙巳	甲戌	甲辰	癸酉	乙巳	28日
庚辰	己酉	己卯	戊申	戊寅	丁未	丙子	丙午	乙亥	乙巳	甲戌		29日
辛巳	庚戌	庚辰	己酉	己卯	戊申	丁丑	丁未	丙子	丙午	乙亥		30日
壬午	辛亥		庚戌		己酉	戊寅		丁丑		丙子		31日

昭和51年〈1976年〉 丙辰（六白金星）

三碧	四緑	五黄	六白	七赤	八白	九紫	一白	二黒	三碧	四緑	五黄	九星
1月	12月	11月	10月	9月	8月	7月	6月	5月	4月	3月	2月	月
辛丑	庚子	己亥	戊戌	丁酉	丙申	乙未	甲午	癸巳	壬辰	辛卯	庚寅	月干
5日	7日	7日	8日	7日	7日	7日	5日	5日	5日	5日	5日	節入
19:51	8:41	15:59	12:58	21:28	18:39	8:51	22:31	18:14	0:47	19:48	1:40	時刻
戊午	丁亥	丁巳	丙戌	丙辰	乙酉	甲寅	甲申	癸丑	癸未	壬子	癸未	1日
己未	戊子	戊午	丁亥	丁巳	丙戌	乙卯	乙酉	甲寅	甲申	癸丑	甲申	2日
庚申	己丑	己未	戊子	戊午	丁亥	丙辰	丙戌	乙卯	乙酉	甲寅	乙酉	3日
辛酉	庚寅	庚申	己丑	己未	戊子	丁巳	丁亥	丙辰	丙戌	乙卯	丙戌	4日
壬戌	辛卯	辛酉	庚寅	庚申	己丑	戊午	戊子	丁巳	丁亥	丙辰	丁亥	5日
癸亥	壬辰	壬戌	辛卯	辛酉	庚寅	己未	己丑	戊午	戊子	丁巳	戊子	6日
甲子	癸巳	癸亥	壬辰	壬戌	辛卯	庚申	庚寅	己未	己丑	戊午	己丑	7日
乙丑	甲午	甲子	癸巳	癸亥	壬辰	辛酉	辛卯	庚申	庚寅	己未	庚寅	8日
丙寅	乙未	乙丑	甲午	甲子	癸巳	壬戌	壬辰	辛酉	辛卯	庚申	辛卯	9日
丁卯	丙申	丙寅	乙未	乙丑	甲午	癸亥	癸巳	壬戌	壬辰	辛酉	壬辰	10日
戊辰	丁酉	丁卯	丙申	丙寅	乙未	甲子	甲午	癸亥	癸巳	壬戌	癸巳	11日
己巳	戊戌	戊辰	丁酉	丁卯	丙申	乙丑	乙未	甲子	甲午	癸亥	甲午	12日
庚午	己亥	己巳	戊戌	戊辰	丁酉	丙寅	丙申	乙丑	乙未	甲子	乙未	13日
辛未	庚子	庚午	己亥	己巳	戊戌	丁卯	丁酉	丙寅	丙申	乙丑	丙申	14日
壬申	辛丑	辛未	庚子	庚午	己亥	戊辰	戊戌	丁卯	丁酉	丙寅	丁酉	15日
癸酉	壬寅	壬申	辛丑	辛未	庚子	己巳	己亥	戊辰	戊戌	丁卯	戊戌	16日
甲戌	癸卯	癸酉	壬寅	壬申	辛丑	庚午	庚子	己巳	己亥	戊辰	己亥	17日
乙亥	甲辰	甲戌	癸卯	癸酉	壬寅	辛未	辛丑	庚午	庚子	己巳	庚子	18日
丙子	乙巳	乙亥	甲辰	甲戌	癸卯	壬申	壬寅	辛未	辛丑	庚午	辛丑	19日
丁丑	丙午	丙子	乙巳	乙亥	甲辰	癸酉	癸卯	壬申	壬寅	辛未	壬寅	20日
戊寅	丁未	丁丑	丙午	丙子	乙巳	甲戌	甲辰	癸酉	癸卯	壬申	癸卯	21日
己卯	戊申	戊寅	丁未	丁丑	丙午	乙亥	乙巳	甲戌	甲辰	癸酉	甲辰	22日
庚辰	己酉	己卯	戊申	戊寅	丁未	丙子	丙午	乙亥	乙巳	甲戌	乙巳	23日
辛巳	庚戌	庚辰	己酉	己卯	戊申	丁丑	丁未	丙子	丙午	乙亥	丙午	24日
壬午	辛亥	辛巳	庚戌	庚辰	己酉	戊寅	戊申	丁丑	丁未	丙子	丁未	25日
癸未	壬子	壬午	辛亥	辛巳	庚戌	己卯	己酉	戊寅	戊申	丁丑	戊申	26日
甲申	癸丑	癸未	壬子	壬午	辛亥	庚辰	庚戌	己卯	己酉	戊寅	己酉	27日
乙酉	甲寅	甲申	癸丑	癸未	壬子	辛巳	辛亥	庚辰	庚戌	己卯	庚戌	28日
丙戌	乙卯	乙酉	甲寅	甲申	癸丑	壬午	壬子	辛巳	辛亥	庚辰	辛亥	29日
丁亥	丙辰	丙戌	乙卯	乙酉	甲寅	癸未	癸丑	壬午	壬子	辛巳		30日
戊子	丁巳		丙辰		乙卯	甲申		癸未		壬午		31日

昭和52年〈1977年〉 丁巳（五黄土星）

九紫	一白	二黒	三碧	四緑	五黄	六白	七赤	八白	九紫	一白	二黒	九星
1月	12月	11月	10月	9月	8月	7月	6月	5月	4月	3月	2月	月
癸丑	壬子	辛亥	庚戌	己酉	戊申	丁未	丙午	乙巳	甲辰	癸卯	壬寅	月干
6日	7日	7日	8日	8日	8日	7日	6日	6日	5日	6日	4日	節入
1:44	14:31	21:46	18:44	3:16	0:30	14:48	4:32	0:16	6:46	1:44	7:34	時刻
癸亥	壬辰	壬戌	辛卯	辛酉	庚寅	己未	己丑	戊午	戊子	丁巳	己丑	1日
甲子	癸巳	癸亥	壬辰	壬戌	辛卯	庚申	庚寅	己未	己丑	戊午	庚寅	2日
乙丑	甲午	甲子	癸巳	癸亥	壬辰	辛酉	辛卯	庚申	庚寅	己未	辛卯	3日
丙寅	乙未	乙丑	甲午	甲子	癸巳	壬戌	壬辰	辛酉	辛卯	庚申	壬辰	4日
丁卯	丙申	丙寅	乙未	乙丑	甲午	癸亥	癸巳	壬戌	壬辰	辛酉	癸巳	5日
戊辰	丁酉	丁卯	丙申	丙寅	乙未	甲子	甲午	癸亥	癸巳	壬戌	甲午	6日
己巳	戊戌	戊辰	丁酉	丁卯	丙申	乙丑	乙未	甲子	甲午	癸亥	乙未	7日
庚午	己亥	己巳	戊戌	戊辰	丁酉	丙寅	丙申	乙丑	乙未	甲子	丙申	8日
辛未	庚子	庚午	己亥	己巳	戊戌	丁卯	丁酉	丙寅	丙申	乙丑	丁酉	9日
壬申	辛丑	辛未	庚子	庚午	己亥	戊辰	戊戌	丁卯	丁酉	丙寅	戊戌	10日
癸酉	壬寅	壬申	辛丑	辛未	庚子	己巳	己亥	戊辰	戊戌	丁卯	己亥	11日
甲戌	癸卯	癸酉	壬寅	壬申	辛丑	庚午	庚子	己巳	己亥	戊辰	庚子	12日
乙亥	甲辰	甲戌	癸卯	癸酉	壬寅	辛未	辛丑	庚午	庚子	己巳	辛丑	13日
丙子	乙巳	乙亥	甲辰	甲戌	癸卯	壬申	壬寅	辛未	辛丑	庚午	壬寅	14日
丁丑	丙午	丙子	乙巳	乙亥	甲辰	癸酉	癸卯	壬申	壬寅	辛未	癸卯	15日
戊寅	丁未	丁丑	丙午	丙子	乙巳	甲戌	甲辰	癸酉	癸卯	壬申	甲辰	16日
己卯	戊申	戊寅	丁未	丁丑	丙午	乙亥	乙巳	甲戌	甲辰	癸酉	乙巳	17日
庚辰	己酉	己卯	戊申	戊寅	丁未	丙子	丙午	乙亥	乙巳	甲戌	丙午	18日
辛巳	庚戌	庚辰	己酉	己卯	戊申	丁丑	丁未	丙子	丙午	乙亥	丁未	19日
壬午	辛亥	辛巳	庚戌	庚辰	己酉	戊寅	戊申	丁丑	丁未	丙子	戊申	20日
癸未	壬子	壬午	辛亥	辛巳	庚戌	己卯	己酉	戊寅	戊申	丁丑	己酉	21日
甲申	癸丑	癸未	壬子	壬午	辛亥	庚辰	庚戌	己卯	己酉	戊寅	庚戌	22日
乙酉	甲寅	甲申	癸丑	癸未	壬子	辛巳	辛亥	庚辰	庚戌	己卯	辛亥	23日
丙戌	乙卯	乙酉	甲寅	甲申	癸丑	壬午	壬子	辛巳	辛亥	庚辰	壬子	24日
丁亥	丙辰	丙戌	乙卯	乙酉	甲寅	癸未	癸丑	壬午	壬子	辛巳	癸丑	25日
戊子	丁巳	丁亥	丙辰	丙戌	乙卯	甲申	甲寅	癸未	癸丑	壬午	甲寅	26日
己丑	戊午	戊子	丁巳	丁亥	丙辰	乙酉	乙卯	甲申	甲寅	癸未	乙卯	27日
庚寅	己未	己丑	戊午	戊子	丁巳	丙戌	丙辰	乙酉	乙卯	甲申	丙辰	28日
辛卯	庚申	庚寅	己未	己丑	戊午	丁亥	丁巳	丙戌	丙辰	乙酉		29日
壬辰	辛酉	辛卯	庚申	庚寅	己未	戊子	戊午	丁亥	丁巳	丙戌		30日
癸巳	壬戌		辛酉		庚申	己丑		戊子		丁亥		31日

昭和53年〈1978年〉 戊午（四緑木星）

六白	七赤	八白	九紫	一白	二黒	三碧	四緑	五黄	六白	七赤	八白	九星
1月	12月	11月	10月	9月	8月	7月	6月	5月	4月	3月	2月	月
乙丑	甲子	癸亥	壬戌	辛酉	庚申	己未	戊午	丁巳	丙辰	乙卯	甲寅	月干
6日	7日	8日	9日	8日	8日	7日	6日	6日	5日	6日	4日	節入
7:32	20:20	3:34	0:31	9:03	6:18	20:37	10:23	6:09	12:39	7:38	13:27	時刻
戊辰	丁酉	丁卯	丙申	丙寅	乙未	甲子	甲午	癸亥	癸巳	壬戌	甲午	1日
己巳	戊戌	戊辰	丁酉	丁卯	丙申	乙丑	乙未	甲子	甲午	癸亥	乙未	2日
庚午	己亥	己巳	戊戌	戊辰	丁酉	丙寅	丙申	乙丑	乙未	甲子	丙申	3日
辛未	庚子	庚午	己亥	己巳	戊戌	丁卯	丁酉	丙寅	丙申	乙丑	丁酉	4日
壬申	辛丑	辛未	庚子	庚午	己亥	戊辰	戊戌	丁卯	丁酉	丙寅	戊戌	5日
癸酉	壬寅	壬申	辛丑	辛未	庚子	己巳	己亥	戊辰	戊戌	丁卯	己亥	6日
甲戌	癸卯	癸酉	壬寅	壬申	辛丑	庚午	庚子	己巳	己亥	戊辰	庚子	7日
乙亥	甲辰	甲戌	癸卯	癸酉	壬寅	辛未	辛丑	庚午	庚子	己巳	辛丑	8日
丙子	乙巳	乙亥	甲辰	甲戌	癸卯	壬申	壬寅	辛未	辛丑	庚午	壬寅	9日
丁丑	丙午	丙子	乙巳	乙亥	甲辰	癸酉	癸卯	壬申	壬寅	辛未	癸卯	10日
戊寅	丁未	丁丑	丙午	丙子	乙巳	甲戌	甲辰	癸酉	癸卯	壬申	甲辰	11日
己卯	戊申	戊寅	丁未	丁丑	丙午	乙亥	乙巳	甲戌	甲辰	癸酉	乙巳	12日
庚辰	己酉	己卯	戊申	戊寅	丁未	丙子	丙午	乙亥	乙巳	甲戌	丙午	13日
辛巳	庚戌	庚辰	己酉	己卯	戊申	丁丑	丁未	丙子	丙午	乙亥	丁未	14日
壬午	辛亥	辛巳	庚戌	庚辰	己酉	戊寅	戊申	丁丑	丁未	丙子	戊申	15日
癸未	壬子	壬午	辛亥	辛巳	庚戌	己卯	己酉	戊寅	戊申	丁丑	己酉	16日
甲申	癸丑	癸未	壬子	壬午	辛亥	庚辰	庚戌	己卯	己酉	戊寅	庚戌	17日
乙酉	甲寅	甲申	癸丑	癸未	壬子	辛巳	辛亥	庚辰	庚戌	己卯	辛亥	18日
丙戌	乙卯	乙酉	甲寅	甲申	癸丑	壬午	壬子	辛巳	辛亥	庚辰	壬子	19日
丁亥	丙辰	丙戌	乙卯	乙酉	甲寅	癸未	癸丑	壬午	壬子	辛巳	癸丑	20日
戊子	丁巳	丁亥	丙辰	丙戌	乙卯	甲申	甲寅	癸未	癸丑	壬午	甲寅	21日
己丑	戊午	戊子	丁巳	丁亥	丙辰	乙酉	乙卯	甲申	甲寅	癸未	乙卯	22日
庚寅	己未	己丑	戊午	戊子	丁巳	丙戌	丙辰	乙酉	乙卯	甲申	丙辰	23日
辛卯	庚申	庚寅	己未	己丑	戊午	丁亥	丁巳	丙戌	丙辰	乙酉	丁巳	24日
壬辰	辛酉	辛卯	庚申	庚寅	己未	戊子	戊午	丁亥	丁巳	丙戌	戊午	25日
癸巳	壬戌	壬辰	辛酉	辛卯	庚申	己丑	己未	戊子	戊午	丁亥	己未	26日
甲午	癸亥	癸巳	壬戌	壬辰	辛酉	庚寅	庚申	己丑	己未	戊子	庚申	27日
乙未	甲子	甲午	癸亥	癸巳	壬戌	辛卯	辛酉	庚寅	庚申	己丑	辛酉	28日
丙申	乙丑	乙未	甲子	甲午	癸亥	壬辰	壬戌	辛卯	辛酉	庚寅		29日
丁酉	丙寅	丙申	乙丑	乙未	甲子	癸巳	癸亥	壬辰	壬戌	辛卯		30日
戊戌	丁卯		丙寅		乙丑	甲午		癸巳		壬辰		31日

昭和54年〈1979年〉 己未（三碧木星）

三碧	四緑	五黄	六白	七赤	八白	九紫	一白	二黒	三碧	四緑	五黄	九星
1月	12月	11月	10月	9月	8月	7月	6月	5月	4月	3月	2月	月
丁丑	丙子	乙亥	甲戌	癸酉	壬申	辛未	庚午	己巳	戊辰	丁卯	丙寅	月干
6日	8日	8日	9日	8日	8日	8日	6日	6日	5日	6日	4日	節入
13:29	2:18	9:33	6:30	15:00	12:11	2:25	16:05	11:47	18:18	13:20	19:13	時刻
癸酉	壬寅	壬申	辛丑	辛未	庚子	己巳	己亥	戊辰	戊戌	丁卯	己亥	1日
甲戌	癸卯	癸酉	壬寅	壬申	辛丑	庚午	庚子	己巳	己亥	戊辰	庚子	2日
乙亥	甲辰	甲戌	癸卯	癸酉	壬寅	辛未	辛丑	庚午	庚子	己巳	辛丑	3日
丙子	乙巳	乙亥	甲辰	甲戌	癸卯	壬申	壬寅	辛未	辛丑	庚午	壬寅	4日
丁丑	丙午	丙子	乙巳	乙亥	甲辰	癸酉	癸卯	壬申	壬寅	辛未	癸卯	5日
戊寅	丁未	丁丑	丙午	丙子	乙巳	甲戌	甲辰	癸酉	癸卯	壬申	甲辰	6日
己卯	戊申	戊寅	丁未	丁丑	丙午	乙亥	乙巳	甲戌	甲辰	癸酉	乙巳	7日
庚辰	己酉	己卯	戊申	戊寅	丁未	丙子	丙午	乙亥	乙巳	甲戌	丙午	8日
辛巳	庚戌	庚辰	己酉	己卯	戊申	丁丑	丁未	丙子	丙午	乙亥	丁未	9日
壬午	辛亥	辛巳	庚戌	庚辰	己酉	戊寅	戊申	丁丑	丁未	丙子	戊申	10日
癸未	壬子	壬午	辛亥	辛巳	庚戌	己卯	己酉	戊寅	戊申	丁丑	己酉	11日
甲申	癸丑	癸未	壬子	壬午	辛亥	庚辰	庚戌	己卯	己酉	戊寅	庚戌	12日
乙酉	甲寅	甲申	癸丑	癸未	壬子	辛巳	辛亥	庚辰	庚戌	己卯	辛亥	13日
丙戌	乙卯	乙酉	甲寅	甲申	癸丑	壬午	壬子	辛巳	辛亥	庚辰	壬子	14日
丁亥	丙辰	丙戌	乙卯	乙酉	甲寅	癸未	癸丑	壬午	壬子	辛巳	癸丑	15日
戊子	丁巳	丁亥	丙辰	丙戌	乙卯	甲申	甲寅	癸未	癸丑	壬午	甲寅	16日
己丑	戊午	戊子	丁巳	丁亥	丙辰	乙酉	乙卯	甲申	甲寅	癸未	乙卯	17日
庚寅	己未	己丑	戊午	戊子	丁巳	丙戌	丙辰	乙酉	乙卯	甲申	丙辰	18日
辛卯	庚申	庚寅	己未	己丑	戊午	丁亥	丁巳	丙戌	丙辰	乙酉	丁巳	19日
壬辰	辛酉	辛卯	庚申	庚寅	己未	戊子	戊午	丁亥	丁巳	丙戌	戊午	20日
癸巳	壬戌	壬辰	辛酉	辛卯	庚申	己丑	己未	戊子	戊午	丁亥	己未	21日
甲午	癸亥	癸巳	壬戌	壬辰	辛酉	庚寅	庚申	己丑	己未	戊子	庚申	22日
乙未	甲子	甲午	癸亥	癸巳	壬戌	辛卯	辛酉	庚寅	庚申	己丑	辛酉	23日
丙申	乙丑	乙未	甲子	甲午	癸亥	壬辰	壬戌	辛卯	辛酉	庚寅	壬戌	24日
丁酉	丙寅	丙申	乙丑	乙未	甲子	癸巳	癸亥	壬辰	壬戌	辛卯	癸亥	25日
戊戌	丁卯	丁酉	丙寅	丙申	乙丑	甲午	甲子	癸巳	癸亥	壬辰	甲子	26日
己亥	戊辰	戊戌	丁卯	丁酉	丙寅	乙未	乙丑	甲午	甲子	癸巳	乙丑	27日
庚子	己巳	己亥	戊辰	戊戌	丁卯	丙申	丙寅	乙未	乙丑	甲午	丙寅	28日
辛丑	庚午	庚子	己巳	己亥	戊辰	丁酉	丁卯	丙申	丙寅	乙未		29日
壬寅	辛未	辛丑	庚午	庚子	己巳	戊戌	戊辰	丁酉	丁卯	丙申		30日
癸卯	壬申		辛未		庚午	己亥		戊戌		丁酉		31日

昭和55年〈1980年〉 庚申（二黒土星）

九紫	一白	二黒	三碧	四緑	五黄	六白	七赤	八白	九紫	一白	二黒	九星
1月	12月	11月	10月	9月	8月	7月	6月	5月	4月	3月	2月	月
己丑	戊子	丁亥	丙戌	乙酉	甲申	癸未	壬午	辛巳	庚辰	己卯	戊寅	月干
5日	7日	7日	8日	7日	7日	7日	5日	5日	5日	5日	5日	節入
19:13	8:02	15:19	12:20	20:54	18:09	8:24	22:04	17:45	0:15	19:17	1:10	時刻
己卯	戊申	戊寅	丁未	丁丑	丙午	乙亥	乙巳	甲戌	甲辰	癸酉	甲辰	1日
庚辰	己酉	己卯	戊申	戊寅	丁未	丙子	丙午	乙亥	乙巳	甲戌	乙巳	2日
辛巳	庚戌	庚辰	己酉	己卯	戊申	丁丑	丁未	丙子	丙午	乙亥	丙午	3日
壬午	辛亥	辛巳	庚戌	庚辰	己酉	戊寅	戊申	丁丑	丁未	丙子	丁未	4日
癸未	壬子	壬午	辛亥	辛巳	庚戌	己卯	己酉	戊寅	戊申	丁丑	戊申	5日
甲申	癸丑	癸未	壬子	壬午	辛亥	庚辰	庚戌	己卯	己酉	戊寅	己酉	6日
乙酉	甲寅	甲申	癸丑	癸未	壬子	辛巳	辛亥	庚辰	庚戌	己卯	庚戌	7日
丙戌	乙卯	乙酉	甲寅	甲申	癸丑	壬午	壬子	辛巳	辛亥	庚辰	辛亥	8日
丁亥	丙辰	丙戌	乙卯	乙酉	甲寅	癸未	癸丑	壬午	壬子	辛巳	壬子	9日
戊子	丁巳	丁亥	丙辰	丙戌	乙卯	甲申	甲寅	癸未	癸丑	壬午	癸丑	10日
己丑	戊午	戊子	丁巳	丁亥	丙辰	乙酉	乙卯	甲申	甲寅	癸未	甲寅	11日
庚寅	己未	己丑	戊午	戊子	丁巳	丙戌	丙辰	乙酉	乙卯	甲申	乙卯	12日
辛卯	庚申	庚寅	己未	己丑	戊午	丁亥	丁巳	丙戌	丙辰	乙酉	丙辰	13日
壬辰	辛酉	辛卯	庚申	庚寅	己未	戊子	戊午	丁亥	丁巳	丙戌	丁巳	14日
癸巳	壬戌	壬辰	辛酉	辛卯	庚申	己丑	己未	戊子	戊午	丁亥	戊午	15日
甲午	癸亥	癸巳	壬戌	壬辰	辛酉	庚寅	庚申	己丑	己未	戊子	己未	16日
乙未	甲子	甲午	癸亥	癸巳	壬戌	辛卯	辛酉	庚寅	庚申	己丑	庚申	17日
丙申	乙丑	乙未	甲子	甲午	癸亥	壬辰	壬戌	辛卯	辛酉	庚寅	辛酉	18日
丁酉	丙寅	丙申	乙丑	乙未	甲子	癸巳	癸亥	壬辰	壬戌	辛卯	壬戌	19日
戊戌	丁卯	丁酉	丙寅	丙申	乙丑	甲午	甲子	癸巳	癸亥	壬辰	癸亥	20日
己亥	戊辰	戊戌	丁卯	丁酉	丙寅	乙未	乙丑	甲午	甲子	癸巳	甲子	21日
庚子	己巳	己亥	戊辰	戊戌	丁卯	丙申	丙寅	乙未	乙丑	甲午	乙丑	22日
辛丑	庚午	庚子	己巳	己亥	戊辰	丁酉	丁卯	丙申	丙寅	乙未	丙寅	23日
壬寅	辛未	辛丑	庚午	庚子	己巳	戊戌	戊辰	丁酉	丁卯	丙申	丁卯	24日
癸卯	壬申	壬寅	辛未	辛丑	庚午	己亥	己巳	戊戌	戊辰	丁酉	戊辰	25日
甲辰	癸酉	癸卯	壬申	壬寅	辛未	庚子	庚午	己亥	己巳	戊戌	己巳	26日
乙巳	甲戌	甲辰	癸酉	癸卯	壬申	辛丑	辛未	庚子	庚午	己亥	庚午	27日
丙午	乙亥	乙巳	甲戌	甲辰	癸酉	壬寅	壬申	辛丑	辛未	庚子	辛未	28日
丁未	丙子	丙午	乙亥	乙巳	甲戌	癸卯	癸酉	壬寅	壬申	辛丑	壬申	29日
戊申	丁丑	丁未	丙子	丙午	乙亥	甲辰	甲戌	癸卯	癸酉	壬寅		30日
己酉	戊寅		丁丑		丙子	乙巳		甲辰		癸卯		31日

昭和56年〈1981年〉 辛酉（一白水星）

六白	七赤	八白	九紫	一白	二黒	三碧	四緑	五黄	六白	七赤	八白	九星
1月	12月	11月	10月	9月	8月	7月	6月	5月	4月	3月	2月	月
辛丑	庚子	己亥	戊戌	丁酉	丙申	乙未	甲午	癸巳	壬辰	辛卯	庚寅	月干
6日	7日	7日	8日	8日	7日	7日	6日	5日	5日	6日	4日	節入
1:03	13:52	21:09	18:10	2:43	23:57	14:12	3:53	23:35	6:05	1:05	6:56	時刻
甲申	癸丑	癸未	壬子	壬午	辛亥	庚辰	庚戌	己卯	己酉	戊寅	庚戌	1日
乙酉	甲寅	甲申	癸丑	癸未	壬子	辛巳	辛亥	庚辰	庚戌	己卯	辛亥	2日
丙戌	乙卯	乙酉	甲寅	甲申	癸丑	壬午	壬子	辛巳	辛亥	庚辰	壬子	3日
丁亥	丙辰	丙戌	乙卯	乙酉	甲寅	癸未	癸丑	壬午	壬子	辛巳	癸丑	4日
戊子	丁巳	丁亥	丙辰	丙戌	乙卯	甲申	甲寅	癸未	癸丑	壬午	甲寅	5日
己丑	戊午	戊子	丁巳	丁亥	丙辰	乙酉	乙卯	甲申	甲寅	癸未	乙卯	6日
庚寅	己未	己丑	戊午	戊子	丁巳	丙戌	丙辰	乙酉	乙卯	甲申	丙辰	7日
辛卯	庚申	庚寅	己未	己丑	戊午	丁亥	丁巳	丙戌	丙辰	乙酉	丁巳	8日
壬辰	辛酉	辛卯	庚申	庚寅	己未	戊子	戊午	丁亥	丁巳	丙戌	戊午	9日
癸巳	壬戌	壬辰	辛酉	辛卯	庚申	己丑	己未	戊子	戊午	丁亥	己未	10日
甲午	癸亥	癸巳	壬戌	壬辰	辛酉	庚寅	庚申	己丑	己未	戊子	庚申	11日
乙未	甲子	甲午	癸亥	癸巳	壬戌	辛卯	辛酉	庚寅	庚申	己丑	辛酉	12日
丙申	乙丑	乙未	甲子	甲午	癸亥	壬辰	壬戌	辛卯	辛酉	庚寅	壬戌	13日
丁酉	丙寅	丙申	乙丑	乙未	甲子	癸巳	癸亥	壬辰	壬戌	辛卯	癸亥	14日
戊戌	丁卯	丁酉	丙寅	丙申	乙丑	甲午	甲子	癸巳	癸亥	壬辰	甲子	15日
己亥	戊辰	戊戌	丁卯	丁酉	丙寅	乙未	乙丑	甲午	甲子	癸巳	乙丑	16日
庚子	己巳	己亥	戊辰	戊戌	丁卯	丙申	丙寅	乙未	乙丑	甲午	丙寅	17日
辛丑	庚午	庚子	己巳	己亥	戊辰	丁酉	丁卯	丙申	丙寅	乙未	丁卯	18日
壬寅	辛未	辛丑	庚午	庚子	己巳	戊戌	戊辰	丁酉	丁卯	丙申	戊辰	19日
癸卯	壬申	壬寅	辛未	辛丑	庚午	己亥	己巳	戊戌	戊辰	丁酉	己巳	20日
甲辰	癸酉	癸卯	壬申	壬寅	辛未	庚子	庚午	己亥	己巳	戊戌	庚午	21日
乙巳	甲戌	甲辰	癸酉	癸卯	壬申	辛丑	辛未	庚子	庚午	己亥	辛未	22日
丙午	乙亥	乙巳	甲戌	甲辰	癸酉	壬寅	壬申	辛丑	辛未	庚子	壬申	23日
丁未	丙子	丙午	乙亥	乙巳	甲戌	癸卯	癸酉	壬寅	壬申	辛丑	癸酉	24日
戊申	丁丑	丁未	丙子	丙午	乙亥	甲辰	甲戌	癸卯	癸酉	壬寅	甲戌	25日
己酉	戊寅	戊申	丁丑	丁未	丙子	乙巳	乙亥	甲辰	甲戌	癸卯	乙亥	26日
庚戌	己卯	己酉	戊寅	戊申	丁丑	丙午	丙子	乙巳	乙亥	甲辰	丙子	27日
辛亥	庚辰	庚戌	己卯	己酉	戊寅	丁未	丁丑	丙午	丙子	乙巳	丁丑	28日
壬子	辛巳	辛亥	庚辰	庚戌	己卯	戊申	戊寅	丁未	丁丑	丙午		29日
癸丑	壬午	壬子	辛巳	辛亥	庚辰	己酉	己卯	戊申	戊寅	丁未		30日
甲寅	癸未		壬午		辛巳	庚戌		己酉		戊申		31日

昭和57年〈1982年〉 壬戌（九紫火星）

三碧	四緑	五黄	六白	七赤	八白	九紫	一白	二黒	三碧	四緑	五黄	九星
1月	12月	11月	10月	9月	8月	7月	6月	5月	4月	3月	2月	月
癸丑	壬子	辛亥	庚戌	己酉	戊申	丁未	丙午	乙巳	甲辰	癸卯	壬寅	月干
6日	7日	8日	9日	8日	8日	7日	6日	6日	5日	6日	4日	節入
6:59	19:48	3:04	0:02	8:32	5:42	19:55	9:36	5:20	11:53	6:55	12:46	時刻
己丑	戊午	戊子	丁巳	丁亥	丙辰	乙酉	乙卯	甲申	甲寅	癸未	乙卯	1日
庚寅	己未	己丑	戊午	戊子	丁巳	丙戌	丙辰	乙酉	乙卯	甲申	丙辰	2日
辛卯	庚申	庚寅	己未	己丑	戊午	丁亥	丁巳	丙戌	丙辰	乙酉	丁巳	3日
壬辰	辛酉	辛卯	庚申	庚寅	己未	戊子	戊午	丁亥	丁巳	丙戌	戊午	4日
癸巳	壬戌	壬辰	辛酉	辛卯	庚申	己丑	己未	戊子	戊午	丁亥	己未	5日
甲午	癸亥	癸巳	壬戌	壬辰	辛酉	庚寅	庚申	己丑	己未	戊子	庚申	6日
乙未	甲子	甲午	癸亥	癸巳	壬戌	辛卯	辛酉	庚寅	庚申	己丑	辛酉	7日
丙申	乙丑	乙未	甲子	甲午	癸亥	壬辰	壬戌	辛卯	辛酉	庚寅	壬戌	8日
丁酉	丙寅	丙申	乙丑	乙未	甲子	癸巳	癸亥	壬辰	壬戌	辛卯	癸亥	9日
戊戌	丁卯	丁酉	丙寅	丙申	乙丑	甲午	甲子	癸巳	癸亥	壬辰	甲子	10日
己亥	戊辰	戊戌	丁卯	丁酉	丙寅	乙未	乙丑	甲午	甲子	癸巳	乙丑	11日
庚子	己巳	己亥	戊辰	戊戌	丁卯	丙申	丙寅	乙未	乙丑	甲午	丙寅	12日
辛丑	庚午	庚子	己巳	己亥	戊辰	丁酉	丁卯	丙申	丙寅	乙未	丁卯	13日
壬寅	辛未	辛丑	庚午	庚子	己巳	戊戌	戊辰	丁酉	丁卯	丙申	戊辰	14日
癸卯	壬申	壬寅	辛未	辛丑	庚午	己亥	己巳	戊戌	戊辰	丁酉	己巳	15日
甲辰	癸酉	癸卯	壬申	壬寅	辛未	庚子	庚午	己亥	己巳	戊戌	庚午	16日
乙巳	甲戌	甲辰	癸酉	癸卯	壬申	辛丑	辛未	庚子	庚午	己亥	辛未	17日
丙午	乙亥	乙巳	甲戌	甲辰	癸酉	壬寅	壬申	辛丑	辛未	庚子	壬申	18日
丁未	丙子	丙午	乙亥	乙巳	甲戌	癸卯	癸酉	壬寅	壬申	辛丑	癸酉	19日
戊申	丁丑	丁未	丙子	丙午	乙亥	甲辰	甲戌	癸卯	癸酉	壬寅	甲戌	20日
己酉	戊寅	戊申	丁丑	丁未	丙子	乙巳	乙亥	甲辰	甲戌	癸卯	乙亥	21日
庚戌	己卯	己酉	戊寅	戊申	丁丑	丙午	丙子	乙巳	乙亥	甲辰	丙子	22日
辛亥	庚辰	庚戌	己卯	己酉	戊寅	丁未	丁丑	丙午	丙子	乙巳	丁丑	23日
壬子	辛巳	辛亥	庚辰	庚戌	己卯	戊申	戊寅	丁未	丁丑	丙午	戊寅	24日
癸丑	壬午	壬子	辛巳	辛亥	庚辰	己酉	己卯	戊申	戊寅	丁未	己卯	25日
甲寅	癸未	癸丑	壬午	壬子	辛巳	庚戌	庚辰	己酉	己卯	戊申	庚辰	26日
乙卯	甲申	甲寅	癸未	癸丑	壬午	辛亥	辛巳	庚戌	庚辰	己酉	辛巳	27日
丙辰	乙酉	乙卯	甲申	甲寅	癸未	壬子	壬午	辛亥	辛巳	庚戌	壬午	28日
丁巳	丙戌	丙辰	乙酉	乙卯	甲申	癸丑	癸未	壬子	壬午	辛亥		29日
戊午	丁亥	丁巳	丙戌	丙辰	乙酉	甲寅	甲申	癸丑	癸未	壬子		30日
己未	戊子		丁亥		丙戌	乙卯		甲寅		癸丑		31日

昭和58年〈1983年〉 癸亥（八白土星）

九紫	一白	二黒	三碧	四緑	五黄	六白	七赤	八白	九紫	一白	二黒	九星
1月	12月	11月	10月	9月	8月	7月	6月	5月	4月	3月	2月	月
乙丑	甲子	癸亥	壬戌	辛酉	庚申	己未	戊午	丁巳	丙辰	乙卯	甲寅	月干
6日	8日	8日	9日	8日	8日	8日	6日	6日	5日	6日	4日	節入
12:41	1:34	8:53	5:51	14:20	11:30	1:43	15:26	11:11	17:44	12:47	18:40	時刻
甲午	癸亥	癸巳	壬戌	壬辰	辛酉	庚寅	庚申	己丑	己未	戊子	庚申	1日
乙未	甲子	甲午	癸亥	癸巳	壬戌	辛卯	辛酉	庚寅	庚申	己丑	辛酉	2日
丙申	乙丑	乙未	甲子	甲午	癸亥	壬辰	壬戌	辛卯	辛酉	庚寅	壬戌	3日
丁酉	丙寅	丙申	乙丑	乙未	甲子	癸巳	癸亥	壬辰	壬戌	辛卯	癸亥	4日
戊戌	丁卯	丁酉	丙寅	丙申	乙丑	甲午	甲子	癸巳	癸亥	壬辰	甲子	5日
己亥	戊辰	戊戌	丁卯	丁酉	丙寅	乙未	乙丑	甲午	甲子	癸巳	乙丑	6日
庚子	己巳	己亥	戊辰	戊戌	丁卯	丙申	丙寅	乙未	乙丑	甲午	丙寅	7日
辛丑	庚午	庚子	己巳	己亥	戊辰	丁酉	丁卯	丙申	丙寅	乙未	丁卯	8日
壬寅	辛未	辛丑	庚午	庚子	己巳	戊戌	戊辰	丁酉	丁卯	丙申	戊辰	9日
癸卯	壬申	壬寅	辛未	辛丑	庚午	己亥	己巳	戊戌	戊辰	丁酉	己巳	10日
甲辰	癸酉	癸卯	壬申	壬寅	辛未	庚子	庚午	己亥	己巳	戊戌	庚午	11日
乙巳	甲戌	甲辰	癸酉	癸卯	壬申	辛丑	辛未	庚子	庚午	己亥	辛未	12日
丙午	乙亥	乙巳	甲戌	甲辰	癸酉	壬寅	壬申	辛丑	辛未	庚子	壬申	13日
丁未	丙子	丙午	乙亥	乙巳	甲戌	癸卯	癸酉	壬寅	壬申	辛丑	癸酉	14日
戊申	丁丑	丁未	丙子	丙午	乙亥	甲辰	甲戌	癸卯	癸酉	壬寅	甲戌	15日
己酉	戊寅	戊申	丁丑	丁未	丙子	乙巳	乙亥	甲辰	甲戌	癸卯	乙亥	16日
庚戌	己卯	己酉	戊寅	戊申	丁丑	丙午	丙子	乙巳	乙亥	甲辰	丙子	17日
辛亥	庚辰	庚戌	己卯	己酉	戊寅	丁未	丁丑	丙午	丙子	乙巳	丁丑	18日
壬子	辛巳	辛亥	庚辰	庚戌	己卯	戊申	戊寅	丁未	丁丑	丙午	戊寅	19日
癸丑	壬午	壬子	辛巳	辛亥	庚辰	己酉	己卯	戊申	戊寅	丁未	己卯	20日
甲寅	癸未	癸丑	壬午	壬子	辛巳	庚戌	庚辰	己酉	己卯	戊申	庚辰	21日
乙卯	甲申	甲寅	癸未	癸丑	壬午	辛亥	辛巳	庚戌	庚辰	己酉	辛巳	22日
丙辰	乙酉	乙卯	甲申	甲寅	癸未	壬子	壬午	辛亥	辛巳	庚戌	壬午	23日
丁巳	丙戌	丙辰	乙酉	乙卯	甲申	癸丑	癸未	壬子	壬午	辛亥	癸未	24日
戊午	丁亥	丁巳	丙戌	丙辰	乙酉	甲寅	甲申	癸丑	癸未	壬子	甲申	25日
己未	戊子	戊午	丁亥	丁巳	丙戌	乙卯	乙酉	甲寅	甲申	癸丑	乙酉	26日
庚申	己丑	己未	戊子	戊午	丁亥	丙辰	丙戌	乙卯	乙酉	甲寅	丙戌	27日
辛酉	庚寅	庚申	己丑	己未	戊子	丁巳	丁亥	丙辰	丙戌	乙卯	丁亥	28日
壬戌	辛卯	辛酉	庚寅	庚申	己丑	戊午	戊子	丁巳	丁亥	丙辰		29日
癸亥	壬辰	壬戌	辛卯	辛酉	庚寅	己未	己丑	戊午	戊子	丁巳		30日
甲子	癸巳		壬辰		辛卯	庚申		己未		戊午		31日

昭和59年〈1984年〉 甲子（七赤金星）

六白	七赤	八白	九紫	一白	二黒	三碧	四緑	五黄	六白	七赤	八白	九星
1月	12月	11月	10月	9月	8月	7月	6月	5月	4月	3月	2月	月
丁丑	丙子	乙亥	甲戌	癸酉	壬申	辛未	庚午	己巳	戊辰	丁卯	丙寅	月干
5日	7日	7日	8日	7日	7日	7日	5日	5日	4日	5日	5日	節入
18:35	7:28	14:46	11:43	20:10	17:18	7:29	21:09	16:51	23:22	18:25	0:19	時刻
庚子	己巳	己亥	戊辰	戊戌	丁卯	丙申	丙寅	乙未	乙丑	甲午	乙丑	1日
辛丑	庚午	庚子	己巳	己亥	戊辰	丁酉	丁卯	丙申	丙寅	乙未	丙寅	2日
壬寅	辛未	辛丑	庚午	庚子	己巳	戊戌	戊辰	丁酉	丁卯	丙申	丁卯	3日
癸卯	壬申	壬寅	辛未	辛丑	庚午	己亥	己巳	戊戌	戊辰	丁酉	戊辰	4日
甲辰	癸酉	癸卯	壬申	壬寅	辛未	庚子	庚午	己亥	己巳	戊戌	己巳	5日
乙巳	甲戌	甲辰	癸酉	癸卯	壬申	辛丑	辛未	庚子	庚午	己亥	庚午	6日
丙午	乙亥	乙巳	甲戌	甲辰	癸酉	壬寅	壬申	辛丑	辛未	庚子	辛未	7日
丁未	丙子	丙午	乙亥	乙巳	甲戌	癸卯	癸酉	壬寅	壬申	辛丑	壬申	8日
戊申	丁丑	丁未	丙子	丙午	乙亥	甲辰	甲戌	癸卯	癸酉	壬寅	癸酉	9日
己酉	戊寅	戊申	丁丑	丁未	丙子	乙巳	乙亥	甲辰	甲戌	癸卯	甲戌	10日
庚戌	己卯	己酉	戊寅	戊申	丁丑	丙午	丙子	乙巳	乙亥	甲辰	乙亥	11日
辛亥	庚辰	庚戌	己卯	己酉	戊寅	丁未	丁丑	丙午	丙子	乙巳	丙子	12日
壬子	辛巳	辛亥	庚辰	庚戌	己卯	戊申	戊寅	丁未	丁丑	丙午	丁丑	13日
癸丑	壬午	壬子	辛巳	辛亥	庚辰	己酉	己卯	戊申	戊寅	丁未	戊寅	14日
甲寅	癸未	癸丑	壬午	壬子	辛巳	庚戌	庚辰	己酉	己卯	戊申	己卯	15日
乙卯	甲申	甲寅	癸未	癸丑	壬午	辛亥	辛巳	庚戌	庚辰	己酉	庚辰	16日
丙辰	乙酉	乙卯	甲申	甲寅	癸未	壬子	壬午	辛亥	辛巳	庚戌	辛巳	17日
丁巳	丙戌	丙辰	乙酉	乙卯	甲申	癸丑	癸未	壬子	壬午	辛亥	壬午	18日
戊午	丁亥	丁巳	丙戌	丙辰	乙酉	甲寅	甲申	癸丑	癸未	壬子	癸未	19日
己未	戊子	戊午	丁亥	丁巳	丙戌	乙卯	乙酉	甲寅	甲申	癸丑	甲申	20日
庚申	己丑	己未	戊子	戊午	丁亥	丙辰	丙戌	乙卯	乙酉	甲寅	乙酉	21日
辛酉	庚寅	庚申	己丑	己未	戊子	丁巳	丁亥	丙辰	丙戌	乙卯	丙戌	22日
壬戌	辛卯	辛酉	庚寅	庚申	己丑	戊午	戊子	丁巳	丁亥	丙辰	丁亥	23日
癸亥	壬辰	壬戌	辛卯	辛酉	庚寅	己未	己丑	戊午	戊子	丁巳	戊子	24日
甲子	癸巳	癸亥	壬辰	壬戌	辛卯	庚申	庚寅	己未	己丑	戊午	己丑	25日
乙丑	甲午	甲子	癸巳	癸亥	壬辰	辛酉	辛卯	庚申	庚寅	己未	庚寅	26日
丙寅	乙未	乙丑	甲午	甲子	癸巳	壬戌	壬辰	辛酉	辛卯	庚申	辛卯	27日
丁卯	丙申	丙寅	乙未	乙丑	甲午	癸亥	癸巳	壬戌	壬辰	辛酉	壬辰	28日
戊辰	丁酉	丁卯	丙申	丙寅	乙未	甲子	甲午	癸亥	癸巳	壬戌	癸巳	29日
己巳	戊戌	戊辰	丁酉	丁卯	丙申	乙丑	乙未	甲子	甲午	癸亥		30日
庚午	己亥		戊戌		丁酉	丙寅		乙丑		甲子		31日

昭和60年〈1985年〉 乙丑（六白金星）

三碧	四緑	五黄	六白	七赤	八白	九紫	一白	二黒	三碧	四緑	五黄	九星
1月	12月	11月	10月	9月	8月	7月	6月	5月	4月	3月	2月	月
己丑	戊子	丁亥	丙戌	乙酉	甲申	癸未	壬午	辛巳	庚辰	己卯	戊寅	月干
6日	7日	7日	8日	8日	7日	7日	6日	5日	5日	6日	4日	節入
0:28	13:16	20:29	17:25	1:53	23:04	13:19	3:00	22:43	5:14	0:16	6:12	時刻
乙巳	甲戌	甲辰	癸酉	癸卯	壬申	辛丑	辛未	庚子	庚午	己亥	辛未	1日
丙午	乙亥	乙巳	甲戌	甲辰	癸酉	壬寅	壬申	辛丑	辛未	庚子	壬申	2日
丁未	丙子	丙午	乙亥	乙巳	甲戌	癸卯	癸酉	壬寅	壬申	辛丑	癸酉	3日
戊申	丁丑	丁未	丙子	丙午	乙亥	甲辰	甲戌	癸卯	癸酉	壬寅	甲戌	4日
己酉	戊寅	戊申	丁丑	丁未	丙子	乙巳	乙亥	甲辰	甲戌	癸卯	乙亥	5日
庚戌	己卯	己酉	戊寅	戊申	丁丑	丙午	丙子	乙巳	乙亥	甲辰	丙子	6日
辛亥	庚辰	庚戌	己卯	己酉	戊寅	丁未	丁丑	丙午	丙子	乙巳	丁丑	7日
壬子	辛巳	辛亥	庚辰	庚戌	己卯	戊申	戊寅	丁未	丁丑	丙午	戊寅	8日
癸丑	壬午	壬子	辛巳	辛亥	庚辰	己酉	己卯	戊申	戊寅	丁未	己卯	9日
甲寅	癸未	癸丑	壬午	壬子	辛巳	庚戌	庚辰	己酉	己卯	戊申	庚辰	10日
乙卯	甲申	甲寅	癸未	癸丑	壬午	辛亥	辛巳	庚戌	庚辰	己酉	辛巳	11日
丙辰	乙酉	乙卯	甲申	甲寅	癸未	壬子	壬午	辛亥	辛巳	庚戌	壬午	12日
丁巳	丙戌	丙辰	乙酉	乙卯	甲申	癸丑	癸未	壬子	壬午	辛亥	癸未	13日
戊午	丁亥	丁巳	丙戌	丙辰	乙酉	甲寅	甲申	癸丑	癸未	壬子	甲申	14日
己未	戊子	戊午	丁亥	丁巳	丙戌	乙卯	乙酉	甲寅	甲申	癸丑	乙酉	15日
庚申	己丑	己未	戊子	戊午	丁亥	丙辰	丙戌	乙卯	乙酉	甲寅	丙戌	16日
辛酉	庚寅	庚申	己丑	己未	戊子	丁巳	丁亥	丙辰	丙戌	乙卯	丁亥	17日
壬戌	辛卯	辛酉	庚寅	庚申	己丑	戊午	戊子	丁巳	丁亥	丙辰	戊子	18日
癸亥	壬辰	壬戌	辛卯	辛酉	庚寅	己未	己丑	戊午	戊子	丁巳	己丑	19日
甲子	癸巳	癸亥	壬辰	壬戌	辛卯	庚申	庚寅	己未	己丑	戊午	庚寅	20日
乙丑	甲午	甲子	癸巳	癸亥	壬辰	辛酉	辛卯	庚申	庚寅	己未	辛卯	21日
丙寅	乙未	乙丑	甲午	甲子	癸巳	壬戌	壬辰	辛酉	辛卯	庚申	壬辰	22日
丁卯	丙申	丙寅	乙未	乙丑	甲午	癸亥	癸巳	壬戌	壬辰	辛酉	癸巳	23日
戊辰	丁酉	丁卯	丙申	丙寅	乙未	甲子	甲午	癸亥	癸巳	壬戌	甲午	24日
己巳	戊戌	戊辰	丁酉	丁卯	丙申	乙丑	乙未	甲子	甲午	癸亥	乙未	25日
庚午	己亥	己巳	戊戌	戊辰	丁酉	丙寅	丙申	乙丑	乙未	甲子	丙申	26日
辛未	庚子	庚午	己亥	己巳	戊戌	丁卯	丁酉	丙寅	丙申	乙丑	丁酉	27日
壬申	辛丑	辛未	庚子	庚午	己亥	戊辰	戊戌	丁卯	丁酉	丙寅	戊戌	28日
癸酉	壬寅	壬申	辛丑	辛未	庚子	己巳	己亥	戊辰	戊戌	丁卯		29日
甲戌	癸卯	癸酉	壬寅	壬申	辛丑	庚午	庚子	己巳	己亥	戊辰		30日
乙亥	甲辰		癸卯		壬寅	辛未		庚午		己巳		31日

昭和61年〈1986年〉 丙寅（五黄土星）

九紫	一白	二黒	三碧	四緑	五黄	六白	七赤	八白	九紫	一白	二黒	九星
1月	12月	11月	10月	9月	8月	7月	6月	5月	4月	3月	2月	月
辛丑	庚子	己亥	戊戌	丁酉	丙申	乙未	甲午	癸巳	壬辰	辛卯	庚寅	月干
6日	7日	8日	8日	8日	8日	7日	6日	6日	5日	6日	4日	節入
6:13	19:01	2:13	23:07	7:35	4:46	19:01	8:44	4:31	11:06	6:12	12:08	時刻
庚戌	己卯	己酉	戊寅	戊申	丁丑	丙午	丙子	乙巳	乙亥	甲辰	丙子	1日
辛亥	庚辰	庚戌	己卯	己酉	戊寅	丁未	丁丑	丙午	丙子	乙巳	丁丑	2日
壬子	辛巳	辛亥	庚辰	庚戌	己卯	戊申	戊寅	丁未	丁丑	丙午	戊寅	3日
癸丑	壬午	壬子	辛巳	辛亥	庚辰	己酉	己卯	戊申	戊寅	丁未	己卯	4日
甲寅	癸未	癸丑	壬午	壬子	辛巳	庚戌	庚辰	己酉	己卯	戊申	庚辰	5日
乙卯	甲申	甲寅	癸未	癸丑	壬午	辛亥	辛巳	庚戌	庚辰	己酉	辛巳	6日
丙辰	乙酉	乙卯	甲申	甲寅	癸未	壬子	壬午	辛亥	辛巳	庚戌	壬午	7日
丁巳	丙戌	丙辰	乙酉	乙卯	甲申	癸丑	癸未	壬子	壬午	辛亥	癸未	8日
戊午	丁亥	丁巳	丙戌	丙辰	乙酉	甲寅	甲申	癸丑	癸未	壬子	甲申	9日
己未	戊子	戊午	丁亥	丁巳	丙戌	乙卯	乙酉	甲寅	甲申	癸丑	乙酉	10日
庚申	己丑	己未	戊子	戊午	丁亥	丙辰	丙戌	乙卯	乙酉	甲寅	丙戌	11日
辛酉	庚寅	庚申	己丑	己未	戊子	丁巳	丁亥	丙辰	丙戌	乙卯	丁亥	12日
壬戌	辛卯	辛酉	庚寅	庚申	己丑	戊午	戊子	丁巳	丁亥	丙辰	戊子	13日
癸亥	壬辰	壬戌	辛卯	辛酉	庚寅	己未	己丑	戊午	戊子	丁巳	己丑	14日
甲子	癸巳	癸亥	壬辰	壬戌	辛卯	庚申	庚寅	己未	己丑	戊午	庚寅	15日
乙丑	甲午	甲子	癸巳	癸亥	壬辰	辛酉	辛卯	庚申	庚寅	己未	辛卯	16日
丙寅	乙未	乙丑	甲午	甲子	癸巳	壬戌	壬辰	辛酉	辛卯	庚申	壬辰	17日
丁卯	丙申	丙寅	乙未	乙丑	甲午	癸亥	癸巳	壬戌	壬辰	辛酉	癸巳	18日
戊辰	丁酉	丁卯	丙申	丙寅	乙未	甲子	甲午	癸亥	癸巳	壬戌	甲午	19日
己巳	戊戌	戊辰	丁酉	丁卯	丙申	乙丑	乙未	甲子	甲午	癸亥	乙未	20日
庚午	己亥	己巳	戊戌	戊辰	丁酉	丙寅	丙申	乙丑	乙未	甲子	丙申	21日
辛未	庚子	庚午	己亥	己巳	戊戌	丁卯	丁酉	丙寅	丙申	乙丑	丁酉	22日
壬申	辛丑	辛未	庚子	庚午	己亥	戊辰	戊戌	丁卯	丁酉	丙寅	戊戌	23日
癸酉	壬寅	壬申	辛丑	辛未	庚子	己巳	己亥	戊辰	戊戌	丁卯	己亥	24日
甲戌	癸卯	癸酉	壬寅	壬申	辛丑	庚午	庚子	己巳	己亥	戊辰	庚子	25日
乙亥	甲辰	甲戌	癸卯	癸酉	壬寅	辛未	辛丑	庚午	庚子	己巳	辛丑	26日
丙子	乙巳	乙亥	甲辰	甲戌	癸卯	壬申	壬寅	辛未	辛丑	庚午	壬寅	27日
丁丑	丙午	丙子	乙巳	乙亥	甲辰	癸酉	癸卯	壬申	壬寅	辛未	癸卯	28日
戊寅	丁未	丁丑	丙午	丙子	乙巳	甲戌	甲辰	癸酉	癸卯	壬申		29日
己卯	戊申	戊寅	丁未	丁丑	丙午	乙亥	乙巳	甲戌	甲辰	癸酉		30日
庚辰	己酉		戊申		丁未	丙子		乙亥		甲戌		31日

昭和62年〈1987年〉 丁卯（四緑木星）

六白	七赤	八白	九紫	一白	二黒	三碧	四緑	五黄	六白	七赤	八白	九星
1月	12月	11月	10月	9月	8月	7月	6月	5月	4月	3月	2月	月
癸丑	壬子	辛亥	庚戌	己酉	戊申	丁未	丙午	乙巳	甲辰	癸卯	壬寅	月干
6日	8日	8日	9日	8日	8日	8日	6日	6日	5日	6日	4日	節入
12:04	0:52	8:06	5:00	13:24	10:29	0:39	14:19	10:06	16:44	11:54	17:52	時刻
乙卯	甲申	甲寅	癸未	癸丑	壬午	辛亥	辛巳	庚戌	庚辰	己酉	辛巳	1日
丙辰	乙酉	乙卯	甲申	甲寅	癸未	壬子	壬午	辛亥	辛巳	庚戌	壬午	2日
丁巳	丙戌	丙辰	乙酉	乙卯	甲申	癸丑	癸未	壬子	壬午	辛亥	癸未	3日
戊午	丁亥	丁巳	丙戌	丙辰	乙酉	甲寅	甲申	癸丑	癸未	壬子	甲申	4日
己未	戊子	戊午	丁亥	丁巳	丙戌	乙卯	乙酉	甲寅	甲申	癸丑	乙酉	5日
庚申	己丑	己未	戊子	戊午	丁亥	丙辰	丙戌	乙卯	乙酉	甲寅	丙戌	6日
辛酉	庚寅	庚申	己丑	己未	戊子	丁巳	丁亥	丙辰	丙戌	乙卯	丁亥	7日
壬戌	辛卯	辛酉	庚寅	庚申	己丑	戊午	戊子	丁巳	丁亥	丙辰	戊子	8日
癸亥	壬辰	壬戌	辛卯	辛酉	庚寅	己未	己丑	戊午	戊子	丁巳	己丑	9日
甲子	癸巳	癸亥	壬辰	壬戌	辛卯	庚申	庚寅	己未	己丑	戊午	庚寅	10日
乙丑	甲午	甲子	癸巳	癸亥	壬辰	辛酉	辛卯	庚申	庚寅	己未	辛卯	11日
丙寅	乙未	乙丑	甲午	甲子	癸巳	壬戌	壬辰	辛酉	辛卯	庚申	壬辰	12日
丁卯	丙申	丙寅	乙未	乙丑	甲午	癸亥	癸巳	壬戌	壬辰	辛酉	癸巳	13日
戊辰	丁酉	丁卯	丙申	丙寅	乙未	甲子	甲午	癸亥	癸巳	壬戌	甲午	14日
己巳	戊戌	戊辰	丁酉	丁卯	丙申	乙丑	乙未	甲子	甲午	癸亥	乙未	15日
庚午	己亥	己巳	戊戌	戊辰	丁酉	丙寅	丙申	乙丑	乙未	甲子	丙申	16日
辛未	庚子	庚午	己亥	己巳	戊戌	丁卯	丁酉	丙寅	丙申	乙丑	丁酉	17日
壬申	辛丑	辛未	庚子	庚午	己亥	戊辰	戊戌	丁卯	丁酉	丙寅	戊戌	18日
癸酉	壬寅	壬申	辛丑	辛未	庚子	己巳	己亥	戊辰	戊戌	丁卯	己亥	19日
甲戌	癸卯	癸酉	壬寅	壬申	辛丑	庚午	庚子	己巳	己亥	戊辰	庚子	20日
乙亥	甲辰	甲戌	癸卯	癸酉	壬寅	辛未	辛丑	庚午	庚子	己巳	辛丑	21日
丙子	乙巳	乙亥	甲辰	甲戌	癸卯	壬申	壬寅	辛未	辛丑	庚午	壬寅	22日
丁丑	丙午	丙子	乙巳	乙亥	甲辰	癸酉	癸卯	壬申	壬寅	辛未	癸卯	23日
戊寅	丁未	丁丑	丙午	丙子	乙巳	甲戌	甲辰	癸酉	癸卯	壬申	甲辰	24日
己卯	戊申	戊寅	丁未	丁丑	丙午	乙亥	乙巳	甲戌	甲辰	癸酉	乙巳	25日
庚辰	己酉	己卯	戊申	戊寅	丁未	丙子	丙午	乙亥	乙巳	甲戌	丙午	26日
辛巳	庚戌	庚辰	己酉	己卯	戊申	丁丑	丁未	丙子	丙午	乙亥	丁未	27日
壬午	辛亥	辛巳	庚戌	庚辰	己酉	戊寅	戊申	丁丑	丁未	丙子	戊申	28日
癸未	壬子	壬午	辛亥	辛巳	庚戌	己卯	己酉	戊寅	戊申	丁丑		29日
甲申	癸丑	癸未	壬子	壬午	辛亥	庚辰	庚戌	己卯	己酉	戊寅		30日
乙酉	甲寅		癸丑		壬子	辛巳		庚辰		己卯		31日

昭和63年〈1988年〉 戊辰（三碧木星）

三碧	四緑	五黄	六白	七赤	八白	九紫	一白	二黒	三碧	四緑	五黄	九星
1月	12月	11月	10月	9月	8月	7月	6月	5月	4月	3月	2月	月
乙丑	甲子	癸亥	壬戌	辛酉	庚申	己未	戊午	丁巳	丙辰	乙卯	甲寅	月干
5日	7日	7日	8日	7日	7日	7日	5日	5日	4日	5日	4日	節入
17:46	6:34	13:49	10:45	19:12	16:20	6:33	20:15	16:02	22:39	17:47	23:43	時刻
辛酉	庚寅	庚申	己丑	己未	戊子	丁巳	丁亥	丙辰	丙戌	乙卯	丙戌	1日
壬戌	辛卯	辛酉	庚寅	庚申	己丑	戊午	戊子	丁巳	丁亥	丙辰	丁亥	2日
癸亥	壬辰	壬戌	辛卯	辛酉	庚寅	己未	己丑	戊午	戊子	丁巳	戊子	3日
甲子	癸巳	癸亥	壬辰	壬戌	辛卯	庚申	庚寅	己未	己丑	戊午	己丑	4日
乙丑	甲午	甲子	癸巳	癸亥	壬辰	辛酉	辛卯	庚申	庚寅	己未	庚寅	5日
丙寅	乙未	乙丑	甲午	甲子	癸巳	壬戌	壬辰	辛酉	辛卯	庚申	辛卯	6日
丁卯	丙申	丙寅	乙未	乙丑	甲午	癸亥	癸巳	壬戌	壬辰	辛酉	壬辰	7日
戊辰	丁酉	丁卯	丙申	丙寅	乙未	甲子	甲午	癸亥	癸巳	壬戌	癸巳	8日
己巳	戊戌	戊辰	丁酉	丁卯	丙申	乙丑	乙未	甲子	甲午	癸亥	甲午	9日
庚午	己亥	己巳	戊戌	戊辰	丁酉	丙寅	丙申	乙丑	乙未	甲子	乙未	10日
辛未	庚子	庚午	己亥	己巳	戊戌	丁卯	丁酉	丙寅	丙申	乙丑	丙申	11日
壬申	辛丑	辛未	庚子	庚午	己亥	戊辰	戊戌	丁卯	丁酉	丙寅	丁酉	12日
癸酉	壬寅	壬申	辛丑	辛未	庚子	己巳	己亥	戊辰	戊戌	丁卯	戊戌	13日
甲戌	癸卯	癸酉	壬寅	壬申	辛丑	庚午	庚子	己巳	己亥	戊辰	己亥	14日
乙亥	甲辰	甲戌	癸卯	癸酉	壬寅	辛未	辛丑	庚午	庚子	己巳	庚子	15日
丙子	乙巳	乙亥	甲辰	甲戌	癸卯	壬申	壬寅	辛未	辛丑	庚午	辛丑	16日
丁丑	丙午	丙子	乙巳	乙亥	甲辰	癸酉	癸卯	壬申	壬寅	辛未	壬寅	17日
戊寅	丁未	丁丑	丙午	丙子	乙巳	甲戌	甲辰	癸酉	癸卯	壬申	癸卯	18日
己卯	戊申	戊寅	丁未	丁丑	丙午	乙亥	乙巳	甲戌	甲辰	癸酉	甲辰	19日
庚辰	己酉	己卯	戊申	戊寅	丁未	丙子	丙午	乙亥	乙巳	甲戌	乙巳	20日
辛巳	庚戌	庚辰	己酉	己卯	戊申	丁丑	丁未	丙子	丙午	乙亥	丙午	21日
壬午	辛亥	辛巳	庚戌	庚辰	己酉	戊寅	戊申	丁丑	丁未	丙子	丁未	22日
癸未	壬子	壬午	辛亥	辛巳	庚戌	己卯	己酉	戊寅	戊申	丁丑	戊申	23日
甲申	癸丑	癸未	壬子	壬午	辛亥	庚辰	庚戌	己卯	己酉	戊寅	己酉	24日
乙酉	甲寅	甲申	癸丑	癸未	壬子	辛巳	辛亥	庚辰	庚戌	己卯	庚戌	25日
丙戌	乙卯	乙酉	甲寅	甲申	癸丑	壬午	壬子	辛巳	辛亥	庚辰	辛亥	26日
丁亥	丙辰	丙戌	乙卯	乙酉	甲寅	癸未	癸丑	壬午	壬子	辛巳	壬子	27日
戊子	丁巳	丁亥	丙辰	丙戌	乙卯	甲申	甲寅	癸未	癸丑	壬午	癸丑	28日
己丑	戊午	戊子	丁巳	丁亥	丙辰	乙酉	乙卯	甲申	甲寅	癸未	甲寅	29日
庚寅	己未	己丑	戊午	戊子	丁巳	丙戌	丙辰	乙酉	乙卯	甲申		30日
辛卯	庚申		己未		戊午	丁亥		丙戌		乙酉		31日

平成元年〈1989年〉 己巳（二黒土星）

九紫	一白	二黒	三碧	四緑	五黄	六白	七赤	八白	九紫	一白	二黒	九星
1月	12月	11月	10月	9月	8月	7月	6月	5月	4月	3月	2月	月
丁丑	丙子	乙亥	甲戌	癸酉	壬申	辛未	庚午	己巳	戊辰	丁卯	丙寅	月干
5日	7日	7日	8日	8日	7日	7日	6日	5日	5日	5日	4日	節入
23:33	12:21	19:34	16:27	0:54	22:04	12:19	2:05	21:54	4:30	23:34	5:27	時刻
丙寅	乙未	乙丑	甲午	甲子	癸巳	壬戌	壬辰	辛酉	辛卯	庚申	壬辰	1日
丁卯	丙申	丙寅	乙未	乙丑	甲午	癸亥	癸巳	壬戌	壬辰	辛酉	癸巳	2日
戊辰	丁酉	丁卯	丙申	丙寅	乙未	甲子	甲午	癸亥	癸巳	壬戌	甲午	3日
己巳	戊戌	戊辰	丁酉	丁卯	丙申	乙丑	乙未	甲子	甲午	癸亥	乙未	4日
庚午	己亥	己巳	戊戌	戊辰	丁酉	丙寅	丙申	乙丑	乙未	甲子	丙申	5日
辛未	庚子	庚午	己亥	己巳	戊戌	丁卯	丁酉	丙寅	丙申	乙丑	丁酉	6日
壬申	辛丑	辛未	庚子	庚午	己亥	戊辰	戊戌	丁卯	丁酉	丙寅	戊戌	7日
癸酉	壬寅	壬申	辛丑	辛未	庚子	己巳	己亥	戊辰	戊戌	丁卯	己亥	8日
甲戌	癸卯	癸酉	壬寅	壬申	辛丑	庚午	庚子	己巳	己亥	戊辰	庚子	9日
乙亥	甲辰	甲戌	癸卯	癸酉	壬寅	辛未	辛丑	庚午	庚子	己巳	辛丑	10日
丙子	乙巳	乙亥	甲辰	甲戌	癸卯	壬申	壬寅	辛未	辛丑	庚午	壬寅	11日
丁丑	丙午	丙子	乙巳	乙亥	甲辰	癸酉	癸卯	壬申	壬寅	辛未	癸卯	12日
戊寅	丁未	丁丑	丙午	丙子	乙巳	甲戌	甲辰	癸酉	癸卯	壬申	甲辰	13日
己卯	戊申	戊寅	丁未	丁丑	丙午	乙亥	乙巳	甲戌	甲辰	癸酉	乙巳	14日
庚辰	己酉	己卯	戊申	戊寅	丁未	丙子	丙午	乙亥	乙巳	甲戌	丙午	15日
辛巳	庚戌	庚辰	己酉	己卯	戊申	丁丑	丁未	丙子	丙午	乙亥	丁未	16日
壬午	辛亥	辛巳	庚戌	庚辰	己酉	戊寅	戊申	丁丑	丁未	丙子	戊申	17日
癸未	壬子	壬午	辛亥	辛巳	庚戌	己卯	己酉	戊寅	戊申	丁丑	己酉	18日
甲申	癸丑	癸未	壬子	壬午	辛亥	庚辰	庚戌	己卯	己酉	戊寅	庚戌	19日
乙酉	甲寅	甲申	癸丑	癸未	壬子	辛巳	辛亥	庚辰	庚戌	己卯	辛亥	20日
丙戌	乙卯	乙酉	甲寅	甲申	癸丑	壬午	壬子	辛巳	辛亥	庚辰	壬子	21日
丁亥	丙辰	丙戌	乙卯	乙酉	甲寅	癸未	癸丑	壬午	壬子	辛巳	癸丑	22日
戊子	丁巳	丁亥	丙辰	丙戌	乙卯	甲申	甲寅	癸未	癸丑	壬午	甲寅	23日
己丑	戊午	戊子	丁巳	丁亥	丙辰	乙酉	乙卯	甲申	甲寅	癸未	乙卯	24日
庚寅	己未	己丑	戊午	戊子	丁巳	丙戌	丙辰	乙酉	乙卯	甲申	丙辰	25日
辛卯	庚申	庚寅	己未	己丑	戊午	丁亥	丁巳	丙戌	丙辰	乙酉	丁巳	26日
壬辰	辛酉	辛卯	庚申	庚寅	己未	戊子	戊午	丁亥	丁巳	丙戌	戊午	27日
癸巳	壬戌	壬辰	辛酉	辛卯	庚申	己丑	己未	戊子	戊午	丁亥	己未	28日
甲午	癸亥	癸巳	壬戌	壬辰	辛酉	庚寅	庚申	己丑	己未	戊子		29日
乙未	甲子	甲午	癸亥	癸巳	壬戌	辛卯	辛酉	庚寅	庚申	己丑		30日
丙申	乙丑		甲子		癸亥	壬辰		辛卯		庚寅		31日

平成２年〈1990年〉 庚午（一白水星）

六白	七赤	八白	九紫	一白	二黒	三碧	四緑	五黄	六白	七赤	八白	九星
1月	12月	11月	10月	9月	8月	7月	6月	5月	4月	3月	2月	月
己丑	戊子	丁亥	丙戌	乙酉	甲申	癸未	壬午	辛巳	庚辰	己卯	戊寅	月干
6日	7日	8日	8日	8日	8日	7日	6日	6日	5日	6日	4日	節入
5:28	18:14	1:23	22:14	6:37	3:46	18:00	7:46	3:35	10:13	5:19	11:14	時刻
辛未	庚子	庚午	己亥	己巳	戊戌	丁卯	丁酉	丙寅	丙申	乙丑	丁酉	1日
壬申	辛丑	辛未	庚子	庚午	己亥	戊辰	戊戌	丁卯	丁酉	丙寅	戊戌	2日
癸酉	壬寅	壬申	辛丑	辛未	庚子	己巳	己亥	戊辰	戊戌	丁卯	己亥	3日
甲戌	癸卯	癸酉	壬寅	壬申	辛丑	庚午	庚子	己巳	己亥	戊辰	庚子	4日
乙亥	甲辰	甲戌	癸卯	癸酉	壬寅	辛未	辛丑	庚午	庚子	己巳	辛丑	5日
丙子	乙巳	乙亥	甲辰	甲戌	癸卯	壬申	壬寅	辛未	辛丑	庚午	壬寅	6日
丁丑	丙午	丙子	乙巳	乙亥	甲辰	癸酉	癸卯	壬申	壬寅	辛未	癸卯	7日
戊寅	丁未	丁丑	丙午	丙子	乙巳	甲戌	甲辰	癸酉	癸卯	壬申	甲辰	8日
己卯	戊申	戊寅	丁未	丁丑	丙午	乙亥	乙巳	甲戌	甲辰	癸酉	乙巳	9日
庚辰	己酉	己卯	戊申	戊寅	丁未	丙子	丙午	乙亥	乙巳	甲戌	丙午	10日
辛巳	庚戌	庚辰	己酉	己卯	戊申	丁丑	丁未	丙子	丙午	乙亥	丁未	11日
壬午	辛亥	辛巳	庚戌	庚辰	己酉	戊寅	戊申	丁丑	丁未	丙子	戊申	12日
癸未	壬子	壬午	辛亥	辛巳	庚戌	己卯	己酉	戊寅	戊申	丁丑	己酉	13日
甲申	癸丑	癸未	壬子	壬午	辛亥	庚辰	庚戌	己卯	己酉	戊寅	庚戌	14日
乙酉	甲寅	甲申	癸丑	癸未	壬子	辛巳	辛亥	庚辰	庚戌	己卯	辛亥	15日
丙戌	乙卯	乙酉	甲寅	甲申	癸丑	壬午	壬子	辛巳	辛亥	庚辰	壬子	16日
丁亥	丙辰	丙戌	乙卯	乙酉	甲寅	癸未	癸丑	壬午	壬子	辛巳	癸丑	17日
戊子	丁巳	丁亥	丙辰	丙戌	乙卯	甲申	甲寅	癸未	癸丑	壬午	甲寅	18日
己丑	戊午	戊子	丁巳	丁亥	丙辰	乙酉	乙卯	甲申	甲寅	癸未	乙卯	19日
庚寅	己未	己丑	戊午	戊子	丁巳	丙戌	丙辰	乙酉	乙卯	甲申	丙辰	20日
辛卯	庚申	庚寅	己未	己丑	戊午	丁亥	丁巳	丙戌	丙辰	乙酉	丁巳	21日
壬辰	辛酉	辛卯	庚申	庚寅	己未	戊子	戊午	丁亥	丁巳	丙戌	戊午	22日
癸巳	壬戌	壬辰	辛酉	辛卯	庚申	己丑	己未	戊子	戊午	丁亥	己未	23日
甲午	癸亥	癸巳	壬戌	壬辰	辛酉	庚寅	庚申	己丑	己未	戊子	庚申	24日
乙未	甲子	甲午	癸亥	癸巳	壬戌	辛卯	辛酉	庚寅	庚申	己丑	辛酉	25日
丙申	乙丑	乙未	甲子	甲午	癸亥	壬辰	壬戌	辛卯	辛酉	庚寅	壬戌	26日
丁酉	丙寅	丙申	乙丑	乙未	甲子	癸巳	癸亥	壬辰	壬戌	辛卯	癸亥	27日
戊戌	丁卯	丁酉	丙寅	丙申	乙丑	甲午	甲子	癸巳	癸亥	壬辰	甲子	28日
己亥	戊辰	戊戌	丁卯	丁酉	丙寅	乙未	乙丑	甲午	甲子	癸巳		29日
庚子	己巳	己亥	戊辰	戊戌	丁卯	丙申	丙寅	乙未	乙丑	甲午		30日
辛丑	庚午		己巳		戊辰	丁酉		丙申		乙未		31日

平成3年〈1991年〉 辛未（九紫火星）

三碧	四緑	五黄	六白	七赤	八白	九紫	一白	二黒	三碧	四緑	五黄	九星
1月	12月	11月	10月	9月	8月	7月	6月	5月	4月	3月	2月	月
辛丑	庚子	己亥	戊戌	丁酉	丙申	乙未	甲午	癸巳	壬辰	辛卯	庚寅	月干
6日	7日	8日	9日	8日	8日	7日	6日	6日	5日	6日	4日	節入
11:09	23:56	7:08	4:01	12:27	9:37	23:53	13:38	9:27	16:05	11:12	17:08	時刻
丙子	乙巳	乙亥	甲辰	甲戌	癸卯	壬申	壬寅	辛未	辛丑	庚午	壬寅	1日
丁丑	丙午	丙子	乙巳	乙亥	甲辰	癸酉	癸卯	壬申	壬寅	辛未	癸卯	2日
戊寅	丁未	丁丑	丙午	丙子	乙巳	甲戌	甲辰	癸酉	癸卯	壬申	甲辰	3日
己卯	戊申	戊寅	丁未	丁丑	丙午	乙亥	乙巳	甲戌	甲辰	癸酉	乙巳	4日
庚辰	己酉	己卯	戊申	戊寅	丁未	丙子	丙午	乙亥	乙巳	甲戌	丙午	5日
辛巳	庚戌	庚辰	己酉	己卯	戊申	丁丑	丁未	丙子	丙午	乙亥	丁未	6日
壬午	辛亥	辛巳	庚戌	庚辰	己酉	戊寅	戊申	丁丑	丁未	丙子	戊申	7日
癸未	壬子	壬午	辛亥	辛巳	庚戌	己卯	己酉	戊寅	戊申	丁丑	己酉	8日
甲申	癸丑	癸未	壬子	壬午	辛亥	庚辰	庚戌	己卯	己酉	戊寅	庚戌	9日
乙酉	甲寅	甲申	癸丑	癸未	壬子	辛巳	辛亥	庚辰	庚戌	己卯	辛亥	10日
丙戌	乙卯	乙酉	甲寅	甲申	癸丑	壬午	壬子	辛巳	辛亥	庚辰	壬子	11日
丁亥	丙辰	丙戌	乙卯	乙酉	甲寅	癸未	癸丑	壬午	壬子	辛巳	癸丑	12日
戊子	丁巳	丁亥	丙辰	丙戌	乙卯	甲申	甲寅	癸未	癸丑	壬午	甲寅	13日
己丑	戊午	戊子	丁巳	丁亥	丙辰	乙酉	乙卯	甲申	甲寅	癸未	乙卯	14日
庚寅	己未	己丑	戊午	戊子	丁巳	丙戌	丙辰	乙酉	乙卯	甲申	丙辰	15日
辛卯	庚申	庚寅	己未	己丑	戊午	丁亥	丁巳	丙戌	丙辰	乙酉	丁巳	16日
壬辰	辛酉	辛卯	庚申	庚寅	己未	戊子	戊午	丁亥	丁巳	丙戌	戊午	17日
癸巳	壬戌	壬辰	辛酉	辛卯	庚申	己丑	己未	戊子	戊午	丁亥	己未	18日
甲午	癸亥	癸巳	壬戌	壬辰	辛酉	庚寅	庚申	己丑	己未	戊子	庚申	19日
乙未	甲子	甲午	癸亥	癸巳	壬戌	辛卯	辛酉	庚寅	庚申	己丑	辛酉	20日
丙申	乙丑	乙未	甲子	甲午	癸亥	壬辰	壬戌	辛卯	辛酉	庚寅	壬戌	21日
丁酉	丙寅	丙申	乙丑	乙未	甲子	癸巳	癸亥	壬辰	壬戌	辛卯	癸亥	22日
戊戌	丁卯	丁酉	丙寅	丙申	乙丑	甲午	甲子	癸巳	癸亥	壬辰	甲子	23日
己亥	戊辰	戊戌	丁卯	丁酉	丙寅	乙未	乙丑	甲午	甲子	癸巳	乙丑	24日
庚子	己巳	己亥	戊辰	戊戌	丁卯	丙申	丙寅	乙未	乙丑	甲午	丙寅	25日
辛丑	庚午	庚子	己巳	己亥	戊辰	丁酉	丁卯	丙申	丙寅	乙未	丁卯	26日
壬寅	辛未	辛丑	庚午	庚子	己巳	戊戌	戊辰	丁酉	丁卯	丙申	戊辰	27日
癸卯	壬申	壬寅	辛未	辛丑	庚午	己亥	己巳	戊戌	戊辰	丁酉	己巳	28日
甲辰	癸酉	癸卯	壬申	壬寅	辛未	庚子	庚午	己亥	己巳	戊戌		29日
乙巳	甲戌	甲辰	癸酉	癸卯	壬申	辛丑	辛未	庚子	庚午	己亥		30日
丙午	乙亥		甲戌		癸酉	壬寅		辛丑		庚子		31日

平成４年〈1992年〉 壬申（八白土星）

九紫	一白	二黒	三碧	四緑	五黄	六白	七赤	八白	九紫	一白	二黒	九星
1月	12月	11月	10月	9月	8月	7月	6月	5月	4月	3月	2月	月
癸丑	壬子	辛亥	庚戌	己酉	戊申	丁未	丙午	乙巳	甲辰	癸卯	壬寅	月干
5日	7日	7日	8日	7日	7日	7日	5日	5日	4日	5日	4日	節入
16:57	5:44	12:57	9:51	18:18	15:27	5:40	19:22	15:09	21:45	16:52	22:48	時刻
壬午	辛亥	辛巳	庚戌	庚辰	己酉	戊寅	戊申	丁丑	丁未	丙子	丁未	1日
癸未	壬子	壬午	辛亥	辛巳	庚戌	己卯	己酉	戊寅	戊申	丁丑	戊申	2日
甲申	癸丑	癸未	壬子	壬午	辛亥	庚辰	庚戌	己卯	己酉	戊寅	己酉	3日
乙酉	甲寅	甲申	癸丑	癸未	壬子	辛巳	辛亥	庚辰	庚戌	己卯	庚戌	4日
丙戌	乙卯	乙酉	甲寅	甲申	癸丑	壬午	壬子	辛巳	辛亥	庚辰	辛亥	5日
丁亥	丙辰	丙戌	乙卯	乙酉	甲寅	癸未	癸丑	壬午	壬子	辛巳	壬子	6日
戊子	丁巳	丁亥	丙辰	丙戌	乙卯	甲申	甲寅	癸未	癸丑	壬午	癸丑	7日
己丑	戊午	戊子	丁巳	丁亥	丙辰	乙酉	乙卯	甲申	甲寅	癸未	甲寅	8日
庚寅	己未	己丑	戊午	戊子	丁巳	丙戌	丙辰	乙酉	乙卯	甲申	乙卯	9日
辛卯	庚申	庚寅	己未	己丑	戊午	丁亥	丁巳	丙戌	丙辰	乙酉	丙辰	10日
壬辰	辛酉	辛卯	庚申	庚寅	己未	戊子	戊午	丁亥	丁巳	丙戌	丁巳	11日
癸巳	壬戌	壬辰	辛酉	辛卯	庚申	己丑	己未	戊子	戊午	丁亥	戊午	12日
甲午	癸亥	癸巳	壬戌	壬辰	辛酉	庚寅	庚申	己丑	己未	戊子	己未	13日
乙未	甲子	甲午	癸亥	癸巳	壬戌	辛卯	辛酉	庚寅	庚申	己丑	庚申	14日
丙申	乙丑	乙未	甲子	甲午	癸亥	壬辰	壬戌	辛卯	辛酉	庚寅	辛酉	15日
丁酉	丙寅	丙申	乙丑	乙未	甲子	癸巳	癸亥	壬辰	壬戌	辛卯	壬戌	16日
戊戌	丁卯	丁酉	丙寅	丙申	乙丑	甲午	甲子	癸巳	癸亥	壬辰	癸亥	17日
己亥	戊辰	戊戌	丁卯	丁酉	丙寅	乙未	乙丑	甲午	甲子	癸巳	甲子	18日
庚子	己巳	己亥	戊辰	戊戌	丁卯	丙申	丙寅	乙未	乙丑	甲午	乙丑	19日
辛丑	庚午	庚子	己巳	己亥	戊辰	丁酉	丁卯	丙申	丙寅	乙未	丙寅	20日
壬寅	辛未	辛丑	庚午	庚子	己巳	戊戌	戊辰	丁酉	丁卯	丙申	丁卯	21日
癸卯	壬申	壬寅	辛未	辛丑	庚午	己亥	己巳	戊戌	戊辰	丁酉	戊辰	22日
甲辰	癸酉	癸卯	壬申	壬寅	辛未	庚子	庚午	己亥	己巳	戊戌	己巳	23日
乙巳	甲戌	甲辰	癸酉	癸卯	壬申	辛丑	辛未	庚子	庚午	己亥	庚午	24日
丙午	乙亥	乙巳	甲戌	甲辰	癸酉	壬寅	壬申	辛丑	辛未	庚子	辛未	25日
丁未	丙子	丙午	乙亥	乙巳	甲戌	癸卯	癸酉	壬寅	壬申	辛丑	壬申	26日
戊申	丁丑	丁未	丙子	丙午	乙亥	甲辰	甲戌	癸卯	癸酉	壬寅	癸酉	27日
己酉	戊寅	戊申	丁丑	丁未	丙子	乙巳	乙亥	甲辰	甲戌	癸卯	甲戌	28日
庚戌	己卯	己酉	戊寅	戊申	丁丑	丙午	丙子	乙巳	乙亥	甲辰	乙亥	29日
辛亥	庚辰	庚戌	己卯	己酉	戊寅	丁未	丁丑	丙午	丙子	乙巳		30日
壬子	辛巳		庚辰		己卯	戊申		丁未		丙午		31日

平成５年〈1993年〉 癸酉（七赤金星）

六白	七赤	八白	九紫	一白	二黒	三碧	四緑	五黄	六白	七赤	八白	九星
1月	12月	11月	10月	9月	8月	7月	6月	5月	4月	3月	2月	月
乙丑	甲子	癸亥	壬戌	辛酉	庚申	己未	戊午	丁巳	丙辰	乙卯	甲寅	月干
5日	7日	7日	8日	8日	7日	7日	6日	5日	5日	5日	4日	節入
22:48	11:34	18:46	15:40	0:08	21:18	11:32	1:15	21:02	3:37	22:43	4:37	時刻
丁亥	丙辰	丙戌	乙卯	乙酉	甲寅	癸未	癸丑	壬午	壬子	辛巳	癸丑	1日
戊子	丁巳	丁亥	丙辰	丙戌	乙卯	甲申	甲寅	癸未	癸丑	壬午	甲寅	2日
己丑	戊午	戊子	丁巳	丁亥	丙辰	乙酉	乙卯	甲申	甲寅	癸未	乙卯	3日
庚寅	己未	己丑	戊午	戊子	丁巳	丙戌	丙辰	乙酉	乙卯	甲申	丙辰	4日
辛卯	庚申	庚寅	己未	己丑	戊午	丁亥	丁巳	丙戌	丙辰	乙酉	丁巳	5日
壬辰	辛酉	辛卯	庚申	庚寅	己未	戊子	戊午	丁亥	丁巳	丙戌	戊午	6日
癸巳	壬戌	壬辰	辛酉	辛卯	庚申	己丑	己未	戊子	戊午	丁亥	己未	7日
甲午	癸亥	癸巳	壬戌	壬辰	辛酉	庚寅	庚申	己丑	己未	戊子	庚申	8日
乙未	甲子	甲午	癸亥	癸巳	壬戌	辛卯	辛酉	庚寅	庚申	己丑	辛酉	9日
丙申	乙丑	乙未	甲子	甲午	癸亥	壬辰	壬戌	辛卯	辛酉	庚寅	壬戌	10日
丁酉	丙寅	丙申	乙丑	乙未	甲子	癸巳	癸亥	壬辰	壬戌	辛卯	癸亥	11日
戊戌	丁卯	丁酉	丙寅	丙申	乙丑	甲午	甲子	癸巳	癸亥	壬辰	甲子	12日
己亥	戊辰	戊戌	丁卯	丁酉	丙寅	乙未	乙丑	甲午	甲子	癸巳	乙丑	13日
庚子	己巳	己亥	戊辰	戊戌	丁卯	丙申	丙寅	乙未	乙丑	甲午	丙寅	14日
辛丑	庚午	庚子	己巳	己亥	戊辰	丁酉	丁卯	丙申	丙寅	乙未	丁卯	15日
壬寅	辛未	辛丑	庚午	庚子	己巳	戊戌	戊辰	丁酉	丁卯	丙申	戊辰	16日
癸卯	壬申	壬寅	辛未	辛丑	庚午	己亥	己巳	戊戌	戊辰	丁酉	己巳	17日
甲辰	癸酉	癸卯	壬申	壬寅	辛未	庚子	庚午	己亥	己巳	戊戌	庚午	18日
乙巳	甲戌	甲辰	癸酉	癸卯	壬申	辛丑	辛未	庚子	庚午	己亥	辛未	19日
丙午	乙亥	乙巳	甲戌	甲辰	癸酉	壬寅	壬申	辛丑	辛未	庚子	壬申	20日
丁未	丙子	丙午	乙亥	乙巳	甲戌	癸卯	癸酉	壬寅	壬申	辛丑	癸酉	21日
戊申	丁丑	丁未	丙子	丙午	乙亥	甲辰	甲戌	癸卯	癸酉	壬寅	甲戌	22日
己酉	戊寅	戊申	丁丑	丁未	丙子	乙巳	乙亥	甲辰	甲戌	癸卯	乙亥	23日
庚戌	己卯	己酉	戊寅	戊申	丁丑	丙午	丙子	乙巳	乙亥	甲辰	丙子	24日
辛亥	庚辰	庚戌	己卯	己酉	戊寅	丁未	丁丑	丙午	丙子	乙巳	丁丑	25日
壬子	辛巳	辛亥	庚辰	庚戌	己卯	戊申	戊寅	丁未	丁丑	丙午	戊寅	26日
癸丑	壬午	壬子	辛巳	辛亥	庚辰	己酉	己卯	戊申	戊寅	丁未	己卯	27日
甲寅	癸未	癸丑	壬午	壬子	辛巳	庚戌	庚辰	己酉	己卯	戊申	庚辰	28日
乙卯	甲申	甲寅	癸未	癸丑	壬午	辛亥	辛巳	庚戌	庚辰	己酉		29日
丙辰	乙酉	乙卯	甲申	甲寅	癸未	壬子	壬午	辛亥	辛巳	庚戌		30日
丁巳	丙戌		乙酉		甲申	癸丑		壬子		辛亥		31日

平成6年〈1994年〉 甲戌（六白金星）

三碧	四緑	五黄	六白	七赤	八白	九紫	一白	二黒	三碧	四緑	五黄	九星
1月	12月	11月	10月	9月	8月	7月	6月	5月	4月	3月	2月	月
丁丑	丙子	乙亥	甲戌	癸酉	壬申	辛未	庚午	己巳	戊辰	丁卯	丙寅	月干
6日	7日	8日	8日	8日	8日	7日	6日	6日	5日	6日	4日	節入
4:34	17:23	0:36	21:29	5:55	3:04	17:19	7:05	2:54	9:32	4:38	10:31	時刻
壬辰	辛酉	辛卯	庚申	庚寅	己未	戊子	戊午	丁亥	丁巳	丙戌	戊午	1日
癸巳	壬戌	壬辰	辛酉	辛卯	庚申	己丑	己未	戊子	戊午	丁亥	己未	2日
甲午	癸亥	癸巳	壬戌	壬辰	辛酉	庚寅	庚申	己丑	己未	戊子	庚申	3日
乙未	甲子	甲午	癸亥	癸巳	壬戌	辛卯	辛酉	庚寅	庚申	己丑	辛酉	4日
丙申	乙丑	乙未	甲子	甲午	癸亥	壬辰	壬戌	辛卯	辛酉	庚寅	壬戌	5日
丁酉	丙寅	丙申	乙丑	乙未	甲子	癸巳	癸亥	壬辰	壬戌	辛卯	癸亥	6日
戊戌	丁卯	丁酉	丙寅	丙申	乙丑	甲午	甲子	癸巳	癸亥	壬辰	甲子	7日
己亥	戊辰	戊戌	丁卯	丁酉	丙寅	乙未	乙丑	甲午	甲子	癸巳	乙丑	8日
庚子	己巳	己亥	戊辰	戊戌	丁卯	丙申	丙寅	乙未	乙丑	甲午	丙寅	9日
辛丑	庚午	庚子	己巳	己亥	戊辰	丁酉	丁卯	丙申	丙寅	乙未	丁卯	10日
壬寅	辛未	辛丑	庚午	庚子	己巳	戊戌	戊辰	丁酉	丁卯	丙申	戊辰	11日
癸卯	壬申	壬寅	辛未	辛丑	庚午	己亥	己巳	戊戌	戊辰	丁酉	己巳	12日
甲辰	癸酉	癸卯	壬申	壬寅	辛未	庚子	庚午	己亥	己巳	戊戌	庚午	13日
乙巳	甲戌	甲辰	癸酉	癸卯	壬申	辛丑	辛未	庚子	庚午	己亥	辛未	14日
丙午	乙亥	乙巳	甲戌	甲辰	癸酉	壬寅	壬申	辛丑	辛未	庚子	壬申	15日
丁未	丙子	丙午	乙亥	乙巳	甲戌	癸卯	癸酉	壬寅	壬申	辛丑	癸酉	16日
戊申	丁丑	丁未	丙子	丙午	乙亥	甲辰	甲戌	癸卯	癸酉	壬寅	甲戌	17日
己酉	戊寅	戊申	丁丑	丁未	丙子	乙巳	乙亥	甲辰	甲戌	癸卯	乙亥	18日
庚戌	己卯	己酉	戊寅	戊申	丁丑	丙午	丙子	乙巳	乙亥	甲辰	丙子	19日
辛亥	庚辰	庚戌	己卯	己酉	戊寅	丁未	丁丑	丙午	丙子	乙巳	丁丑	20日
壬子	辛巳	辛亥	庚辰	庚戌	己卯	戊申	戊寅	丁未	丁丑	丙午	戊寅	21日
癸丑	壬午	壬子	辛巳	辛亥	庚辰	己酉	己卯	戊申	戊寅	丁未	己卯	22日
甲寅	癸未	癸丑	壬午	壬子	辛巳	庚戌	庚辰	己酉	己卯	戊申	庚辰	23日
乙卯	甲申	甲寅	癸未	癸丑	壬午	辛亥	辛巳	庚戌	庚辰	己酉	辛巳	24日
丙辰	乙酉	乙卯	甲申	甲寅	癸未	壬子	壬午	辛亥	辛巳	庚戌	壬午	25日
丁巳	丙戌	丙辰	乙酉	乙卯	甲申	癸丑	癸未	壬子	壬午	辛亥	癸未	26日
戊午	丁亥	丁巳	丙戌	丙辰	乙酉	甲寅	甲申	癸丑	癸未	壬子	甲申	27日
己未	戊子	戊午	丁亥	丁巳	丙戌	乙卯	乙酉	甲寅	甲申	癸丑	乙酉	28日
庚申	己丑	己未	戊子	戊午	丁亥	丙辰	丙戌	乙卯	乙酉	甲寅		29日
辛酉	庚寅	庚申	己丑	己未	戊子	丁巳	丁亥	丙辰	丙戌	乙卯		30日
壬戌	辛卯		庚寅		己丑	戊午		丁巳		丙辰		31日

平成７年〈1995年〉　乙亥（五黄土星）

九紫	一白	二黒	三碧	四緑	五黄	六白	七赤	八白	九紫	一白	二黒	九星
1月	12月	11月	10月	9月	8月	7月	6月	5月	4月	3月	2月	月
己丑	戊子	丁亥	丙戌	乙酉	甲申	癸未	壬午	辛巳	庚辰	己卯	戊寅	月干
6日	7日	8日	9日	8日	8日	7日	6日	6日	5日	6日	4日	節入
10:31	23:22	6:36	3:27	11:49	8:52	23:01	12:42	8:30	15:08	10:16	16:13	時刻
丁酉	丙寅	丙申	乙丑	乙未	甲子	癸巳	癸亥	壬辰	壬戌	辛卯	癸亥	1日
戊戌	丁卯	丁酉	丙寅	丙申	乙丑	甲午	甲子	癸巳	癸亥	壬辰	甲子	2日
己亥	戊辰	戊戌	丁卯	丁酉	丙寅	乙未	乙丑	甲午	甲子	癸巳	乙丑	3日
庚子	己巳	己亥	戊辰	戊戌	丁卯	丙申	丙寅	乙未	乙丑	甲午	丙寅	4日
辛丑	庚午	庚子	己巳	己亥	戊辰	丁酉	丁卯	丙申	丙寅	乙未	丁卯	5日
壬寅	辛未	辛丑	庚午	庚子	己巳	戊戌	戊辰	丁酉	丁卯	丙申	戊辰	6日
癸卯	壬申	壬寅	辛未	辛丑	庚午	己亥	己巳	戊戌	戊辰	丁酉	己巳	7日
甲辰	癸酉	癸卯	壬申	壬寅	辛未	庚子	庚午	己亥	己巳	戊戌	庚午	8日
乙巳	甲戌	甲辰	癸酉	癸卯	壬申	辛丑	辛未	庚子	庚午	己亥	辛未	9日
丙午	乙亥	乙巳	甲戌	甲辰	癸酉	壬寅	壬申	辛丑	辛未	庚子	壬申	10日
丁未	丙子	丙午	乙亥	乙巳	甲戌	癸卯	癸酉	壬寅	壬申	辛丑	癸酉	11日
戊申	丁丑	丁未	丙子	丙午	乙亥	甲辰	甲戌	癸卯	癸酉	壬寅	甲戌	12日
己酉	戊寅	戊申	丁丑	丁未	丙子	乙巳	乙亥	甲辰	甲戌	癸卯	乙亥	13日
庚戌	己卯	己酉	戊寅	戊申	丁丑	丙午	丙子	乙巳	乙亥	甲辰	丙子	14日
辛亥	庚辰	庚戌	己卯	己酉	戊寅	丁未	丁丑	丙午	丙子	乙巳	丁丑	15日
壬子	辛巳	辛亥	庚辰	庚戌	己卯	戊申	戊寅	丁未	丁丑	丙午	戊寅	16日
癸丑	壬午	壬子	辛巳	辛亥	庚辰	己酉	己卯	戊申	戊寅	丁未	己卯	17日
甲寅	癸未	癸丑	壬午	壬子	辛巳	庚戌	庚辰	己酉	己卯	戊申	庚辰	18日
乙卯	甲申	甲寅	癸未	癸丑	壬午	辛亥	辛巳	庚戌	庚辰	己酉	辛巳	19日
丙辰	乙酉	乙卯	甲申	甲寅	癸未	壬子	壬午	辛亥	辛巳	庚戌	壬午	20日
丁巳	丙戌	丙辰	乙酉	乙卯	甲申	癸丑	癸未	壬子	壬午	辛亥	癸未	21日
戊午	丁亥	丁巳	丙戌	丙辰	乙酉	甲寅	甲申	癸丑	癸未	壬子	甲申	22日
己未	戊子	戊午	丁亥	丁巳	丙戌	乙卯	乙酉	甲寅	甲申	癸丑	乙酉	23日
庚申	己丑	己未	戊子	戊午	丁亥	丙辰	丙戌	乙卯	乙酉	甲寅	丙戌	24日
辛酉	庚寅	庚申	己丑	己未	戊子	丁巳	丁亥	丙辰	丙戌	乙卯	丁亥	25日
壬戌	辛卯	辛酉	庚寅	庚申	己丑	戊午	戊子	丁巳	丁亥	丙辰	戊子	26日
癸亥	壬辰	壬戌	辛卯	辛酉	庚寅	己未	己丑	戊午	戊子	丁巳	己丑	27日
甲子	癸巳	癸亥	壬辰	壬戌	辛卯	庚申	庚寅	己未	己丑	戊午	庚寅	28日
乙丑	甲午	甲子	癸巳	癸亥	壬辰	辛酉	辛卯	庚申	庚寅	己未		29日
丙寅	乙未	乙丑	甲午	甲子	癸巳	壬戌	壬辰	辛酉	辛卯	庚申		30日
丁卯	丙申		乙未		甲午	癸亥		壬戌		辛酉		31日

平成8年〈1996年〉 丙子（四緑木星）

六白	七赤	八白	九紫	一白	二黒	三碧	四緑	五黄	六白	七赤	八白	九星
1月	12月	11月	10月	9月	8月	7月	6月	5月	4月	3月	2月	月
辛丑	庚子	己亥	戊戌	丁酉	丙申	乙未	甲午	癸巳	壬辰	辛卯	庚寅	月干
5日	7日	7日	8日	7日	7日	7日	5日	5日	4日	5日	4日	節入
16:24	5:14	12:27	9:19	17:42	14:49	5:00	18:41	14:26	21:02	16:10	22:08	時刻
癸卯	壬申	壬寅	辛未	辛丑	庚午	己亥	己巳	戊戌	戊辰	丁酉	戊辰	1日
甲辰	癸酉	癸卯	壬申	壬寅	辛未	庚子	庚午	己亥	己巳	戊戌	己巳	2日
乙巳	甲戌	甲辰	癸酉	癸卯	壬申	辛丑	辛未	庚子	庚午	己亥	庚午	3日
丙午	乙亥	乙巳	甲戌	甲辰	癸酉	壬寅	壬申	辛丑	辛未	庚子	辛未	4日
丁未	丙子	丙午	乙亥	乙巳	甲戌	癸卯	癸酉	壬寅	壬申	辛丑	壬申	5日
戊申	丁丑	丁未	丙子	丙午	乙亥	甲辰	甲戌	癸卯	癸酉	壬寅	癸酉	6日
己酉	戊寅	戊申	丁丑	丁未	丙子	乙巳	乙亥	甲辰	甲戌	癸卯	甲戌	7日
庚戌	己卯	己酉	戊寅	戊申	丁丑	丙午	丙子	乙巳	乙亥	甲辰	乙亥	8日
辛亥	庚辰	庚戌	己卯	己酉	戊寅	丁未	丁丑	丙午	丙子	乙巳	丙子	9日
壬子	辛巳	辛亥	庚辰	庚戌	己卯	戊申	戊寅	丁未	丁丑	丙午	丁丑	10日
癸丑	壬午	壬子	辛巳	辛亥	庚辰	己酉	己卯	戊申	戊寅	丁未	戊寅	11日
甲寅	癸未	癸丑	壬午	壬子	辛巳	庚戌	庚辰	己酉	己卯	戊申	己卯	12日
乙卯	甲申	甲寅	癸未	癸丑	壬午	辛亥	辛巳	庚戌	庚辰	己酉	庚辰	13日
丙辰	乙酉	乙卯	甲申	甲寅	癸未	壬子	壬午	辛亥	辛巳	庚戌	辛巳	14日
丁巳	丙戌	丙辰	乙酉	乙卯	甲申	癸丑	癸未	壬子	壬午	辛亥	壬午	15日
戊午	丁亥	丁巳	丙戌	丙辰	乙酉	甲寅	甲申	癸丑	癸未	壬子	癸未	16日
己未	戊子	戊午	丁亥	丁巳	丙戌	乙卯	乙酉	甲寅	甲申	癸丑	甲申	17日
庚申	己丑	己未	戊子	戊午	丁亥	丙辰	丙戌	乙卯	乙酉	甲寅	乙酉	18日
辛酉	庚寅	庚申	己丑	己未	戊子	丁巳	丁亥	丙辰	丙戌	乙卯	丙戌	19日
壬戌	辛卯	辛酉	庚寅	庚申	己丑	戊午	戊子	丁巳	丁亥	丙辰	丁亥	20日
癸亥	壬辰	壬戌	辛卯	辛酉	庚寅	己未	己丑	戊午	戊子	丁巳	戊子	21日
甲子	癸巳	癸亥	壬辰	壬戌	辛卯	庚申	庚寅	己未	己丑	戊午	己丑	22日
乙丑	甲午	甲子	癸巳	癸亥	壬辰	辛酉	辛卯	庚申	庚寅	己未	庚寅	23日
丙寅	乙未	乙丑	甲午	甲子	癸巳	壬戌	壬辰	辛酉	辛卯	庚申	辛卯	24日
丁卯	丙申	丙寅	乙未	乙丑	甲午	癸亥	癸巳	壬戌	壬辰	辛酉	壬辰	25日
戊辰	丁酉	丁卯	丙申	丙寅	乙未	甲子	甲午	癸亥	癸巳	壬戌	癸巳	26日
己巳	戊戌	戊辰	丁酉	丁卯	丙申	乙丑	乙未	甲子	甲午	癸亥	甲午	27日
庚午	己亥	己巳	戊戌	戊辰	丁酉	丙寅	丙申	乙丑	乙未	甲子	乙未	28日
辛未	庚子	庚午	己亥	己巳	戊戌	丁卯	丁酉	丙寅	丙申	乙丑	丙申	29日
壬申	辛丑	辛未	庚子	庚午	己亥	戊辰	戊戌	丁卯	丁酉	丙寅		30日
癸酉	壬寅		辛丑		庚子	己巳		戊辰		丁卯		31日

平成９年〈1997年〉 丁丑（三碧木星）

三碧	四緑	五黄	六白	七赤	八白	九紫	一白	二黒	三碧	四緑	五黄	九星
1月	12月	11月	10月	9月	8月	7月	6月	5月	4月	3月	2月	月
癸丑	壬子	辛亥	庚戌	己酉	戊申	丁未	丙午	乙巳	甲辰	癸卯	壬寅	月干
5日	7日	7日	8日	7日	7日	7日	6日	5日	5日	5日	4日	節入
22:18	11:05	18:15	15:05	23:29	20:36	10:49	0:33	20:19	2:56	22:04	4:02	時刻
戊申	丁丑	丁未	丙子	丙午	乙亥	甲辰	甲戌	癸卯	癸酉	壬寅	甲戌	1日
己酉	戊寅	戊申	丁丑	丁未	丙子	乙巳	乙亥	甲辰	甲戌	癸卯	乙亥	2日
庚戌	己卯	己酉	戊寅	戊申	丁丑	丙午	丙子	乙巳	乙亥	甲辰	丙子	3日
辛亥	庚辰	庚戌	己卯	己酉	戊寅	丁未	丁丑	丙午	丙子	乙巳	丁丑	4日
壬子	辛巳	辛亥	庚辰	庚戌	己卯	戊申	戊寅	丁未	丁丑	丙午	戊寅	5日
癸丑	壬午	壬子	辛巳	辛亥	庚辰	己酉	己卯	戊申	戊寅	丁未	己卯	6日
甲寅	癸未	癸丑	壬午	壬子	辛巳	庚戌	庚辰	己酉	己卯	戊申	庚辰	7日
乙卯	甲申	甲寅	癸未	癸丑	壬午	辛亥	辛巳	庚戌	庚辰	己酉	辛巳	8日
丙辰	乙酉	乙卯	甲申	甲寅	癸未	壬子	壬午	辛亥	辛巳	庚戌	壬午	9日
丁巳	丙戌	丙辰	乙酉	乙卯	甲申	癸丑	癸未	壬子	壬午	辛亥	癸未	10日
戊午	丁亥	丁巳	丙戌	丙辰	乙酉	甲寅	甲申	癸丑	癸未	壬子	甲申	11日
己未	戊子	戊午	丁亥	丁巳	丙戌	乙卯	乙酉	甲寅	甲申	癸丑	乙酉	12日
庚申	己丑	己未	戊子	戊午	丁亥	丙辰	丙戌	乙卯	乙酉	甲寅	丙戌	13日
辛酉	庚寅	庚申	己丑	己未	戊子	丁巳	丁亥	丙辰	丙戌	乙卯	丁亥	14日
壬戌	辛卯	辛酉	庚寅	庚申	己丑	戊午	戊子	丁巳	丁亥	丙辰	戊子	15日
癸亥	壬辰	壬戌	辛卯	辛酉	庚寅	己未	己丑	戊午	戊子	丁巳	己丑	16日
甲子	癸巳	癸亥	壬辰	壬戌	辛卯	庚申	庚寅	己未	己丑	戊午	庚寅	17日
乙丑	甲午	甲子	癸巳	癸亥	壬辰	辛酉	辛卯	庚申	庚寅	己未	辛卯	18日
丙寅	乙未	乙丑	甲午	甲子	癸巳	壬戌	壬辰	辛酉	辛卯	庚申	壬辰	19日
丁卯	丙申	丙寅	乙未	乙丑	甲午	癸亥	癸巳	壬戌	壬辰	辛酉	癸巳	20日
戊辰	丁酉	丁卯	丙申	丙寅	乙未	甲子	甲午	癸亥	癸巳	壬戌	甲午	21日
己巳	戊戌	戊辰	丁酉	丁卯	丙申	乙丑	乙未	甲子	甲午	癸亥	乙未	22日
庚午	己亥	己巳	戊戌	戊辰	丁酉	丙寅	丙申	乙丑	乙未	甲子	丙申	23日
辛未	庚子	庚午	己亥	己巳	戊戌	丁卯	丁酉	丙寅	丙申	乙丑	丁酉	24日
壬申	辛丑	辛未	庚子	庚午	己亥	戊辰	戊戌	丁卯	丁酉	丙寅	戊戌	25日
癸酉	壬寅	壬申	辛丑	辛未	庚子	己巳	己亥	戊辰	戊戌	丁卯	己亥	26日
甲戌	癸卯	癸酉	壬寅	壬申	辛丑	庚午	庚子	己巳	己亥	戊辰	庚子	27日
乙亥	甲辰	甲戌	癸卯	癸酉	壬寅	辛未	辛丑	庚午	庚子	己巳	辛丑	28日
丙子	乙巳	乙亥	甲辰	甲戌	癸卯	壬申	壬寅	辛未	辛丑	庚午		29日
丁丑	丙午	丙子	乙巳	乙亥	甲辰	癸酉	癸卯	壬申	壬寅	辛未		30日
戊寅	丁未		丙午		乙巳	甲戌		癸酉		壬申		31日

平成10年〈1998年〉 戊寅（二黒土星）

九紫	一白	二黒	三碧	四緑	五黄	六白	七赤	八白	九紫	一白	二黒	九星
1月	12月	11月	10月	9月	8月	7月	6月	5月	4月	3月	2月	月
乙丑	甲子	癸亥	壬戌	辛酉	庚申	己未	戊午	丁巳	丙辰	乙卯	甲寅	月干
6日	7日	8日	8日	8日	8日	7日	6日	6日	5日	6日	4日	節入
4:17	17:02	0:08	20:56	5:16	2:20	16:30	6:13	2:03	8:45	3:57	9:57	時刻
癸丑	壬午	壬子	辛巳	辛亥	庚辰	己酉	己卯	戊申	戊寅	丁未	己卯	1日
甲寅	癸未	癸丑	壬午	壬子	辛巳	庚戌	庚辰	己酉	己卯	戊申	庚辰	2日
乙卯	甲申	甲寅	癸未	癸丑	壬午	辛亥	辛巳	庚戌	庚辰	己酉	辛巳	3日
丙辰	乙酉	乙卯	甲申	甲寅	癸未	壬子	壬午	辛亥	辛巳	庚戌	壬午	4日
丁巳	丙戌	丙辰	乙酉	乙卯	甲申	癸丑	癸未	壬子	壬午	辛亥	癸未	5日
戊午	丁亥	丁巳	丙戌	丙辰	乙酉	甲寅	甲申	癸丑	癸未	壬子	甲申	6日
己未	戊子	戊午	丁亥	丁巳	丙戌	乙卯	乙酉	甲寅	甲申	癸丑	乙酉	7日
庚申	己丑	己未	戊子	戊午	丁亥	丙辰	丙戌	乙卯	乙酉	甲寅	丙戌	8日
辛酉	庚寅	庚申	己丑	己未	戊子	丁巳	丁亥	丙辰	丙戌	乙卯	丁亥	9日
壬戌	辛卯	辛酉	庚寅	庚申	己丑	戊午	戊子	丁巳	丁亥	丙辰	戊子	10日
癸亥	壬辰	壬戌	辛卯	辛酉	庚寅	己未	己丑	戊午	戊子	丁巳	己丑	11日
甲子	癸巳	癸亥	壬辰	壬戌	辛卯	庚申	庚寅	己未	己丑	戊午	庚寅	12日
乙丑	甲午	甲子	癸巳	癸亥	壬辰	辛酉	辛卯	庚申	庚寅	己未	辛卯	13日
丙寅	乙未	乙丑	甲午	甲子	癸巳	壬戌	壬辰	辛酉	辛卯	庚申	壬辰	14日
丁卯	丙申	丙寅	乙未	乙丑	甲午	癸亥	癸巳	壬戌	壬辰	辛酉	癸巳	15日
戊辰	丁酉	丁卯	丙申	丙寅	乙未	甲子	甲午	癸亥	癸巳	壬戌	甲午	16日
己巳	戊戌	戊辰	丁酉	丁卯	丙申	乙丑	乙未	甲子	甲午	癸亥	乙未	17日
庚午	己亥	己巳	戊戌	戊辰	丁酉	丙寅	丙申	乙丑	乙未	甲子	丙申	18日
辛未	庚子	庚午	己亥	己巳	戊戌	丁卯	丁酉	丙寅	丙申	乙丑	丁酉	19日
壬申	辛丑	辛未	庚子	庚午	己亥	戊辰	戊戌	丁卯	丁酉	丙寅	戊戌	20日
癸酉	壬寅	壬申	辛丑	辛未	庚子	己巳	己亥	戊辰	戊戌	丁卯	己亥	21日
甲戌	癸卯	癸酉	壬寅	壬申	辛丑	庚午	庚子	己巳	己亥	戊辰	庚子	22日
乙亥	甲辰	甲戌	癸卯	癸酉	壬寅	辛未	辛丑	庚午	庚子	己巳	辛丑	23日
丙子	乙巳	乙亥	甲辰	甲戌	癸卯	壬申	壬寅	辛未	辛丑	庚午	壬寅	24日
丁丑	丙午	丙子	乙巳	乙亥	甲辰	癸酉	癸卯	壬申	壬寅	辛未	癸卯	25日
戊寅	丁未	丁丑	丙午	丙子	乙巳	甲戌	甲辰	癸酉	癸卯	壬申	甲辰	26日
己卯	戊申	戊寅	丁未	丁丑	丙午	乙亥	乙巳	甲戌	甲辰	癸酉	乙巳	27日
庚辰	己酉	己卯	戊申	戊寅	丁未	丙子	丙午	乙亥	乙巳	甲戌	丙午	28日
辛巳	庚戌	庚辰	己酉	己卯	戊申	丁丑	丁未	丙子	丙午	乙亥		29日
壬午	辛亥	辛巳	庚戌	庚辰	己酉	戊寅	戊申	丁丑	丁未	丙子		30日
癸未	壬子		辛亥		庚戌	己卯		戊寅		丁丑		31日

平成11年〈1999年〉 己卯（一白水星）

六白	七赤	八白	九紫	一白	二黒	三碧	四緑	五黄	六白	七赤	八白	九星
1月	12月	11月	10月	9月	8月	7月	6月	5月	4月	3月	2月	月
丁丑	丙子	乙亥	甲戌	癸酉	壬申	辛未	庚午	己巳	戊辰	丁卯	丙寅	月干
6日	7日	8日	9日	8日	8日	7日	6日	6日	5日	6日	4日	節入
10:01	22:47	5:58	2:48	11:10	8:14	22:25	12:09	8:01	14:45	9:58	15:57	時刻
戊午	丁亥	丁巳	丙戌	丙辰	乙酉	甲寅	甲申	癸丑	癸未	壬子	甲申	1日
己未	戊子	戊午	丁亥	丁巳	丙戌	乙卯	乙酉	甲寅	甲申	癸丑	乙酉	2日
庚申	己丑	己未	戊子	戊午	丁亥	丙辰	丙戌	乙卯	乙酉	甲寅	丙戌	3日
辛酉	庚寅	庚申	己丑	己未	戊子	丁巳	丁亥	丙辰	丙戌	乙卯	丁亥	4日
壬戌	辛卯	辛酉	庚寅	庚申	己丑	戊午	戊子	丁巳	丁亥	丙辰	戊子	5日
癸亥	壬辰	壬戌	辛卯	辛酉	庚寅	己未	己丑	戊午	戊子	丁巳	己丑	6日
甲子	癸巳	癸亥	壬辰	壬戌	辛卯	庚申	庚寅	己未	己丑	戊午	庚寅	7日
乙丑	甲午	甲子	癸巳	癸亥	壬辰	辛酉	辛卯	庚申	庚寅	己未	辛卯	8日
丙寅	乙未	乙丑	甲午	甲子	癸巳	壬戌	壬辰	辛酉	辛卯	庚申	壬辰	9日
丁卯	丙申	丙寅	乙未	乙丑	甲午	癸亥	癸巳	壬戌	壬辰	辛酉	癸巳	10日
戊辰	丁酉	丁卯	丙申	丙寅	乙未	甲子	甲午	癸亥	癸巳	壬戌	甲午	11日
己巳	戊戌	戊辰	丁酉	丁卯	丙申	乙丑	乙未	甲子	甲午	癸亥	乙未	12日
庚午	己亥	己巳	戊戌	戊辰	丁酉	丙寅	丙申	乙丑	乙未	甲子	丙申	13日
辛未	庚子	庚午	己亥	己巳	戊戌	丁卯	丁酉	丙寅	丙申	乙丑	丁酉	14日
壬申	辛丑	辛未	庚子	庚午	己亥	戊辰	戊戌	丁卯	丁酉	丙寅	戊戌	15日
癸酉	壬寅	壬申	辛丑	辛未	庚子	己巳	己亥	戊辰	戊戌	丁卯	己亥	16日
甲戌	癸卯	癸酉	壬寅	壬申	辛丑	庚午	庚子	己巳	己亥	戊辰	庚子	17日
乙亥	甲辰	甲戌	癸卯	癸酉	壬寅	辛未	辛丑	庚午	庚子	己巳	辛丑	18日
丙子	乙巳	乙亥	甲辰	甲戌	癸卯	壬申	壬寅	辛未	辛丑	庚午	壬寅	19日
丁丑	丙午	丙子	乙巳	乙亥	甲辰	癸酉	癸卯	壬申	壬寅	辛未	癸卯	20日
戊寅	丁未	丁丑	丙午	丙子	乙巳	甲戌	甲辰	癸酉	癸卯	壬申	甲辰	21日
己卯	戊申	戊寅	丁未	丁丑	丙午	乙亥	乙巳	甲戌	甲辰	癸酉	乙巳	22日
庚辰	己酉	己卯	戊申	戊寅	丁未	丙子	丙午	乙亥	乙巳	甲戌	丙午	23日
辛巳	庚戌	庚辰	己酉	己卯	戊申	丁丑	丁未	丙子	丙午	乙亥	丁未	24日
壬午	辛亥	辛巳	庚戌	庚辰	己酉	戊寅	戊申	丁丑	丁未	丙子	戊申	25日
癸未	壬子	壬午	辛亥	辛巳	庚戌	己卯	己酉	戊寅	戊申	丁丑	己酉	26日
甲申	癸丑	癸未	壬子	壬午	辛亥	庚辰	庚戌	己卯	己酉	戊寅	庚戌	27日
乙酉	甲寅	甲申	癸丑	癸未	壬子	辛巳	辛亥	庚辰	庚戌	己卯	辛亥	28日
丙戌	乙卯	乙酉	甲寅	甲申	癸丑	壬午	壬子	辛巳	辛亥	庚辰		29日
丁亥	丙辰	丙戌	乙卯	乙酉	甲寅	癸未	癸丑	壬午	壬子	辛巳		30日
戊子	丁巳		丙辰		乙卯	甲申		癸未		壬午		31日

平成12年〈2000年〉 庚辰（九紫火星）

三碧	四緑	五黄	六白	七赤	八白	九紫	一白	二黒	三碧	四緑	五黄	九星
1月	12月	11月	10月	9月	8月	7月	6月	5月	4月	3月	2月	月
己丑	戊子	丁亥	丙戌	乙酉	甲申	癸未	壬午	辛巳	庚辰	己卯	戊寅	月干
5日	7日	7日	8日	7日	7日	7日	5日	5日	4日	5日	4日	節入
15:49	4:37	11:48	8:38	16:59	14:03	4:14	17:59	13:50	20:32	15:43	21:40	時刻
甲子	癸巳	癸亥	壬辰	壬戌	辛卯	庚申	庚寅	己未	己丑	戊午	己丑	1日
乙丑	甲午	甲子	癸巳	癸亥	壬辰	辛酉	辛卯	庚申	庚寅	己未	庚寅	2日
丙寅	乙未	乙丑	甲午	甲子	癸巳	壬戌	壬辰	辛酉	辛卯	庚申	辛卯	3日
丁卯	丙申	丙寅	乙未	乙丑	甲午	癸亥	癸巳	壬戌	壬辰	辛酉	壬辰	4日
戊辰	丁酉	丁卯	丙申	丙寅	乙未	甲子	甲午	癸亥	癸巳	壬戌	癸巳	5日
己巳	戊戌	戊辰	丁酉	丁卯	丙申	乙丑	乙未	甲子	甲午	癸亥	甲午	6日
庚午	己亥	己巳	戊戌	戊辰	丁酉	丙寅	丙申	乙丑	乙未	甲子	乙未	7日
辛未	庚子	庚午	己亥	己巳	戊戌	丁卯	丁酉	丙寅	丙申	乙丑	丙申	8日
壬申	辛丑	辛未	庚子	庚午	己亥	戊辰	戊戌	丁卯	丁酉	丙寅	丁酉	9日
癸酉	壬寅	壬申	辛丑	辛未	庚子	己巳	己亥	戊辰	戊戌	丁卯	戊戌	10日
甲戌	癸卯	癸酉	壬寅	壬申	辛丑	庚午	庚子	己巳	己亥	戊辰	己亥	11日
乙亥	甲辰	甲戌	癸卯	癸酉	壬寅	辛未	辛丑	庚午	庚子	己巳	庚子	12日
丙子	乙巳	乙亥	甲辰	甲戌	癸卯	壬申	壬寅	辛未	辛丑	庚午	辛丑	13日
丁丑	丙午	丙子	乙巳	乙亥	甲辰	癸酉	癸卯	壬申	壬寅	辛未	壬寅	14日
戊寅	丁未	丁丑	丙午	丙子	乙巳	甲戌	甲辰	癸酉	癸卯	壬申	癸卯	15日
己卯	戊申	戊寅	丁未	丁丑	丙午	乙亥	乙巳	甲戌	甲辰	癸酉	甲辰	16日
庚辰	己酉	己卯	戊申	戊寅	丁未	丙子	丙午	乙亥	乙巳	甲戌	乙巳	17日
辛巳	庚戌	庚辰	己酉	己卯	戊申	丁丑	丁未	丙子	丙午	乙亥	丙午	18日
壬午	辛亥	辛巳	庚戌	庚辰	己酉	戊寅	戊申	丁丑	丁未	丙子	丁未	19日
癸未	壬子	壬午	辛亥	辛巳	庚戌	己卯	己酉	戊寅	戊申	丁丑	戊申	20日
甲申	癸丑	癸未	壬子	壬午	辛亥	庚辰	庚戌	己卯	己酉	戊寅	己酉	21日
乙酉	甲寅	甲申	癸丑	癸未	壬子	辛巳	辛亥	庚辰	庚戌	己卯	庚戌	22日
丙戌	乙卯	乙酉	甲寅	甲申	癸丑	壬午	壬子	辛巳	辛亥	庚辰	辛亥	23日
丁亥	丙辰	丙戌	乙卯	乙酉	甲寅	癸未	癸丑	壬午	壬子	辛巳	壬子	24日
戊子	丁巳	丁亥	丙辰	丙戌	乙卯	甲申	甲寅	癸未	癸丑	壬午	癸丑	25日
己丑	戊午	戊子	丁巳	丁亥	丙辰	乙酉	乙卯	甲申	甲寅	癸未	甲寅	26日
庚寅	己未	己丑	戊午	戊子	丁巳	丙戌	丙辰	乙酉	乙卯	甲申	乙卯	27日
辛卯	庚申	庚寅	己未	己丑	戊午	丁亥	丁巳	丙戌	丙辰	乙酉	丙辰	28日
壬辰	辛酉	辛卯	庚申	庚寅	己未	戊子	戊午	丁亥	丁巳	丙戌	丁巳	29日
癸巳	壬戌	壬辰	辛酉	辛卯	庚申	己丑	己未	戊子	戊午	丁亥		30日
甲午	癸亥		壬戌		辛酉	庚寅		己丑		戊子		31日

平成13年〈2001年〉 辛巳（八白土星）

九紫	一白	二黒	三碧	四緑	五黄	六白	七赤	八白	九紫	一白	二黒	九星
1月	12月	11月	10月	9月	8月	7月	6月	5月	4月	3月	2月	月
辛丑	庚子	己亥	戊戌	丁酉	丙申	乙未	甲午	癸巳	壬辰	辛卯	庚寅	月干
5日	7日	7日	8日	7日	7日	7日	5日	5日	5日	5日	4日	節入
21:43	10:29	17:37	14:25	22:46	19:52	10:07	23:54	23:54	19:45	21:32	3:29	時刻
己巳	戊戌	戊辰	丁酉	丁卯	丙申	乙丑	乙未	甲子	甲午	癸亥	乙未	1日
庚午	己亥	己巳	戊戌	戊辰	丁酉	丙寅	丙申	乙丑	乙未	甲子	丙申	2日
辛未	庚子	庚午	己亥	己巳	戊戌	丁卯	丁酉	丙寅	丙申	乙丑	丁酉	3日
壬申	辛丑	辛未	庚子	庚午	己亥	戊辰	戊戌	丁卯	丁酉	丙寅	戊戌	4日
癸酉	壬寅	壬申	辛丑	辛未	庚子	己巳	己亥	戊辰	戊戌	丁卯	己亥	5日
甲戌	癸卯	癸酉	壬寅	壬申	辛丑	庚午	庚子	己巳	己亥	戊辰	庚子	6日
乙亥	甲辰	甲戌	癸卯	癸酉	壬寅	辛未	辛丑	庚午	庚子	己巳	辛丑	7日
丙子	乙巳	乙亥	甲辰	甲戌	癸卯	壬申	壬寅	辛未	辛丑	庚午	壬寅	8日
丁丑	丙午	丙子	乙巳	乙亥	甲辰	癸酉	癸卯	壬申	壬寅	辛未	癸卯	9日
戊寅	丁未	丁丑	丙午	丙子	乙巳	甲戌	甲辰	癸酉	癸卯	壬申	甲辰	10日
己卯	戊申	戊寅	丁未	丁丑	丙午	乙亥	乙巳	甲戌	甲辰	癸酉	乙巳	11日
庚辰	己酉	己卯	戊申	戊寅	丁未	丙子	丙午	乙亥	乙巳	甲戌	丙午	12日
辛巳	庚戌	庚辰	己酉	己卯	戊申	丁丑	丁未	丙子	丙午	乙亥	丁未	13日
壬午	辛亥	辛巳	庚戌	庚辰	己酉	戊寅	戊申	丁丑	丁未	丙子	戊申	14日
癸未	壬子	壬午	辛亥	辛巳	庚戌	己卯	己酉	戊寅	戊申	丁丑	己酉	15日
甲申	癸丑	癸未	壬子	壬午	辛亥	庚辰	庚戌	己卯	己酉	戊寅	庚戌	16日
乙酉	甲寅	甲申	癸丑	癸未	壬子	辛巳	辛亥	庚辰	庚戌	己卯	辛亥	17日
丙戌	乙卯	乙酉	甲寅	甲申	癸丑	壬午	壬子	辛巳	辛亥	庚辰	壬子	18日
丁亥	丙辰	丙戌	乙卯	乙酉	甲寅	癸未	癸丑	壬午	壬子	辛巳	癸丑	19日
戊子	丁巳	丁亥	丙辰	丙戌	乙卯	甲申	甲寅	癸未	癸丑	壬午	甲寅	20日
己丑	戊午	戊子	丁巳	丁亥	丙辰	乙酉	乙卯	甲申	甲寅	癸未	乙卯	21日
庚寅	己未	己丑	戊午	戊子	丁巳	丙戌	丙辰	乙酉	乙卯	甲申	丙辰	22日
辛卯	庚申	庚寅	己未	己丑	戊午	丁亥	丁巳	丙戌	丙辰	乙酉	丁巳	23日
壬辰	辛酉	辛卯	庚申	庚寅	己未	戊子	戊午	丁亥	丁巳	丙戌	戊午	24日
癸巳	壬戌	壬辰	辛酉	辛卯	庚申	己丑	己未	戊子	戊午	丁亥	己未	25日
甲午	癸亥	癸巳	壬戌	壬辰	辛酉	庚寅	庚申	己丑	己未	戊子	庚申	26日
乙未	甲子	甲午	癸亥	癸巳	壬戌	辛卯	辛酉	庚寅	庚申	己丑	辛酉	27日
丙申	乙丑	乙未	甲子	甲午	癸亥	壬辰	壬戌	辛卯	辛酉	庚寅	壬戌	28日
丁酉	丙寅	丙申	乙丑	乙未	甲子	癸巳	癸亥	壬辰	壬戌	辛卯		29日
戊戌	丁卯	丁酉	丙寅	丙申	乙丑	甲午	甲子	癸巳	癸亥	壬辰		30日
己亥	戊辰		丁卯		丙寅	乙未		甲午		癸巳		31日

平成14年〈2002年〉 壬午（七赤金星）

六白	七赤	八白	九紫	一白	二黒	三碧	四緑	五黄	六白	七赤	八白	九星
1月	12月	11月	10月	9月	8月	7月	6月	5月	4月	3月	2月	月
癸丑	壬子	辛亥	庚戌	己酉	戊申	丁未	丙午	乙巳	甲辰	癸卯	壬寅	月干
6日	7日	7日	8日	8日	8日	7日	6日	6日	5日	6日	4日	節入
3:28	16:14	23:22	20:09	4:31	1:39	15:56	5:45	1:37	8:18	3:28	9:24	時刻
甲戌	癸卯	癸酉	壬寅	壬申	辛丑	庚午	庚子	己巳	己亥	戊辰	庚子	1日
乙亥	甲辰	甲戌	癸卯	癸酉	壬寅	辛未	辛丑	庚午	庚子	己巳	辛丑	2日
丙子	乙巳	乙亥	甲辰	甲戌	癸卯	壬申	壬寅	辛未	辛丑	庚午	壬寅	3日
丁丑	丙午	丙子	乙巳	乙亥	甲辰	癸酉	癸卯	壬申	壬寅	辛未	癸卯	4日
戊寅	丁未	丁丑	丙午	丙子	乙巳	甲戌	甲辰	癸酉	癸卯	壬申	甲辰	5日
己卯	戊申	戊寅	丁未	丁丑	丙午	乙亥	乙巳	甲戌	甲辰	癸酉	乙巳	6日
庚辰	己酉	己卯	戊申	戊寅	丁未	丙子	丙午	乙亥	乙巳	甲戌	丙午	7日
辛巳	庚戌	庚辰	己酉	己卯	戊申	丁丑	丁未	丙子	丙午	乙亥	丁未	8日
壬午	辛亥	辛巳	庚戌	庚辰	己酉	戊寅	戊申	丁丑	丁未	丙子	戊申	9日
癸未	壬子	壬午	辛亥	辛巳	庚戌	己卯	己酉	戊寅	戊申	丁丑	己酉	10日
甲申	癸丑	癸未	壬子	壬午	辛亥	庚辰	庚戌	己卯	己酉	戊寅	庚戌	11日
乙酉	甲寅	甲申	癸丑	癸未	壬子	辛巳	辛亥	庚辰	庚戌	己卯	辛亥	12日
丙戌	乙卯	乙酉	甲寅	甲申	癸丑	壬午	壬子	辛巳	辛亥	庚辰	壬子	13日
丁亥	丙辰	丙戌	乙卯	乙酉	甲寅	癸未	癸丑	壬午	壬子	辛巳	癸丑	14日
戊子	丁巳	丁亥	丙辰	丙戌	乙卯	甲申	甲寅	癸未	癸丑	壬午	甲寅	15日
己丑	戊午	戊子	丁巳	丁亥	丙辰	乙酉	乙卯	甲申	甲寅	癸未	乙卯	16日
庚寅	己未	己丑	戊午	戊子	丁巳	丙戌	丙辰	乙酉	乙卯	甲申	丙辰	17日
辛卯	庚申	庚寅	己未	己丑	戊午	丁亥	丁巳	丙戌	丙辰	乙酉	丁巳	18日
壬辰	辛酉	辛卯	庚申	庚寅	己未	戊子	戊午	丁亥	丁巳	丙戌	戊午	19日
癸巳	壬戌	壬辰	辛酉	辛卯	庚申	己丑	己未	戊子	戊午	丁亥	己未	20日
甲午	癸亥	癸巳	壬戌	壬辰	辛酉	庚寅	庚申	己丑	己未	戊子	庚申	21日
乙未	甲子	甲午	癸亥	癸巳	壬戌	辛卯	辛酉	庚寅	庚申	己丑	辛酉	22日
丙申	乙丑	乙未	甲子	甲午	癸亥	壬辰	壬戌	辛卯	辛酉	庚寅	壬戌	23日
丁酉	丙寅	丙申	乙丑	乙未	甲子	癸巳	癸亥	壬辰	壬戌	辛卯	癸亥	24日
戊戌	丁卯	丁酉	丙寅	丙申	乙丑	甲午	甲子	癸巳	癸亥	壬辰	甲子	25日
己亥	戊辰	戊戌	丁卯	丁酉	丙寅	乙未	乙丑	甲午	甲子	癸巳	乙丑	26日
庚子	己巳	己亥	戊辰	戊戌	丁卯	丙申	丙寅	乙未	乙丑	甲午	丙寅	27日
辛丑	庚午	庚子	己巳	己亥	戊辰	丁酉	丁卯	丙申	丙寅	乙未	丁卯	28日
壬寅	辛未	辛丑	庚午	庚子	己巳	戊戌	戊辰	丁酉	丁卯	丙申		29日
癸卯	壬申	壬寅	辛未	辛丑	庚午	己亥	己巳	戊戌	戊辰	丁酉		30日
甲辰	癸酉		壬申		辛未	庚子		己亥		戊戌		31日

平成15年〈2003年〉 癸未（六白金星）

三碧	四緑	五黄	六白	七赤	八白	九紫	一白	二黒	三碧	四緑	五黄	九星
1月	12月	11月	10月	9月	8月	7月	6月	5月	4月	3月	2月	月
乙丑	甲子	癸亥	壬戌	辛酉	庚申	己未	戊午	丁巳	丙辰	乙卯	甲寅	月干
6日	7日	8日	9日	8日	8日	7日	6日	6日	5日	6日	4日	節入
9:19	22:05	5:13	2:01	10:20	7:24	21:36	11:20	7:10	13:52	9:05	15:05	時刻
己卯	戊申	戊寅	丁未	丁丑	丙午	乙亥	乙巳	甲戌	甲辰	癸酉	乙巳	1日
庚辰	己酉	己卯	戊申	戊寅	丁未	丙子	丙午	乙亥	乙巳	甲戌	丙午	2日
辛巳	庚戌	庚辰	己酉	己卯	戊申	丁丑	丁未	丙子	丙午	乙亥	丁未	3日
壬午	辛亥	辛巳	庚戌	庚辰	己酉	戊寅	戊申	丁丑	丁未	丙子	戊申	4日
癸未	壬子	壬午	辛亥	辛巳	庚戌	己卯	己酉	戊寅	戊申	丁丑	己酉	5日
甲申	癸丑	癸未	壬子	壬午	辛亥	庚辰	庚戌	己卯	己酉	戊寅	庚戌	6日
乙酉	甲寅	甲申	癸丑	癸未	壬子	辛巳	辛亥	庚辰	庚戌	己卯	辛亥	7日
丙戌	乙卯	乙酉	甲寅	甲申	癸丑	壬午	壬子	辛巳	辛亥	庚辰	壬子	8日
丁亥	丙辰	丙戌	乙卯	乙酉	甲寅	癸未	癸丑	壬午	壬子	辛巳	癸丑	9日
戊子	丁巳	丁亥	丙辰	丙戌	乙卯	甲申	甲寅	癸未	癸丑	壬午	甲寅	10日
己丑	戊午	戊子	丁巳	丁亥	丙辰	乙酉	乙卯	甲申	甲寅	癸未	乙卯	11日
庚寅	己未	己丑	戊午	戊子	丁巳	丙戌	丙辰	乙酉	乙卯	甲申	丙辰	12日
辛卯	庚申	庚寅	己未	己丑	戊午	丁亥	丁巳	丙戌	丙辰	乙酉	丁巳	13日
壬辰	辛酉	辛卯	庚申	庚寅	己未	戊子	戊午	丁亥	丁巳	丙戌	戊午	14日
癸巳	壬戌	壬辰	辛酉	辛卯	庚申	己丑	己未	戊子	戊午	丁亥	己未	15日
甲午	癸亥	癸巳	壬戌	壬辰	辛酉	庚寅	庚申	己丑	己未	戊子	庚申	16日
乙未	甲子	甲午	癸亥	癸巳	壬戌	辛卯	辛酉	庚寅	庚申	己丑	辛酉	17日
丙申	乙丑	乙未	甲子	甲午	癸亥	壬辰	壬戌	辛卯	辛酉	庚寅	壬戌	18日
丁酉	丙寅	丙申	乙丑	乙未	甲子	癸巳	癸亥	壬辰	壬戌	辛卯	癸亥	19日
戊戌	丁卯	丁酉	丙寅	丙申	乙丑	甲午	甲子	癸巳	癸亥	壬辰	甲子	20日
己亥	戊辰	戊戌	丁卯	丁酉	丙寅	乙未	乙丑	甲午	甲子	癸巳	乙丑	21日
庚子	己巳	己亥	戊辰	戊戌	丁卯	丙申	丙寅	乙未	乙丑	甲午	丙寅	22日
辛丑	庚午	庚子	己巳	己亥	戊辰	丁酉	丁卯	丙申	丙寅	乙未	丁卯	23日
壬寅	辛未	辛丑	庚午	庚子	己巳	戊戌	戊辰	丁酉	丁卯	丙申	戊辰	24日
癸卯	壬申	壬寅	辛未	辛丑	庚午	己亥	己巳	戊戌	戊辰	丁酉	己巳	25日
甲辰	癸酉	癸卯	壬申	壬寅	辛未	庚子	庚午	己亥	己巳	戊戌	庚午	26日
乙巳	甲戌	甲辰	癸酉	癸卯	壬申	辛丑	辛未	庚子	庚午	己亥	辛未	27日
丙午	乙亥	乙巳	甲戌	甲辰	癸酉	壬寅	壬申	辛丑	辛未	庚子	壬申	28日
丁未	丙子	丙午	乙亥	乙巳	甲戌	癸卯	癸酉	壬寅	壬申	辛丑		29日
戊申	丁丑	丁未	丙子	丙午	乙亥	甲辰	甲戌	癸卯	癸酉	壬寅		30日
己酉	戊寅		丁丑		丙子	乙巳		甲辰		癸卯		31日

平成16年〈2004年〉 甲申（五黄土星）

九紫	一白	二黒	三碧	四緑	五黄	六白	七赤	八白	九紫	一白	二黒	九星
1月	12月	11月	10月	9月	8月	7月	6月	5月	4月	3月	2月	月
丁丑	丙子	乙亥	甲戌	癸酉	壬申	辛未	庚午	己巳	戊辰	丁卯	丙寅	月干
5日	7日	7日	8日	7日	7日	7日	5日	5日	4日	5日	4日	節入
15:03	3:49	10:59	7:49	16:13	13:20	3:31	17:14	13:02	19:43	14:56	20:56	時刻
乙酉	甲寅	甲申	癸丑	癸未	壬子	辛巳	辛亥	庚辰	庚戌	己卯	庚戌	1日
丙戌	乙卯	乙酉	甲寅	甲申	癸丑	壬午	壬子	辛巳	辛亥	庚辰	辛亥	2日
丁亥	丙辰	丙戌	乙卯	乙酉	甲寅	癸未	癸丑	壬午	壬子	辛巳	壬子	3日
戊子	丁巳	丁亥	丙辰	丙戌	乙卯	甲申	甲寅	癸未	癸丑	壬午	癸丑	4日
己丑	戊午	戊子	丁巳	丁亥	丙辰	乙酉	乙卯	甲申	甲寅	癸未	甲寅	5日
庚寅	己未	己丑	戊午	戊子	丁巳	丙戌	丙辰	乙酉	乙卯	甲申	乙卯	6日
辛卯	庚申	庚寅	己未	己丑	戊午	丁亥	丁巳	丙戌	丙辰	乙酉	丙辰	7日
壬辰	辛酉	辛卯	庚申	庚寅	己未	戊子	戊午	丁亥	丁巳	丙戌	丁巳	8日
癸巳	壬戌	壬辰	辛酉	辛卯	庚申	己丑	己未	戊子	戊午	丁亥	戊午	9日
甲午	癸亥	癸巳	壬戌	壬辰	辛酉	庚寅	庚申	己丑	己未	戊子	己未	10日
乙未	甲子	甲午	癸亥	癸巳	壬戌	辛卯	辛酉	庚寅	庚申	己丑	庚申	11日
丙申	乙丑	乙未	甲子	甲午	癸亥	壬辰	壬戌	辛卯	辛酉	庚寅	辛酉	12日
丁酉	丙寅	丙申	乙丑	乙未	甲子	癸巳	癸亥	壬辰	壬戌	辛卯	壬戌	13日
戊戌	丁卯	丁酉	丙寅	丙申	乙丑	甲午	甲子	癸巳	癸亥	壬辰	癸亥	14日
己亥	戊辰	戊戌	丁卯	丁酉	丙寅	乙未	乙丑	甲午	甲子	癸巳	甲子	15日
庚子	己巳	己亥	戊辰	戊戌	丁卯	丙申	丙寅	乙未	乙丑	甲午	乙丑	16日
辛丑	庚午	庚子	己巳	己亥	戊辰	丁酉	丁卯	丙申	丙寅	乙未	丙寅	17日
壬寅	辛未	辛丑	庚午	庚子	己巳	戊戌	戊辰	丁酉	丁卯	丙申	丁卯	18日
癸卯	壬申	壬寅	辛未	辛丑	庚午	己亥	己巳	戊戌	戊辰	丁酉	戊辰	19日
甲辰	癸酉	癸卯	壬申	壬寅	辛未	庚子	庚午	己亥	己巳	戊戌	己巳	20日
乙巳	甲戌	甲辰	癸酉	癸卯	壬申	辛丑	辛未	庚子	庚午	己亥	庚午	21日
丙午	乙亥	乙巳	甲戌	甲辰	癸酉	壬寅	壬申	辛丑	辛未	庚子	辛未	22日
丁未	丙子	丙午	乙亥	乙巳	甲戌	癸卯	癸酉	壬寅	壬申	辛丑	壬申	23日
戊申	丁丑	丁未	丙子	丙午	乙亥	甲辰	甲戌	癸卯	癸酉	壬寅	癸酉	24日
己酉	戊寅	戊申	丁丑	丁未	丙子	乙巳	乙亥	甲辰	甲戌	癸卯	甲戌	25日
庚戌	己卯	己酉	戊寅	戊申	丁丑	丙午	丙子	乙巳	乙亥	甲辰	乙亥	26日
辛亥	庚辰	庚戌	己卯	己酉	戊寅	丁未	丁丑	丙午	丙子	乙巳	丙子	27日
壬子	辛巳	辛亥	庚辰	庚戌	己卯	戊申	戊寅	丁未	丁丑	丙午	丁丑	28日
癸丑	壬午	壬子	辛巳	辛亥	庚辰	己酉	己卯	戊申	戊寅	丁未	戊寅	29日
甲寅	癸未	癸丑	壬午	壬子	辛巳	庚戌	庚辰	己酉	己卯	戊申		30日
乙卯	甲申		癸未		壬午	辛亥		庚戌		己酉		31日

平成17年〈2005年〉 乙酉（四緑木星）

六白	七赤	八白	九紫	一白	二黒	三碧	四緑	五黄	六白	七赤	八白	九星
1月	12月	11月	10月	9月	8月	7月	6月	5月	4月	3月	2月	月
己丑	戊子	丁亥	丙戌	乙酉	甲申	癸未	壬午	辛巳	庚辰	己卯	戊寅	月干
5日	7日	7日	8日	7日	7日	7日	5日	5日	5日	5日	4日	節入
20:47	9:33	16:42	13:33	21:57	19:03	9:17	23:02	18:53	1:34	20:45	2:43	時刻
庚寅	己未	己丑	戊午	戊子	丁巳	丙戌	丙辰	乙酉	乙卯	甲申	丙辰	1日
辛卯	庚申	庚寅	己未	己丑	戊午	丁亥	丁巳	丙戌	丙辰	乙酉	丁巳	2日
壬辰	辛酉	辛卯	庚申	庚寅	己未	戊子	戊午	丁亥	丁巳	丙戌	戊午	3日
癸巳	壬戌	壬辰	辛酉	辛卯	庚申	己丑	己未	戊子	戊午	丁亥	己未	4日
甲午	癸亥	癸巳	壬戌	壬辰	辛酉	庚寅	庚申	己丑	己未	戊子	庚申	5日
乙未	甲子	甲午	癸亥	癸巳	壬戌	辛卯	辛酉	庚寅	庚申	己丑	辛酉	6日
丙申	乙丑	乙未	甲子	甲午	癸亥	壬辰	壬戌	辛卯	辛酉	庚寅	壬戌	7日
丁酉	丙寅	丙申	乙丑	乙未	甲子	癸巳	癸亥	壬辰	壬戌	辛卯	癸亥	8日
戊戌	丁卯	丁酉	丙寅	丙申	乙丑	甲午	甲子	癸巳	癸亥	壬辰	甲子	9日
己亥	戊辰	戊戌	丁卯	丁酉	丙寅	乙未	乙丑	甲午	甲子	癸巳	乙丑	10日
庚子	己巳	己亥	戊辰	戊戌	丁卯	丙申	丙寅	乙未	乙丑	甲午	丙寅	11日
辛丑	庚午	庚子	己巳	己亥	戊辰	丁酉	丁卯	丙申	丙寅	乙未	丁卯	12日
壬寅	辛未	辛丑	庚午	庚子	己巳	戊戌	戊辰	丁酉	丁卯	丙申	戊辰	13日
癸卯	壬申	壬寅	辛未	辛丑	庚午	己亥	己巳	戊戌	戊辰	丁酉	己巳	14日
甲辰	癸酉	癸卯	壬申	壬寅	辛未	庚子	庚午	己亥	己巳	戊戌	庚午	15日
乙巳	甲戌	甲辰	癸酉	癸卯	壬申	辛丑	辛未	庚子	庚午	己亥	辛未	16日
丙午	乙亥	乙巳	甲戌	甲辰	癸酉	壬寅	壬申	辛丑	辛未	庚子	壬申	17日
丁未	丙子	丙午	乙亥	乙巳	甲戌	癸卯	癸酉	壬寅	壬申	辛丑	癸酉	18日
戊申	丁丑	丁未	丙子	丙午	乙亥	甲辰	甲戌	癸卯	癸酉	壬寅	甲戌	19日
己酉	戊寅	戊申	丁丑	丁未	丙子	乙巳	乙亥	甲辰	甲戌	癸卯	乙亥	20日
庚戌	己卯	己酉	戊寅	戊申	丁丑	丙午	丙子	乙巳	乙亥	甲辰	丙子	21日
辛亥	庚辰	庚戌	己卯	己酉	戊寅	丁未	丁丑	丙午	丙子	乙巳	丁丑	22日
壬子	辛巳	辛亥	庚辰	庚戌	己卯	戊申	戊寅	丁未	丁丑	丙午	戊寅	23日
癸丑	壬午	壬子	辛巳	辛亥	庚辰	己酉	己卯	戊申	戊寅	丁未	己卯	24日
甲寅	癸未	癸丑	壬午	壬子	辛巳	庚戌	庚辰	己酉	己卯	戊申	庚辰	25日
乙卯	甲申	甲寅	癸未	癸丑	壬午	辛亥	辛巳	庚戌	庚辰	己酉	辛巳	26日
丙辰	乙酉	乙卯	甲申	甲寅	癸未	壬子	壬午	辛亥	辛巳	庚戌	壬午	27日
丁巳	丙戌	丙辰	乙酉	乙卯	甲申	癸丑	癸未	壬子	壬午	辛亥	癸未	28日
戊午	丁亥	丁巳	丙戌	丙辰	乙酉	甲寅	甲申	癸丑	癸未	壬子		29日
己未	戊子	戊午	丁亥	丁巳	丙戌	乙卯	乙酉	甲寅	甲申	癸丑		30日
庚申	己丑		戊子		丁亥	丙辰		乙卯		甲寅		31日

平成18年〈2006年〉 丙戌（三碧木星）

三碧	四緑	五黄	六白	七赤	八白	九紫	一白	二黒	三碧	四緑	五黄	九星
1月	12月	11月	10月	9月	8月	7月	6月	5月	4月	3月	2月	月
辛丑	庚子	己亥	戊戌	丁酉	丙申	乙未	甲午	癸巳	壬辰	辛卯	庚寅	月干
6日	7日	7日	8日	8日	8日	7日	6日	6日	5日	6日	4日	節入
2:40	15:27	22:35	19:21	3:39	0:41	14:51	4:37	0:31	7:15	2:29	8:27	時刻
乙未	甲子	甲午	癸亥	癸巳	壬戌	辛卯	辛酉	庚寅	庚申	己丑	辛酉	1日
丙申	乙丑	乙未	甲子	甲午	癸亥	壬辰	壬戌	辛卯	辛酉	庚寅	壬戌	2日
丁酉	丙寅	丙申	乙丑	乙未	甲子	癸巳	癸亥	壬辰	壬戌	辛卯	癸亥	3日
戊戌	丁卯	丁酉	丙寅	丙申	乙丑	甲午	甲子	癸巳	癸亥	壬辰	甲子	4日
己亥	戊辰	戊戌	丁卯	丁酉	丙寅	乙未	乙丑	甲午	甲子	癸巳	乙丑	5日
庚子	己巳	己亥	戊辰	戊戌	丁卯	丙申	丙寅	乙未	乙丑	甲午	丙寅	6日
辛丑	庚午	庚子	己巳	己亥	戊辰	丁酉	丁卯	丙申	丙寅	乙未	丁卯	7日
壬寅	辛未	辛丑	庚午	庚子	己巳	戊戌	戊辰	丁酉	丁卯	丙申	戊辰	8日
癸卯	壬申	壬寅	辛未	辛丑	庚午	己亥	己巳	戊戌	戊辰	丁酉	己巳	9日
甲辰	癸酉	癸卯	壬申	壬寅	辛未	庚子	庚午	己亥	己巳	戊戌	庚午	10日
乙巳	甲戌	甲辰	癸酉	癸卯	壬申	辛丑	辛未	庚子	庚午	己亥	辛未	11日
丙午	乙亥	乙巳	甲戌	甲辰	癸酉	壬寅	壬申	辛丑	辛未	庚子	壬申	12日
丁未	丙子	丙午	乙亥	乙巳	甲戌	癸卯	癸酉	壬寅	壬申	辛丑	癸酉	13日
戊申	丁丑	丁未	丙子	丙午	乙亥	甲辰	甲戌	癸卯	癸酉	壬寅	甲戌	14日
己酉	戊寅	戊申	丁丑	丁未	丙子	乙巳	乙亥	甲辰	甲戌	癸卯	乙亥	15日
庚戌	己卯	己酉	戊寅	戊申	丁丑	丙午	丙子	乙巳	乙亥	甲辰	丙子	16日
辛亥	庚辰	庚戌	己卯	己酉	戊寅	丁未	丁丑	丙午	丙子	乙巳	丁丑	17日
壬子	辛巳	辛亥	庚辰	庚戌	己卯	戊申	戊寅	丁未	丁丑	丙午	戊寅	18日
癸丑	壬午	壬子	辛巳	辛亥	庚辰	己酉	己卯	戊申	戊寅	丁未	己卯	19日
甲寅	癸未	癸丑	壬午	壬子	辛巳	庚戌	庚辰	己酉	己卯	戊申	庚辰	20日
乙卯	甲申	甲寅	癸未	癸丑	壬午	辛亥	辛巳	庚戌	庚辰	己酉	辛巳	21日
丙辰	乙酉	乙卯	甲申	甲寅	癸未	壬子	壬午	辛亥	辛巳	庚戌	壬午	22日
丁巳	丙戌	丙辰	乙酉	乙卯	甲申	癸丑	癸未	壬子	壬午	辛亥	癸未	23日
戊午	丁亥	丁巳	丙戌	丙辰	乙酉	甲寅	甲申	癸丑	癸未	壬子	甲申	24日
己未	戊子	戊午	丁亥	丁巳	丙戌	乙卯	乙酉	甲寅	甲申	癸丑	乙酉	25日
庚申	己丑	己未	戊子	戊午	丁亥	丙辰	丙戌	乙卯	乙酉	甲寅	丙戌	26日
辛酉	庚寅	庚申	己丑	己未	戊子	丁巳	丁亥	丙辰	丙戌	乙卯	丁亥	27日
壬戌	辛卯	辛酉	庚寅	庚申	己丑	戊午	戊子	丁巳	丁亥	丙辰	戊子	28日
癸亥	壬辰	壬戌	辛卯	辛酉	庚寅	己未	己丑	戊午	戊子	丁巳		29日
甲子	癸巳	癸亥	壬辰	壬戌	辛卯	庚申	庚寅	己未	己丑	戊午		30日
乙丑	甲午		癸巳		壬辰	辛酉		庚申		己未		31日

平成19年〈2007年〉 丁亥（二黒土星）

九紫	一白	二黒	三碧	四緑	五黄	六白	七赤	八白	九紫	一白	二黒	九星
1月	12月	11月	10月	9月	8月	7月	6月	5月	4月	3月	2月	月
癸丑	壬子	辛亥	庚戌	己酉	戊申	丁未	丙午	乙巳	甲辰	癸卯	壬寅	月干
6日	7日	8日	9日	8日	8日	7日	6日	6日	5日	6日	4日	節入
8:25	21:14	4:24	1:12	9:29	6:31	20:42	10:27	6:20	13:05	8:18	14:18	時刻
庚子	己巳	己亥	戊辰	戊戌	丁卯	丙申	丙寅	乙未	乙丑	甲午	丙寅	1日
辛丑	庚午	庚子	己巳	己亥	戊辰	丁酉	丁卯	丙申	丙寅	乙未	丁卯	2日
壬寅	辛未	辛丑	庚午	庚子	己巳	戊戌	戊辰	丁酉	丁卯	丙申	戊辰	3日
癸卯	壬申	壬寅	辛未	辛丑	庚午	己亥	己巳	戊戌	戊辰	丁酉	己巳	4日
甲辰	癸酉	癸卯	壬申	壬寅	辛未	庚子	庚午	己亥	己巳	戊戌	庚午	5日
乙巳	甲戌	甲辰	癸酉	癸卯	壬申	辛丑	辛未	庚子	庚午	己亥	辛未	6日
丙午	乙亥	乙巳	甲戌	甲辰	癸酉	壬寅	壬申	辛丑	辛未	庚子	壬申	7日
丁未	丙子	丙午	乙亥	乙巳	甲戌	癸卯	癸酉	壬寅	壬申	辛丑	癸酉	8日
戊申	丁丑	丁未	丙子	丙午	乙亥	甲辰	甲戌	癸卯	癸酉	壬寅	甲戌	9日
己酉	戊寅	戊申	丁丑	丁未	丙子	乙巳	乙亥	甲辰	甲戌	癸卯	乙亥	10日
庚戌	己卯	己酉	戊寅	戊申	丁丑	丙午	丙子	乙巳	乙亥	甲辰	丙子	11日
辛亥	庚辰	庚戌	己卯	己酉	戊寅	丁未	丁丑	丙午	丙子	乙巳	丁丑	12日
壬子	辛巳	辛亥	庚辰	庚戌	己卯	戊申	戊寅	丁未	丁丑	丙午	戊寅	13日
癸丑	壬午	壬子	辛巳	辛亥	庚辰	己酉	己卯	戊申	戊寅	丁未	己卯	14日
甲寅	癸未	癸丑	壬午	壬子	辛巳	庚戌	庚辰	己酉	己卯	戊申	庚辰	15日
乙卯	甲申	甲寅	癸未	癸丑	壬午	辛亥	辛巳	庚戌	庚辰	己酉	辛巳	16日
丙辰	乙酉	乙卯	甲申	甲寅	癸未	壬子	壬午	辛亥	辛巳	庚戌	壬午	17日
丁巳	丙戌	丙辰	乙酉	乙卯	甲申	癸丑	癸未	壬子	壬午	辛亥	癸未	18日
戊午	丁亥	丁巳	丙戌	丙辰	乙酉	甲寅	甲申	癸丑	癸未	壬子	甲申	19日
己未	戊子	戊午	丁亥	丁巳	丙戌	乙卯	乙酉	甲寅	甲申	癸丑	乙酉	20日
庚申	己丑	己未	戊子	戊午	丁亥	丙辰	丙戌	乙卯	乙酉	甲寅	丙戌	21日
辛酉	庚寅	庚申	己丑	己未	戊子	丁巳	丁亥	丙辰	丙戌	乙卯	丁亥	22日
壬戌	辛卯	辛酉	庚寅	庚申	己丑	戊午	戊子	丁巳	丁亥	丙辰	戊子	23日
癸亥	壬辰	壬戌	辛卯	辛酉	庚寅	己未	己丑	戊午	戊子	丁巳	己丑	24日
甲子	癸巳	癸亥	壬辰	壬戌	辛卯	庚申	庚寅	己未	己丑	戊午	庚寅	25日
乙丑	甲午	甲子	癸巳	癸亥	壬辰	辛酉	辛卯	庚申	庚寅	己未	辛卯	26日
丙寅	乙未	乙丑	甲午	甲子	癸巳	壬戌	壬辰	辛酉	辛卯	庚申	壬辰	27日
丁卯	丙申	丙寅	乙未	乙丑	甲午	癸亥	癸巳	壬戌	壬辰	辛酉	癸巳	28日
戊辰	丁酉	丁卯	丙申	丙寅	乙未	甲子	甲午	癸亥	癸巳	壬戌		29日
己巳	戊戌	戊辰	丁酉	丁卯	丙申	乙丑	乙未	甲子	甲午	癸亥		30日
庚午	己亥		戊戌		丁酉	丙寅		乙丑		甲子		31日

平成20年〈2008年〉 戊子（一白水星）

六白	七赤	八白	九紫	一白	二黒	三碧	四緑	五黄	六白	七赤	八白	九星
1月	12月	11月	10月	9月	8月	7月	6月	5月	4月	3月	2月	月
乙丑	甲子	癸亥	壬戌	辛酉	庚申	己未	戊午	丁巳	丙辰	乙卯	甲寅	月干
5日	7日	7日	8日	7日	7日	7日	5日	5日	4日	5日	4日	節入
14:14	3:02	10:11	6:57	15:14	12:16	2:27	16:12	12:03	18:46	13:59	20:00	時刻
丙午	乙亥	乙巳	甲戌	甲辰	癸酉	壬寅	壬申	辛丑	辛未	庚子	辛未	1日
丁未	丙子	丙午	乙亥	乙巳	甲戌	癸卯	癸酉	壬寅	壬申	辛丑	壬申	2日
戊申	丁丑	丁未	丙子	丙午	乙亥	甲辰	甲戌	癸卯	癸酉	壬寅	癸酉	3日
己酉	戊寅	戊申	丁丑	丁未	丙子	乙巳	乙亥	甲辰	甲戌	癸卯	甲戌	4日
庚戌	己卯	己酉	戊寅	戊申	丁丑	丙午	丙子	乙巳	乙亥	甲辰	乙亥	5日
辛亥	庚辰	庚戌	己卯	己酉	戊寅	丁未	丁丑	丙午	丙子	乙巳	丙子	6日
壬子	辛巳	辛亥	庚辰	庚戌	己卯	戊申	戊寅	丁未	丁丑	丙午	丁丑	7日
癸丑	壬午	壬子	辛巳	辛亥	庚辰	己酉	己卯	戊申	戊寅	丁未	戊寅	8日
甲寅	癸未	癸丑	壬午	壬子	辛巳	庚戌	庚辰	己酉	己卯	戊申	己卯	9日
乙卯	甲申	甲寅	癸未	癸丑	壬午	辛亥	辛巳	庚戌	庚辰	己酉	庚辰	10日
丙辰	乙酉	乙卯	甲申	甲寅	癸未	壬子	壬午	辛亥	辛巳	庚戌	辛巳	11日
丁巳	丙戌	丙辰	乙酉	乙卯	甲申	癸丑	癸未	壬子	壬午	辛亥	壬午	12日
戊午	丁亥	丁巳	丙戌	丙辰	乙酉	甲寅	甲申	癸丑	癸未	壬子	癸未	13日
己未	戊子	戊午	丁亥	丁巳	丙戌	乙卯	乙酉	甲寅	甲申	癸丑	甲申	14日
庚申	己丑	己未	戊子	戊午	丁亥	丙辰	丙戌	乙卯	乙酉	甲寅	乙酉	15日
辛酉	庚寅	庚申	己丑	己未	戊子	丁巳	丁亥	丙辰	丙戌	乙卯	丙戌	16日
壬戌	辛卯	辛酉	庚寅	庚申	己丑	戊午	戊子	丁巳	丁亥	丙辰	丁亥	17日
癸亥	壬辰	壬戌	辛卯	辛酉	庚寅	己未	己丑	戊午	戊子	丁巳	戊子	18日
甲子	癸巳	癸亥	壬辰	壬戌	辛卯	庚申	庚寅	己未	己丑	戊午	己丑	19日
乙丑	甲午	甲子	癸巳	癸亥	壬辰	辛酉	辛卯	庚申	庚寅	己未	庚寅	20日
丙寅	乙未	乙丑	甲午	甲子	癸巳	壬戌	壬辰	辛酉	辛卯	庚申	辛卯	21日
丁卯	丙申	丙寅	乙未	乙丑	甲午	癸亥	癸巳	壬戌	壬辰	辛酉	壬辰	22日
戊辰	丁酉	丁卯	丙申	丙寅	乙未	甲子	甲午	癸亥	癸巳	壬戌	癸巳	23日
己巳	戊戌	戊辰	丁酉	丁卯	丙申	乙丑	乙未	甲子	甲午	癸亥	甲午	24日
庚午	己亥	己巳	戊戌	戊辰	丁酉	丙寅	丙申	乙丑	乙未	甲子	乙未	25日
辛未	庚子	庚午	己亥	己巳	戊戌	丁卯	丁酉	丙寅	丙申	乙丑	丙申	26日
壬申	辛丑	辛未	庚子	庚午	己亥	戊辰	戊戌	丁卯	丁酉	丙寅	丁酉	27日
癸酉	壬寅	壬申	辛丑	辛未	庚子	己巳	己亥	戊辰	戊戌	丁卯	戊戌	28日
甲戌	癸卯	癸酉	壬寅	壬申	辛丑	庚午	庚子	己巳	己亥	戊辰	己亥	29日
乙亥	甲辰	甲戌	癸卯	癸酉	壬寅	辛未	辛丑	庚午	庚子	己巳		30日
丙子	乙巳		甲辰		癸卯	壬申		辛未		庚午		31日

平成21年〈2009年〉 己丑（九紫火星）

三碧	四緑	五黄	六白	七赤	八白	九紫	一白	二黒	三碧	四緑	五黄	九星
1月	12月	11月	10月	9月	8月	7月	6月	5月	4月	3月	2月	月
丁丑	丙子	乙亥	甲戌	癸酉	壬申	辛未	庚午	己巳	戊辰	丁卯	丙寅	月干
5日	7日	7日	8日	7日	7日	7日	5日	5日	5日	5日	4日	節入
20:09	8:52	15:56	12:40	20:58	18:01	8:13	21:59	17:51	0:34	19:48	1:50	時刻
辛亥	庚辰	庚戌	己卯	己酉	戊寅	丁未	丁丑	丙午	丙子	乙巳	丁丑	1日
壬子	辛巳	辛亥	庚辰	庚戌	己卯	戊申	戊寅	丁未	丁丑	丙午	戊寅	2日
癸丑	壬午	壬子	辛巳	辛亥	庚辰	己酉	己卯	戊申	戊寅	丁未	己卯	3日
甲寅	癸未	癸丑	壬午	壬子	辛巳	庚戌	庚辰	己酉	己卯	戊申	庚辰	4日
乙卯	甲申	甲寅	癸未	癸丑	壬午	辛亥	辛巳	庚戌	庚辰	己酉	辛巳	5日
丙辰	乙酉	乙卯	甲申	甲寅	癸未	壬子	壬午	辛亥	辛巳	庚戌	壬午	6日
丁巳	丙戌	丙辰	乙酉	乙卯	甲申	癸丑	癸未	壬子	壬午	辛亥	癸未	7日
戊午	丁亥	丁巳	丙戌	丙辰	乙酉	甲寅	甲申	癸丑	癸未	壬子	甲申	8日
己未	戊子	戊午	丁亥	丁巳	丙戌	乙卯	乙酉	甲寅	甲申	癸丑	乙酉	9日
庚申	己丑	己未	戊子	戊午	丁亥	丙辰	丙戌	乙卯	乙酉	甲寅	丙戌	10日
辛酉	庚寅	庚申	己丑	己未	戊子	丁巳	丁亥	丙辰	丙戌	乙卯	丁亥	11日
壬戌	辛卯	辛酉	庚寅	庚申	己丑	戊午	戊子	丁巳	丁亥	丙辰	戊子	12日
癸亥	壬辰	壬戌	辛卯	辛酉	庚寅	己未	己丑	戊午	戊子	丁巳	己丑	13日
甲子	癸巳	癸亥	壬辰	壬戌	辛卯	庚申	庚寅	己未	己丑	戊午	庚寅	14日
乙丑	甲午	甲子	癸巳	癸亥	壬辰	辛酉	辛卯	庚申	庚寅	己未	辛卯	15日
丙寅	乙未	乙丑	甲午	甲子	癸巳	壬戌	壬辰	辛酉	辛卯	庚申	壬辰	16日
丁卯	丙申	丙寅	乙未	乙丑	甲午	癸亥	癸巳	壬戌	壬辰	辛酉	癸巳	17日
戊辰	丁酉	丁卯	丙申	丙寅	乙未	甲子	甲午	癸亥	癸巳	壬戌	甲午	18日
己巳	戊戌	戊辰	丁酉	丁卯	丙申	乙丑	乙未	甲子	甲午	癸亥	乙未	19日
庚午	己亥	己巳	戊戌	戊辰	丁酉	丙寅	丙申	乙丑	乙未	甲子	丙申	20日
辛未	庚子	庚午	己亥	己巳	戊戌	丁卯	丁酉	丙寅	丙申	乙丑	丁酉	21日
壬申	辛丑	辛未	庚子	庚午	己亥	戊辰	戊戌	丁卯	丁酉	丙寅	戊戌	22日
癸酉	壬寅	壬申	辛丑	辛未	庚子	己巳	己亥	戊辰	戊戌	丁卯	己亥	23日
甲戌	癸卯	癸酉	壬寅	壬申	辛丑	庚午	庚子	己巳	己亥	戊辰	庚子	24日
乙亥	甲辰	甲戌	癸卯	癸酉	壬寅	辛未	辛丑	庚午	庚子	己巳	辛丑	25日
丙子	乙巳	乙亥	甲辰	甲戌	癸卯	壬申	壬寅	辛未	辛丑	庚午	壬寅	26日
丁丑	丙午	丙子	乙巳	乙亥	甲辰	癸酉	癸卯	壬申	壬寅	辛未	癸卯	27日
戊寅	丁未	丁丑	丙午	丙子	乙巳	甲戌	甲辰	癸酉	癸卯	壬申	甲辰	28日
己卯	戊申	戊寅	丁未	丁丑	丙午	乙亥	乙巳	甲戌	甲辰	癸酉		29日
庚辰	己酉	己卯	戊申	戊寅	丁未	丙子	丙午	乙亥	乙巳	甲戌		30日
辛巳	庚戌		己酉		戊申	丁丑		丙子		乙亥		31日

平成22年〈2010年〉 庚寅（八白土星）

九紫	一白	二黒	三碧	四緑	五黄	六白	七赤	八白	九紫	一白	二黒	九星
1月	12月	11月	10月	9月	8月	7月	6月	5月	4月	3月	2月	月
己丑	戊子	丁亥	丙戌	乙酉	甲申	癸未	壬午	辛巳	庚辰	己卯	戊寅	月干
6日	7日	7日	8日	8日	7日	7日	6日	5日	5日	6日	4日	節入
1:55	14:38	21:42	18:26	2:45	23:49	14:02	3:49	23:44	6:30	1:46	7:48	時刻
丙辰	乙酉	乙卯	甲申	甲寅	癸未	壬子	壬午	辛亥	辛巳	庚戌	壬午	1日
丁巳	丙戌	丙辰	乙酉	乙卯	甲申	癸丑	癸未	壬子	壬午	辛亥	癸未	2日
戊午	丁亥	丁巳	丙戌	丙辰	乙酉	甲寅	甲申	癸丑	癸未	壬子	甲申	3日
己未	戊子	戊午	丁亥	丁巳	丙戌	乙卯	乙酉	甲寅	甲申	癸丑	乙酉	4日
庚申	己丑	己未	戊子	戊午	丁亥	丙辰	丙戌	乙卯	乙酉	甲寅	丙戌	5日
辛酉	庚寅	庚申	己丑	己未	戊子	丁巳	丁亥	丙辰	丙戌	乙卯	丁亥	6日
壬戌	辛卯	辛酉	庚寅	庚申	己丑	戊午	戊子	丁巳	丁亥	丙辰	戊子	7日
癸亥	壬辰	壬戌	辛卯	辛酉	庚寅	己未	己丑	戊午	戊子	丁巳	己丑	8日
甲子	癸巳	癸亥	壬辰	壬戌	辛卯	庚申	庚寅	己未	己丑	戊午	庚寅	9日
乙丑	甲午	甲子	癸巳	癸亥	壬辰	辛酉	辛卯	庚申	庚寅	己未	辛卯	10日
丙寅	乙未	乙丑	甲午	甲子	癸巳	壬戌	壬辰	辛酉	辛卯	庚申	壬辰	11日
丁卯	丙申	丙寅	乙未	乙丑	甲午	癸亥	癸巳	壬戌	壬辰	辛酉	癸巳	12日
戊辰	丁酉	丁卯	丙申	丙寅	乙未	甲子	甲午	癸亥	癸巳	壬戌	甲午	13日
己巳	戊戌	戊辰	丁酉	丁卯	丙申	乙丑	乙未	甲子	甲午	癸亥	乙未	14日
庚午	己亥	己巳	戊戌	戊辰	丁酉	丙寅	丙申	乙丑	乙未	甲子	丙申	15日
辛未	庚子	庚午	己亥	己巳	戊戌	丁卯	丁酉	丙寅	丙申	乙丑	丁酉	16日
壬申	辛丑	辛未	庚子	庚午	己亥	戊辰	戊戌	丁卯	丁酉	丙寅	戊戌	17日
癸酉	壬寅	壬申	辛丑	辛未	庚子	己巳	己亥	戊辰	戊戌	丁卯	己亥	18日
甲戌	癸卯	癸酉	壬寅	壬申	辛丑	庚午	庚子	己巳	己亥	戊辰	庚子	19日
乙亥	甲辰	甲戌	癸卯	癸酉	壬寅	辛未	辛丑	庚午	庚子	己巳	辛丑	20日
丙子	乙巳	乙亥	甲辰	甲戌	癸卯	壬申	壬寅	辛未	辛丑	庚午	壬寅	21日
丁丑	丙午	丙子	乙巳	乙亥	甲辰	癸酉	癸卯	壬申	壬寅	辛未	癸卯	22日
戊寅	丁未	丁丑	丙午	丙子	乙巳	甲戌	甲辰	癸酉	癸卯	壬申	甲辰	23日
己卯	戊申	戊寅	丁未	丁丑	丙午	乙亥	乙巳	甲戌	甲辰	癸酉	乙巳	24日
庚辰	己酉	己卯	戊申	戊寅	丁未	丙子	丙午	乙亥	乙巳	甲戌	丙午	25日
辛巳	庚戌	庚辰	己酉	己卯	戊申	丁丑	丁未	丙子	丙午	乙亥	丁未	26日
壬午	辛亥	辛巳	庚戌	庚辰	己酉	戊寅	戊申	丁丑	丁未	丙子	戊申	27日
癸未	壬子	壬午	辛亥	辛巳	庚戌	己卯	己酉	戊寅	戊申	丁丑	己酉	28日
甲申	癸丑	癸未	壬子	壬午	辛亥	庚辰	庚戌	己卯	己酉	戊寅		29日
乙酉	甲寅	甲申	癸丑	癸未	壬子	辛巳	辛亥	庚辰	庚戌	己卯		30日
丙戌	乙卯		甲寅		癸丑	壬午		辛巳		庚辰		31日

平成23年〈2011年〉 辛卯（七赤金星）

六白	七赤	八白	九紫	一白	二黒	三碧	四緑	五黄	六白	七赤	八白	九星
1月	12月	11月	10月	9月	8月	7月	6月	5月	4月	3月	2月	月
辛丑	庚子	己亥	戊戌	丁酉	丙申	乙未	甲午	癸巳	壬辰	辛卯	庚寅	月干
6日	7日	8日	9日	8日	8日	7日	6日	6日	5日	6日	4日	節入
7:44	20:29	3:35	0:19	8:34	5:33	19:42	9:27	5:23	12:12	7:30	13:33	時刻
辛酉	庚寅	庚申	己丑	己未	戊子	丁巳	丁亥	丙辰	丙戌	乙卯	丁亥	1日
壬戌	辛卯	辛酉	庚寅	庚申	己丑	戊午	戊子	丁巳	丁亥	丙辰	戊子	2日
癸亥	壬辰	壬戌	辛卯	辛酉	庚寅	己未	己丑	戊午	戊子	丁巳	己丑	3日
甲子	癸巳	癸亥	壬辰	壬戌	辛卯	庚申	庚寅	己未	己丑	戊午	庚寅	4日
乙丑	甲午	甲子	癸巳	癸亥	壬辰	辛酉	辛卯	庚申	庚寅	己未	辛卯	5日
丙寅	乙未	乙丑	甲午	甲子	癸巳	壬戌	壬辰	辛酉	辛卯	庚申	壬辰	6日
丁卯	丙申	丙寅	乙未	乙丑	甲午	癸亥	癸巳	壬戌	壬辰	辛酉	癸巳	7日
戊辰	丁酉	丁卯	丙申	丙寅	乙未	甲子	甲午	癸亥	癸巳	壬戌	甲午	8日
己巳	戊戌	戊辰	丁酉	丁卯	丙申	乙丑	乙未	甲子	甲午	癸亥	乙未	9日
庚午	己亥	己巳	戊戌	戊辰	丁酉	丙寅	丙申	乙丑	乙未	甲子	丙申	10日
辛未	庚子	庚午	己亥	己巳	戊戌	丁卯	丁酉	丙寅	丙申	乙丑	丁酉	11日
壬申	辛丑	辛未	庚子	庚午	己亥	戊辰	戊戌	丁卯	丁酉	丙寅	戊戌	12日
癸酉	壬寅	壬申	辛丑	辛未	庚子	己巳	己亥	戊辰	戊戌	丁卯	己亥	13日
甲戌	癸卯	癸酉	壬寅	壬申	辛丑	庚午	庚子	己巳	己亥	戊辰	庚子	14日
乙亥	甲辰	甲戌	癸卯	癸酉	壬寅	辛未	辛丑	庚午	庚子	己巳	辛丑	15日
丙子	乙巳	乙亥	甲辰	甲戌	癸卯	壬申	壬寅	辛未	辛丑	庚午	壬寅	16日
丁丑	丙午	丙子	乙巳	乙亥	甲辰	癸酉	癸卯	壬申	壬寅	辛未	癸卯	17日
戊寅	丁未	丁丑	丙午	丙子	乙巳	甲戌	甲辰	癸酉	癸卯	壬申	甲辰	18日
己卯	戊申	戊寅	丁未	丁丑	丙午	乙亥	乙巳	甲戌	甲辰	癸酉	乙巳	19日
庚辰	己酉	己卯	戊申	戊寅	丁未	丙子	丙午	乙亥	乙巳	甲戌	丙午	20日
辛巳	庚戌	庚辰	己酉	己卯	戊申	丁丑	丁未	丙子	丙午	乙亥	丁未	21日
壬午	辛亥	辛巳	庚戌	庚辰	己酉	戊寅	戊申	丁丑	丁未	丙子	戊申	22日
癸未	壬子	壬午	辛亥	辛巳	庚戌	己卯	己酉	戊寅	戊申	丁丑	己酉	23日
甲申	癸丑	癸未	壬子	壬午	辛亥	庚辰	庚戌	己卯	己酉	戊寅	庚戌	24日
乙酉	甲寅	甲申	癸丑	癸未	壬子	辛巳	辛亥	庚辰	庚戌	己卯	辛亥	25日
丙戌	乙卯	乙酉	甲寅	甲申	癸丑	壬午	壬子	辛巳	辛亥	庚辰	壬子	26日
丁亥	丙辰	丙戌	乙卯	乙酉	甲寅	癸未	癸丑	壬午	壬子	辛巳	癸丑	27日
戊子	丁巳	丁亥	丙辰	丙戌	乙卯	甲申	甲寅	癸未	癸丑	壬午	甲寅	28日
己丑	戊午	戊子	丁巳	丁亥	丙辰	乙酉	乙卯	甲申	甲寅	癸未		29日
庚寅	己未	己丑	戊午	戊子	丁巳	丙戌	丙辰	乙酉	乙卯	甲申		30日
辛卯	庚申		己未		戊午	丁亥		丙戌		乙酉		31日

平成24年〈2012年〉 壬辰（六白金星）

三碧	四緑	五黄	六白	七赤	八白	九紫	一白	二黒	三碧	四緑	五黄	九星
1月	12月	11月	10月	9月	8月	7月	6月	5月	4月	3月	2月	月
癸丑	壬子	辛亥	庚戌	己酉	戊申	丁未	丙午	乙巳	甲辰	癸卯	壬寅	月干
5日	7日	7日	8日	7日	7日	7日	5日	5日	4日	5日	4日	節入
13:34	2:19	9:26	6:12	14:29	11:31	1:41	15:26	11:20	18:06	13:21	19:22	時刻
丁卯	丙申	丙寅	乙未	乙丑	甲午	癸亥	癸巳	壬戌	壬辰	辛酉	壬辰	1日
戊辰	丁酉	丁卯	丙申	丙寅	乙未	甲子	甲午	癸亥	癸巳	壬戌	癸巳	2日
己巳	戊戌	戊辰	丁酉	丁卯	丙申	乙丑	乙未	甲子	甲午	癸亥	甲午	3日
庚午	己亥	己巳	戊戌	戊辰	丁酉	丙寅	丙申	乙丑	乙未	甲子	乙未	4日
辛未	庚子	庚午	己亥	己巳	戊戌	丁卯	丁酉	丙寅	丙申	乙丑	丙申	5日
壬申	辛丑	辛未	庚子	庚午	己亥	戊辰	戊戌	丁卯	丁酉	丙寅	丁酉	6日
癸酉	壬寅	壬申	辛丑	辛未	庚子	己巳	己亥	戊辰	戊戌	丁卯	戊戌	7日
甲戌	癸卯	癸酉	壬寅	壬申	辛丑	庚午	庚子	己巳	己亥	戊辰	己亥	8日
乙亥	甲辰	甲戌	癸卯	癸酉	壬寅	辛未	辛丑	庚午	庚子	己巳	庚子	9日
丙子	乙巳	乙亥	甲辰	甲戌	癸卯	壬申	壬寅	辛未	辛丑	庚午	辛丑	10日
丁丑	丙午	丙子	乙巳	乙亥	甲辰	癸酉	癸卯	壬申	壬寅	辛未	壬寅	11日
戊寅	丁未	丁丑	丙午	丙子	乙巳	甲戌	甲辰	癸酉	癸卯	壬申	癸卯	12日
己卯	戊申	戊寅	丁未	丁丑	丙午	乙亥	乙巳	甲戌	甲辰	癸酉	甲辰	13日
庚辰	己酉	己卯	戊申	戊寅	丁未	丙子	丙午	乙亥	乙巳	甲戌	乙巳	14日
辛巳	庚戌	庚辰	己酉	己卯	戊申	丁丑	丁未	丙子	丙午	乙亥	丙午	15日
壬午	辛亥	辛巳	庚戌	庚辰	己酉	戊寅	戊申	丁丑	丁未	丙子	丁未	16日
癸未	壬子	壬午	辛亥	辛巳	庚戌	己卯	己酉	戊寅	戊申	丁丑	戊申	17日
甲申	癸丑	癸未	壬子	壬午	辛亥	庚辰	庚戌	己卯	己酉	戊寅	己酉	18日
乙酉	甲寅	甲申	癸丑	癸未	壬子	辛巳	辛亥	庚辰	庚戌	己卯	庚戌	19日
丙戌	乙卯	乙酉	甲寅	甲申	癸丑	壬午	壬子	辛巳	辛亥	庚辰	辛亥	20日
丁亥	丙辰	丙戌	乙卯	乙酉	甲寅	癸未	癸丑	壬午	壬子	辛巳	壬子	21日
戊子	丁巳	丁亥	丙辰	丙戌	乙卯	甲申	甲寅	癸未	癸丑	壬午	癸丑	22日
己丑	戊午	戊子	丁巳	丁亥	丙辰	乙酉	乙卯	甲申	甲寅	癸未	甲寅	23日
庚寅	己未	己丑	戊午	戊子	丁巳	丙戌	丙辰	乙酉	乙卯	甲申	乙卯	24日
辛卯	庚申	庚寅	己未	己丑	戊午	丁亥	丁巳	丙戌	丙辰	乙酉	丙辰	25日
壬辰	辛酉	辛卯	庚申	庚寅	己未	戊子	戊午	丁亥	丁巳	丙戌	丁巳	26日
癸巳	壬戌	壬辰	辛酉	辛卯	庚申	己丑	己未	戊子	戊午	丁亥	戊午	27日
甲午	癸亥	癸巳	壬戌	壬辰	辛酉	庚寅	庚申	己丑	己未	戊子	己未	28日
乙未	甲子	甲午	癸亥	癸巳	壬戌	辛卯	辛酉	庚寅	庚申	己丑	庚申	29日
丙申	乙丑	乙未	甲子	甲午	癸亥	壬辰	壬戌	辛卯	辛酉	庚寅		30日
丁酉	丙寅		乙丑		甲子	癸巳		壬辰		辛卯		31日

平成25年〈2013年〉 癸巳（五黄土星）

九紫	一白	二黒	三碧	四緑	五黄	六白	七赤	八白	九紫	一白	二黒	九星
1月	12月	11月	10月	9月	8月	7月	6月	5月	4月	3月	2月	月
乙丑	甲子	癸亥	壬戌	辛酉	庚申	己未	戊午	丁巳	丙辰	乙卯	甲寅	月干
5日	7日	7日	8日	7日	7日	7日	5日	5日	5日	5日	4日	節入
19:24	8:09	15:14	11:58	20:16	17:20	7:35	21:23	17:18	0:02	19:15	1:13	時刻
壬申	辛丑	辛未	庚子	庚午	己亥	戊辰	戊戌	丁卯	丁酉	丙寅	戊戌	1日
癸酉	壬寅	壬申	辛丑	辛未	庚子	己巳	己亥	戊辰	戊戌	丁卯	己亥	2日
甲戌	癸卯	癸酉	壬寅	壬申	辛丑	庚午	庚子	己巳	己亥	戊辰	庚子	3日
乙亥	甲辰	甲戌	癸卯	癸酉	壬寅	辛未	辛丑	庚午	庚子	己巳	辛丑	4日
丙子	乙巳	乙亥	甲辰	甲戌	癸卯	壬申	壬寅	辛未	辛丑	庚午	壬寅	5日
丁丑	丙午	丙子	乙巳	乙亥	甲辰	癸酉	癸卯	壬申	壬寅	辛未	癸卯	6日
戊寅	丁未	丁丑	丙午	丙子	乙巳	甲戌	甲辰	癸酉	癸卯	壬申	甲辰	7日
己卯	戊申	戊寅	丁未	丁丑	丙午	乙亥	乙巳	甲戌	甲辰	癸酉	乙巳	8日
庚辰	己酉	己卯	戊申	戊寅	丁未	丙子	丙午	乙亥	乙巳	甲戌	丙午	9日
辛巳	庚戌	庚辰	己酉	己卯	戊申	丁丑	丁未	丙子	丙午	乙亥	丁未	10日
壬午	辛亥	辛巳	庚戌	庚辰	己酉	戊寅	戊申	丁丑	丁未	丙子	戊申	11日
癸未	壬子	壬午	辛亥	辛巳	庚戌	己卯	己酉	戊寅	戊申	丁丑	己酉	12日
甲申	癸丑	癸未	壬子	壬午	辛亥	庚辰	庚戌	己卯	己酉	戊寅	庚戌	13日
乙酉	甲寅	甲申	癸丑	癸未	壬子	辛巳	辛亥	庚辰	庚戌	己卯	辛亥	14日
丙戌	乙卯	乙酉	甲寅	甲申	癸丑	壬午	壬子	辛巳	辛亥	庚辰	壬子	15日
丁亥	丙辰	丙戌	乙卯	乙酉	甲寅	癸未	癸丑	壬午	壬子	辛巳	癸丑	16日
戊子	丁巳	丁亥	丙辰	丙戌	乙卯	甲申	甲寅	癸未	癸丑	壬午	甲寅	17日
己丑	戊午	戊子	丁巳	丁亥	丙辰	乙酉	乙卯	甲申	甲寅	癸未	乙卯	18日
庚寅	己未	己丑	戊午	戊子	丁巳	丙戌	丙辰	乙酉	乙卯	甲申	丙辰	19日
辛卯	庚申	庚寅	己未	己丑	戊午	丁亥	丁巳	丙戌	丙辰	乙酉	丁巳	20日
壬辰	辛酉	辛卯	庚申	庚寅	己未	戊子	戊午	丁亥	丁巳	丙戌	戊午	21日
癸巳	壬戌	壬辰	辛酉	辛卯	庚申	己丑	己未	戊子	戊午	丁亥	己未	22日
甲午	癸亥	癸巳	壬戌	壬辰	辛酉	庚寅	庚申	己丑	己未	戊子	庚申	23日
乙未	甲子	甲午	癸亥	癸巳	壬戌	辛卯	辛酉	庚寅	庚申	己丑	辛酉	24日
丙申	乙丑	乙未	甲子	甲午	癸亥	壬辰	壬戌	辛卯	辛酉	庚寅	壬戌	25日
丁酉	丙寅	丙申	乙丑	乙未	甲子	癸巳	癸亥	壬辰	壬戌	辛卯	癸亥	26日
戊戌	丁卯	丁酉	丙寅	丙申	乙丑	甲午	甲子	癸巳	癸亥	壬辰	甲子	27日
己亥	戊辰	戊戌	丁卯	丁酉	丙寅	乙未	乙丑	甲午	甲子	癸巳	乙丑	28日
庚子	己巳	己亥	戊辰	戊戌	丁卯	丙申	丙寅	乙未	乙丑	甲午		29日
辛丑	庚午	庚子	己巳	己亥	戊辰	丁酉	丁卯	丙申	丙寅	乙未		30日
壬寅	辛未		庚午		己巳	戊戌		丁酉		丙申		31日

平成26年〈2014年〉　甲午（四緑木星）

六白	七赤	八白	九紫	一白	二黒	三碧	四緑	五黄	六白	七赤	八白	九星
1月	12月	11月	10月	9月	8月	7月	6月	5月	4月	3月	2月	月
丁丑	丙子	乙亥	甲戌	癸酉	壬申	辛未	庚午	己巳	戊辰	丁卯	丙寅	月干
6日	7日	7日	8日	8日	7日	7日	6日	5日	5日	6日	4日	節入
1:21	14:04	21:07	17:48	2:01	23:02	13:15	3:03	22:59	5:47	1:02	7:03	時刻
丁丑	丙午	丙子	乙巳	乙亥	甲辰	癸酉	癸卯	壬申	壬寅	辛未	癸卯	1日
戊寅	丁未	丁丑	丙午	丙子	乙巳	甲戌	甲辰	癸酉	癸卯	壬申	甲辰	2日
己卯	戊申	戊寅	丁未	丁丑	丙午	乙亥	乙巳	甲戌	甲辰	癸酉	乙巳	3日
庚辰	己酉	己卯	戊申	戊寅	丁未	丙子	丙午	乙亥	乙巳	甲戌	丙午	4日
辛巳	庚戌	庚辰	己酉	己卯	戊申	丁丑	丁未	丙子	丙午	乙亥	丁未	5日
壬午	辛亥	辛巳	庚戌	庚辰	己酉	戊寅	戊申	丁丑	丁未	丙子	戊申	6日
癸未	壬子	壬午	辛亥	辛巳	庚戌	己卯	己酉	戊寅	戊申	丁丑	己酉	7日
甲申	癸丑	癸未	壬子	壬午	辛亥	庚辰	庚戌	己卯	己酉	戊寅	庚戌	8日
乙酉	甲寅	甲申	癸丑	癸未	壬子	辛巳	辛亥	庚辰	庚戌	己卯	辛亥	9日
丙戌	乙卯	乙酉	甲寅	甲申	癸丑	壬午	壬子	辛巳	辛亥	庚辰	壬子	10日
丁亥	丙辰	丙戌	乙卯	乙酉	甲寅	癸未	癸丑	壬午	壬子	辛巳	癸丑	11日
戊子	丁巳	丁亥	丙辰	丙戌	乙卯	甲申	甲寅	癸未	癸丑	壬午	甲寅	12日
己丑	戊午	戊子	丁巳	丁亥	丙辰	乙酉	乙卯	甲申	甲寅	癸未	乙卯	13日
庚寅	己未	己丑	戊午	戊子	丁巳	丙戌	丙辰	乙酉	乙卯	甲申	丙辰	14日
辛卯	庚申	庚寅	己未	己丑	戊午	丁亥	丁巳	丙戌	丙辰	乙酉	丁巳	15日
壬辰	辛酉	辛卯	庚申	庚寅	己未	戊子	戊午	丁亥	丁巳	丙戌	戊午	16日
癸巳	壬戌	壬辰	辛酉	辛卯	庚申	己丑	己未	戊子	戊午	丁亥	己未	17日
甲午	癸亥	癸巳	壬戌	壬辰	辛酉	庚寅	庚申	己丑	己未	戊子	庚申	18日
乙未	甲子	甲午	癸亥	癸巳	壬戌	辛卯	辛酉	庚寅	庚申	己丑	辛酉	19日
丙申	乙丑	乙未	甲子	甲午	癸亥	壬辰	壬戌	辛卯	辛酉	庚寅	壬戌	20日
丁酉	丙寅	丙申	乙丑	乙未	甲子	癸巳	癸亥	壬辰	壬戌	辛卯	癸亥	21日
戊戌	丁卯	丁酉	丙寅	丙申	乙丑	甲午	甲子	癸巳	癸亥	壬辰	甲子	22日
己亥	戊辰	戊戌	丁卯	丁酉	丙寅	乙未	乙丑	甲午	甲子	癸巳	乙丑	23日
庚子	己巳	己亥	戊辰	戊戌	丁卯	丙申	丙寅	乙未	乙丑	甲午	丙寅	24日
辛丑	庚午	庚子	己巳	己亥	戊辰	丁酉	丁卯	丙申	丙寅	乙未	丁卯	25日
壬寅	辛未	辛丑	庚午	庚子	己巳	戊戌	戊辰	丁酉	丁卯	丙申	戊辰	26日
癸卯	壬申	壬寅	辛未	辛丑	庚午	己亥	己巳	戊戌	戊辰	丁酉	己巳	27日
甲辰	癸酉	癸卯	壬申	壬寅	辛未	庚子	庚午	己亥	己巳	戊戌	庚午	28日
乙巳	甲戌	甲辰	癸酉	癸卯	壬申	辛丑	辛未	庚子	庚午	己亥		29日
丙午	乙亥	乙巳	甲戌	甲辰	癸酉	壬寅	壬申	辛丑	辛未	庚子		30日
丁未	丙子		乙亥		甲戌	癸卯		壬寅		辛丑		31日

平成27年〈2015年〉　乙未（三碧木星）

三碧	四緑	五黄	六白	七赤	八白	九紫	一白	二黒	三碧	四緑	五黄	九星
1月	12月	11月	10月	9月	8月	7月	6月	5月	4月	3月	2月	月
己丑	戊子	丁亥	丙戌	乙酉	甲申	癸未	壬午	辛巳	庚辰	己卯	戊寅	月干
6日	7日	8日	8日	8日	8日	7日	6日	6日	5日	6日	4日	節入
7:08	19:53	2:59	23:43	8:00	5:01	19:12	8:58	4:53	11:39	6:56	12:58	時刻
壬午	辛亥	辛巳	庚戌	庚辰	己酉	戊寅	戊申	丁丑	丁未	丙子	戊申	1日
癸未	壬子	壬午	辛亥	辛巳	庚戌	己卯	己酉	戊寅	戊申	丁丑	己酉	2日
甲申	癸丑	癸未	壬子	壬午	辛亥	庚辰	庚戌	己卯	己酉	戊寅	庚戌	3日
乙酉	甲寅	甲申	癸丑	癸未	壬子	辛巳	辛亥	庚辰	庚戌	己卯	辛亥	4日
丙戌	乙卯	乙酉	甲寅	甲申	癸丑	壬午	壬子	辛巳	辛亥	庚辰	壬子	5日
丁亥	丙辰	丙戌	乙卯	乙酉	甲寅	癸未	癸丑	壬午	壬子	辛巳	癸丑	6日
戊子	丁巳	丁亥	丙辰	丙戌	乙卯	甲申	甲寅	癸未	癸丑	壬午	甲寅	7日
己丑	戊午	戊子	丁巳	丁亥	丙辰	乙酉	乙卯	甲申	甲寅	癸未	乙卯	8日
庚寅	己未	己丑	戊午	戊子	丁巳	丙戌	丙辰	乙酉	乙卯	甲申	丙辰	9日
辛卯	庚申	庚寅	己未	己丑	戊午	丁亥	丁巳	丙戌	丙辰	乙酉	丁巳	10日
壬辰	辛酉	辛卯	庚申	庚寅	己未	戊子	戊午	丁亥	丁巳	丙戌	戊午	11日
癸巳	壬戌	壬辰	辛酉	辛卯	庚申	己丑	己未	戊子	戊午	丁亥	己未	12日
甲午	癸亥	癸巳	壬戌	壬辰	辛酉	庚寅	庚申	己丑	己未	戊子	庚申	13日
乙未	甲子	甲午	癸亥	癸巳	壬戌	辛卯	辛酉	庚寅	庚申	己丑	辛酉	14日
丙申	乙丑	乙未	甲子	甲午	癸亥	壬辰	壬戌	辛卯	辛酉	庚寅	壬戌	15日
丁酉	丙寅	丙申	乙丑	乙未	甲子	癸巳	癸亥	壬辰	壬戌	辛卯	癸亥	16日
戊戌	丁卯	丁酉	丙寅	丙申	乙丑	甲午	甲子	癸巳	癸亥	壬辰	甲子	17日
己亥	戊辰	戊戌	丁卯	丁酉	丙寅	乙未	乙丑	甲午	甲子	癸巳	乙丑	18日
庚子	己巳	己亥	戊辰	戊戌	丁卯	丙申	丙寅	乙未	乙丑	甲午	丙寅	19日
辛丑	庚午	庚子	己巳	己亥	戊辰	丁酉	丁卯	丙申	丙寅	乙未	丁卯	20日
壬寅	辛未	辛丑	庚午	庚子	己巳	戊戌	戊辰	丁酉	丁卯	丙申	戊辰	21日
癸卯	壬申	壬寅	辛未	辛丑	庚午	己亥	己巳	戊戌	戊辰	丁酉	己巳	22日
甲辰	癸酉	癸卯	壬申	壬寅	辛未	庚子	庚午	己亥	己巳	戊戌	庚午	23日
乙巳	甲戌	甲辰	癸酉	癸卯	壬申	辛丑	辛未	庚子	庚午	己亥	辛未	24日
丙午	乙亥	乙巳	甲戌	甲辰	癸酉	壬寅	壬申	辛丑	辛未	庚子	壬申	25日
丁未	丙子	丙午	乙亥	乙巳	甲戌	癸卯	癸酉	壬寅	壬申	辛丑	癸酉	26日
戊申	丁丑	丁未	丙子	丙午	乙亥	甲辰	甲戌	癸卯	癸酉	壬寅	甲戌	27日
己酉	戊寅	戊申	丁丑	丁未	丙子	乙巳	乙亥	甲辰	甲戌	癸卯	乙亥	28日
庚戌	己卯	己酉	戊寅	戊申	丁丑	丙午	丙子	乙巳	乙亥	甲辰		29日
辛亥	庚辰	庚戌	己卯	己酉	戊寅	丁未	丁丑	丙午	丙子	乙巳		30日
壬子	辛巳		庚辰		己卯	戊申		丁未		丙午		31日

平成28年〈2016年〉 丙申（二黒土星）

九紫	一白	二黒	三碧	四緑	五黄	六白	七赤	八白	九紫	一白	二黒	九星
1月	12月	11月	10月	9月	8月	7月	6月	5月	4月	3月	2月	月
辛丑	庚子	己亥	戊戌	丁酉	丙申	乙未	甲午	癸巳	壬辰	辛卯	庚寅	月干
5日	7日	7日	8日	7日	7日	7日	5日	5日	4日	5日	4日	節入
12:56	1:41	8:48	5:33	13:51	10:53	1:03	14:49	10:42	17:28	12:44	18:46	時刻
戊子	丁巳	丁亥	丙辰	丙戌	乙卯	甲申	甲寅	癸未	癸丑	壬午	癸丑	1日
己丑	戊午	戊子	丁巳	丁亥	丙辰	乙酉	乙卯	甲申	甲寅	癸未	甲寅	2日
庚寅	己未	己丑	戊午	戊子	丁巳	丙戌	丙辰	乙酉	乙卯	甲申	乙卯	3日
辛卯	庚申	庚寅	己未	己丑	戊午	丁亥	丁巳	丙戌	丙辰	乙酉	丙辰	4日
壬辰	辛酉	辛卯	庚申	庚寅	己未	戊子	戊午	丁亥	丁巳	丙戌	丁巳	5日
癸巳	壬戌	壬辰	辛酉	辛卯	庚申	己丑	己未	戊子	戊午	丁亥	戊午	6日
甲午	癸亥	癸巳	壬戌	壬辰	辛酉	庚寅	庚申	己丑	己未	戊子	己未	7日
乙未	甲子	甲午	癸亥	癸巳	壬戌	辛卯	辛酉	庚寅	庚申	己丑	庚申	8日
丙申	乙丑	乙未	甲子	甲午	癸亥	壬辰	壬戌	辛卯	辛酉	庚寅	辛酉	9日
丁酉	丙寅	丙申	乙丑	乙未	甲子	癸巳	癸亥	壬辰	壬戌	辛卯	壬戌	10日
戊戌	丁卯	丁酉	丙寅	丙申	乙丑	甲午	甲子	癸巳	癸亥	壬辰	癸亥	11日
己亥	戊辰	戊戌	丁卯	丁酉	丙寅	乙未	乙丑	甲午	甲子	癸巳	甲子	12日
庚子	己巳	己亥	戊辰	戊戌	丁卯	丙申	丙寅	乙未	乙丑	甲午	乙丑	13日
辛丑	庚午	庚子	己巳	己亥	戊辰	丁酉	丁卯	丙申	丙寅	乙未	丙寅	14日
壬寅	辛未	辛丑	庚午	庚子	己巳	戊戌	戊辰	丁酉	丁卯	丙申	丁卯	15日
癸卯	壬申	壬寅	辛未	辛丑	庚午	己亥	己巳	戊戌	戊辰	丁酉	戊辰	16日
甲辰	癸酉	癸卯	壬申	壬寅	辛未	庚子	庚午	己亥	己巳	戊戌	己巳	17日
乙巳	甲戌	甲辰	癸酉	癸卯	壬申	辛丑	辛未	庚子	庚午	己亥	庚午	18日
丙午	乙亥	乙巳	甲戌	甲辰	癸酉	壬寅	壬申	辛丑	辛未	庚子	辛未	19日
丁未	丙子	丙午	乙亥	乙巳	甲戌	癸卯	癸酉	壬寅	壬申	辛丑	壬申	20日
戊申	丁丑	丁未	丙子	丙午	乙亥	甲辰	甲戌	癸卯	癸酉	壬寅	癸酉	21日
己酉	戊寅	戊申	丁丑	丁未	丙子	乙巳	乙亥	甲辰	甲戌	癸卯	甲戌	22日
庚戌	己卯	己酉	戊寅	戊申	丁丑	丙午	丙子	乙巳	乙亥	甲辰	乙亥	23日
辛亥	庚辰	庚戌	己卯	己酉	戊寅	丁未	丁丑	丙午	丙子	乙巳	丙子	24日
壬子	辛巳	辛亥	庚辰	庚戌	己卯	戊申	戊寅	丁未	丁丑	丙午	丁丑	25日
癸丑	壬午	壬子	辛巳	辛亥	庚辰	己酉	己卯	戊申	戊寅	丁未	戊寅	26日
甲寅	癸未	癸丑	壬午	壬子	辛巳	庚戌	庚辰	己酉	己卯	戊申	己卯	27日
乙卯	甲申	甲寅	癸未	癸丑	壬午	辛亥	辛巳	庚戌	庚辰	己酉	庚辰	28日
丙辰	乙酉	乙卯	甲申	甲寅	癸未	壬子	壬午	辛亥	辛巳	庚戌	辛巳	29日
丁巳	丙戌	丙辰	乙酉	乙卯	甲申	癸丑	癸未	壬子	壬午	辛亥		30日
戊午	丁亥		丙戌		乙酉	甲寅		癸丑		壬子		31日

平成29年〈2017年〉 丁酉（一白水星）

六白	七赤	八白	九紫	一白	二黒	三碧	四緑	五黄	六白	七赤	八白	九星
1月	12月	11月	10月	9月	8月	7月	6月	5月	4月	3月	2月	月
癸丑	壬子	辛亥	庚戌	己酉	戊申	丁未	丙午	乙巳	甲辰	癸卯	壬寅	月干
5日	7日	7日	8日	7日	7日	7日	5日	5日	4日	5日	4日	節入
18:49	7:33	14:38	11:22	19:39	16:40	6:51	20:37	16:31	23:17	18:33	0:34	時刻
癸巳	壬戌	壬辰	辛酉	辛卯	庚申	己丑	己未	戊子	戊午	丁亥	己未	1日
甲午	癸亥	癸巳	壬戌	壬辰	辛酉	庚寅	庚申	己丑	己未	戊子	庚申	2日
乙未	甲子	甲午	癸亥	癸巳	壬戌	辛卯	辛酉	庚寅	庚申	己丑	辛酉	3日
丙申	乙丑	乙未	甲子	甲午	癸亥	壬辰	壬戌	辛卯	辛酉	庚寅	壬戌	4日
丁酉	丙寅	丙申	乙丑	乙未	甲子	癸巳	癸亥	壬辰	壬戌	辛卯	癸亥	5日
戊戌	丁卯	丁酉	丙寅	丙申	乙丑	甲午	甲子	癸巳	癸亥	壬辰	甲子	6日
己亥	戊辰	戊戌	丁卯	丁酉	丙寅	乙未	乙丑	甲午	甲子	癸巳	乙丑	7日
庚子	己巳	己亥	戊辰	戊戌	丁卯	丙申	丙寅	乙未	乙丑	甲午	丙寅	8日
辛丑	庚午	庚子	己巳	己亥	戊辰	丁酉	丁卯	丙申	丙寅	乙未	丁卯	9日
壬寅	辛未	辛丑	庚午	庚子	己巳	戊戌	戊辰	丁酉	丁卯	丙申	戊辰	10日
癸卯	壬申	壬寅	辛未	辛丑	庚午	己亥	己巳	戊戌	戊辰	丁酉	己巳	11日
甲辰	癸酉	癸卯	壬申	壬寅	辛未	庚子	庚午	己亥	己巳	戊戌	庚午	12日
乙巳	甲戌	甲辰	癸酉	癸卯	壬申	辛丑	辛未	庚子	庚午	己亥	辛未	13日
丙午	乙亥	乙巳	甲戌	甲辰	癸酉	壬寅	壬申	辛丑	辛未	庚子	壬申	14日
丁未	丙子	丙午	乙亥	乙巳	甲戌	癸卯	癸酉	壬寅	壬申	辛丑	癸酉	15日
戊申	丁丑	丁未	丙子	丙午	乙亥	甲辰	甲戌	癸卯	癸酉	壬寅	甲戌	16日
己酉	戊寅	戊申	丁丑	丁未	丙子	乙巳	乙亥	甲辰	甲戌	癸卯	乙亥	17日
庚戌	己卯	己酉	戊寅	戊申	丁丑	丙午	丙子	乙巳	乙亥	甲辰	丙子	18日
辛亥	庚辰	庚戌	己卯	己酉	戊寅	丁未	丁丑	丙午	丙子	乙巳	丁丑	19日
壬子	辛巳	辛亥	庚辰	庚戌	己卯	戊申	戊寅	丁未	丁丑	丙午	戊寅	20日
癸丑	壬午	壬子	辛巳	辛亥	庚辰	己酉	己卯	戊申	戊寅	丁未	己卯	21日
甲寅	癸未	癸丑	壬午	壬子	辛巳	庚戌	庚辰	己酉	己卯	戊申	庚辰	22日
乙卯	甲申	甲寅	癸未	癸丑	壬午	辛亥	辛巳	庚戌	庚辰	己酉	辛巳	23日
丙辰	乙酉	乙卯	甲申	甲寅	癸未	壬子	壬午	辛亥	辛巳	庚戌	壬午	24日
丁巳	丙戌	丙辰	乙酉	乙卯	甲申	癸丑	癸未	壬子	壬午	辛亥	癸未	25日
戊午	丁亥	丁巳	丙戌	丙辰	乙酉	甲寅	甲申	癸丑	癸未	壬子	甲申	26日
己未	戊子	戊午	丁亥	丁巳	丙戌	乙卯	乙酉	甲寅	甲申	癸丑	乙酉	27日
庚申	己丑	己未	戊子	戊午	丁亥	丙辰	丙戌	乙卯	乙酉	甲寅	丙戌	28日
辛酉	庚寅	庚申	己丑	己未	戊子	丁巳	丁亥	丙辰	丙戌	乙卯		29日
壬戌	辛卯	辛酉	庚寅	庚申	己丑	戊午	戊子	丁巳	丁亥	丙辰		30日
癸亥	壬辰		辛卯		庚寅	己未		戊午		丁巳		31日

平成30年〈2018年〉 戊戌（九紫火星）

三碧	四緑	五黄	六白	七赤	八白	九紫	一白	二黒	三碧	四緑	五黄	九星
1月	12月	11月	10月	9月	8月	7月	6月	5月	4月	3月	2月	月
乙丑	甲子	癸亥	壬戌	辛酉	庚申	己未	戊午	丁巳	丙辰	乙卯	甲寅	月干
6日	7日	7日	8日	8日	7日	7日	6日	5日	5日	6日	4日	節入
0:39	13:26	20:32	17:15	1:30	22:31	12:42	2:29	22:25	5:13	0:28	6:28	時刻
戊戌	丁卯	丁酉	丙寅	丙申	乙丑	甲午	甲子	癸巳	癸亥	壬辰	甲子	1日
己亥	戊辰	戊戌	丁卯	丁酉	丙寅	乙未	乙丑	甲午	甲子	癸巳	乙丑	2日
庚子	己巳	己亥	戊辰	戊戌	丁卯	丙申	丙寅	乙未	乙丑	甲午	丙寅	3日
辛丑	庚午	庚子	己巳	己亥	戊辰	丁酉	丁卯	丙申	丙寅	乙未	丁卯	4日
壬寅	辛未	辛丑	庚午	庚子	己巳	戊戌	戊辰	丁酉	丁卯	丙申	戊辰	5日
癸卯	壬申	壬寅	辛未	辛丑	庚午	己亥	己巳	戊戌	戊辰	丁酉	己巳	6日
甲辰	癸酉	癸卯	壬申	壬寅	辛未	庚子	庚午	己亥	己巳	戊戌	庚午	7日
乙巳	甲戌	甲辰	癸酉	癸卯	壬申	辛丑	辛未	庚子	庚午	己亥	辛未	8日
丙午	乙亥	乙巳	甲戌	甲辰	癸酉	壬寅	壬申	辛丑	辛未	庚子	壬申	9日
丁未	丙子	丙午	乙亥	乙巳	甲戌	癸卯	癸酉	壬寅	壬申	辛丑	癸酉	10日
戊申	丁丑	丁未	丙子	丙午	乙亥	甲辰	甲戌	癸卯	癸酉	壬寅	甲戌	11日
己酉	戊寅	戊申	丁丑	丁未	丙子	乙巳	乙亥	甲辰	甲戌	癸卯	乙亥	12日
庚戌	己卯	己酉	戊寅	戊申	丁丑	丙午	丙子	乙巳	乙亥	甲辰	丙子	13日
辛亥	庚辰	庚戌	己卯	己酉	戊寅	丁未	丁丑	丙午	丙子	乙巳	丁丑	14日
壬子	辛巳	辛亥	庚辰	庚戌	己卯	戊申	戊寅	丁未	丁丑	丙午	戊寅	15日
癸丑	壬午	壬子	辛巳	辛亥	庚辰	己酉	己卯	戊申	戊寅	丁未	己卯	16日
甲寅	癸未	癸丑	壬午	壬子	辛巳	庚戌	庚辰	己酉	己卯	戊申	庚辰	17日
乙卯	甲申	甲寅	癸未	癸丑	壬午	辛亥	辛巳	庚戌	庚辰	己酉	辛巳	18日
丙辰	乙酉	乙卯	甲申	甲寅	癸未	壬子	壬午	辛亥	辛巳	庚戌	壬午	19日
丁巳	丙戌	丙辰	乙酉	乙卯	甲申	癸丑	癸未	壬子	壬午	辛亥	癸未	20日
戊午	丁亥	丁巳	丙戌	丙辰	乙酉	甲寅	甲申	癸丑	癸未	壬子	甲申	21日
己未	戊子	戊午	丁亥	丁巳	丙戌	乙卯	乙酉	甲寅	甲申	癸丑	乙酉	22日
庚申	己丑	己未	戊子	戊午	丁亥	丙辰	丙戌	乙卯	乙酉	甲寅	丙戌	23日
辛酉	庚寅	庚申	己丑	己未	戊子	丁巳	丁亥	丙辰	丙戌	乙卯	丁亥	24日
壬戌	辛卯	辛酉	庚寅	庚申	己丑	戊午	戊子	丁巳	丁亥	丙辰	戊子	25日
癸亥	壬辰	壬戌	辛卯	辛酉	庚寅	己未	己丑	戊午	戊子	丁巳	己丑	26日
甲子	癸巳	癸亥	壬辰	壬戌	辛卯	庚申	庚寅	己未	己丑	戊午	庚寅	27日
乙丑	甲午	甲子	癸巳	癸亥	壬辰	辛酉	辛卯	庚申	庚寅	己未	辛卯	28日
丙寅	乙未	乙丑	甲午	甲子	癸巳	壬戌	壬辰	辛酉	辛卯	庚申		29日
丁卯	丙申	丙寅	乙未	乙丑	甲午	癸亥	癸巳	壬戌	壬辰	辛酉		30日
戊辰	丁酉		丙申		乙未	甲子		癸亥		壬戌		31日

令和元年〈2019年〉 己亥（八白土星）

九紫	一白	二黒	三碧	四緑	五黄	六白	七赤	八白	九紫	一白	二黒	九星
1月	12月	11月	10月	9月	8月	7月	6月	5月	4月	3月	2月	月
丁丑	丙子	乙亥	甲戌	癸酉	壬申	辛未	庚午	己巳	戊辰	丁卯	丙寅	月干
6日	7日	8日	8日	8日	8日	7日	6日	6日	5日	6日	4日	節入
6:30	19:18	2:24	23:06	7:17	4:13	18:21	8:06	4:03	10:51	6:10	12:14	時刻
癸卯	壬申	壬寅	辛未	辛丑	庚午	己亥	己巳	戊戌	戊辰	丁酉	己巳	1日
甲辰	癸酉	癸卯	壬申	壬寅	辛未	庚子	庚午	己亥	己巳	戊戌	庚午	2日
乙巳	甲戌	甲辰	癸酉	癸卯	壬申	辛丑	辛未	庚子	庚午	己亥	辛未	3日
丙午	乙亥	乙巳	甲戌	甲辰	癸酉	壬寅	壬申	辛丑	辛未	庚子	壬申	4日
丁未	丙子	丙午	乙亥	乙巳	甲戌	癸卯	癸酉	壬寅	壬申	辛丑	癸酉	5日
戊申	丁丑	丁未	丙子	丙午	乙亥	甲辰	甲戌	癸卯	癸酉	壬寅	甲戌	6日
己酉	戊寅	戊申	丁丑	丁未	丙子	乙巳	乙亥	甲辰	甲戌	癸卯	乙亥	7日
庚戌	己卯	己酉	戊寅	戊申	丁丑	丙午	丙子	乙巳	乙亥	甲辰	丙子	8日
辛亥	庚辰	庚戌	己卯	己酉	戊寅	丁未	丁丑	丙午	丙子	乙巳	丁丑	9日
壬子	辛巳	辛亥	庚辰	庚戌	己卯	戊申	戊寅	丁未	丁丑	丙午	戊寅	10日
癸丑	壬午	壬子	辛巳	辛亥	庚辰	己酉	己卯	戊申	戊寅	丁未	己卯	11日
甲寅	癸未	癸丑	壬午	壬子	辛巳	庚戌	庚辰	己酉	己卯	戊申	庚辰	12日
乙卯	甲申	甲寅	癸未	癸丑	壬午	辛亥	辛巳	庚戌	庚辰	己酉	辛巳	13日
丙辰	乙酉	乙卯	甲申	甲寅	癸未	壬子	壬午	辛亥	辛巳	庚戌	壬午	14日
丁巳	丙戌	丙辰	乙酉	乙卯	甲申	癸丑	癸未	壬子	壬午	辛亥	癸未	15日
戊午	丁亥	丁巳	丙戌	丙辰	乙酉	甲寅	甲申	癸丑	癸未	壬子	甲申	16日
己未	戊子	戊午	丁亥	丁巳	丙戌	乙卯	乙酉	甲寅	甲申	癸丑	乙酉	17日
庚申	己丑	己未	戊子	戊午	丁亥	丙辰	丙戌	乙卯	乙酉	甲寅	丙戌	18日
辛酉	庚寅	庚申	己丑	己未	戊子	丁巳	丁亥	丙辰	丙戌	乙卯	丁亥	19日
壬戌	辛卯	辛酉	庚寅	庚申	己丑	戊午	戊子	丁巳	丁亥	丙辰	戊子	20日
癸亥	壬辰	壬戌	辛卯	辛酉	庚寅	己未	己丑	戊午	戊子	丁巳	己丑	21日
甲子	癸巳	癸亥	壬辰	壬戌	辛卯	庚申	庚寅	己未	己丑	戊午	庚寅	22日
乙丑	甲午	甲子	癸巳	癸亥	壬辰	辛酉	辛卯	庚申	庚寅	己未	辛卯	23日
丙寅	乙未	乙丑	甲午	甲子	癸巳	壬戌	壬辰	辛酉	辛卯	庚申	壬辰	24日
丁卯	丙申	丙寅	乙未	乙丑	甲午	癸亥	癸巳	壬戌	壬辰	辛酉	癸巳	25日
戊辰	丁酉	丁卯	丙申	丙寅	乙未	甲子	甲午	癸亥	癸巳	壬戌	甲午	26日
己巳	戊戌	戊辰	丁酉	丁卯	丙申	乙丑	乙未	甲子	甲午	癸亥	乙未	27日
庚午	己亥	己巳	戊戌	戊辰	丁酉	丙寅	丙申	乙丑	乙未	甲子	丙申	28日
辛未	庚子	庚午	己亥	己巳	戊戌	丁卯	丁酉	丙寅	丙申	乙丑		29日
壬申	辛丑	辛未	庚子	庚午	己亥	戊辰	戊戌	丁卯	丁酉	丙寅		30日
癸酉	壬寅		辛丑		庚子	己巳		戊辰		丁卯		31日

令和2年〈2020年〉 庚子（七赤金星）

六白	七赤	八白	九紫	一白	二黒	三碧	四緑	五黄	六白	七赤	八白	九星
1月	12月	11月	10月	9月	8月	7月	6月	5月	4月	3月	2月	月
己丑	戊子	丁亥	丙戌	乙酉	甲申	癸未	壬午	辛巳	庚辰	己卯	戊寅	月干
5日 12:23	7日 1:09	7日 8:14	8日 4:55	7日 13:08	7日 10:06	7日 0:14	5日 13:58	5日 9:51	4日 16:38	5日 11:57	4日 18:03	節入 時刻
己酉	戊寅	戊申	丁丑	丁未	丙子	乙巳	乙亥	甲辰	甲戌	癸卯	甲戌	1日
庚戌	己卯	己酉	戊寅	戊申	丁丑	丙午	丙子	乙巳	乙亥	甲辰	乙亥	2日
辛亥	庚辰	庚戌	己卯	己酉	戊寅	丁未	丁丑	丙午	丙子	乙巳	丙子	3日
壬子	辛巳	辛亥	庚辰	庚戌	己卯	戊申	戊寅	丁未	丁丑	丙午	丁丑	4日
癸丑	壬午	壬子	辛巳	辛亥	庚辰	己酉	己卯	戊申	戊寅	丁未	戊寅	5日
甲寅	癸未	癸丑	壬午	壬子	辛巳	庚戌	庚辰	己酉	己卯	戊申	己卯	6日
乙卯	甲申	甲寅	癸未	癸丑	壬午	辛亥	辛巳	庚戌	庚辰	己酉	庚辰	7日
丙辰	乙酉	乙卯	甲申	甲寅	癸未	壬子	壬午	辛亥	辛巳	庚戌	辛巳	8日
丁巳	丙戌	丙辰	乙酉	乙卯	甲申	癸丑	癸未	壬子	壬午	辛亥	壬午	9日
戊午	丁亥	丁巳	丙戌	丙辰	乙酉	甲寅	甲申	癸丑	癸未	壬子	癸未	10日
己未	戊子	戊午	丁亥	丁巳	丙戌	乙卯	乙酉	甲寅	甲申	癸丑	甲申	11日
庚申	己丑	己未	戊子	戊午	丁亥	丙辰	丙戌	乙卯	乙酉	甲寅	乙酉	12日
辛酉	庚寅	庚申	己丑	己未	戊子	丁巳	丁亥	丙辰	丙戌	乙卯	丙戌	13日
壬戌	辛卯	辛酉	庚寅	庚申	己丑	戊午	戊子	丁巳	丁亥	丙辰	丁亥	14日
癸亥	壬辰	壬戌	辛卯	辛酉	庚寅	己未	己丑	戊午	戊子	丁巳	戊子	15日
甲子	癸巳	癸亥	壬辰	壬戌	辛卯	庚申	庚寅	己未	己丑	戊午	己丑	16日
乙丑	甲午	甲子	癸巳	癸亥	壬辰	辛酉	辛卯	庚申	庚寅	己未	庚寅	17日
丙寅	乙未	乙丑	甲午	甲子	癸巳	壬戌	壬辰	辛酉	辛卯	庚申	辛卯	18日
丁卯	丙申	丙寅	乙未	乙丑	甲午	癸亥	癸巳	壬戌	壬辰	辛酉	壬辰	19日
戊辰	丁酉	丁卯	丙申	丙寅	乙未	甲子	甲午	癸亥	癸巳	壬戌	癸巳	20日
己巳	戊戌	戊辰	丁酉	丁卯	丙申	乙丑	乙未	甲子	甲午	癸亥	甲午	21日
庚午	己亥	己巳	戊戌	戊辰	丁酉	丙寅	丙申	乙丑	乙未	甲子	乙未	22日
辛未	庚子	庚午	己亥	己巳	戊戌	丁卯	丁酉	丙寅	丙申	乙丑	丙申	23日
壬申	辛丑	辛未	庚子	庚午	己亥	戊辰	戊戌	丁卯	丁酉	丙寅	丁酉	24日
癸酉	壬寅	壬申	辛丑	辛未	庚子	己巳	己亥	戊辰	戊戌	丁卯	戊戌	25日
甲戌	癸卯	癸酉	壬寅	壬申	辛丑	庚午	庚子	己巳	己亥	戊辰	己亥	26日
乙亥	甲辰	甲戌	癸卯	癸酉	壬寅	辛未	辛丑	庚午	庚子	己巳	庚子	27日
丙子	乙巳	乙亥	甲辰	甲戌	癸卯	壬申	壬寅	辛未	辛丑	庚午	辛丑	28日
丁丑	丙午	丙子	乙巳	乙亥	甲辰	癸酉	癸卯	壬申	壬寅	辛未	壬寅	29日
戊寅	丁未	丁丑	丙午	丙子	乙巳	甲戌	甲辰	癸酉	癸卯	壬申		30日
己卯	戊申		丁未		丙午	乙亥		甲戌		癸酉		31日

令和3年〈2021年〉 辛丑（六白金星）

三碧	四緑	五黄	六白	七赤	八白	九紫	一白	二黒	三碧	四緑	五黄	九星
1月	12月	11月	10月	9月	8月	7月	6月	5月	4月	3月	2月	月
辛丑	庚子	己亥	戊戌	丁酉	丙申	乙未	甲午	癸巳	壬辰	辛卯	庚寅	月干
5日	7日	7日	8日	7日	7日	7日	5日	5日	4日	5日	3日	節入
18:14	6:57	13:59	10:39	18:53	15:54	6:05	19:52	15:47	22:35	17:54	23:59	時刻
甲寅	癸未	癸丑	壬午	壬子	辛巳	庚戌	庚辰	己酉	己卯	戊申	庚辰	1日
乙卯	甲申	甲寅	癸未	癸丑	壬午	辛亥	辛巳	庚戌	庚辰	己酉	辛巳	2日
丙辰	乙酉	乙卯	甲申	甲寅	癸未	壬子	壬午	辛亥	辛巳	庚戌	壬午	3日
丁巳	丙戌	丙辰	乙酉	乙卯	甲申	癸丑	癸未	壬子	壬午	辛亥	癸未	4日
戊午	丁亥	丁巳	丙戌	丙辰	乙酉	甲寅	甲申	癸丑	癸未	壬子	甲申	5日
己未	戊子	戊午	丁亥	丁巳	丙戌	乙卯	乙酉	甲寅	甲申	癸丑	乙酉	6日
庚申	己丑	己未	戊子	戊午	丁亥	丙辰	丙戌	乙卯	乙酉	甲寅	丙戌	7日
辛酉	庚寅	庚申	己丑	己未	戊子	丁巳	丁亥	丙辰	丙戌	乙卯	丁亥	8日
壬戌	辛卯	辛酉	庚寅	庚申	己丑	戊午	戊子	丁巳	丁亥	丙辰	戊子	9日
癸亥	壬辰	壬戌	辛卯	辛酉	庚寅	己未	己丑	戊午	戊子	丁巳	己丑	10日
甲子	癸巳	癸亥	壬辰	壬戌	辛卯	庚申	庚寅	己未	己丑	戊午	庚寅	11日
乙丑	甲午	甲子	癸巳	癸亥	壬辰	辛酉	辛卯	庚申	庚寅	己未	辛卯	12日
丙寅	乙未	乙丑	甲午	甲子	癸巳	壬戌	壬辰	辛酉	辛卯	庚申	壬辰	13日
丁卯	丙申	丙寅	乙未	乙丑	甲午	癸亥	癸巳	壬戌	壬辰	辛酉	癸巳	14日
戊辰	丁酉	丁卯	丙申	丙寅	乙未	甲子	甲午	癸亥	癸巳	壬戌	甲午	15日
己巳	戊戌	戊辰	丁酉	丁卯	丙申	乙丑	乙未	甲子	甲午	癸亥	乙未	16日
庚午	己亥	己巳	戊戌	戊辰	丁酉	丙寅	丙申	乙丑	乙未	甲子	丙申	17日
辛未	庚子	庚午	己亥	己巳	戊戌	丁卯	丁酉	丙寅	丙申	乙丑	丁酉	18日
壬申	辛丑	辛未	庚子	庚午	己亥	戊辰	戊戌	丁卯	丁酉	丙寅	戊戌	19日
癸酉	壬寅	壬申	辛丑	辛未	庚子	己巳	己亥	戊辰	戊戌	丁卯	己亥	20日
甲戌	癸卯	癸酉	壬寅	壬申	辛丑	庚午	庚子	己巳	己亥	戊辰	庚子	21日
乙亥	甲辰	甲戌	癸卯	癸酉	壬寅	辛未	辛丑	庚午	庚子	己巳	辛丑	22日
丙子	乙巳	乙亥	甲辰	甲戌	癸卯	壬申	壬寅	辛未	辛丑	庚午	壬寅	23日
丁丑	丙午	丙子	乙巳	乙亥	甲辰	癸酉	癸卯	壬申	壬寅	辛未	癸卯	24日
戊寅	丁未	丁丑	丙午	丙子	乙巳	甲戌	甲辰	癸酉	癸卯	壬申	甲辰	25日
己卯	戊申	戊寅	丁未	丁丑	丙午	乙亥	乙巳	甲戌	甲辰	癸酉	乙巳	26日
庚辰	己酉	己卯	戊申	戊寅	丁未	丙子	丙午	乙亥	乙巳	甲戌	丙午	27日
辛巳	庚戌	庚辰	己酉	己卯	戊申	丁丑	丁未	丙子	丙午	乙亥	丁未	28日
壬午	辛亥	辛巳	庚戌	庚辰	己酉	戊寅	戊申	丁丑	丁未	丙子		29日
癸未	壬子	壬午	辛亥	辛巳	庚戌	己卯	己酉	戊寅	戊申	丁丑		30日
甲申	癸丑		壬子		辛亥	庚辰		己卯		戊寅		31日

令和4年〈2022年〉 壬寅（五黄土星）

九紫	一白	二黒	三碧	四緑	五黄	六白	七赤	八白	九紫	一白	二黒	九星
1月	12月	11月	10月	9月	8月	7月	6月	5月	4月	3月	2月	月
癸丑	壬子	辛亥	庚戌	己酉	戊申	丁未	丙午	乙巳	甲辰	癸卯	壬寅	月干
6日	7日	7日	8日	8日	7日	7日	6日	5日	5日	5日	4日	節入
0:02	12:46	19:45	16:22	0:32	21:29	11:38	1:26	21:26	4:20	23:44	5:51	時刻
己未	戊子	戊午	丁亥	丁巳	丙戌	乙卯	乙酉	甲寅	甲申	癸丑	乙酉	1日
庚申	己丑	己未	戊子	戊午	丁亥	丙辰	丙戌	乙卯	乙酉	甲寅	丙戌	2日
辛酉	庚寅	庚申	己丑	己未	戊子	丁巳	丁亥	丙辰	丙戌	乙卯	丁亥	3日
壬戌	辛卯	辛酉	庚寅	庚申	己丑	戊午	戊子	丁巳	丁亥	丙辰	戊子	4日
癸亥	壬辰	壬戌	辛卯	辛酉	庚寅	己未	己丑	戊午	戊子	丁巳	己丑	5日
甲子	癸巳	癸亥	壬辰	壬戌	辛卯	庚申	庚寅	己未	己丑	戊午	庚寅	6日
乙丑	甲午	甲子	癸巳	癸亥	壬辰	辛酉	辛卯	庚申	庚寅	己未	辛卯	7日
丙寅	乙未	乙丑	甲午	甲子	癸巳	壬戌	壬辰	辛酉	辛卯	庚申	壬辰	8日
丁卯	丙申	丙寅	乙未	乙丑	甲午	癸亥	癸巳	壬戌	壬辰	辛酉	癸巳	9日
戊辰	丁酉	丁卯	丙申	丙寅	乙未	甲子	甲午	癸亥	癸巳	壬戌	甲午	10日
己巳	戊戌	戊辰	丁酉	丁卯	丙申	乙丑	乙未	甲子	甲午	癸亥	乙未	11日
庚午	己亥	己巳	戊戌	戊辰	丁酉	丙寅	丙申	乙丑	乙未	甲子	丙申	12日
辛未	庚子	庚午	己亥	己巳	戊戌	丁卯	丁酉	丙寅	丙申	乙丑	丁酉	13日
壬申	辛丑	辛未	庚子	庚午	己亥	戊辰	戊戌	丁卯	丁酉	丙寅	戊戌	14日
癸酉	壬寅	壬申	辛丑	辛未	庚子	己巳	己亥	戊辰	戊戌	丁卯	己亥	15日
甲戌	癸卯	癸酉	壬寅	壬申	辛丑	庚午	庚子	己巳	己亥	戊辰	庚子	16日
乙亥	甲辰	甲戌	癸卯	癸酉	壬寅	辛未	辛丑	庚午	庚子	己巳	辛丑	17日
丙子	乙巳	乙亥	甲辰	甲戌	癸卯	壬申	壬寅	辛未	辛丑	庚午	壬寅	18日
丁丑	丙午	丙子	乙巳	乙亥	甲辰	癸酉	癸卯	壬申	壬寅	辛未	癸卯	19日
戊寅	丁未	丁丑	丙午	丙子	乙巳	甲戌	甲辰	癸酉	癸卯	壬申	甲辰	20日
己卯	戊申	戊寅	丁未	丁丑	丙午	乙亥	乙巳	甲戌	甲辰	癸酉	乙巳	21日
庚辰	己酉	己卯	戊申	戊寅	丁未	丙子	丙午	乙亥	乙巳	甲戌	丙午	22日
辛巳	庚戌	庚辰	己酉	己卯	戊申	丁丑	丁未	丙子	丙午	乙亥	丁未	23日
壬午	辛亥	辛巳	庚戌	庚辰	己酉	戊寅	戊申	丁丑	丁未	丙子	戊申	24日
癸未	壬子	壬午	辛亥	辛巳	庚戌	己卯	己酉	戊寅	戊申	丁丑	己酉	25日
甲申	癸丑	癸未	壬子	壬午	辛亥	庚辰	庚戌	己卯	己酉	戊寅	庚戌	26日
乙酉	甲寅	甲申	癸丑	癸未	壬子	辛巳	辛亥	庚辰	庚戌	己卯	辛亥	27日
丙戌	乙卯	乙酉	甲寅	甲申	癸丑	壬午	壬子	辛巳	辛亥	庚辰	壬子	28日
丁亥	丙辰	丙戌	乙卯	乙酉	甲寅	癸未	癸丑	壬午	壬子	辛巳		29日
戊子	丁巳	丁亥	丙辰	丙戌	乙卯	甲申	甲寅	癸未	癸丑	壬午		30日
己丑	戊午		丁巳		丙辰	乙酉		甲申		癸未		31日

令和5年〈2023年〉 癸卯（四緑木星）

六白	七赤	八白	九紫	一白	二黒	三碧	四緑	五黄	六白	七赤	八白	九星
1月	12月	11月	10月	9月	8月	7月	6月	5月	4月	3月	2月	月
乙丑	甲子	癸亥	壬戌	辛酉	庚申	己未	戊午	丁巳	丙辰	乙卯	甲寅	月干
6日	7日	8日	8日	8日	8日	7日	6日	6日	5日	6日	4日	節入
5:49	18:36	1:37	22:14	6:26	3:23	17:30	7:16	3:19	10:12	5:36	11:42	時刻
甲子	癸巳	癸亥	壬辰	壬戌	辛卯	庚申	庚寅	己未	己丑	戊午	庚寅	1日
乙丑	甲午	甲子	癸巳	癸亥	甲子	辛酉	辛卯	庚申	庚寅	己未	辛卯	2日
丙寅	乙未	乙丑	甲午	甲子	癸巳	壬戌	壬辰	辛酉	辛卯	庚申	壬辰	3日
丁卯	丙申	丙寅	乙未	乙丑	甲午	癸亥	癸巳	壬戌	壬辰	辛酉	癸巳	4日
戊辰	丁酉	丁卯	丙申	丙寅	乙未	甲子	甲午	癸亥	癸巳	壬戌	甲午	5日
己巳	戊戌	戊辰	丁酉	丁卯	丙申	乙丑	乙未	甲子	甲午	癸亥	乙未	6日
庚午	己亥	己巳	戊戌	戊辰	丁酉	丙寅	丙申	乙丑	乙未	甲子	丙申	7日
辛未	庚子	庚午	己亥	己巳	戊戌	丁卯	丁酉	丙寅	丙申	乙丑	丁酉	8日
壬申	辛丑	辛未	庚子	庚午	己亥	戊辰	戊戌	丁卯	丁酉	丙寅	戊戌	9日
癸酉	壬寅	壬申	辛丑	辛未	庚子	己巳	己亥	戊辰	戊戌	丁卯	己亥	10日
甲戌	癸卯	癸酉	壬寅	壬申	辛丑	庚午	庚子	己巳	己亥	戊辰	庚子	11日
乙亥	甲辰	甲戌	癸卯	癸酉	壬寅	辛未	辛丑	庚午	庚子	己巳	辛丑	12日
丙子	乙巳	乙亥	甲辰	甲戌	癸卯	壬申	壬寅	辛未	辛丑	庚午	壬寅	13日
丁丑	丙午	丙子	乙巳	乙亥	甲辰	癸酉	癸卯	壬申	壬寅	辛未	癸卯	14日
戊寅	丁未	丁丑	丙午	丙子	乙巳	甲戌	甲辰	癸酉	癸卯	壬申	甲辰	15日
己卯	戊申	戊寅	丁未	丁丑	丙午	乙亥	乙巳	甲戌	甲辰	癸酉	乙巳	16日
庚辰	己酉	己卯	戊申	戊寅	丁未	丙子	丙午	乙亥	乙巳	甲戌	丙午	17日
辛巳	庚戌	庚辰	己酉	己卯	戊申	丁丑	丁未	丙子	丙午	乙亥	丁未	18日
壬午	辛亥	辛巳	庚戌	庚辰	己酉	戊寅	戊申	丁丑	丁未	丙子	戊申	19日
癸未	壬子	壬午	辛亥	辛巳	庚戌	己卯	己酉	戊寅	戊申	丁丑	己酉	20日
甲申	癸丑	癸未	壬子	壬午	辛亥	庚辰	庚戌	己卯	己酉	戊寅	庚戌	21日
乙酉	甲寅	甲申	癸丑	癸未	壬子	辛巳	辛亥	庚辰	庚戌	己卯	辛亥	22日
丙戌	乙卯	乙酉	甲寅	甲申	癸丑	壬午	壬子	辛巳	辛亥	庚辰	壬子	23日
丁亥	丙辰	丙戌	乙卯	乙酉	甲寅	癸未	癸丑	壬午	壬子	辛巳	癸丑	24日
戊子	丁巳	丁亥	丙辰	丙戌	乙卯	甲申	甲寅	癸未	癸丑	壬午	甲寅	25日
己丑	戊午	戊子	丁巳	丁亥	丙辰	乙酉	乙卯	甲申	甲寅	癸未	乙卯	26日
庚寅	己未	己丑	戊午	戊子	丁巳	丙戌	丙辰	乙酉	乙卯	甲申	丙辰	27日
辛卯	庚申	庚寅	己未	己丑	戊午	丁亥	丁巳	丙戌	丙辰	乙酉	丁巳	28日
壬辰	辛酉	辛卯	庚申	庚寅	己未	戊子	戊午	丁亥	丁巳	丙戌		29日
癸巳	壬戌	壬辰	辛酉	辛卯	庚申	己丑	己未	戊子	戊午	丁亥		30日
甲午	癸亥		壬戌		辛酉	庚寅		己丑		戊子		31日

令和6年〈2024年〉 甲辰（三碧木星）

三碧	四緑	五黄	六白	七赤	八白	九紫	一白	二黒	三碧	四緑	五黄	九星
1月	12月	11月	10月	9月	8月	7月	6月	5月	4月	3月	2月	月
丁丑	丙子	乙亥	甲戌	癸酉	壬申	辛未	庚午	己巳	戊辰	丁卯	丙寅	月干
5日	7日	7日	8日	7日	7日	6日	5日	5日	4日	5日	4日	節入
11:32	0:17	7:20	4:03	12:10	9:09	23:20	13:10	9:10	16:01	11:23	17:27	時刻
庚午	己亥	己巳	戊戌	戊辰	丁酉	丙寅	丙申	乙丑	乙未	甲子	乙未	1日
辛未	庚子	庚午	己亥	己巳	戊戌	丁卯	丁酉	丙寅	丙申	乙丑	丙申	2日
壬申	辛丑	辛未	庚子	庚午	己亥	戊辰	戊戌	丁卯	丁酉	丙寅	丁酉	3日
癸酉	壬寅	壬申	辛丑	辛未	庚子	己巳	己亥	戊辰	戊戌	丁卯	戊戌	4日
甲戌	癸卯	癸酉	壬寅	壬申	辛丑	庚午	庚子	己巳	己亥	戊辰	己亥	5日
乙亥	甲辰	甲戌	癸卯	癸酉	壬寅	辛未	辛丑	庚午	庚子	己巳	庚子	6日
丙子	乙巳	乙亥	甲辰	甲戌	癸卯	壬申	壬寅	辛未	辛丑	庚午	辛丑	7日
丁丑	丙午	丙子	乙巳	乙亥	甲辰	癸酉	癸卯	壬申	壬寅	辛未	壬寅	8日
戊寅	丁未	丁丑	丙午	丙子	乙巳	甲戌	甲辰	癸酉	癸卯	壬申	癸卯	9日
己卯	戊申	戊寅	丁未	丁丑	丙午	乙亥	乙巳	甲戌	甲辰	癸酉	甲辰	10日
庚辰	己酉	己卯	戊申	戊寅	丁未	丙子	丙午	乙亥	乙巳	甲戌	乙巳	11日
辛巳	庚戌	庚辰	己酉	己卯	戊申	丁丑	丁未	丙子	丙午	乙亥	丙午	12日
壬午	辛亥	辛巳	庚戌	庚辰	己酉	戊寅	戊申	丁丑	丁未	丙子	丁未	13日
癸未	壬子	壬午	辛亥	辛巳	庚戌	己卯	己酉	戊寅	戊申	丁丑	戊申	14日
甲申	癸丑	癸未	壬子	壬午	辛亥	庚辰	庚戌	己卯	己酉	戊寅	己酉	15日
乙酉	甲寅	甲申	癸丑	癸未	壬子	辛巳	辛亥	庚辰	庚戌	己卯	庚戌	16日
丙戌	乙卯	乙酉	甲寅	甲申	癸丑	壬午	壬子	辛巳	辛亥	庚辰	辛亥	17日
丁亥	丙辰	丙戌	乙卯	乙酉	甲寅	癸未	癸丑	壬午	壬子	辛巳	壬子	18日
戊子	丁巳	丁亥	丙辰	丙戌	乙卯	甲申	甲寅	癸未	癸丑	壬午	癸丑	19日
己丑	戊午	戊子	丁巳	丁亥	丙辰	乙酉	乙卯	甲申	甲寅	癸未	甲寅	20日
庚寅	己未	己丑	戊午	戊子	丁巳	丙戌	丙辰	乙酉	乙卯	甲申	乙卯	21日
辛卯	庚申	庚寅	己未	己丑	戊午	丁亥	丁巳	丙戌	丙辰	乙酉	丙辰	22日
壬辰	辛酉	辛卯	庚申	庚寅	己未	戊子	戊午	丁亥	丁巳	丙戌	丁巳	23日
癸巳	壬戌	壬辰	辛酉	辛卯	庚申	己丑	己未	戊子	戊午	丁亥	戊午	24日
甲午	癸亥	癸巳	壬戌	壬辰	辛酉	庚寅	庚申	己丑	己未	戊子	己未	25日
乙未	甲子	甲午	癸亥	癸巳	壬戌	辛卯	辛酉	庚寅	庚申	己丑	庚申	26日
丙申	乙丑	乙未	甲子	甲午	癸亥	壬辰	壬戌	辛卯	辛酉	庚寅	辛酉	27日
丁酉	丙寅	丙申	乙丑	乙未	甲子	癸巳	癸亥	壬辰	壬戌	辛卯	壬戌	28日
戊戌	丁卯	丁酉	丙寅	丙申	乙丑	甲午	甲子	癸巳	癸亥	壬辰	癸亥	29日
己亥	戊辰	戊戌	丁卯	丁酉	丙寅	乙未	乙丑	甲午	甲子	癸巳		30日
庚子	己巳		戊辰		丁卯	丙申		乙未		甲午		31日

令和7年〈2025年〉 乙巳（二黒土星）

九紫	一白	二黒	三碧	四緑	五黄	六白	七赤	八白	九紫	一白	二黒	九星
1月	12月	11月	10月	9月	8月	7月	6月	5月	4月	3月	2月	月
己丑	戊子	丁亥	丙戌	乙酉	甲申	癸未	壬午	辛巳	庚辰	己卯	戊寅	月干
5日	7日	7日	8日	7日	7日	7日	5日	5日	4日	5日	3日	節入
17:23	6:04	13:04	9:41	17:52	14:48	5:05	18:56	14:57	21:50	17:08	23:10	時刻
乙亥	甲辰	甲戌	癸卯	癸酉	壬寅	辛未	辛丑	庚午	庚子	己巳	辛丑	1日
丙子	乙巳	乙亥	甲辰	甲戌	癸卯	壬申	壬寅	辛未	辛丑	庚午	壬寅	2日
丁丑	丙午	丙子	乙巳	乙亥	甲辰	癸酉	癸卯	壬申	壬寅	辛未	癸卯	3日
戊寅	丁未	丁丑	丙午	丙子	乙巳	甲戌	甲辰	癸酉	癸卯	壬申	甲辰	4日
己卯	戊申	戊寅	丁未	丁丑	丙午	乙亥	乙巳	甲戌	甲辰	癸酉	乙巳	5日
庚辰	己酉	己卯	戊申	戊寅	丁未	丙子	丙午	乙亥	乙巳	甲戌	丙午	6日
辛巳	庚戌	庚辰	己酉	己卯	戊申	丁丑	丁未	丙子	丙午	乙亥	丁未	7日
壬午	辛亥	辛巳	庚戌	庚辰	己酉	戊寅	戊申	丁丑	丁未	丙子	戊申	8日
癸未	壬子	壬午	辛亥	辛巳	庚戌	己卯	己酉	戊寅	戊申	丁丑	己酉	9日
甲申	癸丑	癸未	壬子	壬午	辛亥	庚辰	庚戌	己卯	己酉	戊寅	庚戌	10日
乙酉	甲寅	甲申	癸丑	癸未	壬子	辛巳	辛亥	庚辰	庚戌	己卯	辛亥	11日
丙戌	乙卯	乙酉	甲寅	甲申	癸丑	壬午	壬子	辛巳	辛亥	庚辰	壬子	12日
丁亥	丙辰	丙戌	乙卯	乙酉	甲寅	癸未	癸丑	壬午	壬子	辛巳	癸丑	13日
戊子	丁巳	丁亥	丙辰	丙戌	乙卯	甲申	甲寅	癸未	癸丑	壬午	甲寅	14日
己丑	戊午	戊子	丁巳	丁亥	丙辰	乙酉	乙卯	甲申	甲寅	癸未	乙卯	15日
庚寅	己未	己丑	戊午	戊子	丁巳	丙戌	丙辰	乙酉	乙卯	甲申	丙辰	16日
辛卯	庚申	庚寅	己未	己丑	戊午	丁亥	丁巳	丙戌	丙辰	乙酉	丁巳	17日
壬辰	辛酉	辛卯	庚申	庚寅	己未	戊子	戊午	丁亥	丁巳	丙戌	戊午	18日
癸巳	壬戌	壬辰	辛酉	辛卯	庚申	己丑	己未	戊子	戊午	丁亥	己未	19日
甲午	癸亥	癸巳	壬戌	壬辰	辛酉	庚寅	庚申	己丑	己未	戊子	庚申	20日
乙未	甲子	甲午	癸亥	癸巳	壬戌	辛卯	辛酉	庚寅	庚申	己丑	辛酉	21日
丙申	乙丑	乙未	甲子	甲午	癸亥	壬辰	壬戌	辛卯	辛酉	庚寅	壬戌	22日
丁酉	丙寅	丙申	乙丑	乙未	甲子	癸巳	癸亥	壬辰	壬戌	辛卯	癸亥	23日
戊戌	丁卯	丁酉	丙寅	丙申	乙丑	甲午	甲子	癸巳	癸亥	壬辰	甲子	24日
己亥	戊辰	戊戌	丁卯	丁酉	丙寅	乙未	乙丑	甲午	甲子	癸巳	乙丑	25日
庚子	己巳	己亥	戊辰	戊戌	丁卯	丙申	丙寅	乙未	乙丑	甲午	丙寅	26日
辛丑	庚午	庚子	己巳	己亥	戊辰	丁酉	丁卯	丙申	丙寅	乙未	丁卯	27日
壬寅	辛未	辛丑	庚午	庚子	己巳	戊戌	戊辰	丁酉	丁卯	丙申	戊辰	28日
癸卯	壬申	壬寅	辛未	辛丑	庚午	己亥	己巳	戊戌	戊辰	丁酉		29日
甲辰	癸酉	癸卯	壬申	壬寅	辛未	庚子	庚午	己亥	己巳	戊戌		30日
乙巳	甲戌		癸酉		壬申	辛丑		庚子		己亥		31日

令和8年〈2026年〉 丙午（一白水星）

六白	七赤	八白	九紫	一白	二黒	三碧	四緑	五黄	六白	七赤	八白	九星
1月	12月	11月	10月	9月	8月	7月	6月	5月	4月	3月	2月	月
辛丑	庚子	己亥	戊戌	丁酉	丙申	乙未	甲午	癸巳	壬辰	辛卯	庚寅	月干
5日	7日	7日	8日	7日	7日	7日	6日	5日	5日	5日	4日	節入
23:10	11:52	18:52	15:29	23:41	20:42	10:57	0:48	20:48	3:39	22:58	5:02	時刻
庚辰	己酉	己卯	戊申	戊寅	丁未	丙子	丙午	乙亥	乙巳	甲戌	丙午	1日
辛巳	庚戌	庚辰	己酉	己卯	戊申	丁丑	丁未	丙子	丙午	乙亥	丁未	2日
壬午	辛亥	辛巳	庚戌	庚辰	己酉	戊寅	戊申	丁丑	丁未	丙子	戊申	3日
癸未	壬子	壬午	辛亥	辛巳	庚戌	己卯	己酉	戊寅	戊申	丁丑	己酉	4日
甲申	癸丑	癸未	壬子	壬午	辛亥	庚辰	庚戌	己卯	己酉	戊寅	庚戌	5日
乙酉	甲寅	甲申	癸丑	癸未	壬子	辛巳	辛亥	庚辰	庚戌	己卯	辛亥	6日
丙戌	乙卯	乙酉	甲寅	甲申	癸丑	壬午	壬子	辛巳	辛亥	庚辰	壬子	7日
丁亥	丙辰	丙戌	乙卯	乙酉	甲寅	癸未	癸丑	壬午	壬子	辛巳	癸丑	8日
戊子	丁巳	丁亥	丙辰	丙戌	乙卯	甲申	甲寅	癸未	癸丑	壬午	甲寅	9日
己丑	戊午	戊子	丁巳	丁亥	丙辰	乙酉	乙卯	甲申	甲寅	癸未	乙卯	10日
庚寅	己未	己丑	戊午	戊子	丁巳	丙戌	丙辰	乙酉	乙卯	甲申	丙辰	11日
辛卯	庚申	庚寅	己未	己丑	戊午	丁亥	丁巳	丙戌	丙辰	乙酉	丁巳	12日
壬辰	辛酉	辛卯	庚申	庚寅	己未	戊子	戊午	丁亥	丁巳	丙戌	戊午	13日
癸巳	壬戌	壬辰	辛酉	辛卯	庚申	己丑	己未	戊子	戊午	丁亥	己未	14日
甲午	癸亥	癸巳	壬戌	壬辰	辛酉	庚寅	庚申	己丑	己未	戊子	庚申	15日
乙未	甲子	甲午	癸亥	癸巳	壬戌	辛卯	辛酉	庚寅	庚申	己丑	辛酉	16日
丙申	乙丑	乙未	甲子	甲午	癸亥	壬辰	壬戌	辛卯	辛酉	庚寅	壬戌	17日
丁酉	丙寅	丙申	乙丑	乙未	甲子	癸巳	癸亥	壬辰	壬戌	辛卯	癸亥	18日
戊戌	丁卯	丁酉	丙寅	丙申	乙丑	甲午	甲子	癸巳	癸亥	壬辰	甲子	19日
己亥	戊辰	戊戌	丁卯	丁酉	丙寅	乙未	乙丑	甲午	甲子	癸巳	乙丑	20日
庚子	己巳	己亥	戊辰	戊戌	丁卯	丙申	丙寅	乙未	乙丑	甲午	丙寅	21日
辛丑	庚午	庚子	己巳	己亥	戊辰	丁酉	丁卯	丙申	丙寅	乙未	丁卯	22日
壬寅	辛未	辛丑	庚午	庚子	己巳	戊戌	戊辰	丁酉	丁卯	丙申	戊辰	23日
癸卯	壬申	壬寅	辛未	辛丑	庚午	己亥	己巳	戊戌	戊辰	丁酉	己巳	24日
甲辰	癸酉	癸卯	壬申	壬寅	辛未	庚子	庚午	己亥	己巳	戊戌	庚午	25日
乙巳	甲戌	甲辰	癸酉	癸卯	壬申	辛丑	辛未	庚子	庚午	己亥	辛未	26日
丙午	乙亥	乙巳	甲戌	甲辰	癸酉	壬寅	壬申	辛丑	辛未	庚子	壬申	27日
丁未	丙子	丙午	乙亥	乙巳	甲戌	癸卯	癸酉	壬寅	壬申	辛丑	癸酉	28日
戊申	丁丑	丁未	丙子	丙午	乙亥	甲辰	甲戌	癸卯	癸酉	壬寅		29日
己酉	戊寅	戊申	丁丑	丁未	丙子	乙巳	乙亥	甲辰	甲戌	癸卯		30日
庚戌	己卯		戊寅		丁丑	丙午		乙巳		甲辰		31日

令和9年〈2027年〉 丁未（九紫火星）

三碧	四緑	五黄	六白	七赤	八白	九紫	一白	二黒	三碧	四緑	五黄	九星
1月	12月	11月	10月	9月	8月	7月	6月	5月	4月	3月	2月	月
癸丑	壬子	辛亥	庚戌	己酉	戊申	丁未	丙午	乙巳	甲辰	癸卯	壬寅	月干
6日	7日	8日	8日	8日	8日	7日	6日	6日	5日	6日	4日	節入
4:54	17:37	0:38	21:17	5:28	2:23	16:37	6:25	2:22	9:17	4:39	10:46	時刻
乙酉	甲寅	甲申	癸丑	癸未	壬子	辛巳	辛亥	庚辰	庚戌	己卯	辛亥	1日
丙戌	乙卯	乙酉	甲寅	甲申	癸丑	壬午	壬子	辛巳	辛亥	庚辰	壬子	2日
丁亥	丙辰	丙戌	乙卯	乙酉	甲寅	癸未	癸丑	壬午	壬子	辛巳	癸丑	3日
戊子	丁巳	丁亥	丙辰	丙戌	乙卯	甲申	甲寅	癸未	癸丑	壬午	甲寅	4日
己丑	戊午	戊子	丁巳	丁亥	丙辰	乙酉	乙卯	甲申	甲寅	癸未	乙卯	5日
庚寅	己未	己丑	戊午	戊子	丁巳	丙戌	丙辰	乙酉	乙卯	甲申	丙辰	6日
辛卯	庚申	庚寅	己未	己丑	戊午	丁亥	丁巳	丙戌	丙辰	乙酉	丁巳	7日
壬辰	辛酉	辛卯	庚申	庚寅	己未	戊子	戊午	丁亥	丁巳	丙戌	戊午	8日
癸巳	壬戌	壬辰	辛酉	辛卯	庚申	己丑	己未	戊子	戊午	丁亥	己未	9日
甲午	癸亥	癸巳	壬戌	壬辰	辛酉	庚寅	庚申	己丑	己未	戊子	庚申	10日
乙未	甲子	甲午	癸亥	癸巳	壬戌	辛卯	辛酉	庚寅	庚申	己丑	辛酉	11日
丙申	乙丑	乙未	甲子	甲午	癸亥	壬辰	壬戌	辛卯	辛酉	庚寅	壬戌	12日
丁酉	丙寅	丙申	乙丑	乙未	甲子	癸巳	癸亥	壬辰	壬戌	辛卯	癸亥	13日
戊戌	丁卯	丁酉	丙寅	丙申	乙丑	甲午	甲子	癸巳	癸亥	壬辰	甲子	14日
己亥	戊辰	戊戌	丁卯	丁酉	丙寅	乙未	乙丑	甲午	甲子	癸巳	乙丑	15日
庚子	己巳	己亥	戊辰	戊戌	丁卯	丙申	丙寅	乙未	乙丑	甲午	丙寅	16日
辛丑	庚午	庚子	己巳	己亥	戊辰	丁酉	丁卯	丙申	丙寅	乙未	丁卯	17日
壬寅	辛未	辛丑	庚午	庚子	己巳	戊戌	戊辰	丁酉	丁卯	丙申	戊辰	18日
癸卯	壬申	壬寅	辛未	辛丑	庚午	己亥	己巳	戊戌	戊辰	丁酉	己巳	19日
甲辰	癸酉	癸卯	壬申	壬寅	辛未	庚子	庚午	己亥	己巳	戊戌	庚午	20日
乙巳	甲戌	甲辰	癸酉	癸卯	壬申	辛丑	辛未	庚子	庚午	己亥	辛未	21日
丙午	乙亥	乙巳	甲戌	甲辰	癸酉	壬寅	壬申	辛丑	辛未	庚子	壬申	22日
丁未	丙子	丙午	乙亥	乙巳	甲戌	癸卯	癸酉	壬寅	壬申	辛丑	癸酉	23日
戊申	丁丑	丁未	丙子	丙午	乙亥	甲辰	甲戌	癸卯	癸酉	壬寅	甲戌	24日
己酉	戊寅	戊申	丁丑	丁未	丙子	乙巳	乙亥	甲辰	甲戌	癸卯	乙亥	25日
庚戌	己卯	己酉	戊寅	戊申	丁丑	丙午	丙子	乙巳	乙亥	甲辰	丙子	26日
辛亥	庚辰	庚戌	己卯	己酉	戊寅	丁未	丁丑	丙午	丙子	乙巳	丁丑	27日
壬子	辛巳	辛亥	庚辰	庚戌	己卯	戊申	戊寅	丁未	丁丑	丙午	戊寅	28日
癸丑	壬午	壬子	辛巳	辛亥	庚辰	己酉	己卯	戊申	戊寅	丁未		29日
甲寅	癸未	癸丑	壬午	壬子	辛巳	庚戌	庚辰	己酉	己卯	戊申		30日
乙卯	甲申		癸未		壬午	辛亥		庚戌		己酉		31日

令和10年〈2028年〉 戊申（八白土星）

九紫	一白	二黒	三碧	四緑	五黄	六白	七赤	八白	九紫	一白	二黒	九星
1月	12月	11月	10月	9月	8月	7月	6月	5月	4月	3月	2月	月
乙丑	甲子	癸亥	壬戌	辛酉	庚申	己未	戊午	丁巳	丙辰	乙卯	甲寅	月干
5日	6日	7日	8日	7日	7日	6日	5日	5日	4日	5日	4日	節入
10:42	23:24	6:27	3:08	11:24	8:21	22:30	12:13	8:10	15:03	10:24	16:31	時刻
辛卯	庚申	庚寅	己未	己丑	戊午	丁亥	丁巳	丙戌	丙辰	乙酉	丙辰	1日
壬辰	辛酉	辛卯	庚申	庚寅	己未	戊子	戊午	丁亥	丁巳	丙戌	丁巳	2日
癸巳	壬戌	壬辰	辛酉	辛卯	庚申	己丑	己未	戊子	戊午	丁亥	戊午	3日
甲午	癸亥	癸巳	壬戌	壬辰	辛酉	庚寅	庚申	己丑	己未	戊子	己未	4日
乙未	甲子	甲午	癸亥	癸巳	壬戌	辛卯	辛酉	庚寅	庚申	己丑	庚申	5日
丙申	乙丑	乙未	甲子	甲午	癸亥	壬辰	壬戌	辛卯	辛酉	庚寅	辛酉	6日
丁酉	丙寅	丙申	乙丑	乙未	甲子	癸巳	癸亥	壬辰	壬戌	辛卯	壬戌	7日
戊戌	丁卯	丁酉	丙寅	丙申	乙丑	甲午	甲子	癸巳	癸亥	壬辰	癸亥	8日
己亥	戊辰	戊戌	丁卯	丁酉	丙寅	乙未	乙丑	甲午	甲子	癸巳	甲子	9日
庚子	己巳	己亥	戊辰	戊戌	丁卯	丙申	丙寅	乙未	乙丑	甲午	乙丑	10日
辛丑	庚午	庚子	己巳	己亥	戊辰	丁酉	丁卯	丙申	丙寅	乙未	丙寅	11日
壬寅	辛未	辛丑	庚午	庚子	己巳	戊戌	戊辰	丁酉	丁卯	丙申	丁卯	12日
癸卯	壬申	壬寅	辛未	辛丑	庚午	己亥	己巳	戊戌	戊辰	丁酉	戊辰	13日
甲辰	癸酉	癸卯	壬申	壬寅	辛未	庚子	庚午	己亥	己巳	戊戌	己巳	14日
乙巳	甲戌	甲辰	癸酉	癸卯	壬申	辛丑	辛未	庚子	庚午	己亥	庚午	15日
丙午	乙亥	乙巳	甲戌	甲辰	癸酉	壬寅	壬申	辛丑	辛未	庚子	辛未	16日
丁未	丙子	丙午	乙亥	乙巳	甲戌	癸卯	癸酉	壬寅	壬申	辛丑	壬申	17日
戊申	丁丑	丁未	丙子	丙午	乙亥	甲辰	甲戌	癸卯	癸酉	壬寅	癸酉	18日
己酉	戊寅	戊申	丁丑	丁未	丙子	乙巳	乙亥	甲辰	甲戌	癸卯	甲戌	19日
庚戌	己卯	己酉	戊寅	戊申	丁丑	丙午	丙子	乙巳	乙亥	甲辰	乙亥	20日
辛亥	庚辰	庚戌	己卯	己酉	戊寅	丁未	丁丑	丙午	丙子	乙巳	丙子	21日
壬子	辛巳	辛亥	庚辰	庚戌	己卯	戊申	戊寅	丁未	丁丑	丙午	丁丑	22日
癸丑	壬午	壬子	辛巳	辛亥	庚辰	己酉	己卯	戊申	戊寅	丁未	戊寅	23日
甲寅	癸未	癸丑	壬午	壬子	辛巳	庚戌	庚辰	己酉	己卯	戊申	己卯	24日
乙卯	甲申	甲寅	癸未	癸丑	壬午	辛亥	辛巳	庚戌	庚辰	己酉	庚辰	25日
丙辰	乙酉	乙卯	甲申	甲寅	癸未	壬子	壬午	辛亥	辛巳	庚戌	辛巳	26日
丁巳	丙戌	丙辰	乙酉	乙卯	甲申	癸丑	癸未	壬子	壬午	辛亥	壬午	27日
戊午	丁亥	丁巳	丙戌	丙辰	乙酉	甲寅	甲申	癸丑	癸未	壬子	癸未	28日
己未	戊子	戊午	丁亥	丁巳	丙戌	乙卯	乙酉	甲寅	甲申	癸丑	甲申	29日
庚申	己丑	己未	戊子	戊午	丁亥	丙辰	丙戌	乙卯	乙酉	甲寅		30日
辛酉	庚寅		己丑		戊子	丁巳		丙辰		乙卯		31日

令和11年〈2029年〉　己酉（七赤金星）

六白	七赤	八白	九紫	一白	二黒	三碧	四緑	五黄	六白	七赤	八白	九星
1月	12月	11月	10月	9月	8月	7月	6月	5月	4月	3月	2月	月
丁丑	丙子	乙亥	甲戌	癸酉	壬申	辛未	庚午	己巳	戊辰	丁卯	丙寅	月干
5日	7日	7日	8日	7日	7日	7日	5日	5日	4日	5日	3日	節入
16:30	5:13	12:16	8:58	17:12	14:11	4:22	18:10	14:07	20:58	16:17	22:20	時刻
丙申	乙丑	乙未	甲子	甲午	癸亥	壬辰	壬戌	辛卯	辛酉	庚寅	壬戌	1日
丁酉	丙寅	丙申	乙丑	乙未	甲子	癸巳	癸亥	壬辰	壬戌	辛卯	癸亥	2日
戊戌	丁卯	丁酉	丙寅	丙申	乙丑	甲午	甲子	癸巳	癸亥	壬辰	甲子	3日
己亥	戊辰	戊戌	丁卯	丁酉	丙寅	乙未	乙丑	甲午	甲子	癸巳	乙丑	4日
庚子	己巳	己亥	戊辰	戊戌	丁卯	丙申	丙寅	乙未	乙丑	甲午	丙寅	5日
辛丑	庚午	庚子	己巳	己亥	戊辰	丁酉	丁卯	丙申	丙寅	乙未	丁卯	6日
壬寅	辛未	辛丑	庚午	庚子	己巳	戊戌	戊辰	丁酉	丁卯	丙申	戊辰	7日
癸卯	壬申	壬寅	辛未	辛丑	庚午	己亥	己巳	戊戌	戊辰	丁酉	己巳	8日
甲辰	癸酉	癸卯	壬申	壬寅	辛未	庚子	庚午	己亥	己巳	戊戌	庚午	9日
乙巳	甲戌	甲辰	癸酉	癸卯	壬申	辛丑	辛未	庚子	庚午	己亥	辛未	10日
丙午	乙亥	乙巳	甲戌	甲辰	癸酉	壬寅	壬申	辛丑	辛未	庚子	壬申	11日
丁未	丙子	丙午	乙亥	乙巳	甲戌	癸卯	癸酉	壬寅	壬申	辛丑	癸酉	12日
戊申	丁丑	丁未	丙子	丙午	乙亥	甲辰	甲戌	癸卯	癸酉	壬寅	甲戌	13日
己酉	戊寅	戊申	丁丑	丁未	丙子	乙巳	乙亥	甲辰	甲戌	癸卯	乙亥	14日
庚戌	己卯	己酉	戊寅	戊申	丁丑	丙午	丙子	乙巳	乙亥	甲辰	丙子	15日
辛亥	庚辰	庚戌	己卯	己酉	戊寅	丁未	丁丑	丙午	丙子	乙巳	丁丑	16日
壬子	辛巳	辛亥	庚辰	庚戌	己卯	戊申	戊寅	丁未	丁丑	丙午	戊寅	17日
癸丑	壬午	壬子	辛巳	辛亥	庚辰	己酉	己卯	戊申	戊寅	丁未	己卯	18日
甲寅	癸未	癸丑	壬午	壬子	辛巳	庚戌	庚辰	己酉	己卯	戊申	庚辰	19日
乙卯	甲申	甲寅	癸未	癸丑	壬午	辛亥	辛巳	庚戌	庚辰	己酉	辛巳	20日
丙辰	乙酉	乙卯	甲申	甲寅	癸未	壬子	壬午	辛亥	辛巳	庚戌	壬午	21日
丁巳	丙戌	丙辰	乙酉	乙卯	甲申	癸丑	癸未	壬子	壬午	辛亥	癸未	22日
戊午	丁亥	丁巳	丙戌	丙辰	乙酉	甲寅	甲申	癸丑	癸未	壬子	甲申	23日
己未	戊子	戊午	丁亥	丁巳	丙戌	乙卯	乙酉	甲寅	甲申	癸丑	乙酉	24日
庚申	己丑	己未	戊子	戊午	丁亥	丙辰	丙戌	乙卯	乙酉	甲寅	丙戌	25日
辛酉	庚寅	庚申	己丑	己未	戊子	丁巳	丁亥	丙辰	丙戌	乙卯	丁亥	26日
壬戌	辛卯	辛酉	庚寅	庚申	己丑	戊午	戊子	丁巳	丁亥	丙辰	戊子	27日
癸亥	壬辰	壬戌	辛卯	辛酉	庚寅	己未	己丑	戊午	戊子	丁巳	己丑	28日
甲子	癸巳	癸亥	壬辰	壬戌	辛卯	庚申	庚寅	己未	己丑	戊午		29日
乙丑	甲午	甲子	癸巳	癸亥	壬辰	辛酉	辛卯	庚申	庚寅	己未		30日
丙寅	乙未		甲午		癸巳	壬戌		辛酉		庚申		31日

令和12年〈2030年〉 庚戌（六白金星）

三碧	四緑	五黄	六白	七赤	八白	九紫	一白	二黒	三碧	四緑	五黄	九星
1月	12月	11月	10月	9月	8月	7月	6月	5月	4月	3月	2月	月
己丑	戊子	丁亥	丙戌	乙酉	甲申	癸未	壬午	辛巳	庚辰	己卯	戊寅	月干
5日	7日	7日	8日	7日	7日	7日	5日	5日	5日	5日	4日	節入
22:23	11:07	18:08	14:45	22:52	19:47	9:55	23:44	19:46	2:41	22:03	4:08	時刻
辛丑	庚午	庚子	己巳	己亥	戊辰	丁酉	丁卯	丙申	丙寅	乙未	丁卯	1日
壬寅	辛未	辛丑	庚午	庚子	己巳	戊戌	戊辰	丁酉	丁卯	丙申	戊辰	2日
癸卯	壬申	壬寅	辛未	辛丑	庚午	己亥	己巳	戊戌	戊辰	丁酉	己巳	3日
甲辰	癸酉	癸卯	壬申	壬寅	辛未	庚子	庚午	己亥	己巳	戊戌	庚午	4日
乙巳	甲戌	甲辰	癸酉	癸卯	壬申	辛丑	辛未	庚子	庚午	己亥	辛未	5日
丙午	乙亥	乙巳	甲戌	甲辰	癸酉	壬寅	壬申	辛丑	辛未	庚子	壬申	6日
丁未	丙子	丙午	乙亥	乙巳	甲戌	癸卯	癸酉	壬寅	壬申	辛丑	癸酉	7日
戊申	丁丑	丁未	丙子	丙午	乙亥	甲辰	甲戌	癸卯	癸酉	壬寅	甲戌	8日
己酉	戊寅	戊申	丁丑	丁未	丙子	乙巳	乙亥	甲辰	甲戌	癸卯	乙亥	9日
庚戌	己卯	己酉	戊寅	戊申	丁丑	丙午	丙子	乙巳	乙亥	甲辰	丙子	10日
辛亥	庚辰	庚戌	己卯	己酉	戊寅	丁未	丁丑	丙午	丙子	乙巳	丁丑	11日
壬子	辛巳	辛亥	庚辰	庚戌	己卯	戊申	戊寅	丁未	丁丑	丙午	戊寅	12日
癸丑	壬午	壬子	辛巳	辛亥	庚辰	己酉	己卯	戊申	戊寅	丁未	己卯	13日
甲寅	癸未	癸丑	壬午	壬子	辛巳	庚戌	庚辰	己酉	己卯	戊申	庚辰	14日
乙卯	甲申	甲寅	癸未	癸丑	壬午	辛亥	辛巳	庚戌	庚辰	己酉	辛巳	15日
丙辰	乙酉	乙卯	甲申	甲寅	癸未	壬子	壬午	辛亥	辛巳	庚戌	壬午	16日
丁巳	丙戌	丙辰	乙酉	乙卯	甲申	癸丑	癸未	壬子	壬午	辛亥	癸未	17日
戊午	丁亥	丁巳	丙戌	丙辰	乙酉	甲寅	甲申	癸丑	癸未	壬子	甲申	18日
己未	戊子	戊午	丁亥	丁巳	丙戌	乙卯	乙酉	甲寅	甲申	癸丑	乙酉	19日
庚申	己丑	己未	戊子	戊午	丁亥	丙辰	丙戌	乙卯	乙酉	甲寅	丙戌	20日
辛酉	庚寅	庚申	己丑	己未	戊子	丁巳	丁亥	丙辰	丙戌	乙卯	丁亥	21日
壬戌	辛卯	辛酉	庚寅	庚申	己丑	戊午	戊子	丁巳	丁亥	丙辰	戊子	22日
癸亥	壬辰	壬戌	辛卯	辛酉	庚寅	己未	己丑	戊午	戊子	丁巳	己丑	23日
甲子	癸巳	癸亥	壬辰	壬戌	辛卯	庚申	庚寅	己未	己丑	戊午	庚寅	24日
乙丑	甲午	甲子	癸巳	癸亥	壬辰	辛酉	辛卯	庚申	庚寅	己未	辛卯	25日
丙寅	乙未	乙丑	甲午	甲子	癸巳	壬戌	壬辰	辛酉	辛卯	庚申	壬辰	26日
丁卯	丙申	丙寅	乙未	乙丑	甲午	癸亥	癸巳	壬戌	壬辰	辛酉	癸巳	27日
戊辰	丁酉	丁卯	丙申	丙寅	乙未	甲子	甲午	癸亥	癸巳	壬戌	甲午	28日
己巳	戊戌	戊辰	丁酉	丁卯	丙申	乙丑	乙未	甲子	甲午	癸亥		29日
庚午	己亥	己巳	戊戌	戊辰	丁酉	丙寅	丙申	乙丑	乙未	甲子		30日
辛未	庚子		己亥		戊戌	丁卯		丙寅		乙丑		31日

令和13年〈2031年〉　辛亥（五黄土星）

九紫	一白	二黒	三碧	四緑	五黄	六白	七赤	八白	九紫	一白	二黒	九星
1月	12月	11月	10月	9月	8月	7月	6月	5月	4月	3月	2月	月
辛丑	庚子	己亥	戊戌	丁酉	丙申	乙未	甲午	癸巳	壬辰	辛卯	庚寅	月干
6日	7日	8日	8日	8日	8日	7日	6日	6日	5日	6日	4日	節入
4:16	17:03	0:05	20:45	4:49	1:43	15:48	5:35	1:33	8:28	3:51	9:58	時刻
丙午	乙亥	乙巳	甲戌	甲辰	癸酉	壬寅	壬申	辛丑	辛未	庚子	壬申	1日
丁未	丙子	丙午	乙亥	乙巳	甲戌	癸卯	癸酉	壬寅	壬申	辛丑	癸酉	2日
戊申	丁丑	丁未	丙子	丙午	乙亥	甲辰	甲戌	癸卯	癸酉	壬寅	甲戌	3日
己酉	戊寅	戊申	丁丑	丁未	丙子	乙巳	乙亥	甲辰	甲戌	癸卯	乙亥	4日
庚戌	己卯	己酉	戊寅	戊申	丁丑	丙午	丙子	乙巳	乙亥	甲辰	丙子	5日
辛亥	庚辰	庚戌	己卯	己酉	戊寅	丁未	丁丑	丙午	丙子	乙巳	丁丑	6日
壬子	辛巳	辛亥	庚辰	庚戌	己卯	戊申	戊寅	丁未	丁丑	丙午	戊寅	7日
癸丑	壬午	壬子	辛巳	辛亥	庚辰	己酉	己卯	戊申	戊寅	丁未	己卯	8日
甲寅	癸未	癸丑	壬午	壬子	辛巳	庚戌	庚辰	己酉	己卯	戊申	庚辰	9日
乙卯	甲申	甲寅	癸未	癸丑	壬午	辛亥	辛巳	庚戌	庚辰	己酉	辛巳	10日
丙辰	乙酉	乙卯	甲申	甲寅	癸未	壬子	壬午	辛亥	辛巳	庚戌	壬午	11日
丁巳	丙戌	丙辰	乙酉	乙卯	甲申	癸丑	癸未	壬子	壬午	辛亥	癸未	12日
戊午	丁亥	丁巳	丙戌	丙辰	乙酉	甲寅	甲申	癸丑	癸未	壬子	甲申	13日
己未	戊子	戊午	丁亥	丁巳	丙戌	乙卯	乙酉	甲寅	甲申	癸丑	乙酉	14日
庚申	己丑	己未	戊子	戊午	丁亥	丙辰	丙戌	乙卯	乙酉	甲寅	丙戌	15日
辛酉	庚寅	庚申	己丑	己未	戊子	丁巳	丁亥	丙辰	丙戌	乙卯	丁亥	16日
壬戌	辛卯	辛酉	庚寅	庚申	己丑	戊午	戊子	丁巳	丁亥	丙辰	戊子	17日
癸亥	壬辰	壬戌	辛卯	辛酉	庚寅	己未	己丑	戊午	戊子	丁巳	己丑	18日
甲子	癸巳	癸亥	壬辰	壬戌	辛卯	庚申	庚寅	己未	己丑	戊午	庚寅	19日
乙丑	甲午	甲子	癸巳	癸亥	壬辰	辛酉	辛卯	庚申	庚寅	己未	辛卯	20日
丙寅	乙未	乙丑	甲午	甲子	癸巳	壬戌	壬辰	辛酉	辛卯	庚申	壬辰	21日
丁卯	丙申	丙寅	乙未	乙丑	甲午	癸亥	癸巳	壬戌	壬辰	辛酉	癸巳	22日
戊辰	丁酉	丁卯	丙申	丙寅	乙未	甲子	甲午	癸亥	癸巳	壬戌	甲午	23日
己巳	戊戌	戊辰	丁酉	丁卯	丙申	乙丑	乙未	甲子	甲午	癸亥	乙未	24日
庚午	己亥	己巳	戊戌	戊辰	丁酉	丙寅	丙申	乙丑	乙未	甲子	丙申	25日
辛未	庚子	庚午	己亥	己巳	戊戌	丁卯	丁酉	丙寅	丙申	乙丑	丁酉	26日
壬申	辛丑	辛未	庚子	庚午	己亥	戊辰	戊戌	丁卯	丁酉	丙寅	戊戌	27日
癸酉	壬寅	壬申	辛丑	辛未	庚子	己巳	己亥	戊辰	戊戌	丁卯	己亥	28日
甲戌	癸卯	癸酉	壬寅	壬申	辛丑	庚午	庚子	己巳	己亥	戊辰		29日
乙亥	甲辰	甲戌	癸卯	癸酉	壬寅	辛未	辛丑	庚午	庚子	己巳		30日
丙子	乙巳		甲辰		癸卯	壬申		辛未		庚午		31日

令和14年〈2032年〉 壬子（四緑木星）

六白	七赤	八白	九紫	一白	二黒	三碧	四緑	五黄	六白	七赤	八白	九星
1月	12月	11月	10月	9月	8月	7月	6月	5月	4月	3月	2月	月
癸丑	壬子	辛亥	庚戌	己酉	戊申	丁未	丙午	乙巳	甲辰	癸卯	壬寅	月干
5日	6日	7日	8日	7日	7日	6日	5日	5日	4日	5日	4日	節入
10:08	22:53	5:54	2:30	10:37	7:32	21:41	11:28	7:25	14:17	9:40	15:49	時刻
壬子	辛巳	辛亥	庚辰	庚戌	己卯	戊申	戊寅	丁未	丁丑	丙午	丁丑	1日
癸丑	壬午	壬子	辛巳	辛亥	庚辰	己酉	己卯	戊申	戊寅	丁未	戊寅	2日
甲寅	癸未	癸丑	壬午	壬子	辛巳	庚戌	庚辰	己酉	己卯	戊申	己卯	3日
乙卯	甲申	甲寅	癸未	癸丑	壬午	辛亥	辛巳	庚戌	庚辰	己酉	庚辰	4日
丙辰	乙酉	乙卯	甲申	甲寅	癸未	壬子	壬午	辛亥	辛巳	庚戌	辛巳	5日
丁巳	丙戌	丙辰	乙酉	乙卯	甲申	癸丑	癸未	壬子	壬午	辛亥	壬午	6日
戊午	丁亥	丁巳	丙戌	丙辰	乙酉	甲寅	甲申	癸丑	癸未	壬子	癸未	7日
己未	戊子	戊午	丁亥	丁巳	丙戌	乙卯	乙酉	甲寅	甲申	癸丑	甲申	8日
庚申	己丑	己未	戊子	戊午	丁亥	丙辰	丙戌	乙卯	乙酉	甲寅	乙酉	9日
辛酉	庚寅	庚申	己丑	己未	戊子	丁巳	丁亥	丙辰	丙戌	乙卯	丙戌	10日
壬戌	辛卯	辛酉	庚寅	庚申	己丑	戊午	戊子	丁巳	丁亥	丙辰	丁亥	11日
癸亥	壬辰	壬戌	辛卯	辛酉	庚寅	己未	己丑	戊午	戊子	丁巳	戊子	12日
甲子	癸巳	癸亥	壬辰	壬戌	辛卯	庚申	庚寅	己未	己丑	戊午	己丑	13日
乙丑	甲午	甲子	癸巳	癸亥	壬辰	辛酉	辛卯	庚申	庚寅	己未	庚寅	14日
丙寅	乙未	乙丑	甲午	甲子	癸巳	壬戌	壬辰	辛酉	辛卯	庚申	辛卯	15日
丁卯	丙申	丙寅	乙未	乙丑	甲午	癸亥	癸巳	壬戌	壬辰	辛酉	壬辰	16日
戊辰	丁酉	丁卯	丙申	丙寅	乙未	甲子	甲午	癸亥	癸巳	壬戌	癸巳	17日
己巳	戊戌	戊辰	丁酉	丁卯	丙申	乙丑	乙未	甲子	甲午	癸亥	甲午	18日
庚午	己亥	己巳	戊戌	戊辰	丁酉	丙寅	丙申	乙丑	乙未	甲子	乙未	19日
辛未	庚子	庚午	己亥	己巳	戊戌	丁卯	丁酉	丙寅	丙申	乙丑	丙申	20日
壬申	辛丑	辛未	庚子	庚午	己亥	戊辰	戊戌	丁卯	丁酉	丙寅	丁酉	21日
癸酉	壬寅	壬申	辛丑	辛未	庚子	己巳	己亥	戊辰	戊戌	丁卯	戊戌	22日
甲戌	癸卯	癸酉	壬寅	壬申	辛丑	庚午	庚子	己巳	己亥	戊辰	己亥	23日
乙亥	甲辰	甲戌	癸卯	癸酉	壬寅	辛未	辛丑	庚午	庚子	己巳	庚子	24日
丙子	乙巳	乙亥	甲辰	甲戌	癸卯	壬申	壬寅	辛未	辛丑	庚午	辛丑	25日
丁丑	丙午	丙子	乙巳	乙亥	甲辰	癸酉	癸卯	壬申	壬寅	辛未	壬寅	26日
戊寅	丁未	丁丑	丙午	丙子	乙巳	甲戌	甲辰	癸酉	癸卯	壬申	癸卯	27日
己卯	戊申	戊寅	丁未	丁丑	丙午	乙亥	乙巳	甲戌	甲辰	癸酉	甲辰	28日
庚辰	己酉	己卯	戊申	戊寅	丁未	丙子	丙午	乙亥	乙巳	甲戌	乙巳	29日
辛巳	庚戌	庚辰	己酉	己卯	戊申	丁丑	丁未	丙子	丙午	乙亥		30日
壬午	辛亥		庚戌		己酉	戊寅		丁丑		丙子		31日

令和15年〈2033年〉 癸丑（三碧木星）

三碧	四緑	五黄	六白	七赤	八白	九紫	一白	二黒	三碧	四緑	五黄	九星
1月	12月	11月	10月	9月	8月	7月	6月	5月	4月	3月	2月	月
乙丑	甲子	癸亥	壬戌	辛酉	庚申	己未	戊午	丁巳	丙辰	乙卯	甲寅	月干
5日	7日	7日	8日	7日	7日	7日	5日	5日	4日	5日	3日	節入
16:04	4:45	11:41	8:14	16:20	13:15	3:25	17:13	13:13	20:08	15:32	21:41	時刻
丁巳	丙戌	丙辰	乙酉	乙卯	甲申	癸丑	癸未	壬子	壬午	辛亥	癸未	1日
戊午	丁亥	丁巳	丙戌	丙辰	乙酉	甲寅	甲申	癸丑	癸未	壬子	甲申	2日
己未	戊子	戊午	丁亥	丁巳	丙戌	乙卯	乙酉	甲寅	甲申	癸丑	乙酉	3日
庚申	己丑	己未	戊子	戊午	丁亥	丙辰	丙戌	乙卯	乙酉	甲寅	丙戌	4日
辛酉	庚寅	庚申	己丑	己未	戊子	丁巳	丁亥	丙辰	丙戌	乙卯	丁亥	5日
壬戌	辛卯	辛酉	庚寅	庚申	己丑	戊午	戊子	丁巳	丁亥	丙辰	戊子	6日
癸亥	壬辰	壬戌	辛卯	辛酉	庚寅	己未	己丑	戊午	戊子	丁巳	己丑	7日
甲子	癸巳	癸亥	壬辰	壬戌	辛卯	庚申	庚寅	己未	己丑	戊午	庚寅	8日
乙丑	甲午	甲子	癸巳	癸亥	壬辰	辛酉	辛卯	庚申	庚寅	己未	辛卯	9日
丙寅	乙未	乙丑	甲午	甲子	癸巳	壬戌	壬辰	辛酉	辛卯	庚申	壬辰	10日
丁卯	丙申	丙寅	乙未	乙丑	甲午	癸亥	癸巳	壬戌	壬辰	辛酉	癸巳	11日
戊辰	丁酉	丁卯	丙申	丙寅	乙未	甲子	甲午	癸亥	癸巳	壬戌	甲午	12日
己巳	戊戌	戊辰	丁酉	丁卯	丙申	乙丑	乙未	甲子	甲午	癸亥	乙未	13日
庚午	己亥	己巳	戊戌	戊辰	丁酉	丙寅	丙申	乙丑	乙未	甲子	丙申	14日
辛未	庚子	庚午	己亥	己巳	戊戌	丁卯	丁酉	丙寅	丙申	乙丑	丁酉	15日
壬申	辛丑	辛未	庚子	庚午	己亥	戊辰	戊戌	丁卯	丁酉	丙寅	戊戌	16日
癸酉	壬寅	壬申	辛丑	辛未	庚子	己巳	己亥	戊辰	戊戌	丁卯	己亥	17日
甲戌	癸卯	癸酉	壬寅	壬申	辛丑	庚午	庚子	己巳	己亥	戊辰	庚子	18日
乙亥	甲辰	甲戌	癸卯	癸酉	壬寅	辛未	辛丑	庚午	庚子	己巳	辛丑	19日
丙子	乙巳	乙亥	甲辰	甲戌	癸卯	壬申	壬寅	辛未	辛丑	庚午	壬寅	20日
丁丑	丙午	丙子	乙巳	乙亥	甲辰	癸酉	癸卯	壬申	壬寅	辛未	癸卯	21日
戊寅	丁未	丁丑	丙午	丙子	乙巳	甲戌	甲辰	癸酉	癸卯	壬申	甲辰	22日
己卯	戊申	戊寅	丁未	丁丑	丙午	乙亥	乙巳	甲戌	甲辰	癸酉	乙巳	23日
庚辰	己酉	己卯	戊申	戊寅	丁未	丙子	丙午	乙亥	乙巳	甲戌	丙午	24日
辛巳	庚戌	庚辰	己酉	己卯	戊申	丁丑	丁未	丙子	丙午	乙亥	丁未	25日
壬午	辛亥	辛巳	庚戌	庚辰	己酉	戊寅	戊申	丁丑	丁未	丙子	戊申	26日
癸未	壬子	壬午	辛亥	辛巳	庚戌	己卯	己酉	戊寅	戊申	丁丑	己酉	27日
甲申	癸丑	癸未	壬子	壬午	辛亥	庚辰	庚戌	己卯	己酉	戊寅	庚戌	28日
乙酉	甲寅	甲申	癸丑	癸未	壬子	辛巳	辛亥	庚辰	庚戌	己卯		29日
丙戌	乙卯	乙酉	甲寅	甲申	癸丑	壬午	壬子	辛巳	辛亥	庚辰		30日
丁亥	丙辰		乙卯		甲寅	癸未		壬午		辛巳		31日

令和16年〈2034年〉 甲寅（二黒土星）

九紫	一白	二黒	三碧	四緑	五黄	六白	七赤	八白	九紫	一白	二黒	九星
1月	12月	11月	10月	9月	8月	7月	6月	5月	4月	3月	2月	月
丁丑	丙子	乙亥	甲戌	癸酉	壬申	辛未	庚午	己巳	戊辰	丁卯	丙寅	月干
5日	7日	7日	8日	7日	7日	7日	5日	5日	5日	5日	4日	節入
21:55	10:36	17:33	14:07	22:14	19:09	9:17	23:06	19:09	2:07	21:32	3:41	時刻
壬戌	辛卯	辛酉	庚寅	庚申	己丑	戊午	戊子	丁巳	丁亥	丙辰	戊子	1日
癸亥	壬辰	壬戌	辛卯	辛酉	庚寅	己未	己丑	戊午	戊子	丁巳	己丑	2日
甲子	癸巳	癸亥	壬辰	壬戌	辛卯	庚申	庚寅	己未	己丑	戊午	庚寅	3日
乙丑	甲午	甲子	癸巳	癸亥	壬辰	辛酉	辛卯	庚申	庚寅	己未	辛卯	4日
丙寅	乙未	乙丑	甲午	甲子	癸巳	壬戌	壬辰	辛酉	辛卯	庚申	壬辰	5日
丁卯	丙申	丙寅	乙未	乙丑	甲午	癸亥	癸巳	壬戌	壬辰	辛酉	癸巳	6日
戊辰	丁酉	丁卯	丙申	丙寅	乙未	甲子	甲午	癸亥	癸巳	壬戌	甲午	7日
己巳	戊戌	戊辰	丁酉	丁卯	丙申	乙丑	乙未	甲子	甲午	癸亥	乙未	8日
庚午	己亥	己巳	戊戌	戊辰	丁酉	丙寅	丙申	乙丑	乙未	甲子	丙申	9日
辛未	庚子	庚午	己亥	己巳	戊戌	丁卯	丁酉	丙寅	丙申	乙丑	丁酉	10日
壬申	辛丑	辛未	庚子	庚午	己亥	戊辰	戊戌	丁卯	丁酉	丙寅	戊戌	11日
癸酉	壬寅	壬申	辛丑	辛未	庚子	己巳	己亥	戊辰	戊戌	丁卯	己亥	12日
甲戌	癸卯	癸酉	壬寅	壬申	辛丑	庚午	庚子	己巳	己亥	戊辰	庚子	13日
乙亥	甲辰	甲戌	癸卯	癸酉	壬寅	辛未	辛丑	庚午	庚子	己巳	辛丑	14日
丙子	乙巳	乙亥	甲辰	甲戌	癸卯	壬申	壬寅	辛未	辛丑	庚午	壬寅	15日
丁丑	丙午	丙子	乙巳	乙亥	甲辰	癸酉	癸卯	壬申	壬寅	辛未	癸卯	16日
戊寅	丁未	丁丑	丙午	丙子	乙巳	甲戌	甲辰	癸酉	癸卯	壬申	甲辰	17日
己卯	戊申	戊寅	丁未	丁丑	丙午	乙亥	乙巳	甲戌	甲辰	癸酉	乙巳	18日
庚辰	己酉	己卯	戊申	戊寅	丁未	丙子	丙午	乙亥	乙巳	甲戌	丙午	19日
辛巳	庚戌	庚辰	己酉	己卯	戊申	丁丑	丁未	丙子	丙午	乙亥	丁未	20日
壬午	辛亥	辛巳	庚戌	庚辰	己酉	戊寅	戊申	丁丑	丁未	丙子	戊申	21日
癸未	壬子	壬午	辛亥	辛巳	庚戌	己卯	己酉	戊寅	戊申	丁丑	己酉	22日
甲申	癸丑	癸未	壬子	壬午	辛亥	庚辰	庚戌	己卯	己酉	戊寅	庚戌	23日
乙酉	甲寅	甲申	癸丑	癸未	壬子	辛巳	辛亥	庚辰	庚戌	己卯	辛亥	24日
丙戌	乙卯	乙酉	甲寅	甲申	癸丑	壬午	壬子	辛巳	辛亥	庚辰	壬子	25日
丁亥	丙辰	丙戌	乙卯	乙酉	甲寅	癸未	癸丑	壬午	壬子	辛巳	癸丑	26日
戊子	丁巳	丁亥	丙辰	丙戌	乙卯	甲申	甲寅	癸未	癸丑	壬午	甲寅	27日
己丑	戊午	戊子	丁巳	丁亥	丙辰	乙酉	乙卯	甲申	甲寅	癸未	乙卯	28日
庚寅	己未	己丑	戊午	戊子	丁巳	丙戌	丙辰	乙酉	乙卯	甲申		29日
辛卯	庚申	庚寅	己未	己丑	戊午	丁亥	丁巳	丙戌	丙辰	乙酉		30日
壬辰	辛酉		庚申		己未	戊子		丁亥		丙戌		31日

令和17年〈2035年〉　乙卯（一白水星）

六白	七赤	八白	九紫	一白	二黒	三碧	四緑	五黄	六白	七赤	八白	九星
1月	12月	11月	10月	9月	8月	7月	6月	5月	4月	3月	2月	月
己丑	戊子	丁亥	丙戌	乙酉	甲申	癸未	壬午	辛巳	庚辰	己卯	戊寅	月干
6日	7日	7日	8日	8日	8日	7日	6日	6日	5日	6日	4日	節入
3:43	16:25	23:23	19:57	4:02	0:54	15:01	4:50	0:55	7:55	3:19	9:31	時刻
丁卯	丙申	丙寅	乙未	乙丑	甲午	癸亥	癸巳	壬戌	壬辰	辛酉	癸巳	1日
戊辰	丁酉	丁卯	丙申	丙寅	乙未	甲子	甲午	癸亥	癸巳	壬戌	甲午	2日
己巳	戊戌	戊辰	丁酉	丁卯	丙申	乙丑	乙未	甲子	甲午	癸亥	乙未	3日
庚午	己亥	己巳	戊戌	戊辰	丁酉	丙寅	丙申	乙丑	乙未	甲子	丙申	4日
辛未	庚子	庚午	己亥	己巳	戊戌	丁卯	丁酉	丙寅	丙申	乙丑	丁酉	5日
壬申	辛丑	辛未	庚子	庚午	己亥	戊辰	戊戌	丁卯	丁酉	丙寅	戊戌	6日
癸酉	壬寅	壬申	辛丑	辛未	庚子	己巳	己亥	戊辰	戊戌	丁卯	己亥	7日
甲戌	癸卯	癸酉	壬寅	壬申	辛丑	庚午	庚子	己巳	己亥	戊辰	庚子	8日
乙亥	甲辰	甲戌	癸卯	癸酉	壬寅	辛未	辛丑	庚午	庚子	己巳	辛丑	9日
丙子	乙巳	乙亥	甲辰	甲戌	癸卯	壬申	壬寅	辛未	辛丑	庚午	壬寅	10日
丁丑	丙午	丙子	乙巳	乙亥	甲辰	癸酉	癸卯	壬申	壬寅	辛未	癸卯	11日
戊寅	丁未	丁丑	丙午	丙子	乙巳	甲戌	甲辰	癸酉	癸卯	壬申	甲辰	12日
己卯	戊申	戊寅	丁未	丁丑	丙午	乙亥	乙巳	甲戌	甲辰	癸酉	乙巳	13日
庚辰	己酉	己卯	戊申	戊寅	丁未	丙子	丙午	乙亥	乙巳	甲戌	丙午	14日
辛巳	庚戌	庚辰	己酉	己卯	戊申	丁丑	丁未	丙子	丙午	乙亥	丁未	15日
壬午	辛亥	辛巳	庚戌	庚辰	己酉	戊寅	戊申	丁丑	丁未	丙子	戊申	16日
癸未	壬子	壬午	辛亥	辛巳	庚戌	己卯	己酉	戊寅	戊申	丁丑	己酉	17日
甲申	癸丑	癸未	壬子	壬午	辛亥	庚辰	庚戌	己卯	己酉	戊寅	庚戌	18日
乙酉	甲寅	甲申	癸丑	癸未	壬子	辛巳	辛亥	庚辰	庚戌	己卯	辛亥	19日
丙戌	乙卯	乙酉	甲寅	甲申	癸丑	壬午	壬子	辛巳	辛亥	庚辰	壬子	20日
丁亥	丙辰	丙戌	乙卯	乙酉	甲寅	癸未	癸丑	壬午	壬子	辛巳	癸丑	21日
戊子	丁巳	丁亥	丙辰	丙戌	乙卯	甲申	甲寅	癸未	癸丑	壬午	甲寅	22日
己丑	戊午	戊子	丁巳	丁亥	丙辰	乙酉	乙卯	甲申	甲寅	癸未	乙卯	23日
庚寅	己未	己丑	戊午	戊子	丁巳	丙戌	丙辰	乙酉	乙卯	甲申	丙辰	24日
辛卯	庚申	庚寅	己未	己丑	戊午	丁亥	丁巳	丙戌	丙辰	乙酉	丁巳	25日
壬辰	辛酉	辛卯	庚申	庚寅	己未	戊子	戊午	丁亥	丁巳	丙戌	戊午	26日
癸巳	壬戌	壬辰	辛酉	辛卯	庚申	己丑	己未	戊子	戊午	丁亥	己未	27日
甲午	癸亥	癸巳	壬戌	壬辰	辛酉	庚寅	庚申	己丑	己未	戊子	庚申	28日
乙未	甲子	甲午	癸亥	癸巳	壬戌	辛卯	辛酉	庚寅	庚申	己丑		29日
丙申	乙丑	乙未	甲子	甲午	癸亥	壬辰	壬戌	辛卯	辛酉	庚寅		30日
丁酉	丙寅		乙丑		甲子	癸巳		壬辰		辛卯		31日

令和18年〈2036年〉 丙辰（九紫火星）

三碧	四緑	五黄	六白	七赤	八白	九紫	一白	二黒	三碧	四緑	五黄	九星
1月	12月	11月	10月	9月	8月	7月	6月	5月	4月	3月	2月	月
辛丑	庚子	己亥	戊戌	丁酉	丙申	乙未	甲午	癸巳	壬辰	辛卯	庚寅	月干
5日	6日	7日	8日	7日	7日	6日	5日	5日	4日	5日	4日	節入
9:34	22:16	5:14	1:50	9:55	6:49	20:57	10:47	6:49	13:43	9:11	15:20	時刻
癸酉	壬寅	壬申	辛丑	辛未	庚子	己巳	己亥	戊辰	戊戌	丁卯	戊戌	1日
甲戌	癸卯	癸酉	壬寅	壬申	辛丑	庚午	庚子	己巳	己亥	戊辰	己亥	2日
乙亥	甲辰	甲戌	癸卯	癸酉	壬寅	辛未	辛丑	庚午	庚子	己巳	庚子	3日
丙子	乙巳	乙亥	甲辰	甲戌	癸卯	壬申	壬寅	辛未	辛丑	庚午	辛丑	4日
丁丑	丙午	丙子	乙巳	乙亥	甲辰	癸酉	癸卯	壬申	壬寅	辛未	壬寅	5日
戊寅	丁未	丁丑	丙午	丙子	乙巳	甲戌	甲辰	癸酉	癸卯	壬申	癸卯	6日
己卯	戊申	戊寅	丁未	丁丑	丙午	乙亥	乙巳	甲戌	甲辰	癸酉	甲辰	7日
庚辰	己酉	己卯	戊申	戊寅	丁未	丙子	丙午	乙亥	乙巳	甲戌	乙巳	8日
辛巳	庚戌	庚辰	己酉	己卯	戊申	丁丑	丁未	丙子	丙午	乙亥	丙午	9日
壬午	辛亥	辛巳	庚戌	庚辰	己酉	戊寅	戊申	丁丑	丁未	丙子	丁未	10日
癸未	壬子	壬午	辛亥	辛巳	庚戌	己卯	己酉	戊寅	戊申	丁丑	戊申	11日
甲申	癸丑	癸未	壬子	壬午	辛亥	庚辰	庚戌	己卯	己酉	戊寅	己酉	12日
乙酉	甲寅	甲申	癸丑	癸未	壬子	辛巳	辛亥	庚辰	庚戌	己卯	庚戌	13日
丙戌	乙卯	乙酉	甲寅	甲申	癸丑	壬午	壬子	辛巳	辛亥	庚辰	辛亥	14日
丁亥	丙辰	丙戌	乙卯	乙酉	甲寅	癸未	癸丑	壬午	壬子	辛巳	壬子	15日
戊子	丁巳	丁亥	丙辰	丙戌	乙卯	甲申	甲寅	癸未	癸丑	壬午	癸丑	16日
己丑	戊午	戊子	丁巳	丁亥	丙辰	乙酉	乙卯	甲申	甲寅	癸未	甲寅	17日
庚寅	己未	己丑	戊午	戊子	丁巳	丙戌	丙辰	乙酉	乙卯	甲申	乙卯	18日
辛卯	庚申	庚寅	己未	己丑	戊午	丁亥	丁巳	丙戌	丙辰	乙酉	丙辰	19日
壬辰	辛酉	辛卯	庚申	庚寅	己未	戊子	戊午	丁亥	丁巳	丙戌	丁巳	20日
癸巳	壬戌	壬辰	辛酉	辛卯	庚申	己丑	己未	戊子	戊午	丁亥	戊午	21日
甲午	癸亥	癸巳	壬戌	壬辰	辛酉	庚寅	庚申	己丑	己未	戊子	己未	22日
乙未	甲子	甲午	癸亥	癸巳	壬戌	辛卯	辛酉	庚寅	庚申	己丑	庚申	23日
丙申	乙丑	乙未	甲子	甲午	癸亥	壬辰	壬戌	辛卯	辛酉	庚寅	辛酉	24日
丁酉	丙寅	丙申	乙丑	乙未	甲子	癸巳	癸亥	壬辰	壬戌	辛卯	壬戌	25日
戊戌	丁卯	丁酉	丙寅	丙申	乙丑	甲午	甲子	癸巳	癸亥	壬辰	癸亥	26日
己亥	戊辰	戊戌	丁卯	丁酉	丙寅	乙未	乙丑	甲午	甲子	癸巳	甲子	27日
庚子	己巳	己亥	戊辰	戊戌	丁卯	丙申	丙寅	乙未	乙丑	甲午	乙丑	28日
辛丑	庚午	庚子	己巳	己亥	戊辰	丁酉	丁卯	丙申	丙寅	乙未	丙寅	29日
壬寅	辛未	辛丑	庚午	庚子	己巳	戊戌	戊辰	丁酉	丁卯	丙申		30日
癸卯	壬申		辛未		庚午	己亥		戊戌		丁酉		31日

令和19年〈2037年〉 丁巳（八白土星）

九紫	一白	二黒	三碧	四緑	五黄	六白	七赤	八白	九紫	一白	二黒	九星
1月	12月	11月	10月	9月	8月	7月	6月	5月	4月	3月	2月	月
癸丑	壬子	辛亥	庚戌	己酉	戊申	丁未	丙午	乙巳	甲辰	癸卯	壬寅	月干
5日	7日	7日	8日	7日	7日	7日	5日	5日	4日	5日	3日	節入
15:26	4:07	11:04	7:39	15:45	12:43	2:55	16:46	12:49	19:44	15:06	21:11	時刻
戊寅	丁未	丁丑	丙午	丙子	乙巳	甲戌	甲辰	癸酉	癸卯	壬申	甲辰	1日
己卯	戊申	戊寅	丁未	丁丑	丙午	乙亥	乙巳	甲戌	甲辰	癸酉	乙巳	2日
庚辰	己酉	己卯	戊申	戊寅	丁未	丙子	丙午	乙亥	乙巳	甲戌	丙午	3日
辛巳	庚戌	庚辰	己酉	己卯	戊申	丁丑	丁未	丙子	丙午	乙亥	丁未	4日
壬午	辛亥	辛巳	庚戌	庚辰	己酉	戊寅	戊申	丁丑	丁未	丙子	戊申	5日
癸未	壬子	壬午	辛亥	辛巳	庚戌	己卯	己酉	戊寅	戊申	丁丑	己酉	6日
甲申	癸丑	癸未	壬子	壬午	辛亥	庚辰	庚戌	己卯	己酉	戊寅	庚戌	7日
乙酉	甲寅	甲申	癸丑	癸未	壬子	辛巳	辛亥	庚辰	庚戌	己卯	辛亥	8日
丙戌	乙卯	乙酉	甲寅	甲申	癸丑	壬午	壬子	辛巳	辛亥	庚辰	壬子	9日
丁亥	丙辰	丙戌	乙卯	乙酉	甲寅	癸未	癸丑	壬午	壬子	辛巳	癸丑	10日
戊子	丁巳	丁亥	丙辰	丙戌	乙卯	甲申	甲寅	癸未	癸丑	壬午	甲寅	11日
己丑	戊午	戊子	丁巳	丁亥	丙辰	乙酉	乙卯	甲申	甲寅	癸未	乙卯	12日
庚寅	己未	己丑	戊午	戊子	丁巳	丙戌	丙辰	乙酉	乙卯	甲申	丙辰	13日
辛卯	庚申	庚寅	己未	己丑	戊午	丁亥	丁巳	丙戌	丙辰	乙酉	丁巳	14日
壬辰	辛酉	辛卯	庚申	庚寅	己未	戊子	戊午	丁亥	丁巳	丙戌	戊午	15日
癸巳	壬戌	壬辰	辛酉	辛卯	庚申	己丑	己未	戊子	戊午	丁亥	己未	16日
甲午	癸亥	癸巳	壬戌	壬辰	辛酉	庚寅	庚申	己丑	己未	戊子	庚申	17日
乙未	甲子	甲午	癸亥	癸巳	壬戌	辛卯	辛酉	庚寅	庚申	己丑	辛酉	18日
丙申	乙丑	乙未	甲子	甲午	癸亥	壬辰	壬戌	辛卯	辛酉	庚寅	壬戌	19日
丁酉	丙寅	丙申	乙丑	乙未	甲子	癸巳	癸亥	壬辰	壬戌	辛卯	癸亥	20日
戊戌	丁卯	丁酉	丙寅	丙申	乙丑	甲午	甲子	癸巳	癸亥	壬辰	甲子	21日
己亥	戊辰	戊戌	丁卯	丁酉	丙寅	乙未	乙丑	甲午	甲子	癸巳	乙丑	22日
庚子	己巳	己亥	戊辰	戊戌	丁卯	丙申	丙寅	乙未	乙丑	甲午	丙寅	23日
辛丑	庚午	庚子	己巳	己亥	戊辰	丁酉	丁卯	丙申	丙寅	乙未	丁卯	24日
壬寅	辛未	辛丑	庚午	庚子	己巳	戊戌	戊辰	丁酉	丁卯	丙申	戊辰	25日
癸卯	壬申	壬寅	辛未	辛丑	庚午	己亥	己巳	戊戌	戊辰	丁酉	己巳	26日
甲辰	癸酉	癸卯	壬申	壬寅	辛未	庚子	庚午	己亥	己巳	戊戌	庚午	27日
乙巳	甲戌	甲辰	癸酉	癸卯	壬申	辛丑	辛未	庚子	庚午	己亥	辛未	28日
丙午	乙亥	乙巳	甲戌	甲辰	癸酉	壬寅	壬申	辛丑	辛未	庚子		29日
丁未	丙子	丙午	乙亥	乙巳	甲戌	癸卯	癸酉	壬寅	壬申	辛丑		30日
戊申	丁丑		丙子		乙亥	甲辰		癸卯		壬寅		31日

令和20年〈2038年〉 戊午（七赤金星）

六白	七赤	八白	九紫	一白	二黒	三碧	四緑	五黄	六白	七赤	八白	九星
1月	12月	11月	10月	9月	8月	7月	6月	5月	4月	3月	2月	月
乙丑	甲子	癸亥	壬戌	辛酉	庚申	己未	戊午	丁巳	丙辰	乙卯	甲寅	月干
5日	7日	7日	8日	7日	7日	7日	5日	5日	5日	5日	4日	節入
21:16	9:56	16:50	13:21	21:26	18:21	8:32	22:25	18:31	1:29	20:55	3:03	時刻
癸未	壬子	壬午	辛亥	辛巳	庚戌	己卯	己酉	戊寅	戊申	丁丑	己酉	1日
甲申	癸丑	癸未	壬子	壬午	辛亥	庚辰	庚戌	己卯	己酉	戊寅	庚戌	2日
乙酉	甲寅	甲申	癸丑	癸未	壬子	辛巳	辛亥	庚辰	庚戌	己卯	辛亥	3日
丙戌	乙卯	乙酉	甲寅	甲申	癸丑	壬午	壬子	辛巳	辛亥	庚辰	壬子	4日
丁亥	丙辰	丙戌	乙卯	乙酉	甲寅	癸未	癸丑	壬午	壬子	辛巳	癸丑	5日
戊子	丁巳	丁亥	丙辰	丙戌	乙卯	甲申	甲寅	癸未	癸丑	壬午	甲寅	6日
己丑	戊午	戊子	丁巳	丁亥	丙辰	乙酉	乙卯	甲申	甲寅	癸未	乙卯	7日
庚寅	己未	己丑	戊午	戊子	丁巳	丙戌	丙辰	乙酉	乙卯	甲申	丙辰	8日
辛卯	庚申	庚寅	己未	己丑	戊午	丁亥	丁巳	丙戌	丙辰	乙酉	丁巳	9日
壬辰	辛酉	辛卯	庚申	庚寅	己未	戊子	戊午	丁亥	丁巳	丙戌	戊午	10日
癸巳	壬戌	壬辰	辛酉	辛卯	庚申	己丑	己未	戊子	戊午	丁亥	己未	11日
甲午	癸亥	癸巳	壬戌	壬辰	辛酉	庚寅	庚申	己丑	己未	戊子	庚申	12日
乙未	甲子	甲午	癸亥	癸巳	壬戌	辛卯	辛酉	庚寅	庚申	己丑	辛酉	13日
丙申	乙丑	乙未	甲子	甲午	癸亥	壬辰	壬戌	辛卯	辛酉	庚寅	壬戌	14日
丁酉	丙寅	丙申	乙丑	乙未	甲子	癸巳	癸亥	壬辰	壬戌	辛卯	癸亥	15日
戊戌	丁卯	丁酉	丙寅	丙申	乙丑	甲午	甲子	癸巳	癸亥	壬辰	甲子	16日
己亥	戊辰	戊戌	丁卯	丁酉	丙寅	乙未	乙丑	甲午	甲子	癸巳	乙丑	17日
庚子	己巳	己亥	戊辰	戊戌	丁卯	丙申	丙寅	乙未	乙丑	甲午	丙寅	18日
辛丑	庚午	庚子	己巳	己亥	戊辰	丁酉	丁卯	丙申	丙寅	乙未	丁卯	19日
壬寅	辛未	辛丑	庚午	庚子	己巳	戊戌	戊辰	丁酉	丁卯	丙申	戊辰	20日
癸卯	壬申	壬寅	辛未	辛丑	庚午	己亥	己巳	戊戌	戊辰	丁酉	己巳	21日
甲辰	癸酉	癸卯	壬申	壬寅	辛未	庚子	庚午	己亥	己巳	戊戌	庚午	22日
乙巳	甲戌	甲辰	癸酉	癸卯	壬申	辛丑	辛未	庚子	庚午	己亥	辛未	23日
丙午	乙亥	乙巳	甲戌	甲辰	癸酉	壬寅	壬申	辛丑	辛未	庚子	壬申	24日
丁未	丙子	丙午	乙亥	乙巳	甲戌	癸卯	癸酉	壬寅	壬申	辛丑	癸酉	25日
戊申	丁丑	丁未	丙子	丙午	乙亥	甲辰	甲戌	癸卯	癸酉	壬寅	甲戌	26日
己酉	戊寅	戊申	丁丑	丁未	丙子	乙巳	乙亥	甲辰	甲戌	癸卯	乙亥	27日
庚戌	己卯	己酉	戊寅	戊申	丁丑	丙午	丙子	乙巳	乙亥	甲辰	丙子	28日
辛亥	庚辰	庚戌	己卯	己酉	戊寅	丁未	丁丑	丙午	丙子	乙巳		29日
壬子	辛巳	辛亥	庚辰	庚戌	己卯	戊申	戊寅	丁未	丁丑	丙午		30日
癸丑	壬午		辛巳		庚辰	己酉		戊申		丁未		31日

令和21年〈2039年〉 己未（六白金星）

三碧	四緑	五黄	六白	七赤	八白	九紫	一白	二黒	三碧	四緑	五黄	九星
1月	12月	11月	10月	9月	8月	7月	6月	5月	4月	3月	2月	月
丁丑	丙子	乙亥	甲戌	癸酉	壬申	辛未	庚午	己巳	戊辰	丁卯	丙寅	月干
6日	7日	7日	8日	8日	8日	7日	6日	6日	5日	6日	4日	節入
3:03	15:45	22:42	19:17	3:24	0:18	14:26	4:15	0:18	7:15	2:43	8:52	時刻
戊子	丁巳	丁亥	丙辰	丙戌	乙卯	甲申	甲寅	癸未	癸丑	壬午	甲寅	1日
己丑	戊午	戊子	丁巳	丁亥	丙辰	乙酉	乙卯	甲申	甲寅	癸未	乙卯	2日
庚寅	己未	己丑	戊午	戊子	丁巳	丙戌	丙辰	乙酉	乙卯	甲申	丙辰	3日
辛卯	庚申	庚寅	己未	己丑	戊午	丁亥	丁巳	丙戌	丙辰	乙酉	丁巳	4日
壬辰	辛酉	辛卯	庚申	庚寅	己未	戊子	戊午	丁亥	丁巳	丙戌	戊午	5日
癸巳	壬戌	壬辰	辛酉	辛卯	庚申	己丑	己未	戊子	戊午	丁亥	己未	6日
甲午	癸亥	癸巳	壬戌	壬辰	辛酉	庚寅	庚申	己丑	己未	戊子	庚申	7日
乙未	甲子	甲午	癸亥	癸巳	壬戌	辛卯	辛酉	庚寅	庚申	己丑	辛酉	8日
丙申	乙丑	乙未	甲子	甲午	癸亥	壬辰	壬戌	辛卯	辛酉	庚寅	壬戌	9日
丁酉	丙寅	丙申	乙丑	乙未	甲子	癸巳	癸亥	壬辰	壬戌	辛卯	癸亥	10日
戊戌	丁卯	丁酉	丙寅	丙申	乙丑	甲午	甲子	癸巳	癸亥	壬辰	甲子	11日
己亥	戊辰	戊戌	丁卯	丁酉	丙寅	乙未	乙丑	甲午	甲子	癸巳	乙丑	12日
庚子	己巳	己亥	戊辰	戊戌	丁卯	丙申	丙寅	乙未	乙丑	甲午	丙寅	13日
辛丑	庚午	庚子	己巳	己亥	戊辰	丁酉	丁卯	丙申	丙寅	乙未	丁卯	14日
壬寅	辛未	辛丑	庚午	庚子	己巳	戊戌	戊辰	丁酉	丁卯	丙申	戊辰	15日
癸卯	壬申	壬寅	辛未	辛丑	庚午	己亥	己巳	戊戌	戊辰	丁酉	己巳	16日
甲辰	癸酉	癸卯	壬申	壬寅	辛未	庚子	庚午	己亥	己巳	戊戌	庚午	17日
乙巳	甲戌	甲辰	癸酉	癸卯	壬申	辛丑	辛未	庚子	庚午	己亥	辛未	18日
丙午	乙亥	乙巳	甲戌	甲辰	癸酉	壬寅	壬申	辛丑	辛未	庚子	壬申	19日
丁未	丙子	丙午	乙亥	乙巳	甲戌	癸卯	癸酉	壬寅	壬申	辛丑	癸酉	20日
戊申	丁丑	丁未	丙子	丙午	乙亥	甲辰	甲戌	癸卯	癸酉	壬寅	甲戌	21日
己酉	戊寅	戊申	丁丑	丁未	丙子	乙巳	乙亥	甲辰	甲戌	癸卯	乙亥	22日
庚戌	己卯	己酉	戊寅	戊申	丁丑	丙午	丙子	乙巳	乙亥	甲辰	丙子	23日
辛亥	庚辰	庚戌	己卯	己酉	戊寅	丁未	丁丑	丙午	丙子	乙巳	丁丑	24日
壬子	辛巳	辛亥	庚辰	庚戌	己卯	戊申	戊寅	丁未	丁丑	丙午	戊寅	25日
癸丑	壬午	壬子	辛巳	辛亥	庚辰	己酉	己卯	戊申	戊寅	丁未	己卯	26日
甲寅	癸未	癸丑	壬午	壬子	辛巳	庚戌	庚辰	己酉	己卯	戊申	庚辰	27日
乙卯	甲申	甲寅	癸未	癸丑	壬午	辛亥	辛巳	庚戌	庚辰	己酉	辛巳	28日
丙辰	乙酉	乙卯	甲申	甲寅	癸未	壬子	壬午	辛亥	辛巳	庚戌		29日
丁巳	丙戌	丙辰	乙酉	乙卯	甲申	癸丑	癸未	壬子	壬午	辛亥		30日
戊午	丁亥		丙戌		乙酉	甲寅		癸丑		壬子		31日

令和22年〈2040年〉 庚申（五黄土星）

九紫	一白	二黒	三碧	四緑	五黄	六白	七赤	八白	九紫	一白	二黒	九星
1月	12月	11月	10月	9月	8月	7月	6月	5月	4月	3月	2月	月
己丑	戊子	丁亥	丙戌	乙酉	甲申	癸未	壬午	辛巳	庚辰	己卯	戊寅	月干
5日	6日	7日	8日	7日	7日	6日	5日	5日	4日	5日	4日	節入
8:48	21:29	4:29	1:05	9:14	6:10	20:19	10:08	6:09	13:05	8:31	14:39	時刻
甲午	癸亥	癸巳	壬戌	壬辰	辛酉	庚寅	庚申	己丑	己未	戊子	己未	1日
乙未	甲子	甲午	癸亥	癸巳	壬戌	辛卯	辛酉	庚寅	庚申	己丑	庚申	2日
丙申	乙丑	乙未	甲子	甲午	癸亥	壬辰	壬戌	辛卯	辛酉	庚寅	辛酉	3日
丁酉	丙寅	丙申	乙丑	乙未	甲子	癸巳	癸亥	壬辰	壬戌	辛卯	壬戌	4日
戊戌	丁卯	丁酉	丙寅	丙申	乙丑	甲午	甲子	癸巳	癸亥	壬辰	癸亥	5日
己亥	戊辰	戊戌	丁卯	丁酉	丙寅	乙未	乙丑	甲午	甲子	癸巳	甲子	6日
庚子	己巳	己亥	戊辰	戊戌	丁卯	丙申	丙寅	乙未	乙丑	甲午	乙丑	7日
辛丑	庚午	庚子	己巳	己亥	戊辰	丁酉	丁卯	丙申	丙寅	乙未	丙寅	8日
壬寅	辛未	辛丑	庚午	庚子	己巳	戊戌	戊辰	丁酉	丁卯	丙申	丁卯	9日
癸卯	壬申	壬寅	辛未	辛丑	庚午	己亥	己巳	戊戌	戊辰	丁酉	戊辰	10日
甲辰	癸酉	癸卯	壬申	壬寅	辛未	庚子	庚午	己亥	己巳	戊戌	己巳	11日
乙巳	甲戌	甲辰	癸酉	癸卯	壬申	辛丑	辛未	庚子	庚午	己亥	庚午	12日
丙午	乙亥	乙巳	甲戌	甲辰	癸酉	壬寅	壬申	辛丑	辛未	庚子	辛未	13日
丁未	丙子	丙午	乙亥	乙巳	甲戌	癸卯	癸酉	壬寅	壬申	辛丑	壬申	14日
戊申	丁丑	丁未	丙子	丙午	乙亥	甲辰	甲戌	癸卯	癸酉	壬寅	癸酉	15日
己酉	戊寅	戊申	丁丑	丁未	丙子	乙巳	乙亥	甲辰	甲戌	癸卯	甲戌	16日
庚戌	己卯	己酉	戊寅	戊申	丁丑	丙午	丙子	乙巳	乙亥	甲辰	乙亥	17日
辛亥	庚辰	庚戌	己卯	己酉	戊寅	丁未	丁丑	丙午	丙子	乙巳	丙子	18日
壬子	辛巳	辛亥	庚辰	庚戌	己卯	戊申	戊寅	丁未	丁丑	丙午	丁丑	19日
癸丑	壬午	壬子	辛巳	辛亥	庚辰	己酉	己卯	戊申	戊寅	丁未	戊寅	20日
甲寅	癸未	癸丑	壬午	壬子	辛巳	庚戌	庚辰	己酉	己卯	戊申	己卯	21日
乙卯	甲申	甲寅	癸未	癸丑	壬午	辛亥	辛巳	庚戌	庚辰	己酉	庚辰	22日
丙辰	乙酉	乙卯	甲申	甲寅	癸未	壬子	壬午	辛亥	辛巳	庚戌	辛巳	23日
丁巳	丙戌	丙辰	乙酉	乙卯	甲申	癸丑	癸未	壬子	壬午	辛亥	壬午	24日
戊午	丁亥	丁巳	丙戌	丙辰	乙酉	甲寅	甲申	癸丑	癸未	壬子	癸未	25日
己未	戊子	戊午	丁亥	丁巳	丙戌	乙卯	乙酉	甲寅	甲申	癸丑	甲申	26日
庚申	己丑	己未	戊子	戊午	丁亥	丙辰	丙戌	乙卯	乙酉	甲寅	乙酉	27日
辛酉	庚寅	庚申	己丑	己未	戊子	丁巳	丁亥	丙辰	丙戌	乙卯	丙戌	28日
壬戌	辛卯	辛酉	庚寅	庚申	己丑	戊午	戊子	丁巳	丁亥	丙辰	丁亥	29日
癸亥	壬辰	壬戌	辛卯	辛酉	庚寅	己未	己丑	戊午	戊子	丁巳		30日
甲子	癸巳		壬辰		辛卯	庚申		己未		戊午		31日

令和23年〈2041年〉 辛酉（四緑木星）

六白	七赤	八白	九紫	一白	二黒	三碧	四緑	五黄	六白	七赤	八白	九星
1月	12月	11月	10月	9月	8月	7月	6月	5月	4月	3月	2月	月
辛丑	庚子	己亥	戊戌	丁酉	丙申	乙未	甲午	癸巳	壬辰	辛卯	庚寅	月干
5日	7日	7日	8日	7日	7日	7日	5日	5日	4日	5日	3日	節入
14:35	3:15	10:13	6:47	14:53	11:48	1:58	15:49	11:54	18:52	14:14	20:25	時刻
己亥	戊辰	戊戌	丁卯	丁酉	丙寅	乙未	乙丑	甲午	甲子	癸巳	乙丑	1日
庚子	己巳	己亥	戊辰	戊戌	丁卯	丙申	丙寅	乙未	乙丑	甲午	丙寅	2日
辛丑	庚午	庚子	己巳	己亥	戊辰	丁酉	丁卯	丙申	丙寅	乙未	丁卯	3日
壬寅	辛未	辛丑	庚午	庚子	己巳	戊戌	戊辰	丁酉	丁卯	丙申	戊辰	4日
癸卯	壬申	壬寅	辛未	辛丑	庚午	己亥	己巳	戊戌	戊辰	丁酉	己巳	5日
甲辰	癸酉	癸卯	壬申	壬寅	辛未	庚子	庚午	己亥	己巳	戊戌	庚午	6日
乙巳	甲戌	甲辰	癸酉	癸卯	壬申	辛丑	辛未	庚子	庚午	己亥	辛未	7日
丙午	乙亥	乙巳	甲戌	甲辰	癸酉	壬寅	壬申	辛丑	辛未	庚子	壬申	8日
丁未	丙子	丙午	乙亥	乙巳	甲戌	癸卯	癸酉	壬寅	壬申	辛丑	癸酉	9日
戊申	丁丑	丁未	丙子	丙午	乙亥	甲辰	甲戌	癸卯	癸酉	壬寅	甲戌	10日
己酉	戊寅	戊申	丁丑	丁未	丙子	乙巳	乙亥	甲辰	甲戌	癸卯	乙亥	11日
庚戌	己卯	己酉	戊寅	戊申	丁丑	丙午	丙子	乙巳	乙亥	甲辰	丙子	12日
辛亥	庚辰	庚戌	己卯	己酉	戊寅	丁未	丁丑	丙午	丙子	乙巳	丁丑	13日
壬子	辛巳	辛亥	庚辰	庚戌	己卯	戊申	戊寅	丁未	丁丑	丙午	戊寅	14日
癸丑	壬午	壬子	辛巳	辛亥	庚辰	己酉	己卯	戊申	戊寅	丁未	己卯	15日
甲寅	癸未	癸丑	壬午	壬子	辛巳	庚戌	庚辰	己酉	己卯	戊申	庚辰	16日
乙卯	甲申	甲寅	癸未	癸丑	壬午	辛亥	辛巳	庚戌	庚辰	己酉	辛巳	17日
丙辰	乙酉	乙卯	甲申	甲寅	癸未	壬子	壬午	辛亥	辛巳	庚戌	壬午	18日
丁巳	丙戌	丙辰	乙酉	乙卯	甲申	癸丑	癸未	壬子	壬午	辛亥	癸未	19日
戊午	丁亥	丁巳	丙戌	丙辰	乙酉	甲寅	甲申	癸丑	癸未	壬子	甲申	20日
己未	戊子	戊午	丁亥	丁巳	丙戌	乙卯	乙酉	甲寅	甲申	癸丑	乙酉	21日
庚申	己丑	己未	戊子	戊午	丁亥	丙辰	丙戌	乙卯	乙酉	甲寅	丙戌	22日
辛酉	庚寅	庚申	己丑	己未	戊子	丁巳	丁亥	丙辰	丙戌	乙卯	丁亥	23日
壬戌	辛卯	辛酉	庚寅	庚申	己丑	戊午	戊子	丁巳	丁亥	丙辰	戊子	24日
癸亥	壬辰	壬戌	辛卯	辛酉	庚寅	己未	己丑	戊午	戊子	丁巳	己丑	25日
甲子	癸巳	癸亥	壬辰	壬戌	辛卯	庚申	庚寅	己未	己丑	戊午	庚寅	26日
乙丑	甲午	甲子	癸巳	癸亥	壬辰	辛酉	辛卯	庚申	庚寅	己未	辛卯	27日
丙寅	乙未	乙丑	甲午	甲子	癸巳	壬戌	壬辰	辛酉	辛卯	庚申	壬辰	28日
丁卯	丙申	丙寅	乙未	乙丑	甲午	癸亥	癸巳	壬戌	壬辰	辛酉		29日
戊辰	丁酉	丁卯	丙申	丙寅	乙未	甲子	甲午	癸亥	癸巳	壬戌		30日
己巳	戊戌		丁酉		丙申	乙丑		甲子		癸亥		31日

令和24年〈2042年〉 壬戌（三碧木星）

三碧	四緑	五黄	六白	七赤	八白	九紫	一白	二黒	三碧	四緑	五黄	九星
1月	12月	11月	10月	9月	8月	7月	6月	5月	4月	3月	2月	月
癸丑	壬子	辛亥	庚戌	己酉	戊申	丁未	丙午	乙巳	甲辰	癸卯	壬寅	月干
5日	7日	7日	8日	7日	7日	7日	5日	5日	5日	5日	4日	節入
20:25	9:09	16:07	12:40	20:45	17:38	7:47	21:31	17:42	0:40	20:04	2:12	時刻
甲辰	癸酉	癸卯	壬申	壬寅	辛未	庚子	庚午	己亥	己巳	戊戌	庚午	1日
乙巳	甲戌	甲辰	癸酉	癸卯	壬申	辛丑	辛未	庚子	庚午	己亥	辛未	2日
丙午	乙亥	乙巳	甲戌	甲辰	癸酉	壬寅	壬申	辛丑	辛未	庚子	壬申	3日
丁未	丙子	丙午	乙亥	乙巳	甲戌	癸卯	癸酉	壬寅	壬申	辛丑	癸酉	4日
戊申	丁丑	丁未	丙子	丙午	乙亥	甲辰	甲戌	癸卯	癸酉	壬寅	甲戌	5日
己酉	戊寅	戊申	丁丑	丁未	丙子	乙巳	乙亥	甲辰	甲戌	癸卯	乙亥	6日
庚戌	己卯	己酉	戊寅	戊申	丁丑	丙午	丙子	乙巳	乙亥	甲辰	丙子	7日
辛亥	庚辰	庚戌	己卯	己酉	戊寅	丁未	丁丑	丙午	丙子	乙巳	丁丑	8日
壬子	辛巳	辛亥	庚辰	庚戌	己卯	戊申	戊寅	丁未	丁丑	丙午	戊寅	9日
癸丑	壬午	壬子	辛巳	辛亥	庚辰	己酉	己卯	戊申	戊寅	丁未	己卯	10日
甲寅	癸未	癸丑	壬午	壬子	辛巳	庚戌	庚辰	己酉	己卯	戊申	庚辰	11日
乙卯	甲申	甲寅	癸未	癸丑	壬午	辛亥	辛巳	庚戌	庚辰	己酉	辛巳	12日
丙辰	乙酉	乙卯	甲申	甲寅	癸未	壬子	壬午	辛亥	辛巳	庚戌	壬午	13日
丁巳	丙戌	丙辰	乙酉	乙卯	甲申	癸丑	癸未	壬子	壬午	辛亥	癸未	14日
戊午	丁亥	丁巳	丙戌	丙辰	乙酉	甲寅	甲申	癸丑	癸未	壬子	甲申	15日
己未	戊子	戊午	丁亥	丁巳	丙戌	乙卯	乙酉	甲寅	甲申	癸丑	乙酉	16日
庚申	己丑	己未	戊子	戊午	丁亥	丙辰	丙戌	乙卯	乙酉	甲寅	丙戌	17日
辛酉	庚寅	庚申	己丑	己未	戊子	丁巳	丁亥	丙辰	丙戌	乙卯	丁亥	18日
壬戌	辛卯	辛酉	庚寅	庚申	己丑	戊午	戊子	丁巳	丁亥	丙辰	戊子	19日
癸亥	壬辰	壬戌	辛卯	辛酉	庚寅	己未	己丑	戊午	戊子	丁巳	己丑	20日
甲子	癸巳	癸亥	壬辰	壬戌	辛卯	庚申	庚寅	己未	己丑	戊午	庚寅	21日
乙丑	甲午	甲子	癸巳	癸亥	壬辰	辛酉	辛卯	庚申	庚寅	己未	辛卯	22日
丙寅	乙未	乙丑	甲午	甲子	癸巳	壬戌	壬辰	辛酉	辛卯	庚申	壬辰	23日
丁卯	丙申	丙寅	乙未	乙丑	甲午	癸亥	癸巳	壬戌	壬辰	辛酉	癸巳	24日
戊辰	丁酉	丁卯	丙申	丙寅	乙未	甲子	甲午	癸亥	癸巳	壬戌	甲午	25日
己巳	戊戌	戊辰	丁酉	丁卯	丙申	乙丑	乙未	甲子	甲午	癸亥	乙未	26日
庚午	己亥	己巳	戊戌	戊辰	丁酉	丙寅	丙申	乙丑	乙未	甲子	丙申	27日
辛未	庚子	庚午	己亥	己巳	戊戌	丁卯	丁酉	丙寅	丙申	乙丑	丁酉	28日
壬申	辛丑	辛未	庚子	庚午	己亥	戊辰	戊戌	丁卯	丁酉	丙寅		29日
癸酉	壬寅	壬申	辛丑	辛未	庚子	己巳	己亥	戊辰	戊戌	丁卯		30日
甲戌	癸卯		壬寅		辛丑	庚午		己巳		戊辰		31日

令和25年〈2043年〉 癸亥（二黒土星）

九紫	一白	二黒	三碧	四緑	五黄	六白	七赤	八白	九紫	一白	二黒	九星
1月	12月	11月	10月	9月	8月	7月	6月	5月	4月	3月	2月	月
乙丑	甲子	癸亥	壬戌	辛酉	庚申	己未	戊午	丁巳	丙辰	乙卯	甲寅	月干
6日	7日	7日	8日	8日	7日	7日	6日	5日	5日	6日	4日	節入
2:12	14:57	21:55	18:27	2:28	23:20	13:27	3:18	23:22	6:20	1:47	7:58	時刻
己酉	戊寅	戊申	丁丑	丁未	丙子	乙巳	乙亥	甲辰	甲戌	癸卯	乙亥	1日
庚戌	己卯	己酉	戊寅	戊申	丁丑	丙午	丙子	乙巳	乙亥	甲辰	丙子	2日
辛亥	庚辰	庚戌	己卯	己酉	戊寅	丁未	丁丑	丙午	丙子	乙巳	丁丑	3日
壬子	辛巳	辛亥	庚辰	庚戌	己卯	戊申	戊寅	丁未	丁丑	丙午	戊寅	4日
癸丑	壬午	壬子	辛巳	辛亥	庚辰	己酉	己卯	戊申	戊寅	丁未	己卯	5日
甲寅	癸未	癸丑	壬午	壬子	辛巳	庚戌	庚辰	己酉	己卯	戊申	庚辰	6日
乙卯	甲申	甲寅	癸未	癸丑	壬午	辛亥	辛巳	庚戌	庚辰	己酉	辛巳	7日
丙辰	乙酉	乙卯	甲申	甲寅	癸未	壬子	壬午	辛亥	辛巳	庚戌	壬午	8日
丁巳	丙戌	丙辰	乙酉	乙卯	甲申	癸丑	癸未	壬子	壬午	辛亥	癸未	9日
戊午	丁亥	丁巳	丙戌	丙辰	乙酉	甲寅	甲申	癸丑	癸未	壬子	甲申	10日
己未	戊子	戊午	丁亥	丁巳	丙戌	乙卯	乙酉	甲寅	甲申	癸丑	乙酉	11日
庚申	己丑	己未	戊子	戊午	丁亥	丙辰	丙戌	乙卯	乙酉	甲寅	丙戌	12日
辛酉	庚寅	庚申	己丑	己未	戊子	丁巳	丁亥	丙辰	丙戌	乙卯	丁亥	13日
壬戌	辛卯	辛酉	庚寅	庚申	己丑	戊午	戊子	丁巳	丁亥	丙辰	戊子	14日
癸亥	壬辰	壬戌	辛卯	辛酉	庚寅	己未	己丑	戊午	戊子	丁巳	己丑	15日
甲子	癸巳	癸亥	壬辰	壬戌	辛卯	庚申	庚寅	己未	己丑	戊午	庚寅	16日
乙丑	甲午	甲子	癸巳	癸亥	壬辰	辛酉	辛卯	庚申	庚寅	己未	辛卯	17日
丙寅	乙未	乙丑	甲午	甲子	癸巳	壬戌	壬辰	辛酉	辛卯	庚申	壬辰	18日
丁卯	丙申	丙寅	乙未	乙丑	甲午	癸亥	癸巳	壬戌	壬辰	辛酉	癸巳	19日
戊辰	丁酉	丁卯	丙申	丙寅	乙未	甲子	甲午	癸亥	癸巳	壬戌	甲午	20日
己巳	戊戌	戊辰	丁酉	丁卯	丙申	乙丑	乙未	甲子	甲午	癸亥	乙未	21日
庚午	己亥	己巳	戊戌	戊辰	丁酉	丙寅	丙申	乙丑	乙未	甲子	丙申	22日
辛未	庚子	庚午	己亥	己巳	戊戌	丁卯	丁酉	丙寅	丙申	乙丑	丁酉	23日
壬申	辛丑	辛未	庚子	庚午	己亥	戊辰	戊戌	丁卯	丁酉	丙寅	戊戌	24日
癸酉	壬寅	壬申	辛丑	辛未	庚子	己巳	己亥	戊辰	戊戌	丁卯	己亥	25日
甲戌	癸卯	癸酉	壬寅	壬申	辛丑	庚午	庚子	己巳	己亥	戊辰	庚子	26日
乙亥	甲辰	甲戌	癸卯	癸酉	壬寅	辛未	辛丑	庚午	庚子	己巳	辛丑	27日
丙子	乙巳	乙亥	甲辰	甲戌	癸卯	壬申	壬寅	辛未	辛丑	庚午	壬寅	28日
丁丑	丙午	丙子	乙巳	乙亥	甲辰	癸酉	癸卯	壬申	壬寅	辛未		29日
戊寅	丁未	丁丑	丙午	丙子	乙巳	甲戌	甲辰	癸酉	癸卯	壬申		30日
己卯	戊申		丁未		丙午	乙亥		甲戌		癸酉		31日

●著者紹介

三木照山　みき・しょうざん（三木照子）
1931 年、名古屋市に生まれる。
名古屋市立女子専門学校（現・名古屋市立女子大学）一年終了。夫、卓樹により四柱推命学の魅力を知り、阿部泰山氏の高弟・中村素山氏より、四柱推命・六壬神易・紫微運命学の手ほどきを受ける。以後、十干五行の研究に取り組む。四柱推命・六壬神易・家相・姓名を鑑定するかたわら、大阪・茨木を本部として、大阪、神戸、和歌山、奈良、京都、名古屋、東京、千葉、船橋、川越、神奈川・横須賀、平塚にて推命学教室を開講し、後進の指導にあたっている。
スマホサイト「三木照山の運命関係図」も好評。
https://honkaku-uranai.jp/cp_zap/syouzan_zap/
三木照山　推命学研究会
〒 567-0031　大阪府茨木市春日 1-14-21
TEL.072-623-9029
https://syouzan.jp

決定版《けっていばん》　四柱推命学《しちゅうすいめいがく》の完全独習《かんぜんどくしゅう》

2020 年 9 月 10 日　第 1 刷発行
2023 年 4 月 20 日　第 4 刷発行

著　者　　三木照山《みきしょうざん》
発行者　　吉田芳史
ＤＴＰ　　株式会社公栄社
印刷所　　株式会社文化カラー印刷
製本所　　大口製本印刷株式会社
発行所　　株式会社日本文芸社
〒100-0003　東京都千代田区一ツ橋1-1-1　パレスサイドビル8F
TEL　03-5224-6460（代表）

内容に関するお問い合わせは、小社ウェブサイトお問い合わせフォームまでお願いいたします。
ウェブサイト https://www.nihonbungeisha.co.jp/

ISBN 978 - 4 - 537 - 21825-1
112200827-112230406 Ⓝ 04（310053）
*本書は『改訂新版　四柱推命の完全独習』（2009 年 2 月発行）の「基礎編」を加筆訂正し、新たに「応用編」と「萬年暦」を加えて構成、再編集したものです。